W9-ABH-662

Jürgen Serke Zu Hause im Exil

Jürgen Serke

Zu Hause im Exil

Dichter, die eigenmächtig blieben in der DDR

Mit Fotos von Christian G. Irrgang

Piper

München · Zürich

ISBN 3-492-03981-2
© Piper Verlag GmbH, München 1998
Gesetzt aus der Bembo
Satz, Druck und Bindung: Kösel, Kempten
Printed in Germany

Meinen Töchtern Natascha und Svenja,
meinem Sohn Benjamin

Inhalt

Vorwort

Nicht dafür geboren
unter den Fittichen der Gewalt zu leben
nahm ich die Unschuld des Schuldigen an.

Peter Huchel

Das Ruder
zerbrochen, so werde ich nicht sinken, ich
gehe über den Strom.

Johannes Bobrowski

Dies ist keine Literaturgeschichte der DDR im Sinne jener herkömmlichen Lagermentalitäten, wie sie sich nach der Ausbürgerung Wolf Biermanns 1976 ausgeformt und nach der Wende von 1989 nicht nur erhalten, sondern noch verschärft haben. Dies sind fünfzehn Literaturgeschichten über Autoren, die in der doppelten Bedeutung des Wortes eigenmächtig blieben in der DDR. Eindeutig hielten sie es mit der Macht des Wortes und nicht mit dem Wort der Macht. Die Sprache allein und nicht die Ideologie blieb für sie der Inbegriff der sozialen Norm. Sie waren so frei, sich das Leben für die Literatur ohne Wenn und Aber zu nehmen. Und dort, wo sie es sich selbst nahmen, taten sie es, um die Würde ihres Berufes zu wahren. Diese Autoren schrieben eine Dichtung des Zugrundegehens. Aus dem Zugrundegehen gewannen sie ihr Selbstwertgefühl. Wahrheitsfindung unter Lebensgefahr. Sie hatte auch eine selbstzerstörerische Komponente, das zerstörerische Regime konnte ihr vertrauen. Und doch: Was blieb und bleibt, ist eine unerbittliche Lektion über das Thema Literatur und Moral. Eine Lektion mitten aus der DDR heraus, die aus der Konfrontation zwischen den prominenten Gebliebenen und den prominenten Gegangenen herausführt. Die Frage freilich nach der Mitverantwortung von DDR-Schriftstellern am SED-Regime wird dadurch nicht obsolet.
Wer Schriftsteller werden konnte, bestimmte in der DDR die SED. Sie vergab diese Existenzform. Die meisten der heute prominenten Dichter aus der DDR gewannen ihre Prominenz zuerst einmal durch die Partei, der sie angehörten. Dies gilt nicht nur für die literarischen Repräsentanten von Stephan Hermlin über Christa

9

Wolf bis Volker Braun, die sich bis zum Bankrott der DDR als Kampfgenossen des SED-Systems verstanden, sondern auch für die Dissidenten von Günter Kunert über Reiner Kunze bis zu Sarah Kirsch, die die DDR als Unrechtsstaat erkannten und verließen.

Die Dissidenten, die gingen, verließen mit der DDR nicht die sprachliche Heimat. Das mindert nicht die Qualität ihrer Entscheidung. Für diejenigen, die den Glauben an die Reformfähigkeit des Sozialismus verloren hatten, war der Neuanfang trotz aller Prominenz im linksorientierten Spektrum der Bundesrepublik schwierig genug. Doch das Beispiel der Gegangenen verstellte im deutsch-deutschen Literaturstreit von 1990 und darüber hinaus den Blick auf einen literarischen Widerstand, der nicht mit den Dissidenten in den Westen ausgewandert war.

Dieser Widerstand war ein Akt der Selbstbehauptung gegenüber einem System, das zu stalinistischen Zeiten auf die ideologische Vernichtung des Individuums aus war und danach das Unterwerfungsgebot subtiler durchzusetzen versuchte. Drei der fünfzehn Autoren, von denen in diesem Buch die Rede ist, erlebten noch ganz bewußt den ersten Totalitarismus in Deutschland. Zwei von ihnen begingen im zweiten Totalitarismus Selbstmord. Der älteste von mir porträtierte Autor kam 1903 zur Welt, der jüngste 1956. Sie alle folgten einer Vorstellung, die Václav Havel 1967 so formulierte:

»Es geht einfach darum, ob wir fähig sind, bis zum letzten die volle Verantwortung für unsere Worte zu tragen, ob wir wirklich ohne Vorbehalte fähig sind, für uns selbst einzustehen; mit unserer Praxis und mit deren Kontinuität ganz für unsere Proklamation einzustehen und nie – wenn auch mit den besten Absichten – von uns selbst in die Enge getrieben zu werden. Das ist keine Aufforderung zur Kalkulation, sondern zur Authentizität.«

In den Worten von Heinrich Böll: »Moral und Ästhetik erweisen sich als kongruent, untrennbar.« Heinrich Böll sagte dies aus der Erfahrung mit dem Nationalsozialismus heraus. Es konnte gar nicht anders sein, daß die Auseinandersetzungen mit dem Nationalsozialismus nach 1945 den deutsch-deutschen Literaturstreit 1990 prägten. Nicht zuletzt deshalb, weil sich der sozialistische Stiftungsmythos der DDR aus antifaschistischer Selbstrechtfertigung der Kommunisten speiste: die DDR als Alternative zur kapitalistischen Bundesrepublik, die aus der Geschichte nichts gelernt hatte.

Die »verbrannten Dichter«, die meisten derer, deren Bücher 1933 auf den Scheiterhaufen geworfen wurden, hatten den Sozialismus erträumt. Nun kehrten die Überlebenden nach Deutschland zurück, nicht in den Westen, sondern in den Osten: Anna Seghers, Bertolt Brecht, Arnold Zweig, Ludwig Renn... Als sie, die für ihre sozialistische Wahrheit gekämpft und gelitten hatten, ankamen, war diese Wahrheit nicht mehr da. Untergegangen in den »Säuberungen« Stalins, der zwei Drittel der deutschen Kommunisten, die vor Hitler nach Moskau geflohen waren, umgebracht oder an die Nazis ausgeliefert hatte. Und an den Händen der neuen Machthaber klebte nun das Blut derer, die sie denunziert hatten, um zu überleben.

Anna Seghers und die anderen Exilanten aus dem Westen, finanziell gesichert für den Lebensabend, schwiegen zu einer Unterdrückung, die im Namen ihrer Wahrheit geschah. Und die List, mit der sich Bertolt Brecht beim Aufstand des 17. Juni 1953 äußerte, wurde noch von der eines Walter Ulbricht übertroffen. Das SED-Regime nutzte die moralische Reputation der Seghers und anderer als geistige Legitimation für die eigene Machtausübung. Mit erheblicher Wirkung, besonders bei denen, die sich wegen BdM-Vergangenheit, Werwolf-Überzeugung oder anderer Jugendsünden nun mit einem schlechten Gewissen herumschlugen.

Es war jene Generation, für die Christa Wolf exemplarisch ist, die den Traum der Seghers weitertrug und einen schönen Schein über die SED-Diktatur legte, in der die Exilanten versagten. Widerstandskraft kann irgendwann aufgebraucht sein. Der Vorwurf richtet sich nicht gegen Dichter wie die Seghers, sondern gegen diejenigen, die die Tragik solcher Lebensgeschichten nicht offenlegten, um die Teilhabe an der Erziehungsdiktatur, die über die Bevölkerung der DDR ausgeübt wurde, nicht zu gefährden.

Man gehörte dazu, man wollte dazugehören. Stefan Heym zum Beispiel, der auf Seiten der westlichen Alliierten für die Befreiung Deutschlands kämpfte und sich 1953 in der DDR niederließ, weil er »bereits eingerichtete Konzentrationslager« in den USA auszumachen meinte und 1954 in seinem Buch »Im Kopf sauber« von den wirklichen Konzentrationslagern, dem Gulag, in der Sowjetunion nichts wissen wollte: »Wenn alle Argumente gegen den Sozialismus versagen, ziehen die alten Goebbels-Schüler die Mappe ›Sklaven- und Schweigelager‹ aus dem Propaganda-Archiv.«

Albert Camus in Frankreich wußte Bescheid, aber Heym versicherte den Lesern, »daß die Schauermärchen, die über die Sowjetunion verbreitet werden, erstunken und erlogen sind«. Und als alles zusammenbrach, als Deutschland wieder vereint war, sah er »Dunkelmänner« am Werk und meinte, alles sei 1933 schon einmal dagewesen. »Unbezähmbar ist der Drang, bei den Stärkeren zu sein«, heißt es in Stephan Hermlins Buch »Abendlicht«. Das meint die Begeisterung für die erste deutsche Diktatur in diesem Jahrhundert und gilt leider auch für die Literaturrepräsentanz der zweiten Diktatur.

»Warum wir es uns nicht leisten können, die gesamte DDR-Literatur ins moralische Abseits zu stellen«, erklärte Herbert Riehl-Heyse 1990 in der »Süddeutschen Zeitung« und verharrte, indem er um Verständnis für Christa Wolf, Stefan Heym, Fritz Rudolf Fries, Rainer Kirsch und Heinz Kahlau warb, leider im alten Lagerdenken, blieb in Seitenverkehrung zu denen, die die DDR gestört, bei denen, die das SED-System gestützt hatten. Riehl-Heyse fand nach seiner »mühsamen Arbeit des Differenzierens« viele Nachfolger, die weniger mühsam mit den Fakten umgingen. Längst sind die Dissidenten, die die DDR verließen, ins Querulatorische abgedrängt.

Doch wer sich löst aus der Konfrontation zwischen den Literaturrepräsentanten der einstigen DDR und den Dissidenten, die in die alte Bundesrepublik gingen, wer nicht mühsam und zwanghaft versucht, ein moralisches Gleichgewicht zwischen diesen beiden Gruppen herzustellen, wird – so er nicht nur differenziert, sondern erst einmal sucht – einen Kreis von dagebliebenen Autoren finden, deren Dichtung etwas Einzigartiges zeigt: die vierte Dimension der untergegangenen DDR.

Die Dichter dieses Kreises durchschauten den Mißbrauch, den das Regime mit den Exilanten trieb. Sie durchschauten auch die Kritik der literarischen Repräsentanten als kosmetisch. Sie standen am Rande des SED-Staates, aber mitten in der Gesellschaft. Sie starben eher, als daß sie die eigene Lebenslandschaft aufgaben. Ihre Literatur hat eine gemeinsame Unterstimme: die Bewahrung von Heimat gegen alle Zerstörung.

Mit dem Blick auf diese Literatur sind wir bei der ureigenen Bewußtseinsgeschichte des Ostens Deutschlands, aber nicht im Sinne von Abgrenzung, wie sie der Zeitgeist herbeizureden versucht, sondern als Äquivalent zu einer Literatur, die nach 1945 die Welt gewonnen, aber die Heimat verloren hat. In der virtuellen Welt, dem Niemandsland des globalen Denkens, hält diese Literatur aus der DDR an der moralischen Vorstellung von der sozialen Verantwortlichkeit der Kunst fest.

Wenn sich diese Dichter Zeitgenossen in der DDR verbunden fühlten, dann Johannes Bobrowski und Peter Huchel. Der anarchische Brecht und der ideologieferne Erich Arendt übten Wirkung aus, wie sie nicht erwünscht war. Der behauptete Antifaschismus des SED-Systems mit den Überwachungsmethoden des Faschismus mußte sich überall bloßgestellt sehen, selbst im Rückgriff dieser Dichter auf das freigegebene klassische Erbe. Das Proletarische wiederum, das der »Arbeiter- und Bauernstaat« in der Literatur zu fördern vorgab, war der Manipulation durch das SED-System am stärksten ausgesetzt und belegt eine merkwürdige Kontinuität zwischen der ersten und der zweiten Diktatur auf deutschem Boden in diesem Jahrhundert: Aus dem Völkischen wurde das Proletarische.

Zu Hause im Exil schrieben Dichter an einer Literatur, die sich als Faden in einen europäischen Literaturteppich einfügt, der in Frankreich die Namen René Char und Eugène Guillevic trägt, in der Schweiz Philippe Jaccottet und Gerold Späth, in der Tschechischen Republik Bohumil Hrabal, Jan Skácel und Jiří Gruša, in Polen Czesław Miłosz und Ryszard Krynicki, in Österreich Peter Handke und in der alten Bundesrepublik Herbert Achternbusch.

Gezwungen auf einen Weg, der 1945 durch die Teilung der Welt festgelegt wurde, schufen die fünfzehn Autoren dieses Buches mit den Schriften ihrer Selbstbehauptung eine faszinierende Literatur: An der Wahrheit dieser literarischen Selbstbehauptung wäre zu bemessen, wie weit sich die Literaturrepräsentanz der einstigen DDR davon entfernt hat und wie nah diese Dichter dem Kreis der Dissidenten, die die DDR verließen, geblieben sind und wo man sich unterscheidet.

Der Kreis ist offen. Wer sucht, wird weitere Autoren finden, die in diesen Kreis gehören.

Inge Müller:

Die Wahrheit leise und unerträglich

Links eine Akazie, rechts eine Kirsche, Wildwuchs: Die zwei Bäume, die über Inge Müllers Grab wuchsen, sind so alt, wie Inge Müller tot ist. Dieses Grab aus dem Jahre 1966 kennt längst keine Besucher mehr. Die Erdoberfläche der Reihe 1 des Gräberfelds 21/2 auf dem Berliner Friedhof Pankow ist frisch abgetragen, die Liegezeit der Toten abgelaufen. Mit Hilfe eines alten Photos finde ich die Stelle, an der sie ihre letzte Ruhe fand. Eine Lyrikerin in der Tragik und vom Format Else Lasker-Schülers, noch immer so unbekannt, wie es auch die Dichterin des »Blauen Klaviers« war. Und dieses Grab soll verschwinden? Es ist verschwunden.

Damals, im März 1995, als ich sie fand, wäre sie siebzig Jahre alt geworden. Heiner Müller, mit dem sie in den letzten zwölf Jahren ihres Lebens verheiratet war, mit dem sie die Anfangsstücke »Der Lohndrücker« und »Korrektur« schrieb und für die gemeinsame Arbeit 1959 den Heinrich-Mann-Preis erhielt, geht zu diesem Zeitpunkt nach einer Krebsoperation dem Tode entgegen. Als ich ihn im Juni zu einem Gespräch über Inge Müller treffe und ihm vom Zustand der Grabstelle berichte, bekennt der 66jährige: »Ich habe sie nach der Beerdigung nie mehr besucht.« Am 30. Dezember 1995 stirbt Heiner Müller.

Quer durch sein Werk hat ihn Inge Müller, die sich 41jährig das Leben nahm, gezwungen – in die Heimsuchung zu ihr. »Die Frau mit dem Kopf im Gasherd. 30 Jahre lang habe ich versucht, mit Worten mich aus dem Abgrund zu halten«, heißt es bei ihm in »Lessing Schlaf Traum Schrei«. Und: »ICH HABE DIR GESAGT DU SOLLST NICHT WIEDERKOMMEN TOT IST TOT ... Frau.«

Sie ist nicht wiedergekommen. Sie war immer da – mit ihren Gedichten, die spüren lassen, was Tod aus Liebe ist. Sie waren und sind der lange Abschiedsbrief zu einer kurzen Gemeinsamkeit, in der Heiner Müller nicht verraten ist:

> Über uns Mond
> Unter uns Stein
> Zu Sand gemahlen Berge und Bein
> Formeln im Völkergrab

Idylle auf dünnem Eis: Inge und Heiner Müller auf dem Lehnitz-See. 1953 hatten sie sich kennengelernt, zwei Jahre später geheiratet. In Lehnitz vor den Toren Berlins wohnten sie bis 1959. Bewundert als zwei Künstler in der Einheit von Liebe und Leben. Es war ein Traum, der der Realität nicht standhielt.

Daß ich dich liebhab
Wird es zu lesen sein
in Blätter gestanzt
ins Meer gepflanzt
In den Wind geschrieben
Wenn alle lieben.

Inge und Heiner Müller in der DDR des Jahres 1953, in dem sie sich kennenlernten: es soll der Sprung ins Absolute sein. Die Liebenden als Künstler in der Einheit. Sprechen als »unendliche Paarung« (Rilke), schreiben zu zweit mit einer »einzigen Hand« (Petrarca). Die Liebe als Präfiguration einer neuen Gemeinschaft, die zu einer besseren führen wird. So sahen Freunde und Bekannte das Paar. So pilgerten sie hinaus zur Wohnung der Müllers: Karl Mickel, Manfred Bieler, Wolf Biermann, B. K. Tragelehn, Boris Djacenko, Peter Hacks, Richard Leising … Es war der helle Irrsinn.

Brigitte Soubeyran, heute Professorin an der Berliner Schauspielschule, damals Schauspielerin und Lebensgefährtin Wolf Biermanns,

16

erinnert sich an dessen Schwärmereien: »Ein Idealpaar!« B.K. Trage-
lehns Frau Christa erträumte sich so ihre eigene Beziehung, eine
ständige Bewegung des Austauschs: »Was da zwischen Inge und Heiner Müller passierte, war einfach faszinierend.«
Doch die Liebe, die da bewundert wurde, ist eine Despotie, die ohne
Rücksicht gefangen nimmt und ohne Rest verzehrt. Wer übt die
Macht aus in dieser Beziehung, wer wird Besitzer, wer Besitz? Es
gibt keine eindeutige Antwort auf diese Frage. Aber es gibt eine
besessene Konfrontation. Ihr entzieht sich Heiner Müller zunehmend. Inge Müllers Blick ist auf die Kriminalgeschichte der Liebe
gerichtet, seiner auf die der politischen Macht, in der der geschichts-
lose Augenblick Liebe nicht bestehen kann.

Ingeborg Meyer, so ihr Mädchenname, und Heiner Müller gehören
1945 zum letzten Aufgebot, das die Nazis in die Schlacht schicken.
Sie ist zwanzig, er sechzehn. Nur selten spricht sie später von den
letzten Kriegstagen, in denen sie sich als Nachrichtenhelferin der
Luftwaffe am Kampf gegen die Sowjets in Berlin beteiligt, von
einem zusammenbrechenden Haus verschüttet und erst nach drei
Tagen zusammen mit einem neben ihr liegenden Schäferhund aus-
gegraben wird.

> Als ich das Wasser holte fiel ein Haus
> auf mich
> Wir haben das Haus getragen
> Der vergessene Hund und ich
> Fragt mich nicht wie
> Ich erinnere mich nicht
> Fragt den Hund wie.

Nach ihrer Rettung sucht die Zwanzigjährige ihre Eltern und gräbt
sie aus den Trümmern ihres Hauses aus. Um die toten Eltern zur
Sammelstelle zu bringen, sucht sie nach einem Wagen. Als sie zurückkommt, ist der Finger der Mutter mit dem Ring abgeschnitten.
Wenn sie später im Gedicht die Trümmer von 1945 sammelt, dann
spürt der Leser, wie ihn Inge Müller hält in den Sturz hinein, wie sie
das Entsetzliche kinderleicht macht:

> Da fand ich mich
> Und band mich in ein Tuch;
> Ein Knochen für Mama
> Ein Knochen für Papa
> Einen ins Buch.

»Aufrecht, wenn die Angst groß ist«, so geht die Zwanzigjährige Inge Meyer in ihr zweites Leben – »übriggeblieben zufällig«, wie sie später schreibt. Sie sucht die Menschen, sie ist überall dabei: als Trümmerfrau, in einem Bürgermeisteramt, bei der Seuchenbekämpfung, der Altenbetreuung, in Verkaufslagern, bei der Brennstoffverteilung, in einer Buchhandlung. Sie ist »Mädchen für alles«, auch bei Siemens-Plania als Demontagearbeiterin und als Sekretärin. Sie heiratet. Inge Müller wird Inge Lohse, Frau eines AEG-Angestellten. Sie bringt am 8. Dezember 1946 einen Sohn zur Welt.

Diese Inge ist in ständiger Bewegung – »endlich leben«. Sie spielt Akkordeon. Nachts tritt sie in einer Tanzkapelle auf. Sie schreibt Schlagertexte. Sie geht mit dem Akkordeon in Krankenhäuser und Strafanstalten. Sie spielt bei Veranstaltungen des Frauen- und Kulturbundes. Sie betreut sechs Kinos. Sie lernt einen Zirkusmann kennen, geht in den Pantherkäfig, versucht sich als Dompteuse. Der Zirkusmann steigt auf zum ökonomischen Direktor des Friedrichstadt-Palastes. Sie läßt sich scheiden, heiratet ihn und heißt nun Inge Schwenkner.

Der Mann akzeptiert ihren Sohn Bernd. Die Familie zieht nach Lehnitz bei Oranienburg hinaus. Inge Schwenkner wohnt nun wunderbar gesichert und privilegiert in einem Einfamilienhaus, in einer Waldsiedlung, die Häftlinge des KZ Oranienburg im Hitler-Reich für

Die siebzehnjährige Ingeborg Meyer, so der Mädchenname der Dichterin, 1942 als Hilfskraft auf einem Bauernhof im steirischen Dornhofen, verpflichtet vom Reichsarbeitsdienst.

18

die Henkel-Konstrukteure des Amtes für Höhenflugforschung hatten bauen müssen. In ihrer Nachbarschaft Erich Mielkes Vorgänger als Stasi-Minister, der Altkommunist Ernst Wollweber, der in Ungnade fallen wird, Georg Dertinger, Mitbegründer der Ost-CDU, der seine Partei SED-fügsam macht, Außenminister der DDR wird, dann Zuchthaushäftling. Auch Friedrich Wolf, Dramatiker, Diplomat und Vater von Markus Wolf, wohnt dort.

Inge Schwenkner wird Mitglied der SED, versucht sich als Korrespondentin für die »Märkische Volksstimme« und andere Blätter, arbeitet zeitweise als Abteilungsleiterin für Information beim Rat des Kreises Oranienburg, sitzt an einem Kinderbuch, das 1955 unter dem Titel »Wölfchen Ungestüm« erscheinen wird. In der Arbeitsgemeinschaft junger Autoren im Schriftstellerverband lernt sie 1953 Heiner Müller kennen. Der erinnert sich in seiner Autobiographie »Krieg ohne Schlacht. Leben in zwei Diktaturen« an die vier Jahre ältere Frau so: »Sie hatte eine grüne, gestreifte Bluse an, der oberste Knopf dieser schönen, teuren Bluse war auf, sie erzählte von zu Hause, und ich erfuhr, daß sie zu den oberen Zehntausend gehörte,

Auferstanden aus Ruinen: Inge Müller, in den letzten Kriegstagen verschüttet und nach drei Tagen gerettet, als Trümmerfrau in Berlin-Mitte und mit ihrem Sohn Bernd aus erster Ehe im Jahre 1950. Auf die Rückseite des Fotos schrieb sie: »Zu einem ganzen Menschen gehören.«

und ich weiß noch diesen Moment, als meine proletarische Gier auf die Oberschicht sich regte. Bei Inge war mein erster Wohnsitz …«
Es war die Zeit, in der Heiner Müller mit Gedichten und kleinen Prosaarbeiten begann, auch mit den Kriegs- und Faschismusszenen, die 1974 unter dem Titel »Die Schlacht« zusammengefaßt werden. Es war die Zeit, in der er sich mit Klappentexten für den Aufbau-Verlag und mit Rezensionen für den »Sonntag« finanziell über Wasser hielt. Henryk Bereska, Jahrgang 1926, bis 1954 Lektor beim Aufbau-Verlag, dann der überragende Übersetzer aus dem Polnischen in der DDR, erinnert sich an die Zeit, in der sich Inge Schwenkner und Heiner Müller in der Arbeitsgemeinschaft junger Autoren begegneten:
»Sie hatte Eloquenz und Charme, strahlte eine unglaubliche Heiterkeit aus, war von sprühender Intelligenz. Sie stand im Widerspruch zur Tristesse dieser Jahre. Sie hatte eine engagierte Neugier und eine hoffende Haltung der Gesellschaft gegenüber. Ohne Floskeln, ohne Phrasen, ohne Schlagworte. Und noch in den späteren Jahren, als ich bei beiden zu Gast war, hatte ich von ihr den Eindruck einer starken Frau, deren Ende mir unverständlich bleibt. Sie war geerdet und zugleich eine poetische Figur. Wir tranken Rotwein und redeten stundenlang.«
Inge Schwenkner läßt sich erneut scheiden, heiratet 1954 Heiner Müller, bleibt aber im Hause ihres geschiedenen Mannes; sie wechselt nur das Stockwerk. Heiner Müller adoptiert den achtjährigen Bernd. Das Ruderboot und das Segelboot des Direktors Schwenkner können am Lehnitz-See weiter genutzt werden. Inge Müller unternimmt mit ihrem Sohn Wochenendfahrten zu den umliegenden Seen, sie zelten. Die Mutter ist eine leidenschaftliche Fotografin. Tagsüber baden beide, abends angelt sie. »Zu Hause machten wir lange Spaziergänge, meine Mutter, Heiner und ich. Es war eine angenehme Zeit – am Anfang«, erinnert sich Sohn Bernd, heute Holzschnitzer mit einer Verkaufswerkstatt in Kuhhorst, einem winzigen Dorf bei Fehrbellin.
Inge Müller möchte mitten drin stehen in der Sozialismusverheißung, in der neuen Gesellschaft. Wie Heiner Müller. Und stehen beide am Rande. In der Retrospektive sagt Heiner Müller 1992: »Für mich war es nie ein Problem, ungerecht behandelt zu werden. Ich wußte, es gibt keine Gerechtigkeit …« Doch Heiner Müllers Weg in die Ironie und von dort in den Zynismus ist ein langer Weg in eine Art Freiheit, die wir als Distanz bezeichnen. Die Entmoralisierung der Wahrnehmung, eines der wichtigsten Postulate der ästhetischen Moderne, wird nie die Sicht Inge Müllers, wohl aber die ihres Mannes.

Heiner Müllers Grunderlebnis, das er von Verschüttung freizuhalten sucht: »1933 am 31. Januar um vier Uhr früh wurde mein Vater, Funktionär der Sozialdemokratischen Partei Deutschlands, aus dem Bett heraus verhaftet. Ich wachte auf, der Himmel vor dem Fenster schwarz, Lärm von Stimmen und Schritten. Nebenan wurden Bücher auf den Boden geworfen. Ich hörte die Stimme meines Vaters, heller als die fremden Stimmen. Ich stieg aus dem Bett und ging zur Tür. Durch den Türspalt sah ich, wie ein Mann meinem Vater ins Gesicht schlug.« Es geschah an seinem sächsischen Geburtsort Eppendorf. Heiner Müller war vier Jahre alt. Ein Jahr lang wird der Vater in einem Konzentrationslager festgehalten.

Heiner Müller hat dieses Erlebnis in seinem Prosastück »Der Vater« festgehalten. Der Vater, als Funktionär der SPD ein Gegner des Zusammenschlusses mit der KPD zur SED, entzieht sich einem Verfahren wegen Titoismus und flieht 1951 in den Westen. Mutter und Bruder Wolfgang folgen – nach Reutlingen. Aus Heiner Müllers Sicht geht der Vater auf die andere Seite, um sich »herauszuhalten aus dem Krieg der Klassen«. Heiner Müller, 1945 als Sechzehnjähriger von den Nazis in deren letztes Aufgebot geworfen, votiert für die radikale Alternative, die die DDR sein soll.

Die Liebe der 28jährigen Inge Müller bekommt mit dieser Vorgeschichte ihres Mannes ihre politische Struktur. Der Bruch mit der althergebrachten Konvention findet einen Grund – am Anfang dieser Beziehung. Hinzu kommt die Entdeckung gemeinsamer proletarischer Wurzeln.

> Geboren im Hinterhaus
> Vater: der mit vier Zwiebeln verkauft
> Für die Mutter, die nähte nachts
> Für die fünf Kinder und den Mann
> Und weinte, selten, um das eine,
> das aus dem Fenster fiel
> Und um das von dem Fräulein nebenan:
> Erstickt im Müllkübel

So die Anfangszeilen eines Gedichts von Inge Müller über ihren Lebenslauf. Geboren am 13. März 1925 in Berlin-Lichtenberg in der Nähe des Ostkreuzes, wächst sie unter armen schlesischen Zuwanderern auf. Der Vater gehört zu ihnen und schlägt sich als Zwiebelverkäufer, Zeitungsverkäufer, Lastenträger, Bote durchs Leben und bringt es schließlich zum Abteilungsleiter im Ullstein-Verlag. Inge Müllers Mutter ist eine preußische Offizierstochter und wird bei ihrer Heirat verstoßen.

Inge Müller als Kind zwischen den Klassen: der Vater arm, die Mutter aus dem Bildungsbürgertum.

Die 32jährige Inge Müller in Lehnitzer Umgebung, fotografiert von Heiner Müllers Bruder
Wolfgang: Liebe, die in der Familie bleibt.
Wolfgang Müller sagt: »Sie hat sich wohl
gedacht, wenn man diese beiden Brüder zusammenklappen könnte, dann wäre das genau das
Richtige.«

Inge Müller verläßt mit sechzehn Jahren die Handelsschule und wird 1942/43 zum Reichsarbeitsdienst verpflichtet. Sie kommt nach Dornhofen in die Steiermark, arbeitet zuerst bei einem Bauern, dann als Straßenbahnschaffnerin in Graz. In Berlin beginnt sie als Stenotypistin in den Solvay-Werken und wird Direktionssekretärin. Am 8. Januar 1945 wird sie zur Wehrmacht eingezogen.

Auch in der Familiengeschichte Heiner Müllers gibt es eine Mesalliance: Seine Großmutter, Tochter eines reichen Bauern, wird enterbt, als sie den Großvater heiratet, der zur »unteren sozialen Schicht« gehört, wie sein Enkel Heiner schreibt.

»Ich wer ist das«, fragt Heiner Müller in einem Gedicht. Er weiß es. Inge Müller glaubt, es nun auch zu wissen. Die Echtheitsprobe ist die Liebe in der Einheit. Inge Müller schreibt 1954:

Gemeinsame Arbeit an dem Stück »Der Lohndrücker«: Doch auf dem Umschlag steht nur sein Name. Auf dem Innentitel heißt es: Mitarbeit: Inge Müller.

> Da ist die Brücke
> Und ich seh dich gehen
> Über die Planken aus Holz.
> Drei fehlen in der Mitte.
> Ich reiche dir die Hand
> Und du siehst sie nicht.
> Du siehst das Wasser unter dir
> Und den Wind, der stark ist.
> Da zittert meine Hand
> In der Mitte zwischen Wasser
> Und Wind.
> Und da ist die Brücke.

Und Heiner Müller antwortet auf diese Zeilen:

> Ins Wasser blickend sah ich
> Deine Augen, die mich suchten. Da
> Fand ich mich. Und ich fürchtete den Wind
> Nicht mehr. Er trägt uns,
> Die sich an den Händen halten.

Die ungetrübte Zeit kennt keine Zeugen. Der Zeitpunkt der Freundeseuphorie ist nicht identisch mit den ersten Jahren dieser Liebe, die am hellsten strahlt, als sie schon über ihren Zenit hinweg ist. Der Pilgerzug Enthusiasmierter beginnt 1956 mit dem zwanzigjährigen B. K. Tragelehn, dem Meisterschüler Bertolt Brechts, den es nach der Lektüre des gemeinsamen Müller-Stücks »Der Lohndrücker« hinaus aus Berlin, nach Lehnitz treibt.

Tragelehn erinnert sich an seine erste Begegnung mit Inge Müller in Lehnitz: »Sie hatte ganz große, brennende schwarze Augen. Sie war allein. So lernte ich sie eine halbe Stunde früher kennen als ihn. Sie war kleiner als er, kräftig, mit schmaler Taille. Wir diskutierten bis tief in die Nacht hinein über den ›Lohndrücker‹. Ich übernachtete im Hause.«

Torsten Heyme, Jahrgang 1963, der Mitte der achtziger Jahre als erster in Ostberlin intensiv den Spuren Inge Müllers nachgeht und der in der Wohnung des Dramatikers den Nachlaß seiner Frau sichten darf, ist seitdem davon überzeugt, daß Inge Müller als Koautorin an allen Stücken bis zum »Bau« beteiligt gewesen ist. Tragelehn hält das für ausgeschlossen. »So weit trug Heiners Wunsch nach Symbiose nicht«, sagt er. »Aber der Wunsch war da bei ihm.«

Damals unumstritten ist Inge Müllers Anteil nicht nur am »Lohndrücker«, sondern auch an dem Stück »Korrektur«, das im Kombinat »Schwarze Pumpe« spielt. Doch bereits damals rangiert Heiner Müllers Name als Autor obenan: »Unter Mitarbeit von Inge Müller«. Das Ideal komplementärer Zusammenarbeit zeigt seine ersten Risse, die die Freunde nicht erkennen und die Inge Müller nicht erkennen will. Noch findet sie sich in Heiner Müller vor, so ausschließlich, daß sie ihr lyrisches Talent, das mit Kindergedichten, 1957 in der »neuen deutschen literatur« veröffentlicht, sichtbar wird, in den Hintergrund stellt zugunsten der gemeinsamen dramatischen Arbeiten. Die Ausformung ihrer beider Leben ist Schreiben. Da gibt sie ab, aber nicht er, wird sie feststellen.

Kurz vor seinem Tode sagt mir Heiner Müller: »Sie hatte den Ehrgeiz, in dieser Literatur zu wohnen, wie man selbst zusammenwohnte.« Das aber wollte der Dramatiker Müller letztlich nicht. Diejenigen Freunde, die von Brecht herkommen, halten sich auch an dessen Auffassung vom geistigen Urheberrecht. Es zählt nicht. Alles ist nur Material zur freien Verfügung – für die Männer.

Inge und Heiner Müller sind gemeinsam unterwegs, zu Recherchen für die Stücke, bei der Realisierung auf der Bühne. Doch was die Dichterfreunde hinzieht zu den beiden, auch noch all die Jahre nach 1959, als die Müllers umziehen nach Berlin in eine Wohnung am Kissingenplatz, ist mehr als das nächtelange Diskutieren über Literatur, es ist die Literatur als Leben. Es ist die Liebe als Widerspiel des Unmöglichen mit dem Möglichen. Es ist auch ein Haschen nach Wind fürs eigene Lebenssegel.

Es ist die erotische Ausstrahlung Inge Müllers. Von den männlichen Besuchern noch heute kein Wort darüber. Als Frau drang in den Kreis bei den Müllers nur Christa Tragelehn, frisch verheiratet, ein. Ihr Blick: »Alle lagen Inge zu Füßen.« Brigitte Soubeyran sagt: »Inge

muß eine Königin in diesem Kreis gewesen sein.« Sie erlebt sie bei sich und Biermann, bei Freunden – nur wenige Male: »Trotzdem hat mich die Erinnerung an sie nie losgelassen. Sie war eine Frau, von der eine geheimnisvolle Kraft ausging und zugleich etwas sehr Schmerzliches.«

Die Anziehungskraft der Inge Müller. Nach Lehnitz pilgerten sie alle: Manfred Bieler, Wolf Biermann, Richard Leising, B. K. Tragelehn ...

Hinter der Pappfassade
Ein Nichts das wächst
Aus Allerwelt Kraft
Leben aus Möglichkeiten
Endlich Leben
Jedes für sich und nicht mehr auszugeben:
Die Wahrheit leise und unerträglich.

25

Wolfgang Müller, als er mit sechzehn Jahren aus der Bundesrepublik nach Lehnitz zu Besuch kommt und bleibt, fotografiert von seiner Schwägerin.

Ihr Schlafvertrauen zum Nächsten bröckelt. Der Bruch der Symbiose beginnt bereits in Lehnitz. Der Bruch als erneute Todeserfahrung. Ich sterbe, weil du nicht ganz bei mir bist. Der Todeskampf der Inge Müller beginnt, als die Außenstehenden lange noch nichts sehen. Das Eine als Antlitz dem Einen: »Kein Feuer kein Gott wir selber / Legen uns ins Grab...« Inge Müllers Liebe kennt keine Moral der Mäßigung oder des Verzichts. Sie lebt nun in der Hoffnung, man könne den Schmerz überspringen.

Die 32jährige nimmt sich den sechzehnjährigen Bruder Heiner Müllers. Der ist in den Ferien zu Besuch aus Reutlingen in Lehnitz. Wolfgang Müller bricht seine Gymnasialausbildung ab und bleibt in der DDR. Sein Leben wird aus der Bahn geworfen. Er wird sich durchschlagen als Landarbeiter, Schiffsmaschinist auf den Binnengewässern, als Kranführer, bis er sich findet als Schriftsteller mit seinen »Flußgeschichten«, die 1974 erscheinen und auch zwei Jahre später in der alten Bundesrepublik gedruckt werden.

Wolfgang Müller, Jahrgang 1941, wohnhaft in Schöneiche am Rande Berlins, wohin er die Mutter für die letzten Lebensjahre holte, bringt das Verzweifelte dieser Dreierbeziehung auf den Punkt: »Sie hat sich wohl gedacht, wenn man diese beiden Brüder zusammenklappen könnte, dann wäre das genau das Richtige.« Wolfgang Müller erlebt, wie Inge Müller an der Arbeit mit seinem Bruder beteiligt und zugleich ausgegrenzt ist: »Einer drückte dem anderen den Stempel auf. Und das war Heiner, als Inge anfing, in seine ureigene Welt einzutauchen, als sie anfing, Dramatik zu schreiben.«

Drei Jahrzehnte nach ihrem Tod weiß Wolfgang Müller: »Inge hat mit ihren Texten nicht gespielt. Heiner hat mit ihnen gespielt. Sie wollte die Welt verbessern. Sie wollte es bis zum Ende. Ihr Verlangen nach dem guten Menschen hatte etwas Zwanghaftes. Ihm konnte keiner genügen. So fühlte sie sich mehr und mehr verraten.« In ihren Gedichten zeichnet sie diesen Verrat nach:

Weil ich euch freund sein wollte
Einfach so
Stellt ihr mich an den Pranger
Mitte des Dorfs: Teich und der Anger
Ich wollte wir wärn nicht so.
Den Teich trinke ich aus
Verstreu die Entengrütze
Laß die Enten fliegen.
Hinterm Anger-Ginster
Wo die Pärchen liegen
Grab ich die Liebe aus.

Wolfgang Müller sagt über seinen Bruder: »Heiner war illusionslos genug, die Welt nicht zu verändern.« Doch der Weg in die Illusionslosigkeit ist ein Prozeß, der bei Heiner Müller offensichtlich zum Abschluß kommt, als ihm 1961 mit dem Stück »Die Umsiedlerin« der Prozeß gemacht wird – nach der Uraufführung auf der Studentenbühne der Hochschule für Ökonomie in Berlin-Karlshorst. Das Stück über die Zwangskollektivierung in der DDR, gespielt kurz nach Beginn des Baus der Berliner Mauer während der Ostberliner Theaterwochen, wird abgesetzt. Das Müller-Stück und seine Inszenierung durch Tragelehn sind ein Skandal für das Regime – nur noch vergleichbar mit der Protestresolution der Schriftsteller 1976 gegen die Ausbürgerung Wolf Biermanns.

Tragelehn wird aus der SED ausgeschlossen und zur »Bewährung«, wie es das Regime nennt, in den Braunkohletagebau Klettwitz arbeitsverpflichtet. Inge Müller schreibt den Text des Stückes noch in der Nacht nach der Aufführung ab, bevor das Original beschlagnahmt wird. Von allen, die an der Inszenierung beteiligt sind, werden die Exemplare eingesammelt.

Inge Müller mit ihrem Schwiegervater aus Reutlingen, der zu Besuch in der DDR ist: ein Sozialdemokrat, der sich dem NS-Regime widersetzte und 1951 mit Frau und Sohn Wolfgang in den Westen ging.

Was damals in der Schriftstellerverbandssitzung geschah, auf der Heiner Müller ausgeschlossen wurde und es keine Gegenstimme gab, wissen wir erst heute. Alfred Kurella verlangte von Inge Müller, sich von ihrem Mann zu trennen: »Sie sind doch eine Künstlerin, und das ist doch, wie soll ich sagen, Abschaum.« Die berühmte Anna Seghers schwieg. Inge Müllers ruhige Antwort: »Ich bleibe bei meinem Mann.«

Man muß diese Geschichte kennen, um zu ahnen, wo die Ursachen für Heiner Müllers Weg in den Zynismus liegen. Tragelehn spricht noch heute vom »säuischen« Verhalten der Autoren damals: »Da meinten ja nicht wenige, bereits tapfer zu sein, wenn sie sich bei der Abstimmung auf die Toilette verzogen.«

Noch in seiner Autobiographie bezeichnet Heiner Müller die »Umsiedlerin« als sein »liebstes Stück«: »Die Geschichte hat am meisten Stoff; sie ist auch am frischesten. Es ist ja immer so, am Anfang gibt es eine Unschuld in den Texten, die du nicht wiederfindest.«

Die Unschuld in den Texten am Anfang: merkwürdig, sie ist da, solange Inge Müller mit dabei ist. Nach den Beobachtungen von Wolfgang Müller ist der Stoff zur »Umsiedlerin« von Bruder und Schwägerin gemeinsam erarbeitet worden, ohne daß Inge Müller auch nur als Mitarbeiterin genannt wird. Nach der Wende bekennt Heiner Müller in einem Gespräch mit Ute Wittstock in der »Neuen Rundschau«: »Ich habe gerade bei den frühen Stücken immer mehr geschrieben, als ich wußte, und anderes, als ich wollte.«

Vielleicht ist dies der Anteil Inge Müllers an jenen Stücken. Die Streichung von Inge Müllers Namen aus dem Titel der ersten beiden Theaterstücke nach deren Tod sieht Heiner Müller kurz vor seinem eigenen Tod als einen Mangel an Souveränität. Und er sagt: »Ich war ganz unbarmherzig in meinen Urteilen gegenüber dem, was nicht nur Inge schrieb. Auch arrogant natürlich, wenn man sich selbst unter Wert verkauft fühlt. Das hat sie wohl sehr verletzt. Anfangs habe ich das gar nicht mitgekriegt. Sie hat mir jahrelang nichts mehr gezeigt. Die Gedichte sind absolut ihre Sache gewesen. Das war so eine Höhle, in die sie sich vor mir zurückgezogen hat.«

Gelernt hab ich
Was hab ich gelernt
Was nicht paßt wird entfernt
Was entfernt wird paßt
Ich bitte mich zu entfernen ...

So reagiert Inge Müller, und ihre Liebe kennt keine Distanz. »Wollen wir einander aufessen«, fragt der Dramatiker Heiner Müller, »damit die Sache ein Ende hat ...« Bei Inge Müller heißt es: »Wenn ich mich niederlege / Geh über mich hinweg.«

> Da kommt der schwarze Wagen
> Das Pferd, das geht im Schritt
> Und wer allein nicht laufen kann
> Den nimmt der Wagen mit.

Der schwarze Wagen

DA KOMMT DER SCHWARZE WAGEN
DAS PFERD, DAS GEHT IM SCHRITT
UND WER ALLEIN NICHT LAUFEN KANN
DEN NIMMT DER WAGEN MIT.

»...Und wer fängt uns auf? Gott?«
(W. Borchert 1946)

»Nimm dich nur ja in acht, daß du nicht stürzt«

(Aristophanes)

Heiner Müllers Bruder Wolfgang sagt: »Inge hat nicht nur ernst gemeint, sie hat auch ernst gemacht.«

> ...Wo sind eure Stimmen? Kein Echo? Schon
> ist alles leer, ich find nicht was ich hab
> Und geh und wasche für morgen
> Die Teetassen ab.

Wolfgang Borchert und Aristophanes im Blick: Hinweise Inge Müllers auf ihr Gedicht »Der schwarze Wagen«.

»Sie war getrimmt auf die Kleinigkeiten des Lebens von Jugend an«, erinnert sich Wolfgang Müller. »Wenn sie abwusch nach dem Essen – und es mußte sofort abgewaschen werden –, dann wischte sie jedesmal danach den Fußboden in der Küche. Sie konnte kochen, was wir nicht kannten. Und sie kochte gut. Das hat uns beiden Sachsenlümmeln aus der Wohnküche mächtig imponiert. Undenkbar, daß sie aus dem Haus ging mit einem losen Knopf am Kleid.«
Wolfgang Müller sah in Lehnitz fasziniert, wie Inge Müller locker Konversation zu machen verstand, beispielsweise mit Peter Hacks, dem »Mann mit den geschliffenen Manieren und der Fähigkeit, druckreif zu reden«. Wolfgang Müller sagt: »Ich sehe Heiner am sel-

ben Tisch und nicht so sehr sein literarisches Werk. Ich weiß, daß er immer sehr unsicher gewesen ist, dieser kleine gehaute Sozijunge. Es gärte und schwärte. Aber bis Heiner etwas sagt, dauert es lange. Und dann trug er es auf Papier aus. Immer ist bei ihm ein Rest von Minderwertigkeitsgefühl, was ihn in unnötige Taktiken trieb.«

Des Bruders Beobachtung: »Heiner kann dem anderen nicht in die Augen gucken. Wenn er angeschaut wird, rutscht sein Blick weg. Inge guckte in die Augen, war offen und ehrlich, machte, was sie dachte. Aber wenn es ums Schreiben ging, dann langte er Inge in eine Seite rein, nahm sich, was er brauchte. Das gab Probleme, wenn sie sagte: ›Ich bin auch einer, genauso wichtig wie du.‹ Sie fühlte sich untergebuttert, schloß sich in ihr Zimmer ein, spielte Akkordeon und schrieb.«

Inge Müllers Sohn Bernd hat es Jahrzehnte abgelehnt, über seine Mutter zu sprechen: »Ich könnte es noch heute nicht, wenn ich nicht eine Therapie gemacht hätte. Da ist so vieles durch Heiner verkorkst worden. Aber das ist keine Schuldzuweisung. Schön war der Anfang zu dritt. Aber sehr schnell habe ich Heiner immer nur als Kopfmensch empfunden. Er war unnahbar, selbst dann noch, wenn er charmierte. Da war nie viel Wärme. Inge hatte soviel Phantasie von innen heraus. Mir hat meine Mutter ihre Gedichte vorgelesen. Mit dem Akkordeon spielte sie Lieder an, und dann improvisierte sie. Ihr Lebensgefühl war meines.«

Bernd Müller erinnert sich an die abendlichen Zusammenkünfte mit den Künstlerfreunden: »Wenn sie das heulende Elend hatten, kamen sie zu Inge. Zum Diskutieren kamen sie zu Heiner. Ich hatte das Gefühl, sie dachten: Er ist nicht so sehr Mensch, aber wir können von ihm profitieren. Wenn es spät wurde, blieben drei. Irgend jemand weinte immer am Schluß, ob es Hacks war oder Tragelehn. Für sie war Inge zuständig.«

Wenn die Freunde kamen, wurde getrunken. »Irgendwann trank Inge heimlich. In Abständen, die kürzer wurden«, sagt der Sohn. »Wenn sie dann getrunken hatte, war das wie ein Aufschrei. Den ganzen Schmerz lebte sie im Alkohol aus. Bereits in Lehnitz begannen ihre Selbstmordversuche. Ein wesentlicher Grund war Heiner. Sie hat ja in seinem Schatten gelebt, als Stütze, nicht als gleichberechtigter Partner. Sie konnte ihren Mann stehen. Sie war praktisch, sehr hilfsbereit und sorgte für den Unterhalt.«

Und Heiner Müller? »Immer wenn es kritisch wurde, war er weg. Ein Fluchtmensch. Irgendwie ist Inge beim Arbeitstempo Heiners zurückgeblieben. Sie hätte nun seiner Stütze bedurft. Aber da war nichts.«

Heiner Müllers Wahrheit über das langsame Ende seiner Frau sieht

anders aus. In seiner Autobiographie schreibt er: »Acht Jahre vergingen mit Selbstmordversuchen. Ich habe ihr den Arm abgebunden, wenn sie sich die Pulsadern aufgeschnitten hatte, und den Arzt gerufen, sie vom Strick abgeschnitten, ihr das Thermometer aus dem Mund genommen, wenn sie das Quecksilber schlucken wollte, und so weiter. Es war eine schwierige Zeit, ohne Geld, mit Schulden. Sie litt ungeheuer unter solchen Dingen. Mir machte es nichts aus, asozial zu sein, aber für sie war es das Ende. Sie war sehr preußisch erzogen ...«

Die schwierige Zeit ohne Geld war die Zeit nach dem Desaster mit der »Umsiedlerin«, in der Berliner Wohnung, in der auch Bernd wohnt. »Butter war rationiert, Fleisch war rationiert. Alles die Folge der Kollektivierung in der Landwirtschaft«, erinnert sich Wolfgang

Der Mann, der 1961 mit seiner Inszenierung der »Umsiedlerin« das SED-Regime gegen sich aufbrachte: B.K. Tragelehn mit Inge Müller zu Zeiten der Verzauberung.

31

Müller. »Die beiden lebten vom Nichts. Es gab für sie keine Aufträge. Die beiden wurden gemieden wie die Pest. Auch die meisten Freunde waren weg. Nur Tragelehn half, wo er konnte, schleppte von Klettwitz Braunkohle heran, brachte sie im Rucksack zu Heiner und Inge. Paul Dessau und Ruth Berghaus wagten es zu kommen. Und wenn sie gingen, lag unter den Büchern ein großer Schein.« Und Wolfgang Müller selbst, als Binnenschiffer von der Kontingentierung der Lebensmittel verschont, brachte Essen herbei.

Zwei Jahre dauert die »Quarantäne«. 1963 darf von Heiner Müller in der Zeitschrift »Forum« erstmals wieder etwas gedruckt werden: das »Winterschlacht«-Gedicht. 1965 erscheint »Philoktet« in »Sinn und Form«. Inge Müller wird beauftragt, mit der Nachdichtung des Schauspiels »Unterwegs« von Viktor Rosow, die in der Inszenierung des Deutschen Theaters Erfolg hat und als Gastspiel nach Frankfurt/Main geht. Mit dem Stück »Bau« gerät Heiner Müller erneut ins Visier der Funktionäre, wird 1965 auf dem 11. Plenum des SED-Zentralkomitees kritisiert. Doch zum Hauptfeind wird auf dem Plenum Wolf Biermann mit seinen Gedichten und Liedern.

Ein Jahr nach dem Tod Inge Müllers hat Heiner Müller es geschafft. Er wird zum Lieblingskind der Theaterkritiker in der alten Bundesrepublik. Am Bochumer Schauspielhaus wird sein »Ödipus Rex« aufgeführt. Er wird bald mehr im Westen denn im Osten gespielt. Er siegt als Zyniker mit verstörend zerstörender Dramatik, seinem Staat treu verbunden. Eine Verbundenheit, die er nach der Wende in die Worte faßt: »Kunst hat und braucht eine blutige Wurzel. Das Einverständnis mit dem Terror gehört zur Beschreibung.«

Im Sinne des patriarchalischen Realitätsprinzips erweist sich Heiner Müller klüger als seine Frau. Er panzert sich so, daß er fast nie mehr an sich herankommen wird. Sie befreit sich von dem Wertverdrehungssystem des Dramatikers, seiner brachialen Sprachgewalt, dem Gaukelspiel der Lüge als Kunst der Ehrlichkeit, dem brechtoiden Verhalten, Wahrheit aus der Unwahrheit zu gewinnen.

Es ist eine Befreiung, die auf Rettung aus ist. Inge Müllers Gedichte entstehen in ihren letzten sieben Lebensjahren. Heiner Müller flieht vor solch einer Befreiung, und ihre Gedichte wissen, daß er der Tragik ihres gemeinsamen Lebens nicht entkommen wird. Die Lyrikerin geht von Selbstmordversuch zu Selbstmordversuch. Den Kern der Conditio humana nur noch findend, wenn der Stoffwechsel stockt. Jede Rückkehr aus dem Selbstmordversuch erweist sich als Niederlage: »Ohne Boden kann ich nicht stehn. / Nur singen. / Oben irgendwo ganz unten.« Sie schreibt: »Es wurde gefragt: Habt ihr ein Herz / Sie hatten keins / Habt ihr ein Hirn / Sie hatten keins / Habt ihr vergessen / Ja, sagten sie …«

Der 56jährige Regisseur und Drehbuchautor Wolfgang Müller begann in der DDR als Landarbeiter, Schiffsmaschinist und Kranführer. Immer wieder bewahrte er Inge Müller vor dem Selbstmord.

Inge Müllers Hilferufe decken die ganze Welt als verkehrt auf, auch die, an die sie anfangs in der DDR geglaubt hat. Bitter formuliert sie: »Einmal kommt / Von uns gesandt / Der vorgeahnte / Mensch / Protzt ihr / Die ihr uns / Ins Straßenpflaster stampft.«

In ihrer Lyrik fragt Inge Müller: »Wer ist der Jäger, wer ist die Beute?« Heiner Müller ist kein Jäger, aber er ist ein Bewunderer der Jäger geworden. Sie weiß: »Der Verlierer braucht den Sieg.«

Heiner Müller siegt über seine Kindheit, siegt über seinen Vater, der Mut vor 1945 und Klarsicht nach 1945 hatte. So erfolglos wie sein Vater wollte er nicht werden. Sein Beispiel ist so abschreckend wie das Beispiel seiner Frau.

Inge Müller bleibt auf der Seite der »Versager«, die »Ausgetreten ganz aus sind / Die im Aus anfangen«, die das Anfängliche verteidigen: »Wo ist einer, einer so / Der leben macht, was ihm zu tot ist / Und leben anders will.« Inge Müller sieht sich dem Grab konfrontiert, aus dem sie 1945 auferstanden ist. Sie lebt wort-getreu. Ihre Offenheit bleibt die ekstatische Erfahrung aus dem Schutt und der Asche aller Ordnung.

Sören Kierkegaards Erkenntnis drängt sich auf: Die Wahrheit wird immer ans Kreuz geschlagen. Wer sie nicht in sich tötet, wird Opfer. Die späteren Stücke Heiner Müllers sind gar nicht so weit vom Standpunkt Kierkegaards entfernt. Doch Heiner Müller folgt ihm nur in das »Tagebuch eines Verführers«, dem Hohenlied der ästhetischen, nach Kierkegaard amoralischen Lebensweise. In dem 1980 entstandenen Stück »Quartett«, dem Hohenlied erotischer Beutekunst, ist Inge Müllers Tod gerechtfertigt, wenn Heiner Müller seinen Verführer Valmont sprechen läßt: »Ich will Ihr Blut befreien aus dem Gefängnis der Adern, das Eingeweide aus dem Zwang des Leibs, die Knochen aus dem Würgegriff des Fleisches ... Ich will den Engel, der in Ihnen wohnt, entlassen in die Einsamkeit der Sterne.«

Als Tote bleibt Inge Müller dem Dramatiker unvergessen: »Die Beute hat Gewalt über den Jäger.« Bei Inge Müller klingt das so:

Befindlichkeiten: Inge Müller über ihre Beziehung zu Heiner Müller, der als Pepe seiner Tuppa ein Schlaflied schreibt.

> Ja, hättest du das eine Mal
> Mich nicht so ganz vergessen
> Hätt ich vielleicht statt solcher Qual
> Und statt der blinden Augen
> Hand Kopf Herz in den Wind gestellt
> Zu sehn ob sie was taugen.
> Das eine Mal das andre Mal
> Ich hab es wohl verwunden
> Der Wind zählt Haar und Blatt

WIR LAGEN IM GRAS
Und sahn die Kiefern beben
Im Wind. Daneben schwamm
Eine Wolke sehr weiß.
Das Schilf sang am Fluß
Und der Wind blieb stehen
Einen Atemzug lang.

Wir lagen im Gras
Und sahn die Kiefern beben im Wind. Daneben
Schwamm eine Wolke sehr weiß.
Das Schilf sang am Fluß.
Und der Wind blieb stehn
Einen Atemzug lang.

Du fragst, ob ich bei dir bleibe –
Ich hab die große Reise, ~~schon~~
Schon lange angetreten
Und du weißt es (wenn du auch
~~[illegible]~~ ersten Schritte nicht gesehen hast)
~~[illegible]~~
Den längsten Teil des Wegs oder
Den letzten gehn wir vielleicht gemeinsam
Am Ziel sind wir allein
Und nur was ~~man~~ getan hat zählt
In der letzten Stunde
Die uns bleibt,

Duett für Tuppa + Pepe

T Schlaf, Pepe, unter der grünen Decke
In deinem Vogelhaus.
Wenn die Sterne sich hinter der Sonne verstecken
Laß ich dich wieder heraus –

P Schlaf, Tuppa, unter der weißen Decke
Und träum vom grünen Wald
Du dirigierst den großen Vogelchor
Wir singen so laut, daß es schallt,

Wir leben und zählen die Stunden.
Und wenn ich dich einst wiederseh
Ich seh dich sicher wieder
Sitz ich, ein Vogel, überm Wald
Und sing dir meine Lieder
Von allen Bäumen singts wie ich:
Da sind wir wieder.

Inge Müller wehrt sich gegen eine Gegenwart, die keine Ursprünglichkeit mehr besitzt, in der die Ursprünglichkeit nichts als eine Redensart ist, in der der Ursprünglichkeit hinterlistig deren Bedeutung entwunden worden ist. Heiner Müller spielt mit den Abgründen des Lebens, über die er sich erhoben hat. So kann er in der Lehre des Systems der Heuchler bleiben. Inge Müller bleibt in den Abgründen der Existenz, in der Existenzmitteilung, die dem Leser ihrer Gedichte kein Ausweichen lassen, die ihn physisch angreifen, strangulieren, sofern er nur auf den Höhenflug seiner Seele aus ist.

Die Unauffälligen
Die stolperten weil sie den Weg sahn
Die stotterten weil sie die Sprache verstanden
Die fielen weil sie aufstanden
Gegen die Kälte
Mit Selbstsucht
Sie machen sich nichts vor
Wenn kein Wort mehr hilft
Finden sie ein neues
Im Sterben
Planen sie das Leben.

Inge Müller ist keine Heilige. Aber sie bleibt in ihrer Wahrheit, sich immer wieder auszugraben aus der Steinigung, die das Leben bedeutet. Sie will nicht vergessen. Fern aller Feminismen zeigt Inge Müller das Gleichheitspostulat als eine Illusion, das nicht einmal im Tode aufrechtzuerhalten ist:

In den Gaskammern
Erdacht von Männern
Die alte Hierarchie
Am Boden Kinder
Die Frauen drauf
Und oben sie
Die starken Männer:

Freiheit und democracy.
Ein Blick von einer Macht zur
anderen Macht.
Von einer Nacht in die andere
Nacht ...

So beginnt Inge Müllers Gedicht »Europa« – der Kampf der Stärkeren gegen die Schwachen. Noch in den Gaskammern trampelten die Männer Kinder und Frauen nieder, standen sie auf ihnen, um sich dem Tode zu entziehen. Die alte Hierarchie.
In einem solchen Gedicht steckt kein Traum mehr von einer besseren Welt. Und doch: Um der tödlichen Hinfälligkeit entgegenzuwirken, unterwirft Inge Müller ihre Sprache einer ungeheuren Wiederbelebung:

Die Nacht sie hat Pantoffeln an
Aus Tierhaut und aus Gold
Im Stiefelschritt marschiert der Tag
Der unsere Nacht einholt

Wenn morgens früh im Dämmerlicht
Der Star vom Dachrand schreit
Bleibt dein Gedicht und mein Gedicht
Wir und die Nacht sind weit.

Die Zeit, in der Inge Müller lebt, hat das Wissen angehäuft wie nie zuvor. Aber die Leidenschaft, die mit dem Wissen wenig und dem Erkennen alles zu tun hat, hat diese Zeit verloren. Inge Müllers Leidenschaft, diese alte Leidenschaft, die sie in den Gedichten weitergibt, führt in die Schwermut. Ihrer Leidenschaft wird Krankheitscharakter zugewiesen. Das beruhigt die Verdränger.
Heiner Müller schickt seine Frau zum Psychiater, einem Jugendfreund, der mit der Heuchelei des SED-Systems selbst nicht zurechtkommt und sich nach dem Tod Inge Müllers das Leben nimmt. Der appellative Charakter ihrer Selbstmordversuche bleibt unübersehbar:

Wenn ich schon sterben muß
Will ich noch einmal
Mit euch durch den Wald gehn
Und vorbei am See in Lehnitz oder
Irgendwo; noch einmal möcht ich sehn:
Himmel
Berge
Meer

Arbeiter und Landstreicher
Äcker und Großbauplätze
Städte am Morgen und bei Nacht
Den alten Chinesen, der das ABC lernt und das
Schreiben
An der Hand seines Enkels;
Vom Flugzeug aus sehn: die Haut der Welt…
Da werd ich viel zu glücklich sein…
Zum Sterben.

Der einzige, der damals in panischer Angst lebt, ist Inge Müllers Sohn Bernd. Einer, der ihr nicht helfen kann, weil er sich mit seiner zerstückelten Biographie selbst nicht zu helfen weiß. »Für mich lebt sie, wie ich sie während meiner Armeezeit im Urlaub sah, als ich sie mit meiner Freundin besuchte«, sagt er und kramt aus einem alten Koffer zwischen Gedichtmanuskripten, Fotos, Briefen ein Telegramm Heiner Müllers vom 2. Juni 1966 hervor: »Blitz Soldat Bernd Müller Johanngeorgenstadt Blitz Berlin Lieber Bernd Mutti ist plötzlich verstorben. Ich warte auf Dich Vati.«

»Ich hab' sie nicht mehr gesehen«, sagt Bernd Müller. »Ich hatte Angst, sie zu sehen als Tote.« Auch seinen erfolgreichen Adoptivvater Heiner Müller hat er die letzten zwei Jahrzehnte nicht mehr gesehen: »Ich hab' versucht, Kontakt herzustellen. Nach meiner Heirat, als ich Vater geworden bin. Ich hab' ihn aufgesucht mit dem Kind. Einmal und nie wieder. Ich hab' das Gefühl gehabt, mein Besuch war ihm lästig.« Heiner Müller hat den Adoptivsohn nie aufgesucht. Der schlug sich durch als Bühnenarbeiter, Schauspieler, Regieassistent. Seit zehn Jahren ist er Holzschnitzer.

Der 49jährige Holzschnitzer Bernd Müller, Sohn der Dichterin, in seiner Werkstatt in Kuhhorst bei Fehrbellin über seinen Adoptivvater Heiner: »Immer, wenn es kritisch wurde, war er weg. Ein Fluchtmensch.«

Bernd Müller erinnert sich an seine Angst vor den Selbstmordversuchen seiner Mutter: »Ich rannte von der Schule nach Hause. Sie hat den ganzen Tag gearbeitet, zurückgezogen in ihrem Zimmer. Mein ewiger Gedanke: Hat sie getrunken oder nicht? Es gab fast sichere Anzeichen dafür, daß etwas passierte. Wenn sie stundenlang Akkordeon gespielt hatte und es dann still wurde. Ich hab' gelauscht, auch wenn die Balkontür aufging oder das Fenster. Ich bin rein und hab' mich angeklammert wie ein Verrückter, wenn sie zu springen versuchte.«

Oft war Wolfgang Müller als Lebensretter in der Nähe. »In Lehnitz waren es die Pulsadern, die sie sich aufschnitt«, sagt er. »In Pankow war es der Gasherd in der Küche. Wenn du zum vierten Mal das Blut aufgewischt hast, wenn du zum vierten Mal den Kopf aus dem Gasherd gezogen hast, kommst du an den Punkt, wo du zu dir sagst: Wenn sie es doch endlich schaffen würde. Irgendwann, wenn es wieder soweit ist, und man wußte das ja inzwischen, irgendwann sagt man sich: Bleib weg.«

Brigitte Soubeyran, inzwischen von Biermann getrennt, als sie im Februar 1966 zu einem Abend bei Hans Bunge, dem Leiter des Brecht-Archivs geht, begegnet dort zum letzten Mal Inge Müller: »Der Bunge führte in seiner großen Wohnung einen literarischen Salon, in dem sich Ost und West trafen, Enzensberger und Peter Weiss, Hacks und Hermlin. Wer kam, brachte seine Frau oder Freundin mit. Inge Müller kam allein wie ich. Es wurden Unmengen von Rotwein getrunken und unmäßig geraucht, auch klug geredet. Es war letztlich doch das Gegockel von Hähnen, um die sich alles gruppierte. Es ödete mich an. Ich ging in die Küche, wo die Mäntel gestapelt waren, um zu verschwinden. Dort traf ich Inge. Sie war betrunken. Mit dem Sprechen ging es nicht. Aber sonst war ihr nichts anzumerken. Was sollen wir hier eigentlich, sagten wir uns, suchten nach unseren Mänteln. Sie lächelte mich an. Es war fast eine Zärtlichkeit da. Und etwas Trauriges, das uns verband für einen Augenblick. In der Notbeleuchtung gingen wir den Treppenflur hinunter. Hinter einer Bogenlampe verschwand sie im Dunkel. Ich spürte, sie war viel unglücklicher als ich. Nach dem Selbstmord machte ich mir Vorwürfe: Hättest du nicht helfen können?«

B. K. Tragelehn erinnert sich an die letzte Lebensphase Inge Müllers so: »Sie wurde aggressiv gegen alle, nicht nur gegenüber Heiner, den sie mit Vorwürfen überschüttete. Sie fing an, Manuskripte zu zerreißen. Manchmal kam Heiner und schlief bei uns. Sie rief nachts an, schimpfte, weinte oder sagte am Telefon kein einziges Wort.« Karl Mickel berichtet, wie er nächtens Heiner und Inge Müller, die mit ihren Problemen zu ihm kamen, »hinausgeschmissen« hat. In der Nacht zum 1. Juni 1966 ruft Inge Müller Hans Bunge an, der bereits mehrmals nach solchen Hilfeschreien zu ihr gefahren ist. Diesmal fährt er nicht. Diesmal stirbt sie – im Gas.

Heiner Müller sagt über die Todesnacht: »Eigentlich wollte ich schnell nach Hause, aber auf dem S-Bahnhof treffe ich Adolf Dresen, und der redete und redete. Dann hab' ich eine S-Bahn nach der anderen verpaßt, und als ich viel später kam als erwartet, war es zu spät. Ich fand sie tot.« Und was sagt Inge Müller?

> Das war Liebe
> Als ich zu dir kam
> Weil ich mußte
> Das war Liebe als ich von dir ging
> Weil ich wußte.
> Die alte Scham ist falsche Scham.

Da half kein Gott und kein Danebenstehn

Und ich ging. Und da war nichts getan
Ich sah mich und dich
Und sah die andern an
Und es reichte noch nicht

Da half kein Auseinandergehn.

In Heiner Müllers Prosastück »Todesanzeige«, das 1975 unter dem Titel »Wüsten der Liebe« im »Literaturmagazin« des Rowohlt-Verlags erschien, heißt es: »Sie lag in der Küche auf dem Steinboden, halb auf dem Bauch, halb auf der Seite, ein Bein angewinkelt wie im Schlaf, der Kopf in der Nähe der Tür. Ich bückte mich, hob ihr Gesicht aus dem Profil und sagte das Wort, mit dem ich sie anredete, wenn wir allein waren. Ich hatte das Gefühl, daß ich Theater spielte. Ich sah mich an den Türrahmen gelehnt, halb gelangweilt, halb belustigt einem Mann zusehen, der gegen drei Uhr früh in seiner Küche auf dem Steinboden hockte, über seine vielleicht bewußtlose, vielleicht tote Frau gebeugt, ihren Kopf mit den Händen hochhielt und mit ihr sprach wie mit einer Puppe für kein andres Publikum als mich…«
»Ich werde mit ihrem Tod nicht fertig«, sagte Heiner Müller zu dem Schriftsteller Harald Gerlach. »Eigentlich müßte ich mich zehnmal umbringen. Statt dessen stilisiere ich mich. Es ist mein Mechanismus, mit ihrem Tod umzugehen.«
Wolf Biermann erinnert sich an das »Idealpaar« von einst: »Solche aufstrebenden Dummköpfe wie ich besuchten damals eben den Mann, den Heiner, den fertigen Dichter. Man wußte womöglich, daß neben Müller diese Zuarbeiterin da auch schreibt oder gelegentlich geschrieben hat, Gedichte, ja… Mich hat dieser weibliche Schatten im Müllerschen Mondlicht nicht groß geblendet. Brecht war meine Sonne. Wir ahmten seine Heiligkeit nach…«
Im Rückblick auf jene Zeit formuliert er in seinem Buch »Klartexte, Getümmel«: »Wir wollten die Menschheit retten und hatten nicht die Puste für unsere Nächsten. Dabei wurstelten wir damals alle, auch Heiner, am Rande der DDR-Gesellschaft. Aber wir fühlten uns als das Zentrum des Randes. Aber Inge, die Frau des Großen Dichters, war am Rande des Randes. Inge Müller war immer am Rand. Und daß sie 1966 übern Rand kippte, blieb – leider – auch am Rande unseres Interesses. Jetzt kommt das dicke Ende nach. Inge Müllers Gedichte.«
Diese Gedichte gehören zur Höhenlinie deutschsprachiger Lyrik,

die von Else Lasker-Schüler über Ingeborg Bachmann bis zu Sarah Kirsch reicht. Wenn Sarah Kirsch das Bild vom Bethlehem-Stern und nach dem Verlassen der DDR das vom »Stern aus Papier« benutzt, um dann zu schreiben: »Uns gehört der Rest des Fadens…«, dann weiß sie vom Anfänglichen – unbedingt. Ihr Sprung »auf das letzte fahrende Schiff im September«, um dem »Festland« zu entkommen, ist eine Metapher der Gefährdung, in der der Tod lebendig ist.

Bei Ingeborg Bachmann ist es der »Austritt« aus der Gesellschaft in den »anderen Zustand«, an dem sie zugrunde geht. Inge Müllers Ich grenzt an das Ich von Ingeborg Bachmann. Ingeborg Bachmanns »anderer Zustand« der Liebe soll die »Gegenzeit« begründen, soll die immer wieder mit neuen ideologischen »Redensarten« erbauten Kulissen, in denen wir leben und die wir für die Wirklichkeit ausgeben, niederreißen. Als leidenschaftlich Liebende hat Ingeborg Bachmann alles auf eine Karte gesetzt: »…Versprechen für unkündbar erklärt / angehimmelt ein Etwas und fromm gewesen vor einem Nichts …« Und: »Nicht dich habe ich verloren / sondern die Welt.« Peter von Matt schreibt in seinem Buch »Liebesverrat«: »Undine kommt. Hans verrät seine Menschenfrau. Er verrät seine Ordnung. Er folgt der Wasserfrau. Liebe geschieht. Und Hans verrät die Wasserfrau. Er verrät die Undine-Liebe. Er tritt zurück in seine Ordnung. Undine geht.« In Ingeborg Bachmanns Erzählung »Undine geht« geht das Liebesdilemma der Inge Müller auf: »Ihr Menschen! Ihr Ungeheuer! Ihr Ungeheuer mit dem Namen Hans … Ihr mit euren Musen und Tragtieren und euren gelehrten, verständigen Gefährtinnen, die ihr zum Reden zulaßt … Verräter! Wenn euch nichts mehr half, dann half die Schmähung. Dann wußtet ihr plötzlich, was euch an mir verdächtig war …«

Am Ende Ingeborg Bachmanns die Fragestellung: »Wer bin ich, woher komme ich, was ist mit mir, was habe ich zu suchen in dieser Wüste …?« Genauso hat Inge Müller am Ende empfunden.

Am Anfang Inge Müllers Kinderreim:

> Der Apfelbaum da steht er
> hoch ist er drei, vier Meter.
> Hans sitzt oben drauf.
> Hans paß auf –
> Fall nicht in den Himmel!

Am Ende die Feststellung: »Ich nicht ihr habt mich aufgegeben / Pauschal und objektiv…« An Heiner Müller die Frage: »Wer entzündete heimlich den Scheiterhaufen / Als Dido Reisig trug, den

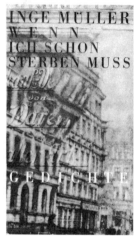

Erst ein Jahrzehnt nach ihrem Tod durfte mit dem »Poesiealbum 105« eine eigenständige Publikation Inge Müllers erscheinen, ihr Selbstmord aber nicht erwähnt werden. 1985 kam die erste umfassende Sammlung ihrer Lyrik heraus.

41

Zum 30. Todestag Inge Müllers wurde für eine neue Publikation der gesamte Nachlaß berücksichtigt. Ihre Grabstelle wurde abgerissen. Für die Umwandlung in ein Ehrengrab war Inge Müller der Stadt Berlin nicht prominent genug.

Liebsten, den Sohn / Der Venus zu wärmen mit ihrem Leib? / Wer stieß Sappho, daß sie im Meer versank? Du redest nicht davon.« Immer noch Sehnsucht, wo sie keine Hoffnung mehr sieht: »Ich möchte dir deine Ketten abnehmen; / Wer kann das. Ich weiß / Ich bin dumm; aber ich liebe dich / Und ich liebe dich nicht um jeden Preis.«

Inge Müller ist am Ende ihrer Leidensfähigkeit: »Und wie das Kind vom Regenbogen / Bin ich um alles betrogen ... Die Länder eh sie noch genannt sind / werden bebaut, besetzt und sind vertan ... Setz Fuß vor Fuß ins Leere nebenan / So das Nichts fest unter den Füßen ...« Heiner Müller ruft sie zu: »Du zitterst vor Eigenliebe, Narziß«.

Ich bin nicht dein Vorwurf. Vielleicht
Mein eigener und dein Spiegel manchmal
Ich werfe mir vor, was dich quält ganz umsonst
(Einen Sohn hab ich geboren, einen Baum gepflanzt
Und sie aufgezogen: den Nachtrag hat Konfutse vergessen;)
Wir leben nicht weise, denn wir verbrennen
Der Weisheit Schluß und erkennen nichts und
Uns selbst nicht mehr, wenn wir schweigen.
Ich wünschte, ich könnt dich zum Reden bringen.

Heiner Müller redet im Juni 1995, dem Todesmonat seiner Frau
Inge. Er hat eine schwere Krebsoperation überstanden, und er weiß,
daß er bald sterben wird. Um nicht an seiner Schwäche zu zerbrechen, hat er den Kult der Stärke auf die Bühne gebracht. Stalin und
Hitler als Teufelswerk, Odium des Bösen. Inge Müller hat in ihrer
Lyrik auf die Leichenwörter deutscher Geschichte ohne die Verschanzungen Heiner Müllers geantwortet. Nun ist auch er ohne Verschanzung. Nun huscht er nicht mehr über die gemeinsame Zeit mit
Inge Müller hinweg, wie er es noch 1992 in seiner Autobiographie tat.
»Ich hatte die Erfahrung, daß Inge nie einen Selbstmordversuch
gemacht hat, wenn ich nicht zu Hause war«, sagt er. »An dem Tag,
an dem das passierte, war ich am Nachmittag im Deutschen Theater
und hab' zum erstenmal gefragt, ob sie mir nicht eine Wohnung
besorgen können oder ein Zimmer, wo ich in Ruhe arbeiten kann,
weil es zu Hause nicht mehr ging.«
Rechnet man sich an, daß man die Liebesbettlerin Inge Müller nicht
erkannt hat?
»Ja, das muß man schon sagen.«
Bohrt diese Geschichte in einem ewig?
»Ich denk' schon. Nur bin ich ein guter Verdränger. Das kommt
dann in die Literatur.«
Von einer Frau so geliebt zu werden, heißt das, wir Männer bringen
uns immer rechtzeitig in Sicherheit?
»Ja, sicher.«
Hält man ein solches Gefühl nicht aus?
»Ich weiß nicht. Ich bin da Anhänger Goethes, nicht über mich
nachzudenken.«
Koketterie?
»Nein. Das ist nicht kokett. Es ist etwas anderes, wenn ich schreibe.
Das ist die eigentliche Existenz.«
Daß die Katastrophe seiner Beziehung mit diesen Worten zwar
offen, aber nur vordergründig erklärt wird, zeigt sein spätes Gedicht
über Inge Müller:

Gestern habe ich angefangen
Dich zu töten mein Herz
Jetzt liebe ich
Deinen Leichnam
Wenn ich tot bin
Wird mein Staub nach dir schrein.

»Sie hat eine kleistische Vorstellung von der Liebe gehabt«, sagt Heiner Müller. »Sie war die Penthesilea.«
»Ich habe immer versucht, Vergangenes zu vergessen, vergangen sein zu lassen«, sagt er. »Sonst hätte ich nicht überlebt.« Daß er von seinem Adoptivsohn Bernd nach dem Tode Inge Müllers nichts mehr habe wissen wollen, »ist leider richtig«. Daß er von seinem tapferen sozialdemokratischen Vater, der in den Westen ging, nichts mehr wissen wollte und dessen Widerstand gegen die Nazis mit einem bösen Text desavouierte, ist ihm nun unerträglich.
»Vatermord?«
»Ja, es war ein richtiger Vatermord.«
»So sehen Sie es heute?«
»Ja, ja.«
»So würden Sie Ihren Vater heute nicht mehr beschreiben?«
»Nein.«
»Der Vater hat Ihnen doch alles vorgelebt, was Widerstand ist?«
»Ja, ich habe ihn einfach zu einer Schachfigur gemacht. Dieser Text ist also geschrieben im Kostüm von Stalin.«
Zum Abschied sagt Heiner Müller: »Ich würde mich ja eher als Romantiker sehen, nicht als Zyniker.«
Heiner Müller ist bei Brecht, Heinrich Mann und der Seghers auf dem Dorotheenstädtischen Friedhof beerdigt. »Mich haben Gräber nie interessiert. Mein eigenes würde mich auch nicht interesssieren. Für Inges Grab muß ich etwas machen«, höre ich ihn noch sprechen. Brigitte Maria Mayer, die letzte Frau des Dramatikers, hat es für ihn getan. Im Ehrenhain des Friedhofs Pankow III ließ sie zum dreißigsten Todestag Inge Müllers einen von ihr gestifteten Gedenkstein aufstellen, geschaffen von demselben Künstler, der auch die Stele für Heiner Müllers Grab schuf. Die Stele für Inge Müller durfte nicht an der wirklichen Grabesstelle stehen. Inge Müller erfüllt nicht die Berliner Kriterien, die ihr ein Ehrengrab einräumen würden.
Seit 1996 gibt es wieder eine Ausgabe der Werke Inge Müllers auf dem Buchmarkt: »Irgendwo; noch einmal möcht ich sehn«, erschienen im Aufbau-Verlag, Berlin. Damit endet vorläufig eine völlig mißglückte Rezeptionsgeschichte. Unmittelbar nach Inge Müllers Tod am 1. Juni 1966 bereitete der Aufbau-Verlag einen Band ihrer

Gedichte vor, der nicht erscheinen durfte. Ein Jahrzehnt später setzte Bernd Jentzsch als Herausgeber der populären Reihe »Poesiealbum« die Veröffentlichung von 37 Gedichten durch. In den biographischen Angaben durfte der Selbstmord der Dichterin nicht erwähnt werden. Der Fortschrittsoptimismus der DDR duldete keine Selbstmörder. Erst 1985 durfte der Aufbau-Verlag auf seine alte Ausgabe zurückgreifen und sie, vermehrt um dreißig Texte, herausbringen. Das Interesse war gering.

Als sich aber 1986 der damals 23jährige Torsten Heyme, heute Mitarbeiter an einem Modellversuch der Bundesregierung für obdachlose Kinder in Berlin, als Autodidakt, versehen mit einer Videokamera von Katja Havemann, auf den Weg machte, das Leben der Inge Müller in einem Film zu dokumentieren, und die Zeitzeugen befragte, wurde seine Wohnung aufgebrochen, wurde er zusammengeschlagen. Die Frau von B. K. Tragelehn versteckte das Material bei sich. Es wurde ein faszinierendes Filmdokument von sechs Stunden Länge, aus dem Heyme eine zweistündige Fassung herstellte. Auch die wollte zum siebzigsten Geburtstag Inge Müllers niemand im Fernsehen senden.

Und in der alten Bundesrepublik? 1986 erschien bei Luchterhand in Lizenz die Ausgabe aus dem Aufbau-Verlag. Sie wurde verramscht. Auch eine Auswahl von dreißig Gedichten Inge Müllers, zusammen mit dem Versuch einer Annäherung von Blanche Kommerell, im Gießener Kleinverlag Edition Literarischer Salon erschienen, wurde kaum wahrgenommen.

Von Heiner Müllers Witwe gestifteter Gedenkstein: Christa Tragelehn an der Stele. Brigitte Maria Mayer-Müller bei der Einweihung. Eberhard Esche liest Inge Müller.

> Ich schrieb und schrieb
> Das Grün ins Gras
> Mein Weinen
> Machte die Erde nicht naß
> Mein Lachen
> Hat keinen Toten geweckt.
> In jeder Haut hab ich gesteckt.
> Jetzt werd ich nicht mehr schrein –
> Daß ich nicht ersticke am Leisesein!

Theo Harych:

Tief im Herzen die Anarchie

Sich lösen von der Kindheitskatastrophe hieß, Geschichten zu erzählen. »Er erzählte das Elend wunderbar«, erinnert sich die 92jährige Helene Possiwan. »Wir Kleinen krochen mit unserem Bruder hinter den Kamin und lauschten ihm begeistert.« Es waren Geschichten des Hungers und der Prügel. Geschichten, die ein Entkommen verhießen. Die polnischen Harychs aus der preußischen Provinz Posen hatten neun Kinder. Armeleutekinder als Arbeitsvieh für die Bauern, die noch nicht ihre Landwirtschaft versoffen hatten wie der Vater. Schnaps war die Traumwährung für die Erwachsenen, Erzählen die für den am 19. Dezember 1903 in Doruchow geborenen Häuslerssohn Theo Harych, der mit fünfzehn Jahren dem Knechtsdasein entfloh.

Theo Harych – ein Junge wie der Stanislaus aus Samotschin, von dem der zehn Jahre früher geborene Kaufmannssohn Ernst Toller in seinem Buch »Eine Jugend in Deutschland« erzählt. »Warum essen sie bei Stanislaus Pellkartoffeln, und wir haben Braten?« fragt Toller als Junge seine Mutter. Und die Mutter antwortet: »Weil Gott es will.« Diesen Gott verfluchte Theo Harych, für den Pellkartoffeln allenfalls ein Sonntagsgericht waren, oft genug aus einem Schweinetrog gestohlen. Aber auch dem Kommunismus, dem Gott, der keiner war, schloß er sich nicht an – fasziniert von dem sozialen Rebellen Max Hoelz, den er als Kumpel im Geiseltal bei Merseburg kennengelernt hatte.

Was ihn zu Hoelz, dem Führer des Mitteldeutschen Aufstandes, hingezogen hatte, war dessen anarchische Leidenschaft, den Reichen zu nehmen und den Armen zu geben, Gerechtigkeit spontan herzustellen. Tief im Herzen trug Harych die Anarchie, wie sie Erich Mühsam beschrieben hatte: »Der Anarchist geht keine freiwilligen Verpflichtungen ein, die die Selbstbestimmung beeinträchtigen oder ihn einer Autorität unterwerfen können.« Theo Harych hatte weder den Mut noch die Unerschrockenheit eines Max Hoelz, den Stalin in der Oka bei Gorki 1933 wahrscheinlich ertränken ließ, oder eines Erich Mühsam, den die Nazis 1934 im KZ Oranienburg umbrachten. Im »Dritten Reich« duckte Harych sich, um der Vereinnahmung zu entkommen.

Ernst Toller, Sohn eines wohlhabenden Kaufmanns, kam wie Theo Harych in der Provinz Posen zur Welt. Als Dichter erinnert sich Toller an seinen polnischen Spielkameraden, der so arm war wie Theo Harych, der Hütejunge und Knecht.

47

Entscheidung für Deutschland: Maria und Theo Harych und seine jüngeren Schwestern Helene und Magdalena mit ihren Ehemännern in Berlin. Davor deren Kinder, rechts Horst Harych. Die älteren Geschwister votierten für Polen.

Theo Harychs Sohn Horst, Jahrgang 1930, Sozialmediziner in Dresden, erinnert sich: »Im Herbst 1949 stand in der ›BZ – am Abend‹ ein Aufruf mit der Überschrift ›Schreib's auf, Kumpel!‹. Eine Aufforderung, aus dem Arbeiterleben zu berichten. Wir wohnten am Rande Berlins, und mein Vater hatte in seiner Freizeit gerade damit angefangen, nur für mich seine Familiengeschichte aufzuschreiben. Zwanzig, dreißig Seiten waren fertig, als wir den Aufruf sahen. ›Toll, schick das doch mal ein‹, habe ich ihm gesagt. Und so ist es geschehen – mit sehr viel Bedenken. Er war ja von der Schulbildung benachteiligt, hatte nur eine dreiklassige Dorfschule besucht.«

Zehn Tage später bekam der Vater vom Verlag Volk und Welt ein Telegramm, sich einzufinden. »Haben Sie das geschrieben, Herr Harych?« hörte er Cheflektor Joachim Barckhausen sagen, und er hörte auch den zweifelnden Unterton in dessen Worten. »Wer hat Ihnen dabei geholfen?« »Niemand.« Mit diesen zwanzig, dreißig Seiten begann der Weg Theo Harychs in die Literatur, weit weg vom rigiden »Sozialistischen Realismus« des »Bitterfelder Weges«, der 1959 kreiiert wurde. Da war Theo Harych, nur 54 Jahre alt geworden, bereits tot.

Barckhausen, Jahrgang 1906, in Westberlin wohnend, lediglich zwei Jahre Cheflektor in dem Ostberliner Verlag, versorgte Theo Harych mit Anschauungsmaterial von Anna Seghers bis Maxim Gorki und ließ diesem Erzähltalent in seiner Ursprünglichkeit freien Lauf.

»Mein Vater schrieb wie im Rausch«, erinnert sich Sohn Horst. »Irgendwann waren die Finger wundgescheuert, und er hat sie mit Leukoplast umwickelt, um weiterzumachen. Aus innerer Begeisterung. Am Anfang hatte er an Barckhausen jeweils dreißig Seiten weitergegeben. Als er merkte, daß er gut ankam, hat er dann alles auf einmal durchgezogen. 466 Seiten in drei Monaten.«

Im Jahre 1951 erschien das Buch unter dem Titel »Hinter den schwarzen Wäldern«. Zeitgleich mit Erwin Strittmatters Debüt »Ochsenkutscher«. Zwei Dorfromane autobiographischen Inhalts entzogen sich da der ideologischen Verwendbarkeit. Harych endete mit seiner Geschichte 1918, der ein knappes Jahrzehnt jüngere Strittmatter 1933. Der Start für Strittmatter war damals schwieriger als der des 48jährigen Theo Harych. Nur die positive Besprechung von »Ochsenkutscher« durch Alfred Kantorowicz in der sowjetamtlichen »Täglichen Rundschau« rettete den Roman vor dem Verbot. »Politische Unklarheit« lautete dagegen der Vorwurf gegen Harychs Roman, in dem der Sozialismus nur am Rande und da als Teufelszeug auftaucht.

In diesem Blick auf den Sozialismus sind die Eltern Theo Harychs beschrieben, besonders Mutter Julke, die den katholischen Glauben durch den Sozialismus bedroht sieht. Einen Glauben, mit dem sie schlimmste Armut und Ungerechtigkeit erträgt und aus dem sie eine Liebe schöpft, die nicht aufhört, sich der Brutalität und Dumpfheit des Landlebens an der deutsch-polnischen Sprachgrenze zu widersetzen. In ihrer schier unglaublichen Demut des Glaubens steckt ein Beharren auf den Eigenwert des Lebens, der gerettet werden muß. Es grenzt an ein Wunder, daß sich diese Frau immer wieder aus aller Zerstörung zu erheben weiß – mit einer menschenbildenden Kraft, die Theo Harych unvergessen macht.

Aus den Ärmsten der Armen auf dem Lande zu Anfang des Jahrhunderts, aus diesen Objekten der Willkür macht er in seinem Kindheitsroman »Hinter den schwarzen Wäldern« Subjekte. Das Ich des Jungen Theo Harych arbeitet sich nicht nur selbst heraus aus seiner ausweglos erscheinenden Welt, sondern erarbeitet auch die Subjektivität seiner Mitmenschen – in ihren Sehnsüchten, die keine Erfüllung finden und umschlagen in Aggressivität, Haß und Selbsthaß, wie er es erlebt bei seinem Vater Peter. Eigensucht als Reaktion auf die Zerstörung des Eigenwerts und Schnaps als Mittel, die Zerstörung vergessen zu machen.

Theo Harych befreit sich in seinem Roman vom katholischen Glauben seiner Mutter, den er mißbraucht sieht von korrupten Würdenträgern. Aber er befreit sich nicht vom bedingungslosen Wahrheitswillen der Mutter, die die Hölle fürchtet als das, was kommen kann,

Zentralgestalt in Theo Harychs Kindheitsroman »Hinter den schwarzen Wäldern«: Mutter Julke, polnische Katholikin, hier 1936 im Alter von 68 Jahren.

aber nicht als das, was ist. Die Hölle hat Theo Harych »hinter den schwarzen Wäldern« als Kind durchschritten. Durch die Worte, die er für sie findet, steigt er über sie hinaus. Ein Schöpfer des Verrats von Schöpfung, als Dichter ein Geschöpf im Wiedergewinn seiner menschlichen Würde.

Der Roman »Hinter den schwarzen Wäldern« ist ein Solitär in der deutschen Literatur des 20. Jahrhunderts. Theo Harych gehört nicht zu den Prototypen des proletarischen Romanciers wie Willi Bredel, Hans Marchwitza oder Karl Grünberg, die stets die Stütze des ideologischen Hintergedankens benötigen. Der spät zur Dichtung gestoßene Theo Harych durchschaute den Marxismus als ein geliehenes Gewand. Er hatte die eine Kirche nicht verlassen, um in die andere einzutreten. Er fürchtete beider Gewalt. Sein Überzeugen war Erzählen, geübt bereits hinter dem Kamin der elterlichen Hütte.

Ein Solitär in der deutschen Literatur des 20. Jahrhunderts, erschienen im Jahre 1951: Wie ein Kind an der deutsch-polnischen Sprachgrenze der Not, dem Haß und der Willkür entkommt.

Der »Ochsenkutscher« Erwin Strittmatters wurde berühmt in der DDR. Theo Harych blieb eine Randfigur. Eine Randfigur wie im Westen Deutschlands der ihm ähnliche Oberschlesier August Scholtis (1901–1969) aus dem Hultschiner Ländchen, das nach dem Ersten Weltkrieg der Tschechoslowakei zugesprochen wurde. Scholtis nahm sich in Westberlin das Leben, Harych in Ostberlin. In der Grenzlandregion, aus der Scholtis stammte, knoteten sich drei Sprachen, in der Harychs zwei. Heute gibt es Harychs in Polen und Harychs in Deutschland. Und jeder spricht nur noch eine Sprache.

Scholtis aus dem mährisch-schlesischen Grenzland und Harych aus dem schlesisch-posenschen Grenzland waren Häuslerssöhne. In der marxistischen Terminologie schrieben sie über bäuerliches »Lumpenproletariat«. Wenn das Gute bei den von ihnen geschilderten Menschen siegt, ist es klassenmäßig nicht zu fassen. Die Menschen dort dachten, wie Scholtis schrieb, »nicht mehr deutsch, polnisch oder mährisch, sondern katholisch«. Auf diesem Boden wachsen und verkrüppeln die Gestalten beider Dichter. Aus der instinkthaften Grausamkeit, mit der die Schwachen gegeneinander vorgehen, entwickeln die beiden erschütternde Mutterbilder: August Scholtis in »Baba und ihre Kinder« und Harych in »Hinter den schwarzen Wäldern«.

Das Buch von Scholtis, 1934 bei Bruno Cassirer in Berlin erschienen, widersprach allen idyllischen Heimatroman-Vorstellungen des NS-Regimes. »Baba und ihre Kinder«, diese Armen- und Liebesgeschichte, von Max Tau lektoriert, wurde totgeschwiegen und auch nach 1945 nicht wiederentdeckt. Allein die Tschechen, in deren

Sprache das Buch übersetzt wurde, erkannten die Qualität des Romanes. Theo Harychs Roman, »Hinter den schwarzen Wäldern«, wurde in der DDR mit einer Gebrauchsanweisung versehen: »Aus der Erkenntnis [Harychs] erwächst die Forderung nach einem klassenbewußten Verhalten des einzelnen.« Vor 1989 »fast vergessen« (Wolfgang Emmerich), ist der Roman nach 1989 völlig vergessen.

Theo Harychs Schwester Helene Possiwan erinnert sich, daß es die Mutter gar nicht gern mochte, wenn der Sohn ihr und der jüngeren Schwester seine Geschichten erzählte: »Theo ließ sich dann treiben von seiner Fabulierlust. Die Mutter wußte ja, was im Dorf vorfiel. Und die Wahrheiten von Theos Geschichten waren nicht ihre Wahrheiten. Theo hatte zuviel Phantasie.« Von den Geschwistern des Dichters ist Helene Possiwan die einzige, die noch lebt. Als Anna geht sie durch den Roman: »Anna nannten wir Leleck, was soviel bedeutete wie Schmierkatze; denn sie war die einzige, die bei der Mutter schmierte und sich gern von ihr streicheln ließ. Uns anderen waren alle Zärtlichkeiten fremd.«

Die 92jährige kämpft noch immer gegen das desaströse Bild, das ihr Bruder von den Eltern gezeichnet hat, bedacht auf eine Ehrbarkeit, die Theo Harych in seinem Buch gar nicht angreift. Die bittere Armut der Familie zu Anfang des Jahrhunderts ist ihr unerträglich. Daß ihr Bruder den Archetypus einer Menschenschicht auf dem Lande am Beispiel seiner Eltern darstellt, daß ihm Dichtung gelingt, macht die Darstellung für sie nicht akzeptabel. So war die Mutter Juliane, eines von vier Kindern eines Pferdehändlers, mit einem guten finanziellen Erbe versehen, als Peter Harych, Sohn eines Bauern mit einer kleinen Landwirtschaft aus einem vierzig Kilometer entfernten Dorf, sie heiratete.

Tatsache ist, daß die Eltern mit einer kleinen Landwirtschaft in der Provinz Posen, dicht an der schlesischen Grenze, anfangen und das Geld zum Leben nicht reicht. Man zieht hin und her, von Deutschhof nach Schildberg, von Schildberg nach Garki, von dort nach Bukownica, von Bukownica nach Neumittelwalde, von dort nach Honig. Von den neun Kindern sterben zwei früh. Land und Wohnungen verkleinern sich von Umzug zu Umzug, und irgendwann macht sich der Vater auf, um bei Senftenberg im Braunkohlebau das Geld zum Unterhalt zu verdienen.

Die Muttersprache von Peter und Juliane Harych war Polnisch. Ihre ersten Kinder besuchten die polnische Volksschule, die letzten, darunter Theo und Helene, die deutsche. Die ersten Kinder bekannten sich schließlich zur polnischen Nation, die jüngsten zur deutschen. Mutter Juliane starb 1942 im Alter von 72 Jahren in Ostrow, wo sie

Mutter Julke 1911 mit sechs Kindern, links neben ihr Theo, rechts Helene. Sie findet als Hausmädchen in Neuruppin eine Stellung, er als Kumpel im Geiseltal.

bei ihrer Tochter Maria Zydor gelebt hatte. Lediglich Theo Harych hielt nach dem Zweiten Weltkrieg seinen Kontakt zur polnischen Verwandtschaft aufrecht und besuchte 1952 seinen ältesten Bruder Johan in Gora Slaska.

Theo Harych schreibt in seinem Buch über die Kindheitsgegend: »Die Umgangssprache ist halb Deutsch und halb Polnisch, aber geflucht wird nur polnisch. Auf polnisch flucht sich's nämlich viel leichter. So ein echt polnischer Fluch mit allem Drum und Dran wirkt aufmunternd und erfrischend, aber auch manchmal vernichtend und furchteinjagend. Es kommt nur darauf an, wie er aus dem reichhaltigen Schatz der polnischen Flüche zusammengesetzt ist und wie er ausgesprochen wird.«

Wenn Harych die Situation in dem kleinen Dorf Schwarzwald schildert, in das er die Anfänge der Familie Harych verlegt, dann hört sich das so an: »Aber nicht nur die Menschen, auch die Tiere, vor allen Dingen die Pferde lernen diese Flüche unterscheiden und richten ihr ganzes Benehmen danach. Die Pferde und Kühe in Schwarzwald und Umgebung ignorieren jedenfalls die deutsche Sprache völlig und wollen nur polnisch angesprochen werden. Ja, sogar bis ins

52

Schlesische hinein ist die Umgangssprache mit den Tieren vorwiegend Polnisch.«

Die Männer aus dem Dorf erscheinen ungeschlacht und grob. Der Selbstwert steckt in den Fäusten. Wer sich mit Gewalt durchsetzt, wird akzeptiert. Das gilt oben wie unten. Nur ist es oben die Macht des Geldes. Für den Adel und die Großbauern sind Leute wie der zum Häusler herabsinkende Peter Harych der letzte Dreck, gerade gut genug zum Arbeiten. Der Willkür wehrlos ausgesetzt, geben sie ihre Ohnmacht mit der Macht der Fäuste an die noch Schwächeren weiter. »Den Schnaps brauchten sie zum Leben wie das tägliche Brot«, schreibt Theo Harych. »So war es schon seit langen, langen Jahren und würde es wohl auch bleiben, solange Schnaps gebraut wird.«

Helene Possiwan setzt den Zeitpunkt des familiären Desasters lediglich später an als der Schriftsteller Theo Harych, wenn sie über ihren gewalttätigen und trinkfesten Vater sagt: »Als die Kinder geboren wurden, hatte er alles kleingekriegt. Meine Mutter mußte den Offenbarungseid leisten, hatte aber von ihrem Erbe noch 400 Taler für den Notfall aufbewahrt. Sie wollte das Geld retten, aber keinen Meineid schwören.« Theo Harych erzählt in seinem Buch, wie sie das Geld an ihre Schwester verschenkt, von der sie weiß, daß sie es nach dem Schwur wieder zurückbekommt.

Mit dem geschenkten Geld kauft die Schwester Juliane Harychs in Doruchow ein kleines Häuschen mit Pachtland und schenkt es dem ältesten Sohn der Harychs. In diesem Haus wird Theo Harych als fünftes Kind geboren. Der Eigentümer der umliegenden Ländereien läßt es in Brand stecken, weil Peter Harych mit seinem Fuhrwerk dem Gespann des Grafen nicht dienstbeflissen so ausweicht, daß dieser die ganze Straße für sich hat.

In einem biographischen Abriß Theo Harychs heißt es: »Später schaffte sich mein Vater weitere vier Kinder an, obgleich er von dem Hungerlohn unter der Herrschaft Kaiser Wilhelm des letzten kaum selbst satt wurde. Deshalb legte er einen Teil seines kargen Lohnes in Schnaps an und verkaufte seine Kinder für zehn bis fünfzehn Taler jährlich an die Großbauern. Ich möchte betonen, daß es nicht nur mir so ergangen ist, sondern tausend anderen Armeleutekindern auch. Denn die Armeleutekinder waren sehr zahlreich und daher sehr billig. Wir wurden bei diesem Handel abtaxiert, wie man Kälber abschätzt, die verkauft oder geschlachtet werden.«

Theo Harych wurde mit neun Jahren »verkauft«. Er war ein schwacher Junge, so daß für ihn nur acht Taler im Jahr gezahlt wurden. Er mußte sechzehn Stunden arbeiten und im Pferdestall schlafen. Nur auf eines hatte der Großbauer zu achten: Er mußte den Jungen jeden Sonntag zur Kirche schicken. Das Essen war so karg, daß er sich die Pellkartoffeln aus dem Schweinetrog stahl. Wurde er erwischt, bekam er Prügel. Prügel waren auch sonst das tägliche Brot. Dem Pfarrer mußte er bei der Beichte versprechen, nicht noch einmal zu stehlen: »Aber ich stahl doch wieder den Schweinen Pellkartoffeln, weil der Hunger größer war als die Furcht vor der Hölle.«

Hart sind die Anklagen gegen den Vater in solcherlei Lebensläufen, wie sie Theo Harych nach dem Zweiten Weltkrieg schreibt. In seinem Buch differenziert er, stellt er dessen Jähzorn und Gewalttätigkeit dar als eine Folge dauernder Angst vor der Untauglichkeit im Leben. Und er sucht nach Erklärungen für den Haß des Vaters, der an Schwindsucht stirbt, einen Haß, der bis zur letzten Sekunde gegen die noch im Haus befindlichen Kinder gerichtet ist: »Plötzlich glaubte ich es zu wissen. Wir Kinder hielten alle zur Mutter, verachteten den Vater. Und er suchte Gründe, um sich dafür zu rächen. Ja, so war es schon immer gewesen. Er haßte uns als die Mitverschworenen der Mutter. Früher hatte ich die Schuld für sein Benehmen dem Schnaps zugeschrieben; aber in den letzten Jahren hatte Vater fast gar nicht mehr getrunken, nur Zigarren und Pfeife geraucht.«

Für jede Leiderfahrung galt der Satz der Mutter: »Wen Gott liebt, dem schickt er das Kreuz.« Später wird Theo Harych sagen: »Der liebe Gott muß mich damals sehr geliebt haben; denn das Kreuz, das er mir aufbürdete, wurde immer schwerer und unerträglicher. So war es verständlich, daß ich mich einmal abends im bloßen Hemd in den hartgefrorenen Schnee legte, weil ich endlich in den Himmel kommen wollte. Aber ich starb nicht. Trotz schwerer Lungenentzündung lief ich bald wieder verlaust, zerlumpt und halbverhungert herum. Und sehnte mich nach dem Paradies auf Erden.«

Das Paradies hieß das Geiseltal mit seinen Braunkohlegruben. Dort wußte der fünfzehnjährige Ochsenknecht Theo seinen ältesten Bruder Johan als Lokführer. Als er einmal in seiner Heimat mit der Mutter in der vierten Klasse im Zug nach Ostrow sitzt, träumt er: »In Breslau steigst du um, in Halle steigst du um, in Merseburg ist die große Fabrik, wo man von einem Ende bis zum andern weiß Gott wie lange laufen muß. Man kann auch bis nach Mücheln gehen oder fahren, wo eine Grube neben der anderen liegt und Tausende von Menschen Brot und Arbeit finden.«

Ja, er wußte Bescheid, hatte alle Leute ausgefragt, den Schulatlas studiert und kannte von Merseburg bis Mücheln alle Stationen auswendig und auch alle Gruben. Auch seinen Bruder Stanislaus, dem es von allen bei den Großbauern verdingten Brüdern am besten gegangen war und der dennoch plötzlich das Weite gesucht hatte, vermutete er dort. Und sein Bruder Josef? Wo war er, den der Vater am übelsten »verkauft« hatte? Geflohen nach der Niederlage Deutschlands, fand er ihn als polnischen Soldaten.

In dem Roman »Hinter den schwarzen Wäldern« heißt es: »Der Krieg war aus, und doch ratterten eine halbe Stunde entfernt die Maschinengewehre. Ein neuer polnischer Staat hatte sich gebildet, und nun zankten sich die Soldaten, die noch vor kurzem Schulter an Schulter an der Front gestanden hatten, um ein Stück Land. Schossen aufeinander und bewarfen sich mit Handgranaten. Zwischendurch saßen der deutsche und der polnische Grenzschutz friedlich beisammen und rauchten Zigaretten. Dann befahl wieder irgend jemand zu schießen, und sofort versuchten sie, einander umzubringen. Das wiederholte sich mehrere Monate lang, dann wurde es ruhiger. An langen Stangen befestigte Strohwische markierten die neue Grenze. Auf beiden Seiten patrouillierten Soldaten und hinderten die Menschen hinüberzugehen. Aber für ein paar Zigaretten und ein gutes Wort drückten sie meist beide Augen zu und ließen die Leute laufen, wohin sie wollten, obwohl es ohne Passierschein verboten war.«

Bei den Harychs wurde schlimmer gehungert als je zuvor. Vom ältesten Sohn Johan kam keinerlei Unterstützung mehr. Er war während

Theo Harychs älteste Schwester Maria mit Ehemann und Tochter im polnischen Ostrow daheim im Garten. Sie hatte nach dem Ersten Weltkrieg ihre Stellung in Deutschland aufgegeben und einen polnischen Postbeamten geheiratet. Bei ihr lebte Mutter Julke, die im Jahre 1943 starb.

des Krieges zur kaiserlichen Marine eingezogen worden, war fast ersoffen bei der Schlacht am Skagerak. Auch Schwester Maria hatte als Hausmädchen in Berlin Mühe, sich selbst durchzuschlagen. Mutter Juliane machte sich ohne Passierschein auf den Weg über die neue Grenze, um auf der polnischen Seite Essen für ihre drei jüngsten Kinder zu besorgen. Durch die Unterstützung der Sieger ging es den Polen in ihrem Staat wirtschaftlich besser als den Menschen auf der deutschen Seite.

Die Mutter wurde beim Grenzübertritt verhaftet und in ein Gefängnis gebracht, aus dem sie ihr polnischer Josef auslöste. Doch auch Bruder Josef blieb nicht, ging nach Frankreich, wo er in einer Erzgrube Anstellung fand. Er hatte sich einem Prozeß vor dem polnischen Militärgericht entzogen, angeklagt wegen Bestechlichkeit an der Grenze. Zur Fahndung ausgeschrieben, als Fahnenflüchtiger in Frankreich erkannt, bewahrte ihn nur der Eintritt in die Fremdenlegion vor der Auslieferung. Im Buch heißt es:

»Kurz vor der Entlassung aus der Legion verprügelte er einen Vorgesetzten und sollte weitere drei Jahre festgehalten werden. Nach einer abenteuerlichen Flucht aus Marokko saß er im weißen Expreß Paris–Berlin. Kurz vor Metz wollte ihn französische Polizei festnehmen. Er sprang bei voller Fahrt aus dem Zug.«

Was dem Bruder Theo von Josef blieb, waren die Abschiedsworte: »Wenn du Sehnsucht nach mir hast, dann schau nach dem Mond, dort werden sich unsere Augen spiegeln.«

Theo Harych schrieb dem in den Braunkohlebergbau zurückgekehrten ältesten Bruder Johan, er möge ihm eine Stelle besorgen. Die Reaktion der Mutter: »Einst wird Gott eure Seelen von mir fordern. Wäret ihr nun schon als kleine Kinder gestorben, dann wäret ihr wenigstens für die Ewigkeit gerettet. Nein, Theo, dich lasse ich nicht fort...«

»Bevor ich hier beim Bauern mit deinem Segen zugrunde gehe, will ich es lieber ohne Segen in der Fremde versuchen«, antwortete ihr der Sohn und bekam die letzten zwei Ohrfeigen seines Lebens von der Mutter. Unter die Bitte ihres Sohnes Theo an seinen Bruder setzte sie die Worte: »Theo bleibt hier. Seine Seele muß und werde ich retten. Wenn du ihm Reisegeld schickst oder ihn in die Fremde lockst, dann bist du nicht mehr wert, daß ich dich geboren habe.« Dann nahm Mutter Julke den Brief und schickte ihn ab. Und Johan, der Lokführer in der Grube, der später Pole werden sollte, richtete sich nach der Mutter.

»Was kümmerte ihn sein jüngster Bruder?« schreibt Theo Harych. »Um mein Seelenheil waren sie alle besorgt, aber sie fragten nicht, ob mich der Bauer prügelte und mich die Läuse fraßen. Wie ein

Zwei Harych-Brüder, die scheiterten: Josef, der Fremdenlegionär, und Stanislaus, der Rebell, nahmen sich das Leben.

Dieb mußte ich heimlich davonlaufen. Wenn mir nicht mitleidige Menschen geholfen hätten, wäre ich auch zu Fuß nach Merseburg gelaufen. Gut, so dachte ich bitter und tröstete mich. Schlimmer kann und wird es mir in der Fremde nicht ergehen. Morgen schon würde ich irgendwo im Geiseltal Arbeit bekommen, dann aber hätten Not und Kummer ein Ende.«

Arbeit fand er zuerst einmal in der Zuckerfabrik Stöbnitz, in der die sozialen Bedingungen noch schlechter waren als im Braunkohlebergbau. Was er dort erlebte, war niederschmetternd: der Arbeiter als Feind des Arbeiters. Einer haßte den anderen. Einer bestahl den anderen. Die wenige Freizeit bestand aus Suff, Streit und Schlägereien. Auch hier fraßen die Läuse den Menschen. Die Wohnbaracken waren in einem erbärmlichen Zustand. Wer dort lebte, lebte nur auf den nächsten Tag hin. An den politischen Auseinandersetzungen der Arbeiterbewegung nahm hier niemand teil.

Das Niederhalten dieser Menschen in der Apathie war das Kalkül der Unternehmer. Als Manövriermasse gegen die Forderungen der organisierten Arbeiter wurden sie eingesetzt. Die Barackenproletarier waren für die geringste Vergünstigung käuflich. Auf den eigenen schnellen Vorteil bedacht, unterliefen sie ein geeintes Vorgehen gegen die Arbeitgeber. Im Braunkohlebergbau, in dem

der Achtstundentag galt, war die Situation nicht ganz so schlimm, aber schlimm genug.

»Ist doch kein Wunder«, hörte Theo Harych einen Arbeiter sagen. »Vier Jahre haben wir draußen im Dreck gelegen. Man hat uns das Zerstören und Morden beigebracht, hat uns Helden genannt, wenn wir dem Feind die Fresse vollgehauen haben. Heute werden wir Aufwiegler, Faulenzer, ja sogar Verbrecher geschimpft, nur weil wir nicht hungern wollen und ebenso heldenhaft unsere wirklichen Feinde bekämpfen wie damals an der Front. Unsere Schuld ist es nicht, daß sich die Front in die Heimat verlagert hat. Wir haben unsere richtigen Feinde jetzt erst erkannt und bekämpfen sie mit allen Mitteln. Aber es ist wohl sinnlos, denn die Arbeiter sind sich uneinig. Und wir haben keine Führung. Wundert es dich, daß die Menschen aus Verzweiflung zu Einzelgängern werden und versuchen, auf eigene Faust zu ihrem Recht zu kommen?«

Für Theo Harych war dies eine verführerische Stimme: »Den Reichen das Geld wegnehmen und alles kurz und klein schlagen.« Theo Harychs Bruder Stanislaus erlag jener Stimme, die dazu aufforderte, keiner Institution mehr zu vertrauen und das Recht in die eigene

57

Hand zu nehmen. Die Lebenssituation für die Arbeiter im Geiseltal verschlechterte sich. Die Löhne reichten kaum zum Leben. Und die Arbeitgeber, die am Ersten Weltkrieg gut verdient hatten, scherten sich einen Dreck darum, für die Niederlage gradezustehen. Die Reparationsforderungen der Sieger wälzten sie auf die Arbeiter ab.

Bruder Stanislaus hatte sich mit Doppelschichten und Sonntagsarbeit 200 Mark zusammengespart. Er war auf dem besten Wege, soviel Geld zusammenzubekommen, um sich in der Heimat eine kleine Landwirtschaft zu kaufen. Da kam es bei Streiks zu Prügeleien. Nicht nur Streikbrecher gerieten ihm in die Hände, auch ein leibhaftiger Direktor kam vor seine Fäuste. Die Folge: Gefängnis, dann keine Arbeit. Die 200 Mark waren aufgebraucht. Der bereits in seiner Heimat als Tüftler bekannte Stanislaus erdachte eine Räummaschine für den Tagebau, stellte sie als Modell her und erhielt eine Abfuhr von der Direktion. Man brauchte keine Maschine.

Arbeiterhände waren billiger. Die Industrie machte bei extrem niedrigen Löhnen üppige Gewinne. Bis 1923 sanken die Reallöhne teilweise bis auf die Hälfte des Vorkriegsstandes. Helene Possiwan erinnert sich an die Klagen ihres Bruders Stanislaus: »Warum sind wir nur so arm, warum haben wir nichts? Warum kann ich keinen technischen Beruf erlernen?« Die 92jährige sagt: »Lehrgeld für eine Ausbildung war bei uns nicht da. Wäre Stanislaus gefördert worden, wäre aus ihm etwas geworden. So aber ist er auf die schiefe Bahn gekommen. Er hat gesagt, er wird einen Zug anhalten, das Geld rausholen und es den Armen geben. Wir haben das nicht ernst genommen. Aber er hat es tatsächlich gemacht. Er und sein Freund haben nichts erbeutet. Als Stanislaus verhaftet wurde, hat er sich in der ersten Nacht in der Zelle erhängt.«

Drei Jahre lang arbeitete Theo Harych im Braunkohletagebau. Er erlebte 1920 den Generalstreik, der den gegen die Reichsregierung gerichteten Kapp-Putsch zum Scheitern brachte. Er erfuhr, wie sich General von Seeckt geweigert hatte, gegen putschende Einheiten vorzugehen. Er wunderte sich, daß dieser General für seinen Verfassungsbruch mit dem Oberkommando der Reichswehr belohnt wurde. Er sah die Feigheit der Sozialdemokratie gegenüber den alten Mächten und durchschaute deren Verhalten als die Sicherung von Pfründen, an die die Kommunisten heranwollten. Er trat in die Bergarbeitergewerkschaft Mücheln ein, aber nicht in eine Partei. Da war er wie sein Bruder Johan: »Die wollen alle bloß an die Macht kommen, um sich die Taschen vollzustopfen. Geld ist Macht, und alle sind käuflich.«

Unvergessen der Eindruck, den Max Hoelz, der Sohn eines Ackerknechts, auf Theo Harych machte. Im Mitteldeutschen Aufstand

1921 war Theo Harych auf seiner Seite. Mit ihm an der Spitze vergaßen die Kämpfer ihre Parteizugehörigkeit. Er verstand die sich sonst Befehdenden zu einigen im Kampf gegen die Grubenbesitzer. Es war das letzte Mal nach dem November 1918, daß eine größere Zahl deutscher Arbeiter selbständig zu den Waffen griff. Theo Harych erlebte, wie Max Hoelz erbeutetes Geld verteilte. Er sah, wie er mit einem Lastwagen, beladen mit Waffen, vorfuhr. »Kaum waren die Waffen verteilt«, erinnert sich Harych, »hielt vor der Gastwirtschaft ein anderer Lastwagen mit verschiedenen Kleidungsstücken. Wir trugen alles in den Saal, und jeder, der eine Waffe trug, durfte hinein, um sich auszusuchen, was er brauchte.«

Dann machte Harych sich mit anderen in einem Lastwagen auf den Weg zu einem Nahrungsmitteldepot der Grubenverwaltung und räumte es leer. In Möckerling, das später dem Braunkohletagebau zum Opfer fiel, verteilte er die Beute an die Bergarbeiterfamilien: »Ich stand oben auf dem Lastwagen, hatte ein altes Seitengewehr in der Hand, zerteilte die Brote in zwei Teile und die Speckseiten in mehrere Stücke und warf sie den Frauen zu. Dabei wurde ich fotografiert. Vier Aufnahmen prangten später an den Zäunen und Litfaßsäulen als Steckbriefe. So stand ich vor solch einem Bild, erkannte mich darauf und las: 1000 Mark Belohnung, wer diesen Verbrecher namhaft machen kann!«

Das war ein stolzes Gefühl, das er dabei empfand: »Ich dachte, in der Heimat haben die bloß acht Taler für dich im Jahr gezahlt, heute wollen sie schon tausend Mark für dich ausgeben.«

Der Mitteldeutsche Aufstand war gescheitert. Sein Anführer Max Hoelz, für dessen Ergreifung 50 000 Mark ausgesetzt waren, wurde verraten und gefaßt. Auch Theo Harych wurde verhaftet, aber bereits nach zwei Wochen aus dem Gefängnis entlassen. Sein Bruder Johan, der Lokführer, kehrte zurück in die Heimat, nach Polen, in die Sicherheit einer katholischen Welt. Seine älteste Schwester besann sich ebenfalls auf ihre polnischen Wurzeln und gründete in der Heimat eine Familie, in die Mutter Juliane aufgenommen wurde. Nur Theo Harych und inzwischen auch seine Schwester Helene ließen sich durch das Scheitern ihrer Geschwister Josef und Stanislaus nicht schrecken.

Mochte Theo Harych, der steckbrieflich Gesuchte, auch glimpflich davongekommen sein, als Kumpel im Geiseltal hatte er keine Chance mehr. Die Verwaltungen im Bergbau wiesen ihn ab. »Roter Hetzer« – so rief man ihm nach. »Dabei wußte ich nicht, was sie meinten«, beschrieb er später seine Situation. »Ich war in keiner Partei und kümmerte mich auch nicht um eine Partei.« Theo Harych sank herab zum Bettler. Irgendjemand, der ihn aus der Zeit in der

Max Hoelz, nach dem Scheitern des Mitteldeutschen Aufstands für eine Belohnung von 50 000 Mark verraten, wurde zu lebenslanger Haft verurteilt. Für die KPD war der Spontanist ein Held wider ihren Willen. Seine vorzeitige Freilassung erkämpften bürgerliche Intellektuelle. 1933 kam Hoelz in der Sowjetunion ums Leben, wahrscheinlich ertränkt im Auftrag Stalins.

Grube von Mücheln kannte, nahm ihn in Halle auf. Theo Harych ließ sich zum Chauffeur ausbilden. Als er keine Stelle fand, besuchte er eine Dienerschule.

Seine erste Anstellung bekam er als Dienerchauffeur auf dem Rittergut Besenhausen im Kreis Heiligenstadt bei dem Freiherrn Winzigerode-Knorr-Handstein. Aber der Traum vom Autofahren erfüllte sich auch hier nicht. Ans Steuer ließ ihn sein Arbeitgeber nicht. Als Theo Harych auf einer Wahlversammlung von der Not und dem Elend der Bergarbeiter und ihren Kämpfen im Geiseltal erzählte, als er die Versammelten aufforderte, sich nicht kleinkriegen zu lassen im Kampf um Freiheit und Gerechtigkeit, sah der Freiherr darin Aufwiegelung und entließ ihn am nächsten Tag.

Seine Wut und seinen Haß schrieb er nun nieder – auf jeden Zettel, den er auf seiner Wanderschaft in den Norden fand. Brandbriefe an die Regierung, die Polizei. Er piekte sie auf Zäune und an Sträucher. Er schrieb ein Gedicht mit dem Titel »Mensch ohne Arbeit«. Fünfzehn Strophen. Er schickte es an einen Verlag und wartete in Neuruppin auf eine Antwort. Er bekam es zurück mit den Worten, das Gedicht sei so komisch, daß er es doch bei einem Witzblatt einreichen solle. Jemand, dem er es zu lesen gab, erklärte ihm, daß der Ratschlag ironisch gemeint sei und etwas mit seiner mangelhaften Rechtschreibung zu tun habe. »Proletten« zum Beispiel höre sich halt komisch an.

»Ich schämte mich sehr«, so erinnert er sich nach 1945 an jene Zeit, »denn ich dachte an die vielen Zettel, die ich auf meiner Wanderschaft aufgespickt hatte. Mancher Vater hat vielleicht so ein Ding heimgebracht und zu den Kindern gesagt: ›Hier scheint ein armer Irrer durchgekommen zu sein, hört, was er aufgeschrieben hat!‹ Ja, ich schämte mich und wußte, du mußt schreiben lernen, richtig schreiben lernen; denn ich hatte so viel auf dem Herzen.«

Er schaffte sich ein Schreibheft an: »Ich fragte die Zeitungsfrau, wie das Alphabet langgeht und trug dann die Buchstaben auf jeder Seite ein. Jedes Wort, das ich nicht konnte, suchte ich in den Zeitungen, bis ich es fand. Dann trug ich es in mein Büchlein ein. So füllte sich das Schreibheft langsam, und meine Schreibweise wurde besser.« Vor seiner Schwester Helene, die auch schon eine Odyssee von Arbeitsplatz zu Arbeitsplatz hinter sich hatte, verbarg Bruder Theo die mühseligen Schreibversuche.

Helene Possiwan lebte in Neuruppin in der Villa Kühn, in einer Familie, die vom Ruhm jenes Gustav Kühn zehrte, der die »Neuruppiner Bilderbogen« begründet hatte. Helene Possiwan erinnert sich. »Ich hatte mich auf eine Zeitungsannonce hin gemeldet, und ich habe gesagt, ich kann alles. Aber ich konnte nicht alles. Ich konnte nicht einmal richtig den Tisch decken, wußte auch nicht zu servieren. Da ist der Hausherr aufgestanden, hat mich nicht ausgeschimpft. ›Ich zeige ihnen, wie man das macht‹, hat er gesagt. Das hat mir imponiert. Hier wurde ich das erste Mal nicht drangsaliert und mißachtet.«

Helene Possiwan unterstützte ihren arbeitslosen Bruder. In Berlin-Schöneberg bei der Firma Windhoff erhielt Theo Harych eine Anstellung als Chauffeur. Die Firma Windhoff stellte Motorräder her. Theo Harych bekam 50 Mark Lohn wöchentlich und die Anweisung, nur nie dem Chef zu widersprechen. So gut war er noch nie bezahlt worden, und Harych sagte sich: »Der kann quasseln, was er will. Ich werde den Mund halten.« Er mußte den Chef zu Motorradrennen fahren oder zu dessen Rittergut Scharfenbrück bei Luckenwalde und hielt tapfer alle Beschimpfungen aus. Das Stubenmädchen, seit zwei Jahren angestellt in der Windhoff-Familie, erzählte ihm, daß er in diesem Zeitraum bereits der achte Chauffeur sei. Und auf dem Gut gäbe es bereits den einundzwanzigsten Inspektor.

Die 92jährige Helene Possiwan erinnert sich an die Kindheitstage mit ihrem Bruder Theo: »Wir Kleinen krochen hinter den Kamin. Er erzählte das Elend wunderbar.« Als Anna geht die Schwester Harychs durch seinen Roman »Hinter den schwarzen Wäldern«.

Theo Harych sagte sich lange: »Man muß sich beschimpfen und beleidigen lassen, darf sich nicht wehren, sonst liegt man gleich wieder auf der Straße.« Doch wie immer in seinem Leben gab es da etwas in ihm, das sich Luft machen wollte, wenn die Selbstachtung verloren zu gehen schien. Wieder einmal jagte Windhoff ihn durch die Lande, diesmal nach Swinemünde zu einem Rennen: »Nachdem ich 17mal als Idiot und sechsmal als Dummkopf tituliert worden war, waren wir da.« Und die Stimmung Windhoffs, dessen Motorräder beim Rennen ausfielen, wurde noch schlechter.

Nach Berlin zurückgekehrt, stiegen auch Windhoffs Frau und die zwei Kinder zu, und dann ging es weiter nach Scharfenbrück: »Elf Kilometer vor Luckenwalde, es war zwei Uhr nachts, ich war müde, ausgepumpt, verärgert, seelisch und körperlich fertig, da kam ein tiefes Schlagloch, ich habe nicht aufgepaßt, bemerkte es zu spät, die Vorderräder hauten rein, die Hinterräder hauten rein, dann gab es Krach, aber ich konnte den Wagen noch in meiner Gewalt behalten. Da schrie Herr Windhoff: ›Ochse!‹ Das war ganz neu, diesen

Ausdruck habe ich zum ersten Mal von Herrn Windhoff gehört.«

Harych trat mit aller Gewalt auf die hydraulischen Bremsen. Der Wagen stand. Harych stieg aus, und Windhoff fragte böse: »Was ist denn los, warum fahren sie nicht weiter?« Harychs Antwort: »Ich suche den Ochsen, Herr Windhoff.« »Sie sind fristlos entlassen. Sie bringen den Wagen sofort in die Garage und lassen sich morgen im Büro die Papiere geben.« »Ich denke nicht daran, den Wagen weiterzufahren. Ich bin doch fristlos entlassen.« Frau Windhoff hatte Theo Harych schon umgestimmt, da hörte er statt einer Entschuldigung Windhoffs dessen Worte: »Fahren Sie doch weiter, ich sehe doch gar keine Ochsen.«

Harych öffnet die hintere Tür und sagte: »Stimmt, Herr Windhoff, draußen sind keine Ochsen, aber drin sitzt noch einer, und mit solchem Ochsen fahre ich nicht mehr. Schluß, Feierabend!« Dann knallte er die Tür zu und ging zu Fuß elf Kilometer zur nächsten Bahnstation. Es regnete in Strömen: »Ich sang ›Im Wald und auf der Heide‹; denn mir war plötzlich so froh ums Herz, so leicht. Die ganze Last, die ich monatelang getragen hatte, war plötzlich verschwunden. Ich fühlte mich glücklich und fuhr nach Berlin.«

Diesmal fand er schneller eine neue Stelle: »Ich fuhr Grafen, Barone, Bankdirektoren, Hochstapler, Heiratsschwindler, alles, was sich mir bot.« Berlin war nun sein Zuhause, aber die Frau, die er heiratete, suchte er sich in der Heimat: Maria, die älteste Tochter von elf Kindern aus einer Dorffamilie: »Wir sparten zusammen und heirateten nach zwei Jahren. Aber nicht kirchlich. Nach weiteren anderthalb Jahren kam unser Sohn Horst.« Horst wurde im Melderegister als katholisch eingetragen. Er sollte später selbst entscheiden, ob er der Kirche angehören wollte.

Professor Horst Harych erinnert sich: »Als ich noch klein war, war mein Vater noch Privatchauffeur. Einen Acht-Zylinder-Horch ist er gefahren. 1939 hat er sich selbständig gemacht. mit einem dreirädrigen Tempo-Wagen eröffnete er ein Fuhrunternehmen. Ein zweiter Lastwagen kam hinzu. In Kaulsdorf am Rande Berlins erwarb er ein Grundstück von 1200 Quadratmetern. Mein Vater war durch und durch Handwerker. Unser Haus in Kaulsdorf hat er selbst gebaut. Er hat alles selbst repariert.«

Als der Krieg ausbrach, wurde Theo Harych wegen Schwerhörigkeit vom Wehrdienst zurückgestellt. Außerdem wurde sein Transportunternehmen als volkswirtschaftlich wichtig angesehen. Im Herbst 1944 wurde er zu einem Schwerhörigenbataillon eingezogen und dann nach Dänemark beordert, um Kriegsgefangenenlager zu bewachen. Mit schwejkschem Geschick gelang es ihm, als untauglich nach

Berlin zurückgeschickt zu werden. Er hatte mit Erfolg eine Nacht-
blindheit vorgetäuscht.

Als erstes brachte Theo Harych seine Familie, die in der Stadtmitte
wohnte, hinaus in das Gartenhaus nach Kaulsdorf. Mit der Veränderung der Adresse bewahrte er seinen fünfzehnjährigen Sohn davor,
im letzten Aufgebot gegen die Sowjets verheizt zu werden. Schwester Helene Possiwan, die mit ihrer Tochter ebenfalls in Kaulsdorf
Zuflucht gesucht hatte, erinnert sich, wie sie bei und nach der Ein-
nahme Berlins durch die Sowjets geschützt waren, weil der Bruder
mit seinem fließenden Polnisch die Russen beeindruckte: »Er hat die
Russen mit Wodka und Polnisch begrüßt. Er war für sie ein Kumpel.
Sie gingen nach Kriegsende bei ihm in Kaulsdorf ein und aus. Er
brannte ihnen Schnaps, und sie revanchierten sich mit dem, was er
brauchte.«

Bis 1949 arbeitete Theo Harych von Kaulsdorf aus weiter als Fuhrunternehmer. Ein Auto war ihm geblieben, der dreirädrige »Tempo«.
Anfangs wurde er von den Behörden für den Lebensmitteltransport
eingesetzt. Dann wurde es im Sowjetsektor schwierig für ihn, sich
seine Selbständigkeit zu bewahren. Genau in diese Zeit fiel die
Nachricht des Verlages Volk und Welt, er möge sich dort einfinden.
Sein für den Wettbewerb »Schreib's auf, Kumpel!« eingesandtes Pro-

sastück sei mehr als eine Talentprobe. Lektor Joachim Barckhausen, Gutsbesitzerssohn, bis 1948 in erster Ehe verheiratet mit der Schriftstellerin Elfriede Brüning, war ein Könner, den auch Bertolt Brecht hoch schätzte. Mehr noch: Er war integer.

Joachim Barckhausen (1906–1978) saß gerade mit Erich Engel und Alexander Graf von Stenbock-Fermor zusammen und bereitete in Diskussionen mit Brecht die Verfilmung von »Mutter Courage und ihre Kinder« für die DEFA vor. Fast alles, was Barckhausen an Projekten vorschwebte, ließ sich nicht durchsetzen. Der Mann mit den linken Sympathien war den Ostberliner Funktionären zu eigenwillig, war nicht bereit, ideologische Konzessionen zu machen.

Joachim Barckhausen wußte, was es für Theo Harych bedeutete, selbständig zu sein. Aus der gefährdeten Unabhängigkeit des Fuhrunternehmers verhalf er ihm in die Selbstständigkeit des Dichters. Er sorgte dafür, daß Harych noch vor Erscheinen des Romans »Hinter den schwarzen Wäldern« in den Schriftstellerverband aufgenommen wurde und eine monatliche Beihilfe von 200 Mark bekam. Zwischen den beiden ungleichen Männern, der eine ein Intellektueller par excellence, der andere ein fabulierendes Naturtalent, entwickelte sich sehr schnell eine Freundschaft. Doch bereits das zweite Buch Theo Harychs bekam ein anderer Lektor in die Hände.

Das System, in dem er mit »Hinter den schwarzen Wäldern« seine schöpferische Freiheit gewinnen konnte, nahm ihm diese Freiheit wieder, als er seinen zweiten Roman mit dem Titel »Im Geiseltal«, die Geschichte seiner Jahre als Kumpel, vorlegte. Absätze mit KPD-konformen Geschichtserklärungen über jene Zeit brachen die glänzende dialogische Form auf, die Harych für den Roman gefunden hatte. Man muß kein Literaturexperte sein, um festzustellen, daß hier manipuliert wurde. Heute kann man im Nachlaß des Dichters in der Akademie der Künste, Ostberliner Teil, besichtigen, was in das Manuskript hineingeklebt worden ist an SED-Deutsch.

Horst Harych erinnert sich, daß es Diskussionen im Verlag mit dem Vater gegeben hat über Max Hoelz, so, wie er ihn in dem Buch geschildert hatte. Tatsache ist, daß Hoelz als handelnde Figur aus dem Roman gestrichen werden mußte. Hoelz war für die Kommunisten zu jener Zeit ein Tabuthema, ein Spontanist, der wegen Disziplinlosigkeit aus der KPD ausgeschlossen worden war und sich dem Anarchosyndikalismus angenähert hatte.

Für die KPD war der Führer des Mitteldeutschen Aufstandes ein Held wider ihren Willen. Die vorzeitige Freilassung von Hoelz, der zu lebenslanger Haft verurteilt worden war, ging damals auf den Einsatz von Persönlichkeiten zurück, die nichts mit der von Mos-

Der Mann, der Theo Harych entdeckte: Joachim Barckhausen, in West-Berlin lebend und kurze Zeit Cheflektor bei »Volk und Welt«. Ein Unbequemer, den Brecht schätzte, aber nicht das Regime in der DDR.

kau gelenkten KPD zu tun hatten: Hellmuth von Gerlach, Rudolf Olden, Ernst Toller, Heinrich und Thomas Mann, Rudolf Binding, Georg Bernhard, Martin Buber... Daß Hoelz nach seiner Freilassung die Politik der KPD, die ihn aus taktischen Gründen nun als Märtyrer benutzte, nicht durchschaute, war sein Verhängnis, das ihn 1933 in der Sowjetunion das Leben kosten sollte. Daß die SED den Rebellen Max Hoelz in den siebziger Jahren als tragische Gestalt und letztlich doch positiv in ihr Sozialismusverständnis integrierte, steht auf einem anderen Blatt.

Harychs Roman »Im Geiseltal«, der 1952 erschien, ist im Kern ein Epitaph auf den Bruder Stanislaus, der sich das Leben genommen hatte. Dem Bruder Stanislaus, der im Roman Paul heißt, stellte er die anarchische Gestalt des Helmut Rakot zur Seite, der 1923 in Halle enthauptet worden war. Daß der Kumpel Theo Harych nicht den Weg des Aufruhrs gegen die Ungerechtigkeit geht, die ihn von Kindesbeinen an umgab, schildert der Dichter Harych als ein Verdienst seines ältesten Bruder Johan, der im Roman den Namen Erwin trägt.

Theo Harychs Sohn Horst erinnert sich, daß sein Vater hin- und hergerissen war, wenn er von Max Hoelz erzählte. Theo Harych sah den Bruder Stanislaus in der Denkungsart des Max Hoelz. »Fast möchte man sagen«, sagt Horst Harych, »der eine Bruder hat meinen Vater rein- und der andere Bruder hat ihn rausgerissen.« Als Dichter suchte Theo Harych in der Figur des Helmut Rakot ein Objekt des Hasses. Doch das Hassen gelang ihm nicht, weil er im tiefsten Innern das Gehaßte liebte.

Theo Harych war seinem Staat dankbar, daß er ihn zum Schriftsteller gemacht hatte. Seine Fuhrunternehmung konnte er aufgeben. In der Kniprodestraße 121 in Berlin bekam er eine Wohnung. Er reiste zu Lesungen. Er »lernte« von Funktionären und sprach arglos von der »geistigen Hilfe des Verlages«. Sein Sohn Horst erinnert sich, wie der Vater ihm von Einfügungen in seinem Roman »Im Geiseltal« sprach, und hat noch dessen Worte im Ohr: »So schlimm kann es ja nicht sein. Ich kenne ja so manche politischen Hintergründe nicht.«

Langsam erst merkte er, wie er zielstrebig benutzt wurde. Der Schriftstellerverband erteilte ihm den Auftrag, einen Roman über den Bau der Stalinallee zu schreiben. Er ging hin zu den Bauarbeitern, um sich kundig zu machen. Horst Harych erinnert sich, wie ihm sein Vater erzählte: »Die Bauarbeiter haben in mir einen Schnüffler gesehen und mir Mörtel vor die Füße geworfen.« Am 6. Januar 1953 lieferte Theo Harych die ersten siebzig Seiten beim Verlag ab. Am 17. Juni 1953 beim Arbeiteraufstand gingen ihm die

Augen auf. Er war dabei und ließ seiner Meinung freien Lauf: »Ulbricht muß weg.«

Theo Harych war vorgeschlagen für den Nationalpreis. Den bekam er nicht, dafür den politisch unverfänglichen Heinrich-Mann-Preis 1954. Doch Harych spurte nicht mehr. Den Roman über die Stalinallee brach er ab. Störrisch wehrte er sich gegen einen Eintritt in die Partei und erklärte offen auf seinen Lesungen, er habe nicht die Absicht, in die SED einzutreten.

Sohn Horst Harych sagt: »Das war einfach sein Lebensprinzip angesichts der Erfahrungen, die er gemacht hatte: Nie in eine Partei! Das hat er mir als Lebensratschlag mitgegeben. Er hat das durchgehalten bis zum Tode, ich nicht.« Horst Harych sah damals nicht, wie sich die ideologische Schlinge um seinen Vater legte. Er sah den schlechten Gesundheitszustand seines Vaters, der ein starker Raucher war. Die Tabletten, die er bekam, reduzierten seine Schmerzen, machten ihn aber hellwach. Er fand kaum noch Schlaf. Für die Nächte suchte er Skatpartner. Die Ehefrau stand immer zur Verfügung. Der Sohn verweigerte sich als »dritter Mann«. So mußten Freunde und Bekannte herhalten.

Er schrieb noch einen Roman, der an die Qualität seines Erstlings anknüpfte. Das Thema war der Justizmord an dem polnischen Landarbeiter Josef Jakubowski, der am 15. Februar 1926 in der Strafanstalt Strelitz-Alt hingerichtet worden war. Jakubowski war für schuldig erklärt worden, das Kind jener Frau ermordet zu haben, mit der er zusammenlebte. In der Seele Jakubowskis fühlte sich Harych zu Hause. Dessen Milieu kannte er von seiner Kindheit her. Den Polizisten Paul Libbert gestaltete er zu einer Kohlhaas-Figur, die verzweifelt gegen das Urteil anrennt, die Beweise für Jakubowskis Unschuld beibringt, ohne die Hinrichtung verhindern zu können. Die Karriere von Staatsanwalt und Richtern ist wichtiger als der Tod eines lausigen Landarbeiters.

Joachim Barckhausen sah die Probleme Theo Harychs in seinem Kampf, integer zu bleiben. Er lektorierte und redigierte das Manuskript, bevor es ins Lektorat des Verlages Volk und Welt kam und 1958 unter dem Titel »Im Namen des Volkes? Der Fall Jakubowski« erschien. Barckhausen gab dem Freund den Rückhalt, sich im Verlag allen Konzessionen zu verweigern.

Barckhausens Tochter Stephanie erinnert sich an »fast konspirative Treffs« bei Theo Harych in Ostberlin: »Wir haben nie mit dem Wagen vor dem Haus geparkt, in dem er wohnte. Wir schlichen förmlich zu ihm, so als dürfe uns niemand sehen. ›Seid leise‹, sagte mein Vater zu uns, ›damit uns niemand hört.‹« Als Barckhausen ein Drehbuch auf der Basis des Harych-Buches schrieb, gab es immer wieder ideologische Einwände, gegen die sich Barckhausen zu wehren hatte. 1961 war der DEFA-Film fertig.

Da war Theo Harych seit drei Jahren tot. In der Nacht zum 22. Februar 1958 nahm er sich das Leben, erhängte sich in seiner Wohnung. Geflohen in eine Freiheit, die auf dieser Erde nicht zu finden war. Er folgte seinen Brüdern Josef und Stanislaus. Er ging leise, um den Lebensweg seines Sohnes, der gerade Arzt geworden war, nicht zu gefährden. Theo Harychs Frau verließ die DDR in Richtung Westen, ließ sich in Trossingen nieder.

Theo Harych wußte, daß er als Schriftsteller keine Chance mehr hatte. Zu deutlich war die Ablehnung seines dritten Romanprojekts über seine Zeit als Diener und Chauffeur. Auf die ersten Seiten bereits reagierte der Lektor bei Volk und Welt mit den Worten: »Was mir gefällt, ist, daß Du Dich immer wehrst, wenn Dir ein Unrecht geschieht, ganz gleich ob Du dabei den Kürzeren ziehst oder nicht. Du kämpfst aber leider nur für Deine eigene Haut, und darin liegt Deine Schwäche. Sie entspringt aus dem mangelnden Bewußtsein Deiner Zugehörigkeit zur Arbeiterklasse.« Theo Harych habe der Kompaß des Marxismus-Leninismus gefehlt, hieß es nach seinem Tode in der Zeitschrift »neue deutsche literatur«. Das war sein Glück im Unglück.

»Wen Gott liebt, dem schickt er das Kreuz«, hatte Theo Harychs Mutter gesagt. Er hatte ein Leben lang gegen dieses Wort rebelliert. Aber eigentlich hat er als Dichter nur über Menschen geschrieben, wie sie die Mutter meinte. Über die Verlierer im Leben mit ihrer Wahrheit, die das Kreuz ist, an dem sie hängen.

Theo Harych wurde auf dem Georgenfriedhof in Berlin beigesetzt. Das Grab wurde von seinem Sohn gepflegt. 1983 verschwand es, und es verschwand der Stein. Keinerlei Hinweis der Friedhofsverwaltung, daß die Liegezeit abgelaufen sei. »Es war ein Schurkenstück«, sagt Professor Horst Harych. »Ich erstattete Anzeige. Aber es geschah nichts.«

Professor Horst Harych, Sohn des Romanciers, erinnert sich an das Lebensprinzip seines Vaters: »Nie in eine Partei!« In seiner Freiheit behindert, ging Theo Harych mit 54 Jahren 1958 aus dem Leben.

Alfred Matusche:

Hungern nach Himmel

Alfred Matusche hatte getan, was ihm vorgegeben war zu tun. Der merkwürdige Kommunist war sich sicher, daß da »etwas« ist, dem er zu folgen hatte und dem er gefolgt war. Diesen Gedanken hatte er in seiner gestochen schönen Handschrift hin- und hergewendet. In immer neuen Anläufen auf großen Papierbögen, die er auf einem Reißbrett befestigt hatte: »Weltanschauungen sind nichts Verpflichtendes. Noch weniger: das Erreichbare in der Durchschnittlichkeit. Religion ist die letzte Einheit, die dauernde Mitte als Spannung und Ruhe zugleich.« Und er, der 63jährige Dramatiker, der noch einmal gegen die rationalistische Entwertung der Schöpfung angetreten war, fragte sich, den Tod vor Augen: »Ist Gott einholbar?«

Der ruhelose Wanderer von Ort zu Ort, seit vier Jahren in Karl-Marx-Stadt zu Hause, das heute wieder Chemnitz heißt, hatte alles in seiner Einzimmerwohnung geordnet. Reduziert auf einen schmalen Stoß beschriebenen Papiers. Worte eines Hungerns nach Himmel, die sich ins Schweigen zurückbetten: »Nicht mehr grübeln, herankommen lassen. Gottsuche ist die Begegnung des Lebens mit dem Tod. Gottes Nähe ist Gottes Werden.«

Peter Sodann, als Schauspielchef in Halle heute einer der erfolgreichsten deutschen Theatermacher, erinnert sich an Matusches Worte: »Weißt du, Peter, solange die Häuser höher gebaut werden, als Bäume wachsen, wird das mit der Menschheit nichts. Und mit dieser Gesellschaft wird es auch nichts, weil die Menschen vergessen haben zu beten. Kommunismus ist eine schöne Sache. Aber wenn man nicht beten kann, sollte man den Kommunismus nicht als Ziel ansteuern.«

Ungewöhnliche und ungewöhnlich viele Worte des als Schweiger bekannten Matusche.

Nun war er ans Bett gefesselt, lag im Küchwald-Krankenhaus und suchte nach dem Sternenstaub in seiner Lebensgeschichte, deren Armseligkeit er gewendet hatte, so daß dieses Wort glänzte wie eine Wunderheilung. Das eigene Zurückbleiben hinter sich selbst, hinter seiner Sehnsucht, hinter seinem literarischen Werk quälte ihn nicht mehr. Er trieb einer Ankunft zu, in der seine Suche nach Heimat endlich keine Rückkehr mehr war in frühe Verletzungen.

Der sechzigjährige Dramatiker Alfred Matusche am Hans-Otto-Theater in Potsdam in einer Pause zu den Proben für die Uraufführung seines Stückes »Kap der Unruhe«.

Ohne die Worte hätte es Alfred Matusche nie geschafft. Nun trugen sie ihn in eine Offenbarung, die dem Schreiben endlich seinen Beschwörungscharakter nahm. Wie die von ihm bewunderte Else Lasker-Schüler auf den Realismus ihrer Beobachtungsgabe mit dem Hinweis bestand, sich von dem goldenen Gewand des ihr nächtens erschienenen Königs David eigenhändig überzeugt zu haben, so schilderte Matusche am Ende seines Lebens in mehreren Dialogfragmenten das leibhaftige Erscheinen seiner längst gestorbenen schlesischen Großmutter: »Also vermißt hast du mich? Daß mich jemand vermißt!«

War Matusches Geburtsort auch Leipzig, sein verlorenes Paradies hieß Schlesien, das er in der Kindheit einmal im Alter von vier Jahren bei der Großmutter erlebt hatte: »Da waren Kleefelder noch auf dem Lande … In der schmalen Kammer hörte ich die Züge der fernen Eisenbahn, den Pfiff der Lokomotive. Und eines Tages rückte ich mit meiner hölzernen Eisenbahn aus. Ich wollte sie mit der richtigen vergleichen.«

Der Vergleichsmaßstab für alles war Schlesien gewesen. Auf dem Sterbebett wußte er es endlich. Schlesien war der rückwärtsgerichtete Sehnsuchtsschmerz nach einer Welt, in der sich Polnisches, Deutsches und Tschechisches so zu einer Einheit der Mannigfaltigkeit vermischt hatten, daß es untrennbar zusammengehörte.

Mochte das nationalistische Reinlichkeitsdenken auch über 1945 hinaus obsiegt haben, er hatte bereits 1953 als Dramatiker sein Vertreibungsstück »Die Dorfstraße«, in dem er jene neue Grenze an der Neiße offen hielt für ein Miteinander, dagegengesetzt. »Und hat den Weg gesehn«, heißt es da. Einen Weg, den erst das Jahr 1989 freimachte. Immer wieder hat Peter Sodann von Alfred Matusche den Satz gehört: »Die Staatsideologie gehört nicht zu den Menschen.« Aber zugleich sprach er von dem »engen Gedanken, der nun mal den Menschen eigen ist«.

Am »engen Gedanken« in der DDR ist Alfred Matusche zugrunde gegangen. Wenn der Theaterautor Armin Stolper, Freund aus Matusches Berliner Lebensjahren, von einem »hochgradigen Verschleiß aller Körperkräfte« als Todesursache des 63jährigen spricht, so drückt das nur aus, in welchem Maße Matusche den Kampf um sein Theater in der DDR verloren hatte. Das Leben als Besiegter hatte er bereits 1967 besiegelt in einem Stück über van Gogh, das niemand spielen wollte, bis Peter Sodann es dann 1973 doch in Karl-Marx-Stadt durchsetzte.

Alfred Matusche erlebte die Uraufführung noch im Rollstuhl und in Begleitung zweier Ärzte aus dem Küchwald-Krankenhaus, die den sterbenskranken Dichter zur Premiere ins Theater begleiteten.

Matusche sah in der Inszenierung des 37jährigen Peter Sodann, der auch den Vincent spielte, ausgesprochen, was er in der Schlußszene gestrichen hatte. Worte der eigenen Empfindlichkeit, die er seinem sterbenden Vincent nicht zumuten wollte:

»Leben, Sterben, was ist es? Man ist auf einmal da, wird etwas, ohne Hilfe. Das, was wirklich einen Menschen macht bis zur stärksten Kühnheit, macht ihn zugleich hilflos. Die Gewohnheit ist doch nur ein Mantel, den alle um ihre Nacktheit werfen, die kleinen Freuden, die kleinen Leiden. Murmelnde, zufriedene Bäche, ohne zu wissen, was fließendes Wasser ist.« Zu Dr. Gachet: »Weißt du, einfach Sonnenblumen.«

Mit van Gogh sprang Matusche aus der DDR hinaus. Peter Sodann sagt: »Er ist eigentlich nie in der DDR gewesen.« Im Alleinsein die Selbstoffenbarung der Welt: van Goghs Sonnenblumen und Matusches Kleefelder. Van Goghs »Hinaus ins Weite«. Und Matusches letzte Worte: »Ja, bis an die Grenze heran, dann nur öffnet sie sich.« Am 31. Juli 1973 starb er im Krankenhaus, ein Landvermesser mit anderen Karten.

Bertolt Brecht erkannte die außenseiterische Qualität Matusche 1955 sofort und erklärte »jede Zeile« in dessen Stücken für »wahr«. Peter Hacks sagt im Rückblick auf die DDR-Zeit: »Matusche war unser Gammler. Er lebte abwegig und ärmlich. Matusche machte den hiesigen poetischen Naturalismus.« Für Heiner Müller war Matusche »das große Kind des DDR-Theaters«, bewundernswert wegen einer Naivität, die er durchgehalten habe.

»Welche von den Frauen« hieß der Titel seines ersten Theaterstücks aus dem Jahre 1951, das erst sechs Jahre nach seinem Tod uraufgeführt wurde. Welche von den Frauen? Das war die Grundfrage seines Lebens. Die Liebe als erlösende Kraft war ganz alttestamentarisch Erkennen, nach dem er seine Figuren auf dem Theater aus deutscher Totalitaritätsgeschichte streben ließ. Nur im Leben, das im Schreiben sein Ziel fand, kam er schließlich einer Antwort auf seine Grundfrage nahe. Die Liebe beginnt in dem Moment, da eine Frau sich mit ihrem ersten Wort in unser poetisches Gedächtnis einprägt. Nicht das Wort der Mutter war es gewesen, sondern das der schlesischen Großmutter. Erst am Ende seines Lebens wußte er es.

Da hatte Alfred Matusche drei Ehen hinter sich und zwei eheähnliche Beziehungen. Katastrophengeschichten, aus denen fünf Kinder hervorgingen. Ein wirklicher Vater war er ihnen nicht.

Die Augenärztin Lieselotte Gohlke, eine der Lebensgefährtinnen Matusches, reagiert noch nach mehr als drei Jahrzehnten, als sei Matusche gerade aus der Wohnung gegangen. Sie, die jedes Gespräch über Matusche ablehnte, schrieb mir: »Ich glaube, ich habe den Feh-

Alfred Matusche im Linolschnitt des Malers Gerhard Bettermann aus dem Jahre 1928 und im Foto der sechziger Jahre: damals ein Lyriker, nach dem Krieg ein lyrischer Theaterautor.

ler, mich Herrn M. in die Hand zu geben, hinreichend gesühnt durch die Erziehung meines Sohnes, an die ich alle Liebe und Sorgfalt gewandt habe. Bücher sind wichtig für mich. Aber wenn solche Subjekte wie Herr M. erforderlich wären, damit Literatur entsteht, wäre es besser, daß es keine Literatur gäbe.«

Alfred Matusches Leben war eine einzige Anstrengung, dem Gefühl von Leere zu entgehen. Diese Panik vor dem inneren Absterben, ohne gelebt zu haben, trieb ihn den Frauen zu. Und sie trafen auf einen Mann, für den nur das Schreiben eine Ahnung des Selbstseins in sich trug. Er weidete die Frauen aus, wie um hinter ihr Geheimnis der Harmonie zu kommen, und schuf in seinen Theaterstücken wunderbare Frauengestalten. Die Angst dieser Liebenden ist die vor einer Trauer, die bereits stattgefunden hat. Hier sagte Matusche alles, was er sonst nie sagen konnte, hier fühlte er, was er an Gefühlen nicht sichtbar werden ließ. Nur das Poetische war widerstandsfähig, er war es nicht.

So rückte er alle Frauen, die er liebte, von sich weg wie in einem Eingeständnis des Nichtkönnens und zugleich in dem Entschluß, das

Alleinsein auszuhalten und durch nichts zu verstellen. Dieser Ton wurde früh angeschlagen.

»Geburt des Bettlers« heißt eines von drei Gedichten Matusches, die die »Neue Leipziger Zeitung« 1928 veröffentlichte. Sie spricht von »einer starken eigenen Note« des neunzehnjährigen arbeitslosen Maschinenschlossers, der in einer Baumschule Beschäftigung gefunden hatte:

> So bin ich arm
> nach allem Treiben
> Und Spielen mit Dingen,
> Die mir gegeben waren,
> Von dem, der mich gebar im Mutterschoß.
> Und reiner, ich zum zweitenmal
> Gebären muß als Bettler.
>
> Ich fühle meine Armut groß,
> Da nirgends ich bejahe,
> Und bin leer,
> So wie ein Brunnen ohne Wasser ist.
> O gebt mir Wein, daß andere trinken mögen.
> Laßt durch mich
> Den Schein eurer Augen gehen,
> Rein von allem Befleckten.
>
> Und ihr werdet seh'n
> Gelb wird Grün,
> Denn der kotige Mantel an mir
> Wird Kleid von dir.

Da pochte jemand auf sein Anderssein, in dem die Leere als Chance angenommen ist. Eine Leere, die Matusche befähigte, sich vollkommen in andere zu versetzen und deren Welt mit einer an Identifikation grenzenden Nähe zu erkennen. Eine Leere aber auch, in der die eigenen Lebensgefühle als geborgt erkannt wurden. Er war ein Arbeiterkind, geboren am 8. Oktober 1909 im Leipziger Stadtteil Volkmarsdorf. Der Vater, ein Mechaniker aus dem schlesischen Kreis Reichenbach, kam aus dem Ersten Weltkrieg nicht zurück. Die Mutter war nun zum zweiten Mal verwitwet. Aus der ersten Ehe hatte sie eine Tochter mitgebracht. Mit Heimarbeit für eine Kleiderfabrik sorgte sie für den Unterhalt. Ein mütterliches Gehaltenwerden gab es für den Sohn nicht. Statt dessen Verständnislosigkeit gegenüber einem Jungen, der sich mit Zeitungsaustragen und Botengängen Geld allein dafür verdiente, um Bücher zu kaufen, die er nächtens las. Was die Mutter als Zeitverschwendung ansah, war für den Sohn der verzweifelte Versuch, aus der äußersten Sprachlosigkeit herauszukommen, in die sie ihn – müde und hart vom Alltag – hineingezogen hatte.

Die Mutter verbot dem zwölfjährigen Jungen wegen der Stromkosten, nachts zu lesen. Es war nicht nur ein Argument aus der Not heraus, in der jeder Pfennig zum Überleben gebraucht wurde. Der Junge sollte endlich so werden wie alle in jenem Arbeiterviertel. Als er eines Tages zu spät nach Hause kam, hatte die Mutter seine kleine Kiste mit den Büchern verbrannt. Sie schlug ihn, und er verstand die Welt nicht mehr. Die Nacht mußte er auf der Fußmatte vor der Wohnungstür verbringen.

Es ist das einzige Kindheitserlebnis, das Matusche in den fünfziger Jahren einem Freund gegenüber preisgab. Man könnte eine Matusche-Biographie anhand seines dramatischen Werkes schreiben, in das sein Leben einging. Aber jenes Erlebnis aus der Kindheit blieb so traumatisch besetzt, daß er es in direkter Form nicht in sein Werk einbezog. Doch aus dem Unbewußten heraus kämpfen fast alle seine Theaterfiguren um das Recht auf eigene Geschichte.

Die Mutter zwang den Jungen nach der Bücherverbrennung ein entwürdigend geheimes Leben auf. Er entzog sich ihr. Und das wurde seine Methode des Widerstands, ein Leben lang. Seine Herkunft, eben sein Zugang zu den Erniedrigten und Beleidigten, stempelte ihn zum Sozialisten. Doch seine Identifikation mit den Sprachlosen war und blieb ein Akt der Selbsttherapie, um an das Unsagbare seiner selbst heranzukommen. Wortkunst war Heilkunst. Die Krankheit der Kränkung währte lebenslang.

> Menschen sitzen kalt
> Auf braunen Bänken
> Lauschen dem Wort von oben…
>
> Ich aber gehe ohne Gruß
> Denn Scherben liegen in dieser Luft
> Und Splitter gelben Lichtes blenden,
> Und der da oben spricht so blechern
> Von meiner toten Braut.
>
> Er redet um sie, sie weinen um sie herum.
> Ich aber bin stumm
> Was wollen wir uns denn noch sagen…
> Wir lauschen
> Der Wälder Rauschen

Und wandern
Um uns zu treffen bei einem Andern –
Der immer ist.

Das halbe Dutzend Gedichte, das sich von Matusche aus der Zeit vor 1945 erhalten hat, stammt ausnahmslos aus seinen Anfängen. Er hat immer wieder betont, wie wichtig die Lyrik für seine Dramatik gewesen sei, aber ihren Verlust hat er nie beklagt. Gegenüber dem Freund Armin Stolper bekannte er:
»Ich habe früh angefangen, alles wegzuwerfen, und dabei ist es geblieben.« Mochten die Nazis vieles aus jener Zeit beschlagnahmt und vernichtet haben, das Wesentliche dessen, was er in seinen jungen Jahren geschrieben hatte, war fest in seinem Kopf verankert und blieb abrufbar für seine Theaterstücke nach dem Zweiten Weltkrieg. Matusches Drama verleugnete nie, daß es vom Gedicht herkam, und es sollte auch dieselbe Funktion erfüllen wie ein Gedicht. Es war eine Konzeption, wie sie auch die aus Deutschland vertriebene und 1945 in Jerusalem gestorbene Lyrikerin Else Lasker-Schüler in ihren Stücken verfolgt hatte.
Nicht so sehr der gute Mensch wird in Matusches Stücken gesucht, sondern der nicht ganz so gute; derjenige, dem es gelingt, aus seinen egoistischen Antrieben herauszuspringen. Gutes und Böses befinden sich bei Matusche in einem diffizilen Abhängigkeitsverhältnis. Konflikte, auch die sozialen, werden naturhaft aufgefaßt. In seinen Stücken siegt nicht die bessere Ideologie, es siegt allenfalls der einzelne, und er siegt fast immer im Untergang seiner selbst.
In den offiziellen Angaben zum Lebensweg Matusches herrschen Retusche, Tünche und Verkleisterung. Das SED-System stand dem Dramatiker Matusche so abgeneigt gegenüber, wie die erste Diktatur, das NS-System, Gerhart Hauptmann gegenübergestanden hatte. Nur: Mit Gerhart Hauptmann stand den Nazis 1933 ein Literatur-Nobelpreisträger gegenüber. Matusche, ohne eine Buchveröffentlichung vor 1945, brachte nach 1945 nur die richtige Herkunft und ein Talent mit, das man glaubte lenken zu können. Doch Matusche war nicht zu lenken.
Mochten die Berliner Freunde aus dem Theaterbereich, wie Armin Stolper, Rolf Winkelgrund oder Christoph Schroth, aus gutgemeinten Absichten glauben, Matusche dadurch für die Bühne zu retten, daß sie ihn zum »konsequenten Anti-Bürger«, zum »proletarischen Schriftsteller«, zum »Antifaschisten« mit »Arbeit im Untergrund« erhoben, so waren dies letztlich erfolglose Versuche, den Dramatiker für die SED kompatibel zu machen. Die Staatssicherheit als »Schwert und Schild der Partei« wußte es anders. Alfred Matusche

Wie Alfred Matusche und seine Kleine-Leute-Welt die Machtübernahme der Nationalsozialisten erlebten, beschreibt der Dramatiker in seinem Stück »Das Lied meines Weges«, das 1969 publiziert und in Karl-Marx-Stadt uraufgeführt wird.

war kein Widerständler gewesen, und als Sozialist war er ein höchst unsicherer Kantonist, der sich nicht der Partei verschrieb.

Das Wort der Macht, dem es sich zu entziehen galt, hatte sich ihm tief eingebrannt: die Macht der Mutter über die Bücher. Dem Wort der Macht mißtraute er auch, wenn es freundlich daherkam, wie damals, als er als Zwanzigjähriger auf dem Tisch einen Apfel und ein 50-Pfennig-Stück von seiner Mutter vorfand. Reaktion auf eine Sendung im Mitteldeutschen Rundfunk Leipzig, in der er seine ersten Gedichte vor dem Mikrophon lesen durfte. Die Mutter hatte von der Sendung durch eine Nachbarin erfahren.

»Das Leben packt mich nun einmal anders als mit Richtschnur und Maß«, läßt der Dramatiker Matusche seinen jungen Arbeiter und Dichter Fred in seinem 1959 entstandenen Stück »Lied meines Weges« sprechen. »Ich muß durch die Weltliteratur hindurch.« Mitte der zwanziger Jahre waren für ihn Johannes Schlaf und Hermann Hesse die Weltliteratur: Schlaf, der mit dem Naturalismus stilbildend war, und Hesse, dessen Ich-Versicherungsversuche im Konflikt zwischen Geist und Instinkt ihn faszinierten. Den Rat, den Matusche bei ihnen suchte, bekam er nicht. Zwar empfing ihn Johannes Schlaf in Weimar beim Frühstück, aber nur, um einen Zuhörer für seine Selbstgespräche zu haben. Den Dichter des »Siddharta« und des »Steppenwolf«, der längst im Tessin lebte, suchte Matusche vergebens an dessen einstigem Wohnort Gaienhofen am Bodensee. Wütend vor Enttäuschung habe er sein Fahrrad, mit dem er gekommen war, in den See geworfen; so erzählte er es seinem Freund, dem Schriftsteller Werner Kilz, in den fünfziger Jahren.

Jeder, der Matusche kannte, kannte ihn eigentlich nicht. Wenn Matusche etwas verteidigte, dann war es der Kunstcharakter seines Lebens. Alle, die sich dem Dramatiker verbunden fühlten, machten dieselbe Erfahrung wie der Theatermann Armin Stolper: »Matusche hat über seine Biographie selten gesprochen, und wenn, dann nur in Bruchstücken und Andeutungen. Es ist auch so, daß er Nachprüfungen aus seinem frühen Leben gar nicht gern hatte.«

Matusches dramatische Werke sind Mosaiksteine zu einer Wunschbiographie, mit denen er den Schmerz des Andersseins, in dem er trotz gesuchter Momente der Geselligkeit nie erreichbar war, aufzulösen suchte. Armin Stolper erinnert sich: »Matusche hat sich oft mit dem Verweis auf Künstlerschicksale in der Vergangenheit zu trösten versucht.« Stolper, der an den Aufbau des Sozialismus in der DDR glaubte, tröstete ihn mit dem ganz anderen Charakter der Gesellschaften, in denen Mozart und Beethoven, Kleist und Lenz, Büchner und Trakl, van Gogh und Gauguin unter Mißachtung gelitten hätten.

Matusche, so erzählt Stolper, habe nur mit den Schultern gezuckt und gemeint, das läge eben an den Menschen. Es gebe immer solche und solche. Und der Kampf zwischen Geruhsamen und Rebellen würde wohl nie zu Ende kommen. Er glaube, daß es immer auf den einzelnen ankäme. Auf Leute, die Mut und Fähigkeit besäßen, gegebenenfalls auf alle Annehmlichkeiten einer gesicherten Existenz zu verzichten, wenn es gelte, sich Machtmißbrauch in den Weg zu stellen.

»Einer geht allein« hieß eine Prosaveröffentlichung Matusches aus dem Jahre 1929 in einer Leipziger Zeitung. Was Matusche damals schrieb, setzte er für sich um, wie der Schriftsteller und Übersetzer Henryk Bereska urteilt und hinzufügt: »Matusche hielt sich in Askese. Er hauste in gewollt kümmerlichen Verhältnissen, um sich nicht Kompromissen auszusetzen.«

Der Titel zu der Prosaveröffentlichung »Einer geht allein« bezog sich auf das letzte Bild, das Vincent van Gogh gemalt hat. Den Bezug zu seinen schriftstellerischen Anfängen wollte Matusche am Ende seines Lebens hergestellt wissen, als er in Karl-Marx-Stadt seinen letzten Regisseur Peter Sodann dazu animierte, in der Deutschen Bibliothek Leipzig nach der alten Veröffentlichung zu suchen, damit dieser verstehe, was er mit seinem Theaterstück »Van Gogh« meinte: sich selbst.

»Ein wildes, glühendes Leben war in und um ihn. Kein Heim mit einer Frau und Kindern, mit Dingen voll verborgener Märchen, mit Vergangenheit. Vergangenheit will er gar nicht anerkennen, nur berstende Gegenwart...Irrenhaus und gemietete Räume sind Stationen seiner Wanderung. Und so steht er, van Gogh, in einem kahlen, leeren Raum, ein paar primitive Möbel stehen herum.

Alles andere versinkt vor ihm, nur sein Bild weitet sich aus, verdrängt die schmutzigen Wandflächen mit lebensglühenden Farben. Das Schauen fließt aus ihm, van Gogh, heraus und bildet sich wie ein Kreis, darinnen sein Bild lebt. So schaut er lange Stunden, die schwarzen Vögel, die reifen Felder und die glühende Sonne, die so brennt wie Gottes Augen...

Dann rafft er sich und schreitet gerad, etwas fieberglühend, durch sein Bild, durch seine letzte geschaute Welt, geht diesen erdenen Schollenweg bis an die letzte gedachte Linie seines Denkens heran, und steht dann vor seiner großen Leere...«

So sah es aus, wenn man der Macht des Wortes vertraute. So ging Matusche seinen Weg. Nicht im Anschluß an die marxistische Konzeption der »Linkskurve«, der von 1929 bis 1932 bestehenden Zeitschrift des Bundes Proletarisch-Revolutionärer Schriftsteller, aber

sichtlich verbunden einer Linie, die sich in der Nachfolge des natur-
schwärmerischen Friedrichshagener Kreises entwickelte. In einem
anarchistisch grundierten Linksgefühl, das diffus seinen Ausdruck
fand bei Peter Hille und Else Lasker-Schüler und prägnant bei
Gustav Landauer und Erich Mühsam.
Gegen Ende der Weimarer Republik sah sich Matusche in der Nähe
jener Autoren, die sich locker in der in Dresden herausgegebenen
Zeitschrift für Dichtung »Die Kolonne« zusammenfanden, wie Günter Eich, Peter Huchel, Elisabeth Langgässer und Theodor Kramer.
Matusche teilte deren Ressentiment gegen den Anspruch der Macht
und den Antwortcharakter der ihr dienstbaren Sprache. Matusche
hatte sich entschieden, die Welt als Sprache zu sehen. Und allein
dieser Aufgabe galt seine einzige moralische Verpflichtung.
Der Maler Gerhard Bettermann (1910–1991), Freund aus Leipziger
Jugendjahren, hielt Matusche 1928 in einem Linolschnitt fest –
Augen mit einem Tiefenblick.

> Mitten im Lärm von Motoren,
> Mitten im Händlerschrein
> Bist du verloren,
> Und sinnst über den blauen Schein,
> Den der Himmel hat.

Das war die Haltung, in der sich Matusche absetzte – mit Bettermann und zwei weiteren Malern. Bettermann, der wie Matusche
eine Schlosserlehre in Leipzig absolviert hatte und sich 1933 endgültig in Schleswig-Holstein niederließ, erinnerte sich 1980 in einem
Brief an den Schriftsteller Wulf Kirsten:
»Wir hatten einen Freundeskreis durch viele Jahre hindurch. In Bal-
lendorf bei Glasten hatten wir uns auf einer Waldwiese einen Heu-
schober gepachtet, den wir zu einem wohnlichen Heim ausgebaut
haben. Zuerst schliefen wir oben im Heu. Später haben wir uns
dann Wandbetten gebaut. Strohsack. Und einen kleinen Wohnraum
mit Bänken und Tischen, alles aus ungehobelten Brettern… Ich fing
neben der Malerei an zu schreiben. Matusche fing an mit Malen.«
Bettermann ging 1928 auf eine Wanderschaft, die ihn bis nach Griechenland führte. Als er nach einem Jahr zurückkam, hatte sich der
Kreis verändert: »Frauen, zu denen Matusche aus lauter Hemmun-
gen niemals ein komplexfreies Verhältnis fand, waren hinzugekommen.«
Den Eifersüchteleien entflohen die beiden Freunde. Die erneute
Wanderschaft dauerte nur wenige Wochen. Mit Erstaunen stellte
Bettermann fest: »Matusche war für das Vagabundieren ohne Geld
völlig ungeeignet.«

Allein tippelte Bettermann im Sommer in die Hauptstadt der Internationalen Bruderschaft der Vagabunden: nach Stuttgart. Im Gepäck auch Bilder von Matusche, die er zusammen mit seinen eigenen auf der ersten Vagabundenausstellung dort präsentierte. Als Bettermann 1930 noch einmal mit Matusche in Leipzig zusammentraf, hatte der sich dem Kreis des christlich orientierten Literaten René Schwachhofer (1904–1970) zugewandt. Das Bohème-Kapitel war für Matusche abgeschlossen.

Am Ende seines Lebens wird Matusche schreiben: »Die große Einsamkeit sucht Gott in der vergänglichen Minute der Zeit und hat ihn doch längst von Anfang an. Jugend scheint der Anfang einer Unruhe zu sein, die Ziele hat, aber sie erwacht nur aus einer Kindheit, die ein wiederausgeworfener Same aus dem Erdstaub ist, bis wir reif geworden sind und wissen, daß Unruhe ein Wirken ohne Ziel ist. Gott ist die wirkende Unruhe als Sein.«

In Leipzig fand Matusche in E. Kurt Fischer, dem Leiter der Literarischen Abteilung des Mitteldeutschen Rundfunks, einen Förderer, der ihn mit Aufträgen versorgte. Matusches Manuskripte für diese Sendungen sind zwar nicht mehr auffindbar. In der Zeitschrift des Leipziger Senders wird aber lobend eine Matusche-Collage mit Dichterproben zur »Internationalität« des Dorflebens vermerkt.

In seinem erlernten Beruf arbeitslos, sich in der Wirtschaftskrise mit Gelegenheitsarbeiten durchschlagend, begann er im Schriftstellerischen gerade Fuß zu fassen, als die Nazis an die Macht kamen. Er war gegen sie, ahnte, daß sie darauf aus waren, ihm genau das zu nehmen, worum er mühevoll kämpfte: die eigene Geschichte. Die eigene Geschichte hatte es ihm verboten, sich im Kampf gegen den Nationalsozialismus zu organisieren. Allein die Macht des Wortes war sein Medium menschlicher Selbstverwirklichung. Er hatte nicht vergessen, woher er kam.

Dem proletarischen Massengefühl war er entkommen. In diesem Gefühl steckte die Sehnsucht nach der kleinbürgerlichen Welt, die auch er in sich spürte und gegen die er sich wehrte. Die Kommunisten denunzierten den Kleinbürger, den sie in sich trugen. Sie diffamierten die alltäglichen Fluchtgefühle, Träume von Heimat, Glück und Geborgenheit. Sie überließen es den Nazis, den Alltag, das Private mit einem neuen Schein zu versehen, der die Arbeiterschaft hinüberzog zu ihnen.

Die Krise hatte in Deutschland viel unbegriffenes Leid, mithin Haß und Aggressionen, aufgestaut. Noch mehr als die Schuld der Mächtigen interessierte Matusche die Schuld der Ohnmächtigen. Den Ohnmächtigen rechnete er sich zu. Die Schuld der Ohnmächtigen sollte ein wesentliches Thema Matusches als Stückeschreiber nach dem Zweiten Weltkrieg werden. Daß ihn das Leben nur insoweit interessierte, wie es ihm half, sich aus seinem eigenen Dilemma zu befreien, engte seinen Blick nicht ein.

Was war für Matusche das Wichtigste in jenem Jahr 1933, als die Nationalsozialisten an die Macht kamen? Er läßt es seinen jungen Arbeiterdichter Fred in »Lied meines Weges« so formulieren: »Gestalten zu begegnen, nicht nur in der Literatur, daß du spürst, da fängt der Mensch an. Das würde mir erst einmal genügen.« »Ohne Organisation ist jeder verloren«, antwortet ihm die Kommunistin Herta, und Fred entgegnet: »Im luftleeren Raum. Sich treffen ist schon was. Und zu wissen, was man verliert, auch wenn man keine Worte gemacht hat.«

Herta gehört zu den drei Frauen in dem Stück, die Fred lieben: »Wir haben uns in letzter Zeit nicht einmal die Hand gegeben, nachdem ich mit dir in deiner Hütte war. Es war schön, die Wiesen, die Hänge mit den dunklen Waldflecken in der Dämmerung. Es sollte auch zwischen uns so sein, und wir scheuten uns. Und dann war es, nur nicht zwischen uns.« Fred: »Blühende Zweige zu sehen – und zu warten, daß der Schnee sie berührt.«

Genau so muß man sich wohl den jungen Dichter Matusche in Leipzig vorstellen. »Er hat dauernd Frauen gehabt«, so weiß es Matusches ältester Sohn Treusorg, Jahrgang 1938, von seiner Mutter. Frauen trugen den Dichter durchs Leben. Er schrieb, und sie sorgten für den Lebensunterhalt. Daß sein Vater am illegalen Widerstandskampf gegen den Faschismus teilgenommen habe, wie es im Standardwerk »Schriftsteller der DDR« aus dem Jahre 1974 steht, kann Matusches Sohn nicht bestätigen. Belege dafür gibt es nicht.

Auch René Schwachhofers Beobachtung bei der letzten Begegnung mit Matusche 1933 in dessen Stammlokal in der Leipziger Innenstadt, vor dem SA-Männer randalierten und jüdische Geschäfte plünderten, spricht mehr für Ohnmacht, denn für Widerstand: »Matusche stand, während sich andere Intellektuelle bestenfalls peinlich berührt zeigten, entgegen seiner sonstigen Gewohnheit spontan von seinem Platz auf, rief mit vernehmlich lauter Stimme aus: ›Dagegen muß man doch etwas tun!‹ und ging auf die Straße.«

Schwachhofers Beobachtung könnte dem Stück »Das Lied meines Weges« entnommen sein, so sehr entspricht sie der Haltung jenes Fred, den Matusche am 30. Januar 1933 ins Ungewisse gehen läßt: »Was nun kommt, läßt mich nicht die Stunden zählen. Ich gehe. Scherben liegen in dieser Luft, und Splitter gelben Lichts blenden. Am Morgen wollte ich erschüttert sein, vom Leben, einem großen Wurf. Jetzt bin ich es vom Tod, und es ist die Macht. Doch Stille ist keine Stille mehr, und Hoffnung, sonst noch im Grün der Wiesen, verdeckt nicht nur der Schnee, und selbst das Rauschen der Wälder führt nicht weiter...«

Wie immer schöpft Matusche aus dem eigenen Leben, obwohl er das Stück in Berlin spielen läßt, am Ort von Hitlers Machtübernahme. In den Hinterhöfen der alten Häuserblocks war er zu Hause. Von einer Untermiete in die andere ziehend, wenn ihn nicht eine Frau aufnahm. Im Mietskaserneneinerlei aus Mißgunst, Streit und Klatsch zeigt der Dramatiker Matusche die Stunden vor der Ernennung Hitlers zum Reichskanzler und die Stunden danach, in denen die SA ihre Gegner jagt und ermordet. Mitten darin Matusches Fred, der sich genau an diesem Tag mit seinen ersten Gedichten in einer Zeitung veröffentlicht sieht. Es ist dieser Einzelgänger Fred, der die Mitgliederliste der KPD aus dem von der SA umstellten Parteibüro herausholt, bevor die Nazis nach ihr suchen.

Der Dramatiker Matusche präsentiert ein Panorama aus der Alltagswelt der kleinen Leute, die angesichts eines gravierenden Ereignisses nach neuen Zuordnungen suchen müssen, wollen sie überleben. Noch hält Menschlichkeit die meisten zusammen; ganz gleich, ob Ernst Polizist und Sozialdemokrat, Herta Kommunistin ist und Marie Dörfler als Kneipenwirtin bereits darauf achtet, daß sie auch in Zukunft hinter dem Tresen stehen kann. Herta wird in den Tod getrieben und Grete, die Fred ebenso liebt wie Herta, auf dem Weg zum Katholischen Krankenhaus erschlagen.

Was bleibt von diesem Tag, läßt Matusche eine Nonne formulieren: »Der Tod ist Abschied, aber es ist nicht der Tod, der uns erzittern läßt, es ist die Liebe.« Fast ein Jahrzehnt mußte Matusche warten, bis dieses Stück 1969 in Karl-Marx-Stadt aufgeführt werden durfte – zum 50. Jahrestag der Gründung der KPD. Jochen Ziller, heute Chef des Drei-Masken-Verlags in München, damals in Karl-Marx-Stadt Chefdramaturg und Regisseur des Stückes, mußte sich im Interview mit der »Freien Presse« verbal verrenken, um Matusche ausgerechnet zu diesem Datum den Funktionären mundgerecht zu machen: »Matusche läßt im privaten Schicksal dieser Menschen [in seinem Stück] gesellschaftliche Zusammenhänge und geschichtliche Erfahrungen erkennbar werden: Mit der Machtergreifung der Faschisten 1933 wurde die Rechnung präsentiert für den Verrat der rechten Sozialdemokratie an der Revolution von 1918. Gleichzeitig aber erwies es sich gerade an jenen Tagen erneut, daß mit der KPD 1918 jene Kraft entstanden war, die die deutsche Arbeiterklasse führen würde.«

Nichts davon gab und gibt das Stück her. Und man versteht heute, wenn man liest, was Armin Stolper 1971 im Nachwort zu dem Matusche-Band »Dramen« über die Inszenierungsarbeit schrieb, bei der es um die Unmöglichkeit ging, einen »dritten Weg« herauszuarbeiten: »Matusche sitzt auf Proben; schimpft, stöhnt, ächzt. Ändert, läßt sich überzeugen und überzeugt andere. Wie immer ist er hartnäckig, provokativ und empfindsam, achtlos im Äußeren und wesentlich im Denken, abhold jeder Regelmäßigkeit und bar jeder Vernunft, wenn es um Vernünftigsein im Alltagssinne geht.«

Alfred Matusche im »Dritten Reich«: Er soll von Arbeitern finanziell unterstützt worden sein, so daß 1936 in dänischer Übersetzung ein Band »Gedichte« von ihm erscheinen konnte. In der Königlichen Bibliothek Kopenhagen aber, die sich akribisch mit der Verfolgung deutscher Literatur und den Hilfeleistungen der Dänen auseinandergesetzt hat, kann ein Matusche-Titel nicht nachgewiesen werden. Daß Matusche seine Gedichte nach dem Krieg in einem Band rekonstruiert und das Unikat der von ihm geliebten Ärztin Lieselotte Gohlke geschenkt hat, wie es Armin Stolper erfahren haben will, wird von der Ärztin verneint.

Matusches Sohn Treusorg weiß von seiner Mutter, die 1978 starb, daß sein Vater in Leipzig verdächtigt wurde, ein Jude zu sein: »Wahrscheinlich wegen seines Aussehens, dem schwarzen Haar und dem Rabbibart.« Der Schriftsteller Werner Kilz erinnert sich an eine Bemerkung Matusches, wonach er von einer Frau denunziert worden sei und daraufhin eine Wohnungsdurchsuchung stattgefunden habe. Verlust: zwei Koffer mit Manuskripten und Büchern. Der Schriftsteller Rudolf Harnisch, der eine Begegnung mit Matusche Anfang der fünfziger Jahre in einer Skizze festhielt, spricht ebenfalls von einer Vernehmung Matusches bei der Gestapo, nach der Matusche Manuskripte in der Waschküche verbrannte.

Im Jahre 1937 ist Matusche an jenem Ort zu finden, wo er sich gleich nach Kriegsende niederlassen und seinen Weg als Dramatiker beginnen wird: in Portitz, einem Dorf, das von Leipzig eingemeindet worden ist. Im Jahre 1937 heiratet er dort die Tochter eines Leipziger Großhändlers. »Meine Großeltern«, so erinnert sich Sohn Treusorg, »waren gegen die Ehe mit dem Arbeiterdichter. Aber meine Mutter, Mädel aus bürgerlichem Hause mit linkem Hang, sozialdemokratisch, imponierte gerade dieser Beruf mit dem Geschmack des Bohèmehaften. Für meine Großeltern war Matusche einfach ein Hungerleider.«

Gleich nach der Hochzeit zieht das Paar ins niederschlesische Liegnitz. Wie immer meldet sich Matusche – säuberlich verzeichnet durch die Polizei in der Meldekartei – in Leipzig mit neuer Adresse in Niederschlesien ab und geht eben nicht in den Untergrund, wie es immer wieder zu DDR-Zeiten zu lesen gewesen ist. 1938 findet das Paar dreißig Kilometer weiter in Wahlstatt eine Wohnung in

einem Bauernhaus. Hier kommen die drei Kinder aus erster Ehe zur Welt. »Und wenn sich meine Mutter mit uns nicht 1942 heimlich davongemacht hätte, wären es sicher acht, neun und mehr Kinder geworden«, sagt Matusches Sohn Treusorg.

Er, der in der DDR als Diplomingenieur arbeitete, gesteht für seine Geschwister und sich ohne Umschweife ein: »Wir drei sind geprägt durch absolute Abneigung, was den Vater betrifft. Er hat sich um nichts gekümmert. Er hat sein Hobby in Wahlstatt betrieben, schrieb, und er malte Heiligenbilder. Das Dorf hatte ein Wallfahrtskirche und auch sonst seine Bedeutung wegen der Schlacht von 1241, in der die Mongolen besiegt wurden. Die Atmosphäre Wahlstatts kommt zum Ausdruck in dem Stück ›Die Dorfstraße‹, mit dem mein Vater in der DDR bekannt wurde.«

Treusorg Matusche, dessen Geschwister Gottfriede und Friedsorg heißen, erklärt sich die Namensgebung mit einem »religiösen Tick« seines Vaters: »Er kümmerte sich um die großen Worte Friede, Treue, Gott. Meine Mutter kümmerte sich um den Unterhalt, fuhr jeden Morgen in die Gurkenfabrik nach Liegnitz, wo sie als Kontoristin arbeitete. Mein Bruder und ich haben den Vater nach der Flucht meiner Mutter zurück zu ihren Eltern nie mehr getroffen.«

Probengast Matusche, wie ihn Armin Stolper erlebt hat: »Er schimpft, stöhnt, ächzt. Ändert, läßt sich überzeugen und überzeugt andere. Wie immer ist er hartnäckig, provokativ und empfindsam, bar jeder Vernunft, wenn es um Vernünftigsein im Alltagssinne geht.«

Das Gemeindehaus der evangelischen Kirche in Portitz am Rande Leipzigs als erstes Domizil Matusches nach dem Krieg: Im Parterre des Backsteinhauses richtete er eine Volksbibliothek ein, oben seine Dichterklause – auf achtzig Quadratmetern.

Nur Tochter Gottfriede, geboren 1941, reiste mit achtzehn Jahren zu ihrem Vater nach Berlin, um ihn kennenzulernen: »Er war charmant, schmiedete Pläne für mein weiteres Leben. Ich sollte in Berlin studieren, sollte bei ihm bleiben. Er übersprang alles, was gewesen oder, besser gesagt, was nicht gewesen war.« Thilde Kesselbauer, Tochter aus einer späteren Beziehung Matusches, seit 1989 im westfälischen Altena lebend und 1971 – ebenfalls mit achtzehn Jahren – auf der Suche nach dem Vater in Karl-Marx-Stadt –, erlebte ihn in derselben Weise. Auch sie, die angehende Industriekauffrau, blieb nicht.

Thilde Kesselbauer, Jahrgang 1952, erinnert sich: »Mein erster Eindruck war: Solch ein alter Mann soll dein Vater sein. Er wirkte älter, als er war. Er nahm mich mit in die Bar eines Hotels, dann in die Bodega. Einen ganzen Tag tranken wir Cocktails, und er ließ anschreiben. Nach Hause in seine Wohnung nahm er mich nicht mit. All sein Charme konnte nicht darüber hinwegtäuschen, daß er am Hungertuch nagte.«

Matusche-Tochter Gottfriede Dietrich mischt das Wissen ihrer Mutter mit der eigenen Trauer über den verlorenen Vater: »Er war ein sehr schwieriger Charakter, sehr depressiv.« Und auch ihr Bruder versagt diesem Vater letztlich nicht den Respekt: »Eines muß er gewesen sein: sehr genügsam, konsequent gegen alle Anfechtungen ideologischer Art vor 1945 und nach 1945. Es muß für ihn nur eines gegeben haben: ein Stück zu schreiben, auch wenn es ein halbes Leben dauert. Er ist mir fremd, und doch habe ich wohl vieles von ihm geerbt. Meine Familie beschwert sich, daß ich am Abend nur fünf Sätze sage. Bin ein Schweiger wie mein Vater. Und das Schweigen nimmt zu im Alter.«

Alfred Matusche hat es im besten Wehrdienstalter verstanden, sich dem Frontdienst zu entziehen. Gottfriede Dietrich weiß von der Mutter, daß Matusche nicht wehrdienstfähig gewesen ist. Immerhin wird der Dreißigjährige 1939 – so die »Deutsche Dienststelle« in Berlin – zur 3. Kompanie Baubataillon 123 nach Reichmannsdorf bei Wahlstatt eingezogen. Bei dem Truppenteil handelte es sich um eine Formation des Reichsarbeitsdienstes, die zu jener Zeit der Wehrmacht eingegliedert wurde. Ob Matusche am Polenüberfall teilgenommen hat, ist, obwohl naheliegend, aus den lückenhaften Unterlagen nicht ersichtlich. Vom 19. Dezember 1939 bis 26. Januar 1940 liegt er im Reservelazarett Glogau. Diagnose: Polypen im Ohr. Damit ist Matusche vom Wehrdienst freigestellt.

Erst am 24. August 1944 wird er wieder eingezogen. Diesmal in Leipzig, wo er Ende 1942 wieder geheiratet hat, eine Zwanzigjährige aus gutbürgerlichen Verhältnissen, die einen Monat nach der Eheschließung den Sohn Raimund zur Welt bringt, mit der er aber nur kurze Zeit zusammenlebt. Nun, wo die Nazis jeden halbwegs gehfähigen Mann in die Abwehrschlacht werfen, muß Matusche zum Stammkompanie-Ersatz- und Ausbildungsbataillon 284 für ohrenkranke Soldaten; es gelingt ihm aber, am 20. Januar 1945 aus der Wehrmacht entlassen zu werden.

Heiner Müller sieht den 36jährigen Matusche nach Kriegsende, im Vorgriff auf die kommunistische Utopie, als einen Mann, der im »Dritten Reich« den Taubstummen gespielt hat, nun mit ein paar Leuten eines Dorfes den Gutsbesitzer absetzt und eine Bauernkommune gründet, in der die neue Zeit mit Freß- und Saufgelagen gefeiert wird, bis der Parteisekretär den sinnenfrohen Sozialutopisten mit seinem Privatkommunismus absetzt und dieser mit den Worten geht: »Ich such' mir einen anderen Acker... Ich werde Schriftsteller... Herr, das ist der einzige Stand, in dem ich nicht verpflichtet bin, kapiert zu werden oder Anhänger zu haben.«

»Matusche ist der Moritz Tassow von Peter Hacks«, so will es Heiner Müller von Alfred Matusche erfahren haben. »Fragen Sie Peter Hacks!« Ich frage ihn, und Hacks antwortet: »Müller lügt immer.« Aber dann wohl doch nicht. Hacks blättert in seinen Materialien zu dem Stück »Moritz Tassow«, das 1965 an der Ostberliner Volksbühne

Junge Frau aus bürgerlichem Haus mit linkem Hang: Margarete Löbel verliebte sich in den Arbeiterdichter, heiratete ihn 1937 und wurde Mutter von drei Kindern.

Hinter der Kirche von Portitz wohnte Matusche 1945. Die Krankenschwester Ursula Lehmann führte den Haushalt und bekam von ihm die Tochter Thilde.

mit großem Erfolg uraufgeführt, vom Zentralkomitee der SED wegen seiner »rüpelhaften Obszönität« angegriffen und abgesetzt wurde.

Peter Hacks nach einem Blick in sein Archiv: »Man hat mir damals von einem Mann erzählt, der 1945 mit dem Revolver in der Hand eine Bauernkommune gegründet hat. Ich schließe nicht aus, daß sich Matusche so verhalten hat.« Gesichert ist nur eines: Alfred Matusche findet sich nach Kriegsende in idyllischen Verhältnissen wieder. Im Leipziger Stadtteil Portitz, das seinen dörflichen Charakter gewahrt hat, ist sein neues Domizil ein alter Backsteinbau zwischen Linden, das Gemeindehaus der evangelischen Kirche. Matusche hat es in Beschlag genommen und im Parterre eine Volksbibliothek eingerichtet.

Der verbliebene erste Stock ist Dichterklause. Großzügige achtzig Quadratmeter mißt sie. Die Möbel zimmert er sich selbst aus alten Dielenbrettern, die er unter dem Dach aus dem Boden gerissen hat. Das Holz von dort oben reicht auch noch, um warm über den ersten Nachkriegswinter zu kommen.

Auch eine neue Frau ist an Matusches Seite, die 21jährige gelernte Krankenschwester Ursula Lehmann, die ihm den Haushalt führt. Eine weitere Frau, die 26jährige Leipziger Apothekerin Margot Matthias, verliebt sich in ihn: »Ich sah ihn unter einem Apfelbaum stehen. Wir gingen spazieren, wortlos. Es war etwas Eigenartiges. Es zog mich hin.«

Margot Matthias, die 1957 Matusches dritte und letzte Ehefrau wird, wirbelt aus dem Portitzer Chaos erst einmal heraus – bis nach Hamburg, wo sie sich niederläßt. In einem Leipziger Krankenhaus liegt Matusches zweite Ehefrau und stirbt mit 28 Jahren an Komplikationen nach einer Blutvergiftung. Der achtjährige Sohn der beiden, Raimund, kommt nach Portitz. Ursula Lehmann bekommt von Matusche ein Kind, Thilde. Man lebt zu dritt in einem schmalen Raum neben der Bibliothek.

Raimund Matusche erinnert sich: »Oben saß mein Vater und war oft tagelang nicht zu sehen. Er schlief auch dort. Wenn er eine Idee hatte, störte die Umwelt. Er hat dann nur für seine Arbeit gelebt. Aber auch sonst war er kaum ansprechbar. Vielleicht müssen Künstler so sein. Bloß für die Umwelt ist es eine Katastrophe. Besonders für ein Kind, dem die Mutter gerade gestorben war.«

Zwar hat Matusche dort oben einen ebenso schönen Blick auf den alten Friedhof wie der aus dem Exil zurückgekehrte Bertolt Brecht in Berlin, aber von dessen Renommé hat er nichts. Alfred Matusche, sechs Jahre nach dem Krieg noch immer ohne jegliche Buchveröffentlichung, ist ein literarisches Nichts. Was er seit 1945 für den

Leipziger Rundfunk macht, sind Brotarbeiten. Nur in einem Zirkel junger Leute, die schreiben und zu denen auch Margot Matthias gehört, ist er eine Autorität.

Alfred Matusche hat die Vierzig überschritten. Ein halbes Leben ist vertan. Für eine Talentprobe ist es zu spät. Ein Geniestreich muß es sein. Ein Theaterstück, in dem alles drin ist, was er in 42 Jahren erlebt hat: Feigheit, Mut, Angst, Anpassung, Widerstand. Die Zeit will er aufreißen bis in den Augenblick der Geburt. Und unter den versteckten Möglichkeiten, die uns immer begleiten, will er die deprimierendste zeigen: Jeder ist imstande, den anderen zu töten. Besonders, wenn Liebe im Spiel ist, wenn sie verraten wird.

»Welche von den Frauen« – so der Titel des Erstlings – heißt: Wie wollen wir lieben, wen wollen wir lieben, wie wollen wir leben? Die Frauen sind Matusche ein Glücksversprechen, das verlorengegangen ist. Geblieben nur die unendliche Sehnsucht nach Nähe. »Ich trete aus dem Haus / und höre den Nachtwind in den dunklen Bäumen, / das dunkle Laub hebt ab sich von der Nacht; / der Wind fährt durch mein dunkles Träumen. / Es sind die alten Linden, die Deutschland hat...« So läßt Matusche seinen »Helden« Ulrich Goetzke sprechen, als stünde dieser beim Dichter von Portitz vor der Haustür.

Natürlich ist auch Ulrich Goetzke ein Lyriker wie Matusche, nur hatte er 1933 das Land verlassen, hatte gekämpft auf Seiten der Republikaner im Spanischen Bürgerkrieg, war entkommen nach Amerika, wo seine Sonette niemand hören wollte und er sich als Leichen-

Kinder, um die sich der Vater nicht kümmerte: Raimund Matusche aus der zweiten Ehe mit Halbschwester Thilde 1974 bei deren Tante. Treusorg Matusche aus erster Ehe sagt: »Es muß für ihn nur eines gegeben haben: ein Stück zu schreiben. Er ist mir fremd.«

wäscher durchs Leben schlug. Als Leichenwäscher, wie der Dichter Hans Natonek in New York, der bis 1933 in Leipzig gelebt hatte. Nun ist Ulrich Goetzke zurückgekehrt nach Deutschland. Gewendete Nazis sitzen auch in der Sowjetzone in besten Positionen.

Mochte es einen wie Ulrich Goetzke um die halbe Welt getrieben haben, Matusche sieht diesen Weggang auch als eine Selbstvertreibung aus der Wahrheit von der Unveränderbarkeit menschlicher Natur, die so schwer für denjenigen zu ertragen ist, der auf Menschlichkeit setzt. Die Gemeinschaft der einzelnen ist überall draußen. In einem Niemandsland. In einem Niemandsland ereignet sich die Wahrheit, wenn sie sich ereignet.

Daß die Schwester des Ulrich Goetzke, vom NS-Regime wegen Widerstands zum Tode verurteilt, lachend zum Schafott gegangen ist, wie es der Bruder jetzt erfährt, nicht einmal das gehört ihm. Das behält nur dann seine Würde, wenn keine Seite das Opfer in Anspruch nimmt.

Wie »notwendig« auch »die Wahrheit gegen den Wahnsinn« ist und daß Ethos »nicht ohne Kampf« wächst, Matusches Erkenntnis führt aus der Einsamkeit in die Einsamkeit einer Liebesvorstellung, in dem jeder dem anderen unerreichbar bleibt.

Welche von den Frauen, die ihm etwas bedeutet haben bis 1951, hat wohl nicht einen Groll gegen Matusche? Der Dramatiker verwandelt sie in Lotte, die erste Ehefrau, deren geschmeidig-kleinbürgerliche Energie er mit grimmiger Zärtlichkeit darstellt, in Marietta, Margot Matthias, der er ein italienisches Temperament gibt, und in Elke, Ursula Lehmann, von der er erhofft, daß sie ihm hilft, nach Hause zu kommen.

Ulrich Goetzke wäre nicht Matusche, wenn die Liebe ihn nicht dahin treiben würde, wo sie unerreichbar bleibt, zu Theresia, die ihm stirbt wie die Mutter seines Sohnes Raimund, damit die Sehnsucht leben kann.

Wie Alfred Matusche das Private, die Liebe, von der er annimmt, daß niemand mit ihr fertig wird, in politische Konstellationen hineintreibt, auf daß sie ihre Wahrheit enthülle, macht ihn bereits mit seinem Erstling zum großen Dramatiker, ohne daß davon jemand Notiz genommen hätte.

Die Wahrheit ist gescheitert in dem Staat, in dem er lebt. Sein Ulrich Goetzke, der den Rundfunk neu organisieren soll, kann den gewendeten NS-Parteigänger Dr. Lahr nur von einer Chefposition in die andere verschieben. Der Dramatiker führt die beiden Protagonisten in eine Schuldauseinandersetzung, die nichts von ihrer Aktualität verloren hat:

Lahr: Ich sage es Ihnen, ich habe den Faschismus durchschaut, ebenso wie ich jetzt den schwierigen, den schwersten Aufbau unseres Vaterlandes sehe.

Ulrich: Sie haben also die Lügen der Nazis, Hitlers, durchschaut, um zwölf Jahre feste mitzulügen?

Lahr: Es gibt Notlügen; je mehr der Zwang zum Terror entartete…

Ulrich: Wer wahr ist, haßt die Not dieser Lügen und bekämpft diese Not…

Lahr: Sprechen Sie mich doch schuldig, wenn ich…

Ulrich: Ich? Wieso ich, wenn Sie nicht selber die Einsicht haben.

Lahr: Sie möchten, daß ich mich wie ein Wurm winde.

Ulrich: Nicht meine Absicht. Ich bin kein Moralfatzke. Die Einsicht einer Schuld ist aber immerhin eine Wahrheit; wer die Schuld nicht offen läßt, hat noch der Wahrheit Ehre, und seine Schuld kann zum blanken Schild werden, in seinem weiteren Kampf. Entschuldigen Sie, meine Moral…

Matusches Ulrich Goetzke zieht sich von seiner Aufgabe im Rundfunk zurück, wird sich wie sein Schöpfer ausschließlich dem Schreiben widmen, wird sich abseits von der Macht halten. Dennoch findet Matusche keine beruhigende Selbstsicherheit, leidet unter der Angst der Sinnlosigkeit und ahnt zugleich, daß er ihr das Beste verdankt.

Denn das Schreiben, erkennt er, verändert die Wahrnehmung der eigenen Empfindung. Die Liebe als »eine Art des Erinnerns« braucht nicht die Erfahrung der Fülle; denn nicht das Gefühl erzeugt für den Schreibenden die Äußerung des Gefühls, die Äußerung des Gefühls erzeugt das Gefühl.

Alfred Matusche hat in der Art, wie er seinem Dichter Ulrich Goetzke mehr und mehr autobiographische Züge gab, für sich eine Lösung gefunden. Die Lösungsidee ist immer eine pathetische Szene, die man sich ausmalt und die einen bewegt. Sie ist Theater. Auf dem Theater beherrscht Matusche die Kunst der Katastrophe.

Für sein Erstlingsstück »Welche von den Frauen«, dem noch immer sein Platz zwischen Wolfgang Borcherts »Draußen vor der Tür« und Carl Zuckmayers »Des Teufels General« vorenthalten wird, findet Matusche keine Bühne. Einen Beobachter seines Wegs in die Theaterliteratur hatte er bereits 1951 gefunden. Da besuchte ihn der dreißigjährige Rudolf Harnisch, um eine Geschichte über ihn zu schreiben.

Harnisch ist es, der das Vertrauen des wortkargen Matusche gewinnt. Bereits bei der ersten Begegnung gibt Matusche dem Besucher Einblick in sein traumatisches Erlebnis der Kindheit. Auch Harnisch

Ein Mann hört mit: Rudolf Harnisch, Offizier im Zweiten Weltkrieg. Die Gauck-Behörde weist ihn aus als Agent der Organisation Gehlen, dann des sowjetischen Geheimdienstes, schließlich als Stasi-Mitarbeiter. Harnisch gewann Matusches Vertrauen.

berichtet, wie er als Abiturient zur Wehrmacht ging und alles mitgemacht hat: Überfall auf Polen, Frankreich-Feldzug, Überfall auf die Sowjetunion. Harnisch war Offizier in einer Panzerdivision, wurde von einem Dum-Dum-Geschoß getroffen und verlor ein Bein.

Was Harnisch nicht erzählt, liest der 1982 aus der DDR in den Westen übergesiedelte Schriftsteller Klaus Poche nach 1989 im »Operativen Vorgang«, den die Staatssicherheit gegen ihn angelegt hatte: Sein guter Freund Rudolf Harnisch, Journalist und Schriftsteller, war ein Spitzel. Poche, 1976 Mitunterzeichner der Petition gegen die Ausbürgerung Wolf Biermanns, 1979 aus dem DDR-Schriftstellerverband ausgeschlossen, kannte Harnisch seit den fünfziger Jahren.

Poche findet in den Unterlagen der Gauck-Behörde noch mehr; einen Bericht von Rudolf Harnisch mit dem Titel »Stationen, Ereignisse, Ergebnisse meiner geheimdienstlichen Tätigkeit für die Sowjetunion (1947–1962)«. Demnach hatte sich Harnisch 1946 in Leipzig von seinem ehemaligen Regimentskommandeur Gerhard Pinckert für die Organisation Gehlen, die Vorgängerin des Bundesnachrichtendienstes, anwerben lassen und war von den Sowjets zur Gegenspionage »umgedreht« worden. Harnisch war zwischen 1953 und 1955 Hauptredakteur der Kulturabteilung der von den Sowjets gegründeten »Täglichen Rundschau«, für die der seit den fünfziger Jahren bespitzelte Poche als Zeichner arbeitete. Offiziell tauchte Harnisch bei der Stasi erst 1963 auf: Da unterschrieb er seine Verpflichtungserklärung.

Wie Klaus Poche war Alfred Matusche in besten Händen bei Rudolf Harnisch. Doch Matusche, der die Wehrmacht nur am Rande erlebt hat und dennoch immer wieder in seinem dramatischen Werk auf ihr Verhalten im Zweiten Weltkrieg zurückkommt, scheint den »Freund« Harnisch auf literarische Weise »abgeschöpft« zu haben. Daß die Figur des wendigen Dr. Lahr, der sein »Heldenlied von Stalingrad« aus dem Jahre 1943 mühelos 1945 unter anderen politischen Vorzeichen nur mit einem Perspektivenwechsel versehen muß, kein Schuldbewußtsein hat und auch in den neuen Verhältnissen nach Kriegsende Karriere macht, liest sich so, als sei sie Rudolf Harnisch abgeschaut.

Matusches zweiter Versuch, als Dramatiker sichtbar zu werden, landet auf dem Tisch Heinar Kipphardts, der 1949 aus politischer Überzeugung von Düsseldorf nach Ostberlin gezogen und seit 1950 als Nachfolger von Herbert Ihering Chefdramaturg am Deutschen Theater ist. Das Stück trägt den Titel »Die Grenzgänger« und zeigt das Schicksal schlesischer Flüchtlinge am Westufer der Neiße inmitten der Ländereien eines Gutsbesitzers, der »ein tragisches Opfer der Bodenreform« wird.

Kipphardt ist vom Sprachgefühl Matusches begeistert. Er sieht in dem Stück »einen ungewöhnlichen Blick für dramatische Situationen, für dramatische Handlungen, für dramatische Atmosphäre, für den dramatischen Dialog«. Aber er sieht auch, daß die »ergreifenden Episoden und Gestalten« dem Autor entglitten sind. Mit Wolfgang Langhoff, dem Intendanten, ist er sich einig, daß hier ein Großer aus einem noch nicht fertigen Text lugt: Der Mann soll kommen.

Der Mann kommt. Der Pförtner des Theaters benachrichtigt Kipphardt. Der beordert Matusche zur Theaterkantine. Auf dem Weg dorthin bricht Matusche zusammen und wird von Kipphardt und Langhoff gefunden. So erzählt Matusche es später seinem Freund, dem Schriftsteller Werner Kilz. Kipphardt erinnert sich in der Zeitschrift »Theater der Zeit« an die Begegnung so: »Wir lernten einen sehr eigenwilligen Menschen kennen…Er lebte schlecht, arbeitete von materiellen Sorgen bedrückt, und wir halfen ihm aus seiner materiellen Not.«

Der 31jährige gebürtige Schlesier Kipphardt und der 52jährige Langhoff, eine Autorität nicht nur wegen seines Buches »Moorsoldaten«, geben Matusche zum ersten Mal das Gefühl, als Dichter erkannt zu sein. Endlich, so empfindet es Matusche, sitzt er Menschen gegenüber, deren Einwände kein Abwürgen sind. Im Gespräch entwickelt Matusche eine völlig neue Handlung. Kipphardt: »Wir fabulierten darüber… Er freute sich, daß Episodengestalten, die er im Leben gekannt hat, die er in seinem Stück liebte, wirklich dramatische Charaktere werden könnten.« Enthusiasmiert verläßt Matusche das Theater, von Kipphardt mit einer schönen Summe Geldes versehen. Er zieht durch die Kneipen, er gibt Freirunden. Und er ist auch sich selbst gegenüber spendabel: Mit dem Taxi fährt er zurück nach Portitz.

»Das Geld war alle«, erinnert sich Sohn Raimund. Der Vater verschließt sich oben im ersten Stock allen Vorwürfen und schreibt. Als er fertig ist, ist er mit seinem Sohn allein. Ursula Lehmann hat ihn mit der Tochter Thilde verlassen.

Alfred Matusche schickt sein Stück, das er in »Die Dorfstraße« umbenannt hat, zu Kipphardt. Das Deutsche Theater sorgt dafür, daß er zu gemeinsamer Arbeit an der Endfassung des Stückes nach Berlin kommt, und findet für ihn und seinen Sohn ein winziges Häuschen in Kolberg bei Königswusterhausen vor den Toren der Stadt.

Gegenüber dem polnischen Journalisten Jan Koprowski wird sich Matusche später äußern: »Das Theater hat mir viel geholfen. Ich habe mein Stück etliche Male umgearbeitet, aber keineswegs unter Druck. Ich war von der Richtigkeit der Einwände des Theaters überzeugt. Wenn Wolfgang Langhoff dieses Stück nicht herausge-

Chefdramaturg Heinar Kipphardt, Bühnenbildner Bert Kistner, Autor Alfred Matusche und Regisseur Hannes Fischer 1955 bei den Proben zur »Dorfstraße« in den Kammerspielen des Deutschen Theaters Berlin. Erstmals wird Matusches Qualität erkannt.

bracht hätte, bezweifle ich, daß sich irgend eines der Provinztheater dazu entschlossen hätte. Das Stück ist hart und mutig, denn ein solches wollte ich gerade schreiben.«

In diesem Stück, das kurz vor und kurz nach Kriegsende im Polnischen und Schlesischen spielt, gibt es keine Sieger. Alle sind sie Verlierer: die polnischen Mütter, Kinder und Greise, eingepfercht in die Güterwaggons eines deutschen Deportationszuges, und die schlesischen Flüchtlinge auf dem Westufer der Neiße. Zwar werden die Polen von Oberleutnant Ernst noch rechtzeitig befreit, bevor der Zug mitten in der Frontlinie in die Luft geht, aber der Schmerz der erlittenen Ohnmacht sitzt so tief wie bei den vertriebenen Schlesiern.

Erlittene Ohnmacht wird weitergegeben. Die Flüchtlinge geben sie weiter an die Eingesessenen, alle zusammen an die Polen, die über die Neiße kommen, weil das Kneipenleben hier schon wieder funktioniert, die Erbin des Gutsbesitzers, dessen Enkel wegen Widerstands gegen Hitler hingerichtet worden ist, die sich ihr Land nicht nehmen lassen will, an einen ehemaligen polnischen Partisanen, den sie erschießt, weil er sich in die Auseinandersetzung einmischt.

Gleichsam mit fremden Augen schaut der Ehemann auf seine Frau, die nichts verlieren will, obwohl der Krieg alle zu Verlorenen gemacht hat. Auf Kosten der Sehkraft des von den Deutschen deportierten polnischen Mädchens Duschenka haben ihm, dem durch Kriegseinwirkung erblindeten Offizier, deutsche Militärärzte im Lazarett im Krieg das Augenlicht wiedergegeben. In der Schlußszene kommt es zu einer Begegnung zwischen dem ehemaligen Offizier und Duschenka. »Können denn Blinde weinen?« fragt jemand. Das zerstörte Land schlägt die unendliche Sehnsucht an – nach Heilung. Und von Matusches Menschen antwortet ein jeder: daß ich verlassen bin.

Der Schmerz ist nicht aufzulösen: »Das Bittere bleibt bitter, wie wir es auch ansehen.« Aber so, wie Matusche in seinem Stück die Schuld auch in der Schuld der Ohnmächtigen sichtbar macht, macht er Zukunft zwischen Polen und Deutschen möglich: »Und eines Tages treffen wir uns auf der Dorfstraße zu Hause…« Eines Tages wird der Kreislauf des Lebens nicht mehr gestört sein, und die Beständigkeit der Dinge wird wieder ihren Wert haben.

Genau dieses Naturverständnis, diese Weltfrömmigkeit Matusches, ist der Untergrund seines nächsten Stückes, in dem die individuelle Liebe, zu den Realitäten der Natur zählend, den Blick für die allgemeine Menschenverachtung des NS-Systems so öffnet, daß der Verbleib im Privaten Verrat wäre. Offenbar aus einem Gefühl eigenen Versagens im »Dritten Reich«, im Wissen um sein Sich-Ducken, beschwört Matusche eine Unbedingtheit der Gefühle, in der der Widerstand einzelgängerisch gesucht wird. »Nacktes Gras« nennt er dieses Stück: verletzlich der Mensch wie das Gras, zu nachwachsendem Widerstand fähig.

Als Matusches Stück »Die Dorfstraße« 1955 in den Kammerspielen des Deutschen Theaters uraufgeführt wird, also den Qualitätsansprüchen Kipphardts genügt, genügt das Stück denen Matusches schon nicht mehr. Der heimatlose Matusche ist längst ein Heimatkundiger, der weiß: Der Heimatkundige verliert die Heimat ständig. Daß sich seine vertriebenen Schlesier auf dem Westufer der Neiße innerlich gegen die zweite Heimat wehren, obwohl sie sich bereits in ihr einrichten, gehört für Matusche zu den Heimsuchungen des Erwachsenseins.

Die Vertreibung und das »Wohin gehen wir? Immer nach Hause« lassen ihn nicht los. Wie durchstößt er die Heimattümelei hin zu der einfachen Wahrheit, daß Erwachsensein eine Art Vertreibung ist? Und wie zeigt er, daß es die Utopisten mit ihren Nirgendwohäusern sind, die diese Vertreibung nicht aushalten und daß sie es sind mit ihrem Heimatangebot, das die Welt un-heim-lich macht? Um diese Frage zu beantworten, benutzt er seine drei bisherigen Stücke, um ein viertes zu schreiben.

Aus dem Erstlingswerk »Welche von den Frauen« übernimmt Matusche die Nachricht vom Widerstand der hingerichteten Schwester des Dichters Goetzke, aus seinem dritten Stück »Nacktes Gras« die Hinrichtungsszene. Das Ganze verändert er so, daß es für die Zwecke kommunistischer Einverleibung unbrauchbar wird.

Zwei Publikationen, zwei Uraufführungen über Diktatur, Widerstand und Vertreibung.

Die Szene nun: Zwei Frauen aus Schlesien erwarten in der Todeszelle der Untersuchungshaftanstalt Dresden die Vollstreckung ihres Urteils. Eine Ärztin, deren Art des Widerstands ungenannt bleibt, und ihre Sprechstundenhilfe, die im Heimatdorf für diese Ärztin Unterschriften gesammelt hat, um eine Aufhebung des Todesurteils

Erlittene Ohnmacht: Raimund Matusche in seiner Wohnung in Cottbus, vom Vater als Kind in ein Heim gesteckt. Der Sohn suchte die Nähe des Staates, die sein Vater ablehnte.

zu erreichen. Die Ärztin: »Zuweilen – nach einem Krankenbesuch – saß ich auf dem Friedhof dort bei dem Dorf. Im Sommer war er ein Dorfblumenacker mit seinen warmen Farben. Anderthalb Meter tiefer Staub und morsches Gebein. Aber die Dorfblumen leuchteten.« Am Ende eine Umarmung mit der Sprechstundenhilfe, bevor die Ärztin geht: »Liebe – wir nehmen sie mit. Den Körper nehmen sie uns, nicht das, warum wir sterben müssen. Ich glaube an die Kraft jener Heiligen, sei's Legende oder nicht – jener Frauen, die durchs Feuer gingen, den Schwertstreich hinnahmen. Ich glaube daran: Denn nur die Seele ist groß, die sich in Übereinstimmung befindet. Sterben, nicht um zu fallen – nein! – um sich im Bleibenden zu erheben…«

Während die Ärztin zur Hinrichtung geht, heulen in der Stadt die Sirenen auf. Bomben fallen. Dresden wird in Schutt und Asche

94

gelegt. Die Vernichtung der Stadt rettet jene Frau vor dem Fallbeil, die sich für die Ärztin eingesetzt hat. Wir finden sie wieder an der Neiße, wo sie zu Hause ist. Der Offizier aus der »Dorfstraße«, nun im Zivilberuf Organist und nicht verheiratet, ist der Mann, den sie liebt und wiederfindet. Die Enteignung des Gutsbesitzers aber, die nicht mehr mit dem Tod eines Polen endet, bleibt für Matusche ein Unrecht auch in seinem neuen Stück.

In die Klagen der herumirrenden Überlebenden auf polnischer und der Vertriebenen auf deutscher Seite mischt Matusche den Satz: »Uns gehört gemeinsam die Not.« Aber auch die Gewißheit: »Es wird eine Zeit vergehen, bis die Grenze nur ein Fluß zwischen uns ist.«

Als Alfred Matusche »Die Dorfstraße« über mehrere Zwischenschritte 1970 in sein Meisterwerk »An beiden Ufern« verwandelt hat und es von Generalintendant Meyer in Karl-Marx-Stadt zum 25. Jahrestag der Befreiung vom Faschismus zur Uraufführung vorbereitet wird, legt die Stasi ihr Veto ein, und die SED setzt das Stück ab.

Haupteinwand der Stasi gegen das Stück Matusches, der ohnehin unter Observation steht: »Auf die Frage, warum die Polen die Heimat der deutschen Opfer des Hitler-Faschismus besetzt haben, ergibt sich die unterschwellige Aussage: Es war ein Unrecht! Damit wird mit sehr viel Geschick politisch-ideologische Diversion gegen die deutsch-polnische Freundschaft, gegen die Oder-Neiße-Friedensgrenze und deren Rechtmäßigkeit getrieben.«

Vier Jahre später und ein Jahr nach dem Tod Matusches darf das Stück dann doch uraufgeführt werden, am Hans-Otto-Theater in Potsdam – nun mit dem gewünschten Mißerfolg. Regisseur Rolf Winkelgrund erinnert sich: »Bei vielen Zuschauern traf das Stück auf Unverständnis. Wir haben das zu Ehren des 25. Jahrestags der DDR gemacht. Das ist ja nun nicht unsere heroische Vergangenheit, sagte man; solche Stimmen gab's auch bei sehr verantwortlichen Leuten, die nicht gewillt waren, da eine Art Poesie oder so etwas zu entdecken.«

Unter Geringschätzung hat Matusche sein Leben lang gelitten. Daran ändert sich auch nichts nach seinem Tode, obwohl der Matusche-Freundeskreis um Armin Stolper in der DDR immer mal wieder eine Inszenierung durchsetzt. Zudem drängt mit Volker Braun, Karl Mickel und Christoph Hein eine junge Generation auf die Bühne, die endlich den Anschluß an eine Moderne gewinnen will. Eine Moderne, die in der Bundesrepublik bereits Alterserscheinungen zeigt. Die Bundesrepublik hingegen liegt in den Wehen der Innerlichkeit und favorisiert zugleich eine Literatur der Arbeitswelt, als wolle sie Nachhilfeunterricht beim »Bitterfelder Weg« nehmen, von dem Matusche nichts gehalten hat.

Alfred Matusche ist so weit weg von allen gängigen Literaturerwartungen wie im Westen der aus ähnlichen Familienverhältnissen stammende und nach dem Krieg in Paris lebende Romancier Georg K. Glaser (1910–1996), dessen Sicht auf die zwei Totalitarismen dieses Jahrhunderts erst ausgangs der achtziger Jahre zur Kenntnis genommen wird. Bei Matusche ist noch nicht einmal dies der Fall.

Fremd steht ihm die DDR-Literaturwissenschaft gegenüber, fremd ist er auch den Germanisten, die sich in der Bundesrepublik mit der DDR-Literatur befassen. An diesem Zustand hat sich nach der Wiedervereinigung Deutschlands nichts geändert. Zwar konzediert Wolfgang Emmerich dem Dramatiker Matusche in seiner 1996 in dritter Überarbeitung herausgekommenen »Kleinen Literaturgeschichte der DDR« aus dem Jahre 1981, »über weite Strecken sprachmächtige Stücke geschaffen« zu haben, aber jene Stücke, die ihn zum großen Dramatiker machen, läßt Emmerich unerwähnt. Über Matusches »Dorfstraße« geht er zeitlich nicht hinaus.

Als dieses Stück 1955 im Deutschen Theater uraufgeführt wird, profitiert es noch von den letzten Auswirkungen einer Verunsicherung im SED-Regime, die der 17. Juni 1953 ausgelöst hat. Im Schlepptau Kipphardts, der mit seiner Komödie »Shakespeare dringend gesucht« frischen Wind ins Ostberliner Theater gebracht hat und noch als unanfechtbar gilt – er verläßt die DDR 1959 –, hat Matusche einen guten Start.

Das SED-Parteiorgan »Neues Deutschland« spricht von einem »Durchbruch zu einer atemberaubenden Realistik«. Der IV. Schriftstellerkongress 1956 feiert neben Peter Hacks' »Schlacht bei Lobositz« das Stück von Matusche: »Es hat echten Sturm-und-Drang-Charakter, es ist lenzisch in seiner Direktheit, Kraßheit und Abruptheit.«

Jürgen Rühle, Feuilletonchef der Ost-»Berliner Zeitung«, der 1955 in den Westen geht, hat in seinem zwei Jahre später erschienenen Buch »Das gefesselte Theater« andere Stimmen in Erinnerung: »Das Stück stieß in Parteikreisen auf Widerstand.«

In vorauseilendem Gehorsam hatte die »Nationalzeitung«, Organ der NDPD, jener Partei des NS-Mitläufertums in der DDR, gleich nach der Uraufführung Matusche vorgeworfen, daß er nicht zum »Typischen« in seinem Stück vorstoße und die »Bodenreform« zur »Farce« mache. Ähnliche Kritik äußerte ebenfalls bereits 1955 Walter Pollatschek, Biograph und Herausgeber der Werke Friedrich Wolfs, dem die unmißverständliche Artikulation des »richtigen politischen Standpunkts« bei Matusche fehlt.

Eine Arbeitsgruppe unter Werner Mittenzwei kommt 1972 in der zweibändigen Ausgabe »Theater in der Zeitenwende« zu dem Schluß, Matusches »Dorfstraße« habe sich deshalb nicht auf den DDR-Bühnen durchsetzen können, weil dem Stück die »gedankliche und verallgemeinernde Vertiefung« gefehlt habe. Was damit gemeint wird, zeigt sich in dem Vorwurf, daß Matusche »keinen richtungweisenden Beitrag für die Entwicklung der sozialistischen Dramatik geleistet« habe.

Mit anderen Worten: Matusche hat sich nach der Erfahrung mit dem Nationalsozialismus im SED-Staat nicht noch einmal seine eigene Geschichte nehmen lassen. Inhalt und Lösung der von ihm in seinen Stücken aufgegriffenen Konflikte haben nichts mit der Parteidoktrin zu tun. Er sieht Abwürgen, Niedertrampeln, Verleumden, Korrumpieren und Verwässern der Hoffnung, die er nicht aufgibt. Machtwechsel ändert nichts am Machtmißbrauch. Menschlichkeit hat angesichts der Unabänderlichkeit der menschlichen Natur – Matusche kennt die Geschichte des Alten Testaments in- und auswendig – für ihn immer den Charakter des Wunders. Für dieses Wunder arbeitet er als Dramatiker. Für dieses Wunder kämpfen die Liebenden in seinen Stücken.

In Kolberg bei Berlin lebt Matusche ohne Rücksicht auf die sozialen Folgen seiner Nichtanpassung. Er ist in keinem Künstlerverband und wird auch nie Mitglied werden. Journalistische Brotarbeiten lehnt er ab. Er bekommt keine Stipendien. Er ist bitter arm. Es macht ihm nichts aus. Es macht ihm aber auch nichts aus, Sohn Raimund drei Jahre nach dem Umzug nach Kolberg in ein Heim zu geben. Sohn Raimund erinnert sich, daß in Kolberg Rudolf Harnisch wieder auftaucht, der im benachbarten Prieros ein Haus hat.

Die Frau des Schriftstellers Boris Djacenko, die mit ihrem Mann in der Nähe wohnt, berichtet von ihrem ersten Besuch in dem winzigen Haus Matusches: »Da stand ein Pult mit einem roten Tuch darüber und darauf ›Die Dorfstraße‹. Ich war damals zwanzig. Es hat mich belustigt. Heute würde ich sagen: armes Schwein.«

Der Schriftsteller und Übersetzer Henryk Bereska, der das Häuschen heute besitzt, erinnert sich: »Matusche lief dort wie ein Stallknecht herum und führte ein bewegtes Liebesleben.« Im Jahre 1957 besucht ihn die Apothekerin Margot Matthias, seine einstige Liebe unter dem Apfelbaum. Er heiratet sie und trennt sich von ihr nach vier Wochen.

»Ich hatte mir Anregungen durch ihn erhofft«, erinnert sich die 76jährige, heute in Stuttgart lebende Frau, die Gedichte schreibt. Geliebt will Matusche werden, aber nicht erkannt. Erkanntwerden hieße Ertapptsein – als arm. Diese Armut soll keiner sehen. Also bricht er jede Beziehung irgendwann brüsk ab.

Nur bei Rudi Dähne-Kunicke, der in Görsdorf eine Kneipe führt, fühlt sich Matusche wohl. Dähne-Kunicke hat seine Kneipe zu einem Museum über die Ufa-Zeit gemacht. Eigentlich ist es sein Wohnzimmer. Auf dem Schreibtisch stehen das Bier und der Schnaps. Hier ist Nähe, die nicht zur Enge wird. Zwei Kilometer hin, zwei Kilometer zurück. Fußmarsch. Rudi Dähne-Kunicke, der nach elfmonatiger Haft 1970 nach Westberlin geht und Barkeeper bei Kempinski wird, erinnert sich: »Matusche hatte seinen Privatkommunismus. Er war ein Eremit, in gewisser Weise ein Asket. Mit der Politik in der DDR war er gar nicht einverstanden.«

Werner Kilz weiß von Matusche, daß Brecht dem armen Dichter der »Dorfstraße« 1000 Mark in die Hand gedrückt und gesagt hat: »Kommen Sie immer donnerstags, wenn Sie wieder etwas brauchen.« Henryk Bereska sagt: »Brecht hat die Qualität Matusches gewittert. Vor dessen Kraft und Eigenständigkeit hat er Respekt gehabt, auch wenn ihm Matusches Theater völlig gegen den Strich hat gehen müssen.«

Brechts mitdenkender Zuschauer, der die Gefühle auszuschalten hat, war nicht Matusches Zuschauer. Die Mitleidsdramatik eines Gerhart Hauptmann war Brecht ein Greuel. Brecht muß die Nähe Matusches zum frühen Hauptmann gespürt haben, einen ähnlich »eigentümlichen Naturcharakter im bürgerlichen Sinn, das heißt, die Natur war metaphysisch aufgefaßt«, wie Brecht über Hauptmann schreibt.

Der eigentümliche Naturcharakter des Stückes »Nacktes Gras«, das 1958 im Maxim-Gorki-Theater in Berlin uraufgeführt wird, paßt nicht in die politisches Landschaft der DDR. Die Aufführung wird ein Mißerfolg.

Helga Goering, die die weibliche Hauptrolle spielt und zu der Matusche einen engen Kontakt so lange aufrechterhält, wie die Proben laufen, um sich dann nie mehr sehen zu lassen, sagt: »Er hat mich an meinen Cousin Reinhard Goering erinnert. Dieses Unberechenbare. Reinhard Goering ist an den Nazis kaputtgegangen, obwohl er erst einmal begeistert war. Matusche hat auch in diesem Staat seine Schwierigkeiten gehabt. Ich glaube, er war sehr einsam. Immer.«

Matusche gibt Kolberg auf und zieht nach Berlin-Mitte, erhält vom Maxim-Gorki-Theater einen Dramaturgenvertrag, ohne daß ihm eine derartige Arbeit abverlangt wird. Eine berlinische Komödie erhofft man sich von ihm – in der Nachfolge von »Biberpelz« und »Roter Hahn«. Einen Titel hat Matusche: »Fuchsjagd«. Aber das Stück kommt nie zustande. 1959 findet der Schlesienliebhaber Matusche im 25jährigen Dramaturgen Armin Stolper, einem gebürtigen Schlesier, einen lebenslangen Bewunderer, dem er nicht zuletzt zu verdanken hat, daß seine Stücke in zwei Sammelbänden erschienen, und der noch heute sein Grab pflegt.

Stolper, vom Theater in Senftenberg nach Berlin gekommen, sitzt Wand an Wand mit Matusche im obersten Stockwerk eines Nebengebäudes des Gorki-Theaters in der Sophienstraße. Sein erster Eindruck war ein Geruch: »Tabakgeruch. Die Pfeife legte er nicht ab. Sich Matusche ohne Tabakpfeife und ohne Streichhölzer vorzustellen ist unmöglich. Im Nu war eine Schachtel Streichhölzer verbraucht. Dann war da sein sächsischer Dialekt und seine etwas vernuschelte Sprechweise.«

Auffällig im Rückblick: »Diese absolute Unfähigkeit zu einem Arrangement in seinem Leben. Die hat ihn ausgezeichnet. Er konnte nur das machen, was er als Stückeschreiber zu Papier brachte. Sich nicht binden lassen. Das war seine Haltung. Er hat immer mit den Ideologen Ärger gehabt. Weniger im Theater, mehr außerhalb. In Berlin mögen es Leute gewesen sein in der Kulturabteilung des Zentralkomitees.«

Von Matusches neuen Theaterstücken gelangt zehn Jahre lang kein einziges zur Uraufführung. Immerhin: Zwei Fernsehspiele und ein Hörspiel werden gesendet, darunter die Geschichte zweier sich im »Dritten Reich« unterschiedlich verhaltender Streckenwärter bei der Bahn. Eine Geschichte mit dem Titel »Die gleiche Strecke«, die von 1911 bis in die Zeit der DDR reicht.

»Kulturpapst« Alfred Kurella schreibt dem Autor: »Das ist ein Kuriosum: Über eine Woche hat es gedauert, bis ich Sie ausfindig machen, das heißt Ihre Adresse bekommen konnte...« Kurella gratuliert Matusche zu dem Fernsehspiel »Die gleiche Strecke« und lädt ihn ein, an der »vorbereitenden Aussprache zum V. Schriftstellerkongreß« teilzunehmen. Matusche meldet sich nicht. Es ist das Jahr des Mauerbaus und des Ausschlusses von Heiner Müller aus dem Schriftstellerverband.

Heiner Müller erinnert sich 1995 an ein Beisammensein mit Matusche im Restaurant des Deutschen Theaters: »Matusche konnte sehr lange schweigen. Wir konnten uns damals gerade einmal ein Bier leisten und mit Mühe noch ein zweites. Wir tranken das erste Bier zu Ende und schwiegen. Und er sagte, es gibt zwei Große, zeigte auf mich und sich, und dann dauerte es wieder eine halbe Stunde, bis beim zweiten Bier das nächste Wort von ihm kam: ›Wo Erfolg ist, da stinkt's.‹«

Wer bist du, Mann?
Ich möchte am liebsten verschwinden.
Aber wohin?
Du kommst nicht spurlos weg.
Du bist registriert in, auf und unter der Welt.
Du brauchst stets ein Papierchen
Auf der Straße, auf dem freiesten Platz.
Du kannst nicht einfach untertauchen,
Und selbst auf dem Meer
Bist du nicht wie der Wind.
Kommst du mit einem Kahn am Ufer an,
Heißt es erst einmal: Wer bist du, Mann?

Kämpfer für Matusche aus gemeinsamen Berliner Zeiten: Armin Stolper sorgte für Aufführungsmöglichkeiten und pflegt bis heute Matusches Grab auf dem Dorotheenstädtischen Friedhof in Berlin.

So heißt es in dem 1961 geschriebenen und 1966 vom DDR-Rundfunk gesendeten Matusche-Hörspiel »Unrast«. Wo bist du, Mann? Matusche ist in Schöneiche. Armin Stolper sagt: »Schöneiche bündelte seinen Traum vom einfachen Leben unter unverfälschten, einfachen Menschen. Der Gedanke an den jungen Gerhart Hauptmann in Erkner, den Friedrichshagener Dichterkreis, der Gedanke an Ernst Barlach. In seiner stabilen Laube in Schöneiche wollte er leben wie Barlach in seinem Güstrower Pferdestall.«
Einfache Menschen findet er nicht. Dennoch bleibt er sechs Jahre. Dichterisch sind diese Jahre seine ergiebigsten. Bis 1966 entstehen hier die Stücke »Der Regenwettermann«, »Kap der Unruhe«, »Nacht der Linden«, »Lied meines Weges« und »Van Gogh«.
Wo immer Matusche die Spur rückwärts zu seinem Erstling »Welche von den Frauen« aufnimmt, gelingt ihm ein großer Wurf. Im Erstling begegnet der aus der Emigration heimkehrende Dichter Ulrich Goetzke einem Flüchtlingsjungen, der singt:

Ich bin der Regenwettermann,
Halli, hallo!
Und laß es regnen, was es kann.
Pitsch, patsch, naß!
Wie – wa – was?

Im »Regenwettermann« singt dieses Lied ein jüdischer Junge in einer ostpolnischen Kleinstadt unmittelbar vor dem deutschen Angriff auf die Sowjetunion 1941. Und er singt es mit der Schlußzeile: »Sing mir was.« Angesprochen fühlt sich der Wehrmachtssoldat Gleß, dessen Einheit den Befehl erhält, alle Juden zusammenzutreiben und zu erschießen.

Gleß kennt das Lied vom Regenwettermann aus seiner Heimat im Industriegebiet Leuna, und er kennt einen Telegrafenarbeiter dort, der im »tollsten Regen« auf dem Mast an der Straße arbeitete: »Bis zu Hitlers Machtübernahme... Es wurde so ruhig, 'ne richtige eklige Stille trat ein. In den Siedlungen, in den Häusern. Keiner sagte ein Wort, nicht einmal zublinzeln taten die Arbeiter sich noch. Nur der Alte, der Regenwettermann, eines Tages brüllte er einfach los. Der einzige in den ganzen Siedlungen.«

Der Regenwettermann in der Heimat wurde abgeholt und ist in einem Lager verschollen, der jüdische Junge Dani wird als einziger überleben. »Warum führen wir Krieg?« fragt Gleß, und sein Kriegskamerad antwortet: »Weil wir mit uns selbst nicht fertigwerden.« Gleß, zur Exekution der Juden befohlen, entgegnet seinem Hauptmann: »Der Henker weiß, daß er ein Henker ist. Der deutsche Soldat wußte es bisher nicht.« Gleß begeht Selbstmord, erschießt sich. Zwischen der ersten Begegnung mit Dani und seinem Tod sieht Gleß, daß die Opfer so still bleiben, wie seine Leute still geblieben sind, als der Regenwettermann aufschrie. Die Vorstellung des Soldaten Gleß, daß »in einer solchen Nacht doch alles vereint sein« müßte, wird enttäuscht. Die Tochter des polnischen Lehrers darf den Korb mit Erdbeeren nicht zum jüdischen Totengräber hinübertragen, wo dessen Neffe Dani lebt. Gleß tut es, erfüllt den Wunsch der Lehrerstochter, die als halbjüdisch ebenfalls gefährdet ist: »Sie sollen die Erdbeeren haben... Sie sollen den Gruß sehen...«

»Und du bist bald ein Nichts«, hört der jüdische Totengräber den deutschen Unteroffizier sagen und antwortet: »Ein Nichts? Lieber Herr! Aus dem Nichts geht keine Welt hervor, und geht eine zugrunde, ist es nicht das Nichts, was sie aufnimmt.«

Während Gleß stirbt, geht Daniel seinen Weg in den Regen, der ihn unsichtbar macht. Letzte Worte des sterbenden Soldaten: »Leuna. Rußverklebte Dämmerung. Feucht. Kein Land, nur Feldstreifen zwischen Dörfern und Siedlungen. Steigst vom Telegrafenmast herunter und fährst mit dem Rad nach Hause. Häuserreihen, schmal und niedrig. Die Luft ist rauchverhangen. Irgendwie war das gut. Eigentlich war so 'ne Fahrt alles. Auch an Liebe.«

Das Heilige verbirgt Matusche im Profanen. Aus dem Lied des Regenwettermannes steigt die alte Geschichte vom Daniel in der Löwengrube auf. Immer ist es ein Lied, ein Gedicht, das den Ton der Matusche-Stücke anschlägt, das sie leitmotivisch trägt. In dem Stück »Die Nacht der Linden«, das im »dörflichen Randgebiet von Berlin«, also in Schöneiche spielt, klingt es so:

Die Liebe ist ein wild weites Land
Es blüht rechter Hand, es blüht linker Hand.
Willst Rosen du in dieser Wirrnis sehn,
mußt graden Wegs du gehn.

Die Lindenwirtin Kate fragt sich, für welchen ihrer beiden Liebhaber aus der alten Zeit sie sich entscheiden soll. Beide gleichzeitig um sie werbend, hat der eine den andern denunziert. Der Nazi schickte den Kommunisten ins KZ, und der Kommunist nach 1945 den Nazi ins Gefängnis. Der Kommunist ist inzwischen Vorsitzender einer Landwirtschaftlichen Produktionsgenossenschaft, hat sich für die vorzeitige Entlassung des von ihm Denunzierten eingesetzt. Bei Kate bleibt es bei einer Sehnsucht, die die beiden nicht erfüllen: »Nur die Linden haben mich immer vernommen. Sie waren, sie sind immer da. Auch nachts und gleich in welcher Jahreszeit. Im Sommer hörst du sie nachts förmlich atmen mit ihrem Schattenlaub, und in der Winternacht sprechen sie so richtig knorrig, hab Geduld...«
In »Kap der Unruhe« ist wiederum die Liebe ein wildes Land, wieder taucht dieser Text auf. Nur ist es diesmal ein Mann, der in seiner Vorstellung vom unbedingten Leben allein bleibt. Eine neue Stadt ist gebaut. Kap, der Bauarbeiter, könnte einziehen, seine Wanderschaft beenden und will nicht: »...daß uns die Unruhe an den Fersen haftet, auch wenn etwas fertig wird.« Kap weiß, wer sich hier einrichtet, findet die Liebe nicht. Und Matusche sieht in seiner DDR-Welt etwas, was im Westen bereits die Normalität ist. Er sieht das hemmungslose Konsumieren als Einübung in das Verschwinden des Menschen.
Sein Kap steht mit seiner Beschwörung allein: »Daß etwas aufragt, das nicht allein der Zweckmäßigkeit dient und zur Mittelmäßigkeit verführt. Nicht nur ein Kran, nicht ein Hochhaus, ein Turmgebäude muß das Höchste sein. Es muß noch etwas sein, das aufragt, gleich einem Dom. Das muß noch geschafft werden. Rag aus Stein und Beton heraus! Du mit!«
Wie Heiner Müller schreibt Alfred Matusche über die Bedeutungslosigkeit der modernen Existenz. Müller führt sie vor, Matusche hebt sie auf. Der Häßlichkeit, in der wir zu versinken drohen, fügt Matusche keine weitere Häßlichkeit hinzu. Ähnlich sind sich die beiden nur in ihrer privaten Lebensführung: In der Selbstzerstörung liegt die Negation der Negation individuellen Leids und Glücks.
Mögen Himmel und Erde, Natur und Geschichte, Gott und Teufel in skandalöser Weise verbunden sein, ja versöhnt, wie es in der Dichtung immer wieder gezeigt wird, Matusche setzt als Dramatiker auf

die Macht des Herzens. Er sucht auf der Bühne seinen Möglichkeitsmenschen. Möglichkeit evoziert Wirklichkeit. Sein eigenes Leben wird so in die Stücke eingearbeitet, daß er an der Hoffnung, an der Evokation teilhaben kann.

Nach sechs Jahren verläßt Matusche Schöneiche. Freunde haben ihm einen Dramaturgenvertrag beim Hans-Otto-Theater in Potsdam besorgt. In der Stadt Brandenburg sucht er sich eine Wohnung – in der Nachbarschaft eines Domes. »Gehst du mit in die Kirche«, hat er bereits einen schlesischen Flüchtling in der »Dorfstraße« fragen und antworten lassen: »Man ist erst zu Hause, wenn man in der Kirche gewesen ist.«

Matusches Pilgerschaft mit hungerndem Herzen hat sein Ziel gefunden. Er habe wissen wollen, ob das Religiöse mehr als ein Kunstwert sei, so sieht Armin Stolper Matusches Suche nach dem Gral. Rolf Winkelgrund, Uraufführungsregisseur dreier Matusche-Stücke, erinnert sich an einen Spaziergang durch das nächtliche Potsdam, bei dem Matusche immer wieder einen Satz von Heinrich Böll wiederholte: »Auf ihren Schultern ruhte das Heil.«

Im Jahre 1968 wird am Hans-Otto-Theater der »Regenwettermann« uraufgeführt und verschwindet wie alle Matusche-Stücke in der DDR schnell wieder vom Spielplan. Die »Nacht der Linden« wartet mehr als ein Jahrzehnt auf ihre Uraufführung. »Daß er die Geschichten eines Nazis und eines Kommunisten dichterisch gleichrangig behandelt als Liebesgeschichte zu einer Frau, das ist unseren ideologischen Sauberkeitsfanatikern nicht in den Kopf gegangen. Das hat sie wahnsinnig gemacht«, sagt Armin Stolper.

Als Matusches »Kap der Hoffnung« 1970 am Hans-Otto-Theater uraufgeführt wird, profitiert das Stück vom vorübergehenden Tauwetter des Ulbricht-Nachfolgers Honecker. Matusche ist mit seinem Stück nicht zufrieden. Seine Poesie der Lebenswanderschaft, des Transitorischen, dieser Weg ins Metaphysische, wofür sein Dom steht, ist ihm nicht präzis genug: »Ich kann nicht schreiben, was ich eigentlich will. So ein Dom ist doch völlig unzweckmäßig. Aber die Menschen wollten hoch hinaus. Das ist eine schöne und kühne Sache der Menschheit. Was wir jetzt machen, ist zappenduster. Aber das kann ich nicht schreiben.«

Matusches »Van Gogh« wird in der Zeitschrift »Sinn und Form« abgedruckt. Am Theater ist das Stück tabu. Hans Prescher vom Hessischen Rundfunk in Frankfurt, der einst Kunst studiert hat, ist fasziniert und trifft sich mit Matusche in einer Ostberliner Wohnung. Prescher, der den »Van Gogh« als Fernsehspiel 1969 in der ARD ausstrahlt, erinnert sich an seine einzige Begegnung mit Matusche so: »Klein, verknittertes Gesicht, sehr eindrucksvoll, langsam sprechend,

Roter Fuchs und gelbe Katze: Peter Sodann als van Gogh und Christine Krüger bei der Uraufführung von Matusches Stück »Van Gogh« am 8. Juni 1973 in Karl-Marx-Stadt. Der schwerkranke Autor erlebte die Premiere noch mit. Am 31. Juli 1973 starb Matusche.

introvertiert, wußte alles über van Gogh. Inbegriff des Künstlers in einem System, das ihm nicht wohlgesonnen ist.«

Nach der Ausstrahlung des Fernsehspiels mit Herbert Fleischmann in der Hauptrolle – der »Van Gogh«-Film mit Kirk Douglas lief gleichzeitig, und Prescher fand Matusches Version besser – schrieb ihm der Sechzigjährige, daß ihm die Sendung genutzt habe. Nun könne er hoffen, daß das Stück auf einer DDR-Bühne herauskomme.

Im Jahre 1969 geht Matusche zurück nach Sachsen. Armin Stolper hört Matusche schwärmen: »Diese Landschaft! Ich spüre wieder, wie sehr ich ein Kind der sächsischen Berge und Wälder bin. Diese Fichten! Das ist doch etwas ganz anderes als die märkischen Kiefern.« In Karl-Marx-Stadt bekommt er einen Dramaturgenvertrag, erlebt die Uraufführung von »Lied meines Weges« – und erlebt Peter Sodann, den 35jährigen Schauspieler und Regisseur, der seinen »Van Gogh« durchsetzt.

Der Sachse Sodann ist dem Dramatiker Matusche ein Mann nach seinem Herzen, Werkzeugmacherlehre, in den sechziger Jahren Leiter des Leipziger Studentenkabaretts »Rat der Spötter«. Im Programm »Wo der Hund begraben liegt« fraß einer ein Exemplar des »Neuen Deutschland«. Wegen staatsgefährdender Hetze und Vorbereitung der Konterrevolution wurde Sodann verhaftet, aus der SED ausgeschlossen und zu zehn Jahren Gefängnis verurteilt, von denen er zehn Monate absitzen mußte. »Danach habe ich die Narrenposition eingenommen, um durchzukommen«, sagt Sodann. »Auswandern wollte ich nicht.«

Sodann erinnert sich: »Alfred Matusche wohnte in einem Hochhaus in einer Einraumwohnung. Außer mir durfte niemand seine Wohnung betreten. Eine Frau, die auf seinem Gang wohnte, kochte für ihn und stellte in einer geflochtenen Tasche das Essen hin. Dann machte er die Tür auf, holte die Tasche rein, aß und stellte die Tasche mit dem schmutzigen Geschirr wieder hinaus. Drinnen war es die typische Männerwirtschaft. Es roch stark nach Seifenpulver, weil er seine Wäsche immer unter der Dusche gewaschen hat.«

Matusche fährt immer wieder nach Freiberg, um den Dom zu besuchen. Manchmal auch nach Zwickau zum Dom. Es ist wie eine fixe Idee, die ihn da hintreibt. Das Hochhaus in Karl-Marx-Stadt ist eine Katastrophe und das Stück – »Prognose« –, das er darüber schreibt, auch. »Hier in Karl-Marx-Stadt hätte Hölderlin keine Zeile geschrieben«, murmelt er vor sich hin und setzt dennoch zu einem Werk an, in dem alle seine Stücke aufgehen sollen.

»Das ist der Dom, an dem wir immer noch bauen – gegenüber Babels Garten«, schreibt er und sucht sich – wieder einmal im Schreiben –, der Macht zu entziehen. Diesmal der Macht der Raumerzwingung, für die dieses Haus steht, in dem er wohnt. So, wie früher gebaut wurde in der Symbolik menschlicher Selbstauslegung und historischer Zweckmäßigkeit, will Matusche sich vollenden in seinem letzten Werk, das vom Mittelalter des Walther von der Vogelweide über Leonardo da Vinci, Tilman Riemenschneider, Friedrich von Spee hin nach Schlesien in den Kreis Reichenbach, wo seine Großmutter lebte, reicht und weiter bis zum Jüngsten Tag. Will den Sturz der Kultur im Worte aufhalten, einer Kultur, die die alten Pfeiler menschlicher Selbstauslegung eliminiert hat.

»Und jeder steinerne Dom ist nicht Tradition, sondern Lebendigkeit. Aber wir machen alles museal«, schreibt er. Notizen hier, Notizen da: »Nur das Individium fordert heraus. Entweder aus Verachtung oder aus Liebe.«

»Mit welchem Reichtum können wir die Erde verlassen?« fragt Matusche in seinen letzten Monaten und antwortet: »Es ist nicht wahr, daß wir nichts mitnehmen, das Eigentliche nehmen wir mit, das Große ins Größte.«

Matusche schreibt sich über die Grenze des Lebens hinaus und wieder zurück: »Die Seele ist ein Organ, um das Schweigen, selbst des Todes, verständlich zu machen. Es wird dadurch gegenständlich. Wie ist es denn mit den Darmsaiten, Holz und Hohlraum? Unsterbliche Musik. So wird es auch mit Gott sein.«

Von einem Haus träumt Matusche, »das mit reiner Umgebung Heimat verspricht und zugleich Bahnhofsnähe. Geborgenheit und Sicht. Land und Stadt. Einkauf, Wandern, Theater. Eine richtige Frau.« Und: »Die Einsamkeit aufheben, aber nicht dort die Gemeinsamkeit suchen, wo keine ist.«

»Das Kollektiv ist immer eine Notwendigkeit und Ausrede«, läßt Matusche seinen Walther von der Vogelweide sagen, und eine Äbtissin läßt er hinzufügen: »Und jede Persönlichkeit ein Traum.« Ein Traum vom Raum »als lichte Grenze aller Weiten«.

Er schreibt: »Der reale Gedanke ist der idealste. Das Ziel ist nicht die sozialistische Bürgerlichkeit. Der gerade Weg, nicht der Weg der Mitte. Der gerade Weg hat mit Gott zu tun, der Weg der Mitte mit der Gesellschaft.«

Mit dem Blick auf die DDR schreibt er: »Wir sind losgelöst voneinander. Du und ich und alle. Auch vom Glauben, in den wir uns gepreßt, bis er uns selbst gefoltert, dreißig Jahre.«

»Das Herz macht mir zu schaffen«, notiert Matusche. »Leben, zu sterben wissen ohne Angst.« In einer Skizze über sich und seine schlesische Großmutter läßt er Walther von der Vogelweide sprechen: »Ist mir mein Leben geträumt oder wahr?« Die Großmutter erinnert sich: »Dein Vater sagte auf einmal etwas, was einem nach der Tagesarbeit vorm Einschlafen wieder einfiel.«

Und Alfred Matusche schreibt: »Zuhause sein heißt, alle Müdigkeiten haben.«

An seiner Seite ist Peter Sodann. Über diejenigen, die Matusche in Berlin zu seinen Freunden rechnete, sagt Matusche: »Ich habe mich immer um sie gekümmert, als ich jung war. Jetzt, wo ich alt bin, kümmert sich keiner von denen um mich.«

Sie schreiben ihm Briefe, schicken Postkarten von ihren Urlaubsorten. Man macht Anstandsbesuche im Krankenhaus. Armin Stolper kommt, dem Matusche viel zu verdanken hat. Auch den Lessing-Preis, den Matusche auf dem Sterbebett erhält.

Am Ende seines Lebens sieht Matusche »seine« Berliner alle letztlich in Treue zu einem System, das er verachtet. Bei Armin Zeißler, dem stellvertretenden Chefredakteur der Zeitschrift »Sinn und Form«, so wissen wir heute, sieht Matusche richtig, denn Zeißler tritt nach dessen Tod noch eine Karriere als Inoffizieller Mitarbeiter der Stasi an. Armin Stolper, dem Jungdramatiker, hat der kompromisslose Matusche einmal vorgeworfen, er sei zu angepaßt, er bediene das Theater wie ein Kellner. 1973 sieht er die Dienste Stolpers und seiner Freunde von einst nur noch als Kellnerdienste. Er fürchtet ihr Eintreten für ihn als einen Versuch, sein Werk für die DDR-Ideologie zurechtzubiegen. So vertraut er Peter Sodann seinen Nachlaß an.

Mithin den Schlüssel zu allem, was er gefühlt und gedacht hat, was seine Intentionen beim Schreiben gewesen sind Matusches Sohn Raimund, Lehrer von Beruf, nach eigener Aussage ein überzeugter Anhänger des Systems, heute arbeitslos, sagt: »Mein Vater gehörte nicht zur DDR. Er brachte für den Staat und seine Probleme keinerlei Verständnis auf.«

Als Alfred Matusche im Krankenhaus die Nachricht von der Zuerkennung des Lessing-Preises erhält, der mit einem Preisgeld von 3000 Mark verbunden ist, reagiert er sarkastisch: »Weißt du, Peter, jetzt bin ich das erste Mal in meinem Leben reich.«

Peter Sodann wird beim Tode Matusches gefragt: »Wollen sie ihn noch einmal aufgebahrt haben oder nicht?« Peter Sodann greift zum Telefonhörer: »Ich habe damals alle seine Freunde angerufen. Sie hatten alle keine Zeit. Da habe ich mir gesagt: Ich behalt' ihn so in Erinnerung. Es kam mir überheblich vor, mich allein noch einmal vor ihm zu verbeugen. Heute ärgere ich mich. Es war ein Fehler. Ich hätte es tun sollen.«

Im Tode zeigen sich die SED-Kulturfunktionäre generös. Alfred Matusche bekommt ein Urnengrab auf dem Dorotheenstädtischen Friedhof in Berlin; zwei, drei Meter getrennt von den Brecht-Frauen Ruth Berlau und Elisabeth Hauptmann.

»Schweigen, immer das Letzte. Bis dahin reden wir geschickt miteinander«, hat der Dramatiker Matusche seinen Vincent van Gogh sagen lassen. »Nach einem Mord tritt einer aus dem Haus und grüßt freundlich die Überlebenden, und ist die Polizei pfiffig genug, bleibt der Mord in der Welt und der Mörder auch. Die Ordnung bleibt ungestört...«

Freund der letzten Jahre und Querkopf mit Durchsetzungsvermögen: Peter Sodann in seinem Intendantenzimmer mit Matusche-Reminiszenz an der Wand.

Uwe Greßmann:

Fischzug nach den Worten des Paradieses

Doch das Paradies, das verriegelt ist, hat er gesehen – auf seiner Reise um die Welt, die eine Reise war durch Waisenhäuser, Kinderheime, Krankenhäuser, Heilstätten und Matratzengrüfte. Als der 33jährige Lyriker Uwe Greßmann 1966, drei Jahre vor seinem Tod, seinen »Vogel Frühling« fliegen lassen darf, da schwingt sich franziskanischer Geist auf in der deutschen Literatur dieses Jahrhunderts und wird abgedrängt als wunderliche Unschuldvermutung. Durch Greßmanns Hintertür, die den Weg freigibt zur Wiederherstellung der paradiesischen Beziehung zur Kreatur, mag keiner gehen. Zu abseitig diese Spielart des Urkommunismus, allenfalls Stoff für die Legende.

Die Legende will Uwe Greßmann als einen Künstler ohne Entwicklung, als den in seiner Naivität ungebrochenen Dichter. In seinem Vorwort zum Gedichtband »Der Vogel Frühling« macht Adolf Endler ihn zum »Henri Rousseau der Poeten«. Für Günter Kunert ist Greßmann »ein pures Humanum, eine Unschuld, welche die Welt so anschaut und erkennt, wie sie wünschbar wäre«. Für Stephan Hermlin sind Greßmanns Gedichte »einfach da«, keiner Richtung zuzuordnen. Karl Mickel schließt sich dem Urteil Eckart Krumbholz' an, für den die Krankheit das eigentliche Wesen der Naturdichter »bestimmt«. Krankheit, in der die Seele »treibhausmäßig« reift.

In den Erinnerungen jener Schriftsteller wandelt da ein von der Tuberkulose Gezeichneter mit knöchellangem, viel zu weitem und auch sommers zugeknöpftem Lodenmantel durch Berlin. Und wie es die Legende will, haben sie das Elend so schaurig schön beschrieben, als sei der Dreck, in dem Uwe Greßmann leben mußte, Sternenstaub gewesen. Beate Stanislau, die geflohen ist, als sich Uwe Greßmann ihr zu nähern versucht, ist offener, wenn sie sagt, er sei ihr vorgekommen wie »ein klappriges Gespenst«. Der Widerwille gegen diese Gestalt ist nicht nur bei ihr, sondern bei fast allen größer als seine Anziehungskraft.

Im Klartext: Vor wirklicher Nähe ekelte man sich. Dieser Dichter, umweht von Medikamenten, Salben und Ölen, seit frühester Kindheit vielfache Tode gestorben, bleibt mit Tod infiziert. In den Worten Karl Mickels: »Der Kranke ist die Krankheit; und wird gemieden.« Zwei sind die Ausnahme: der Bibliothekar Hans Laessig, der Uwe Greßmann entdeckte und bestärkte in dem, was er schrieb, und Laessigs Frau Edith, die ihn bekochte, ärztliche Hilfe für ihn suchte und schließlich eine menschenwürdige Wohnung für ihn fand.

»Ich, Mensch, ein kleiner Kosmos, wie Philosophen sagten, / Trug die Erde am Schuh und in mir die Idee der Schöpfung; / Da ging ich auf der Straße des Himmels bummeln.« So eröffnet Uwe Greßmann seinen Debütband. Mehr als ein Jahrzehnt hat er warten müssen, er, der in einem unverwechselbaren Ton noch einmal Sonne, Mond und Sterne feiert, der sich ausdrücklich in seinen Gedichten als Volkes Mund versteht:

Uwe Greßmann
Der Vogel Frühling

Vier Jahre Warten auf die Veröffentlichung des ersten Gedichtbandes, der der letzte zu Lebzeiten Uwe Greßmanns blieb.

Und war ihm das Herze voll
Von Lust und Klage und Blut,
Trat Volksmund auf
Die Straße, der sagenhafte Schlagersänger,
Und schob den Leierkasten
Von Hof zu Hof der Mieter
Wie früher der Fürsten,
Da er zur Leier, zur Kithara ... auch sang
Und klangvoll in die Saiten griff.

Und er hatte einen guten Ruf,
Wenn er den Mund auftat.
Denn in den fernsten Ländern noch der Welt dort
Hörte man die Worte seines Tonbands
Und summte leise mit.

Die Kulturfunktionäre in der DDR schauten mit Argwohn auf Greßmanns Gedichte. Solcherlei Weltheiligung und Naturbeseelung erschien ihnen reaktionär. Doch unübersehbar war in der DDR auch: Uwe Greßmann hatte ein Publikum gefunden. Was er schrieb, war ein neuartiges Buchstabieren mit dem Herzen. Ein hymnischer Gesang, immer wieder gerichtet an den Vogel Frühling:

Daunen dringen aus dir.
Davon kommen die Blumen und Gräser.

Federn grünen an dir.
Davon kommt der Wald.

Grüne Lampen leuchten in deinem Gefieder.
Davon bist du so jung.

Mit Perlen hat dich dein Bruder behaucht, der Morgen.
Davon bist du so reich.

Uralter, du kommst aus dem Reich der mächtigen Sonne.
Darum kommen Menschen und Tiere, und: Erde,
Dich zu empfangen.

Da du sie eine Weile besuchst,
Sind sie erlöst und dürfen das weiße Gefängnis verlassen,
In das sie der Winter gesperrt hat.
Und davon kommen die Sänger,
Die dich besingen.

Daß der Mensch ohne Leid nicht zu seinen äußersten Möglichkeiten gelangt, wird zu einer banalen Feststellung, wenn man auf das 36jährige Leben Uwe Greßmanns schaut. Es beginnt mit einer Totalenteignung des Vertrauens. Und immer dann, wenn sich in dieser Kindheit etwas Vertrauen einstellt, wird es zerschlagen.
Uwe Greßmann kommt am 1. Mai 1933 in Berlin als uneheliches Kind zur Welt. Seine ledige Mutter verschwindet nach der Entbindung in einer Nervenklinik. Der Vater, ein Autosattler, hat sich bereits vor der Geburt des Jungen davongemacht, Uwe Greßmann kommt drei Wochen nach seiner Geburt in ein Waisenhaus.
Später wird er schreiben: »Meine Mutter war / eine Rose. / Von Dornen hatte / Ich eine Wiege; / Und: verwelkte. / Mein Vater kam nicht, / Sie zu besuchen, / Als sie gebar. / Wo blieb er denn?«
Nach sechs Monaten Aufenthalt im Waisenhaus wird Uwe Greßmann von Pflegeeltern aufgenommen. 1939 begeht seine Pflegemutter Selbstmord. Wieder landet der Junge in einem Waisenhaus und wird wegen seines »schwächlichen Zustands« nach Niendorf an die Ostsee in das Kinderheim Nazareth verschickt.
Nach seiner Rückkehr nimmt die leibliche Mutter, inzwischen mit einem anderen Mann verheiratet und Mutter zweier weiterer Kinder, den Sechsjährigen in die Familie auf. Ein Streit zwischen beiden führt dazu, daß die Mutter ihn nach acht Tagen Aufenthalt wieder beim Jugendamt abgibt, von wo aus er ins Kinderheim Hohen Neuendorf bei Berlin kommt.
Später, als ihn seine Mutter nach Veröffentlichung eines Gedichts aus »Der Vogel Frühling« in der »Wochenpost« wiederentdeckt, wird ihr Uwe Greßmann schreiben: »So hart wie Du zu mir gewe-

Selbstbildnis mit Bleistift und Kreide aus dem Jahre 1950: Der siebzehnjährige Uwe Greßmann, schwer an Tuberkulose erkrankt, befindet sich seit einem Jahr in den Heilstätten von Beelitz und muß noch vier Jahre bleiben. Nach einer Kindheit in Heimen sagt er: »Die Krankheit kam mir wie eine Erlösung vor...«

sen bist, so kalt und lieblos o Eis des Winters, so viel beschäftigst Du mich, als liefe ich auf Schlittschuhen... Die Tränen aber, mit denen ich mich damals im Jugendamt an Dich hängte und Dich bat, mich nicht zu verlassen, haben Dich kalt gelassen...«

Als Neunjähriger bekommt Uwe Greßmann neue Pflegeeltern, kommt ins heute polnische Schöningsbruch, wird als billige Arbeitskraft benutzt, geschlagen und mißhandelt. In den Jahren 1945 und 1946 erlebt der Junge die Umsiedlerlager Küstrin, Demmin, Berlin, Beeskow bei Storkow. Von Eystetten bei Augsburg, wohin er schließlich mit seiner Pflegemutter verschlagen wird, flieht er angesichts neuer Brutalitäten, tippelt auf Bahnschienen in Richtung Norden. Im Hamburger Durchgangslager Volksdorf findet er Zuflucht, kommt von dort ins nahe Wentorf in ein Kinderheim. Er will zu seiner Mutter nach Berlin. Doch die Mutter kommt nicht, als er in einem Berliner Durchgangslager auf sie wartet. Er wird weitergeschickt, findet Unterkunft in der Märkischen Schweiz im Kinderheim Haus Tornow, wo er nach der achten Klasse die Schule verläßt. Uwe Greßmann ist zu diesem Zeitpunkt fünfzehn Jahre alt.

Er beginnt eine Lehre als Elektroinstallateur, lebt in einem Lehrlingsheim im Ostberliner Stadtteil Pankow. Die Lehre muß er abbrechen. Mit einer schweren Lungentuberkulose kommt er ins Krankenhaus und kann erst nach fünf Jahren wieder entlassen werden – mit einer Ölplombe in der Lunge, die endlich den Entzündungsprozeß in der Lunge stoppen soll. Der 21jährige wird Montierer. 1956 muß er wieder ins Krankenhaus, diesmal für zwei Jahre. 1958 wird er Bote bei den HO-Gaststätten Berlin-Mitte, 1960 übernimmt er dort die Poststelle und den Telefondienst.

Längst schreibt er Gedichte, die niemand drucken will. Der Autodidakt wühlt sich kreuz und quer durch die Weltliteratur. Einem siebzehnjährigen ungarischen Gymnasiasten schreibt der 29jährige, daß er im ersten Halbjahr 1962 dreiunddreißig Bücher gelesen habe, darunter Byron und Carlyle, Cervantes und Hašek, Borchert und Camus, Hemingway und Cummings, Dürrenmatt und Scholem-Alejchem. Den Namen Kafka versieht Greßmann mit zwei Ausrufungszeichen. Er gräbt sich durch die Edda und das Hildebrandslied, das Nibelungenlied und Walther von der Vogelweide. Er vertieft sich in Laotse und Konfuzius, und er exzerpiert Kant und Hegel. Er wälzt das »Faust«-Thema hin und her und konzipiert einen Faust, der sich von niemanden verpflichten läßt.

> Aber Faust malte astronomische Zahlen
> An den Rand des Weltalls Zeiten
> Und sprach: Das Jahr ›eins‹ erlebst du gegenwärtig
> Und das All(es) ist schon vor dir gewesen
> Aber da du auf die Welt kommst ihr guten Tag sagst
> Beginnst du die Zeiten für dich von neuem
> Zu zählen...

Nahezu alles, was Uwe Greßmann geschrieben hat, ist in einem winzigen Zimmer in der Berliner Straße 122 im Stadtteil Pankow entstanden. Edith Laessig, die den ausgezehrten Uwe Greßmann immer wieder zu sich in die Wohnung holt, um ihn »aufzupäppeln«, erinnert sich an dieses Elendsquartier so: »Ins Zimmer gingen hinein: ein Bett, ein Schrank, ein altes Gründersofa, aus dem die Sprungfedern unten herausguckten, ein Berliner Ofen mit weißen Kacheln, ein schwarzeisernes Bettgestell... Alles blieb stehen an dem Ort, an den es ursprünglich hingestellt worden war. Und es muß nie saubergemacht worden sein, denn es waren da riesige Spinnweben, die ihn zu skurrilen Überlegungen veranlaßten... In dem Zimmer war ein fast unerträglicher Geruch nach ätherischen Ölen, Sanopin, Pulmotin, was man so nimmt, um Katharre der Luftwege zu beseitigen. Die Bücher, die er von seinen wenigen Einkünften kaufte, waren in Stapeln übereinandergetürmt. Uwe wußte aber genau, wo jedes Buch lag.«

> Und alle Dinge im Raum mögt ihr da sehen:
> Die Tische, Blumen, Früchte in der Schale...
> Und jedes, das kleinste selbst,
> Das ihr noch faßt
> Mit diesen eueren Händen,
> Ist da von einer Fülle,
> Daß ihr darüber ganz vergeßt,
> Wie leer es um euch ist,
> Wie alles von euch Abstand nimmt,
> Als wollte es von euch nichts wissen,
> So tief sind Licht und Duft in euch gedrungen,
> Daß ihr nun sagen könnt:
> Die Dinge haben einen Sinn,
> Weil sie uns so erfreuen.

Selbstbildnis aus dem Jahre 1954.

Aus den Qualen des Sterbens, das ihn seit Kindheit an begleitet, gewinnt dieser Uwe Greßmann sein Leben. Im Untergang muß gesungen werden. So widerlegt dieser Mann den Tod. So wird aus einer Matratzengruft Geborgenheit: »Ziehen viele in / Andere Straßen / Auch, weine nicht. / Altes Haus, ich / Bleibe noch.« Leidenserfahrung und Leidensfähigkeit treffen auf den Formwillen eines unbeirrbaren Menschen, der »den Himmel aufspannt« für die Heimkehr der Schöpfung.

Ein Himmel ist der Waldweg,
Darauf die Sterne kreisen –
So nahe sind sie –
Auch abseits im All,
Zwischen den Gräsern.

Winde sind Füße;
Und manchmal hältst du sie still,
Um keinen Stern zu zertreten.
Manche erlöschen davon.
Hinter dir leuchten sie auf,
Da du vorbei bist.
Wie Geäst knackt unter dir Donner,
Du streckst eines Blitzes Arm aus
Und greifst einen Glühwurm
Und legst ihn auf den Wolkenteller deiner Hand.
Davon wird es dort hell und tagt.

Und so bestimmst du die Tage,
Die Wetter, den Wuchs einer Erde,
Die da in dir auch irgendwo sein muß.
Und sei's an den Sohlen des Weltalls.

Eckart Krumbholz (1937–1992), selbst ein Dichter von beträchtlicher Skurrilität, beschreibt 1978 in seinem Essay »Sehnsucht ins Große und Weite«, wie bei ihm im Frühsommer 1960 in der Redaktion »Junge Kunst« das Telefon klingelte, ein Mann namens Greßmann am anderen Ende der Leitung war, »eine etwas hohe Männerstimme, er müsse mich unbedingt und ohne Aufschub sprechen«. Bei den langen redaktionellen Vorlaufzeiten gab es nichts, was eilig hätte erledigt werden müssen.
Doch Eckart Krumbholz ließ den Anrufer kommen und sah sich einer Figur gegenüber »mit einer Art Gasmaskenbrille im eckig gelben Gesicht«: »Wirklich, er sah aus, wie man sich den Heimkehrer

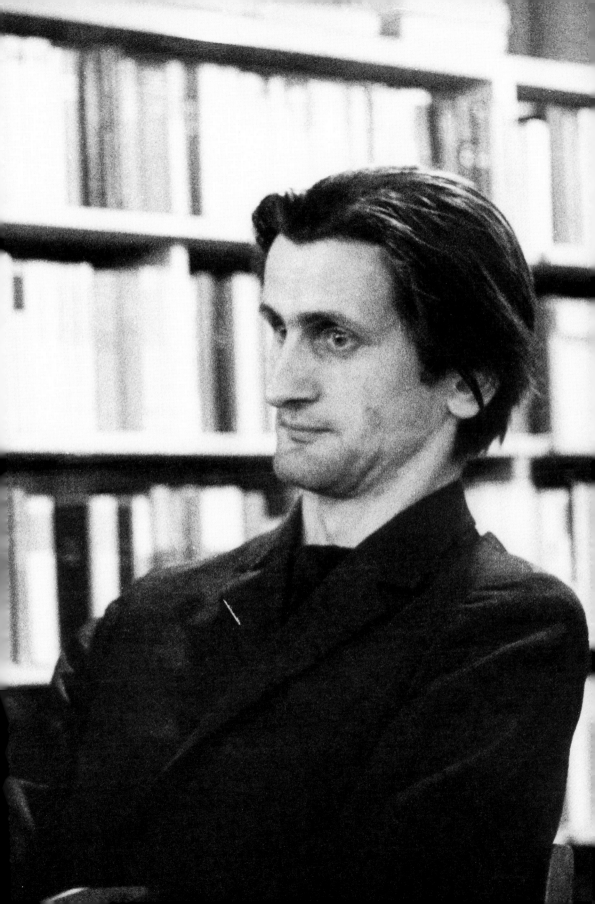

Beckmann 1946/47 in Wolfgang Borcherts ›Draußen vor der Tür‹ denkt. Er zog ein Bündel beschriebenes Papier aus der Tasche und sagte hastig: ›Ich komme auf Empfehlung.‹« Paul Wiens von der »neuen deutschen literatur«, der Zeitschrift des Schriftstellerverbandes, hatte ihn an Krumbholz verwiesen.

Krumbholz schreibt in seinem Greßmann-Essay: »Er zelebrierte mir ein höchst eigenartiges, eigenwilliges Kolleg über Hölderlin und Rilke, die er derzeit als literarische Vorbilder betrachtete. Gebärdete sich wie der Prediger in der Wüste ... Selten in unserer neuen Dichtung wurde das totale Sich-nicht-abfinden-Können mit der vorgefundenen Welt treuherziger, rührender – dabei genau und ohne Schrille – ausgesprochen.« Krumbholz versuchte, Gedichte von Greßmann wieder und wieder in sein Blatt einzurücken, ohne sich durchsetzen zu können.

Wenn Krumbholz ihn zu Fuß auf dem Weg von der Friedrichstraße im Zentrum zu seiner Behausung in Pankow sah, dann legte sich über das Bild von Borcherts Heimkehrer Beckmann das von Barlachs »Wanderer im Wind«. Die U-Bahn sei ihm zu voll und zu stickig, begründete er Krumbholz seine stundenlangen Wanderschaften. War er in seinem Beruf als Bote in den öffentlichen Verkehrsmitteln unterwegs, dann konnte man ihn beobachten, wie er vertieft war in das Gilgamesch-Epos. Im Pankower Antiquariat, wo er oft anzutreffen war, nannte man ihn wegen seiner Begeisterung für das Rolandslied »Herr Rolandslied«.

Im vom Übersetzer Erich Fetter geleiteten Literaturzirkel im Pankower Erich-Weinert-Haus sah man ihn immer wieder, wußte aber eine Zeitlang nicht, daß er ein umfangreiches eigenes lyrisches Werk mit sich herumtrug. Krumbholz beobachtete: »So schüchtern oder verschlossen Greßmann sonst war, seine Arbeiten verteidigte er hartnäckig und kompromißlos, er besaß eine hohe Meinung von seinem Tun und Lassen. Mit Recht, sie bedeuteten einen kolossalen Triumph über persönliche Erbärmlichkeit und Miserabilität.«

Im Zirkel von Erich Fetter erlebte auch der Bibliothekar Hans Laessig die erste Lesung Uwe Greßmanns. »Alles Volk saß kopfschüttelnd und voll Unverständnis vor diesen Produktionen«, so erfuhr es Edith Laessig von ihrem Mann. »Nach der Veranstaltung ging mein Mann mit Uwe eine anderthalb Stunde die Berliner Straße rauf und runter und hat ihm Mut gemacht und hat versucht, die Verbindung zu knüpfen zu den Leuten, die in der Lage waren, Uwe zu fördern.«

Im Dezember-Heft 1961 der »neuen deutschen literatur« brachte Paul Wiens erstmals Gedichte von Greßmann an die Öffentlichkeit:

Die Straßen sind des Stadtbaumes Äste,
Wie Blätter wogen die Lichter daran,
Vom Lärm zittert der Wald,
Der Mund eines Kindes, das Auto spielt.

Mitten in der Spielstube
Umarmen sich zwei wie in einer Haustür,
Als ob sie es schon ernst meinten;
Auch richtige Schaufenster gibt es da,
An denen wir Kinder vorbeigehen
Oder stehenbleiben.
Aber niemand sieht das Glück.

Und die Kinder räumen das Gebirge weg
Und die Bäume und Wiesen, die künstlich sind,
Und holen den Baukasten,
In dem die Stadt von morgen eingepackt ist,
Und machen es den Erwachsenen nach
Und bauen tatsächlich eine Zivilisation auf.

Und da es Zeit ist, schlafen zu gehen,
Knattert der Erzieher wie ein Moped,
Das eine Straße fährt: Dein Spiel ist zu Ende,
Arkadia; wie schade um dich.

*Uwe Greßmann so,
wie ihn Beate Bell im
Herbst 1965 kennen-
gelernt hat: mottenzer-
fressene Pelzmütze,
eingefallene Wangen.
Sie hält ihn für nicht
wichtig und sagt aber:
»Kommen Sie doch
vorbei.«*

Ein Jahr später bringt die »ndl« weitere Gedichte Greßmanns. Noch vier Jahre vergehen, ehe seine erste Gedichtsammlung mit dem Titel »Der Vogel Frühling« im Mitteldeutschen Verlag erscheinen konnte. Als Lektorin suchte Elke Erb den Dichter in der Berliner Straße auf. In der Küche der achtzigjährigen Wirtin ging man die Gedichte durch. Elke Erb: »In seiner Kammer war kein Platz für Besuch, schon gar nicht für Damen, er hatte zu achten, wenn er sich wusch, daß er, mit dem Wasser aus der Kanne und der Schüssel, die gestapelten weltweisen Bücher nicht bespritzte, wenn der Waschlappen in sein Gesicht kam, welches dem eines Heiligen glich, verzehrt und ein ewiges Leben; aus allen seinen immer elternlosen Armuten gewonnen.«
Es ist jene Zeit, in der Uwe Greßmann die 23jährige Beate Stanislau, damals noch unverheiratete Bell, im Erich-Weinert-Haus kennenlernt. Auch ihr fällt an der hageren Figur erst einmal der Lodenmantel mit den Fledermausflügeln auf, dann seine mottenzerfressene Pelzmütze. Schlecht rasiert erscheint er ihr, mit eingefallenen Wangen, stark hervortretenden Jochbeinen und einem überaus

beweglichen Adamsapfel. Die Augenränder entzündet, die Ränder der Fingernägel schwarz. Sie hält ihn einfach erst mal für nicht wichtig und sagt wohl mehr aus Verlegenheit zu Greßmann: »Kommen Sie doch vorbei.«

Uwe Greßmann kommt. Beate Stanislau erinnert sich: »Er saß bei mir herum und breitete Manuskript um Manuskript aus, eins kalligraphisch interessanter als das andere, in blauen Hieroglyphen mit dicken roten Korrekturen.« Endlich ist da jemand, der für ihn viel Zeit übrig hat, der zuhört und Fragen stellt, die tiefer gehen als die der denn doch nicht so interessierten Profiautoren. Und die Gesprächspartnerin ist eine schöne Frau, die er in sein Zimmer einlädt.

Beate Bell arbeitet neben ihrem Studium an der Humboldt-Universität in drei Schichten als Radbotin des Berliner Verlages, kommt kurz vor Mitternacht nach Hause. Uwe Greßmann wartet im Garten. Und wenn sie einmal nicht kommt, so erinnert sich Edith Laessig, harrt Uwe Greßmann bis in den Morgen aus. »Und von den Sternen, vielen / In uns – glühen Wangen:« träumt er. »Du und ich – als seien / Sie wirklich so / Die weite Welt.«

Die Schriftstellerin Beate Stanislau, geborene Bell, 1992: In die damals 24jährige Studentin verliebte sich Greßmann und sah sich abgewiesen.

Um ein Haus ereignet sich alles

Drinnen:
Da du den blauen Vorhang
Am Fensterhimmel
Beiseite schiebst;
Wo der Leuchter mit dem Mond
Und den Sternen brennt, und
Vielleicht hat das ein Elektriker
Vor Jahrmillionen einmal angelegt.

Und draußen:
Da ich zu dir hinaufschaue
Und wie ein Wald stehe.
Ach, wie stille ist es in mir geworden,
Seit die Bäume schwarz sind.

Beate Stanislau erinnert sich: »Dann kam die Zeit seiner ersten Erfolge. Ich weiß es noch wie heute: Es war ein sonniger, warmer Tag. Er saß auf meinem winzigen Stilsofa... Sein Gesicht strahlte wie das Hauptgestirn selbst. Er wirkte wesentlich sicherer und lebhafter als sonst. Seine Gestik war lockerer, obwohl er eigentlich in seiner üblichen Grundhaltung blieb. Für einen Augenblick wurde er sogar für mich schön.«

Über den Schriftstellerverband, der ihn als Mitglied aufnahm, hat er drei Tonnen Kohle geliefert bekommmen: »Er freute sich wie ein Kind und wurde großzügig wie ein Kind.« Beate Stanislau hört ihn sagen: »Ich gebe dir die Kohlen. Was soll ich denn mit drei Tonnen bei nur einem Ofen. Nur mußt du noch überlegen, wie du sie transportierst.« Dann ist da irgendwann jene Nacht, in der Beate Bell müde von der Arbeit kommt und auf den wartenden Uwe Greßmann trifft: »Greß- mann war ekstatisch. Er redete und redete. Es war schon morgens um vier. Er beugte sich zu mir. Der Abstand zwischen ihm und mir verringerte sich. Ich rutschte weg. Er rutschte nach. Auf einmal stieß seine Hand vorsichtig an mein Knie, was noch niemals geschehen war. Nein, dachte ich, das kann ich wirklich nicht.«

»Entschuldige bitte. Du mußt jetzt gehn«, sagt sie zu ihm. »Ich brauch noch ein paar Stunden Schlaf.« Die nächste Verabredung hält sie nicht ein und schläft längere Zeit bei einer Freundin.

> Und mancher, der postlagernd Briefe schicken ließ,
> Weil es zu Hause keiner wissen sollte,
> Ging selber zur Post
> Und wartete sein Leben
> An den Schaltern.

> Und kam so mancher Bescheid;
> Doch der, den er von ihr erwartete,
> Öffnete die Tür und sprach:
> Sie sind gestorben,
> Gehen Sie Gräber pflegen.
> Da drüben ist der Friedhof.
> Melden Sie sich bei Herrn Charon

> Und sollte noch ein Brief des Gerichts mit
> Zustellungsurkunde kommen,
> Werde ich Sie wieder rufen lassen,
> Damit Sie zum Termin da sind.

Das ist die Liebe gewesen. Etwas beginnt und ist schon abgebrochen. Wie damals, als er zur Welt gekommen ist. »Wo die Fremde wohnte«, schreibt Greßmann, »Irrte ihr Sohn, der Gehende, / Da umher und fand sie nicht, / Die doch seine Heimat war.« Der Dich- ter erinnert sich an seine fünfjährige Zeit in den Heilstätten von Beelitz: »Die Krankheit kam mir wie eine Erlösung vor, die mir in fünf Jahren Kraft gab, mich zu finden ... Nur an den Nadelstichen und Eingriffen, die ich bekam, merkte ich die Krankheit und an den Tabletten, die ich einnehmen mußte (wie eine Festung). Sonst war sie die freundliche Schwester innerer Anlagen. Und wie sie mich unterhielt, mich hieß zu zeichnen und zu dichten ...«

Uwe Greßmann weiß um seine gestundete Zeit. Irgend etwas treibt ihn, den aus der Liebe Verstoßenen, seinen Platz in dieser Welt zu behaupten. So arbeitet er besessen an seinem Faust, einem Werk, das in zwei Teilen konzipiert ist und auch als Fragment in diesem Jahrhundert wunderbar zum »Ich und Ich«-Werk der Else Lasker-Schüler in Beziehung steht. Die Dichterin in Jerusalem, die auf den einen Totalitarismus in Deutschland antwortete, und der Dichter in Berlin, der auf den anderen eine Antwort gibt.

Uwe Greßmann freilich gibt Antworten so weit weg von allem Fortschrittsdenken der Literatur, daß er all jenen fremd bleibt, die es von der Moderne in die Postmoderne treibt. Als Analogie zu Orpheus will Greßmann seine Figur Volkes Mund verstanden wissen, die er durch seinen Gedichtzyklus »Schilda« gehen läßt. Dieses Werk, das achzig Gedichte umfaßt, ist ein systemkritischer Schildbürgerstreich. Nur weniges davon konnte in der DDR veröffentlicht werden.

Als Volkes Mund geht Uwe Greßmann durch seine Gedichte über das Gemeinwesen Schilda. Nur wenige davon durften zu DDR-Zeiten erscheinen. Christine Schlegel zeigt mit ihren Kaltnadelradierungen in einem 1996 erschienenen Nachlaßband, was Greßmann beschrieb: die DDR als mörderisches Tollhaus.

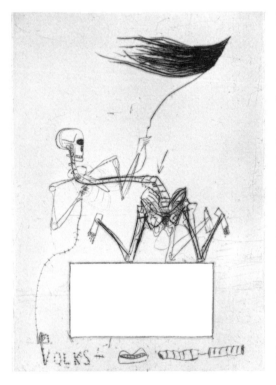

Beate Stanislau erinnert sich an Greßmann so: »Seine gesamte Freizeit füllte Lesen und Schreiben aus. Das Schreiben fiel ihm schwer. Er grübelte stunden- und tagelang. Er verwarf, stellte um, was ich sehr an ihm bewunderte. Er sezierte regelrecht seine Gedichte. Und schon aus diesem Arbeitsgang heraus läßt sich die beinahe Heiligsprechung des eigenen Erzeugnisses erklären. Mir schien, daß, außer wahrscheinlich die Stunden bei mir, das Gedicht die einzige Möglichkeit war, sich auszusprechen. Es war sein Sprachrohr und seine Messe.«

Beate Stanislau sieht als einzige klar und präzis Weg und Ausweglosigkeit dieses Menschen, dem die Dichterkollegen generös das Fach »Naiver« zugewiesen haben. Er ist zwar ein »gebranntes Kind«, das von Schmerzstation zu Schmerzstation gegangen ist, aber naiv ist er gerade deshalb nicht. Uwe Greßmann lebt in der Erfahrung einer Enteignung, die tief in die Sprache hineinreicht. Er hat sich seine Sprache mühselig schaffen müssen, um sein Dasein ausbalancieren zu können, um seine katastrophale Existenz in eine kunstvolle An-Ordnung zu bringen: »Aber der Vogel Frühling singt in den Zweigen / Der Grünstraße und beflügelt die Träumer nicht mehr / Es so zu tun: Ikaros sagt er ist Delphin geworden / Und jetzt bei den Tiefseetauchern beschäftigt…«

Uwe Greßmann taucht hin zu Rilke, zu Hölderlin, zu Klopstock und zu Walther von der Vogelweide. Die Würde und die Wucht alter Wahrheit macht er für sich neu. Auch deren Versbaukunst des großen Atems. Die Sprache, die er auf diesem Weg gefunden und der er seine eigenartige Melodie gegeben hat, ist der einzige Grund, auf dem er steht. In der Erfahrung seines geliebten Franz Kafka in diesem Jahrhundert: »Die Lüge wird zur Weltordnung gemacht.«

Nach allen »Rennereien mit dem Schein«, die Stufen aufwärts bis zur letzten Behörde, stellt der Lyriker Greßmann die »ewige Frage«:

> Was mag wohl hinter diesen Himmeln sein?
> Und ich sehe kein Ende
> Doch das soll sich ändern, sagt man hier,
> Wenn man ruft: der nächste bitte.
>
> Und sinkst du nun auch erdewärts,
> Wie du vorher himmelwärts gestiegen bist,
> Als wärest du ein Paternoster,
> So stehst du, als gäbst du den Passierschein ab,
> Im nächsten Augenblick auch schon;
> Und: siehst dann draußen in dem Raum ein Haus,
> Das kleiner wird, je mehr du dich entfernst.

Und so gehst du von Raum zu Raum,
Die Angelegenheit zu erledigen,
Und betrachtest das alles.

Greßmann, der sich hintersinnig einen Idylliker genannt hat, faßt
das Zerrüttete in den Harmonierahmen seiner Horizonte: »... Die
Herde wie einst dort zu hüten, / Meint ihr: Die Zeit ist eben vorbei. / Sicherlich, sage ich dann, / Du stehst nicht mehr am Baum, /
Der Weide, die kleinen Freuden zu grasen, / Die Natur. // Nein,
jetzt bist du ein Mensch; / Doch das ist heute vielleicht noch wie
damals – / Selbst wenn der Urwald grünt und glüht von seinen
Augen / Und mit Jaguargesichtern in den Blättern faucht –, / Daß
die Landschaft Erdes auch ihre guten Launen hat...« »Die Klassen-
gesellschaft« vergeht für Greßmann nie:

Grün ist Gesellschaft
Und unter Bäumen von Kerlen
Und dicht gedrängt.

Und auf dem Waldweg stiefeln viele
Zu unterdrücken
Mit den Sohlen;
Denn klein und für sich wächst man da auf:
Jeder ein Grashalm.

Aber die Fußspur deutet noch an:
So muß der Mensch dort gewesen sein
Auf der Erde.

Wie die Versöhnung selbst geht Uwe Greßmann durch die Welt.
Aus dem erlittenen Schmerz holt er nicht Aggression, sondern
schöpft daraus die Kraft seines Mitleids. Dieses Mitleid gilt auch
seiner leiblichen Mutter, die dem 33jährigen wiederentdeckten
Sohn mit Selbstgerechtigkeit und Selbstmitleid begegnet. Unter den
falschen Tönen ihrer Briefe sucht Greßmann die wahren: »Das
Leben, das uns von Anfang getrennt hat, läßt uns nicht mehr zusam-
menkommen. Das ist das Ergebnis Deiner unglücklichen Liebe. Was
mich dabei tröstet, ist der Umstand, daß ich ein Gegenstand Deiner
Liebe bin; was mich betrübt, daß ich dies nun erst erkenne, nach
34 Jahren! meiner Geburt.«
Doch Uwe Greßmann will die Mutter nicht sehen. Seinen Verlag
hat er angewiesen, seine Adresse nicht herauszugeben. Er empfängt

ihre Briefe »postlagernd«. Er will ihre Nähe in dem, was sie ihm schreibt: »von Deinem Antlitz gleichsam ein Schattenbild«. Er schreibt ihr, daß er über die Frage, warum sie ihn verlassen habe, fast »wahnsinnig« geworden sei, und sagt auch: »Es gibt nicht viele Menschen, denen ich in meiner Erinnerung solche Bedeutung einräume. Trotz der wenigen Tage, die ich Dich gesehen habe, bist Du mir ein Sinnbild, ohne das meine Dichtung um vieles ärmer wäre.« Aber naiv stellt sich das Sinnbild nicht her:

> Rose bin ich;
> Drehe mich um,
> Sonne, zu dir,
> Blühende.
>
> Von deiner Wärme,
> Deinem Treibhaus,
> Träume ich,
> Als stiege ich aus dem Bett Erdes
>
> Was aber hält mich ab von dir
> So tief in mir,
> So tief?
>
> Hätte ich nur
> Augen, zu sehen,
> Ohren, zu hören;
> Kann es nur ahnen.
>
> Aber ich fühle dich
> Nahe,
> Du.

»Was man über mich erzählt«, hört Heinz Czechowski den Außenseiter Greßmann sprechen, »stimmt nicht. Ich will keine Botschaften bringen, ich bin tatsächlich Bote.« In seinem »Gedenkblatt für Uwe Greßmann« aus dem Jahre 1978 geht Czechowski nun seinerseits zum sinnbildlichen Handeln über. »Aber lassen wir das Biographische«, läßt er seinen Greßmann sprechen, »haben Sie Kant gelesen? Hegel?« Doch so, als habe sein Greßmann auf diese Frage keine Antwort erwartet, sagt der zu Czechowski: »Die dialektische Vernunft, von der ich ausgehe, gründet sich auf zwei Begriffe: Welt und Natur. Diese versuche ich in Übereinstimmung zu bringen, indem ich den Worten ihren alten Sinn zurückgebe.«

Heinz Czechowski wird knapp zwei Jahrzehnte später in seinem
Gedicht mit dem Titel »Greßmanns Mantel« genau die Qualität
jenes Dichters in seiner Beziehung zur DDR-Gesellschaft erfassen:

> Er
> Weht noch immer
> Durch die Geschichte
> Dieses vergangenen Lands:
>
> So viele
> Formulare nicht ausgefüllt
> So viele Fragen
> Nicht beantwortet.
>
> Trauerarbeit
> Die zu leisten
> Gewesen wäre im Land
> Der verlorenen Seelen.
>
> Die vergessenen Jahre,
> Aufgewärmt
> Im Sud der Vergangenheit.
>
> Allein
> Greßmanns Mantel
> Weht immer noch,
> Darin er
> Die Toten Seelen
> Verbarg.

Uwe Greßmann hat noch miterlebt, wie mühsam die Vorbereitung
seines zweiten Gedichtbandes im Mitteldeutschen Verlag verlief.
Immerhin: Nun gehört er der Welt der Literatur an. Er hat miterlebt, wie ihn 1966 Adolf Endler und Karl Mickel in ihre Anthologie
»In diesem besseren Land« aufgenommen haben. Das bessere ist es
für ihn nicht. Aber fort wie 1964, als er nach Westberlin geschrieben
hat, will er auch nicht mehr: »Ich trage mich seit längerem mit dem
Gedanken auszuwandern, sehe aber kein Loch in der Mauer und
wende mich daher an Sie mit der Frage: ob Ihnen wohl ein nach
Westberlin führender Weg bekannt wäre? Grund meines Bedürfnis-
ses auszuwandern, ist schriftstellerische Tätigkeit.«
Richard Pietraß, selbst Lyriker und nach dem Tode Greßmanns Herausgeber zweier Bände von ihm, sagt: »Nach Erscheinen von ›Vogel

Frühling‹ schwebte Greßmann auf Wolken und suchte sich seine Partner nicht in der DDR, sondern in der Welt, schrieb an Nelly Sachs und Peter Weiss, an Max Frisch und Carl Friedrich von Weizsäcker. Trotzdem ging er beim Lyrik-Klub ein und aus.« Er suchte einen Verlag im Westen.

Unbeobachtet blieben Greßmanns literarische Fluchtversuche nicht. Lektor Martin Reso vom Mitteldeutschen Verlag schreibt seinem Autoren kurz vor dessen Tod: »In diesem Zusammenhang möchten wir Ihnen auch unsere Meinung zu den Gedichten ›Reich des Todes‹ sagen, die Sie uns mit der Bitte um Ablehnung zugestellt haben. Lassen Sie mich gleich etwas zu dieser Situation sagen, damit es zu keinen Mißdeutungen kommt. Wir halten das Ansinnen für nicht akzeptabel, da es letztlich darauf hinausgeht, mit Hilfe eines formalen Aktes eine Bestimmung unserer staatlichen Organe (des Ministeriums für Kultur) zu umgehen, um dann etwas Nichtpublizierbares in Westdeutschland veröffentlichen zu können. Wir sind nicht bereit, derartige Manipulationen zu unterstützen...«

Martin Reso rügt an den Gedichten die »mythisch-mystische Komponente, das Zusammentragen von ganz unterschiedlichen Ideologien und die naiv-wissende Sicht des Autors«, spricht von der »Möglichkeit zur Fehlinterpretation und zur offen-verdeckten ideologischen Aufweichung«, so daß es keine Chance zur Veröffentlichung dieser Lyrik gebe.

»Deshalb sollten Sie von dem Plan, diese Gedichte der westdeutschen Zeitschrift ›Akzente‹ zur Verfügung zu stellen, Abstand nehmen, da ganz sicher angenommen werden darf, daß Sie auf diesem Wege zum ›Vorkämpfer‹ des Antikommunismus, zum Gegner der DDR und zum Vertreter einer ideologie- und wertfreien Kunst manipuliert werden. Sie würden also sich selbst, vor allem aber unserer Republik und unserer gemeinsamen Sache schaden...«

Als dieser Brief in der Gaillard-Straße 17, Hinterhaus, 3. Stock eintrifft, liegt der 36jährige Greßmann bereits seit Wochen im Hufelandkrankenhaus, Station 207 a, in Berlin-Buch. Seit November 1968 hat Greßmann erstmals in seinem Leben eine menschenwürdige Wohnung, nur kann er sie nicht mehr benutzen: eine Küche mit Speisekammer, eine Innentoilette, ein Flur und ein zweifenstriges Zimmer mit Balkon und Blick auf den Friedhof, auf dem er kurze Zeit später beigesetzt werden sollte. Im Blickfang des Zimmers eine Reproduktion: Osiris wägt die Seelen der Abgestorbenen.

Uwe Greßmann bekommt nur wenig Besuch im Krankenhaus. Der Schriftsteller Jo Schulz fährt hinaus, um den Sterbenskranken davon zu unterrichten, daß ihm vom Schriftstellerverband eine Rente in Höhe von 300 Mark ausgesetzt worden sei. Sarah Kirsch besucht ihn

und schreibt: »Ich habe zwei Kästen voller Karten, die wollen auch mal in die Welt. Mir ging es etwas schlecht, da fand ich alles beschissen und ließ Geschirr zu Boden fallen, aber nun geht es wieder, zumal ich ja immer freundlich sein muß wegen meines Kindes, das wird gleich traurig. Es lernt die Fortbewegung und hat 5 Zähne.«
So wandern Bilder zu Uwe Greßmann von James Ensor bis zu Paul Klee. Auf eines, das die »Feuerprobe des heiligen Franziskus vor dem Sultan« zeigt und von Fra Angelico da Fiesole aus dem 15. Jahrhundert stammt, geht Sarah Kirsch ein: »Lieber U. G. noch ein Genesungsbildchen, wo ein angenehmes Feuer im Gras wächst. Ich glaube, es ist immer hohl. Man sollte das Bild sich ansehen, ehe es verbrannt ist. Dichten Sie was? Ich übersetze und bin völlig verjambt...«

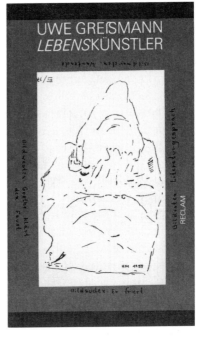

Richard Pietraß, Herausgeber dieser Bände, über das Mißtrauen des Systems gegen Greßmann: »Einer, der sich in sich selbst eingesponnen hat, verstieß gegen die offiziellen Konzepte.«

Am 30. Oktober 1969 stirbt Uwe Greßmann. 1972 erscheint der zu Lebzeiten geplante Gedichtband »Das Sonnenauto« im Mitteldeutschen Verlag, dann 1978 »Sagenhafte Geschöpfe« und im selben Jahr ein von Richard Pietraß herausgegebener Band in der Lyrikreihe »Poesiealbum«. 1982 bringt Pietraß im Leipziger Reclam-Verlag unter dem Titel »Uwe Greßmann – Lebenskünstler« einen Materialienband mit einer Auswahl der bisher erschienenen Gedichte heraus – und Teile des Faust-Fragments, gegen dessen Veröffentlichung es Widerstände gibt. Franz Fühmann setzt sich ein und durch.

Hubert Witt, damals Lektor im Reclam-Verlag, sagt: »Was Greßmann geschrieben hat, war ungewohnt, außenseiterisch und verquer. Es war nicht das, was man unbedingt fördern wollte.« Richard Pietraß, der im Verlag Neues Leben drei Anläufe brauchte, um das »Poesiealbum 126« mit Greßmann-Gedichten zu erreichen, und der mit seiner Mischung aus Materialien und Gedichten zum Thema Greßmann bei der Zeitschrift TEMPERAMENTE abgewiesen wurde, sagt: »Es war die falsche Traditionswahl. Ein Aussteiger konnte kein Vorbild sein. Es gab da ein tiefgreifendes Mißtrauen gegen Greßmann. Einer, der sich in sich selbst eingesponnen und von fast nichts gelebt hat, verstieß gegen die offiziellen Konzepte.«

> Aber die Sterne sind ja nur Teilchen
> Und Staub im Leeren
> Winken wir auch mit dem Staubtuch
> Als wollten wir die Welt säubern
> Da wir durch die Räume ziehn
> Und in der Tür stehn
> Sind wir auf Erden
> Eines Fußbodens kühl
> Ja ganz auf Abstand bedacht
> Doch ist all das wirklich so weit
> In diesem Raum?
> Wie wäre es sonst möglich
> Daß nun als Lampe Mond
> Und Sonne brennt
> Rund ist
> Was in der Ferne uns noch schien
> Ein Staub im Leeren
> Dem wir schon mit dem Staubtuch winkten
> Als wollten wir gleich säubern.

Ein solches Verhältnis von »Nähe und Ferne« paßte nicht ins System. Auch nicht Greßmanns kosmische Brüderlichkeit, die sich in den altmodischen Dimensionen des Abendlandes bewegte und auf jene franziskanische Leidensgenossenschaft aller Dinge zielte.
Andreas Koziol, Lyriker des Jahrgangs 1957, für den Greßmann fürs eigene Schreiben von Bedeutung war, urteilt: »Genau in der Periode des sogenannten Bitterfelder Wegs, gerade also zur Zeit jener auf höchster Politikebene veranlaßten Ausgrabungsexperimente mit den Fähigkeiten des sozialistischen Produktionsarbeiters zum staatstragenden Freizeitkünstler, sitzt - wenn man so will - unangefochten von der Doktrin der Kunst als Waffe, sitzt also vor den zwielichtigen

Hintergründen der Ulbricht-Ära ein ungebetener Wortakrobat und arbeitet unbeirrt an der Erschaffung einer vollkommen aus der Art des ideologisierten Realismus geschlagenen Welt. Er hört souverän den Debattenlärm, der die Kulturjünger des Ländchens zu den neuesten 1:1 Verhältnissen zwischen Kunst und Willkür ruft, und bastelt unterdessen in höchster Konzentriertheit an einem Kosmos aus großangelegten Parabeln, die sich in gewissermaßen kaleidoskopisch aufreizendem Gleichmut um die Widersprüche und Verzerrungen des Lebens unter den Bedingungen des real existierenden Sozialismus drehen.«

Berliner Straße 122 im Stadtteil Pankow, Hinterhaus, Kammer im Parterre: Hier wohnte Greßmann die längste Zeit. Hier entstand sein literarisches Werk.

Thomas Rosenlöcher, Jahrgang 1947, hat seinen Greßmann so in Erinnerung: »Sein ›Vogel Frühling‹ war grandios. Als ich das las, sagte ich mir, der weiß von den Märchen, schreibt doch ganz direkt. Er spielte mit den Verhältnissen. Recht hat er gehabt. Das Spiel war das Angemessene.«
Gleichmut und Spiel: Das ist der Blick einer jüngeren Generation auf eine Bedrohung, die nicht mehr ihre war. Der idyllische Weitwinkel Uwe Greßmanns ist gewonnen aus seiner besonderen Lebensgefahr, aus einer permanenten Todesbedrohung, der die Entscheidung für das Leben, »die Schönheit auf Erden«, abgerungen ist. Uwe Greßmann liebt seine Schildbürger in den Schilda-Gedichten. Er liebt sie als Figuren, die dem 1597 erschienenen »Lalebuch« entwachsen sind, den »Wunderseltzsamen, abentheuerlichen, unerhörten und bißher unbeschriebenen Geschichten und Thaten der Lalen zu Laleburg«. Die Lalen, aus denen später die Schildbürger wurden, sind eigentlich weise Leute, die sich als Narren verstellen und die sich so den Fürstendiensten entziehen. In der Berliner Edition Mariannenpresse hat Andreas Koziol 1996 eine Auswahl von dreißig Gedichten aus dem nachgelassenen Schilda-Zyklus Uwe Greßmanns in einer Auflage von hundert Exemplaren mit Kaltnadelradierungen von Christine Schlegel veröffentlicht. Gedichte,

die zeigen, daß alles, was von Greßmann zu DDR-Zeiten erschienen ist, nur Proben zu einem Werk sind, das noch entdeckt werden muß.

Da verstummte des Volkes Mund
Und dachte seiner Toten
Es kam nämlich ein Brief
Aus dem gelben Elend
Totenreichs und sprach zu Volksmund: Weil sie so gesungen haben
Sie sind gestorben und dürfen nicht mehr im Leben stehen...

Das »gelbe Elend« – das Zuchthaus in Bautzen, wo verschwand, wer sich dem SED-System nicht fügte oder in seiner Art auch nur suspekt erschien: Uwe Greßmann hat das mörderische Tollhaus DDR beschrieben und sich, der er als Volkes Mund durch seine Gedichte geht, Walther von der Vogelweide als Begleiter beigegeben.
»Uwe Greßmann – Lebenskünstler« – das Buch aus dem Jahre 1982 im Leipziger Reclam-Verlag wurde 1992 neu aufgelegt. Von den 4000 Exemplaren wurden 800 verkauft. Der Rest wurde verramscht. Für seinen »Vogel Frühling« wächst hinter der Gaillardstraße vor Greßmanns Grabstein eine Konifere. Nicht mehr lange. Die Liegezeit von 25 Jahren ist abgelaufen. »Wir hätten das Grab schon abräumen müssen«, heißt es beim Friedhofsamt. »Aber wir warten noch. Vielleicht zahlt ja noch jemand die Verlängerungszeit.«

Manfred Streubel:

Die Angst, die nicht weichen wollte

Der große schlanke, schwarzhaarige Mann, der am 10. Juli 1992 gegen 18 Uhr den Dichter Manfred Streubel in seiner Wohnung in Gohlis bei Dresden aufsuchte, muß ein sicheres Gespür dafür gehabt haben, wie man jemanden in den Tod treibt, ohne selbst Hand anlegen zu müssen. Der 59jährige Streubel litt an einer Depression und hatte einen Selbstmordversuch hinter sich. Er befand sich in einem labilen Zustand. Manfred Streubel sah sich von Feinden umstellt wie zu Zeiten der DDR. Er wollte sie benennen, um sich von ihnen zu befreien. Da starb er auf dem Dachboden seiner Wohnung – in einem Kälberstrick. Um jene Zeit, als der Besucher noch da war oder ihn gerade verlassen hatte.

Manfred Streubel war nicht irgendwer in der DDR-Literatur. Der 24jährige war 1956, als sein erster Gedichtband mit dem Titel »Laut und leise« herauskam, der strahlend junge Lyriker der DDR. Mit seinem »Lied der jungen Naturforscher« wuchsen die Kinder auf: »Die Heimat hat sich schön gemacht, und Tau blitzt ihr im Haar...« Doch das Frohgemute lag immer dicht neben der Schwermut. Seinen Vater hatten die Sowjets verschleppt. Er selbst sah sich gleich am Anfang seiner Schriftstellerkarriere wegen seiner öffentlichen Kritik an der SED-Kulturpolitik von Zuchthausaufenthalt in Bautzen bedroht.

Zwölf Jahre dauerte es, bis Streubels zweiter Gedichtband erscheinen konnte. Das Eingreifenwollen Streubels hat sich erledigt. Es sind Gedichte wie auf Fußspitzen geschrieben, in Jakob Böhmes Tinktur, »darinnen das Wachsen und Blühen aufgeht« und nicht zertrampelt wird. Bis zur Wende von 1989 erschienen von Manfred Streubel acht Gedichtbände. Er schrieb Theaterstücke, Hörspiele und Kinderbücher. Er erhielt 1968 den Martin-Andersen-Nexö-Kunstpreis, 1970 den Heinrich-Heine-Preis, 1983 den Johannes-R.-Becher-Preis. Und doch blieb er im Festhalten am tradierten Formenkanon am Rande der Literaturszene. »Streubel«, so hieß es, »das ist doch der Mann, der reimt.«

»Manfred Streubel zählte nicht mehr mit, wenn über DDR-Lyrik gesprochen wurde«, erinnert sich Wulf Kirsten. »Das hat ihm schon schwer zu schaffen gemacht.« Die Wende, die Streubel ersehnt und

Aufstieg und Fall im selben Jahr: Der 24jährige Manfred Streubel debütierte 1956 mit dem Gedichtband »Laut und leise«, wurde gelobt, übte Kritik an der Kulturpolitik und wurde vom System geängstigt bis in die Substanz hinein. 1992 starb er eines Todes, der viele Fragen offen läßt.

auf die zu hoffen er schon aufgegeben hatte, machte ihn euphorisch und traf ihn dann dort, wo er es nicht erwartete hätte. Der Mitteldeutsche Verlag gab ihm, dem langjährigen Hausautor, rüde den Laufpaß. Wohin Streubel sah: clevere Mietbare. Sie, unter denen er gelitten hatte, hatten einfach die Firma gewechselt und waren sofort wieder im Aufwind. Vom Westen, dessen Buchverlage Streubel Absagebriefe geschrieben hatten, erwartete er nichts mehr.

Schon immer hatte er sich gefühlt wie in ein Grab geboren, sich selbst Verlies. Gerade diese Verlorenheit machte seine Dynamik als Dichter aus. Diese Dynamik speiste sich aus einem unerledigten Motiv. Es war der Verrat, der 1945 zur Verhaftung seines Vaters und zu dessen Tod im von den Sowjets betriebenen Lager Mühlberg geführt hatte. Dieser Tote blieb, so wußte er, an sein Leben gefesselt, bis geklärt sein würde, was in der DDR nicht zu klären war. Streubel recherchierte.

Und Horst Drescher, der einzig wahre Dichterfreund, den er hatte und der Streubels Lebensdilemma nur zu gut kannte, bestärkte den Dresdner: »Junge, geh doch mal aus der Hüfte und schreibe Deinem Vater ein Requiem in Prosa, aber ein ganz formloses, rücksichtsloses; rechne mal ab mit der Bande, deren verstehende Viertelsklaven noch alle sind. Kein Verständnis! Sie feixen nämlich innerlich; nach kurzem Schock, den die Herrenmenschen erlitten hatten im Herbst! Diese Revolution hatte auch ihr Ungutes, sie war zu friedlich.«

Manfred Streubel recherchierte nicht nur den Verrat seines Vaters, sondern gleich alle weiteren in seinem Leben mit. Der 59jährige hatte bei der Gauck-Behörde in Berlin Einsicht in seine Opferakte beantragt, in der er als »Zersetzer« geführt wurde. Vor der Akteneinsicht starb Streubel. Er hatte den positiven Bescheid der Gauck-Behörde im Dresdner Schriftstellerkreis publik gemacht. Was vorhanden war, war der Operative Vorgang gegen Streubel aus seinen frühen Berliner Jahren. Die Dresdner Opferakte blieb bisher unauffindbar. So wenig auffindbar wie jener Mann, der Streubel am 10. Juli 1992 besucht hatte.

Drei Personen haben den letzten Besucher Manfred Streubels gesehen. Der Automechaniker Mathias Hirschmann wusch damals gerade vor dem Haus seiner Eltern, zu dem die Wohnung Streubels gehörte, ein Auto. »Der Mann fragte im Vorbeigehen nach Herrn Streubel«, erinnert er sich. »Ich zeigte in Richtung Hauseingang und wusch am Auto weiter. Der Mann wurde eingelassen. Auf der Straße stand ein Wartburg. Die Leute darin hatten Blickkontakt zu Streubels Eingang. Es war ein ganz heißer Tag, und ich wunderte mich, daß sie da bei geschlossenem Fenster warteten. Nach einer halben Stunde habe ich unser Grundstück verlassen.«

Mathias Hirschmann erinnert sich, gegen 18.30 Uhr das elterliche Grundstück verlassen zu haben. Seine Mutter sagt: »Als mein Mann und ich nach 20 Uhr wie gewohnt von unserem Bibelabend zurückkehrten, verließ im selben Augenblick ein junger Mann unseren Hof. Als ich aus unserem Auto ausgestiegen war und mich umdrehte, war der junge Mann schon mit einem auf der Straße wartenden Auto davongebraust.«

Die Restauratorin Beate Rieß, damals Beate Richter und seit 1982 mit Streubel liiert, sagt: »Jemand muß Manfred derartig in Schrecken versetzt haben, daß er sich das Leben nahm.« An noch Schlimmeres verbietet sie sich zu denken: »Mir geht der Kälberstrick, an dem Manfred hing, nicht aus dem Kopf. Woher kam der Kälberstrick? Kälberstricke waren weder in der ehemaligen LPG noch im Bauernladen von Cossebaude aufzutreiben. Manfred war am 10. Juli in Cossebaude gewesen und hatte für unser gemeinsames Wochenende eingekauft.«

Beate Rieß sagt auch: »Er hat mit mir immer sehr offen darüber gesprochen, wie es um ihn steht. Von Aufhängen war nie die Rede. Einen Monat vorher hatte er Tabletten genommen und Abschiedsbriefe hinterlassen. Diesmal nichts, nur diese unberührte Mahlzeit.« Manfred Streubel war nach dem ersten Selbstmordversuch am 23. Juni in ärztlicher Behandlung. Der Arzt hielt eine Einweisung in eine psychiatrische Klinik für nicht notwendig.

Die Frau, die Bedrückungen und Bitterkeit auflöste: Lebensgefährtin Beate Richter, der der Tod Manfred Streubels rätselhaft bleibt. Für die Polizei war es Selbstmord aufgrund einer Depression.

Beate Richter, die mit dem Freund am 11. Juli verabredet war, erinnert sich: »Ich hatte einen Schlüssel für seine Wohnung. Ich bin durch die ganze Wohnung gegangen. Es war niemand da. Manfred war ein sehr vorsichtiger Mensch. Er machte immer alle Fenster zu, wenn er das Haus verließ. Das Schlafzimmerfenster war aber nicht zu. Da hab' ich mir gesagt, er muß da sein. Und dann hab' ich nochmal gesucht und ihn dann gefunden. Die Tür zum Boden stand einen Spalt offen. Ich hab' dann wohl einen Fehler gemacht, als die Polizei kam. Ich hab' gesagt, daß Manfred eine Depression gehabt hat. Da war für die alles klar.«

Als der Tote abgeholt wurde, legte ein Polizeibeamter den Inhalt von Streubels Hosentaschen auf den Tisch. Beate Richter stutzte: »Die Dinge, besonders das Portemonnaie, hatten einen intensiven chemischen Geruch. Wie ein schweres Gas.« Beate Richter holte sich eine Bekannte als Zeugin, ließ sie riechen.

Das Ehepaar Fritz und Erika Hirschmann vor ihrem Haus, in dem Streubel wohnte und starb: Ein Mann suchte den Schriftsteller auf und verließ ihn um die Todeszeit. Aus der Ermittlungsakte geht nicht hervor, daß nach dem Unbekannten gesucht wurde.

Erst fünf Tage nach dem Auffinden des toten Dichters erfuhr Beate Richter durch Mathias Hirschmann vom letzten Besucher Streubels. Sie lief zur Polizei, legte das Portemonnaie vor und berichtete, was diesen Selbstmord so merkwürdig machte: »Tun Sie was! Es waren Leute bei Manfred Streubel.« Die deprimierende Antwort, die sie zu hören bekam, sitzt fest im Gedächtnis. »Wir können uns nicht um jeden Ausrücker kümmern.« Der »Ausrücker« Streubel. Beate Rieß hat noch einen brüllenden Staatsanwalt in Erinnerung, den sie informierte. Dann gab sie auf.

Zur Ruhe gekommen ist Beate Rieß mit dieser Geschichte nicht. Im Ohr hat sie, was ihr ein befreundeter Rechtsanwalt sagt: »Das ist kein Einzelfall. Ich habe schon einige solcher Dinge gehört, die sich von denen im Fall Streubel nicht unterscheiden.« Ein Sprecher der Dresdner Staatsanwaltschaft, der sich noch einmal, fünf Jahre nach dem Tod Streubels, die Ermittlungsakte kommen läßt, erklärt: »Aus der Akte geht nicht hervor, daß nach dem Unbekannten gesucht wurde.« Im Gedächtnis ist Beate Rieß die Frage eines Dresdner Schriftstellers unmittelbar nach dem Bekanntwerden des Streubel-Todes: »Hat er etwas hinterlassen über Schriftstellerkollegen?«

Man spürt förmlich das Aufatmen in manchem Beitrag, der für den in Dresden 1993 erschienenen Band »Gedenkminute für Manfred Streubel« geschrieben worden ist. Klar ist für Streubels Dresdner Kollegen von Rudolf Scholz, dem einstigen Parteisekretär im Schriftstellerverband, bis hin zu Rolf Floß, der in Joachim Walthers Stasi-Dokumentation als Spitzel geführt wird, daß Manfred Streubel am Kapitalismus gestorben ist.

»Auch peinlichster Kleinigkeiten erinnerte er sich«, weiß Scholz über Streubel zu berichten und nennt ihn einen »Wahrheitsfanatiker«, der »zu Ausdeutungen und Übertreibungen« neigte, »die sich bisweilen wie absichtsvolle Unterstellungen ausnahmen«. Für Rolf Floß ist Streubels Tod eine »letzte Warnung vor einem Weg, den nun viele gehen«. Nur der gebürtige Dresdner Heinz Czechowski, längst nicht mehr in der Heimat ansässig, sagte unverstellt: »Streubel war kein Arschkriecher und kein Triumphator. Für die moderaten Töne, die er anschlug, wird es wohl jetzt und in absehbarer Zeit kein Gehör geben.«

Der Dresdner Klaus Stiebert, ein Mann der evangelischen Kirche, hob sich ab von dem, was der mehr durch seinen Komponisten-Bruder Udo bekannte, inzwischen zum Professor aufgestiegene Ingo Zimmermann über Streubel schrieb: »Und er fühlte die Kraft schwinden, aufs neue zu widerstehen, seine dichterische Existenz noch einmal mit einem Lächeln zum Gipfel der ununterbrochenen Anstrengung emporzutragen.« Klaus Stiebert zitiert Streubels Sonett »Der Schmerzensmann« aus dessen »Poesiealbum 228« aus dem Jahre 1986:

> Wir haben ihn geschlagen
> und lachend umgebracht –
> und dann mit lauten Klagen
> aus ihm ein Bild gemacht –
>
> das wir mit Goldglanz tünchten
> (wie wär sein Ach sonst öd) –
> und haben den Gelynchten
> so herrlich überhöht –
>
> daß er Vergebung künde
> für alle unsre Sünde
> die uns so tief erschreckt –
>
> das Endziel allen Bangens:
> die Geste des Umfangens:
> ans Reißbrett angezweckt.

In einem Gespräch mit den »Dresdner Heften« zwei Monate vor seinem Tode nannte Streubel Wahrhaftigkeit als den Grundzug seines Lebens und faßte sein Lebensdilemma in die Worte:
»Ich bin zunächst blauäugig in die neue Zeit gegangen; mit FDJ und ›Du hast ja ein Ziel vor den Augen‹. Ich war durchaus bereit, indivi-

duelles Schicksal als Spesen eines großen historischen Prozesses zu sehen. Dann kam der klare Einschnitt vom 17. Juni 53, den ich in Berlin erlebt habe. Der nächste Einschnitt war dann '56, der 20. Parteitag. Von da an war ich draußen. Wir haben uns damals heimlich in Westberlin die Geheimrede von Chruschtschow besorgt. Absolut Schluß war mit dem Mauerbau. Was nun? Für mich bestand aus persönlichen Gründen eigentlich nie die Frage des Weggehens, der Weg ging also nach innen. Ich bin von Berlin erst mal nach Dresden gegangen; und das war das Verrückte: Zu einem Zeitpunkt, wo man eigentlich Mann werden muß, also ›hinaus ins tätige Leben‹, da habe ich mich zurückgezogen. Da habe ich Kindergärtner gespielt, da habe ich selbst wieder Kind werden wollen. Ich wollte Naivität vorführen in der Art von ›des Kaisers neuen Kleidern‹.«

Manfred Streubel kam am 5. November 1932 in Leipzig zur Welt. Seine Kindheit verbrachte er im sächsischen Heidestädtchen Dahlen, wo Vater und Mutter Lehrer waren. Die Eltern hielten dem Jungen die Nazi-Ideologie vom Leib. Sie verhinderten die Ausbildung ihres Sohnes an einer nationalsozialistischen Eliteschule, für die ihn die Oberschule in Wurzen bestimmt hatte. Sie sorgten für eine unbeschwerte Kindheit des Jungen.

Diese unbeschwerte Kindheit versammelte der Schriftsteller Streubel um so intensiver um sich, je stärker er sich später vom SED-System bedroht fühlte. In seinem Nachlaß findet sich ein ganzer Berg von Fotos, die tief in die Familiengeschichte und in die Anfänge der Fotografie hineingehen. Die amtlichen Dokumente und die Erinnerungen der Vorfahren sind da aufgehoben. Und alles, dessen er habhaft werden konnte, über seinen Großvater mütterlicherseits.

Die von Streubel geliebte Welt der Großeltern, aus der seine Mutter kam: Der Großvater war ein heimlicher Poet und führte den Enkel zur Literatur.

Dieser Großvater war ebenfalls Schulmeister und ein heimlicher Poet. Der Großvater führte den Jungen zur Literatur – auf eine spielerische Art und Weise, die dem erwachsenen Manfred Streubel bis zum Ende seines Lebens eine Erinnerung an das Paradies blieb. »Manchmal warfen wir uns Stichworte, Reimworte zu wie bunte Bälle. Seither meine Lust am spielerischen, zugleich disziplinierten Umgang mit dem Reim: mit zu erzielender Übereinstimmung, mit, jawohl, Harmonie – ein Urelement aller Dichtung. Reim als kommunikatives Ereignis. Und auch als Trost. Lieder: im Keller zu singen.« So klingen Manfred Streubels Notate aus dem Nachlaß. In einem Lebensrückblick des geliebten Großvaters, den Manfred Streubel mit Unterstreichungen versehen hat, heißt es: »Im vorigen Monat mußte ich wieder daran denken, daß ich in meinem Leben mehr Glück hatte als die beiden Generationen vor mir, denn ich habe meine Eltern und meine beiden Großväter um eine große Zahl von Jahren überholt. Meine wirtschaftliche Lage war auch weit günstiger. Ich genieße die Sicherheit der Existenz und habe auch einige Reisen zum Vergnügen und zur Erholung machen können. Der Großvater Räbiger hat vermutlich bei neun oder noch mehr Kindern auf seiner damals hochdotierten Kantorstelle in Kunewalde bei Bautzen kein Zuckerlecken gehabt. Der Großvater Mertens und mein Vater waren Kaufleute, und sie haben wohl eine leidlich gute Existenz gehabt, solange sie lebten. Aber mit dem Sinken und Verschwinden der

Jedes Jahr mit der Familie ins Nordseebad Büsum. Manfred Streubel im Strandkorb inmitten der Großmütter, der Großvater davorsitzend. Neben dem Strandkorb die Mutter und der Vater mit Mütze.

Aufgewachsen in einer Lehrerfamilie: Vater und Mutter unterrichteten im sächsischen Dahlen. Der Vater starb nach 1945 unter ungeklärten Umständen im sowjetischen Lager Mühlberg, die Mutter wurde Pädagogin am Lehrerbildungsinstitut in Radebeul. Als Erinnerung bleibt ein Foto des Vaters mit seinen beiden Kindern.

Arbeitskraft war dann auch wohl gleich alles vorbei und die Not da.« »Wie die Gesichter sich verändert haben! / Wo glückt noch Staunen seliger Versuch?« schreibt Manfred Streubel in seinen bisher unveröffentlichten »Jeremiaden«, die Mitte der achtziger Jahre entstanden:

> Wo ist noch Schicksal gültig eingegraben?
> Wo strahlt noch Weisheit aus gelebter Zeit?
> Wie die Gesichter sich verändert haben!:
> Gefallen aus der Ebenbildlichkeit.

Manfred Streubels Vater, Schulleiter in Dahlen, wird in den letzten Tagen des Zweiten Weltkriegs Volkssturmkommandeur und erhält den Auftrag, die Stadt bis zum letzten Mann zu verteidigen. Der Maurersohn Richard Streubel genießt unter den einfachen Menschen Vertrauen. Er bereitet die kampflose Übergabe der Stadt vor und sucht sich dafür die illegale Ortsgruppe der KPD als Verbündeten.

Manfred Streubels Mutter notiert:

»23. April 1945: Panzeralarm 15.30. 16.30 werden die russischen Panzer erwartet. 17.00 Entwarnung.

24. April: 09.00 Sturmläuten. Räumungsbefehl für Frauen und Kinder, da sich der Russe nähert. Abends der erste amerikanische Spähwagen in Dahlen.

25. April: vormittags mehrere amerikanische Spähwagen in Dahlen. Entwaffnung von Volkssturm und durchmarschierenden Militärs.
26. April: noch immer bange Zweifel: kommt der Amerikaner oder der Russe?
27. April: Übergabe der Stadt an amerikanische Besatzungsbehörde. Waffen, Ferngläser, Photoapparate müssen mit Namen versehen abgegeben werden.«

Der 50jährige Richard Streubel soll Bürgermeister werden. Er wird es nicht. Nach der Übergabe der Stadt an die Sowjets wird er verhaftet. Die Kommunisten schützen ihn nicht. Manfred Streubels Mutter sprach gegenüber dem Sohn von einer Denunziation. »Seither fehlt jede Spur von meinem Vater«, schrieb der Sohn in einem Lebenslauf für die Aufnahme in den Schriftstellerverband 1963. Später wußte er, daß sein Vater im sowjetischen Lager Mühlberg ums Leben kam. Verhungert, Krankheit oder Mord? Den Todesumständen war Manfred Streubel nach 1989 auf der Spur.

Der dreizehnjährige Manfred Streubel legte das Verschwinden seines Vaters erst einmal in die Kategorie Mißverständnis ab. Noch hoffte er ja auf dessen Rückkehr. Mutter Hildegard, deren Vater ein eingefleischter Sozialdemokrat gewesen ist, trat in die SPD ein und fand sich nach der Vereinigung von KPD und SPD in der SED wieder. In einem Lebenslauf Manfred Streubels von 1953 heißt es: »Wir fanden den Weg: meine Mutter zur Partei der Arbeiterklasse – ich zur Freien Deutschen Jugend.« Hildegard Streubel wurde Pädagogin am Lehrerbildungsinstitut in Radebeul.

Nach außen unterwarfen sich die beiden der Auffassung der neuen Machthaber, wonach der Vater Schuld auf sich geladen hatte. Doch zum sechzehnten Geburtstag ihres Sohnes schreibt ihm die Mutter die Zeilen: »Mein größter Wunsch ist es, daß Du so heranwachsen möchtest, daß Du allzeit die Freude und der Stolz Deines guten Vaters sein könntest.« In einem Brief vom 16. Mai 1959 heißt es: »Heute vor 14 Jahren mußte Vater fortgehen.«

Es gibt keinen Gedichtband Manfred Streubels, in dem der Vater nicht vorkommmt oder die Kindheit in Dahlen nicht erwähnt ist. Das Unfaßbare des väterlichen Schicksals läßt den Sohn nicht los. Im Wissen, daß es in der DDR keine Möglichkeit gibt, den Verrat an seinem Vater aufzudecken.

> Die Hände meines Vaters waren groß:
> daß Haus und Hügel heimlich in sie paßten.
> Und hielten warm und trugen mühelos –
> was sie erfaßten ...

139

Als ihn der Tod rief, schnürte er die Schuhe
mit solcher Kraft, daß laut das Leder riß.
Und ging davon. Und ging in reiner Ruhe.
Nach letztem Druck so meiner Hand gewiß.

Ausgerechnet Kurt Barthel (1914–1967), der sich Kuba nannte, entdeckte 1951 den achtzehnjährigen Manfred Streubel als »junges Talent«. Streubel war der Wortführer einer Kulturgruppe in Oschatz, wo er im selben Jahr sein Abitur machte. Es war jener Kuba, der, nach dem Zweiten Weltkrieg aus dem englischen Exil zurückgekehrt, stalinistische Agitpropverse schrieb und als Sekretär des Schriftstellerverbandes eine widerliche Rolle spielte, so daß ihn Alfred Kantorowicz den »neuen Horst Wessel« nannte. Bertolt Brecht schlug in seinem Gedicht »Die Lösung« dem Sekretär des Schriftstellerverbandes Kuba, der der Bevölkerung nach dem 17. Juni 1953 vorwarf, sie habe sich das Vertrauen der Regierung verscherzt und müsse nun doppelt gut arbeiten, vor: »Wäre es da / Nicht einfacher, die Regierung / Löste das Volk auf und / Wählte ein anderes?«

Strahlender Beginn und Abgesang: Dazwischen liegen drei Jahrzehnte, in denen der verratene Vater und die eigene Bedrohung zu Konstanten der Lyrik Manfred Streubels werden.

Kuba sorgte für die Veröffentlichung von Streubel-Gedichten in der FDJ-Zeitung »Junge Welt«. Streubel ging nach Berlin, wurde bei dem Blatt Redaktionsgehilfe, ein Jahr später Redakteur und Kommentator beim DEFA-Studio für Dokumentarfilme. Der Aufstieg hätte munter weitergehen können, doch Streubel wollte studieren.

Werner Liersch erinnert sich: »An der Humboldt-Universität im September 1953 lerne ich ihn kennen. Verwundert erzählt man sich, da sei einer in unserm Seminar, der habe ganz einfach gesagt, er wolle Dichter werden. Dichter, das war 1953 eine große Sache, Dichter hießen Brecht, Hermlin, Becher, Huchel, hießen Heine, Hölderlin, Goethe oder Walther von der Vogelweide. Und der mischte sich gleich unter sie: Manfred Streubel.«

Mit Manfred Streubels Gedichtband »Laut und leise« wurde 1956 die Reihe »Antwortet uns«, Vorläufer des von Bernd Jenztsch herausgegebenen »Poesiealbums«, eröffnet. Dem Debütanten Streubel folgten Louis Fürnberg, Georg Maurer, Nazim Hikmet, Wolfgang Weyrauch und Heinz Kahlau. Locker, lässig und lapidar präsentierte Streubel seine biographischen Angaben: »TÄTIGKEIT: studieren. WOHNHAFT: natürlich in Berlin. ZU HAUSE: möglichst überall. LEBEN UND WERK: wird schon werden.«

Beste Rezensionen vom »Neuen Deutschland« bis zum »Sonntag«. Das beflügelte. Der Sturz Stalins vom Sockel, eingeleitet durch Chruschtschows Rede auf dem XX. Parteitag der KPdSU, beflügelte noch mehr. Heinz Kahlau, Jens Gerlach, Manfred Bieler und Manfred Streubel verabredeten sich zu einem Angriff auf die rigide

Kulturpolitik der SED. Auf dem II. Kongreß Junger Künstler in Karl-Marx-Stadt, der im Juli 1956 stattfand, traten sie in einem viergeteilten Referat ans Rednerpult. Manfred Streubel sagt: »Es wird geklagt über das schlechte Verhältnis zwischen Dichter und Leser. Es ist eine alte Weisheit: Von allen Fehlern deiner Schüler suche den Grund zuerst in dir selbst. Wir haben uns einen großen Teil Vertrauen verscherzt. Wodurch? Wir haben gute Begriffe inflationiert: Frieden, Freundschaft, Heimat bedeuten nichts mehr. Wir haben uns heiser geschrien und die Leute taub gemacht auch für die Wahrheit. Lassen wir das hohle Pathos.« Der Dichter habe lediglich die Zukunft besungen, so zitierte das »Neue Deutschland« Streubel, ohne sich mit den Unzulänglichkeiten der Gegenwart auseinanderzusetzen. Er solle wieder nüchtern die Dinge betrachten, um so den Worten wieder Wert und Gewicht zu geben, was gewiß nicht leicht sein werde.

Man merkt, Manfred Streubel ist alles andere als ein großer Redner. Im Unterbewußtsein dieses 23jährigen schwingt jenes Wissen mit, daß man in diesem System verschwinden kann wie sein Vater. So versuchte er seinen Angriff dadurch zu dämpfen, daß er sich in jenen Kreis einbezieht, den er angriff. Es ist die Gesamtwirkung aller vier Referate, die von den SED-Funktionären als »konterrevolutionäres Verhalten« empfunden wird. Zumal da einer der vier ein glänzendes rhetorisches Talent hat, um die Vorwürfe der anderen auf die Spitze zu treiben: Heinz Kahlau. Der sagt: »Die Wahrheit des Marxismus wurde zugunsten billiger Scheinwahrheiten aufgeopfert. Zehntausende haben in diesen Jahren die Buchstaben des Marxismus, aber nur wenige seine Wahrheit verstanden. Dieser Zustand ist unschöpferisch und deshalb kunstfeindlich. Die Kunst braucht die geistige Freiheit, die Kunst braucht die Toleranz... Bis auf wenige Ausnahmen wurden die Künstler zu Ausrufern von Parteibeschlüssen, von Regierungsverordnungen. Sie machten Kunstwerke über diese und jene Maßnahme, Begebenheit oder These, rechtfertigten die Fehler und ignorierten die Wirklichkeit... Von Leuten, die um ihre Sofas bangen, kann man keine kämpferische Auseinandersetzung verlangen, genauso wenig wie man sie von Funktionären verlangen kann, die alle Wege mit dem Dienstwagen erledigen. Sie wissen nichts mehr vom Leben. Gewissen und Verantwortung ist nur von denen zu erwarten, deren unbedingte Existenz davon abhängt. Das sind in stärkstem Maße die Künstler. Ein Künstler, der zu den Zweifeln, Fehlern, Erfolgen und Leistungen seiner Zeit schweigt, ist kein Künstler. Aber auch der ist keiner, der sich nur an den Erfolgen und Leistungen versucht.« Im Schlußwort auf dem Kongreß reagiert erst Konrad Wolf, der

Bruder des Stasi-Mannes Markus Wolf: »Das Recht, das besonders von unserem Freund Heinz Kahlau so betont in Anspruch genommen wurde, setzt meines Erachtens auch eine Pflicht voraus, und zwar die Pflicht, daß man in der Form zumindest eine elementare Anständigkeit und Sauberkeit bewahrt gegenüber unseren schwer erkämpften Errungenschaften, gegenüber den Menschen, die dafür ihre ganze Kraft, ihre Gesundheit und ihr Leben eingesetzt haben.« Manfred Streubel hat festgehalten, wie Kuba als Versammlungsleiter ihn und die drei anderen beiseite nahm und sie anbrüllte: »Wir werden mit euch verfahren wie Mao Tse-tung. Lockt sie heraus mit ihren Bekenntnissen. Laßt alle Blumen blühen und danach Kopf ab. Genauso machen wir es mit euch, ihr verdammten Strolche.« Zwei Abgesandte des SED-Zentralkomitees, die dabei standen, kündigten an: »Wir werden euch unterdrücken mit allen Mitteln.«
»Das war mein (kultur-) politisches Grunderlebnis«, heißt es in den nachgelassenen Papieren Streubels. »Diese Drohung, über uns blutjunge Wahrheitssucher verhängt, ein gestundetes Urteil, wurde niemals zurückgenommen.«
Das erhoffte Tauwetter nach Chruschtschows Enthüllung stalinistischer Verbrechen geht im Blutvergießen des ungarischen Aufstands bereits im Herbst 1956 unter. Ungarns Freiheitsbestreben wird von sowjetischen Panzern niedergewalzt. In Polen kommt der als »Titoist« und »Nationalist« inhaftierte Gomułka wieder an die Macht. Und in der DDR rechnet Walter Ulbricht mit seinen Gegnern ab. Wolfgang Harich, Chefredakteur der »Deutschen Zeitschrift für Philosophie«, und Walter Janka, Chef des Aufbau-Verlags, werden verhaftet und 1957 wegen konterrevolutionärer Verschwörung verurteilt. Erich Loest sitzt sieben Jahre ab. Hans Mayer und Ernst Bloch setzten sich in den Westen ab.
Manfred Streubel gerät in das Netz von Observation und Verfolgung. Aus der Stasi-Akte, die gegen ihn als »Zersetzer« angelegt wird, sind seine Kontakte zu Erich Loest festgehalten. Eine Zusammenkunft in Graal-Müritz an der Ostsee wird observiert. Es wird festgestellt, daß Streubel im Berliner Kulturbund am Donnerstag-Kreis teilgenommen hat, in dem freimütig über politische Veränderungen diskutiert worden ist – mit Wolfgang Harich. Notiert ist, daß Streubel mit Teilnehmern dieses Kreises an Veranstaltungen des Filmclubs der Freien Universität in Westberlin teilgenommen hat.
Manfred Streubel rechnet mit seiner Verhaftung. Er bleibt frei, doch geängstigt in die Substanz hinein. Der Gedanke, daß das Leben zu Ende ist, noch ehe es angefangen hat, verband sich mit dem Gedanken an seinen Vater und jene Willkür, der dieser ausgesetzt war. Eine Angstprägung, die sich nicht mehr lösen sollte. »Ich bin kein

Streubel nach seiner Kritik an der SED-Kulturpolitik im Jahre 1956 am Ostseestrand von Graal-Müritz: Hier trifft er sich mit Erich Loest und wird von der Stasi observiert.

Kämpfertyp«, resümiert Streubel nach 1989. »Ich habe meine Feder nicht mit Majakowski als ›Waffengattung‹ betrachtet. Weder pro noch kontra. Höchstens als Blasrohr. Holunderflöte. Als eine Art Spielzeug. Das ich ererbt von meinem Vater hatte – und Großvater. Mich hat das Jahr 1956 in die Einsamkeit getrieben.«

Mit der Wende erfuhr Streubel, daß seine Angst nicht unbegründet war. Man hatte die vier Redner vom Kongreß der Jungen Künstler für Bautzen vorgesehen. Hans Modrow, der sich laut eigener Aussage für sie einsetzte, sagt, er könne sich an eine solche Drohung nicht erinnern. Heinz Kahlau unterschrieb 1957 bei der Stasi und verpflichtete sich als Inoffizieller Mitarbeiter. Über Manfred Bieler, Jens Gerlach und Streubel hing das Damoklesschwert der Drohung. Bieler geriet 1966 erneut wegen »schädlicher Tendenzen« ins Schußfeld der Kulturbürokratie und setzte sich nach Prag ab, um 1968 nach München zu gehen. Nichts da mit Streubels Traum, Arm in Arm das Jahrhundert in die Schranken zu fordern. »Naivität war ein Zug meines Lebens«, sagt er. »Die letzte Zuflucht,

Heinz Kahlau hielt auf dem II. Kongreß Junger Künstler 1956 in Karl-Marx-Stadt, auf dem auch Streubel das Wort ergriff, die schärfste Rede und wurde ein Jahr später Inoffizieller Mitarbeiter der Stasi.

letzte Möglichkeit schien mir das Menschliche – mit dem schönen Epitheton ›rein‹ davor. Also, vor allem, die Freundschaft. Die Treue, welche laut Volkslied nicht wanken darf.«

Manfred Streubel erinnert sich an einen bezechten Sommerabend im Jahre 1958 mit Heinz Kahlau, der ihn auffordert: »Umarme mich mal. Na los doch!« »Gut, dachte ich«, so Streubel. »Kleine Verbrüderung fällig. Ich legte ihm, wie gewünscht, meinen Arm um den Rücken.« »Etwas tiefer«, hörte er. »Noch tiefer. Fühlst du was?« »Ja, ich fühlte«, so schreibt Streubel. »Da war etwas Kantiges, Hartes. Unter der Achsel des Freundes. Eine Pistole? Mein Gott.« »Nur daß du Bescheid weißt«, hörte er Kahlau sagen. »Von heute an ist es besser für meine Freunde, also auch für dich, sich nicht mehr auf mich zu verlassen.«

»Ein denkreifer, unvergeßlicher Satz, der mir die Sprache verschlug«, schreibt Streubel. »Ich habe mich nie wieder richtig davon erholt. Nie mehr erholt von dem Schreck, daß der Freund sich verdingt hatte, zum Handlanger der noch kurz zuvor attackierten Macht geworden ist. Von der Erfahrung: daß keinem zu trauen ist. Keinem.«

Im Nachlaß Streubels findet sich ein Interview des »Neuen Deutschland« vom 3. Januar 1992, in dem Kahlau sich zu seiner IM-Tätigkeit bekannte und das als Titel ein Zitat des Schriftstellers trägt: »Ein Leben entsteht aus dem Richtigen und dem Falschen, eben aus dem, was der Mensch tut«. Streubel schrieb darunter: »Und der Clevere tut immer das Richtige Falsche! Wer kein IM war, der steht heute da wie eine hohle Nuß.« Unter dem Artikel vermerkt Streubel: »Die große Reinlichkeits-Welle ist angebrochen – unter den Füchsen.«

Sechs Jahre vor der Wende hatte Manfred Streubel in seinem Band »Fazit« einer »Resignation« Ausdruck gegeben, die mit den Kahlaus der DDR zu tun hat:

> Umkehr: wie falsch, wie verlogen.
> Wir: welche Schmach.
> Läßt sich denn spannen der Bogen, wenn er zerbrach?
> Findet die Frucht, die sich löste, Halt noch am Holz?
> Ach dieses träge Getröste. Sterbender Stolz.
> Bleiben: welch furchtbarer Fehler,
> einer des anderen Hehler, an Ekel erkrankt.
> Zu faul – noch nach Freiheit zu fragen.
> Zu feige – die Wege zu wagen:
> die einer dem anderen verdankt.

Im Jahr des steilen Aufstiegs und tiefen Falls, genau an jenem Höhepunkt, wo der Fall begann, lernte die neunzehnjährige Palucca-Schülerin Irmhild Illgen auf dem Kongreß der Jungen Künstler in Karl-Marx-Stadt Manfred Streubel kennen. Die heutige Ballettpädagogin an der Musikschule Berlin-Mitte sagt: »Manfred Streubel hat etwas gesucht, was er nicht hatte. Ich war direkt, spontan und rational. Ich kann es nicht leiden, Probleme ewig mit mir rumzuschleppen. Wenn ich ein Problem sehe, dann gehe ich es an, erledige es. Dann belastet es mich nicht mehr. Dann gehe ich das nächste Problem an. Und so gehe ich eigentlich durchs Leben.«

Genau das war die Frau, die der 23jährige Manfred Streubel suchte und die er um so dringender brauchte, als ihm jetzt sein Leben zerschlagen wurde. Es war so, als sei sie gekommen auf einen Ruf aus seinem ersten Gedichtband »Laut und leise«:

> Gewölk ist aufgezogen
> Der Wind hat sich gedreht.
> Komm auf den Regenbogen,
> der über Stoppeln steht.
> Komm mit dem Glockenspiele,
> dem letzten Vogelflug,
> dem Kahn des Mondes, der viele
> schon übers Wasser trug.

Die Ballettpädagogin erinnert sich: »Ich war natürlich, und er war, nun ja, Lyriker. Es war das erste, was er sagte: ›Ich bin Lyriker.‹ Als normaler Mensch sagst du dir: Aha, Lyriker, sag mal nichts im ersten Moment, weil du mit dem Wort gar nichts anfangen kannst. Ich wußte erst mal mit dem Mensch gar nichts anzufangen und hab' mich doch in ihn verliebt.«

Irmhild Illgen stammte wie Manfred Streubel aus einer Lehrerfamilie. Die Eltern waren begeisterte Sportler gewesen. Irmhild Illgens Mutter hatte es Anfang der dreißiger Jahre zur deutschen Meisterin im Speerwerfen gebracht. Der Vater gab Skikurse und trainierte in Dresden die Ruderer.

Irmhild Illgen lebte mit ihrer Mutter nach dem Krieg allein in Dresden. Der Vater, im Kriege Korvettenkapitän, fürchtete bei Rückkehr 1945 die Gefangennahme durch die Sowjets und blieb im Westen. »Aber da war noch etwas anderes«, sagt seine Tochter heute. »Er war ein Lebemann und ein Filou dazu. Doch seine Ängste 1945 waren berechtigt. Den hätten sie 1945 nach Sibirien deportiert.«

Die Ballettpädagogin Irmhild Kaufer, in erster Ehe mit Manfred Streubel verheiratet und Mutter seines Sohnes Tilman, lernte den 24jährigen Lyriker als Palucca-Schülerin 1956 in Karl-Marx-Stadt kennen.

Irmhild Illgens Vater, Heimathafen Eckernförde, war gegen Kriegsende im französischen St. Lazaire stationiert: »Als er hörte, was mit Dresden passiert war, hat er versucht, mit einem Paddelboot zusammen mit einem Kameraden die Loire hinaufzukommen. Die beiden wurden gefaßt. Er sollte dann Minen räumen. Um dem Todeskommando zu entkommen, hat er sich die Pulsadern aufgeschnitten, kam ins Krankenhaus. Mit einem Kassiber verständigte er seine französische Freundin in Paris. Die schickte ihm Fluchtanweisungen, in Nüsse eingeklebt. Er floh, erreichte Paris und die Freundin, bekam von ihr falsche Papiere, geriet auf der Zugfahrt in Richtung Schweiz in Panik, als die Zugkontrolle kam. Er mußte seine gefälschten Papiere nicht zeigen: Eine alte Frau starb im Abteil. Er stieg an der nächsten Station aus. Zu Fuß erreichte er die Grenze, brach erschöpft zusammen und wurde entdeckt von einem ehemaligen Schüler des Pädagogischen Instituts Dresden, den er einmal unterrichtet hatte. Er ist gerettet, er hat sich gerettet. So war mein Vater.«

Es waren nicht Geschichten dieser Art, die Manfred Streubel faszinierten. Es war diese ihm völlig fremde Vitalität, die aus diesen Geschichten und aus deren Erzählerin sprach, die ihn gefangennahm. Da war eine Frau, die ihm erklärte: »›Schwanensee‹ will ich nicht tanzen. Ich will nicht der zwölfte Schwan und auch nicht der erste sein, weil ich nicht verstehen kann und nie verstehen werde, warum

Manfred Streubel mit seinem Sohn Tilman in Dresdner Umgebung: Für ihn schrieb er Kindergedichte, die 1976 unter dem Titel »Honig holen« veröffentlicht wurden.

sich die Tänzerinnen erst auf die Spitze stellen, das Bein hochstrecken, um dort unten den Prinzen zu küssen.«

Die Frau sagt heute: »Ich mache und habe immer nur Dinge gemacht, die ich erfassen und die ich über meinen Körper rübertransportieren kann.« Doch da war auch noch eine andere Irmhild Illgen, die eben nicht unheilbar gesund schien, sondern verletzlich auf eine Weise, in der Manfred Streubel ihr nahe war. So, wenn sie von jenem Grauen erzählte, das sie seit dem Bombenangriff auf Dresden nie mehr los wird. »Das hängt mir bis heute an«, sagt sie, »daß ich weder ein Gewitter abkann, daß ich panisch werde, wenn ein Flugzeug über mir fliegt, daß ich kein Fleisch mehr essen kann. Von Bratengeruch wird mir übel.«

Manfred Streubel und Irmhild Illgen heirateten 1958. Ein Jahr später kam der Sohn Tilman zur Welt. Für ihn schrieb Streubel den Band »Honig holen«, Kindergedichte, die 1976 erschienen. Da war Streubels Ehe längst geschieden, eine weitere gescheitert – und der Sohn, der ihm nach der Scheidung von seiner Frau Irmhild zugesprochen war, hatte ihn in Richtung Mutter verlassen. Tilman legte den Namen des Vaters ab und nahm den Namen Kaufer an. Den Namen des Mannes, mit dem seine Mutter ihre zweite Ehe einging.

Irmhild Kaufer, in ihrer aktiven Zeit Mitglied des Tanzensembles der DDR, sagt: »Manfred war ein Romantiker. Ich hab' ihm später gesagt: ›Du bist eigentlich zu spät geboren.‹ Man kann sich nicht umkrempeln. Ich will ihn nicht schlecht machen, wenn ich sage: Er schwebte, kam ab und zu runter und schwebte wieder ab. Das ist mein Bild von Manfred: Abschweben.«

Das war kein falsches Bild, aber doch nur eines. Es teilt nichts mit von der Angst, in der Streubel damals lebte, die er aber versteckte. Das System, das ihn überwachte, sah ihn ganz und wußte den Naivitätssüchtigen so abzudrängen, daß von ihm keine Gefahr mehr zu erwarten war. Bis 1964 arbeitete Manfred Streubel für die Kinderzeitschrift »Fröhlichsein und Singen«, die letzten zwei Jahre von Dresden aus, wohin er umzog. Er hat diese Arbeit nicht als Last empfunden. Daß das dichterische Spiel mit Kindern – Streubel schrieb Hörspiele und Theaterstücke für Kinder – ein Spiel des Systems mit ihm selbst war, hat er erst viel später gewußt.

Erst 1968 war er wieder mit einem Gedichtband da: »Zeitansage«. »Zwölfmal am Tag schlägt meine letzte Stunde. / Ich möchte fliehn«, heißt es im Titelgedicht. »Kein Ausweg mehr / Wohin ich mich auch wende...« Wer heute auf den Band »Zeitansage« schaut, erkennt in ihm ein exemplarisches Stück deutscher Lyrik der zweiten Jahrhunderthälfte. Ein Dichter hält da die Polarität von Gottfried Benn und Johannes R. Becher aus und trägt sie aus.

Der 36jährige Streubel in diesen »Gedichten aus zehn Jahren 1957–1967«, wie es im Untertitel heißt: »Sieben Jahre habe ich geschwiegen... / Sieben Jahre bin ich stumm verlodert / Meine Wälder sanken. Schicht auf Schicht... Das duftende Holz. Der Ofen. / Das Briefpapier: schneeweiß. / Und die unendlichen Strophen / Saat unterm Eis... Ich treffe dich: du guter, roter Reiter: / mein Bruder Isaak... / Im Wort. / Wo ich das Feste finde / Den einzigen, sicheren Ort... / bevor mir die Sehnsucht versandet... / Die Schafe hüten den Schäfer... / Jeden Traum noch einmal geträumt! / Jeden Schrei noch einmal geschrien... / Aber die furchtbaren Chiffren des Blutes in den Steinen von Budapest... / Aus Turm und Kerker: steinerne Annalen / verfluchter Übermacht... / So kam er schließlich: ein Fremder: zurück in sein Land.«

Im Westen horchte nur einer auf: Arnfried Astel vom Saarländischen Rundfunk. Der schrieb Streubel 1970 einen Brief: »Peter Schütt in Hamburg, der Sie als den ›Rühmkorf der DDR‹ apostrophiert, hat mich auf Ihren Gedichtband aufmerksam gemacht. Ich habe mir das Buch besorgt und würde gern am 15. Oktober eine halbstündige Lesung daraus bringen. Wenn wir es irgendwie einrichten können, sollten Sie selbst lesen.«

Eine Gefälligkeitsaufnahme für den Saarländischen Rundfunk durch einen DDR-Sender, wie sie Paul Wiens, dem »IM Dichter« laut Joachim Walthers Buch, möglich war, wurde dem Dichter Streubel nicht gestattet.

Werner Liersch erinnert sich in einem Feature für den Hessischen Rundfunk an Manfred Streubel: »Lange Jahre wohnt er in Dresden hoch über der Stadt in Loschwitz am Veilchenweg 34. Er hat einen Balkon an der kleinen Wohnung, und da sitzen wir und schauen auf die unten ziehende Elbe und Dresden im Horizont der in der Ferne die Stadt rahmenden Berge und reden darüber, was geschehen ist und daß es nicht unser Aus sein kann... In Streubels Wohnung ist wenig Ordnung und in seiner Küche schon gar nicht. Über den für sein Kind reservierten Bereich hat er geschrieben: ›Einflugschneise für Spaßvögel.‹«

Es ist eine Einflugschneise in die Katastrophe. Natürlich soll der Sohn so sein wie einst er im Umgang mit seinem dichtenden Groß-vater. Doch der Sohn will von den Kindergedichten, die ihm der Vater schreibt, nichts wissen. Wenn Manfred Streubel dem Tilman gewidmeten Band »Honig holen« Zeilen von Matthias Claudius an dessen Sohn voranstellt, dann spürt der Sohn, daß der Vater mehr zu sich als zu ihm spricht: »Und sinne täglich nach über den Tod und das Leben, ob Du es finden möchtest, und habe freudigen Mut.« Mit Gedichten kann er den Sohn nicht gewinnen, auch wenn sie noch so schön sind:

Igel ist kaputtgegangen.
Daß er nicht mehr laufen kann.
Totgefahren. Ach, was fangen
wir nun ohne Igel an?

Können in dem Garten
nicht mehr auf ihn warten.
Hat so recht geraschelt.
Von der Milch genaschelt.
Wird uns furchtbar fehlen.
Läßt sich nicht verhehlen.

Igel wird nun tief vergraben.
Erde: werde ihm nicht schwer.
Darfst auch seine Stacheln haben.
Denn die braucht er nun nicht mehr.

Muß sich nicht mehr wehren.
Kann sie drum entbehren –
und im Mai in Massen
für uns blühen lassen
Auch wenn wir unterdessen
ihn beinahe ganz vergessen.

Tilman Kaufer, gelernter Baufacharbeiter, heute arbeitslos, sagt: »Ich sag's mal eiskalt: Dieser Vater bedeutet mir nichts. Dabei muß er mich unheimlich geliebt haben. Er hat alles gemacht, er hat gekocht, er hat Fürsorge total verstanden. Aber es war ein furchtbares Weicheigetue. Mich interessierten seine Gedichte nicht. Mich ärgerte seine Art, mich ständig vor allen vermeintlichen Gefahren zu bewahren.«

Tilman Kaufer erinnert sich, wie sich sein Vater aufgeregt hat, wenn er, der Sohn, im Fernsehen den Ganoven die Daumen gedrückt hat: »Als ich den Film ›Dem Himmel ein Stück näher‹ gesehen hatte, so eine Geschichte über eine Jugendgang, da hab' ich meinem Vater gesagt: ›Das erste, was ich mache, wenn ich weg bin, ich bin in solch einer Gang.‹ Und ich hab' es in Berlin gemacht, als ich meinen Vater mit sechzehn verließ.«

»Mein Vater hat sich kaputtgemacht mit seinen Ängsten«, sagt der Sohn und sagt auch: »Ich hasse die Künstler. Was wollen denn Künstler anderen geben. Sie reichen doch lediglich ihre Probleme weiter. Künstler kriegen nie den Arsch an die Wand. Nur meine Mutter. Die ist hart. Ich habe siebzehn Jahre gesoffen wie ein Tier. Seit vier Jahren habe ich einen klaren Kopf. Seit vier Jahren denke ich.«

> Genug gehört! Ach, Fluch und Hohngelächter
> war meiner Stimme Echo: greller Chor.
> So macht ihr mich zu meinem eignen Schlächter.
> Hier ist mein Ohr.
>
> Hier ist mein Auge: Glut aus großer Schwärze.
> Genug gesehn in Frost und Freudenhaus!
> Bevor es blakt wie eine Kirchenkerze –
> Ich reiß es aus.
>
> Hier ist mein Leben: blutige Bemalung
> des Götzen Du. Der Güte nicht begehrt.
> Hab ich kein Geld – so nehmt mich selbst in Zahlung!
> Ich bin was wert.
>
> Welch hoher Preis. Der Gläubiger muß blechen.
> Denn niemand dankt ihm Demut und Geduld.
> Und während Schuldner meine Zeit verzechen –
> Fall ich in Schuld.
>
> Ich schlage um mich. Letzte: Revolte.
> Bis meine Hand: die keine Hand mehr hält:

Tilman Kaufer, der nach der Scheidung seiner Eltern bei seinem Vater aufwuchs, kehrte zur Mutter zurück: »Ich sag's mal eiskalt: Dieser Vater bedeutet mir nichts. Dabei muß er mich unheimlich geliebt haben.«

Das Brot vergißt, das sie euch bringen wollte.
Und fällt. Und fällt.

Vater, Sohn und Vincent van Gogh im Fall, »Vincent im Abgrund«, wie Manfred Streubel dieses Gedicht genannt hat. »Schaff Dir etwas Kaltblütigkeit an«, schreibt Hildegard Streubel ihrem Sohn Manfred 1970, in ihrem Todesjahr. Auch dieses Verhältnis war schwierig, belastet vom unausgesprochenen Vorwurf gegen eine Pädagogin, die Lehrer für ein System ausbildete, das seinem Vater das Leben gekostet hatte. Im Gedicht »Müde Mutter« läßt Streubel sie auf den Sohn blicken, der in sich den Vater trägt:

Aber dein Blick, der den lange Verlorenen suchte –
den du noch sterbend zum einzigen Stolz dir bestimmst –
geht in die Ferne hin. Und der im Unglück Verfluchte
wartet so nahe, ach: daß du den Fluch von ihm nimmst.

Will der Erhoffte sein. Den du schon nicht mehr vermutest.
Geht furchtbar fort.
Mutter am Fensterkreuz: Wartende: und du verblutest.
An meinem Wort.

Manfred Streubel zwischen Selbsterfindung und Stigmatisierung in der Rekonstruktion des Lebens aus dem Inneren der Sprache. Zehn Jahre nach »Zeitansage« machte Streubel auf 138 Seiten – in Anklang an Günter Eich – »Inventur«. Mit den Gedichtbänden »Wachsende Ringe« (1980) und »Fazit« (1983) schrieb er sich als Sonettdichter ins Abseits.
Gerhard Rothbauer, in seiner Sensibilität eine Ausnahmeerscheinung in der Literaturkritik der DDR, beschrieb die Situation des Sonettdichters Streubel so, daß dieser sich nicht verletzt fühlen konnte: »Gewiß ist Streubel auch schon früher gegen den Strom der Lyrik geschwommen, und sei es allein in seiner überschäumenden Freude am Reim. Jetzt aber ist seine Sonderstellung noch deutlicher.«
Wulf Kirsten sagt: »Manfred Streubel ist da auf eine Art Nebengleis geraten. Ich war seiner Sonette auch etwas überdrüssig.« Thomas Rosenlöcher, einer von der jüngeren Generation und durchaus traditionsbewußt, bekennt: »Wir sind ja alle mit den Sonetten Bechers gequält worden. Sonett hieß Becher. Bechers Sonette waren schlecht, und was an Becher erinnerte, darauf reagierte man allergisch. Wir waren also ungerecht gegenüber Manfred Streubel.«

Ein Bündel Briefe ist noch hinterblieben,
die du dereinst aus dem Gefängnis schriebst.
Als wären sie direkt an mich geschrieben,
erfahre ich die Weisung, die du gibst:

auch das Geringe nicht gering zu achten –
den bunten Käfer und das grüne Blatt –
und bang zu lauschen noch im Lärm der Schlachten,
was für ein Vogel da gerufen hat –

und einen müden Büffel zu beweinen –
von Mitleid krank und gegen nichts immun,
solange noch ein Schmerz zum Himmel schreit –

und wieder hart und heftig zu erscheinen –
und so das Nächste, Nötige zu tun:
Revolution: aus purer Zärtlichkeit.

Dem Gedicht »Rosas Brief« stellte Streubel ein Gedicht über den
von den Nazis hingerichteten Pfarrer Dietrich Bonhoeffer gegenüber, »Fragment Bonhoeffer«:

Das stemmt sich: stürzend: gegen seine Grenzen.
So sehr bewirkt von widriger Gewalt
weist es hinein in kühnste Konsequenzen:
in eine ganz gelungene Gestalt –

die noch nicht möglich war – in dieser Eile! –
jedoch erkennbar ist als großer Plan:
als letzter Wille des Entwurfs, der Teile.
Und alles Tu-bare ist so getan –

daß es uns zwingt zu stärkerer Bestrebung:
so umzugehen mit dem Material,
das uns gegeben ist zu treuer Hand:

die Gabe zu gebrauchen in Ergebung:
das noch das Bruchstück zeugt von Wurf und Wahl.
Denn alle Gegenwart heißt: Widerstand.

Der Lyriker Manfred Streubel entwarf Modelle des Wünschbaren
und richtete sie aus an Rosa Luxemburg und Dietrich Bonhoeffer,
an Käthe Kollwitz und Ernst Barlach, an Vincent van Gogh und
Edvard Munch, an den schlesischen Mystikern und dem mediterra-
nen Albert Camus. Und er schrieb gegenstandssüchtige Gedichte,

MANFRED STREUBEL

INVENTUR

LYRISCHES TAGEBUCH

Sonette

Manfred Streubel
Wachsende Ringe

Stationen des Lyrikers:
Kein einziger Band ist
heute erhältlich.

immer wieder mit dem Blick auf seine Kindheitslandschaft. Und wie bei jedem Gedichtband, den er schrieb, ist es eine Art Abschiedslyrik. »Letzte Dinge«, wie es in einem nachgelassenen Zyklus heißt. Diese letzten Dingen können sein: Bleistift, Butterbrot, Tisch, Türklinke, Schuh, Buch, Ball, Stern, Strauch…

Weil das Westfernsehen Dresden nicht erreichen konnte, nannte man jenen Teil der DDR »Tal der Ahnungslosen«. Streubel hat Dresden als eine »knisternde Idylle« bezeichnet. Er kannte sie hier alle. Lokalmatadoren, die ihre kleine Macht genossen. Heinz Klemm, der einst bei der Legion Condor war und dann Exotisches schrieb. »Weißt du«, hörte er ihn sprechen, »die einzige Chance für unsereins, moralisch zu überleben, war, sich bedingungslos auf die andere Seite zu stellen.«

Manfred Streubel fand das »ungeheuer bedenklich«. Und zu sich sagt er: »Ich empfand keine Schuld, auch keine Kollektivschuld, und ich mußte auch dem neuen System nicht dankbar sein für irgend etwas.« Einmal hatte Streubel das große Wort geführt. Nun hörte er überall zu. Dem Staatsanwalt Hasso Mager, der zur Literatur gefunden hatte und davon zu erzählen wußte, wie der SED-Mann Paul Fröhlich nach dem 17. Juni 1953 in Leipzig die Köpfe rollen lassen wollte. Streubel hielt Mager für einen Freund, heute ist er von Joachim Walther enttarnt als IM.

Gegenüber den »Dresdner Heften« sagte Streubel: »Wie war denn diese scheinbare Idylle beschaffen? Im Grunde war die freie Bewegung nur möglich in einem ganz eng beschriebenen Raum. Also, als ich nach Dresden kam, was bekam ich da mit: Die meisten Funktionäre wurden ja nur wie bei Puntila im Zustand der Besoffenheit gesprächig. Einer war dabei, der seine Gespräche immer mit der Floskel eröffnete ›Aber das sage ich nur dir‹. Und er sagte also nur mir, daß Anfang der sechziger Jahre Auguste Lazar, eine bedeutende Schriftstellerin, Jüdin, also Verfolgte des Naziregimes, von einem wichtigen Verbandsfunktionär bei der Stasi denunziert worden war. Sie unterhielte einen ›zionistischen Zirkel‹: nur, weil sie ab und zu Freunde zu sich einlud. Solche Verunglimpfungen waren eben möglich. Das waren die Parvenus, die nachdrängten. So etwas passierte immer wieder. Und irgendwie knisterte es ständig.«

In seinem Gedichtband »Fazit« schreibt Streubel: »Die Macht, die ich gewinne – / die habe ich zwar inne. / Sie aber übt mich aus… Wie mich die Fäden schnüren! / Ich kann mich kaum noch rühren. / Im wahren Sachverhalt… Wie still der Baum das Blatt verstößt. / Kein Wind muß wehen. / Wie leicht das Blatt vom Baum sich löst. / Um zu vergehen… Denn das Vergangene: / das hält uns fest… Daß ich nicht zerschelle, / türm ich Schicht auf Schicht: / stelle. Und ver-

stelle / mir die Sicht... Weil uns der Boden doch beugt / ins Boden-
lose... Erst die Ent-Täuschung lehrt / uns wirklich tauschen...
Lobend aus blutigen Kehlen / das ewige Spiel... Erst in der Dunkelheit: / lichtsatt und todgeweiht: / leuchten die Dinge... Gestundete
Gestalt – / vor dunklem Hinterhalt / schon aufgesogen.«
Immer sind Streubels Gedichte auch poetische Protokolle seines
Seelenzustands, in denen die im Alltagsleben überspielte Angst mit-
schwingen konnte. »Radikalität wäre gesünder gewesen«, wird er
nach dem Ende der DDR sagen. Und er meint eine Radikalität, die
herausgeschleudert wird aus dem Innern. So war sein Leben innerhalb der Diktatur ein Sichabmühen, Sichschinden, Steckenbleiben,
Sichentwinden. Seine Gedichte spiegeln eine fast krampfhafte Verfestigung des Autonomieanspruchs seines Ichs. Ein Dichter auf der
Suche nach dem Sinn in der Sinnlosigkeit, der seinen Herzinfarkt als
normalen Schmerz einreihte in seine Schmerzensgeschichte und
nicht zum Arzt ging.

> Du guter Haß – stolz trug ich deine Bürde
> Du schöner Abscheu: ehrlicher Bezug –
> du gabst mir Kraft. Gabst meinem Wesen Würde:
> die starke Spannung, die mich hielt und trug.
>
> Die Zeit verging. Mein Stolz ist nicht gebrochen.
> Nur stetig unterspült und überweht.
> So ließ ich mich unmerklich unterjochen?
> Wie still Zerstörung doch vonstatten geht.
>
> Ich möchte schrein. Und kann doch nur noch raunen.
> Mein guter Haß – wo bist du hin? Wohin?
> Und sehe, ach, mit jämmerlichem Staunen:
> wie ähnlich ich nun dem Verhaßten bin.

In seinem Gespräch mit den »Dresdner Heften« erinnert Streubel an
den Mauerbau von 1961 und die Niederschlagung des »Prager Frühlings« von 1968: »Beide Male war man hilflos. Den Menschen ist
gnadenlos demonstriert worden, wo für sie die Grenzen liegen. Und
der Westen sah sich in beiden Fällen außerstande, etwas zu tun.
'68 fand ich geradezu empörend, daß sich die linken Intellektuellen
im Westen in ihren revolutionären Sandkastenspielen gefielen – so
empfand ich es –, statt sich für die wirklichen Veränderungen in der
ČSSR zu verwenden. Das war ein Beleg dafür, wie strikt die Welt in
zwei Hälften geteilt war. Diese herbe Einsicht kam vielen. Was also

blieb? Vom Westen war nichts zu erwarten, von innen heraus gab es keine Chance, also war man gezwungen, die Bedingungen anzunehmen. Die Frage war nur, wie. Für mich hieß es, sie annehmen, ohne sich damit abzufinden. Aber man ist nicht immer auf der Höhe seines Anspruchs. Das ist eben eine Kraftfrage. Und damit leistet man natürlich der Anpassung Vorschub.«

Streubel erinnert sich an den zwölf Jahre jüngeren ungestümen Dichter Siegmar Faust, heute sächsischer Landesbeauftragter der Gauck-Behörde. »Siegmar Faust wollte provozieren«, sagte Streubel in dem Interview. »Mir hat er damals gesagt, er wolle in den Knast, er wolle diese Erfahrung machen... Ich hatte keine Lust, mich irgendwie hineinziehen zu lassen.« Und so stimmte auch Streubel für den Ausschluß Fausts aus der Dresdner Arbeitsgemeinschaft für Junge Autoren.

Da war sie wieder, jene Angst von 1945 und 1956, und als Folge ein Verhalten, das ihn »dem Verhaßten ähnlich« machte. So jedenfalls empfand er es. Siegmar Faust wurde 1971 in Dresden wegen staatsfeindlicher Hetze verhaftet und kam nach elf Monaten wieder frei. Er hat Streubel als den einzigen Dresdner Schriftsteller in Erinnerung, der sich betroffen fühlte: »Streubel half meiner Familie, schickte Kindersachen.« In Dresden kam Siegmar Faust noch glimpflich davon. In Leipzig wurde er 1974 zu viereinhalb Jahren Gefängnis verurteilt.

> Das Wort: das ungesagte:
> fault bitter mir im Mund.
> Der Wurf: der nicht gewagte:
> zieht grau mich in den Grund.

Es beruhigte Streubel nicht, wenn er, der in der nationalsozialistischen Diktatur aufwuchs und die sozialistische durchlebte, über die Menschen seines Alters sagte: »Diese Generation konnte überhaupt nicht Luft holen. Sie kam nie zur Ruhe.«

> Es hieß, ein schlimmes Untier sei entflohn.
> Man müsse ihm vereint das Schandmaul stopfen
> und also rasch auf alle Büsche klopfen.
> Und jedem Klopfer winke auch ein Lohn
>
> So kam man dem Gesuchten auf den Schlich.
> Und immer mutiger erschien die Menge –
> trieb das gehetzte Wesen in die Enge.
> Da: endlich: trat es vor. Es stellte sich.

Und sprach mit Menschenstimme. Bat um Gnade.
Als ihresgleichen. Daß den Leuten graute.
Und manche ließen ab schon von der Beute.

Die Schläger aber schlugen. Nun gerade!
Und hörten: wie erhofft: viehische Laute.
Na also, meinten die erlösten Leute.

Manfred Streubel sah die Situation des Einzelgängers in der durch
zwei Diktaturen geprägten Gesellschaft klar. Hatte er in den siebziger
Jahren als Lyriker immer wieder versucht, sich mit clownesker
Attitüde Freiräume zu schaffen, so nahm er diese Haltung völlig
zurück. Er bündelte alle seine Kräfte, um nach dem »Fazit« von 1983
den verborgenen Text vieler Menschen in der DDR zur Sprache zu
bringen. Ihre Resignation in der Aussichtslosigkeit zum Beispiel,
Mißtrauen:

Das kriecht heran – sich heimlich aufzuhocken.
Das wächst und wuchert – weich wie Schnee und Moos.
Das läßt die munteren Gespräche stocken
und macht den Blick so seltsam ausdruckslos.

Das schmiegt sich immer enger um die Kehlen.
Das saugt sich tiefer in den Herzen fest.
Sein Farbstoff Grau läßt uns den Freund verfehlen.
Und matt ersticken Frage und Protest.

Ach, alles ist von Lethargie vergiftet.
dem neuen Tag gilt keine Hoffnung mehr.
Ein schlimmer Friede wird im Land gestiftet.
Es läuft. Und läuft. Jedoch der Lauf ist leer.

»Jeremiaden« nannte Streubel jene Gedichte, die heute als Abgesang
auf die DDR gelten können – und doch viel mehr sind. Sie haben
nichts von ihrer Gültigkeit verloren nach der Wende von 1989. Eine
Wende, in der er Menschenverachtung so sicher aufspürte wie in der
DDR. Eine Wende, die Streubel sehr schnell als »Windung« sehen
sollte: »Als weitere Stufe zur Perfektionierung der Massengesell-
schaft, der industriellen. Auf dem Wege der Termitisierung.«
Seit 1982 lebte der Dichter mit Beate Richter, Mutter einer Tochter
und geschieden, zusammen. Eine Frau von der Vitalität der Irmhild
Illgen, einer Lebenskraft, die allen Zumutungen des Systems trotzte.
Beate Richter, als Präparatorin am Museum für Tierkunde angestellt,

war genau jene Frau, die Streubels Anlehnungs- und Harmoniebedürfnis entsprach. Beate Richter hatte ein sicheres Gespür für Nähe und Distanz. Ihr Haus stand dem Dichter offen, aber sie zog nicht zu ihm.

Beate Richter sind alle nachgelassenen Gedichte zu verdanken, die Manfred Streubel auf der Höhe seines Könnens zeigen. Ohne ihre Fähigkeit, die Bitterkeiten, Bedrückungen, Enttäuschungen immer wieder aufzulösen oder zurückzudrängen, wären die Gedichte nicht entstanden. Mit Beate Richter bekam Streubel wieder einen Sinn an seine Seite. Von den »Jeremiaden«, in denen die Ausblicke immer zu Todeszeichen werden, ging er zurück in die Kindheit. Den Fälschern der Zukunft, unter denen zu leben er gezwungen war, setzte er unglaublich gelöst die Verheißung des Erwachens in seiner Lyrik entgegen.

> Nimm einem Vogel die Ferne.
> Nimm ihm das Material.
> Daß er das Wahrsein verlerne.
> Strafe ihn so, radikal –
> heißt er sich dennoch willkommen.
> Feiert er dennoch sein Fest.
> Ist ihm auch alles genommen –
> baut er zur Bauzeit ein Nest…

Hommage Manfred Streubels auf seine Lebensgefährtin Beate Richter, die seit 1996 wiederverheiratet ist. Zu dem Hinterglasbild von Max Langer schrieb er ihr: »Und hat so manche Sehnsucht schon gestillt./ Ach, allen deckt sie ihre grünen Tische …«

Die vierzehn Jahre jüngere Beate Rieß, seit 1996 in zweiter Ehe verheiratet, hat als Wesentliches der Beziehung zu Manfred Streubel in
Erinnerung: »Unser Humor hat sich absolut gut vertragen. Da
konnte sich jeder am anderen steigern. Da gab es immer wieder irr-
sinnig schöne Situationen. Wir haben aneinander soviel Spaß gehabt,
und wir haben ihn genossen. Es war eine Atmosphäre, in der er
erzählen konnte, in der er so frei war, um sich preiszugeben, seine
Seele herauszunehmen mit all dem, was sich in ihr gestaut hatte.«
Was Beate Richter dem Dichter aus der Gartenstraße 9 in Gohlis bedeutete, beschrieb er im Gedicht »Mutter Natur«, das er ihr widmete.
Es sind Verse aus dem Buch »Mein Lausitzer Guckkasten« des naiven
Malers Max Langer, die Streubel zu dessen Bildern gestellt hat:

> Das ist die Sphinx von Niederoderwitz.
> Die Mona Lisa ohne Schuh und Strümpfe.
> Die hohe Hüterin von Kauz und Kitz.
> In allen Saaten hat sie ihren Sitz.
> Die Nachbarnymphe.
>
> Die gute Göttin der Gelassenheit.
> Das Rätsel, dessen Lösung wir gern wüßten.
> Der Ungeist geifert. Und der Esel schreit.
> Sie aber ruht in lauter Lebenszeit.
> Mit prallen Brüsten.
>
> Und hat so manche Sehnsucht schon gestillt.
> Ach, allen deckt sie ihre grünen Tische.
> Die große Mutter. Deren Gabe gilt.
> Die ihre Kinder tröstet oder schilt.
> In Frucht und Frische.
>
> In ihren Schoß. Da sind wir endlich quitt.
> Indes sie nackt die Nachgebornen segnet.
> Doch manchmal macht sie jede Mode mit.
> Und ist das Weib, das uns auf Schritt und Tritt
> begegnet.

In der Weisheit der bodenständigen Maler Max Langer aus dem
oberlausischen Niederoderwitz, Wilhelm Rudolph aus Dresden und
Kurt Querner aus Börnchen fühlte sich Manfred Streubel aufgehoben, ja zu Hause. Ihnen gegenüber, die er besuchte, war er ohne
Mißtrauen. Ihre Bilder hingen in seiner Wohnung. Von allen dreien
am meisten mochte er Querner, den Schuhmachersohn, mit seinem

»Selbstbildnis mit Brennessel«, das 1933 dessen Ablehnung der Diktatur darstellte. Manfred Streubel, der Brennesselmann der zweiten deutschen Diktatur dieses Jahrhunderts.

Er kannte seine Gegend. Er kannte die Interna. Sascha Anderson, der vielen in Dresden als ein Gegner des Regimes erschien, hielt er immer für einen Spitzel, wie sich Beate Rieß erinnert. Und hatte er auch nicht immer ein Wissen darüber, wer wie auf welche Weise den anderen behinderte, so war es sein Sensorium, das ihn warnte. Er wußte um Freunde, die keine waren. Er wußte, daß diejenigen, die ihn als »Zersetzer« führten, bis zuletzt eine subtile Zersetzungsarbeit gegen ihn geführt hatten.

Ein Jüngerer wie Thomas Rosenlöcher konnte dies nicht verstehen. »Ich habe nie gewußt, warum Manfred Streubel so überängstlich war«, sagt er und erinnert sich, wie er, der 1987 aus der SED austrat, ein Jahr zuvor bei Streubel Rat suchte: »Ich hab' ein Problem. Ich will aus der Partei raus. Was soll ich machen?« Rosenlöcher bekam keinen Rat: »Streubel fühlte sich provoziert, glaubte wohl, ich sei geschickt worden.«

Der Schriftsteller Jochen Laabs schreibt in dem Band »Gedenkminute« über Streubel: »Sich auf ihn einzulassen hieß, von seiner Sensibilität zu gewinnen, seinem Kunstverstand, seiner Klugheit, seinem Gerechtigkeitsanspruch, seiner geradezu rührenden Herzlichkeit und der Bereitschaft zu beinahe kindlicher Vertrauensseligkeit, hieß jedoch andererseits, seinen Empfindsamkeiten ausgeliefert zu sein, die um ihn ausgelegt waren wie in einem Minenfeld, dicht bei dicht, und von denen, bei einer auch nur hinlänglich langen Begegnung, keine zu treffen, völlig ausgeschlossen war.«

Manfred Streubel konnte hinreißend erzählen, mit hintersinnigem Humor, wie sich Beate Rieß erinnert. Etwa die Geschichte über eine Lesung des gebürtigen Dresdners Erich Kästner in den sechziger Jahren: »In aller Verschwiegenheit wurden wir Autoren eingeladen. Dann gab es einen freien Kartenverkauf, und die Nachricht verbreitete sich wie ein Lauffeuer in Dresden. Die Karten waren im Nu weg, man hätte Lautsprecher anbringen müssen für die Massen im Zwingerhof. Das war der Bezirksleitung zuviel. Es kam ja der Klassenfeind aus München. Alle bereits verkauften Karten wurden anulliert, das Ganze in den Gobelinsaal verlegt und neue Karten nur gezielt an geladenen Gäste vergeben. Kästner las dann vor einem halbvollen Saal.«

Zur selben Zeit las Anna Seghers unbehindert in Frankfurt am Main. Heinz Klemm, der Dresdner Vorsitzende des Schriftstellerverbandes, ging am nächsten Tag mit Kästner ins »Astoria« zum Mittagessen. Kästner bestellte einen Whisky, Klemm einen Wodka. Der Kellner

brachte zwei Wodka. Kästner sagte: »Ich wollte doch Whisky.«
Klemm sagte: »Nehmen sie Wodka. Schmeckt fast genauso.« Darauf
Kästner: »Überzeugen, nicht überreden.«

Manfred Streubel gehörte in Dresden zu den ersten, die sich mit
rigoroser Kritik an dem SED-System in der CDU-Zeitung »Union«
hervorwagten. Die »Gruppe der 20«, die den Umschwung in Dresden entscheidend vorantrieb und von denen die meisten sich der
CDU zuwandten, suchte den kulturpolitischen Rat bei Streubel, wie
Steffen Heitmann, heute sächsischer Justizminister, sich erinnert.
Rudolf Scholz, damals SED-Parteisekretär des Schriftstellerverbandes, erinnert sich so: »Ein nahezu ungläubiges Erstaunen erfüllte
Streubel, als wir zusammen auf dem Postplatz standen, von wo sich
die große Demonstration Dresdner Künstler am 18. November in
Bewegung setzte.«

Die Euphorie Streubels wich sehr schnell der Enttäuschung. Die cleveren Mietbaren des Systems, die niemals enttäuscht werden können, sahen nach einer kurzen Schrecksekunde, in der sie glaubten, es
könne ihnen so ergehen wie ihren Opfern nach 1945, daß ein demo-
kratisches System die Mietbaren schätzt, solange sie ihm nützen.
Streubel fühlte sich mit vielen wieder als Ver-Wendeter. Er kritisierte, nun nur noch als Prosaist, die »Blitzkriegsgewinnler« und
»Kraft-durch-Freude-Strategen«. Zugleich reagierte er schroff, wenn
ihm ob solcher Haltung jemand mit DDR-Nostalgie auf der Zunge
schmeicheln wollte.

Da schrieb ihm eine Bekannte, Juristin von Beruf: »Aber ich habe
auch vieles nicht gewußt und frage mich jetzt, wie ich es hätte wissen können und müssen...« Und Streubel antwortete:
»Genauso haben die meisten Deutschen nach dem Zusammenbruch
1945 geredet. Das ist doch der Slogan der braven Mitmacher. Der
nach Mitscherlich zur Trauer Unfähigen oder Unwilligen. Wo
haben Sie denn gelebt die ganze Zeit? Nur in Ihrer Wissenschaft?
Und da wollen Sie nichts vom zunächst schleichenden, dann galop-
pierenden Ruin (geistig, moralisch, materiell) dieser DDR gewußt
oder zumindest gespürt haben. Wußten Sie nichts von ungerechten
Verurteilungen und Verfolgungen (Havemann)? Sahen Sie nicht die
Verwüstung, Auspowerung des Landes? Die mit jedem Jahr stump-
fer und böser werdenden Gesichter. Haben Sie – bei Ihrem Beruf! –
keine Gänsehaut bekommen, wenn Sie diese Sprache, diese Phrasen
und Lügen hörten? Bei dieser Barbarei, die kaum geringer war als
die in Klemperers LTI dokumentierte.«

In der Zeitschrift »neue deutsche literatur« erinnerte Streubel 1991
an die gescheiterte Rosa Luxemburg und den gescheiterten Claus
Graf Schenk von Stauffenberg und fragte: »War also das Scheitern

(das, im Vergleich, ziemlich glimpfliche!) unserer wackeren Bürger-
bewegung, des dritten deutschen Heilbringerakts des Jahrhunderts,
vielleicht ebenso nötig und somit ›richtig‹? Nicht nur, weil ein Pen-
del, das sich in Bewegung, in Schwingung befindet, eben nicht
irgendwie ›maßvoll‹ in der Mitte Halt machen kann, sondern auch,
weil eine siegreiche Reform, ein gelungener Einsatz ›Für unser
Land‹ möglicherweise nur auf eine Ummodlung, Renovierung
(Neutapezierung), also Erhaltung des verfluchten Kaspar-Hauser-
Käfigs hinausgelaufen wäre und nicht auf dessen wirkliche Demontage? Weil uns in diesem Fall, bei Triumph, wie auch immer geartet,
die fällige Katharsis noch gründlicher erspart worden wäre als nun?
Weil (und hier schließt sich der Kreis) das Prinzip ›Hoffnung‹ eben
nur aus dem Scheitern, aus dem echten Zusammenbruch, gültigen
Untergang, neu hervorgehen kann? Aus der Asche? Der tabula rasa?
Wäre dem so, würde dem weiter so sein, dann hätten Erschütterung,
Verzweiflung und (vorübergehendes) Die-Sprache-Verschlagen wohl
doch einen Sinn. Einen tieferen, heimlichen. Dann wüßte ich endlich, was es bedeuten soll: daß ich so traurig bin...«
Manfred Streubel ging noch ein Mal den Ursachen seines Scheiterns
gegenüber seinem Sohn nach: »Wie konnte ich glauben, der Verant-
wortung für neues, junges Leben gerecht werden zu können in einer
Umwelt, der ich gleichzeitig meine Mitverantwortung, ja bloße
Beteiligung entzog?« Er klagte sich an, den Sohn benutzt zu haben
als Teil des eigenen Rettungsversuchs. Er fühlte sich gegenüber dem
eigenen Vater in der Schuld, weil er nicht vorankam mit dessen
Rehabilitierung. Er mußte sich damit abfinden, daß der Mitteldeutsche Verlag für ihn, den Hausautor, zu dessen 60. Geburtstag die
Herausgabe eines Auswahlbandes ablehnte. Auch westdeutsche Verlage zeigen kein Interesse und geben den Rat: »Schreiben Sie weiter,
der Weg stimmt...«

> Wie sich die Farben grau in grau vermischen
> und wie die Bilder sich in eins verwischen!
> Als letztes bleibt: ins eigne Herz zu sehen.

»Ich denke immer an Manfred Streubel, weil ich weiß, daß er kon-
sequenter war als ich«, sagt Wulf Kirsten. »Er war literarisch überhaupt noch nicht am Ende.« Zum 65. Geburtstag Streubels 1997
wollte Kirsten die »Jeremiaden« zum Druck bei Elmar Faber unter-
bringen, bei ebendem Verleger, der einst an der Spitze des Aufbau-
Verlages jenes System mitrepräsentierte, das Streubel gehaßt hatte.
Streubel sollte in Fabers Reihe »Die Sisyphosse« erscheinen. Beate
Rieß lehnte ab. Und Streubel kann Kirsten nur noch im Gedicht

antworten: »Verdammt! Ich hätte dir noch was zu sagen. / Doch eine handvoll Dreck stopft mir den Mund.«

Es bedurfte bereits 1992 nur eines Anstoßes, um das Leben des 59jährigen Manfred Streubel zu beenden. »Jemand mußte Josef K. verleumdet haben, denn ohne daß er etwas Böses getan hätte, wurde er eines Tages verhaftet«, so heißt es in Franz Kafkas »Prozeß«. Jemand mußte gewußt haben, wie es um Manfred Streubel stand. »Dienst für morgen. Das ist vorbei«, schreibt er in einer »Selbstanzeige«. »Vermutlich gibt es gar kein Morgen mehr... Totale Entmoralisierung.«

Der Verrat, dem Manfred Streubel nachspürte, war greifbar, aber nicht zu fassen. Ein Mann kam. Ein Mann ging. Ein Mann hing in einem Strick. So oder so – die »Dahlener Schuttgrube« seiner Heimat von 1945 hatte ihn nie losgelassen:

Manfred Streubel am Ende seines Lebens: Am 10. Juli 1992 starb er, verabredet für den nächsten Tag mit Beate Richter.

> Da war ich oft. Stets war da was zu erben.
> Geheimnisvolles Reich aus Schrott und Plüsch!
> Da suchte ich als Knabe bunte Scherben.
> Und hockte wie ein Hase im Gebüsch.
>
> So sah ich einst – drei Männer mit dem Spaten.
> Und hörte: »Tief genug!« Und lief nach Haus.
> Die Eltern glaubten nicht, was die da taten.
> Und redeten mir meinen ›Irrtum‹ aus.
>
> Erst heute: von Erfahrung ganz verschlissen:
> weiß ich genau: Da unten ist ein Grab –
> im längst versunknen Reich der Knabenlust.
>
> Nun hab ich diesen Mord auf dem Gewissen.
> Obwohl ich den doch nicht begangen hab.
> Und schwören kann: Ich habe nichts gewußt.

Richard Leising:

Von allen Worten die letzten

Seine Bude, sein Bett, seine Bücher: Dies ist die vorletzte Abgeschiedenheit des 1934 geborenen Dichters Richard Leising in der
Kriemhildstraße in Berlin-Lichtenberg. Im Schlafzimmer schaut
Franz Kafka von der Wand auf ihn herab. »Kafka war hoffnungslos
wie alle Realisten«, sagt Leising. Im Arbeitszimmer ist bei ihm alles
versammelt, womit die Sehnsucht sich der Hoffnungslosigkeit
widersetzt. Ein Kalenderblatt von 1989 fällt ins Auge, auf dem Matthias Claudius intoniert: »Heute will ich fröhlich sein…« Und noch
immer nicht ist es vollbracht, antwortet Matthias Grünewalds
gekreuzigter Christus aus dem Weltenbruch des 16. Jahrhunderts –
auf einem Foto.

> Es leidet, o Herr, deine Erde
> An Untergehenden
> Keinerlei Mangel! Noch kannst du wenden
> Von uns dein Angesicht!
> Was taugen wir angekettet der Welt auf dem Grunde
>   des Wassers?
> Ziehe du ab von uns
> Deine sausende Hand, peitsche
> Deine christliche See über andere Meere
> Und lass uns leben, leben, leben, O Herr
> Auf der Galeere!

Die wirksame Gegenwart der Vergangenheit geht im Gedicht auf.
Im Gedicht erreicht Richard Leising jene letzte Abgeschiedenheit, in
der allein Erfahrenes Halt findet. Auf der Folie einer Überlebens-
gemeinschaft, von der er sich abhebt, um ihr verbunden zu bleiben.
Sarah Kirsch, die die DDR 1977 verließ, erinnert sich an einen »Dio-
genes im zerfallenen Gehäuse«. Für Karl Mickel war Leising 1976
der »große deutsche proletarisch-revolutionäre Dichter der Gegenwart« und 1992 ein »eschatologischer Autor«. Und da dies ein so alt-
modischer Begriff ist, fügt Mickel zur Erklärung bei: »Eschatologie
heißt: die Lehre von der Endzeit und den Letzten Dingen.«
Professor Siegfried Thiele, Direktor der Leipziger Musikhochschule

*Für jedes Lebensjahr
nicht mehr und nicht
weniger als ein
Gedicht für die Ewig-
keit: Richard Leising,
geboren am 24. März
1934 in Chemnitz,
nach dem Zusammen-
bruch der DDR.*

Nachkriegsweihnacht bei den Großeltern in einer Stadt, die noch nicht nach Karl Marx benannt ist: Richard Leising am Klavier, Mutter und Vater zugewandt, zweite und dritte von rechts Großmutter und Großvater, der Schmiedemeister.

Felix Mendelssohn Bartholdy, »dienstältester Freund« aus Schulzeiten, wie Leising sagt, erinnert sich, wie ihnen beiden ein Bildband mit Kunstdruckblättern in die Hände fiel: Abbildungen von Matthias Grünewalds Isenheimer Altar im französischen Colmar. Es waren Anrufungen der seitenverkehrten Art. »Wir beide wollten nach Colmar, um den Altar im Original zu sehen«, sagt Siegfried Thiele. »Es blieb ein Gedanke. Er hat uns lange beschäftigt. Noch als Richard Theaterwissenschaften studierte, haben wir darüber korrespondiert.« »Die Bilder«, so erinnert sich Richard Leising heute, »haben uns sehr ergriffen. Damit kein falscher Eindruck aufkommt, der Marx hat uns auch fasziniert. Man ist in jenem Alter auf große Erlebnisse aus.« Den Marx hat sich Leising dort bewahrt, wo er ein Dichter ist. »Die Ideologie geht mich nichts an«, sagt er. Und damit meint er auch die christliche Ideologie. Aber jener an einen halbgeschälten Balken genagelte Christus im äußersten Elend, wie er als Reproduktion auf seinem Schreibtisch steht. Als Mauer und Stacheldraht fielen, fuhr Leising nach Colmar. Er, der über seine Jahre in der DDR sagt: »Ich blieb und habe mich an Ort und Stelle entzogen.« Richard Leising blieb im Verborgenen, machte sich unsichtbar vor einem System, das auf Enteignung des Eigensinns aus war, und brachte so den verborgenen Text der Menschen zum Sprechen, der ihr Leben und unseres auch beherrscht. Doch der Zwang, nicht erkennbar zu sein, hatte ihn in der DDR bis in jene Katastrophe geführt, in der man sich selbst beim sich Nähertreten nicht mehr erkennbar ist: »Das Leben ist kein Leben, aber der Tod ist der Tod / Ich weiß keinen Weg, und den gehe ich.«

Dreimal ist Leising inzwischen am Isenheimer Altar gewesen. Dreimal hat er an Ort und Stelle Mathis Gothardt Neithardt, wie er Grünewald beim richtigen Namen nennt, besucht. Und noch immer hat die Begegnung mit dem Gekreuzigten des Malers Mathis, der 1528 in Halle starb, nichts mit religiöser Erweckung zu tun. Eher mit dem Wiedererkennen einer Zeit, die wie unsere heute eine Zeitenwende ist. Ein Wiedererkennen, in dem die kommunistische Ideologie das letzte geschichtliche Erdbeben vor dem großen Umbruch gewesen ist, in dem wir alle stehen.

Matthias Grünewald am Ende des Mittelalters und am Vorabend der reformatorischen Krisenzeit, in der es galt, das Heilige zu bewahren. Mit diesem in sich selbst aufgerichteten Kreuz hat Leising in der DDR gelebt, mit ihm lebt er:

> Das bin ich der Menschensohn
> Und ich werde brennend sinken
> Eine Flamme so erhellt
> Meine Feuerhände winken
> Euch ins Licht: Da seid ihr schon

Wenn diesen Richard Leising in der DDR einer erkannt hat in seiner Kunst der Schutzlosigkeit, in der sie wie er lebte, aber nicht überlebte, dann war es die Lyrikerin Inge Müller, die sich 41jährig 1966 das Leben nahm. Und wenn Richard Leising über Inge Müllers Weg hin zum Selbstmord spricht, dann ist es so, als spreche er zu sich selbst: »Man will sich seines Lebens kräftiger vergewissern, wenn man um den Tod weiß.« Inge Müllers schönstes Freundesgedicht trägt den Titel LEISING:

> Du kannst dich selber nicht tragen
> Du hast alles satt
> Trägst dein Kindergesicht wie ein König
> Der alle Reiche verloren hat.
> Kratzt
> Schreibst mit Kinderschrift
> Kreide auf Stein
> Höhlenzeichen am Mauerrand ein.
> Fällt ein Pferd um trägst du den Wagen.

In den Gedichten Richard Leisings kann Inge Müller weiteratmen. »Wir sind sie ja nie losgeworden, die Hoffnung«, sagt er. »Vielleicht sind diejenigen, die gingen, die Hoffnung am wenigsten losgeworden.« Aber Richard Leising ist auch nicht an der Seite seiner Weg-

gefährten aus den sechziger Jahren geblieben, die sich letztlich in der DDR von einem Glauben nicht freizumachen verstanden, den sie längst verloren hatten: Karl Mickel, Heiner Müller, B.K. Tragelehn und wohl auch Adolf Endler. Richard Leising hat in der Ambivalenz gelebt: geblieben, um zu gehen, gegangen, um zu bleiben.

In der von Bernd Jentzsch und Klaus-Dieter Sommer besorgten »auswahl 66. Neue Lyrik – Neue Namen« wurde der 32jährige Leising als Dichter erstmals sichtbar – neben Inge Müller. Ebenfalls 1966 nahmen ihn Adolf Endler und Karl Mickel in die von beiden herausgegebene und zum lyrischen Leitfaden gewordene Anthologie »In diesem besseren Land. Gedichte der Deutschen Demokratischen Republik seit 1945« auf. Die »auswahl 74« des Verlags Neues Leben brachte zwei Gedichte von ihm. 1975 erschienen im Lyrikperiodikum »Poesiealbum« unter Nummer 97 neunzehn Gedichte von Richard Leising. Das war alles bis 1989.

Es hatte für Bernd Jentzsch, den Herausgeber der Reihe bis 1976, erhebliche Mühe gekostet, Leising zur Veröffentlichung zu überreden und dann auch für den Druck durchzusetzen. Gedichte, die die Zensur passiert hatten und doch Schmuggelware waren für diejenigen, die zu lesen wußten. »Es hätte alles, was darin stand, für drei Jahre Bautzen gereicht«, sagt Sarah Kirsch.

Das Gedicht »Vom alten Weib«, 1962 geschrieben, war einem alten Mann zugedacht: Walter Ulbricht. »Das alte Weib«, so setzt das Gedicht ein, »redet wie ein altes Weib quäkend / Wenn das alte

Urlaub 1974 im Haus des Bühnenbildners und Freundes Detlef Rohde in Cambs bei Schwerin. 1975 erschien Leisings einziger Gedichtband zu DDR-Zeiten.

Weib wie ein altes Weib schrill / Auf uns einredet und das alles / Besser weiß…«

In der DDR hielt Richard Leising fortan alles unter Verschluß, was er schrieb. Erst Kristof Wachinger, dem ersten Westverleger Sarah Kirschs, den diese auf Leisings Spur setzte, gelang es, in seinem Verlag Langewiesche-Brandt in Ebenhausen bei München gewissermaßen das Gesamtwerk des Dichters zu veröffentlichen: 35 Gedichte für die Ewigkeit, makellos, ergreifend wie der Blick auf den Isenheimer Altar.

Diejenigen, die Richard Leising mögen, atmen auf, wenn er in seiner Berliner Wohnung ans Telefon geht und wenn er noch dazu heiter klingt. Das kommt vor. Doch da sind auch jene Depressionen, die ihn schon lange begleiten. »Dämmerungszustände« nennt er sie, Folgen eines Verlassenseins, das immer wieder als unaufhebbar erscheint.

»Die Traurigkeiten kommen und gehen«, sagt er. »Aber sie kommen häufig. Nennen Sie es eine Grundtrauer.« Und: »Es macht mich krank, wie die Welt aussieht. Diese zunehmende Polarisierung im Elend.« Und: »Meine Situation ist in Ordnung. Die Rente reicht letztlich. Ich bin nicht sonderlich anspruchsvoll. Es gibt keinen Grund zu jammern.«

»Die einen trinken viel, und es erwischt sie nicht«, sagt er. »Man sollte nicht irgend jemand verantwortlich machen, was man mit sich selbst veranstaltet.« An Tagen, wo er weit weg ist von jeder Niedergeschlagenheit, persifliert er sich locker: »Da kommt der Leising trunken / Wie ein entbahnter Planet / Noch ist er uns nicht hingesunken…« Richard Leising sagt: »Ich brauche einen Ort, an den ich mich zurückziehen kann, nicht zuletzt, um in Ruhe einen saufen zu können.«

Richard Leising hat heute zwei Adressen. Nach der Wende, die der gebürtige Chemnitzer Zusammenbruch nennt, so wie sein Vater nie von Karl-Marx-Stadt gesprochen hat, sah er im Badischen die Tochter seiner früheren Mathematiklehrerin wieder. »Sagen wir«, sagt er im badischen Schliengen, wo Renate Moser als Ärztin praktiziert, »mein Besuch hat sich ausgedehnt. Das andere ist persönlich.« Er empfiehlt mir Mauchener Sonnnenstück, Spätburgunder, Jahrgang 1990, und trinkt nicht mit.

Am Rande Schliengens wohnt er im Haus der Ärztin. Von seinem Arbeitszimmer im ersten Stock hat er einen wunderschönen Blick ins Tal. Neun Tabakpfeifen hat er um sich versammelt. »Zum Thema Tabakpfeifen«, sagt er, »kann ich ganze Exegesen abliefern.« Von jener Exegese, wonach die Ruhe, die der Pfeifenraucher ausstrahlt, täuscht, spricht er nicht. Unter solcher Ruhe soll viel Panik sein. Der ältere Alfred Matusche war Pfeifenraucher, auch Georg Seidel war es, der jüngere Kurt Drawert ist es. Pfeiferauchen hier vielleicht auch eine Antwort auf eine permanente Situation des Ausnahmezustands?

»Wenn ich Pfeife rauche, will ich schweigen«, sagt Richard Leising. Also raucht er jetzt Zigaretten. Wir wandern den Hügel hinter dem Haus hinauf, und Richard Leising erzählt: »Ich liebe die alten echten deutschen Volkslieder, die es eigentlich nicht mehr gibt. ›Innsbruck, ich muß dich lassen‹ oder ›Und in dem Schneegebirge‹. Das mag sentimental sein. Das ist mir völlig wurscht. Ich liebe auch die tschechische Blasmusik. Sie ist einfallsreicher, schneller, lustiger als die deutsche, als ob die Tschechen keine Biertrinker wären.«

Und er liebt auch Johann Peter Hebel, zu dem er mich führt: »Und wenn de ammer Chrützweg stosch und nümme weisch, wos ane goht. Halt still und frag di Gewisse zerst. S'cha Dütsch Gottlob! und folg sin Roth.« So steht es neben zwei Bänken zwischen drei Birken oben auf dem Hügel geschrieben. Irgendwo jenseits des Rheines, nicht weit weg, liegt Colmar. Der Isenheimer Altar, von einem Italiener bestellt, von einem Deutschen geschaffen, auf französischem Boden zu Hause. Im Herzen Europas.

Einen Originalstuhl Heinrich Vogelers unterm Hintern in seinem Berliner Arbeitszimmer, geht Richard Leisings Blick aus dem Fenster hin zu der hundert Meter entfernten Gedenkstätte der Sozialisten, die die SED am Eingang zum Friedhof Friedrichsfelde schuf.

Mehr ein Blick ins Herz des DDR-Regimes, denn ein Blick ins Herz der Arbeiterbewegung, obwohl in dem Rondell, in dem Wilhelm Pieck, Otto Grotewohl und Walter Ulbricht beerdigt sind, auch Rosa Luxemburg, Karl Liebknecht und Rudolf Breitscheid symbolische Gräber bekamen.

Im Arbeitszimmer selbst fällt der Blick auf fünf alte Postkarten der Sozialdemokraten hinter Glas: Zusammenkünfte ihrer Führer, Grüße von der Maifeier. »Sozialdemokratische Träume der Jahrhundertwende«, sagt Richard Leising. »Ich könnte das Heulen kriegen. Freiheit, Gleichheit, Brüderlichkeit, man muß nicht weitergehen. 1789 ist bis heute unabgegolten. Das Auseinanderbrechen von Hoffnungen hat etwas Tödliches.«

Richard Leising zeigt mir die Taschenuhr seines Vaters aus Gold-Doublé, dann ein Foto: »Das ist der Alte. Vater kannte die Wirklichkeit, ich die Ideologie. Er hatte die vernünftige Haltung des Proleten, daß es besser ist, jetzt zu leben. In all den Ideologien ist das Leben später. In ihrem Namen wird gemordet auf Teufel komm raus. Das hat der Alte gewußt. Man muß älter geworden sein als achtzehn Jahre – das war so die Zeit, wo wir stritten –, um die Entartung des Sozialismusbegriffs zu begreifen.«

Als Dritter von links, stehend, Richard Leisings Vater, der aus Westfalen nach Sachsen kam: hier als Kumpel in der Zeche Dorstfeld bei Dortmund kurz nach dem Ersten Weltkrieg.

Als Künstler ein Autodidakt, als Stubenmaler ausgebildet: Richard Leisings Vater im Jahre 1919 vor der Staffelei. Später wurde er Fahrer für die Bayerische Butterverkaufsgenossenschaft Chemnitz.

»Mein Vater kommt aus Westfalen«, erzählt Richard Leising. »Die Ehe ging nicht lange gut. Die Scheidung war 1940. Mein Vater hatte zwei Berufe. Er war Stubenmaler von der Ausbildung her. Als Familienvater war er Kraftfahrer. Da hat er mich oft mitgenommen, auch nach der Scheidung. Er war tätig für die Bayerische Butterverkaufsgenossenschaft, Sitz Chemnitz. Da mußte er das naheliegende Erzgebirge beliefern mit seinem buttergelben Opel Blitz.«

»Meinen Großvater väterlicherseits«, so gerät Leising in Fluß, »habe ich kaum noch in Erinnerung, außer daß er einen wundervollen Bart trug und eine eigens für den Bart geschaffene Tasse hatte. Die war zur Hälfte oben abgedeckt. Er hat den wundervollen Bart über die Tasse gelegt und aus dieser Öffnung, die für den Mund übrigblieb, getrunken. Er war, wie ich aus Erzählungen meines Vaters weiß, ein wandernder Ziegler gewesen. Weil es im westfälischen Laage sehr viel Lehm gab, hat er sich dort niedergelassen, ist aber auch nicht in seinem angestammten Beruf geblieben, war zuletzt Holzarbeiter.«

Im Haus des Großvaters mütterlicherseits kam Richard Leising am 24. März 1934 in Chemnitz zur Welt: Richard Lätsch, Schmiedemeister, Hufbeschlag und Wagenbau. »Ich sollte der nächstfolgende Schmiedemeister werden«, erinnert sich der 1,65 Meter große, schmale Schriftsteller. »Als Großvater mich heranwachsen sah, begrub er die Hoffnung. Ich war einfach nicht kräftig genug. Es gehört ja eine Menge Kraft dazu.«

Fünfzig Jahre in der Schmiede keine
Große Wunde je und jetzt der Unfall
Durch den kleinen Finger zischt die Säge
Und der alte Herr ruft seine Tochter

Nimm so spricht er nun die Schere schneide
Beiß die Zähne zammen! diese Sehne
Ab mit diesem Finger der da hanget
Meine Mutter tut es sieht nicht hin

»Das hab' ich erlebt«, sagt Richard Leising. »Der brauchte keinen Arzt.« Richard Leising hat alles genau in Erinnerung: »Meine Schwester und ich – zuerst war der Vater ja auch noch da – wuchsen im Vorderhaus auf, einem Mietshaus, in dessen Hinterhof die Schmiede stand, einstöckig, mit einem Dampfhammer und weiteren höchst aufregenden Geräten. Wenn der Großvater die Gasflamme anbrannte, erschrak ich immer. Und dann die Säge und die Schleif-

maschinen! Es war aufregend. Das Koksfeuer, ach, es war schön. Den Geruch vom Beschlagen der Pferde hab' ich heute noch in der Nase.«

Leisings Mutter, die 86jährig 1987 im Westen starb, sorgte nach der Scheidung dafür, daß die Kontakte der beiden Kinder zu ihrem Vater intensiv blieben. »Es gab da überhaupt keine Blockierungen. Worüber heute soviel gejault wird, das kannten wir nicht. Ich werde meine Mutter nie vergessen. Sie war großartig.« In der durch dauernde alliierte Fliegerangriffe zerstörten Industriestadt mußte Richard Leising ein halbes Dutzend Mal die Schule wechseln. »Ich war auch in der Hitlerjugend«, sagt er. »Ich war stolz, daß ich das Fahrtenmesser bekam. Das Gedicht dazu ist unterm Stift. Ich tu mich sehr schwer damit. Aber eines Tages ist es hoffentlich fertig: Auch ich trug es, das Hitlermesser…«

Das Haus, in dem die Leisings wohnten, blieb stehen. Lediglich eine Brandbombe schlug im Dachstuhl ein. »Da wurde alles, was Hände und Beine hatte, hoch auf den Dachboden gescheucht«, erinnert er sich. »Ich war in der Kette, die die Eimer weiterreichte. Da sah ich Dresden im Osten lichterloh brennen. Dresden, das achtzig, neunzig Kilometer von Chemnitz entfernt liegt.«

»Wir sind nach dem fürchterlichsten Bombenangriff, der Chemnitz traf, zu Verwandten ins Erzgebirge gezogen«, erinnert sich Leising. »Da sah ich, wie die deutschen Landser sich auf der Brücke über die Flöha die Epauletten und die Kragenspiegel abrissen und in den Fluß schmissen. Mein Vater – das müssen Sie sich einmal vorstellen – ich fange jetzt an, geschwätzig zu werden –, der ist mit diesem

Hochzeit der Eltern Richard Leisings in Chemnitz: links von der Braut deren Eltern, rechts der Vater des Bräutigams. Auf die Rückseite des Fotos, das Leising mit seinem Vater zeigt, schrieb er: »Ich vermute: auf dem Hermannsdenkmal bei Detmold. Der Vater war mit mir nach Lage gefahren, seiner Heimatstadt.«

171

quittegelben Auto mehrfach unter Tieffliegerbeschuß von Chemnitz nach Floßmühle gefahren und hat uns was zu fressen gebracht.«

Mit dem Kriegsende kamen zuerst die Amerikaner nach Chemnitz: »Ich weiß noch, wie sie Corned beef verteilten in gelbbraunglänzenden Büchsen. Das schmeckte wunderbar.« Dann kamen die Russen: »Ich hab' sie überhaupt nicht wahrgenommen. Es gab in diesen ersten Nachkriegsjahren nur ein Gefühl, das der Befreiung. Das war ein Aufbruch.« Richard Leising trat der FDJ bei, »weil sie einen Klavierspieler suchten«. Zu Hause hatte man ein Klavier, zu Hause hatte er von klein auf Klavierspielen gelernt. Richard mit einem Vater, der das neue System wie das alte als ein Verhängnis ansah, ließ sich konfirmieren.

Er besuchte die Karl-Marx-Oberschule. In der einen Parallelklasse war Freund Thiele, in der anderen Irmtraud Morgner. Richard Leising wollte Chemiker werden. An Literatur gab es zu Hause nur Schund: »Im Flur stand eine Art Kommode mit Mutters und Großvaters Büchern. Courths-Mahler, Marlitt... Ich bin mir ziemlich sicher, daß mein Interesse an Literatur mit nichts anderem zu tun hatte als mit dem kindlichen Nachahmungstrieb. So, wie ich mir Klaviermelodien zusammensuchte, so schrieb ich. Ich hatte einfach das Bedürfnis, auch so schöne Sachen zu wollen, wie sie andere gemacht haben.«

Der Siebzehnjährige durchstreifte 1951 wieder einmal die Buchläden. Vor einem Schaufenster blieb er verwundert stehen: »Da las ich ›Bertolt Brecht: Hundert Gedichte‹. Ich war doch gewöhnt, daß die Gedichtbände hießen ›Der Tau auf dem...‹, irgendsolchen Mist. Und da stand auf einem Band: Hundert Gedichte. Da hab' ich gedacht, das darf doch nicht wahr sein. Da zählt einer. Das muß ich haben. Ich hab' die Erstausgabe noch heute.«

Damit war es um den angehenden Chemiker geschehen. Die Verehrung für Brecht hält an bis heute wie auch die für seine Klassenlehrerin Charlotte Emmerich, die zwar Mathematik an der Oberschule in Chemnitz unterrichtete, aber »außerordentlich an Musik und Literatur interessiert war«. Richard Leising erinnert sich, wie Charlotte Emmerich ihn, den Fünfzehnjährigen, nach Hause einlud und ihm Bücher zusteckte, Thomas Mann und Rilke. Leisings Lehrerin ging mit ihrer Tochter und ihrem Sohn später in den Westen. Der Sohn ist Wolfgang Emmerich, Professor an der Bremer Universität und Experte für DDR-Literatur, die Tochter ist Leisings Adresse in Schliengen. »Damit Sie auch einige Zusammenhänge kennen«, sagt Richard Leising zu mir.

Während der Oberschulzeit kam das Berliner Ensemble zu einem Gastspiel nach Chemnitz: »Da erschien der Herr Brecht selber mit

Eine Offenbarung für den siebzehnjährigen Leising: Brechts »Hundert Gedichte«.

dem ›Puntila‹ im Operettenhaus der Stadt. Seitdem wollte ich zum Theater.« Der achtzehnjährige Abiturient bewarb sich mit einer Arbeit über »Mutter Courage« beim Deutschen Theaterinstitut in Weimar, das 1954 dem Leipziger Theaterinstitut angeschlossen wurde. Von 1952 bis 1956 studierte Leising in Weimar und Leipzig Theaterwissenschaften. »Der 17. Juni 1953 gab mir noch nicht allzu viel zu denken«, sagt Leising. »Das geschah 1956 und natürlich 1968. Der Antistalinparteitag in der Sowjetunion war ein unendlicher Hammer und Ungarn ein erschreckendes Datum.«

Die Atmosphäre am Leipziger Theaterinstitut stellt Leising so dar: »Einer der Studenten hatte zwei, drei Bändchen Kafka vertrauensselig in der Gegend herumgeliehen, bis es ruchbar wurde. Da gab es Wandzeitungsartikel pro und kontra, natürlich meistens kontra. Es gab eine Wahnsinns-Kafka-Debatte, die von den Offiziellen so mißfällig vermerkt wurde, wie wenn man sich für Brecht interessierte. Das ist ganz einfach zu erklären: Der oberste Welttheatertheoretiker war Herr Konstantin Sergejewitsch Stanislawski. Das war das heilige Buch des Russischen an den Ausbildungsstätten. Das Wort Stanislawski war heilig wie das Wort Materialismus. Wer Intellektualität, Abstand und Episches – o Gott – auf die Bühne bringen wollte, war schlicht konterrevolutionär. Es war Wahnsinn. Ulbricht verdammte die Farbe Grau.«

Als Leising 1956 die Hochschule verließ, war er Kandidat der SED und suchte nach einem Weg, der Vollmitgliedschaft zu entkommen: »Angesichts der Ereignisse dieses Jahres habe ich, wenn nicht gewußt, so doch gefühlt, daß dieses Land, das bis dahin mein Land war, daß dieses Land es nicht fertigbringt und fertigbringen wird, dahin zu gelangen, wohin wir es haben wollten, wohin wir es erträumten.«

Richard Leising bekam seine erste Anstellung als Dramaturg am Theater in Crimmitschau und nach einem dreiviertel Jahr seine fristlose Entlassung aus formalen Gründen, die er provoziert hatte, weil ihm die Zustände in der Bühnenbürokratie unerträglich erschienen. 1958 wurde er Mitarbeiter am Leipziger Zentralhaus für Volkskunst in der Abteilung Künstlerisches Wort, wo er Lehrbriefe für Regisseure von Laienspielgruppen schreiben mußte und Lehrgänge gab. Das Volkshaus erlebte er als eine Burg wildentschlossener Brechtianer: »Das war unser Vorteil. Das hat uns in keiner Weise zu Jasagern gemacht.«

Zwar hatte Leising Brechts der Niederschlagung des Aufstandes 1953 zustimmendes Telegramm, dem Ulbricht durch Kürzung die Einwände genommen hatte, geschmerzt, aber er ist sich noch heute sicher, daß ein Brecht, der länger als bis 1956 gelebt hätte, sein Wort gegen die Fehlentwicklung in der DDR erhoben hätte:

»Ich halte mich nicht für ermächtigt, solchen Personen Versagen vorzuwerfen. Ich möchte mich nicht sehen nach was weiß ich wieviel Jahren Emigration. Sie wollten nicht nur ihr Leben in der DDR zu Ende leben, sondern auch ihr Lebenswerk unter Dach und Fach bringen. Bei Großschriftstellern wie Brecht und der Seghers versteh' ich das. Es muß eben rund und abgeschlossen sein.«

Mehr sich als mir stellt sich daran anschließend Leising die rhetorische Frage: »Was wäre Brecht, wäre er nicht der marxistischen Dogmatik aufgesessen?« Und er meint den Stückeschreiber: »Der Lyriker Brecht ist ja mehr oder weniger ungebrochen geblieben.«

Vom Zentralhaus der Volkskunst wechselte Leising zum Friedrich Hofmeister Verlag, der die Literatur für das Laientheater herausgab. Mit der Übernahame des kleinen Verlages durch Henschel gelangte Leising als Lektor 1960 nach Ostberlin und geriet ein Jahr später in die erste große kulturpolitische Bruchsituation der DDR. Die zweite war 1976 die Ausbürgerung Wolf Biermanns.

Am 30. September 1961 wurde am FDJ-Studententheater der Hochschule für Ökonomie in Berlin-Karlshorst Heiner Müllers Stück »Die Umsiedlerin oder Das Leben auf dem Lande« uraufgeführt. Mit Karlshorst verband sich nach dem Zweiten Weltkrieg die bedingungslose Kapitulation des Deutschen Reiches. Mit Karlshorst sollte sich nun die bedingungslose Kapitulation der jungen Protagonisten des sozialistischen »Sturm und Drang« verbinden. Die Kapitulation einer Generation von Autoren, die dachte, nach dem Bau der Mauer im SED-Staat nun sagen zu können, was an Kritik zu sagen war, ohne benutzbar zu sein für die Propaganda des Westens.

Heiner Müllers Werk wurde von der SED als »konterrevolutionäres, antikommunistisches und antihumanistisches Machwerk« eingestuft und nach der Uraufführung abgesetzt. Richard Leising als Lektor des Hofmeister-Verlags, in dem das Stück für die Aufführung ausgedruckt war, geriet in den Bereich jener, die das System dafür verantwortlich machte, daß es zu der Uraufführung hatte kommen können. Eigentlich hatte Leising am Tag nach der Uraufführung in Karlshorst eine Diskussion über das Stück moderieren sollen. Da wußte er bereits von Festnahmen, von Verhören, von Wohnungsdurchsuchungen.

Er lehnte es ab, angesichts der Forderung, Stück und Aufführung zu verurteilen, die Diskussion zu leiten. Er wandte sich besonders dagegen, daß man auch die Laienkünstler mit Repressalien bedrohte. »Ich war nicht bereit, irgend etwas zu bereuen oder zurückzunehmen«, sagt er. »Ich habe beim Verlag von mir aus gekündigt. So bin ich dem Einsatz zur Bewährung, wie er B. K. Tragelehn widerfahren ist, entkommen. Wenn ich nämlich geblieben wäre im Verlag, hätte

Der 24jährige Leising, seit 1958 Mitarbeiter am Zentralhaus für Volkskunst, im selben Jahr auf dem Laientheaterkongreß in Schwerin als Kuli in Brechts »Die Ausnahme und die Regel«.

man den Kohleeinsatz für mich als eine Art Erziehungskur durch praktischen Kontakt mit der Arbeiterklasse begründet.«

Ungefährlich war Leisings Situation auch jetzt noch nicht: Bei den üblichen Parteiüberprüfungen im Verlag hatte er vor dem Müller-Eklat hinhaltenden Widerstand geleistet: »Ich hatte denen meine politischen Bauchschmerzen dargelegt. Es gab ein ziemliches Entsetzen und vier Einvernahmen. Dann wurde ich als Kandidat gestrichen.« Seit 1959 war Leising Vater einer unehelichen Tochter. 1960 heiratete er eine Heilgymnastin und wurde Vater von zwei weiteren Töchtern.

»Schulden waren gar nicht zu umgehen«, sagt Leising. »Ich ließ den Kuckuck unter den Tisch kleben, damit es meine Frau nicht gleich sieht. Wir konnten monatelang keine Miete zahlen. Die Wohnungsverwaltung stellte uns mit einem Riesenschreiben im Hausflur an den Pranger: ›Es ist nicht im Sinne der sozialistischen Errungenschaften, daß die Familie die Miete nicht bezahlt.‹«

Die erste Ehefrau Anne, von Beruf Heilgymnastin, mit den Kindern Hanne und Renate 1967.

Wann, wann endet, ach wann
Das Krähen der Verleugnung
Und das Flüstern der Silberlinge?

Wer, wer wird es sein, wer
Der mich anzeigt
Du oder der
Wer.

Die Ermächtigten versammeln sich
Der Name wird fallengelassen
Die Zeit wird bestimmt.

Eure Macht über mich, das ist eure Macht über mich
Das ist sie.

Wenn ihr mich aufgetrieben habt
Wenn ihr mich habt
Dann tut das eure
Nur schlagt mich nicht
Nicht.

Solltest, Bruder, du mich verraten
In deiner Folter
So jammerst du mich

Die aber preisgeben ohne die Folter

Die aber preisgeben ohne Not
Die werden ausgestoßen sein

Und da werden viele ausgestoßen sein

Auch ich?

Im Sinne des Systems, in dem es offiziell keine Arbeitslosigkeit gab, in dem Leising aber praktisch arbeitslos war, war er ein »asoziales Element«. Ein Strafdelikt. Aus der Bedrohung half Leising ausgerechnet ein Zollbeamter des Grenzkontrollpunktes Marienborn heraus: Horst Bergemann, Jahrgang 1924, Leiter der Laienspielgruppe an der »Staatsgrenze West«. Bergemann, den Leising auf einem Lehrgang des Zentralhauses für Volkskunst geschult hatte, lud den Arbeitslosen ein, am Grenzkontrollpunkt letzte Hand an eine Aufführung zu legen.

Leising im Kulturhaus des Grenzkontrollpunktes Marienborn mit dem Zollbeamten Horst Bergemann, Leiter der dortigen Laienspielgruppe, in einer Probenpause: unverhoffte Hilfe während der Arbeitslosigkeit.

Aus der Hilfeleistung wurde eine Dauermitarbeit bis 1968. Horst Bergemann, seit 1983 pensioniert, erinnert sich: »Wir haben Richard sogar in eine Uniform gesteckt. Mannschaftsdienstgrad. Damit er sich frei bewegen konnte. Er sollte die Grenze riechen und sehen. 1968 bekam ich einen Anruf aus Berlin. Wer denn so etwas zulassen könne, ein solcher Mann an der Nahtstelle zum Klassengegner? Ich bekam Befehl, Richard innerhalb einer halben Stunde aus dem Grenzobjekt zu befördern und ihn in den Zug nach Berlin zu setzen. Keine Fragen stellen, weg damit, Genossen, hieß es.«
Richard Leising sagt: »Horst Bergemann und ich sind freundschaftlich verbunden geblieben.« Horst Bergemann sagt: »Richards Wirken war segenbringend. Richard erarbeitete mit uns Brechts ›Ausnahme und die Regel‹ und eine Brecht-Revue mit dem Titel ›Von der Freundlichkeit der Welt‹. Für beide Programme bekamen wir die Silbermedaille der Arbeiterfestspiele. Wenn Richard bei uns arbeitete, schlief er immer bei mir im Hause in Beendorf.« Schaut man aus Bergemannns Haus, so sieht man eine riesige Salzhalde vor sich. Seit 1966 gehört das Kalibergwerk zum atomaren Endlager Morsleben.
Der gebürtige Magdeburger Horst Bergemann, im Zweiten Weltkrieg Soldat in der Panzerdivision Großdeutschland, der in sowjetischer Kriegsgefangenschaft im Chor sang, und der gebürtige Chem-

nitzer Richard Leising, der, wenn er gut drauf war, jährlich ein Gedicht von sich für vollendet ansah. »Von Menschen seiner Art, die behutsam mit dem anderen umgehen, gab es wohl zu wenige in der DDR«, sagt Bergemann über Leising. »Wer die Menschen belehren wollte, wie es geschehen ist, wer sie verbessern wollte, der hat sie nur schweigsam gemacht.«

Angeschautwerden: Es enthüllt Sehnsucht und Angst in einem, daß ich nämlich im Blick des anderen identifiziert werde als der, der ich selbst bin. Der Blick des verfolgenden Systems, dessen Verfolgung zugunsten eines guten Ziels er anfangs nicht sehen wollte und über das er schrieb: »Der Mensch lebt nicht vom Brot allein / Es müßte ganz schnell Kommunismus sein.«

Der »Prager Frühling« von 1968 erschien Leising, wie er sagt, wie »eine Widerlegung der Hoffnungslosigkeit, der Verzagtheit, der man spätestens seit 1961 anheimgefallen war«: »Da lagen im Tschechischen Pavillon in der Friedrichstraße Zeitungen und Flugblätter herum, für die man, wären sie bei uns entstanden, ins Gefängnis gegangen wäre.« Leising erinnert sich, wie er beim Besuch eines Freundes im vogtländischen Reichenbach sah, wie die Panzer Richtung tschechische Grenze rollten, und wie er sich innerlich weigerte, sich einzugestehen, was da geschah.

Der vor dem Erfrieren gerettete Schwan in seinem Gedicht »Bodden« stimmt keinen Schwanengesang an: »Dann wartet er auf was / Dann kackt er das Wasser grün / Dann kippt sein Hals über den Wannenrand / Dann verreckt er...« In der »Langfristigkeit des Ansehens der Dinge« gibt es allein die »Kontinuität des Schmerzes«, die er in den »Schüssen« sieht, mit denen sich Kleist, Majakowski, Hemingway »usf«, wie er schreibt, töten: »Von allen Worten die letzten / Genosse Regierung / mein Leichnam: / Hier! / Ich will den bleiernen Schlusspunkt setzen... / Wo denn sterb ich, und wie? und wie lange...«

Tod mit vierzig Jahren: Leisings zweite Ehefrau, die Schauspielerin Melitta Jahoda.

Richard Leising hat den Weg aufgenommen vom Schweigen ins Schreiben und vom Schreiben ins Schweigen. Jedes Gedicht, das er schreibt, präludiert das Thema aller anderen: der Mensch in seiner Einsamkeit, der sich wehrt, in seinem Schatten zu versinken. Im Ausgeliefertsein will Leising vor sich bestehen: »Und dieses Land darin ich leben will / Aber muss...«

Angeschautwerden: Richard Leising, seit 1966 geschieden, findet noch einmal einen Blick, in dem man sich selbst geschenkt wird. Als Dramaturg am 1969 neugegründeten Kindertheater in Magdeburg lernte er die Schauspielerin Melitta Jahoda kennen: »Sie war Tänzerin am Staatlichen Dorfensemble mit Sitz Prenzlau. Jede Tänzerin muß einmal aufhören. Sie war des Herumziehens müde.«

Richard Leising und Melitta Jahoda heirateten. 1973 erhielt Leising ein neues Engagement als Dramaturg am Berliner Theater der Freundschaft, ebenfalls ein Kindertheater. Einen Monat war er an seiner neuen Arbeitsstelle. Da erhielt er aus Magdeburg den Anruf: Melitta Leising ist tot. »Sie hatte eine dünne Stelle an der Halsschlagader. Sie war gerissen«, sagt Richard Leising. Sie wurde vierzig Jahre alt. Tod im September 1973.

Der 38jährige Leising in der glücklichsten Zeit seiner zweiten Ehe an seinem Arbeitsplatz als Dramaturg am Magdeburger Kindertheater.

In der Verfinsterung jener Zeit versuchte ihm der Regisseur Karl Friedrich Zimmermann Halt zu geben, der 1978 ans Magdeburger Kindertheater ging und über den Richard Leising sagt: »Er ist durch die DDR ermordet worden.« Und: »Es war die entscheidende Freundschaft meines Lebens.«
»Die Eltern von Karl Friedrich Zimmermann waren alt und krank. Sie lebten in Gießen. Er wollte sie besuchen, und er wollte raus, einmal in die Welt«, erinnert sich Leising. »Er hat Besuchsanträge gestellt. Man hat ihn zur Polizei zitiert, man hat ihm Hoffnung gemacht, aber dann abgelehnt, ihn wieder hinzitiert und auf Jahre später vertröstet und so fort.« Marianne Janietz, die Frau Zimmermanns, sagt: »Er hat das Bittstellergefühl als entsetzliche Demütigung empfunden. Er glaubte, nicht mehr seinen Beruf ausüben zu können. Er ist in Gewächshäuser gegangen und hat gefragt, ob er dort arbeiten könne.« Marianne Janietz erinnert sich daran, wie für ihren Mann schließlich doch alles klar zu sein schien für die Reise: »Er hatte die Koffer gepackt. Sie standen im Zimmer, auch Geschenke. Und dann kam das Nein.« Er fiel um und starb im Krankenhaus, 43 Jahre alt. Tod im Februar 1986.
Im Gedicht SEPTEMBER 1973, FEBRUAR 1986 gedenkt Richard Leising seiner Frau Melitta und seines Freundes Zimmermann:

Du bist nicht da
Aber ich sehe dich nicht kommen
Die Züge, die Autos, die Straßenbahnen
Leer

Die Straße ist es

Würdest du festgehalten irgendwo
Du rissest dich los, brächest
Aus zu mir, von weitem
Wüsste ich, du kommst

Nichts weiß ich, nichts kommt

Was bleibt mir als zu denken
All mein Gedanken, die ich hab
Die denken, du bist tot

Mehr nicht denken
Das bleibt mir

Und wird kein Traum sein
In dem du nicht da bist
Aber da ist kein Traum

Die Bühnenbildnerin und Graphikerin Regine Blumenthal sagt:
»Richard Leising war für mich ein versunkener Garten Zärtlichkeit.
Die Melitta war seine Erde.« Die Dramaturgin Marianne Janietz,
Ehefrau Zimmermanns, sah Richard Leising ewig gefährdeter als
ihren Mann: »Mein Mann war verzweifelt darüber, daß der Freund
immer wieder versank im Alkohol.« In sein Tagebuch schrieb er:
»Der Bruder schafft es nicht.« Es ist ein hartnäckiger Kampf, den
Leising führt: »Der Bruder rettet den Bruder vor dem Irrsinn / Da
gefriert der Retter zu Fels...« Ein Kampf, der Leising an den Rand
des Todes zwingt, um seinem Werk zur Existenz zu verhelfen.
Wenn Marianne Janietz an Richard Leising denkt, dann ist es dies:
»Diese Stille, diese Konzentration. Und dann kommt so etwas
Genaues über seine Lippen. Die Art, wie er nachfragt, zwingt zu
Präzision. Nicht aus Neugier holt er aus dem andern alles raus. Es ist
sein Denkprozeß. Eine Eigenart, die mir in ihrer Schönheit gefiel.
Die beiden Männer machten die Nacht zum Tag, diskutierten in
einer Intensität, in der ihre Leiber zu zerfallen und die Köpfe immer
größer zu werden schienen.«

Karl Friedrich Zimmermann wurde in Kropstädt bei Wittenberg im Fläming beerdigt, und Richard Leising hielt die Trauerrede. Am Grabe sahen die Eltern Zimmermanns ihren Sohn wieder. Klar, daß sich Leising nach der Beerdigung betrank. »Ich saß auf dem Bahnhof und beschimpfte die Transportpolizei«, sagt er. »Er hat politisch geschimpft«, sagt Marianne Janietz. »Sie haben ihn verhaftet und nach einer Nacht laufen lassen.« Leising hängt die Geschichte niedriger: »Die haben mich in die Ausnüchterungszelle gesperrt.« In einem Gedicht »An L.« schreibt Karl Mickel: »…Ein Torkeltanz / Krachend / Lachen die Harmlosfröhlichen auf ihrer Stange / Unsereiner ein Mal / Muß sich brechen den Hals«.

Der Regisseur Hermann Schein, Jahrgang 1946, erinnert sich: »Der Verlust Zimmermanns saß tief. Richard Leising entzog sich immer mehr. Es war ganz schwierig, Kontakt zu ihm zu halten. Er tauchte von heute auf morgen ab. Er war für viele nicht faßbar. Da er so introvertiert war, ließ man ihn in Ruhe. Mir schien es so, daß immer eine Angst in ihm war, sich nicht zu genügen. Etwas Gültiges zu schaffen, das war bei ihm eine Sache auf Leben und Tod. Er war dabei sein eigener Maßstab. Er schlug sich mit Minderwertigkeitsgefühlen herum, obwohl er wußte, wer er war. Er hat es dann nicht geglaubt.«

Hermann Schein, der in Berlin Regie führt in einer von Leising erarbeiteten Szenenfolge nach Victor Hugo mit dem Titel »Ich heiße Gafroche«, sagt: »Leising hatte ein hohes soziales Gefühl. Die Aufgabe des Staates bestand für ihn darin, sich für einzelne zu verwenden. Er hat die Auflösung der DDR innerlich herbeigesehnt und das System gehaßt, mit Recht gehaßt.«

Berndt Renne, der in Ostberlin kaltgestellte Regisseur, der im Westen inszenierte, nach der Wende Intendant in Rostock wurde für kurze Zeit und heute in der Uckermark Pferde züchtet – und der zweite große Freund Leisings ist, sieht ihn so: »Das Zurückziehen, die Fähigkeit, sich unsichtbar zu machen, ist stärker entwickelt als jede kämpferische Pose. So ist das Verhältnis des Künstlers zur Macht für ihn auch immer ein Problem von Angst, Furcht, auch vor Lüge, Korruption. Er hat früh gespürt, daß Schorf auf der Seele Blühen von Poesie nicht leichter macht. Er hat sehr viel Energie darauf verwendet, zumindest seine Seele blank zu halten…«

Leising 1976 in Berlin: »Wir sind sie ja nie losgeworden, die Hoffnung. Vielleicht sind diejenigen, die gingen, die Hoffnung am wenigsten losgeworden.«

Laßet uns saufen
und laßt uns vergessen
diesen blutigen Spaß ungeheuer
laßet uns saufen und laßet uns fressen
Helden sind selten und Helden sind teuer

Richard Leisings Tochter Renate, die mit dem Vater 1987 zur Beerdigung der Großmutter nach Siegen fahren durfte, erinnert sich daran, wie die Behörden die Besuchsgenehmigung bis zur letzten Sekunde hinauszögerten. Sie hört noch heute, was der Vater damals sagte: »Unsere Behörden beschäftigen sich mit uns so sehr, daß wir gar nicht mehr trauern können.« Und doch hatte Leising seine kranke Mutter noch ein letztes Mal sehen dürfen. Zwei Jahre zuvor war es ihm geglückt – nach mehreren abgelehnten Anträgen.

Sarah Kirsch schreibt: »Und als ich Leising das letzte Mal sah..., da war ich schwanger und habe herzhaft gelacht. Er stand in seiner Wohnung und ich auch, weil die Tür gar nicht verschlossen war, und er schüttete Wasser, einen ganzen Eimer voll, mit kleinen Schwüngen succedan in den Ofen. ›Iss nicht durchgebrannt, ich muß weck‹, sagte er damals.«

Er mußte »weck« und ist geblieben. »Ich werde zurückgehen ins Land«, heißt es bei ihm im Gedicht: »Es ist nicht so, dass ich schweige / Ich kann nur nicht sprechen«. Leising – »Er ist euch / Hin« wie sein schneller Mann Karl Kahn. »Klimm ich auf zum Tode mich zu werfen«, heißt es an anderer Stelle. »Steig ich rückwärts wieder ab ins Leben.« Oder: »Immer wieder aus allen Richtungen Gehetzte... Die Welt diese Hölle mit Himmel...«

Den Fall der Mauer verschlief Richard Leising, gerade seit einer Woche zu Besuch bei seinem Verleger Kristof Wachinger in Ebenhausen. Er war zu den Endarbeiten an seinem Lyrikband gekom-

Richard Leising mit seinem Verleger Kristof Wachinger aus Bayern, wo er den Fall der Mauer erlebte. Unter den Titel »Gebrochen deutsch« stellte Leising seine Gedichte, die 1990 erschienen sind.

men. »Wachinger weckte mich morgens in seinem Haus: ›Die Mauer ist gefallen‹«, erinnert sich Leising, auch an seine Antwort: »Verarschen kann ich mich selber.« 1992 erhielt Leising in Leonberg den Christian-Wagner-Preis für seinen Gedichtband »Gebrochen deutsch« aus dem Jahre 1990. »Ich will mit Kristof Wachinger und bei ihm ein zweites Bändchen machen«, sagt er mir heiter im März 1997. »Wenn es drei Bände werden, bin ich zufrieden.« Im Gedicht ABENDLIED, das er Renate Moser in Schliengen gewidmet hat, schiebt er die Gefährdung von sich:

> Was geht da vor mir hin
> Gen Abend lang und länger
> Es ist mein schwarzer Sinn
> Der wache Doppelgänger
> Der geht da vor mir her
> So leicht als ich bin schwer
> Mein böser Bruder Sänger
> Noch stummer als ich bin.

»Wenn es eine Hoffnung gibt, kann sie so nicht mehr genannt werden«, sagt Richard Leising. Vom Jahr 1989 spricht er als dem Jahr der Befreiung, wie es das Jahr 1945 für ihn gewesen ist. »Ich habe einen grundsätzlichen Haß gegen das, was Leben verhindert oder vernichtet«, sagt er, und nun spricht der eigene Vater aus ihm. Seine Geburtsstadt Chemnitz hat Leising seit 1983 nicht mehr besucht. Er sagt: »Die Stadt gibt es nicht mehr.« Aber die Erinnerung: »Nach Rotluff fuhr die drei raus, zu Hermlin die acht auf den Kasberg.« Richard Leising ist seit 1990 Frührentner. Sein Posten am Theater wurde »abgewickelt«. Er sagt: »Mir geht nichts so sehr auf den Geist wie die DDR-Nostalgie.« Bei einem Stipendiatenaufenthalt im westfälischen Künstlerdorf Schöppingen schrieb er die Fortsetzung des Gedichtes »Vom alten Weib«, das Ulbricht galt. Nun hat Leising Erich Honeckers Ende im Auge, im Gedächtnis die Schlagzeile eines Boulevardblattes, die er bei sich in der Berliner Wohnung angebracht hat: »Honecker: Nur sein Herz lebt noch«.

> Weh! uns ist er fortgegangen
> Und die Rücken bleiben krumm
> Die wir sein Hymne sangen
> Stehen nunmehr stumm herum

Richard Leising spricht von Martin Luther und dem Urtext seiner Übersetzung des Neuen Testaments: »Wenn du willst, daß einer dir nichts tue, dann tue auch du es nicht. Das ist für mich von grundlegender Moralität.« Er liebt Goethe und zählt diese Zeilen zu seinen, wie er sagt, Amuletten: »So hienan denn! hell und heller, / Reiner Bahn, in voller Pracht! / Schlägt das Herz auch schmerzlich schneller, / überselig ist die Nacht.«

Dann: »Schillers Prosa, und der Dramaturg jauchzt über den Aufbau seiner Stücke.« Bei Schopenhauer entzückt ihn dessen Humor. Er findet sich in Brechts Satz wieder: »Eure Mission seid ihr selber.« Gegenüber Thomas Mann ist er »duldsam« geworden: »Ein Unterhaltungsschriftsteller, nicht negativ, wunderbar unterhaltend.« Er sagt: »Wenn es nicht so hochfahrend wäre, würde ich Pascal und Kafka erleuchtet nennen.«

»Zu Gott weiß ich nichts zu sagen«, sagt er. »Man muß von ihm erwischt werden, muß ihn erfahren haben. Das ist mir nicht passiert. Pascal ist es geschehen. Ich frage mich, ob der Geist auch reale Existenz hat wie die sogenannte Materie. Vielleicht ist die Musik, die klingt, solch eine Realität.«

Von allen Komponisten steht ihm Haydn am nächsten. »Was ich besonders liebe, ist sein Humor. Mozart hat mehr Witz, und Mahler kann die Hölle komponieren und das Verstummen!«

In Schliengen spricht Leising von Johann Peter Hebel: »Vor seiner Prosa kann man hinknien.« Kellers »Grüner Heinrich«, erste Fassung, geht ihm durch den Kopf: »Das Lob des Herkommens.« Und er spricht vom Schmerzensmann Ernst Barlach. Auch einer, der nach Colmar schaute und schrieb: »Wer kann die Grünewaldsche Passion empfinden, der nicht weiß, was Verstoßensein heißt.«

*

Richard Leising starb am 20. Mai 1997 in seiner Berliner Wohnung. Gefunden wurde er drei Tage später. Die Obduktion ergab als Todesursache eine doppelseitige Lungenentzündung. Am 11. Juni wurde Richard Leising auf dem Städtischen Friedhof in Berlin-Weißensee, Roelckestraße 48–51 beerdigt.

Zur Beerdigung Bertolt Brechts kam das gesamte Politbüro der SED. Bei der Beerdigung Heiner Müllers mußte der Friedhof wegen Überfüllung geschlossen werden. Bei der Beerdigung Richard Leisings war der Kreis klein.

Zur Frankfurter Buchmesse 1998 erscheint ein zweiter Gedichtband im Verlag Langewiesche-Brandt. Nun als Nachlaßband, herausgegeben von Sarah Kirsch. In einem der letzten Gedichte Richard Leisings heißt es:

… ich
Wenn ich sterbe, sagtest du, will sein
Ein Wind und weg damit.
Nichts sollte bleiben.

Aber es muss noch das Dach gedeckt werden.
Aber das macht die Worte nicht unwahr.

Ihr setztet den neuen Schornstein.
Die Ziegel, die alten, schlugen
Kollernd herab ins Gras.
Ich sammelte und stapelte sie an der Hauswand.
Das ist nun der Lehm, dachte ich,
Aus dem du bist, der du wirst.

Und es ging mich nichts an.

Heinz Czechowski:

Gefangen in den Ruinen des Anfangs

Als die Angst hätte vorbei sein können, traf sie ein. Erst spielten die Nerven nicht mehr mit. Dann machte das Herz schlapp. Ein Herzschrittmacher sollte helfen. Heinz Czechowski sagt: »Seit 1989 ging es mit mir absolut bergab.« Seine zweite Ehe scheiterte. Von Leipzig zog der gebürtige Dresdner nach Limburg, von Limburg ins westfälische Schöppingen zwischen Münster und der holländischen Grenze, wo er nach einem Stipendiatenaufenthalt eine Dreizimmer-Wohnung mietete und blieb. Endlich fühlte er sich wohl. Der Kopf war wieder frei. Da kam der Herzinfarkt. Das ist der Tod, dachte er. Es war der Tod. Aber diesmal nicht im metaphorischen Gewand einer unverwechselbaren Lebensleistung – im Sinne Rilkes oder Ungarettis –, sondern ganz unverhüllt als Aufscheinen des eigenen existentiellen Schlußpunkts. Wie sonst nur noch Wilhelm Rudolph als Zeichner hatte der Dichter Heinz Czechowski den Tod des alten Dresden, das im Februar 1945 in Schutt und Asche versank, zum Leben verholfen, hatte er die Ruinierung der Stadt in seinem literarischen Werk lebendig gemacht. Was seit 1990 in Dresden an Rekonstruktion geschieht, wird nie erreichen, was Heinz Czechowski an rückwärtsgewandter Zukunft Dresden erhalten hat.

Selbst im Kontext all seiner Fluchten fand die Wirklichkeit Dresdens ihren Text bei ihm. In der größten Entfernung die intensivste Annäherung: »Die Gezeichneten / Erkennen sich untereinander, auch / In entlegenen Orten…« Wo immer Heinz Czechowski zu DDR-Zeiten hinkam, nach Amsterdam, London, Paris, Florenz, sammelte er Welt für seine Stadt, die einmal Weltstadt war. »Alle meine Gedichte / Sind Liebesgedichte«, heißt es bei ihm im Gedicht. Und all diese Gedichte sind verzögerte Heimkehr: »Am Ende / Kehrn wir zurück / In die Wohnungen, / Die wir uns nicht erwählten.«

Im Schlaglicht des Todes erkannte Heinz Czechowski 1996 die tödliche Gefahr seiner Dresden-Obsession: ein Sinnverlangen, das sich ohnmächtig gegen ihn selbst richtet. Sich selber suchend und zugleich sich selbst fliehend, hatte er gelebt. Mit Rilke ewig auf der Suche nach einer »letzten Ortschaft der Worte«, einem letzten »Gehöft von Gefühl«, und mit Joyce der Ankunft ausweichend im

»stetem Schweifen mit hungerndem Herzen«. Schließlich ein erschöpftes Zurücksinken, als säße er in Rimbauds »Bateau ivre«. Czechowskis jüngste Metaphorik unterstreicht diese Situation: »...Am Horizont / Der Fliegende Holländer / Bringt Kunde von der Unmöglichkeit / Irgendwo anzukommen.«

Katastrophe heißt, wörtlich genommen: Umwendung. Alles hatte Heinz Czechowski gefunden, nur sich selbst nicht. Er selbst war seine eigene Erfindung. Die Katastrophe wurde 1993 sichtbar in seiner ersten Antwort auf die Wende von 1989. Czechowskis »Nachtspur«, wie der Titel des Gedicht- und Prosabandes heißt, kennt keinen Morgen. Sie führt in die Anfänglichkeit des eigenen Lebens, mit dem etwas nicht stimmt. Panisch versichert sich da einer eines Ortes, dem sich plötzlich alle Orte entziehen: auch die Orte der Freundschaft und der Liebe.

Da heißt es: »Vielleicht / Verzehrn wir am Ende / Nur ein Linsengericht: / Den Preis / Unserer Feigheit und des Verrats / An unserer Tugend...« Und: »Unser Gewissen / Hat seine Stimme verloren, doch so, / Merken wir plötzlich, / Geht es ja auch...« Das ist nicht seine Haltung, also übernimmt er Tatschuld, Unterlassungsschuld, Redeschuld, Schweigeschuld und schreibt: »Morgens stehe ich auf / Und beginne von vorn: / Es wird nichts verziehen. / Ich schreibe«.

Verliert sich Czechowski fast in der »Nachtspur«, so erreicht er in seinem 1997 erschienenen Gedichtband »Wüste Mark Kolmen« höchste Konzentration, schreibt er sich der absoluten Wahrheit seiner Existenz entgegen:

DIE BITTERKEIT AUF MEINER ZUNGE
Rührt nicht von der Orange, die ich soeben verzehrte.
Es ist eine Bitterkeit, die nicht vergeht. Für sie
Habe ich keinen Begriff. Ich glaube,
Ich hab sie als Kind während des Krieges
Mit einer Handvoll Schnee,
Die meinen Durst stillen sollte,
Zu mir genommen. Es gab
Keine Märchen, aber es war damals immer
Ein großes Geflüster um mich: die Erwachsenen
Erzählten sich hinter vorgehaltenen Händen
Vom Kriege, vom damals gewesenen Kriege,
Von Grünen Minnas und von Soldaten,
Die beinlos aus Stalingrad wiederkehrten.
Ich sah auch den Hitlergruß
Des Blockwarts und hörte,
Während ich mir das Haar schneiden ließ,

Von dem an die Wand spritzenden Blut
Galizischer Juden. Der schier endlose Zug
Der Russinnen abends den Wilden-Mann-Berg empor,
Wenn sie vom Goehle-Werk
Sich in ihr Lager zurückschleppten,
Und schließlich die Panjewagen,
Beladen mit den Toten des Bombenangriffs,
Das alles muß in dieser Handvoll
Schnee gewesen sein, die ich mir
In den Mund steckte, um meinen Durst
Zu stillen, diesen kindlichen Durst,
Der mich nie verließ, und von dem
Diese Bitterkeit auf der Zunge zurückblieb.

Die Bitterkeit: Heinz Czechowski hadert mit seinen Schriftstellerfreunden von einst, Karl Mickel, Rainer Kirsch, Volker Braun, Adolf Endler, Elke Erb, Wulf Kirsten, die sich auf eigenes Versagen nicht einlassen wollen. In druckreifen Sätzen sprudelt er Psychogramme von ihnen hervor, zeigt die Freunde in den finstersten und den hellsten Eigenschaften. Dazwischen nichts. Diese antipodische Sicht hat etwas Frappierendes für sich: Sie trifft zu – so und so. Vor allem: Sie trifft. Heinz Czechowski liebt, was er haßt, und haßt, was er liebt. Sein Selbsthaß ist beträchtlich und das Geliebtwerdenwollen auch.
So hat er allen Ernstes geglaubt, in der 6000 Einwohner zählenden Gemeinde Schöppingen heimisch werden zu können. Im dortigen Künstlerdorf, das seit 1989 besteht und in das er 1995 als Stipendiat kam, vermittelte ihm dessen Leiter Rolfrafael Schröer diesen Eindruck. Schröer, ebenfalls ein Dresdner, 1928 geboren, unter dem SED-Regime Häftling in Meißen und Bautzen, seit 1952 im Westen, hat seinen Posten inzwischen abgegeben, ist pensioniert. Der intensive Kontakt zur Künstlereinrichtung ist abgebrochen. Eine jüngere Generation käme nie auf die Idee, sich wie Czechowski nach dem Stipendium in Schöppingen anzusiedeln.
Streben nach Glückserfüllung ist für Heinz Czechowski und sein Werk immer ein Zurück in die Geschichtlichkeit. Die erhoffte Reinigung der Geister und Herzen, wie er sie sich nach dem Zweiten Weltkrieg in der DDR vorgestellt und wie sie in seinen frühen Gedichten zum Ausdruck kommt – hier in dieser Gegend war sie auch einmal versucht worden. Das täuferische Gottesreich in Münster mit seinem christlichen Kommunismus – hier hatte das junge Luthertum seine aktivste und kühnste Schar preisgegeben.
Heinz Czechowski sagt: »Das ist hier schon eine tolle historische Ecke. Johannes von Leyden hat in Schöppingen auf seinem Wege

nach Münster übernachtet. Obwohl der Katholizismus im Münsterland siegte, sprechen die Leute heute noch mit Bewunderung über die Wiedertäufer.« Friedrich Heer hat in seiner »Europäischen Geistesgeschichte« geschrieben: »Der Untergang der lutherischen Linken – wesentlich in den Jahren 1522 bis 1536 – verdrängt deren Geistigkeit in den Untergrund, aus dem er alle deutschen geistigen Bewegungen bis zur Romantik nährt, verzerrt und mit den Stigmen des schiefen Blicks, der Neurose, der seelischen Preßlage zeichnet.« Welch ein Thema für Heinz Czechowski! »Ich kann sagen, ich möchte im Moment nicht woanders leben«, höre ich ihn in seiner Schöppinger Wohnung sagen. »Ich fühle mich im Münsterland ausgesprochen wohl. Ich weiß nicht, ob ich anderswo überlebt hätte. Ach, es ist ein Sumpf drüben. Ein einziger Sumpf, ich würde mich zugrunde richten, wenn ich da rüberginge. Schauen Sie doch mal raus aus dem Fenster!« Der Blick vermittelt Weite – hin zu den Weiden mit den Pferden. Die Schweine sieht man nicht. Sie werden nachts nach Schöppingen angefahren zur größten Schlachtfabrik Deutschlands. Wenn der Wind ungünstig steht, kann Czechowski die ganze Nacht Todesschreie hören.

Von den negativen Seiten Schöppingens erzählt er bei meinem zweiten Besuch. Seine Versuche nach dem Infarkt, das Rauchen einzustellen, sind gescheitert. Er wirkt deprimiert, spricht von neuen Herzattacken und zündet sich eine Zigarette nach der anderen an. »Im Herzen bin ich irgendwo in Sachsen«, sagt er nun. »Ich kann nicht hier leben, ohne alle vier Wochen da mal runterzufahren. Ich muß in Dresden nach dem Rechten sehen und mich ärgern.« Im Gedicht heißt es: »In einem schalltoten Raum / Sing ich mein Lied / Auf die Alt-alt-Stalinisten, in meinen Träumen / Führe ich erbitterten Kleinkrieg / Mit meinen Freunden: Ach bald sind wir alle tot, / Dann endlich wird niemand mehr wissen, / Was einmal gewesen ist...«

Heinz Czechowski zwischen Schöppingen und Dresden: »Die Asche der Vergangenheit zwischen den Zähnen, unter den Füßen schwankender Boden, wie damals in meiner Kindheit, als die Bomben fielen und das Weltende längst beschlossen war... Und vom Küchenfenster aus: die Sterne über dem Münsterland, dahinter der Gleichmut des Universums, eine längst vergessene Weltidee, angelegt unter den Stichwörtern LIEBE; GLAUBE; HOFFNUNG.«

Das Bedrohliche seiner derzeitigen Situation ist hier aufgelöst in souveräne Resignation. Auch das Projekt, an dem er saß, als er den Herzinfarkt bekam, verrät auf den ersten Blick keinerlei existentielle Gefahr: In der fiktiven Begegnung mit Johann Christoph Gottsched (1706–1766), dem Mann der Frühaufklärung, der in Leipzig wirkte, wollte Czechowski, der Leipzig nach dem Ende der DDR verließ, seine Lebensgeschichte erzählen. Das Projekt erinnert in der Methodik, ein aktuelles Thema mit einer Figur der Geschichte zu verbinden, an seinen Prosaband »Herr Neithardt geht durch die Stadt« (1983), der Czechowskis Zeit in Halle ins Zentrum rückte. Für die Titelgeschichte des Buches hatte er sich damals Matthias Grünewald, der eigentlich Neithard hieß und 1528 in Halle starb, als Weggefährten gewählt.

Auf den zweiten Blick ist das Heranführen Gottscheds an die Wirklichkeit der DDR ein geschickter Kunstgriff, um den SED-Staat in der Kontinuität eines kleinkarierten deutschen Rationalismus zu zeigen. Denn der Kampf gegen den Nonkonformisten, der Harlekin oder Hanswurst heißt, wurde im 18. Jahrhundert von Gottsched eröffnet, der diese Figur vom Theater der Aufklärung verbannte. Eine Figur, in der die letzte Inkarnation des »heiligen Narren« steckte, mithin auch des enthusiastischen Poeten. Deutsche Aufklärung versteht sehr früh schon keinen Spaß – im Gegensatz zur französischen, die sich ihres irrationalen Untergrundes sehr bewußt ist.

Heinz Czechowski vor dem alten Rathaus im westfälischen Schöppingen: Hier fand der Dichter des zerstörten Dresden nach der Wende von 1989 ein neues Zuhause.

Dem geschlossenen deutschen Rationalismus ist das Poetische unheimlich. Ständig wird die Forderung erhoben, die Einbildungskraft einzuschränken. Wolfgang Promies schreibt in seiner Untersuchung »Die Bürger und der Narr oder das Risiko der Phantasie« mit Blick auf die deutsche Situation: »Der aufgeklärte Mensch des 18. Jahrhunderts ist schon einmal der kurze Voralarm des neuen, perfektioniert modernen Menschen gewesen: in seinem radikalen Anspruch, sich selbst zu genügen, abgeschnitten von Mythos, Ammenmärchen, Volkstum, Religion.«

Heinz Czechowski erklärt seine Vorstellung von dem neuen Buch bei einer Flasche Rotwein – der ist ihm ärztlich erlaubt – im Gasthof Alte Post, der seiner Wohnung gegenüberliegt. »Es steckt etwas in dem Material, das ich nicht kenne oder immer noch nicht wissen will«, sagt er. »Wer ist schon geneigt, letzte Wahrheiten herauszuholen. Man braucht ja nicht nur Härte gegen sich selbst dabei, sondern auch noch die Kraft dazu. Die Kraft nimmt ab. Ich werde alt und sehe kein Land.«

»Was ich mir antue, schlägt in die Kindheit zurück«, heißt es in seinem letzten Gedichtband. »Die Schatten der Kindheit verlängern sich täglich.« Ja, er sei in »Wüste Mark Kolmen« bereits dicht am Kern jener Wahrheit gewesen, die nun das neue Buch notwendig mache. »Es müssen Dinge passiert sein im Haus meiner Eltern«, höre ich ihn fast zu sich sprechen. »Diese Scheinbürgerlichkeit: Es geht uns gut. Dahinter das Elend.«

> Mein Vater starb unversöhnt. Ich
> Wartete auf das wirkliche Leben.
> Dann starb meine Mutter. Der Schnee
> Hielt den Zug fest, endlich
> Lief ich über das Eis, die Tür
> Des Altenheimes war schon verschlossen, schließlich
> Stand ich vor dem Bett. Wie lange
> Stand ich vor ihrem Bett. Wie lange
> Hatte sie auf das wirkliche Leben gewartet?
> Es kamen die Söhne. Und schweigend,
> Wie sie gekommen, sind sie gegangen. Jetzt
> Sind wir wir, und die Luft
> Zwischen uns zittert. Unabweisbar
> Werden wir älter, wir folgen,
> Wie durch den Schnee,
> Der Spur der Gestorbenen, dorthin,
> Wo uns das wirkliche Leben erwartet.
> Ich stelle mir vor,

Ich wäre dort, wo ich nicht bin,
Und weiß keine Antwort.

Die Möglichkeiten des Lebens als Unmöglichkeiten. Heinz Czechowskis sieben Jahre älterer Bruder nahm sich das Leben. Der Bruder war Pädagoge. Gründe für den Selbstmord fallen Heinz Czechowski ein, aber nicht der Grund aller Gründe, der sein eigenes
Lebensdilemma in dem des Bruders sieht.

»Jetzt müßte ich Einblick nehmen in meine Akte, die irgendwo
schwelt in ihrem inneren Feuer, das sie verzehrt, das Papier der
Papiere im gepanzerten Schrank«, hat Czechowski 1987 geschrieben.
»Und doch ist es letzten Endes nichts als der Widerspruch, der in
mir sitzt und der hinaus will ins Leben, das an der runden Ecke
abprallt und eingesogen wird vom immerdar arbeitenden Apparat.
Schwarze Vögel. Schwarze Slips. Das schwarze Geheimnis, das mich
umgibt und in das ich eintauche in die schwarzen Wasser um mich.«

*Heinz Czechowskis
Eltern nach dem
Ersten Weltkrieg: Sein
Vater, ein Beamter für
Steuer- und Finanz-
fragen aus Pleß in
Oberschlesien, hat
polnische und tschechi-
sche Vorfahren. Seine
Mutter, Tochter eines
Kupferstechers aus
Kleinzschachwitz,
träumte ein Leben
lang von der Rück-
kehr des sächsischen
Königs.*

Wo liegt die Kränkung, die Heinz Czechowski schreibend überspielte und die nun nicht mehr zu überspielen ist? Wie er das in seinem literarischen Werk gemacht hat, macht seine Größe aus. Im
Wie seiner Dichtung liegt seine existentielle Not. Das Wie war bisher das Was der Kränkung, die ihn vorantrieb und seine Welt schaffen ließ.

Die Frage nach der Kränkung ist für Czechowski die Frage: »Was ist
in der Familie abgelaufen? Lügen. Zudecken von Verhältnissen. Der
Vater ist nicht zu Hause in Dresden. Als Offizier der Wehrmacht in
Böhmen. Die Mutter hat getrunken. Ich habe die Schnapsflaschen
hinter dem Buffet entdeckt. Nächtliche Besuche. Ich habe Männer-
stimmen gehört. Das sind alles Abgründe. Ich habe mir eingeredet,
daß meine Kindheit schön war. Ich habe in der Kindheit keine Liebe
erfahren. Deshalb bin ich kein großer Liebhaber. Man muß es sich
endlich eingestehen. Liebesunfähig.«

Seit zwei Jahren ist Heinz Czechowski geschieden. Seine Frau, die
er als Lektorin im Mitteldeutschen Verlag in Halle kennengelernt
hatte, ist heute Sekretärin der Leipziger Freien Akademie der Künste. Der gemeinsame Sohn, vierzehn Jahre alt, lebt bei der Mutter.
»Eine kluge Frau«, sagt Heinz Czechowski über sie. »Eine Germani-
stin. In der Stasi-Akte kann ich das lesen: Sie war tapfer, sie hat
widerstanden. Eine Seltenheit im Mitteldeutschen Verlag. Sie ist für
mich die letzte Frau meines Lebens.«

Im Liebesverlust des Anfangs findet er den des Endes. Für Czechowski ist Endzeit. Nicht das erste Mal für einen, der sich nach
Sicherheit in einer Beziehung sehnt und sie nicht aushält. Aber dieses Mal könnte es das letzte Mal sein, so achtlos, wie er mit seiner
Gesundheit umgeht. Der Aufflug, der seinen Gedichten das Leichte,
Lockere, Lakonische gibt, fällt ihm zunehmend schwer. Doch immer
noch hält er seinen unverwechselbaren Ton, der Jung-Frau – und
natürlich sich selbst – gehuldigt in aller Vergeblichkeit.

> Als ich einzusehen begann,
> Was ich nicht einsehen konnte,
> Sah ich das Nichts
> In Gestalt eines Einhorns.

Czechowskis Name fehlte in keiner Literaturgeschichte der DDR
und der Bundesrepublik. Doch seine »Evokation der Provinz« (Günter Kunert) fand im Westen erst spät Gehör. In der DDR gehörte
der am 7. Februar 1935 in Dresden geborene Autor mit sechs
Gedicht- und zwei Prosabänden sowie einem Buch mit Essays zu
den zwar nicht vom Regime favorisierten Dichtern, aber zu denen,

die man mit Widerwillen gewähren ließ. Politisch unterlief der Lyriker nach seinem Debut mit »Nachmittag eines Liebespaars« 1963 die Zwecke der Kulturpolitik wie Sarah Kirsch. Zwei gleichrangige Landschafter. Sarah Kirsch verließ die DDR 1977. Heinz Czechowski blieb und wäre doch am liebsten gegangen.

»Heimat – / Was für ein Wort / Im Mund / Der Geschichtslosigkeit«, schreibt er. »Entferne Dich nicht / Zu weit / Von der immerwährenden / Gegenwart: / Hier ist dein Jetzt, / Blick / Durch die Gitter, / Verbirg / Dein Erschrecken.« Er denkt an die Worte Ossip Mandelstams: »Und tatsächlich, was ist denn der Fortschritt, dieses Lieblingskind des 19. Jahrhunderts, anderes als das Sterben der Geschichte...«

Und Czechowski weiß sich einig mit Joseph Roth aus Brody, dem Chronisten auf Wanderschaft. »Begabt / Mit jener Fähigkeit / Zur genauen Beschreibung, / Hinter der sich der tiefe Glaube / An die Unfähigkeit des Menschen verbirgt, / Sein Schicksal / selbst zu bestimmen. / Aus der Spiegelschrift / seiner Wahrheit, / Die wir noch immer entziffern, / Tritt der Geist der Gesetze hervor, / Die ihm ein uralter Gott, /Dem er glich, / Hinterließ...«

Haus des Urgroßvaters, der eine Gärtnerei in Kleinzschachwitz am Rande Dresdens betrieb: Czechowskis Mutter kam hier zur Welt.

Heinz Czechowski bekennt: »Ich bin durch und durch Ostler. Meine ganzen Einschränkungen und Idiosynkrasien haben immer etwas mit dem Osten zu tun. Auch meine Überschätzung des Westens. Vielleicht ist der bekennende Westler in mir eine etwas lächerliche Figur. Ich war für die ganz schnelle Vereinigung, in der Angst, die Chance geht vorbei und die DDR erholt sich wieder. Aber ich sage auch, ohne die DDR wäre ich nicht Schriftsteller geworden.« Eben mit dem Glauben, »In diesem besseren Land« zu leben, wie der Titel der berühmten Lyrikanthologie von 1966 lautet. »1968 mit dem Ende des Prager Frühlings war es aus mit diesem Glauben«, sagt Czechowski.

»Ich / Bin verschont geblieben, aber / Ich bin gebrandmarkt«, schreibt der 46jährige in seinem programmatischen Gedicht »Ich und die Folgen«. Sein Vater war ein preußischer Staatsbeamter für Steuer- und Finanzfragen aus Pleß in Oberschlesien, seine Mutter die Tochter eines Kupferstechers aus Kleinzschachwitz am Rande Dresdens.

Die Abgründe der Kindheit, wie Czechowski sie in Schöppingen benennt, sind früh angesprochen. In seinem Gedicht »Auf eine im Feuer versunkene Stadt« erscheint der »Mordgrund«, den es als Flurbezeichnung in Dresden gab, in metaphorischer Bedeutung:

Zwischen den Kurven der Mordgrund, da
Bin ich gezeugt, wo ein Beamter erlag,
Und eine Frau wusch noch in nächtlicher Stunde
Die Wäsche, da war sie Beamtin.

Da war die Stadt schon den Feuern geweiht.

Keine Wiege. Kein Lied.
Goebbels' Empfänger, auf Zimmerlautstärke gestellt,
Schrie. Und hinein gings
Ins fröhliche Leben, in
Diese Stadt...

Wie Czechowski seine Dresden-Gedichte erst nach dem Weggang in der Distanz zu seiner Geburtsstadt schrieb, so erlebte er Dresden als Kind aus der Distanz der Hochsprache. Zu Hause wurde das saubere Schlesierdeutsch seines Vaters gesprochen. »Meine Mutter befleißigte sich, dem nachzukommen«, erinnert sich Czechowski. »Ich war schon als Kind ein Fremdkörper. Als ich 1941 eingeschult wurde, sprach ich überhaupt nicht sächsisch.«

Seine Mutter sieht er zeitlebens als Monarchistin: »Die hat bis zu ihrem Tode mit 86 Jahren nur von ihrem König gesprochen.« Sohn Heinz verweist lachend hinsichtlich seiner Haltung zum sächsischen Königshaus auf August den Starken, der auch die polnische Krone trug und der an zwei Stellen beerdigt ist: in Dresden das Herz, in Warschau der Körper. »In diesem Sinne verstehe ich mich als Sachsen«, sagt er, »als eine Symbiose von Sachsen und Polen.« Von einem polnischen Großvater spricht er und zieht kühn die Linie bis ins Jahr 1830, sich auf den polnischen Dramatiker Stanisław Wyspiański (1869–1907) berufend, dessen Theaterstück »Novemberschlacht« er 1979 übersetzt hat ins Deutsche.

»Da gibt es eine Stelle, wo Pallas Athene dreimal den Speer auf den Boden stößt und sagt: ›Leutnant Czechowski, nimm deine Leute und zieh gegen den Zaren zu Feld.‹« So erzählt der Dichter Heinz Czechowski über den polnischen Freiheitshelden Leon Czechowski (1797–1887), der bis 1864 in allen polnischen Aufständen dabei war – von Niederlage zu Niederlage, in einem Scheitern, das keine Vergeblichkeit kennt. Der Dichter ist da näher jener böhmischen Haltung, die Rilke in die Worte faßte: »Was heißt schon siegen. Überstehen ist alles.« Auch hier hat er die Herkunft auf seiner Seite: Die Czechowskis waren ursprünglich Tschechen.

Die Czechowskis in Dresden wohnten in der Burgdorffstraße am Wilden Mann. Mittelstandsgegend. Der Vater war Sozialdemokrat. Man hatte eine Dreieinhalb-Zimmer-Wohnung. Schaut man in die Prosatexte und Gedichte Heinz Czechowskis, die er über seine Kindheit geschrieben hat, so ist da einer, der sich die Welt im Alleingang aneignet. In der Schule nannte man ihn einen Sonderling. Alles, was er für diese Rolle brauchte, stand in Zweierreihen zu Hause in einem Biedermeierschrank, neben dem wir in Schöppingen sitzen.

»Der Bücherschrank meines Vaters war voller guter Literatur«, erinnert er sich. »Keinerlei Ramsch. Die zehnbändige Storm-Ausgabe habe ich noch heute. Mit acht Jahren fiel mir dieser Schatz in die Hände, und ich habe alles gelesen.« Die Dresdner Innenstadt lernte er bei seinen Besuchen der Tante kennen, die in der Prager Straße eine Schneiderwerkstatt betrieb – und eine Künstlerpension, in der die berühmte La Jana wohnte. Das war die Traumwelt für den Jungen: die Barockmöbel, Gobelins und die Masken aus Venedig, mit denen der Eingangsraum dekoriert war.

Doch dann war da auch das: »Die Russinnen wohnen oben am Wilden Mann im Arbeitslager für Frauen. Täglich laufen sie die Großenhainer Straße entlang bis zum Göhlewerk am Riesaer Platz. Einmal bittet eine der Frauen meine Mutter um ein paar Zwiebeln.

Sie gibt ihr welche. Der Blockwart erfährt es. Es gibt Krach…« Bei der Zugfahrt zum Vater, der als Offizier in Böhmisch-Leipa stationiert war, wurde ein Mann in Eisenbahneruniform »von zwei Soldaten abgeführt, die messingsche Halbmonde an Ketten auf der Brust tragen«. Seine Fragen stoßen auf Schweigen.

Doch dann hört er 1943 seinen Vater sprechen: »Der Krieg ist verloren.« Der Vater war zu Besuch seiner Verwandten in Oberschlesien gewesen. Und Heinz Czechowskis Onkel, Holzlieferant für das KZ Auschwitz, hatte erzählt, was dort mit den Juden geschieht. »Das ist verbrecherisch«, hatte der Onkel gesagt. »So kann man den Krieg nicht gewinnen.«

Dresden, 13. Februar 1945, der Tag, an dem die Stadt unter den Fliegerangriffen von Engländern und Amerikanern im Feuer versank: Fasching. Der zehnjährige Heinz Czechowski lag fiebernd im Bett. Neben sich auf einem Stuhl sein Indianerkostüm, das er dieses Jahr nicht tragen kann. Dann der Fliegeralarm in der Nacht des Faschings. Der Weg in den Luftschutzkeller. Bisher war die mit Flüchtlingen aus dem Osten vollgestopfte Stadt von Flächenbombardements verschont geblieben.

Czechowski erinnert sich an das Dröhnen der Flugzeugmotoren, das Welle für Welle über das Wohnhaus zieht. Nach der Entwarnung öffnet irgendwer die Türe zum Boden: »Wir stehen auf dem Dach und sehen hinter dem Schwarz der Silhouetten gegenüberliegender Dächer und Türme das Feuer. Hier ist es fast windstill. Aber die Pappeln auf dem Platz vor der katholischen Kirche in Pieschen biegen sich unter den Böen eines Sturms. Wie eine riesige Glocke wölbt sich weiße Glut, die höher am Himmel in Rot und undurchdringliches Schwarz übergeht, dort, wo die Stadt steht. Denn noch erheben sich aus dem Glutmeer, unversehrt, wie es scheint, die berühmten Türme.«

Man denkt, daß bestenfalls ein paar Häuser im Zentrum Dresdens brennen, und zieht sich zurück in die Betten: »Kaum einer hier draußen, fünf Kilometer vom Stadtkern entfernt, ahnt, daß auf den Straßen Menschen verbrennen.« Dann kommt die zweite Angriffswelle: »Der zweite Angriff verschweigt uns nichts mehr. Diesmal, ich weiß es genau, rollen nicht nur die Wellen der Flugzeugmotoren übers Dach des Hauses. Das Licht ist erloschen. Die Dunkelheit bebt. Die Türen springen schreiend aus den Riegeln. Ein riesiges Rauschen und Dröhnen, in das sich wie dunklere Punkte die Detonationen einzelner, ganz in der Nähe einschlagender Bomben mischen, ist um uns. Meine Mutter hat mich an sich gepreßt. Die Angst macht uns stumm. Dann, irgendwann, ist es zu Ende. Niemand weiß, wie. Nur die Berichte jener Leute, die bald danach aus

der brennenden Stadt hierherkommen und die nicht mehr und nicht
weniger als ihr nacktes Leben retten konnten, sagen uns, daß es die
Stadt nicht mehr gibt.«
Der Schock, als Opfer ausersehen gewesen zu sein, saß tief. Heinz
Czechowski hat sich von ihm nie lösen können. Im Grunde ist seine
ganze Dichtung ein Versuch, diesen Schock aufzulösen. »Ich bin
Objekt gewesen«, so beschreibt er die Grunderfahrung seines
Lebens. »Dieses Zusammentreffen von geschichtlich determinierten
Ereignissen öffnete einem die Augen, wenn man sehen wollte. Von
dort aus laufen alle Fäden, öffneten sich alle Perspektiven, in welche
Richtung ich immer blicke. Es ist das eigentliche Maß, mit dem ich
messe. Wenn ich mich auch bemühe – und ich habe durchaus versucht, mir dieses Sehen von dorther auszureden, neue Anfänge als
ein neues Maß zu fassen –, es gelingt nicht, die Reflexion, das Gedicht kehren dorthin zurück.«

> Über dem Schicksal der einzelnen
> Wölbte die Glutglocke sich,
> Und die vorher Gestorbenen
> Und die nachher Gestorbenen –:
> In den Grüften und Gräbern
> Von Zschachwitz, Meuselwitz, Zschertnitz,
> Von Zitzschewig und Kötzschenbroda,
> Von Klotzsche, Räcknitz und Wilschdorf
> Halten die Stadt sie umzingelt
>
> Mit ihnen begreif ich den Satz,
> Daß Neues niemals begann,
> Doch ich bezweifle zugleich,
> Ob er wahr ist, denn auch Wahrheit
> Hat niemals begonnen…

Heinz Czechowski erlebte die Welt als eine Totalität des Stummen.
Wohin sich der Zehnjährige wendete, er roch den süßlichen Lei-
chengeruch, er sah verkohlte Leichen. Er erlebte Menschenland-
schaft als tote Natur. Mit dem Augenblick dieser Stummheit lebt er
noch heute. Mehr noch: Er lebt gegen ihn an, vom Tode infiziert.
Die Tatsache, daß Deutschland mit diesem Krieg begann und die
Vernichtung ganzer Menschengruppen planvoll betrieb, ändert
nichts daran, daß das Trauma des zehnjährigen Czechowski das
Trauma der vom Holocaust Betroffenen war. Die Rache der Sieger
hat ihn gleichgemacht mit den Opfern seines Alters, die Auschwitz

überlebten und Hiroshima und Nagasaki überleben werden – in jenem Feuerball, der von Auschwitz ausging.

Ich ging ins Dunkel. Niemand
Ging mit mir, und niemandes Name
Wohnte in meinem Gedächtnis. Aus den Ruinen
Zog der Geruch brennenden Fleisches. Riesige Plätze,
Durchgestrichen von Straßenbahngleisen,
Mußt ich überqueren, steil
Standen die Wände gestorbener Häuser.
Die mondlose Nacht
Tönte vom Rollen sehr ferner Züge, drohend
Ragte ein letztes Geschützrohr.
Als ich das andere Ufer erreichte,
Höhnte mich eine leuchtende Wolke,
Ein tanzender Engel. Feurige Messer
Durchtrennten Himmel und Erde: in ihrem Licht
Erkannte ich das Haus meines Vaters,
Während ein sprachloser Zug,
Der im Vergessen verschwand,
Sich versammelt.

Was schwelte in den Ruinen? Hatte er in ihnen nicht bereits gelebt, als die Stadt noch stand? »O Mutter«, schreibt Czechowski über seine Kindheit, »Deine Abwesenheit / Leerte die Zimmer, / Eine unendliche Pause / Hat jetzt das Leben...« In einem anderen Gedicht heißt es:

Einmal muß
Beglichen werden die Rechnung:
Auch die Liebe
Ging ihren Weg in die Massengräber: Asche
Häuft sich auf Asche,
Und selbst die schwache Stimme
Der Hoffnung
Kennt kein Erbarmen.

Heinz Czechowski, gefangen in den Ruinen des eigenen Anfangs. In einer Ruinierung, die Privatestes einschließt, das nach Ausdruck drängt. Verlassen, verloren, verraten. »Der heimlichen Ängste immer gewärtig«, schreibt er: »Die Bäume sterben, / Es stirbt, was wir lieben, / Unaufhörlich in uns, / Im Schatten / Der einmal geflüsterten Worte, / Wenn der Schmerz kompromißlos / Die Liebe zerstört.«

Dies ist der Grundton der Lyrik Heinz Czechowskis: »Wenn wir sterben, / Sterben wir an unseren Erinnerungen, unsere Krankheiten / Sind unsere Erinnerungen an die Krankheiten andrer...« Und: »Der Tod in uns lacht. Er lacht / Das Lachen in uns. Das Lachen in uns / Ist das Leben, von dem wir träumen.«

> Der Traum in uns ist das Leben des Todes
> Davon lesen wir,
> Reden wir,
> Schreiben wir.
>
> Das ist zu begreifen.
>
> Das ist nicht zu begreifen.
>
> Das ist alles.
> Das ist.
> Das.

Gegen die Schwärze dieses Bewußtseins wehrt sich Czechowski mit einem leichtfüßigen Parlando: »Ich habe den Sommer getrunken. / Der Sommer ist in meinem Blut. / Wie weit / Bin ich fortgelangt jetzt / Aus dieser Stadt, / Aus diesem Land? / Der Wein ist in meinem Blut. / Zweihundert Kilometer / Oder zweitausend von dir / Sitz ich mit Leuten / Unter den Lampen / Umgeben von / Gerüchen und Stimmen...«

Die ebenfalls vom Kriege traumatisierte Lyrikerin Inge Müller, die sich 1966 das Leben nahm, durchschaut die Täuschung, mit der sich Czechowski leicht macht, und reagiert auf dieses für die DDR epochemachende Gedicht, das mit der Schlußzeile den Titel hergibt für die Lyrikanthologie »In diesem besseren Land«. »Du hast den Sommer nicht getrunken / Als Sommer war / Warst du zu alt / Und kalt (Schnee in der Retorte) / Soviel Worte / Schlaf mal auf dem Asphalt.« Eine böse Antwort ist dies, aber sie trifft mitten ins Dilemma Czechowskis. Inge Müller sieht nicht, wie sich da jemand mit Worten über dem Abgrund hält, um nicht zu sterben wie sie.

Dem »Brief« – so heißt das von Inge Müller attackierte Gedicht – folgt 1968 Czechowskis »Widerruf«, in dem es heißt: »Verzweifelnd / Nehme ich an / Die zerbrochene Freundschaft, / Den Gashahn, der Tröstung Fossil. / Ich widerrufe mich selbst, / Denn meine Unschuld ist leer, / Endlos die Schuld: Fluß, der ich bin, /

In diesem besseren Land

Titelgebende Zeile aus einem Gedicht Czechowskis für die berühmte Anthologie aus dem Jahre 1966.

Widerruf ich die Mündung, bin / Wie der Baum nach der Frost-
nacht: taub / Steh ich im Frühling...«
Soviel Worte Czechowskis sind angelegt darauf, liebenswert zu
erscheinen. Die Sprachskepsis, die er später zum Gegenstand seiner
Gedichte macht, ist nichts anderes als die Rebellion gegen seine Versuche, sich zu retten entgegen seiner Bestimmung: »Ich bin geboren,
zu widerstehen.« Das Wort, das sich zu retten versucht, »beginnt zu
erbleichen und stinkt, / Ein verfaulender Fisch, / Der nicht aus-
schwärmen kann...«
In seinem grandiosen Lebensresümee »Wüste Mark Kolmen« (1997),
in dem das »Ziellos / Doch nicht ohne Hoffnung« abgetan ist und
das »Hoffnungslos mit Ziel« noch nicht erreicht ist, heißt es:

Wenn ich das alles
Zu Ende denke, dachte ich noch,
Während ich, verschollen
Wie andre Verschollne,
Durch den grauen
Winterwald ging, Italien
Im Rücken, vor mir
Der Abgrund: Bin ich
Der Welt abhanden
Gekommen oder
Sie mir?

Als Dichter beginnt Czechowski wie viele andere auch mit Anemp-
findungen. Von Klopstock und Hölderlin über Brecht zu Huchel
und Eich reicht der Bogen. Das Gebirge der Expressionisten besteigt
er und kommt zurück mit deren Anfänglichkeit, einer Sozialismus-
hoffnung, die auf den Scheiterhaufen des Mai 1933 landete und doch
überlebt zu haben schien in jenen Dichtern, die nach 1945 aus dem
Exil zurückkehrten und sich zumeist in der DDR ansiedelten. Czechowskis Anempfinden – das unterschied ihn von anderen seiner
Generation – entsprang existentieller Not.
Aus der Stummheit der Todeslandschaft Dresdens suchte er sich
einen Weg in Landschaften, in denen er sich seiner Lebensfähigkeit
versichern konnte. Es waren die Orte um Dresden, die überlebt hatten. Dann Halle und seine Umgebung. Der offene Weg nach
Mähren zu Ludvík Kundera und Jan Skácel. Der sich Ende der sieb-
ziger Jahre für ihn öffnende Weg in die Bundesrepublik, nach
Holland, Frankreich, Italien, England. Nach der Wende nun erlebt
er die Welt so offen, daß sie zur Heimkehr drängt.
Aus der Anempfindung des Anfangs, die er nach den ersten zwei
Gedichtbänden überwunden hatte, gelang es ihm, eine Erinnerungs-

spur ins Lebendige zu schaffen, das sich gegen die Enttäuschung durch Verrat absichern ließ. In der Leidenslandschaft des Jahrhunderts schuf er der Dichtung und sich einen Verständigungsfaden zu Kafka, dem Besucher von Dresdens Gartenstadt Hellerau, zu Paul Celan, Theodor Kramer, Isaak Babel und Jessenin, Anna Achmatowa und Majakowski, Ivan und Claire Goll, Uwe Greßmann und Sarah Kirsch, um nur einige zu nennen.

Heinz Czechowski bedurfte und bedarf eines Kreises wohlmeinender Freunde, um lebensfähig bleiben zu können. Wenn er heute über frühe Freunde enttäuscht ist umd mit Verbitterung reagiert, so ist das eine Verbitterung, die sich im Kern gegen ihn selbst richtet. Er hat das Unverträgliche an ihnen damals erkannt und einfach unter Selbstzensur gestellt. Eine Schwäche, die er sich nicht verzeiht und die in ihm rumort, wie einst das Gedicht der Inge Müller.

> Die Schützenhofstraße
> Die steile Treppe.
> Die Polizeikaserne. Die Häuser
> Auf der Neuländersraße.
> Der Birkenweg,
> Der zur Baumwiese führt. Dort
> Ging ich an der Hand meines Vaters.
> Der kaufte mir
> für 50 Pfennig
> Ein Eis, das
> aus dem gackernden Blechhuhn fiel.
> Machmal
> Erinnre ich mich: In diesem Ei
> War ich.

Heinz Czechowski erlernte nach der Grundschule in Dresden den Beruf des graphischen Zeichners und Reklamemalers, fand im Atelier der Deutschen Werbe- und Anzeigen-Gesellschaft (DEWAG) Künstler, die ihn von Cervantes bis Tschechow mit Büchern versorgten, die er noch nicht gelesen hatte. Als Vermessungsgehilfe des VEB Wasserwirtschaft Obere Elbe verdiente er sich bis 1958 seinen Lebensunterhalt. »Man wuchs in Dresden auch nach dem Kriege in eine wirklich gute Kunst- und Kulturatmosphäre hinein«, erinnert sich Czechowski. Er gehörte der Arbeitsgemeinschaft Junger Autoren an und fand in der aus dem englischen Exil zurückgekehrten Kinderbuchautorin Auguste Lazar (1887–1970), Kommunistin und Jüdin, seine große Förderin, der er seinen Studienplatz am Literaturinstitut verdankte.

Der Vater war, nach der Vereinigung von Sozialdemokraten und Kommunisten, nun SED-Mitglied. Der Sohn erinnert sich daran, wie der Vater am Stadtrand all jene Bauern steuerlich beriet, die sich den Landwirtschaftlichen Produktionsgenossenschaften verweigerten. Heinz Czechowski war für die LPG-Bewegung.

Heinz Czechowski wollte zu diesem Staat gehören. »Ich war lange in dem Glauben, daß alles, was ich tat, mit dem Staat verträglich ist,

Begebenheiten zu DDR-Zeiten:
Czechowski mit dem Bulgakow-Forscher
Ralph Schröder und Christa Wolf, der ein-
stigen Geheimen Informatorin Margarete.
Im Garten des Seume-Hauses in Grimma
mit Fritz Rudolf Fries, Spitzel mit Deck-
namen Pedro Hagen.

ohne daß ich arglistig war. Ich war naiv und habe gedacht, alles was ich schreibe, hilft ja diesem Staat«, sagt er und fügt hinzu: »Ich hätte mich auch gern mit dem Staat arrangiert, als ich diesen naiven Blick verloren hatte. Doch das ging nicht. Es reichte nie aus, um von diesen Funktionären akzeptiert zu werden.«

Als Heinz Czechowski 1958 am Literaturinstitut in Leipzig sein Studium aufnahm, trieb es ihn noch wochenlang Abend für Abend zu den Bahnsteigen, von wo die Züge nach Dresden fuhren. Am Literaturinstitut lernte er seine erste Frau kennen, die dort als Bibliothekarin arbeitete. Aus der ersten Ehe, die 1960 geschlossen wurde, gingen zwei Söhne hervor, die heute als Graphiker arbeiten. Über den aus Rumänien stammenden Institutsleiter Georg Maurer (1907 bis 1971) sagt Czechowski:

»Bei ihm wurde nicht böswillig all das negiert, was in der Poesie nach Rilke geschehen war, nicht ideologisch um den Begriff der Moderne gerungen, sondern nach dem genauen Ausdruck gesucht.« »Genauigkeit«, so hört er Maurer noch heute sprechen, »ist eine Kategorie, die bei uns verwildert ist.« Zu dem Dichter Maurer hatten seine Schüler ein reserviertes Verhältnis. Zu dem Lehrer Maurer gab es keinerlei Einschränkungen: »Maurers Nähe zu Hans Mayer und Ernst Bloch, von der die Studenten wußten und über die man nicht weiter sprach, Maurers Herkommen selbst aus ›Rilkes Mantel‹ waren Garantien, daß man nicht mit Erklärungsversuchen aus der Kiste des ›Sozialistischen Realismus‹ abgespeist wurde.«

Natürlich war das nicht der ganze Georg Maurer, der wie alle anderen am Institut letztlich seine dogmatischen Richtlinien einhielt. »Insgesamt war es schlimm am Institut«, sagt Czechowski, »denn das Programm hieß stur: Zuerst kommt die Partei, dann die Kunst. Bis man riskiert hat, etwas Durchdachtes gegen diese Linie zu sagen, das dauerte. Meldete man sich dann: ›Ja, aber die Erfahrungen der Kunstgeschichte, die besagen, daß die Kunst doch etwas anderes ist...‹ Wumm. Da wurde sofort dazwischengefahren, da wurde belehrt, wie man zu denken habe. Immer zuerst die Partei.«

Czechowski setzte gegen diese Auffassung seine Dresden-Erfahrung, stumm im Studium, schimpfend privat unter Freunden: »Aus Dresden kannte ich meinen Dix und nicht nur ihn. Ein Hofer-Original hängt noch heute über meinem Bett. Ich habe als Kind meinen Bach gehört, war in Oratorien und Konzerten. Ich hatte meinen Maßstab. Dresden war schon ein wichtiger Ort künstlerischer Selbstfindung. Diese Erfahrung habe ich mir nicht nehmen lassen.«

Die Staatssicherheit hat Czechowskis frühe Abweichungen, im privaten Kreis geäußert, säuberlich festgehalten. 1961, im Abschlußjahr am Literaturinstitut, begann die Überwachung, wie der Schriftsteller in der Gauck-Behörde aus dem gegen ihn gerichteten Operativen Vorgang ersehen kann. Was da als Abweichung festgehalten wurde, klingt aus der heutigen Perspektive nur noch komisch, war es aber in jener Zeit nicht; denn den Schluß, den die Stasi aus seinen damaligen Äußerungen zog, lautete: »Konterrevolutionär«.

Da wurde notiert, daß Czechowski Hölderlin als den »revolutionärsten Dichter Deutschlands« bezeichnet habe und nicht Otto Gotsche oder Willi Bredel. Da habe man sich über Sexualprobleme unterhalten und westliche Literatur als Kriterium herangezogen. Es sei Knut Hamsun, der Kollaborateur der Nazis, gelobt worden »als literarische Potenz, die man nicht wegwischen kann«. Da wurde festgehalten, wie Czechowski dem SED-Hofmaler Heinrich Witz »jegliches Können« abgesprochen und ihn einen »Stümper« genannt habe.

»Witz ist der größte Kunjunkturritter unserer Zeit«, wird Czechowski zitiert. Die Stasi verweist darauf: »Witz ist der Vorsitzende des Verbandes Bildender Künstler in Leipzig.« In der Beurteilung des Dichters Czechowski heißt es, seine literarische Arbeit sei »betont eigensinnig« unf benutze die Negation als »Gleichnisfaktor«.

Die Aufzeichnungen der Stasi stammen exakt aus jener Zeit, in der Czechowski Kandidat der SED wurde. Er erinnert sich, wie ihn damals drei Kommilitonen des Literaturinstituts zu einem Umtrunk in den Leipziger Ratskeller einluden: »Sie nahmen mich ins Gebet: ›Lieber Czecho, wir müssen dir mal erklären, wie es in der Partei zugeht. Wenn einer in der Bezirksleitung Erfurt so diskutiert wie du manchmal im Seminar, da kriegt er links und rechts was in die Fresse, und am nächsten Tag spurt er wieder.‹ Und dann schwenkten sie im Gespräch über zu ihren Werwolf-Biographien am Ende des Krieges, und die Begeisterung war nicht zu überhören.«

Czechowskis Reaktion: »Aha, hab' ich gedacht, so geht es in der SED zu, und wäre am liebsten am nächsten Morgen wieder ausgetreten. Das hat dann aber bis 1976 gedauert.«

Seine erste Anstellung als Lektor fand Czechowski beim Mitteldeutschen Verlag in Halle von 1961 bis 1965. Deren Autor blieb er bis 1990. Von 1966 bis 1968 arbeitete er als Außenlektor für den Hinstorff-Verlag in Rostock. Von 1971 bis 1973 war er literarischer Mitarbeiter der Städtischen Bühnen Magdeburg. Seine letzte feste Anstellung nahm er 1975 bei Reclam Leipzig als Lektor an und blieb bis 1977. All die Jahre wohnte er in Halle. Als Dichter machte er sie

Treffen 1984 in Leipzig zum »Treffen in Telgte«: Feier anläßlich des Erscheinens der Grass-Erzählung in der DDR: Verleger Marquardt, auch IM Hans, in seiner Wohnung mit Czechowski, Grass und Wolfgang Mattheuer.

zu seinem zweiten großen Topos. 1980 verließ er die Stadt und ließ sich mit seiner zweiten Frau in Leipzig nieder.

Seine Qualitäten als Dichter entwickelte Heinz Czechowski in Halle. Die ideologischen Beimischungen in seiner Lyrik waren von Anfang an gering. Sie blieben gerichtet auf eine politische Ökonomie der Liebe, die das Gefühl nicht in den Schmutz der Macht zieht. Daran änderte sich nichts bei Czechowski. Allerdings wurde aus der Kampflinie des jungen Dichters eine Abwehrlinie: »Das soziale Gewissen ist eine Notdurft der Seele.« Diese Linie wurde folgerichtig weitergezogen in die Gesellschaft der Bundesrepublik: Die Ökonomie rationalisiert den sozialen Betrieb durch und leistet sich eine Aushöhlung des moralischen Erbes, von dem sie lebt.

Erstmals sichtbar als Lyriker wurde Czechowski 1961 in der Anthologie »Bekanntschaft mit uns selbst«. Es hätte der Aufstieg in die Literaturrepräsentanz der DDR sein können, den Christa Wolf, ebenfalls damals Lektorin beim Mitteldeutschen Verlag, ging. 1961 erhielt Czechowski den Kunst-Preis der Stadt Halle. Ausfahrt, Prüfung, Bewährung und Ziel der ersten beiden Gedichtbände Czechowskis, »Nachmittag eines Liebespaares« (1962) und »Wasserfahrt« (1967), waren bestimmt von der Vision der Erneuerung des Daseins. Die Forderung des Systems zum Mitleben innerhalb der ideologischen Grenzen wurde noch nicht gestört durch den Wunsch zu einem Selbstsein, das die Grenzen unterläuft.

»Sanft gehen wie Tiere die Berge neben dem Fluß.« So begann ein Sonett des 32jährigen Czechowski in seinem Debütband, das er später so fragmentiert, daß nur diese eine Zeile bestehen bleibt. Eine Erkennungsmelodie bis heute für jeden Czechowski-Leser. Eine Zeile, die Literatur machte. Karl Mickel, Volker Braun und B. K. Tragelehn haben sie aufgenommen in ihre eigene Lyrik. In dieser Melodie steckte sehnsuchtsvolle Selbstbeschwörung nach einer Ausgeglichenheit, die Czechowski nicht hat und nie erlangen wird. Sie ist eine Zweckbotschaft allein für ihn selbst, der bereits weiß von der Dynamik der Bewegung, die in ihm steckt, ihn hin und her reißt, ihn immer wieder gefährlich einstrudeln wird, die ihn unruhig hält. Eine Bewegung, die ihn von allen und allem trennt, der er Einhalt zu gebieten versucht, um allen und allem nah zu sein. Aufgebrochen zu einer Urfahrt in die Geschichte, in die Geschichte des Existentiellen, ist er sich selbst und den anderen Gefahr. Und in dieser Gefahr geht er letztlich geschützt durch die DDR bis zu deren Zusammenbruch.

Erstlingswerk aus dem Jahre 1962 mit einer Zeile, die zur Erkennungsmelodie für Czechowski-Leser wurde: »Sanft gehen wie Tiere die Berge neben dem Fluß.« Der Band »Was mich betrifft« aus dem Jahre 1981 zeigt Czechowski auf der Höhe seiner Kunst.

Als das Stromtal der Dämmerung bebte,
das meine Kindheit geprägt,
hatten stählerne Schreie
die alten Kastanien zersägt.
Haus und Kindheit zu Asche.
Frühes Erinnern zu spät.
Letzte Tage der Kindheit
zwischen Nußbaum und Gartengerät.

So stand Heinz Czechowski bereits in seinen ersten Gedichtbänden da. Seine Kosmotheologie rückte Dresden in den Schöpfungsmittelpunkt. In seiner Trauer erweckte er das Verlorene zum Leben. In seinem Widerstand gegen den erfahrenen Tod, der ihn 1945 überleben ließ, schaffte er Gegenbilder. Gegenbilder, die ihn vor dem Letzten bewahren: den eigenen Tod zur Welt zu bringen.

Das Erwachen nachts
Und der Glaube,
Es müsse noch da
Noch jemand in der Wohnung sein.

Und dann
Diese Stille, kaum gestört
Von irgend einem Knacken des alten
Schranks in der Ecke, der
Seine Jahrhunderte ausatmet,
Als wolle er sagen: Überliste
Das Vergängliche, vergiß
Was zu vergessen ist, nimm
Das Unabänderliche
In deinen Besitz.

Zum Unabänderlichen seiner Lebensreise, auf der Czechowski selbst in der Resignation an eine Ökonomie des Heils appelliert, gehört, daß er nicht nur Verlorenes aufspürt, sondern zugleich permanent Verlorenheit produziert. Auf der Suche nach der Liebe blieb er ihr nur treu, wenn er sie der Verlorenheit anheimgab. Allein in seiner Dichtung fand und findet das Verlorene Geborgenheit. Grundlegung eines Liebesverrats in der Kindheit. In einem Jahrhundert der Untreue, über das Czechowski schreibt: »Aber noch die letzten beiden Menschen, die überlebten, würden sich wahrscheinlich mit Mißtrauen begegnen.«

Im Gespräch ist dieser Heinz Czechowski ein lustiger Geselle, der seinen depressiven Untergrund virtuos zu verdecken versteht: mal mit Ironie, mal mit Witz, mal mit Sarkasmus. In der DDR hat man gesagt, Mickel dichte aus dem Hirn heraus, Czechowski aus dem Bauch. Wenn dieses Wort eine Bedeutung hat, dann die: Mickel denkt sich existentielle Not aus, Czechowski lebt in ihr. Dichtung ist bei ihm ein ständiger Kampf mit der Bedrohung. Siegt dieser lustig sich gebende Geselle, dann siegt er in der Art des geborenen Verlierers, der er ist. Und er weiß, daß er einer ist.

Diesen Tatbestand hat er ein Leben lang vor anderen abgeriegelt. Das kostet Kraft. Das machte und macht reizbar und nervös. Doch anders wäre es auch kein Leben gewesen: »Ich weiß: alles ist eine Täuschung. / Hat man gelebt, um zu sein? / Man schreibt. Und gezeichnet / Ist man doch immer allein.«

Da gab es die schöne Zeit in Halle, wo Rainer Kirsch und Sarah Kirsch in die Literatur starteten. Man saß in der Parteigruppe, hatte seine Einwände und fürchtete die so gar nicht strategisch geäußerten von Czechowski: »Heinz, hör auf, du bringst uns alle ins Unglück mit deinem Gequatsche.« Machte man nun Konzessionen an die Partei, oder glaubte man an das, was man ihr ablieferte? Mal da eine Kantate, mal da ein Kampflied, mal da eine Seite Dorfchronik im Sinne der LPG. Auch andere waren dabei: Manfred Bieler, Reiner Kunze und Günter Kunert in der Anthologie »Nimm das Gewehr«.

Wegstrecken, über die Czechowski nach der Wende sagte: »Die historischen Ursachen der intellektuellen Kalamitäten manifestieren sich am deutlichsten in der Lyrik der DDR. Fast mühelos ließe sich eine lyrische Anthologie des Widerstands zusammenstellen, die freilich in der paradoxen Tatsache kulminierte, daß auch die Autoren, die man heute mit Recht zum Widerstandspotential zählen kann, dem Sozialismus zunächst gehörigen Tribut entrichteten.«

»Man glaubte, aus dem System etwas machen zu können«, erinnert er sich. Aber das System glaubte nicht an Czechowski, und zwar sehr schnell. Im Mitteldeutschen Verlag wurde er von den Genossen der Belegschaft zum Parteisekretär gewählt und am nächsten Morgen auf Anweisung der SED-Bezirksleitung abgesetzt. Es gab Schwierigkeiten mit seinen Lyrikbänden. Er nahm einige Gedichte heraus und gab andere hinein, die nicht weniger anstößig waren. Die blieben merkwürdigerweise drin. Ebenso merkwürdig: Nachdem Czechowski 1977 aus der SED ausgetreten war, durfte er in den Westen reisen, vorher nicht. Doch ein Dauervisum erhielt er nicht. Mit dem Gedichtband »Schafe und Sterne« aus dem Jahre 1975, seinem dritten, war Czechowski nicht mehr reklamierbar für die DDR.

»Nach einer anderen Sprache verlangen / Die nicht geschriebenen Sätze«, heißt es da, und er schrieb sie. Das Gedicht »Hubertusburg«:

Oleander
Die Pferdeschwemme begrinst
Von einem sächsischen Faunskopf,
Schollentreu
Von Oschatz bis Wurzen

Auferstehungsstationen
Hinter vergitterten Fenstern.
Ein Habicht
Steht in der Luft
Überm beschnittenen Taxus.

Im Kreisgang des Zeigers
Gehen die Kranken
Auf knirschendem Kies.

Keiner
Zählt mehr die Stunden, keiner
Die Jahre.

Nur die Minuten
Sind hier endlos
Wie der freie Fall
In die netzlose Tiefe.

Anruf als Aufruf, dem Letzten entgegenzugehen. »Den Bewegungen unter der Erde, / den heimtückisch reißenden Flüssen«, die ihn im Schlaf suchen, »wehrlos geliefert«, schreibt Czechowski:

Was sich verlief,
Ließ seine Spuren: tote Natur,
Was einst lebte.
Steine glühten
Und Sterne sprangen empor
In die Nacht.
Schreie
Rollten wie Steine zu Tal.
Aus Schatten
Lösten sich Schatten
Und wurden zu Schatten.

Zwei Jahre nach der Ausbürgerung Wolf Biermanns, ein Jahr nach dem Weggang Sarah Kirschs wollte Czechowski eine Lesereise in die Bundesrepublik nutzen, um im Westen zu bleiben. Seine erste Ehe war geschieden. Bei einem Kunsthändler im badischen Oberrimsingen fand er eine freizügige Unterkunft. Bernd Jentzsch im schweizerischen Küsnacht, wegen seiner Solidarisierung mit Biermann in der DDR mit Haft bedroht und deshalb von einem Studienaufenthalt nicht zurückgekehrt, hatte ihm einen Lektorenposten beim Walter-Verlag in Olten besorgt. Czechowski ließ sich einen westdeutschen Paß ausstellen und fuhr zu ihm.

»Niemand wußte, wo ich bin«, erzählt Czechowski. »Die Stasi wußte es. Die müssen entweder ihre Leute in der Bundesrepublik gehabt oder in der Bundesrepublik geführte Telefonate abgehört haben. Jedenfalls rief mich Paul Wiens an.« Wiens, dessen Stasi-Karriere laut den Forschungen von Joachim Walther 1961 begann, forderte Czechowski auf: »Komm zurück. Du gehst straffrei aus. Ich habe alles vorbereitet.«

Heinz Czechowski ließ seinen Gastgeber in Oberrimsingen erzählen und faßte das Gehörte in die Worte: »Nach dem Krieg war er gelähmt. In letzter Verzweiflung ließ er sich von seinem Vater im Rollstuhl an den Rand eines Schwimmbassins fahren, dort, wo es am tiefsten ist. Es war in der Frühe, niemand in der Nähe, der Vater gebrechlich. Er stürzte sich in das Wasser und wußte: er würde ertrinken oder – schwimmen. Er schwamm und genas.«

Noch einmal Vater eines Sohnes: Czechowski mit Kind und seiner zweiten Ehefrau Ingrid. Bei Westreisen mußte der Sohn in der DDR zurückbleiben.

Heinz Czechowski sah aber auch das desolate Leben seines Freundes Jentzsch, dessen Ehe gerade auseinanderbrach. Und er hörte ausweichende Antworten von anderen, die nun im Westen lebten und die er um Ratschläge gebeten hatte. Heinz Czechowski kehrte nach Halle zurück: »Als ich an die Grenze kam, verlangte die Grenzkontrolle nicht einmal meinen Paß. Die wußten, wer ich bin. Dann habe ich drei Tage in meiner Wohnung gelegen und habe gedacht: Die müssen dich doch abholen.« Nichts geschah. »Ich hatte meine Republikflucht verschenkt«, sagt Czechowski. Nach seiner zweiten Heirat 1980 durfte er seine Frau Ingrid zu Aufenthalten nach England mitnehmen. Aber ihren kleinen Sohn mußten die beiden in der DDR zurücklassen.

Im Jahre 1983 erschien bei Hanser in München unter dem Titel »An Freund und Feind« eine erste Auswahl von Gedichten Czechowskis in der Bundesrepublik, 1987 eine zweite, zusammengestellt von Sarah Kirsch für den Rowohlt-Verlag, darin »Zwei Nachtstücke«, die in der DDR im selben Jahr in dem Gedichtband »Kein näheres Zeichen« enthalten sind:

1

Im Traum sitzen Freunde und Feinde an meinem Tisch. Sie reden von sich, und das eint sie. Sie sprechen und sind mit der Zukunft im Bunde, die aber kennt weder Freunde noch Feinde. Sie hat eine silberne Zunge und goldene Zähne. Sie kennt keinen Reim. Sie ist die Zukunft, die meinen Feinden und Freunden gehört. Wie der Rattenfänger von Hameln geht sie, und es folgen ihr Freunde und Feinde. Wenn ich wieder allein bin, sitzt mir die Zukunft am Tisch. Hinter vorgehaltener Hand sagt sie: Ich bin die Zukunft. Dann geht sie. Ausgeträumt, sag ich zu mir, und folg ihr ins Labyrinth meines unerforschbaren Hauses, um den Faden zu suchen.

2

Die Nacht läßt mir nachstelln. Mit Feuer und Schwert. Geharnischte Kerle mit schweren Geschützen stehen vor meiner Tür. Ich höre meiner vertrauten Sprache fremde Wörter: Gleich wird die Tür gesprengt, dann sind sie bei mir, durchwühlen mein Bett. Ich steh an der Wand mit erhobenen Händen. Einer tritt mir ins Gesäß. Von meiner Stirn rieselt Blut. Das sind sie, die nächtlichen Reiter. Im Nebel sind sie gekommen. Ich hab sie erwartet. Sie suchen nicht Blei, nicht Silber, nicht Gold. Sie kennen nur Ja und Nein. Als ausgemacht gilt: Wer nicht für sie ist, muß gegen sie sein. Doch was ich auch sage: sie werden mich ohnehin foltern. Sie können die Zeitung des Tages nicht lesen. Alles, was wächst, ist ihnen fremd. Sie können nur eines: verfolgen, aufbrechen, töten. Die Liebenden reißen sie auseinander wie altes Papier. Die meisten widersprechen ihnen schon lange nicht mehr. Man muß auskommen mit ihnen, sagen sie leise. Und gehen auf Zehenspitzen.

Bei den Montagsdemonstrationen der Leipziger Wendezeit war Heinz Czechowski dabei. Im Wiedervereinigungsjahr 1990 erschienen Gedichte und Prosa zu seinem Thema Dresden aus allen Czechowski-Publikationen, zusammengetragen von Wulf Kirsten, unter dem Titel »Auf eine im Feuer versunkene Stadt« – mit Illustrationen des Dresdner Künstlers Claus Weidensdorfer. Das wunderbar gestaltete Buch fand keine Käufer und wurde verramscht. Der Mitteldeutsche Verlag gab die Rechte an allen Czechowski-Büchern an den Autor zurück.

Heinz Czechowski reiste nach Verona, dann nach Venedig, von dort übers Friaul nach Linz und Prag, von dort über Dresden und Leipzig nach Amsterdam: »Das Grab Ezra Pounds auf der Isola San Michele, Bruckners und Stifters Spuren in Linz, die Juwelen Prags, gespiegelt in Smetanas Moldau, der goldene Schrott des Grünen Gewölbes, das Leipzig derer, die geglaubt hatten, sie könnten eine neue Zeit herbeirufen. Das Amsterdam der Portugiesischen Synagoge, das des Linsenschleifers Baruch Spinoza, des von seiner Gemeinde Ausgestoßenen. Die europäische Achse – eine Friedhofslandschaft. Beinhäuser nicht nur in dem von Joseph Roth im ›Radetzkymarsch‹ aufbewahrten Solferino. Kirchen, Paläste und Schlösser, angefüllt mit dem Moder zerfallener Reliquien. Die Geschichte einer Chronik von Kriegen, Seuchen, Entzweiungen...«

Noch immer sucht Heinz Czechowski, wie er schreibt, »einen Ort für die Liebe« und findet ihn nicht. »Wo ich zuhause bin, / Will ich nicht sein. / Wo ich hinkomme, / Will ich nicht bleiben. Gut / Das ist nicht neu«, weiß er. Und er weiß im westfälischen Schöppingen auch:

Heinz Czechowski
An Freund und Feind

Gedichte
Hanser

In der alten Bundes-
republik sehr spät zur
Kenntnis genommen:
Czechowskis erste
Westveröffentlichung
1983 im Hanser-Verlag.

> So kehre ich wieder
> In meine Kindheit zurück, unbelehrt
> Von der Geschichte,
> Die in sich zurücknimmt
> Das Ungeheure, das
> Seinen Anfang nahm,
> Schon lange bevor ich ein Kind war.

»Ich habe mich mit Dresden herumgeschlagen«, sagt er. »Man hat mich in England gefragt, ob ich Rachegefühle wegen der Angriffe auf Dresden habe. Ich habe nein gesagt. Irgendwie versuche ich, immer zu verstehen, warum die Engländer so gehandelt haben, obwohl es furchtbar war. Die Bombardierung war strategisch nicht notwendig. Ein Commander Harris ist sicher ein Unmensch gewesen. Ich denke aber auch an die deutsche Zerstörung, an Coventry und Rotterdam. Als ich in Coventry war und Swansea besuchte, stellte ich überrascht fest: Auch Swansea haben die V2 und V1 erreicht. Da gibt's ja nichts mehr außer drei, vier Fachwerkhäusern. Und ich denke an jene englischen Piloten, die an der Technischen Universität Dresden vor dem Krieg studiert hatten und den Flug nach Dresden verweigerten.«

An einem Schöppinger Haus an der Durchgangsstraße von Holland in Richtung Osten stehen unübersehbar die Worte: »Nach Auschwitz nur 969 Kilometer. Nie wieder!« Heinz Czechowski schreibt:

GEGEN ABEND ERTRANK ICH IN ALL DEM PAPIER
Wie ein Hecht in der Pfütze.
Echolos rollten die Wörter, ich hörte
Das Keuchen der Lokomotive,
Denn es war Herbst: jeder Laut
Kam über den Acker und brach sich
Am alten Gemäuer. Das Kupfer des Mondes
Hing überm Kessel, und lautlos
Dröhnte die Schlacht. Es war
Wie am Abend des Laubhüttenfestes: im Winde
Raschelten Blätter, doch keine Gebete
Stiegen zum Himmel. Worum
Soll der Mensch auch noch bitten?
Von allen Mißverstandenen einer
Sank in die Knie, sein Blut
Trank die Erde. Mit lässiger Hand
Warf der versinkende Tag noch sein Netz
Über den Vogellaut in der Tiefe der Bühne,
Eine späte Musik, die letzte vielleicht,
Ein Posthorn, verspätet um ein ganzes Jahrhundert.
Die Szene war nicht bestimmbar.
Kein Ort. Keine Zeit. Ein stummes
Nicht deutbares Zeichen, das
Von Gerechtigkeit sprach, während der Tote
Hinwegschlief, vergessen
In einem Finale, das uns verstörte.
Hinter uns grinste
Ein Vers aus der blutigen alten Komödie.

Heinz Czechowski in Schöppinger Umgebung.

215

Klaus Rohleder:

Die Verteidigung des Dorfes

Wie immer am Tag der Republik hat das thüringische Waltersdorf geflaggt. Man gehört hier der Landwirtschaftlichen Produktionsgenossenschaft Elstertal an. Der Vorsitzende der Nationalen Front aus dem benachbarten Greiz, in die 500-Einwohner-Gemeinde gekommen, wartet im festlich geschmückten Saal der Gaststätte Heidekrug auf die Leute, die heute ein Essen und eine Flasche Wein gratis erhalten. Sie kommen wie immer, und wie immer bleibt einer fern: der Viehpfleger Klaus Rohleder, der in alle Fenster seines Vierkanthofes Kerzen gestellt hat – aus Solidarität mit jenen, die anderswo in der DDR gegen das SED-System demonstrieren.

Es ist der 7. Oktober 1989. Vor vierzig Jahren ist die DDR gegründet worden. In Berlin feiert sich das Regime in Anwesenheit von Michail Gorbatschow mit einer Parade ein letztes Mal und prügelt nach dessen Abflug hemmungslos auf jene Demonstranten ein, die so denken wie Klaus Rohleder in Waltersdorf. In Waltersdorf feiern diejenigen, die als Bauern ihren »Genickbruch« bei der Kollektivierung der Landwirtschaft gut verdrängt haben, mit denen in der LPG, die gar nicht wissen und auch nicht wissen wollen, was es bedeutet, ein Bauer zu sein. Vom Vorsitzenden der Nationalen Front erhalten sie Urkunden und Medaillen für besondere Verdienste im letzten Jahr. Die Nationale Front ist der Zusammenschluß aller Parteien der DDR gewesen.

Klaus Rohleder sagt an diesem Abend zu seinem Sohn: »Jens, was machen wir jetzt? Nehmen wir das so hin, daß die ungerührt an unserem kerzenbeleuchteten Haus vorbeigehen, als gehe es sie nichts an, daß ein paar Kilometer von uns ein paar tausend umgelegt werden könnten. Ich dachte ja an jene Montagsdemonstrationen in Leipzig, bei denen die Angst groß war, das Regime könne schießen wie in Peking.« Vater und Sohn beschließen, zum Festabend in den »Heidekrug« zu gehen und die Leute zu beschämen.

Der damals 54jährige Rohleder erinnert sich, wie er mit seinem Sohn in den Saal kommt und am Türeingang stehen bleibt: »Die ganz hartgesottenen Genossen wären am liebsten aufgestanden, um uns die Fresse vollzuhauen. Das haben sie sich natürlich nicht getraut. Die anderen waren erschrocken. Ich habe versucht, sie anzu-

Bauer und Dramatiker Rohleder: Nach der Kollektivierung der Landwirtschaft wurde er Lohnarbeiter auf dem eigenen Land. Über sein erstes Theaterstück urteilte Heiner Müller: »Phantastisch«. Offizielle Reaktion: »Das ist ja schlimmer als Beckett.«

Erster im Dorf Waltersdorf bei Greiz, der sich nach der Wende von Landwirtschaftlichen Produktionsgenossenschaft verabschiedete und sein Land wieder in Besitz nahm: Klaus Rohleder auf frisch gepflügtem Acker.

schauen, aber sie sind meinen Blicken ausgewichen. Eine halbe Stunde haben wir den Auszeichnungen zugeschaut.« Dietrich Scheffel aus der LPG-Chefetage, der mit seinem Sohn verspätet eintrifft, mustert die beiden an der Tür mit bösem Blick. Sein Sohn ist heute Bürgermeister, und der Vorsitzende der Nationalen Front schreibt im Sinne der bürgerlichen Demokratie als Redakteur der lokalen Zeitung.

Der Schlußstrich, den Klaus Rohleder am 7. Oktober 1989 unter die Gemeinde Waltersdorf zieht, in der seine Vorfahren seit dem 16. Jahrhundert ansässig sind, ist ein Schlußstrich geblieben. Am Leben des gewendeten Dorfes nehmen er, sein Sohn und seine Tochter nicht teil. Klaus Rohleders Frau Johanna besucht die Kirche zu Gottesdiensten. Beide Kinder sind evangelisch getauft und konfirmiert. Keine Jugendweihe. Sohn Jens, Wehrdienstverweigerer noch dazu, ist wegen seines Einsatzes für den 1988 verhafteten Liedermacher Stefan Krawczyk ebenso Objekt der Stasi gewesen wie jahrzehntelang sein Vater.

Seit Mitte der siebziger Jahre schreibt Klaus Rohleder. Einen dreijährigen Lehrgang an der Kulturakademie Rudolstadt hat er absolviert und dazu seinen Urlaub verwendet. Die LPG, in der er arbeitete, hätte ihn delegieren können. Das hat sie nicht getan. Nicht nur deshalb, weil er in der Kollektivierung der Landschaft die Zerstörung des Dorfes sieht, sondern wegen seiner Art zu schreiben, die der verlorenen Sprache der Natur auf der Spur ist und die sie nicht verstehen. Für sie ist das Verbohrtheit und Querulantentum. Ganz nach dem Bild, wie sie ihn im täglichen Umgang sehen.

Diejenigen, die die Kultur beaufsichtigen, bringen das Wort vom »Beckett auf dem Lande« auf. Mit Bewunderung hat das nichts zu tun. Eine Warnung steckt dahinter: Wir haben dich durchschaut. Nimm dich in acht. Beckett gehört für die SED zum literarischen Dekadenzrepertoire des Westens, und es dauert lange, bis der Blick auf den Meister des absurden Theaters differenzierter wird. Erst 1988 darf »Warten auf Godot« auf einer DDR-Bühne erscheinen.

Ein Dramatiker in der Beckett-Nachfolge ist Rohleder nicht. Klaus Rohleder, Jahrgang 1935, sagt: »Da muß ich mich wehren. Absurdes Theater ist das, was wir jeden Tag loslassen. Was ich mache, das ist schon wieder Realismus. Der andere, der sozialistische, war verlogen.«

Der Münchner Literaturwissenschaftler Wolfgang Frühwald erklärt nach der Wende: »Für mich ist die dramatische Welt Klaus Rohleders lebens-, weil hoffnungsnäher als die Welt des absurden Theaters. In diesem Werk nämlich gibt es neben der parabelhaften Existenz der auf Ansehen, Funktion und Ich-Erfüllung wartenden Menschen am Rande einer Straße ins Nirgendwo, auf einem Spielfeld, das ein Spiel nicht erleben wird – auch die naturnahe Märchenwelt der Kinder.«

Frank Castorf, heute Intendant der Berliner Volksbühne, findet treffende Worte gegenüber Rohleder lange vor dem Ende der DDR bei einem Gastspiel von Pina Bausch und ihrer Wuppertaler Truppe in Gera: »Du machst eigentlich dasselbe, was Pina Bausch mit ihrem Tanztheater macht.« Doch nach 1989 hat er den Dramatiker Rohleder vergessen.

Zur Kenntnis genommen wird Klaus Rohleders Werk bis heute mal in Graz, mal in Bern – an den Rändern der deutschsprachigen Welt. Zwar erhielt der 56jährige 1991 den Kölner Ludwig-Mühlsheims-Förderpreis für religiöse Dramatik – Hauptpreis für Tankred Dorst –, aber förderlich war diese Auszeichnung »nur« seinem Ackerland, das er gleich nach der Wende aus der LPG herausgezogen hatte. Von der Kölner Preissumme kaufte sich der Bauer Rohleder in Nürnberg einen gebrauchten Traktor für seinen Hof.

In den neuen oder neu aufgelegten und nachgebesserten Nachschlagewerken der deutschen Literatur kommt der Dramatiker Rohleder nicht vor. Von seinem halben Dutzend Theaterstücken wird nur eines gespielt: der Erstling »Das Fest«, 1977 entstanden. Mehr als ein Jahrzehnt dauert es, bis dieses Stück im dritten Stock der Ostberliner Volksbühne, der Experimentierstätte des Theaters, uraufgeführt werden darf.

Klaus Rohleder schickt seinen Erstling nach Gera, nach Karl-Marx-Stadt, nach Berlin. »Ich bekam keine Antwort«, sagt er. Nach drei

Monaten Wartezeit ruft er einen zuständigen Theatermann beim Rat des Bezirks an. »Selbstverständlich, das Stück machen wir«, hört er nun, und dann hört er wieder nichts. Schließlich: »Machen Sie sich keine Hoffnung.«

Rohleder fährt mit seinem Manuskript nach Berlin zum Henschel-Verlag, dem Theaterverlag der DDR. »Der Pförtner hat gelächelt und mich zum Lektor Gregor Edelmann geschickt«, erinnert sich Rohleder. Edelmanns erste Reaktion: »Na ja, ich schreib' Ihnen.« »Mein Herr, hab' ich gesagt, nun sehen Sie doch mal rein, nur zwei Seiten. Ich bin morgen noch in Berlin.« Dann ist Rohleder über seinen Mut erschrocken und hat Skrupel, am nächsten Tag hinzugehen.

Er geht und trifft auf einen enthusiasmierten Edelmann: »Na, setzen Sie sich erst mal. Was machen Sie beruflich?« »Ich füttere Kühe.« »Ja, wissen Sie überhaupt, was Sie geschrieben haben!«

»Na, ein bissel wußt' ich's, aber nicht ganz«, sagt Rohleder heute. Edelmann, der sich für den Druck des Stückes einsetzen wollte, war Feuer und Flamme. »Bei meinem nächsten Besuch schon nicht mehr. Beim dritten war er kühl, nicht ablehnend, aber ausweichend. Ich fuhr nach Haus und ging in meinen Stall.«

Die Theaterwerkstätten in Leipzig nehmen das Stück 1986 endlich an, aber nur für eine szenische Lesung. Voller Freude geht Rohleder auf den Regisseur zu, der ihn mit den Worten anfährt: »Wozu sollen wir beide uns unterhalten? Was Sie geschrieben haben, versteht ja doch keine Sau. Das haben allein Sie zu verantworten.« Das Stück wird miserabel gelesen. Auch das gehörte zu den Methoden in der DDR, einen Autor fertigzumachen.

»Das Fest« ist ein Drei-Personen-Stück. Nach einer Autopanne in menschenleerer Gegend ist ein Ehepaar ganz auf sich zurückgeworfen. Die Straße führt ins Nichts. Ein Weiterlaufen hat keinen Zweck. Der Mann sucht sich seinen Zweck, indem er Steine am Rande der Straße zu einem Turm aufbaut: »Nahtloses Ineinanderfügen, ist's nicht Beweis genug?« Die Frau wird von einer unbegreiflichen Ausdauer vorwärts getrieben, die selbst das Ziel ist. Ihre Wirklichkeit ist die Wirklichkeit jenseits des Traums: »Die Zeit zurückholen.« Die Zeit, in der sie in den Mann verliebt war. Diese Wirklichkeit ist bedrohlicher als jeder Traum.

Um den Neuanfang einer langen Beziehung geht es. Wenn Rohleder die Frau davon sprechen läßt, wie sie sich in ihren Mann einst verliebte, dann schafft er die Stille, der das erste Wort entsprang. Er demonstriert, wie die Verliebtheit von einst nur Episode ist und die Liebe als Nachträglichkeit vertan wird. Mit Gewalt will die Frau der Leere ihrer Beziehung entkommen und den Anfang finden.

Zwei aus alteingesessenen Bauernfamilien: Klaus Rohleder und seine Frau Johanna, die im Nachbardorf Linda ein Bauernhaus besitzt.

Ein Fremder, der auf der leeren Straße auftaucht, antwortet auf die Gewalt der Phantasie mit Vergewaltigung. Beide Männer sind Opfer der eigenen, zur Verblendung geronnenen Selbsterhaltung, in die sich die Frau letztlich hat immer einfangen lassen. Das Bild der Liebe stirbt, damit das Paar leben kann – in den Sicherheiten des fugenlosen Turmbaus. Da sich niemand auf die Unsicherheit der Liebe einlassen will, ist die Angst vor dem Zusammenbruch eine Angst, die bereits erlebt ist.

Rohleder läßt die Frau ein Kind zur Welt bringen, das ein Erwachsener ist. Der Affirmation des Selbst durch Selbsttäuschung widersetzt sich der Jugendliche mit dem Ziel, unbenutzbar zu bleiben. Wenn der Sohn seine Eltern tötet, dann könnte dies wirken wie ein Terrorakt. Doch Rohleder zeigt etwas anderes. Das auf die Eltern gerichtete Feuer paraphrasiert, was er bei den Eltern nicht fand: Leben heißt brennen.

Das alchimistische Feuer der Verwandlung erlebt das Paar im Schlaf. Im Aufwachen der beiden ist die Wahrheit vom Feuer aufgezehrter Irrtum: Einmal gab es die Liebe. Die Liebe im Verständnis Rohleders: ein Wort, das an der äußersten Grenze der Sprache steht.

Man kann diesem Stück, wie es die zu DDR-Zeiten gegründete Zeitschrift »Theater der Zeit« nach der Wende tut, auch eine DDR-spezifische Bedeutung geben, in der Rohleders Stück »eine Welt zwischen Kafkas Strafkolonie und Honeckers Menschengemeinschaft« spiegelt. »Was wollen wir tun?« fragt die Frau, und der Mann antwortet: »Was man von uns erwartet.« Demnach wäre der Turmbau des Mannes, bei dem ihm die Frau hilft, ein Wachturmbau, der erst ins Wanken kommt durch den Sohn der beiden.

Von einer solchen Deutung ist natürlich 1988, als Rohleders »Fest« in Berlin uraufgeführt wird, in »Theater der Zeit« keine Rede gewesen. Der damalige Chefredakteur Hans-Rainer John fragt sich, »was den 53jährigen Genossenschaftsbauern ... dazu trieb, einen Versuch in der Nachfolge Becketts und Różewicz' zu unternehmen, statt eigene Wirklichkeitserfahrungen ganz unmittelbar literarisch dingfest zu machen«.

Daß die Uraufführung von Rohleders »Das Fest« am 25. März 1988 zustande kam, ist allein das Verdienst eines Mannes: des Volksbühnendramaturgen Jürgen Verdofsky, der sich nicht deprimieren ließ durch die vielfältigen Versuche anderer, seine Inszenierung zu Fall zu bringen. Schon immer hat die Reihe »Autoren en suite« im dritten Stock der Volksbühne unter dem Verdacht des Abweichlertums gestanden. Deswegen ihre Eingrenzung auf lediglich sechs Vorstellungen und mit der Vorgabe »Szenische Lesung«. Auch wenn Verdofsky in die Reihe den systemüberzeugten Erich Köhler einmischte, so bewegt er sich mit Heiner Müller, Peter Brasch und Lothar Trolle an der Schmerzgrenze des Systems.

Jürgen Verdofsky, Jahrgang 1951, erinnert sich: »Ich habe Rohleders Stück nur durch Zufall in die Hände bekommen. Es lag vergessen in einer schlecht lesbaren Schreibmaschinendurchschrift auf einem Stapel, in den ich griff. Ich las und war ganz begeistert. Wer ist denn das?« Mit dieser Frage macht er sich auf nach Waltersdorf und findet Aufklärung auf dem Sofa aus rotem Kunstleder, das in der Küche noch heute hinter dem Eßenstisch steht und aussieht wie die durchgehende Sitzbank eines Oldsmobiles.

»Rohleder war furchtbar aufgeregt«, erinnert sich Verdofsky an seine erste Begegnung mit dem Autor, dem der offen sagt: »Es wird mindestens ein Jahr dauern, bis ich durch alle Instanzen bin.« Diese Instanzen reichen vom Rat des Kreises Greiz über den Rat des Bezirks Gera bis hin zum Kultusministerium, das die Uraufführungsgenehmigung geben muß, um nur einige zu nennen.

In Berlin hat Verdofsky Heiner Müllers Fürsprache, der an die Volksbühne vertraglich gebunden ist. Ein weiterer Zufall spielt dem Dramaturgen in die Hände: Leipzig möchte ein Stück aus der Reihe für die VI. Werkstatt-Tage des DDR-Schauspiels haben. Verdofsky schlägt »Das Fest« deshalb nicht als szenische Lesung, sondern als richtige Inszenierung vor.

In der Intendanz bekommt er zu hören: »Haben Sie sich das gut überlegt? Bringt das Stück genug Zuschauer? Ist es aufführungsreif? Wollen Sie es nicht doch überarbeiten?« Aber er bekommt schließlich die Zustimmung: »Der Ärger begann bei den Endproben. Beim ersten Durchlauf lief noch alles gut. Intendant Rödel fand die Sache ganz passabel. Klaus Rohleder, der dabei war, strahlte und gab Sekt aus.« Beim zweiten Durchlauf: »Einspruch des Chefdramaturgen Holger Adolph und des Schauspieldirektors Hoechst.« Das Stück entspreche nicht der Linie des Hauses, es sei »ästhetisch unmöglich«.

Die Absetzung scheuen die Herren. Nur keinen politischen Skandal! Es gibt andere Methoden. Den Akteuren der Inszenierung wird gesagt, daß sich die Theaterleitung von dem Stück distanziert, daß jeder auf eigene Verantwortung spiele. In der Kommission des Theaterverbandes stimmen die Vertreter der Volksbühne gegen die Aufführung in Leipzig, unterliegen aber knapp. An der Abendkasse am Uraufführungstag in Berlin heißt es, die Vorstellung sei ausverkauft. Verdofsky, der das Spiel durchschaut, stellt sich neben die Abendkasse. Nun sind Karten wieder vorhanden. Der Saal wird voll.

In Leipzig, knapp drei Monate später, will der aus Berlin mitgebrachte Beleuchter mit den vorhandenen Scheinwerfern nicht umgehen können. Verdofsky: »Ein Leipziger Beleuchter erklärt dem Berliner Kollegen die Technik. Doch der hat in der Aufführung alle Lichtstimmungen geschmissen, hat alles getan, daß es zu einem Desaster kommt. Ich habe dann eine Ansage gemacht, daß wir die Aufführung mit einfachem Saallicht fortsetzen.«

In der nachfolgenden Diskussion über Stück und Aufführung nimmt der eigene Intendant gegen den Dramaturgen und Regisseur Verdofsky Stellung. An seiner Seite Otto Stark, Chef des Berliner Kabaretts »Die Distel«, der von einer »merkwürdigen Sicht eines Genossenschaftsbauern auf die Welt« spricht: »Der soll doch Stücke aus seinem Arbeitsmilieu schreiben.«

Der Leipziger Holzbildhauer Volker Baumgart ist empört: »Wie kann ein Künstler den anderen Künstler so niedermachen!« Dem Kabarettchef Stark zugewandt, fragt Baumgart: »Sind Sie einer?«

Jürgen Verdofsky, der noch im selben Jahr von einem Gastspiel der Ostberliner Volksbühne in Leverkusen nicht in die DDR zurückkehren wird und heute in Hamburg wohnt, sieht die Qualität Rohleders so: »Er hat eine besondere Sensitivität der Wahrnehmung, die ist nicht schnell verarbeitet, die geht durch und durch. Er wußte um die verrückten Grundkonstellationen des Alltags in der DDR, und dieses Leben in der DDR hatte eine absurde und zugleich komische Seite. Das ist alles bei ihm so festgehalten, daß einem das Lachen im Halse stecken bleibt. Das Originäre besteht darin, dieses alltägliche Leben so auf die Bühne zu bringen, wie es ein Intellektueller mit seinem bildungsbürgerlichen Wissen eben nicht kann. Das ist die intellektuelle Leistung des Bauern Klaus Rohleder.«

Heinz Czechowski sagt: »Rohleder war mit seinem Theater in der DDR ein Geheimtip.«

Nur auf den ersten Blick ist es verblüffend, wenn Klaus Rohleder sagt: »Alles, was ich mache, ist eine Verteidigung des Dorfes. Eine Industriegesellschaft hat das nötig. Sie ist kein gesundes Potential. Das Dorf gehört zu unserer Kultur. Wer die Dorfkultur zerstört, hat mit der Zerstörung der anderen Dinge keine Probleme mehr. Denn als kleine Gesellschaft in der größeren ist sie die intimere. Diese kleine Welt ist zerstört worden, aber nicht so, daß man nicht mehr weiß, was diese Kultur gewesen ist.«

Politisch gesehen: »Die Kommunisten hier waren ja schlimmer, als es jeder Kapitalismus sein kann. Zerstörerischer als sie hat keiner eine Industrielandschaft geschaffen. Und die Landwirtschaft war ja Vorreiter in dieser Zerstörungsgeschichte. Sie war das größte Selbstmordkommando in der DDR mit ihren Spritzmitteln, die flächendeckend von Flugzeugen abgeworfen worden sind.«

Rohleder, der die Einheit Deutschlands herbeigesehnt hat, sieht sich in seiner Verteidigung des Dorfes auch heute nicht arbeitslos: »Die Landwirtschaft in der ehemaligen DDR ist der einzige Zweig, der nicht privatisiert worden ist. Sie konnte weiterwirtschaften wie bisher. Mit allen Gebäuden, mit ihrem Maschinenpark. Wir, die wir wieder eigenständige Bauern wurden, mußten mit dem Spaten beginnen. Die LPG-Vorsitzenden von einst sind heute zumeist Geschäftsführer. Von Ethik beim Bauernverband aus dem Westen keine Spur. Auch diese Funktionäre haben sich längst vom Dorf verabschiedet.«

Das kommt langsam und bedächtig aus Klaus Rohleder heraus und nicht so flüssig, wie es sich liest. Als Verbitterung will er seine Feststellungen nicht verstanden wissen: »Ich fühle mich wohl im wiedervereinigten Deutschland. Ich bin froh, daß es diese Demokratie drüben gegeben hat, daß sie sich der Zwei-Staaten-Theorie der SED verweigerte. Sonst wären wir bei diesen Idioten sitzengeblieben. Und die Demokratie heute hier? Gut, daß die alte Bundesrepublik die Mehrheit hat. Sonst hätten wir hier die Einheit längst schon wieder verspielt.«

Getrenntheit, Beziehungslosigkeit, Isoliertheit, Kälte, Trägheit, Gewohnheit, Gleichgültigkeit, Zynismus sind und bleiben seine Themen, die er auf dem Hintergrund einer Moderne sieht, in der der Begriff des Menschen gegenüber technischen Produkten keinerlei Trennschärfe mehr hat. Das Wort ward Fleisch: das war einmal. Die Abwendung vom Leibe, die Erhebung über das Physische ist in vollem Gange. Der Loslösung von der Ortsgebundenheit des Denkens und von der Erinnerung im Körper durch die Entkörperungstechniken der Informationsgesellschaft setzt er das Alte als den dau-

ernden Grund menschlicher Natur entgegen, die Idylle als ein Bild
der Ahnung, als ein Bild, das nur als Erinnerung an das Paradies
erhalten ist. Um in diesem Bilde zu bleiben, geht es frei nach Kafka
um ein »Herausspringen aus der Totschlägerreihe«. Für Rohleder ist
die Natur wie auch der Leib ein Territorium, das zur Heilung der
Wunden taugt, die die Geschichte der Macht hinterläßt.

In einem seiner Stücke heißt es: »Es brennt! Was verbrennen sie,
daß es zu so einem Feuer kommt? Briefe, sagst du, in denen sie hoff-
ten? Ich weiß von Hoffnungen, die noch bestehn. Was flüsterst du:
Ihre Ziele, sie brennen. Werden sie dem Feuer noch Einhalt gebieten – oder ihm selbst gleich mit Nahrung sein? Daß sie das Feuer
selbst legten, Absicht kann es von ihnen nicht sein. Sie warens doch,
die auf alles bestanden. Lösen sie jetzt die gewonnenen Farben
gegen das graue Vergessen ein? Morgen schon werden sie suchen,
was sie heut in die Flammen spülen...«

*Die Tenne des Hofes:
links der Vater Klaus
Rohleders als Kind.
Heute ist die Tenne
Tischlerei des Enkels
Jens.*

Klaus Rohleders Dorfgeschichten sind Weltgeschichten und haben
nichts von einer unkritischen Sehnsucht nach dem Vergangenen.
Hier schreibt jemand in der Konfession Jeremias Gotthelfs, der 1850
von Zeiten sprach, »welche nichts hervorbringen trotz allem Fortschritt und allem Übermut der Menschen als gesteigerten Hunger
und ein Verzehren der Schätze der Vergangenheit und eine alle Tage
mehr zutage tretende Ohnmacht, die Schätze der Vergangenheit zu
bewahren und neue zu schaffen, die Bedürfnisse der Gegenwart zu
befriedigen«.

Und hier schreibt jemand zugleich mit jener Kraft, die Robert Musil seiner Grigia in der gleichnamigen Erzählung von 1925 gegeben hat. Jener Grigia, zu der Homo aus der Stadt, aus der »überall gleichen Einheitsmasse von Seele« geflohen ist und ein »herrlich von Jugend umflossenes Wort« findet: »Wiedervereinigung«. Wiedervereinigung von Stadt und Land, von Natur und Kultur, von Mann und Frau. Daß Homo im Schacht eines stillgelegten Bergwerks stirbt, aus dem Grigia ins Freie entkommt, beschreibt Musil als die Schwäche des modernen Menschen, ins Leben zurückzukehren.

Hinaus ins eigene Offene. So hat Klaus Rohleder gelebt und geschrieben. Daran hat sich nichts geändert. »Was früher unsere Freiheit war, war unser Widerstand«, sagt er. Im Widerstand war sich die Familie einig.

Vier Generationen lebten bis 1995 unter dem Dach eines für diese Gegend typischen Bauernhofes, der lückenlos von Gebäuden umschlossen ist wie eine Burg, von keiner Seite einsehbar. Geht man vom gepflasterten Innenhof durch die Scheune und öffnet die Tür nach hinten ins Freie, so bemerkt man, daß der Hof in einen Hang hineingebaut ist. Der Blick schweift über die sanfte Berglandschaft des Vogtlandes, und Klaus Rohleder sagt:

»Wichtig waren mir immer die Abstände. Wenn ich vom Kuhstall kam und bin dann nach Berlin gefahren, meistens mit dem Zug und dann mit der S-Bahn, so war das der erste Schritt in eine andere Welt. Diese Idylle hier verkleistert ja auch viel. Ich wollte wissen, ob meine Sprache auch dort stimmt, in so einer Großstadt, wo du eine andere Wirklichkeit hast. Ich kann mich in der Stadt wohlfühlen. Aber ich brauch' das andere zur Selbstdisziplinierung.«

Im Jahre 1995 starb Klaus Rohleders Mutter Lisbeth im Alter von 92 Jahren, zwei Jahrzehnte später als sein Vater, der 75 Jahre alt wurde. Der Großvater mütterlicherseits kam aus Niederschlesien, pachtete die Waltersdorfer Mühle und kaufte sie dann.

Ehefrau Johanna, Jahrgang 1937, Vater im Zweiten Weltkrieg vermißt, Bauerntochter mit einem Hof, der sich mit anderen Häusern um die Kirche gruppiert, kam 1963 aus dem fünfzehn Kilometer entfernten 400-Einwohner-Dorf Linda, in dem die Mehrheit Ost-CDU wählte, in das als rot bekannte Waltersdorf. Seit jener Zeit ist sie, die in der LPG im Kälberstall arbeitete, mit Klaus Rohleder verheiratet. Sohn Jens, Jahrgang 1966, hat drei Kinder, ist gelernter Modellbauer und hat sich eine Tischlerei in der Scheune eingerichtet. Seine Frau stammt aus der Mark Brandenburg, Elektrikerin zu DDR-Zeiten. Klaus Rohleders Tochter Katrin, Jahrgang 1970, hat ein abgeschlossenes Studium der Betriebswirtschaftslehre hinter sich.

Den Bauernhof führen Vater und Sohn. Zwölf Hektar in Walters-

Rohleders Mutter Lisbeth und sein Vater Kurt als Landwirtschaftsschüler in den zwanziger Jahren: Der Vater war Bürgermeister von Waltersdorf, wurde 1945 von den Sowjets verhaftet, kam erst ins KZ Buchenwald, dann nach Sibirien. Die Mutter erlebte das Ende der DDR, der Vater nicht.

dorf, zwölf Hektar in Linda. Beide Dörfer liegen am Rande der einstigen »Wismut«, dem Uranbergbaugebiet. Die Rohleders haben vier Kühe, einige Kälber, eine Sau, Hühner und Enten. Für das Kleinvieh ist die Ehefrau Johanna zuständig, auch für den Kreislauf des Lebens, der genaue Essenszeiten hat. Seit 1994 gibt es ein Telefon im Haus. Das Arbeitszimmer des Schriftstellers Rohleder liegt hinter dem Schlafzimmer der beiden. Zugang verboten. Was zu besprechen ist, wird in der Küche besprochen, in die der sechsjährige Benjamin hineinstürzt: »Opa, die Kühe sind ausgerückt.«

Klaus Rohleders Vater Kurt war mit Leib und Seele Bauer. Bücher gab es im Hause nicht. Mit Leib und Seele haben die Rohleders in den Jahrhunderten, die sich zurückverfolgen lassen – nicht nur bis hin zu Friedrich Nietzsche, mit dem eine Verwandtschaft über die weibliche Linie Mosdorf aus Zeitz besteht –, alles gemacht.

Der erste nachweisbare Ahne der Linie Rohleder, der Waltersdorfer Wirt Michael Rohleder, erschlug beim Schlichten eines Streits 1595 in seinem Wirtshaus einen Gast. Notwehr. Der jüngste Sohn Michael Rohleders stritt sich wegen der seiner Meinung nach ungerechten Brauvorschriften mit dem Gerichtsherrn Adam von Posern, Vorfahre des Walterdorfers Rittergutsbesitzers, mit dessen Nachfahren, nach 1945 vertrieben aus ihrem Eigentum, Rohleders Vater befreundet war.

Der jüngste Sohn des damaligen Posern-Opponenten wiederum

Klaus Rohleders Frau Johanna im Alter von dreißig Jahren. In der LPG arbeitete sie im Kälberstall.

wurde wegen Ehebruchs 1678 des Landes verwiesen. Nach einer Sage aus dem 19. Jahrhundert soll er im Streit um die Erbschenk-gerechtigkeit im Auftrag eines anderen Gerichtsherrn bei Gera erschlagen worden sein.

Johann Christoph Rohleder (1738–1795), Bauernsohn aus Walters-dorf, durfte die Gelehrtenschule in Greiz besuchen, dann die Uni-versitäten Jena und Leipzig. Als Privatlehrer der Rechte und der schönen Wissenschaften, fließend englisch und französisch spre-chend, Klavier- und Violinspieler, wurde er Hofrat beim Erbprinzen von Anhalt-Bernburg, nach seiner Pensionierung Mitarbeiter der Sternwarte in Leipzig. Ein Mann mit einer Bibliothek von 2200 Bän-den, die nach seinem Tode verkauft wurde.

»Eine seltsame Geschichte«, sagt der Bauernsohn und Schriftsteller Klaus Rohleder. Er hat sie erst jetzt in die Hände bekommen und wundert sich, wenn er in der handschriftlichen Chronik des Walter-dorfer Kantors Johann Wilhelm Böttcher im Thüringischen Staats-archiv Weimar über seinen gelehrten Vorfahren liest: »Nach seiner Entlassung aus der Schule sollte er nach dem Wunsche seines Vaters die Landwirtschaft erlernen. Dazu hatte er aber keine Neigung; gern wäre er auf eine höhere Schule gegangen, um sich dem gelehrten Stande zu widmen. Der Vater wollte nicht… Ungern fügte er sich… Aber immer hat er Bücher zu Hand… Hatte er eine müßige Stunde, gleich war er auf dem Boden und las in denselben. Der ländlichen Beschäftigung schämte er sich, deshalb mußte ihm auch der Großvater den Ackerpflug durchs Dorf fahren, während er auf anderem Weg aufs Feld folgte. Im Ackerpfluge hatte er auch sein Buch, das er auch bei der Arbeit benutzte.«

Klaus Rohleder, geboren am 9. Juni 1935 in Waltersdorf, hat sich nie der Landwirtschaft geschämt, aber auch er wollte nicht Bauer wer-den. Nicht weil er mit einer heimlich angelegten Bücherwelt aus dem Dorf drängte, eher wegen der Dominanz seines Vaters, der den sich sträubenden Sohn einfach so lange aufs Pferd setzte, bis auf dem Rundritt im Innenhof sein Widerstand gebrochen war. Wenn Klaus Rohleder nun heute auf seinen Vorfahren schaut, weiß er, daß sein Weg in die Literatur denn doch nicht allein mit seinem Vater zu tun hat, von dem er sagt, beider Verhältnis zueinander sei gespannt gewesen.

Klaus Rohleders Vater war in den Jahren des Zweiten Weltkriegs Bürgermeister der Gemeinde. Und weil er das nur als Mitglied der NSDAP sein konnte, trat er 1943 in die Partei ein. Auf dem Hof arbeiteten eine junge Frau und ein Mann aus dem Osten: Das Mädchen war freiwillig aus der Ukraine gekommen, der Pole Fra-nek gezwungen. »Wir arbeiten gemeinsam«, sagte der Vater, »also

essen wir auch gemeinsam an einem Tisch.« Das war Kurt Rohleders Antwort gegenüber dem Ortspolizisten, der von einem Verstoß gegen die Vorschriften sprach.

»Mein Vater hat schon 'ne Mütze aufgehabt und hat sich auch durchgesetzt«, sagt der Sohn. 1945 kamen zuerst die Amerikaner, dann die Russen ins Dorf. Franek ging mit den Amerikanern in den Westen und schrieb den Rohleders von dort. Von dem ukrainischen Mädchen, das in seine Heimat zurückkehrte, haben die Rohleders nichts mehr gehört. Die Russen verhafteten Rohleders Vater, nahmen ihn mit – zuerst einmal nach Greiz in den Vernehmungskeller der GPU.

Von Greiz kam Kurt Rohleder in das KZ Buchenwald, das von überlebenden Opfern geräumt und nun mit neuen Opfern von den Sowjets gefüllt wurde. Schuldig oder unschuldig – das war egal. Wichtig war: mißliebig. Wer hier blieb, krepierte in aller Regel. Kurt Rohleder wurde nach Sibirien deportiert. Er gehörte dort zu denjenigen, die die Stadt Karaganda aufzubauen hatten. 1948 kam Kurt Rohleder zurück. »In den ersten drei Wochen hat er nur in seinem alten Arbeitszimmer gesessen und hat mit niemanden ein Wort gesprochen«, erinnert sich der Sohn. Auch später waren es allenfalls ganz wenige Sätze. Daß er in Sibirien im Kuhstall hat arbeiten dürfen, hat der Vater als Glück empfunden. »Was er in Buchenwald erlebt hatte, darüber sagte er kein einziges Wort«, erinnert sich der Sohn.

Der Bauernhof der Rohleders: Hier brannten in den Fenstern Kerzen, als die DDR unterging.

»Ich will meinen Vater nicht reinwaschen«, sagt er, »aber geprägt hat mich das, was mit meinem Vater passiert ist.« Geprägt, wie Arnold Vaatz, den Bauernsohn aus dem nahen Steinsdorf bei Weida, mit dem sich Klaus Rohleder Anfang der siebziger Jahre in einem Lyrik-kreis in Greiz zusammenfand. Dessen Großvater hatte zu Anfang des Jahrhunderts ein Gut in Rußland, war in der Oktoberrevolution verhaftet worden, konnte über die Türkei nach Deutschland entkommen, landete schließlich in Thüringen, wo er eine Bauern-tochter heiratete. Es war die Großmutter von Arnold Vaatz. Nach 1945 steckten die Sowjets den einst entflohenen Großgrundbesitzer deswegen noch einmal ins Gefängnis – diesmal für Jahre. Arnold Vaatz, Dichtertalent in Greizer Jahren, dann Bürgerrechtler, ist heute Umweltminister der von der CDU gestellten sächsischen Landes-regierung.

Klaus Rohleder, bei Kriegsende zehn Jahre alt, erinnert sich an 1945: »Wir waren das Objekt, von dem man sagen konnte: Der Alte ist eingesperrt. Wir waren die, bei denen man alles abladen konnte. Jeder projizierte seine eigene Schuld auf unser Haus! Unser Haus mußte sich ständig verteidigen.« Seine Mutter und seine zehn Jahre ältere Schwester führten den Hof. Hausdurchsuchungen fanden mit Vorliebe bei den Rohleder-Frauen statt.

Doch da war inzwischen eine Tante Klaus Rohleders aus Leipzig gekommen. Pensionierte Postbeamtin, einst im Schalterdienst. Sie zog nun ein. Oben in ihrem damaligen Zimmer steht noch immer ihr Kleiderschrank, mit Glassplittern im Holz von einem Bomben-angriff, bei dem die Fensterscheiben zu Bruch gingen.

Klaus Rohleder sagt: »Die Tante Marie hat mich herrlich verzogen. Schon vor 1945 hatte sie mich nach Leipzig geholt und mir die Stadt gezeigt. Leipzig war die erste große Stadt, die ich kennenlernte.«

In Leipzig schwand Klaus Rohleders Angst, in die Hitler-Jugend eintreten zu müssen. »Ich kann einfach keinen Drill ausstehen«, sagt er. »Das war schon so, als ich in den Kindergarten kam. Da war ich immer früher zurück auf dem Hof als meine Mutter, die mich hin-gebracht hat.«

Außer Tante Marie begleitete den Jungen eine Kaufmannsfrau aus dem benachbarten Neumühle durch Kindheit und Jugend, bis sie sich mit ihrem Mann aus der DDR davonmachte – in die Schweiz. Diese Frau, Rohleders Vater zugetan, der ein verschwiegener Frau-enfreund war, nahm den Jungen in den Kriegsjahren mit auf Reisen: »Wir waren in Franzensbad, saßen im Café und hörten uns Wunsch-konzerte an.«

Klaus Rohleder: »In jener bedrohlichen Zeit, die man selbst als Kind spürte, gab es da auch diese Verheißung des Glücks.«

Das Schöne im Schrecklichen, wie es Ilse Aichinger in ihrem Roman »Die größere Hoffnung« erzählt: Ein kleines Mädchen, das bei seiner Großmuter wohnt, will aus Not einem Interessenten den alten geliebten Schrank mit den Glastüren verkaufen. Sie spricht, um den Käufer zu ermutigen, viel Wunderbares zum Lobe des Schrankes, und das Schönste: Seine Türen klirren, wenn der Zug vorbeifährt.

Was Ilse Aichinger, die der Deportation ins KZ entkam, ihre Großmutter aber nicht, in dieser authentischen Geschichte aus Wien erzählt: Die Wohnung der Großmutter mit dem schönen Schrank lag an jenem Bahnhof, von dem aus die Deportationszüge mit den Wiener Juden in den Osten gingen. Und jener Zug, der sich in Bewegung setzte, brachte die Glastüren zum Klingen.

Die Erlebnisse Klaus Rohleders mit seiner Tante Marie und der Kaufmannsfrau machten jenen Schleier aus, jenes Geheimnis, das seine Jugend vom Erwachsenendasein trennte. Es war auch jene Zeit, in der die beiden Frauen den Jungen ins Theater nach Greiz schickten – zur Operette. Irgendwann war das Programm geändert, und Anton Tschechows »Möwe« stand auf dem Spielplan. Klaus Rohleder stand an der Kasse und sagte: »Nee, das will ich nicht.« Die Antwort der Kartenverkäuferin machte ihn neugierig: »Da wird jemand erschossen.«

Damit begann etwas für ihn, was eines Tages sein eigenes Theater bestimmen wird: die Auseinandersetzung mit der Liebe, jener Angelegenheit die uns in der Zeit immer wieder mißglückt: »Es lebt ein Mädchen an einem See… Es liebt den See wie eine Möwe, und wie eine Möwe ist es frei und glücklich. Da kommt eines Tages ein Mann daher, sieht das Mädchen und richtet es zugrunde, bloß so, aus Langeweile – wie ihr Freund hier die Möwe.«

Was da der Schriftsteller Trigorin in der »Möwe« sagt, wird auftauchen in Rohleders Theaterstück »Die Panne oder der Oleander«, in einer komischen Szene, in der die Frau auf einem Spaziergang im Park das Meer riecht, eine Weite, die es nur in ihrer Phantasie gibt, und in der der Mann bei Beachtung seiner erhöhten Blutdruckwerte im Busch zur Druckentlastung kommen will:

»Schiff klar und Punkt.« Und sie: »Nein, Otto… Riech mal… Riech doch… Meer…«

In der »Panne oder der Oleander«, vor und nach der Wende geschrieben, sind alle zugrunde gerichtet von einer anonymen Macht, die mit der Natur auch die Natur des Menschen zerstört hat.

Über den Oleander, auf dessen Suche Rohleders Paare in dem Stück sind, heißt es bürokratisch: »Er hat's versäumt, sich den veränderten Gegebenheiten anzupassen.« Aber alle träumen von der Wiederkehr des Oleanders.

Rohleders Sommernachtsalptraum in einem Park, dessen Bäumen die Rinde fehlt, dessen Pflanzen am Felsen verdorren, dessen Erde versumpft, endet mit dem Kaufantrag eines Unternehmers. Der Mann bekommt das Gelände vom Chef des Parks gratis. Korruption ist im Spiel. Anders formuliert: Eine Treuhand wäscht die andere. Eine wunderbare Komödie ist das, die die Erfahrung aus der Fortschrittswelt in der Diktatur mit der in der Demokratie verbindet.

Klaus Rohleder wurde nach dem Abschluß der Volksschule Bauer. Zunächst arbeiteten alle im Dorf in der ersten Stufe der Kollektivierung zusammen auf dem Feld, und die Tiere konnte jeder behalten. Klaus Rohleder sagt: »Das Regime wußte, daß es vorsichtig mit der Kollektivierung auf dem Lande beginnen mußte. Die alten Bauern waren Persönlichkeiten, jeder auf seine Art. Jeder war gegen das, was dann 1960 umgesetzt wurde, als das Vieh auch abgegeben werden mußte und wir Lohnarbeiter auf eigenem Land wurden.«

Die einen gingen in den Westen, andere nahmen sich das Leben. Andere wiederum verdrängten ihr Dilemma wie der Vater, der Brigadier wurde. Der Sohn lehnte es ab, Brigadier zu werden: »Ich hab' gedacht, das kannst du nicht machen, zu den alten Bauern im Heimatdorf sagen, mach dies oder jenes. Also ist mir nur die Handarbeit geblieben.« Um halb fünf trieb er im Sommer die Kühe aus, holte sie später zum Melken zurück in den Stall, dann wieder raus, Koppeln bauen und um drei Uhr nachmittags wieder Melken im Stall.

Die Alten starben weg. Und die Generation von Klaus Rohleder ließ sich das Genick brechen: »Das Bewußtsein, ein Bauer zu sein, das gibt es nicht mehr. Was es heute gibt in den umgewandelten Landwirtschaftlichen Genossenschaften, sind Landarbeiter.«

Klaus Rohleder, 1960 fünfunddreißig Jahre alt, sah keinen Ausweg, dem LPG-System zu entkommen. Das Land war eingebracht vom Vater. Nur eines ließ sich Klaus Rohleder nicht nehmen: den Besuch des Theaters, wann immer er konnte. Greiz war kein schlechtes Bühnenpflaster. Sogar Brechts »Antigone« erlebte in Greiz ihre deutsche Erstaufführung. Im Urlaub fuhr Rohleder mit seiner Familie in die Nähe Ostberlins, um dort die Theater zu besuchen. Irgendwann las er in der Zeitung, daß ein Kabarett gegründet werden sollte. »Die wollten Spieler haben, ich wollte schreiben«, erinnert er sich.

Es war das Jahr 1969. Ausgerechnet dem Mann, der in Greiz Reiner Kunze bespitzelte, der in der Wende SPD-Vorsitzender in der DDR wurde, verdankt Klaus Rohleder, daß er als Autor den Weg zum

Theater fand: Ibrahim Böhme. Böhme, zum Kreissekretär des Kulturbundes in Greiz aufgestiegen, Opposition spielend und die Stasi bedienend, holt den Waltersdorfer Viehpfleger in den Greizer Lyrikkreis, dem auch Günter Ullmann und Arnold Vaatz angehören. Böhme sorgt dafür, daß Klaus Rohleder an einem dreijährigen Lehrgang an der Kulturakademie Horst Salomon in Rudolstadt teilnehmen kann. Böhme schleust sich geschickt ins Vertrauen Rohleders ein – als von der Stasi gejagter Mann: »Gezittert hat er, als er auf dem Hof auftauchte. Andeutungen hat er gemacht. Gefragt hat er, ob ich ein Päckchen mit Schriftstücken verstecken könne.« Rohleder ging auf den Boden des Hauses und steckte das Paket in eine leere Milchkanne.

Ibrahim Böhme, Kreissekretär des Kulturbundes im Greiz der siebziger Jahre, nun zurück als Vorsitzender der DDR-SPD Anfang 1990: Rechts von ihm Rohleder, links Professor Hartmann, Chefarzt des Greizer Krankenhauses, Bürgerrechtler Jürgen Templin und der Lyriker Günter Ullmann als Gäste der ersten Lesung von Jürgen Fuchs in Greiz nach der Wende.

Zwischen der Arbeit im Kuhstall und den Lehrgängen in Rudolstadt erlebte Rohleder am 19. November 1976 die letzte Lesung Reiner Kunzes im Gemeindesaal der katholischen Kirche in Greiz, bevor dieser dem zerstörerischen Druck des Regimes wich und in den Westen ging. Kunzes 1973 erschienene Gedichtsammlung »Brief mit blauem Siegel« gehörte zu jenen ersten Büchern, die ihren Platz im neuen Bücherregal fanden. Klaus Rohleder war so voller Bewunderung für Kunze, daß er ihn in Greiz nicht anzusprechen wagte. Sein erstes Gespräch mit Kunze führte er, als ihn dieser zusammen mit seiner Frau Elisabeth 1995 zum sechzigsten Geburtstag in Waltersdorf besuchte.

»Reiner Kunze hat starken Einfluß auf mich gehabt«, sagt Klaus Rohleder. Kunzes Gedichte stützten den Eigensinn des Mannes aus Waltersdorf, der sah, wie sich die Menschen in seinem Dorf den Schatten haben wegnehmen lassen, sah ihren Pakt mit dem Teufel, als sei er freiwillig eingegangen, so wie sie sich gebärdeten. Dieser Pakt, der eben mehr als nur der Pakt mit der politischen Ökonomie war. Diese Spezies Peter Schlehmil erschien ihm merkwürdig verändert.

»Muß ich es sagen, daß das, was hell durch die Türritzen scheint, Dunkelheit ist«, läßt er jemanden in seinem Stück »Das Spiel« aus dem Jahre 1983 sagen. »Daß sie die Schatten weggelogen haben, zugunsten des Zustands, den sie jetzt Licht nennen.« Und ein Mädchen antwortet: »Heraustreten aus Bewegungslosem ins Erlebbare…Weg, auf dem wir die Schritte setzen.«

Alter: »Darf ichs ihr sagen, daß die Wege längst verschüttet sind.«

Mädchen: »Brücken, die vom Gestern ins Heute führn.«

Alter: »Brücken… Wo es sie gab, wurden sie abgebrochen. Die Steine übereinandergebunden.«

Klaus Rohleder spielte sich frei – mit Reiner Kunze, mit Tadeusz Różewicz, mit Sławomir Mrożek, mit Peter Handke, mit Thomas Bernhard und natürlich mit Tschechow. Nur Beckett kannte er nicht, als der erste auf sein Stück »Das Fest« mit den Worten reagierte: »Du schreibst ja schlimmer als Beckett!« Klaus Rohleder fand seinen ganz eigenen Weg – im Beharren darauf, ein Bauer zu sein, bewirtschaftete er den Lebenszusammenhang.

»Das Spiel« spielt auf dem Fußballplatz, auf den die Mannschaften nicht auflaufen. Der Boden ist zugefroren, hat Eislachen. Und je länger die Zuschauer auf den Anpfiff warten, desto tiefer verstricken sie sich in eine Erinnerung an eine Zeit, in der man losgestürmt war mit der Vorstellung, das Glück auf seiner Seite und den Sieg sicher zu haben.

Der Großvater, der einmal beim Start eines Zeppelins auf seiner Wiese die Leinen hat halten dürfen, der dauernd davon redet, daß das Luftgefährt erneut herniederschweben wird, wird von den anderen längst für verrückt gehalten, hat nur die Enkelin auf seiner Seite, wenn er sagt: »Man muß nur daran glauben. Im Zeitalter der Jumbos… Was wissen die denn vom Fliegen… Alles wollen sie täglich. Und haben nichts ein Mal.«

Die Hoffnungen der anderen haben sich längst in Angst verwandelt, daß das, was sie erwarten, plötzlich vor ihnen aufblühen könnte. Für die Mutter des Mädchens heißt das: »Nur die Hand am Geländer macht frei.« Der Großvater aber – er ruft der Enkelin zu: »Halt dich fest, spürst dus: Wir fliegen… Wie sich alles unter uns wandelt… Wir kommen der Sonne entgegen…«

Einst vereint in Gegnerschaft zum SED-Regime – ein Zusammenhalt, der sich bewährt hat: Johanna Rohleder sitzend, hinter ihr Ehemann Klaus, daneben Tochter Katrin und Sohn Jens, dessen Lebensgefährtin Heike Benz mit den gemeinsamen Kindern Lina, Sophie und Benjamin auf dem Innenhof des Anwesens.

Der Großvater wird wegen seiner störenden Reden abgeführt. Während ein eisiger Erdklumpen den Händen der Enkelin die Wärme entzieht und der Frost die Hände erfrieren läßt, sagt das Mädchen: »Schon färbt sich das Keimen. Von den Rändern her kriecht Farbe. Anpassung, fühlt es doch, ist Überleben – und dennoch Tod.«

Menschwerdung in der Sicht Rohleders, der nicht aufhört zu glauben, daß Liebe die einzige Antwort ist auf die Demütigung, die das Leben sein kann. Die Arbeit an diesem Bild der Liebe, das leitmotivisch in all seinen Stücken auftaucht, schließt den Autor ins Bild ein, zu dem Desillusionierung gehört. Als letztes Gefühl ist bei Rohleder ein Schmerz. »Immer wieder ist es der Tod«, sagt der eine. »Immer wieder sind wir es«, sagt der andere. Der Schmerz, der diese Resignation unterwandert, ist so stark, daß Anfang wieder möglich erscheint. Grundlegung des Dichters vom Dorf, aber keine Festlegung des Weges.

Über seine Arbeit als Dramatiker in der DDR sagt er: »Man muß eine Form finden, die sich nimmer vom Blatt spielen läßt, um gegen dieses Theater anzuschreiben; diese Geschichtenerzählerei, wo für einen Schauspieler kein Platz bleibt; für den Regisseur kein Platz bleibt und für den Zuschauer gleich gar nicht.«

Über Rohleders Kunst sagt Professor Frühwald aus München: »Rohleders Menschen sprechen mit den Bäumen, dem Wasser und den Tieren, wie etwa in dem Hörspiel ›Der Tautropfen und das Kaninchen‹ – und erschrecken vor dem Echo der eigenen Stimme; doch immerhin ist dies eine Welt, in der das Echo sich aus dem Versteck wagt. In dem Hörspiel für Kinder mit dem Titel ›Zwei Schränke‹ sind dann beide Welten zusammengeführt, die der Trennung und des Streites, das heißt die Welt der Erwachsenen und die, in welcher das Wünschen – zum Klang der knarrenden Schranktüre – noch etwas hilft.«

Klaus Rohleders poetische Bilder entziehen sich der Verfestigung oder gehen aus ihr hervor wie Geburten. Und wenn er auf eine Inszenierung stieß wie die von Goethes »Clavigo«, die Frank Castorf 1987 in Greiz gab, dann fühlte er sich bestärkt in seiner Art, Geschichte nicht zu erleiden, sondern zu gestalten. In dieser Inszenierung war Geist von seinem Geiste. Was in dieser Inszenierung über das Leben in der DDR zu sagen war, wurde gesagt, obwohl sich die SED-Funktionäre bei der Umsetzung eines solchen Stückes hätten sicher wähnen können.

Rohleder erinnert sich an eine Bühne mit einer Treppe, die an die bloße Mauer führt, an eine Säule, die nichts trägt, an eine Marie, die unter einem Haufen Zeitungen hervorsteigt und mit einer Untertasse klappert. Rohleder wird zwei Worte in dieser Inszenierung nie vergessen, die Leander Haußmann sprach: »Der… Staat…« Rohleder sagt: »Mit diesen zwei Worten hat er die DDR in ihrer Miesheit auf eine Weise entblößt und der Lächerlichkeit preisgegeben, wie es fünfzig Seiten gescheiter Rede nie vermocht hätten.«

Als die Greizer 1989 selbst zu Akteuren wurden, sah es freilich anders aus als auf der Bühne. Die Worte kamen zögernd. Man hatte Angst, obwohl die Leipziger auf ihren Montagsdemonstrationen bereits alles ausgefochten hatten. Auch wenn zu einer Versammlung in der Gaststätte »Friedensbrücke« so viele kamen, daß man in den Goethe-Park ausweichen mußte. Auf dem Podium dann der erste Mann der SED, ein Pfarrer, der Musikdirektor, der Chefarzt des Krankenhauses, eine Honoratiorenversammlung.

»So, nun sagt mal eure Nöte«, hörte Rohleder. Das Mikrofon wurde herumgereicht, und der erste sagte: »Also bei mir in der Nähe ist eine Disco. Das ist so laut…« Und Rohleder dachte: Um Gottes willen, das kann doch nicht wahr sein, so etwas an diesem Abend. Wilfried Arenhövel wird später anläßlich der Auszeichnung Reiner Kunzes mit der Ehrenbürgerwürde der Stadt Greiz in seiner Laudatio sagen:

»Das öffentliche Schweigen wurde an jenem denkwürdigen Abend im Goethe-Park gebrochen, als beim Bürgerforum der mehr als 2000 aufgewühlten Menschen Klaus Rohleder den Namen Reiner Kunze erstmals wieder öffentlich aussprach.«

Klaus Rohleder erinnert sich, daß er erregt auf das Mikrofon zugelaufen sei, ohne im Moment gewußt zu haben, was er sagen wolle. Und dann kamen sie die Worte: »Seit dem Weggang Reiner Kunzes…« Weiter kam er erst mal nicht. Der Jubel der Leute schnitt ihm das Wort ab. »Seit dem Weggang Reiner Kunzes«, setzte er von neuem an, »hat das Land einen kontinuierlichen Niedergang erlebt. Wie erklären Sie sich das? Wie stehen Sie dazu?«

War in Greiz auf dem Podium Bedauern zu hören, so war es in Gera bei der Versammlung der Künstlerverbände des Bezirks die blanke Wut, als Rohleder mit dem Namen Kunze kam. Die Tonbänder beider Zusammenkünfte, so erfährt man heute, sind verschwunden. Klaus Rohleder hat sich längst zurückgezogen auf seinen Bauernhof, hält Distanz zu allem Offiziellen und Offiziösen im Gewande gewendeter Haltung. Und auch zu den Freunden des einstigen Greizer Lyrikkreises gibt es bis auf den Bauernsohn Arnold Vaatz keine Kontakte mehr.

In Greiz führt das Theater eine Frau, die bereits vor der Wende in der Führung war. Eine kleine Unterbrechung an der Spitze gab es für kurze Zeit nach der Wende. Da hatte man in der Stadt den schönen Einfall, einen ehemaligen Politoffizier zum Theaterchef zu machen, der dem Dramatiker sagte: »Herr Rohleder, die Zeiten der friedlichen Revolution sind vorbei. Jetzt wird gearbeitet. Wir suchen nach Reinigungskräften und Pförtnern. Das kann ich Ihnen wohl nicht anbieten.«

Immerhin sechs Jahre brauchte es, bis die Stadt Reiner Kunze die Ehrenbürgerwürde antrug. Kunzes Gedichte gehören zwar zu dem wenigen, was Greiz Bedeutung gibt, aber als eines davon als Inschrift für den neuen Brunnen vor dem Rathaus vorgeschlagen wurde, lehnte man ab und entschied sich für »Wasser ist Leben«. Darunter dann die Worte: »Kein Trinkwasser.« »Sensibel ist die Erde über den Quellen«, wie es bei Kunze heißt, in Greiz nicht, schon wieder nicht.

Dichtung als künftiges Leben im Innern des wieder gewürdigten Menschen ist in der Dorfstraße 15 in Waltersdorf zu Hause. Der Ort der Geburt als ein Ort der Liebe, die das fremd Bleibende als Teil ihrer selbst sieht. In seinem Werk macht Rohleder die Distanz sichtbar. Eine Phantasie, die uns von uns selber trennt. Immer ist es zugleich die Distanz, die uns von dem Fremden trennt. Rohleders ins Unbekannte, ins Fremde vorstoßende Phantasie macht Heimat sichtbar, die als Ziel das Nichtankommenkönnen als Chance begreift.

In seinem nach der Wende entstandenen Stück »Juschea« bringt der Mexikaner Pachuco seine Frau Assia, mit der er den Bedrückungen des eigenen Landes nach Europa entflohen ist, in dem Augenblick um, wo sie ihre Differenz zum Gastland, die Differenz, die ihre Würde ausmacht, aufgibt. Julietta und Roland, aus diesem Lande, suchen sich in einer neuen Zeit zurechtzufinden. Die Tür offen, die Oase frei: Vorstellungen, die Julietta fast in den Selbstmord treiben, bis sie sich davon nicht mehr überwältigen läßt und sich als Juschea erträumt, die im Ähnlichen das Fremde sieht und im Unterschiedenen das Gleiche.

In der Verneinung dieser Traumvorstellung, einer Verneinung, in der das Verhältnis zwischen dem Eigenen und dem Fremden nicht begriffen wird, ist der Rassismus begründet. Klaus Rohleder schrieb dieses Stück im Auftrag der Münchener Kammerspiele. Das Thema war ihm freigestellt. Die geplante Uraufführung kam nicht zustande. Zustande kam nach der Wiedervereinigung eine Neuinszenierung des »Fests« in einem Gebäude der ehemaligen Stasi-Bezirksverwaltung Gera, das vom städtischen Theater als zusätzliche Bühne genutzt wird. In jenem Gebäudekomplex, in dem Rohleder in seiner Opferakte nach der Wende nachlesen konnte, welche Gefahr man in ihm gesehen hatte. Er könne »ein zweiter Kunze« werden, wurde gewarnt. Rohleder kennt seine Spitzel in Waltersdorf und sagt wie seine Frau im »Fest«: »Vergiß alles. Nur die Schmetterlinge sind zugelassen …«

Der Mann, von dem ein Stasi-Spitzel meldete, daß er »in seiner Art ein zweiter Reiner Kunze ist«: Rohleder in seiner neugewonnenen Freiheit als Bauer bei der Arbeit im Kuhstall, beim Abladen von Grünfutter, im eigenen Wald nach dem Windbruch, mit seinem Sohn beim Aufladen von Düngemitteln in den Streuer am Traktor. Klaus Rohleder sagt: »Wer die Dorfkultur zerstört, hat mit der Zerstörung der anderen Dinge keine Probleme mehr.«

Jürgen Fuchs und Tochter Jenka aus Berlin 1997 zu Gast in Greiz: Freude über das Wiedersehen mit Klaus Rohleder.

Was zu sagen ist, muß exemplarisch sein. Und wenn es exemplarisch ist, geht es ins Werk ein, wie im Roman »Weißdornhügel« die Geschichte eines LPG-Vorsitzenden, der einem Künstlerehepaar ein zerfallenes Häuschen auf Kosten des Kollektivs herrichten läßt. Die Geschichte eines Funktionärs, der die Landschaft säubert, die Bäume rodet, die Raine abträgt, die Teiche zuschüttet und der zur Nostalgie eine Idylle auf dem Weißdornhügel für die Kunst und sich als Liebhaber schafft.

Auch jenseits der Felder von Waltersdorf gibt es am Waldrand ein Häuschen, das der LPG gehörte und das dann in den Besitz eines Künstlerpaares überging. Aber wie es in der Dichtung so ist: Ähnlichkeit mit Lebenden sind nicht beabsichtigt.

Nur eine Ausnahme macht Klaus Rohleder, wenn er erzählt, wie eine junge Frau, 1944 schwanger von einem polnischen Fremdarbeiter, den sie liebt und um dessen Leben sie fürchten muß, sich zu Hause in Waltersdorf die Pulsadern aufschneidet und blutend den Weg zum Teich geht, wo sie sich ertränkt.

»Das ist geschehen«, sagt Rohleder. »Wäre die Schwangerschaft herausgekommen, hätte man mit dem Fremdarbeiter kurzen Prozeß gemacht, und auch die Frau hätte ihre Strafe bekommen.«

In seinem Roman »Weißdornhügel« läßt Rohleder einen zwanzigjährigen Landarbeiter gegen die Zerstörung der Landschaft durch den LPG-Vorsitzenden protestieren und besonders gegen die Zuschüttung jenes Weges, auf dem einst die schwangere Frau in den Tod gegangen ist. »Der Weg kommt weg«, sagt der LPG-Vorsitzende, »der Geliebte des Mädchens war ja kein Sowjetbürger, sondern nur ein Pole.«

Rohleder verknüpft die Todesgeschichte der schwangeren Frau von einst mit der Geschichte des jungen Landarbeiters, den der LPG-Vorsitzende in den Tod treibt. »Nur das Haus oben auf dem Weißdornhügel ist beleuchtet. Autos fahren durch die Dunkelheit hoch auf den Hügel…« Die Genossen feiern mit den Künstlern.

Was Rohleder da schildert, ist nicht nur die Zerstörung der Dorfwelt, sondern zugleich auch der Verlust einer inneren Gerichtsinstanz, die jeder Mensch auf seinen Lebensweg mitbekommt. Im Haus des Romans ist das moralische Urteil dennoch erhalten.

Am Ende der Wanderung durch das Inferno schreibt Dante in der »Göttlichen Komödie«: »E quindi uscimmo a rivedere le stelle – also gingen wir hinaus, um die Sterne wiederzusehen.«

Klaus Rohleder, 1997 Stipendiat der zur Villa Massimo gehörenden Casa Baldi im italienischen Olevano, wechselt beim Schreiben seines »Weißdorn-Romans« in die Lyrik. »Rückruf« heißt ein Gedicht:

> Baut nur
> baut
> auf das zerschnittene Tischtuch
> meins leg ich daneben
> für den Zweig vom Ginster
> deine Hand voll Oliven

Eckhard Ulrich:

Nach dem Überleben der Freitod

Als sich der 33jährige Lyriker Eckhard Ulrich 1968 von Roger Melis für »auswahl 68. Neue Lyrik – Neue Namen« fotografieren ließ, tat er es im weißen Kittel des Arztes, der er war, vor einem Regal mit Laborflaschen. Ein Foto wie ein Zitat, das auf ein anderes Foto mit Gottfried Benn in dessen Praxis der späten zwanziger Jahre verweist. Eckhard Ulrichs Pose war Ausdruck seiner Nähe zu einem Dichter, der »den Traum alleine trug«, und zu dessen Haltung: »Wer die Zerstörung flieht, wird niemals stehn.« Als Eckhard Ulrichs Zerstörung 1992 aufgedeckt wurde, eine Unterschrift bei der Staatssicherheit, schloß er sich in sein Arztzimmer ein, nahm eine tödliche Dosis Tabletten und las, bis sein Kopf auf das Buch fiel, in dem er gelesen hatte – Gedichte von Gottfried Benn.

wenn so einer wie ich weggeht
an einem beliebigen morgen
werdet Ihr das Brot noch essen
das ich heimtrug
und den apfel den ich pflückte
ein paar tage liegt das buch
in dem ich las noch aufgeschlagen
an meinen schuhen haftet der staub von gestern
ein teil meiner unruhe überdauert mich
– dann nimmt jemand schuhe und buch
und bringt auch das andere in ordnung
im vorbeigehn
– denn ich habe das brot nicht gebacken
keinen apfelbaum gepflanzt kein buch geschrieben
und der staub am schuh war fremder staub
ich hatte nur unrast

Der Dichter und Arzt Eckhard Ulrich, der im Alter von 56 Jahren starb, floh nicht aus dem Leben. Um bei sich zu bleiben, ging er. »wenn so einer wie ich weggeht« entstand 1976, drei Jahre nachdem er als Inoffizieller Mitarbeiter bei der Stasi seine Unterschrift geleistet hatte. »Unter Druck erpreßt«, vermerkte die Staatssicherheit

Zwei Ärzte, zwei Dichter – die gleichen Posen: Leben und Sterben mit Gottfried Benn.

243

damals. Doch Dr. Eckhard Ulrich, so zeigen es seine Gedichte, hat sich diese Unterschrift nie verziehen, obwohl er damals umgehend seinen Chef Professor Konrad Seige und seinen Kollegen und Freund Dr. Peter Hanke unterrichtete, was zur Folge hatte, daß der IM-Vorgang umgewandelt wurde in einen Operativen Vorgang gegen ihn selbst.

Eckhard Ulrich, seit 1961 an der II. Medizinischen Klinik der Martin-Luther-Universität Halle-Wittenberg, war als Internist mit dem Spezialgebiet Endokrinologie eine Kapazität in der DDR – und ein Lyriker von Rang. Sarah Kirsch, die ihn aus ihren Hallenser Jahren kannte und die 1977 die DDR verließ, sagt: »Ulrich war immer ein Gegner des Regimes gewesen.« Er war nie Mitglied der SED. Das Regime ließ ihn weder als Mediziner noch als Dichter entsprechend seiner Qualitäten aufsteigen. Nicht viel mehr als ein Dutzend seiner Gedichte durften in Anthologien erscheinen. Ein eigenständiger Gedichtband wurde abgelehnt.

Spätestens seit dem Arbeiteraufstand am 17. Juni 1953, der Bertolt Brecht zu einer gewundenen Stellungnahme gegenüber Ulbricht veranlaßte, durchschaute der damals achtzehnjährige Eckhard Ulrich das System. Ein Jahr nach dem Bau der Mauer antwortete der 27jährige, der Brecht Nachgeborene, auf dessen Gedicht »An die Nachgeborenen«. Bei Ulrich heißt es:

> die wir leben müssen zwischen den feuern
> spuren suchen im sandigen niemandsland
> spuren auslöschen, haß verbergen, trauer verbergen
> träume verschweigen
> die wir leben müssen zwischen den feuern
> ja sagen – nein denken – nicht denken
> verraten
> die wir schmutzige hände haben müssen
> und genormte gesichter
> die wir leben müssen
> ohne erwartung und sehen
> die herzen werden alt vor der zeit
> und sehen doppelzüngige kinder
> und keine antwort wissen
> nein denken – ja sagen – schweigen
> die wir so sind
> bitten Euch – die anderen:
> verschont uns
> mit der menschlichkeit

Da ist jener Ton angeschlagen, der Eckhard Ulrich zu einem außergewöhnlichen Dichter der deutschen Teilung werden läßt, ohne daß eines solcher Gedichte vor der Wende von 1989 in Deutschland veröffentlicht worden ist.

Eckhard Ulrich kam am 20. Juni 1935 in Oberschöna im sächsischen Kreis Freiberg zur Welt, wo der Vater, ein Elektriker, eine Tochter aus der zwölfköpfigen Familie eines Bäckers geheiratet hatte. Wenige Wochen nach der Geburt ihres Sohnes Eckhard gingen die Eltern in die Altmark, wo Eckhard Ulrich bis Kriegsende die Volksschule in Salzwedel besuchte. Danach zog die Mutter mit ihren inzwischen vier Kindern von Dorf zu Dorf, bis der Vater 1947 aus englischer Kriegsgefangenschaft zurückkehrte und sich die Familie in Mehrin niederließ. Der Vater wurde dort Bürgermeister.

Die Altmark als seine Kindheitsgegend hat der Arzt Ulrich kontinuierlich besucht. »Wir sind da ständig zum Wandern hinausgefahren«, erinnert sich Ulrichs Frau Cordula, eine Augenärztin, die er während des Studiums in Halle kennengelernt hatte. »Er kannte da jede Pflanze und jeden Vogel. Und dort konnte er, der so unruhig war, ausharren, stillstehen. Klinikausflüge machte er am liebsten in die Altmark, und die Kollegen staunten, daß er jede Pflanze und jeden Vogel bestimmen konnte.«

Mit zwölf Jahren wurde Eckhard Ulrich Internatsschüler und kam 1947 in jene einst berühmte Fürstenschule Schulpforta, die Klopstock, Fichte, Ranke besuchten und in der Nietzsche gelitten hatte. Sein Abitur machte Ulrich dort am humanistischen Zweig 1953. Und auch er hatte gelitten – an der Trennung von Eltern und Geschwistern, die er selten besuchen konnte, und an jener Zerstörung des Privaten in Schlafsälen mit fünfzig Gymnasiasten.

Cordula Ulrich hat ihren Mann als einen »Auf-und-ab-Menschen mit depressiven Phasen« in Erinnerung. »Er war ein suchender, ein

Im Jahre 1982 zu Gast im Elternhaus in Mehrin in der Altmark: der Arzt und Dichter Eckhard Ulrich mit seiner Mutter und seinen drei Geschwistern.

schwieriger, ein problematischer Mensch«, sagt Hannelore Arnold, damals Wirtschaftsleiterin am Internat Schulpforta. »Das Schwermütige ist wohl eine Veranlagung gewesen. Er war in seinem Urteil sehr schnell und konnte dabei Menschen vor den Kopf stoßen. Andererseits war er der rührendste Mensch in Hilfsbereitschaft und Fürsorge. Er hat zwei Seiten gehabt.«

Eckhard Ulrich gehörte zu den besten Schülern. Er selbst sprach davon, daß er in Schulpforta keine Kontakte zu Mitschülern gefunden hat. Aber er suchte ihn, war überall dabei, wenn die FDJ ihre Treffen organisierte und es zu den Weltjugendspielen ging. Hannelore Arnold zählte ihn zu den »Pumas«, den Pubertätsmarxisten. Einer, der sich dann wieder verkroch in eine Arbeitsecke, die er mit Schränken umstellt hatte.

Bei aller Beteiligung in der FDJ ließ er sich vom Wir-Gefühl nicht täuschen und formulierte spontan und präzis jede Unwahrhaftigkeit. Wie später in seiner Karriere als Mediziner ließ man ihn seine Unangepaßtheit spüren. Eckhard Ulrich hat zwei Abiturzeugnisse. Das eine, in dem man seine Leistungen absichtlich unterbewertete, wurde vor dem 17. Juni 1953 abgefaßt, das andere nach dem Arbeiteraufstand, als man mit den Menschen vorübergehend behutsam umging. Der Achtzehnjährige war mit seinem Protest durchgekommen: Seine Noten wurden angehoben.

Cordula Ulrich, Tochter eines Landwirts, der sich auf Heilpflanzen spezialisiert hatte, erinnert sich an die Zeit des gemeinsamen Medizinstudiums in Halle: »Ich kenne ihn seit 1953 nur schreibend, abends mit Tee und Zigarette am Schreibtisch. Das war ihm in jungen Jahren ganz wichtig. Das kam eigentlich vor allem andern.« Nach den Wahlen ein Jahr nach dem Arbeiteraufstand schrieb der Neunzehnjährige:

Cordula Müller im Jahre 1954, als sie Eckard Ulrich kennenlernte: Tochter eines Landwirts aus Niemberg bei Halle, der sich auf Heilpflanzen spezialisiert hatte.

> Fluch der Gewalt –!
> Die Lauheit klag ich an!
> Millionen wußten,
> doch sie schwiegen bang.
> Daß sich ein ganzes Volk vergessen kann –
> und du es sinken läßt…
> Herrgott, das klag ich an
> vom Frührot bis zum Sonnenuntergang.

Eckhard Ulrich liest Wolfgang Borchert und schreibt: »Nur darum schreckte uns die Helle, / und weil wir drinnen saßen; / indessen Du / wieder ins Draußen tratst…« Eckhard Ulrich liest Georg Heym und schreibt: »Zu jenen gittertüren, die das jenseits grenzen /

war oft – wie oft schon? unser weg gewandt / es brauchte nur das rühren einer hand / und offen lag des pfades kieselglänzen...« Er liest Gottfried Benn und schreibt: »astern – zersplissene seide / weine, der sommer ist tot / hinter dem abendrot / graut schon die heide...«

Im Jahre 1958 findet Ulrich über seinen einstigen Deutschlehrer in Schulpforta Kontakt zum Schriftsteller Martin Gregor-Dellin, der »Ungestüm-Genialisches« bei dem 23jährigen entdeckt – und natürlich viele Schwächen. Gregor-Dellin, der noch im selben Jahr die DDR verläßt, wird den Weg des Lyrikers Ulrich als Freund begleiten. Zuerst von Bayreuth aus, wo ihn Ulrich bis zum Bau der Mauer besucht, und wo sich dann auch Horst Bienek und Günter Bruno Fuchs einfinden, danach brieflich. Aus dem neun Jahre älteren »Lehrer« Gregor-Dellin wird ein Freund und Bewunderer, der in Eckhard Ulrichs Lyrik eine »weinende Heiterkeit« entdeckt, wie sie im Gedicht »Ehrfurcht« aus dem Jahre 1968 zum Ausdruck kommt:

> von meiner tochter leih ich mir
> einen lustigen regenschirm
> und reite
> auf einem karusselpferd durch die stadt
>
> vor leuten
> die den ernst des lebens
> begriffen haben
> zieh ich tief den hut

Eckhard Ulrich im Jahre 1954, als er Cordula Müller kennenlernte: Sohn eines Elektrikers, der nach dem Krieg Bürgermeister in Mehrin wurde.

Gedichte dieser Art sind die seltenen Momente, in denen es Ulrich gelingt, sich von seiner Traurigkeit zu lösen, die von Jahr zu Jahr stärker wird. Seit 1960 sind Cordula und Eckhard Ulrich verheiratet. Zwei Töchter haben sie. Und die Eltern sind nicht zu Hause, sind beide angestellt als Ärzte. Was tun? Cordula Ulrich erinnert sich, wie allergisch ihr Mann reagierte: »Alles ist möglich, aber kein Heim und keine Krippe.« Seine Frau sagt: »Da habe ich gesehen, wie in ihm die eigene Internatserziehung saß.« Eckhard Ulrichs Traurigkeit geht tief zurück in seine Kindheit:

> alt sind deine hände geworden mutter
> alt über den sommern
> alt über dem fallenden jahr
> streichle mein gesicht
> deine hände sind alt geworden

einmal noch auf die sterne hoffen
und auf die geheimnisse
ängstlich gehüteter türen
mutter
zu schnell wurden wir groß
jetzt friert uns mit kleinem herzen

Als die Mauer 1961 gebaut wird, weiß Eckhard Ulrich: »noch gelten die Schritte nicht uns / aber wir sind schon verlassen / schon im verhör…« In einem anderen Gedicht aus jener Zeit heißt es: »dieser sommer starb glühend / und brannte die sehnsucht / in die fassaden der städte / es geht eine mauer durchs land…« Wieder woanders steht: »wohin gehen wenn sich das gitter senkt / wenn nur noch die wirbelnden vogelschwärme des herbstes / schmale brücken finden unter günstigem wind / schon geortet im netz registrierter himmel…«

Auf dem Küchenzettel in der Wohnung findet die Kommunikation des Ärztepaars – die Oma kümmert sich um die Kinder in den ersten Lebensjahren – schriftlich statt. Ein Gedicht Eckhard Ulrichs auf jenem Zettel vom 14. August 1961 reagiert nicht nur auf die deprimierende Abschottung der DDR, sondern auch auf eine höchst private Unruhe dieses Mannes:

Wer jetzt bestehen will
muß stark sein – und sich selbst
vergessen können,
wer jetzt erst halt sucht ist ohne hoffnung,
laß dem, der allein sein muß
die stunden, derer er bedarf – nur so
kann er leben – weil wir zusammenhalten müssen

Eine Ethik des Aufstands in der Fesselung entwickelt Eckhard Ulrich in seiner Dichtung. Und sie steht nur scheinbar im Widerspruch zu einem Leben, von dem Ehefrau Cordula sagt: »Sie müssen sich uns nicht als Märtyrer vorstellen. Wir waren fröhlich, und wir haben gefeiert.« In dieser Aussage kommt anderes zum Ausdruck, als es ein Westmensch versteht. In ihr spiegelt sich die Psychologie einer geschlossenen Gesellschaft, die Psychologie der sich Ausgrenzenden und der Ausgegrenzten.

Es gibt nicht das totale Ausleben in der totalitären Welt des Ostblocks. Es gibt alles halb. Niemand sonst hat diese Situation so treffend im Bereich des Erotischen dargestellt wie der Tscheche Milan Kundera. Die Verführer in seinen Büchern sind fast durchweg Intellektuelle, denen man jeden Werdegang unmöglich gemacht hat. Als Menschen dieser Art gehen sie auf die Frauen los – als einzige Form der Selbstverwirklichung.

Wer hört, was Eckhard Ulrichs Freunde der sechziger Jahre sagen, der gewinnt den Eindruck, als gehe da Milan Kunderas Neurochirurg Tomas aus dem Roman »Die unerträgliche Leichtigkeit des Seins« durch Halle und nicht durch Prag. Ein Mann zwischen den Wiederholbarkeiten der Ehe, aber auch ihren schönen Ruhepunkten und den Unwiederholbarkeiten schwindelerregender erotischer Auf- und Abbrüche. Als Arzt noch dazu in der besonderen Erfahrung, immer wieder ohnmächtig gegenüber Sterben und Tod zu sein. Ein Lebenshunger wächst da, der verzweifelt gegen die eigene Hoffnungslosigkeit angeht.

Dr. Ulf Schulz, der Freund aus Hallenser Klinikzeit, heute mit Praxis in Rottach-Egern, erinnert sich: »Die Klinik der Martin-Luther-Universität in Halle galt als die schwärzeste in der DDR. Bis zur Hochschulreform 1968 gab es bis auf eine Ausnahme sonst keine SED-Mitglieder.« Das hat sich dann später gründlich geändert, so daß der parteilose Dr. Ulrich die Ausnahme an der Uniklinik wurde. Schulz sagt: »Wir hatten damals eine gewisse Narrenfreiheit. Wir haben ja auch die Nomenklatura behandelt. Doch die Bedrückung wurde seit dem Bau der Mauer stärker. Wir haben das nachhaltig diskutiert. Vom Gefühl her war Eckhard links. Er hatte eine Haßliebe zu den Roten. Deren fürchterliche Moral stieß ihn ab. In der Dubček-Zeit von 1968 begann er noch einmal zu hoffen. Jetzt das menschliche Antlitz! Mit der Okkupation war für ihn alles erledigt.«

Die Ärzte Ulf Schulz und Eckhard Ulrich finden schnell Kontakt zur Schar der Schriftsteller, die sich in den sechziger Jahren in Halle aufhielten: Rainer und Sarah Kirsch, Heinz Czechowski, Elke Erb, zeitweilig auch Helga M. Novak. Heinz Czechowski, seit 1963 mit dem Gedichtband »Nach-

Die Malerin Renate Brömme, hier zu Gast bei dem Arzt und seiner Frau, sagt: »Eckhard Ulrich war ein aktiver, zupackender Mensch, gradlinig und aufsässig.«

249

mittag eines Liebespaars« präsent, schreibt einen »Blues für S.«. Sarah Kirsch schreibt Gedichte an Eckhard Ulrich. Eckhard Ulrich schreibt Gedichte an Sarah Kirsch.

Siegfried Wieczorke, ein enger Freund Ulrichs bis zu dessen Tod, sagt: »Eckhard war uneigennützig. Er half, wo er konnte. Er hatte als Arzt gute Beziehungen, hat anderen Wohnungen besorgt. Es war kein Problem für ihn, ein Auto zu bekommen. Er war sehr liebenswert, erst Mensch, dann Arzt. Er wirkte locker, aber er spielte das Leichte.«

Die Malerin Renate Brömme, die auch zum Freundeskreis der Künstler gehörte, sagt: »Eckhard Ulrich war ein aktiver, zupackender Mensch, gradlinig und aufsässig. Er war ein sehr guter Arzt. Das weiß man gerade jetzt, wo die Patienten klagen und sich seiner erinnern. Er war von breiter sozialer Verantwortung und über die Maßen anspruchsvoll. In der Literatur, im Schreiben hatte er die Möglichkeit zu sublimieren, sich selbst zu unterhalten.«

Eckhard Ulrich, zu DDR-Zeiten mit seinen Gedichten lediglich in drei Anthologien vertreten, hier in der von Bernd Jentzsch herausgegebenen »auswahl 68«.

fremdes gesicht
eingegraben in das feld des abends
dir folgend spricht die lüge
wie ein gebet
auch unerkannt
kauert dein schatten in den kühlen bögen
der dome

findet einlaß in die verbotenen gärten
eines sommers
und trägt ins genist der nachtvögel
flügelschlagende hast

auf deiner milchigen stirn
stand schon die wirre zeile der trennung
als du in den abschied gingst
wurde das gestern regenschwer

fremdes gesicht
steine und glas zwischen uns
was bleibt
ist gut

Heinz Czechowski, damals Lektor im Mitteldeutschen Verlag, sorgt dafür, daß dieses Gedicht und drei weitere in der Anthologie »Erlebtes Hier« 1966 erscheinen dürfen. Sarah Kirsch bringt 1968 sechs weitere Gedichte in »Saison für Lyrik« unter, in der sie und Heinz Czechowski dabei sind, auch Günter Kunert, Reiner Kunze, Volker Braun und Adolf Endler und Elke Erb. Im selben Jahr bringt Bernd Jentzsch in der »auswahl 68« vier Gedichte Eckhard Ulrichs heraus. Das ist es denn auch schon.

Ein von Heinz Czechowski zusammengestellter Band mit Gedichten Ulrichs, der im Hinstorff-Verlag erscheinen sollte, darf nicht erscheinen. Cheflektor Kurt Batt schreibt am 20. Mai 1969 unverfänglich: »Ich bedaure es sehr, daß ich Ihnen keine freundlichere Mitteilung machen kann.«

Heinz Czechowski erinnert sich: »Eckhard hat mir das Scheitern bei Hinstorff übelgenommen, so, als sei ich dafür verantwortlich. Wenn wir uns seit jener Zeit in Halle begegneten, schaute er weg. Er konnte sehr besorgt um Menschen sein, aber eben auch launisch. Bis zu der Absage, die er bekam, war es eine schöne Zeit mit ihm. Es war eine merkwürdige Unruhe in ihm. Er war ununterbrochen auf Achse. Sarah Kirsch hat ihn wohl gemocht und noch viele andere Frauen. Es gab so gut wie nichts, was er nicht besorgen konnte. Meine ersten Originaljeans bekam ich von ihm.«

Eckhard Ulrichs Frau sagt: »Er war schon ein Mensch mit vielen Selbstzweifeln. Er hatte jedesmal schlaflose Nächte, wenn jemand von seinen Patienten gestorben war. Dann plagte er sich mit der Frage: Was habe ich falsch gemacht? Er rechnete es sich persönlich als Schuld an, wenn er jemanden nicht vor dem Tod hat retten können. In allem, was mein Mann tat, war er ein Perfektionist, und er war extrem ehrgeizig. Mir fehlt der Ehrgeiz. Ich konnte das gar nicht nachvollziehen.«

Ende der sechziger, Anfang der siebziger Jahre gerät die Beziehung der Ulrichs in eine Krise. Mehr will Cordula Ulrich dazu nicht sagen. Mehr sagen die Freunde. Aus seiner Affinität zu den Frauen entstanden wunderbare Gedichte:

> zwischen zwei Feuer gebannt
> hierhin gerannt
> dorthin gerannt
> immer verbrannt

> zwischen zwei türen gesperrt
> links mach ich auf
> rechts mach ich auf
> immer verkehrt

zwischen zwei flüsse gedrängt
einer zu tief
einer zu flach
immer ertränkt

zwischen zwei mühlsteine gesteckt
lang ausgestreckt
kurz hingelegt
immer verreckt

ach – meine füße im schnee
wie ich mich wend
wie ich mich dreh
immer tuts weh

Als Sarah Kirsch 1968 Halle verläßt und nach Berlin in ein Hochhaus auf der Fischerinsel zieht, da fällt jener Kreis auseinander, der sich bei ihr so oft zusammengefunden hat. An die Zeit, in der Eckhard Ulrich all seine Kompromißlosigkeit in der Literatur ausleben kann, in der diskutiert, kritisiert, korrigiert wird in einem vertrauten Miteinander, erinnert ganz am Rande das »Poesiealbum 6«, das der 1934 geborenen russischen Lyrikerin Novella Nikolajewa Matwejewa galt. Die Gedichte sind von Sarah Kirsch und Eckhard Ulrich übersetzt.

Die 1961 geborene Ulrich-Tochter Kerstin Koppe erinnert sich, wie der Vater mit ihr Sarah Kirsch besuchte und der Fahrstuhl zur Wohnung im Hochhaus nicht funktionierte: »Sarah Kirsch klemmte ihren kleinen Sohn Moritz unter den Arm, und dann sind wir die Treppen hoch. Ich hab' dann nach der Rückkehr in der Schule einen Aufsatz darüber geschrieben: ›Können Dichter fliegen‹.«

»Zwiegespräch« mit Sarah Kirsch, wenn der Regen redet: Eckhard Ulrich gehörte zum Kreis von Künstlern, die sich bei Sarah Kirsch trafen. Als sie 1968 Halle verließ, verlor Ulrich seine literarische Ansprechpartnerin.

der regen redet
italienisch oder esperanto
vertrauter wird der schatten am haus
das licht in den fenstern klettert ins zwanzigste stockwerk

so kommt der himmel über die stadt
und macht ihren bäumen eine grüne spur

jetzt bist du
unterm regenschirm zu zweit mit nassen schultern

fährst gelbe straßenbahn
und hörst das fünfte brandenburgische Konzert
unter einem balkon

in allen parks bist du
bei den schimmernden bänken
und trittst mit rotem kies am schuh
in ein zimmer
voll gedanken

morgen werden neue straßen bewohnbar
neue fundamente gegossen
morgen wirst du andere fragen haben
und bessere antwort

der regen redet
ialienisch oder esperanto
von den einfachen dingen
dieser zeit

Dichten ist für Eckhard Ulrich ein Deutlichmachen der Freiheit. Mit dem Schreiben wehrt er sich gegen eine Einengung, die von Jahr zu Jahr in seiner Klinik zunimmt. Noch einmal darf Ulrich, der in Halle eine forschungsorientierte Abteilung für klinische Endokrinologie aufbaut, zum Hospitieren nach Frankfurt/Main fahren. Dann wird es 22 Jahre dauern, bis er 1988 zu wissenschaftlicher Arbeit in die Schweiz reisen darf. Während seines Aufenthalts in Frankfurt nutzt Ulrich die Gelegenheit, um den inzwischen in München lebenden Freund Gregor-Dellin zu sehen.
An seine Frau schreibt Ulrich über seine Eindrücke in der Bundesrepublik: »Dies ist ein Land, wo man alles vergißt, nur nicht, woher man gekommen ist; dies ist ein Land, das einem vor Augen führt, wie wenig noch Vaterland für uns da ist... Verstehst Du, die Bindungen sind andere geworden, schmale Pfade – mit festem, individuellen Ziel. Nicht wertloser dadurch, aber für das, was uns manchmal doch noch erreichbar schien, desillusionierend. Es gibt nicht mehr hüben und drüben. Wie sehr stehe ich noch dazwischen, noch immer... Die Frage, wo wir leben und warum wir dort leben, wird nicht mehr gestellt. Sie ist nicht mehr zu beantworten.«
Als Wissenschaftler weiß Ulrich, daß ihm nur im Westen alle Wege offenstehen. Im Brief schätzt er seine Lage präzis ein: »Die fehlenden Möglichkeiten bei uns drängen mich zwangsläufig an den

Rand.« All sein Anerkennungshunger, der Eckhard Ulrich vorantreibt, verweist auf seine ewige Randständigkeit. Verabschieden kann
man sich erst, wenn man endlich einmal angekommen ist. In seinem
Beruf als Forscher erreicht er seine Ziele, aber das Regime verweigert ihm die Ankunft in der Anerkennung. Als Dichter schreibt
Ulrich für die Schublade: Ausgeschlossen von seiner Berufung, wird
so sein Schreiben ein Sterbenlernen. Im Sterbenlernen seiner Dichtung erfüllt sich seine Berufung. Eckhard Ulrich ahnt das.

glaube nicht du könntest noch entfliehen
wenn es jetzt auch nur die andern trifft
irgenwo in dir wächst schon das gift
irgendwo bleibt etwas unverziehen

deine hände sollten sauber bleiben
irgendwie warst du dir stets zu gut
irgendwo spuckt irgendeiner blut
und ein lächeln friert an blinden scheiben

deine stimme war der furcht entliehen
aber irgendwann verrätst auch du
irgendwann kommt etwas auf dich zu
glaube nicht du könntest noch entfliehen

*Letzter Besuch Eck-
hard Ulrichs in der
Bundesrepublik vor
dem Bau der Mauer:
Martin Gregor-Dellin,
der das literarische
Talent Ulrichs als
erster erkannt hatte
und seit 1958 in der
Bundesrepublik lebte,
mit seiner Frau Anne-
marie und Ulrich am
Kochelsee.*

Dieses Gedicht hat Eckhard Ulrich mit 27 Jahren geschrieben, im
November 1962. Als Eckhard Ulrich sah, wie immer mehr Ärzte der
Hallenser Universitätsklinik sich dem Druck entzogen und in den
Westen flohen, wollte auch er weg. Sein Freund Ulf Schulz, der 1973
einen Fluchtversuch unternahm, erinnert sich: »Ich sagte ihm, daß
wir gehen müssen. Er stimmte mir zu und sagte ›Ich kann nicht, ich
kann nicht!‹«
Ulrichs Frau Cordula sagt dazu: »Ich denke, er wäre gegangen,
wenn ich so ohne weiteres zugestimmt hätte. Ich wollte es nicht.
Wir hatten zwei Kinder im schulpflichtigen Alter. Der Gedanke, die
Kinder in Tiefschlaf zu versetzen und sie unter Gefrierfleisch in den
Westen zu schmuggeln, war mir ganz unerträglich. Noch dazu habe
ich erlebt, wie Freunde geschnappt wurden und deren Kinder in ein
Heim kamen. Und da waren noch meine alten Eltern und seine alte
Mutter.«
So ist Eckhard Ulrich geblieben in einer existentiellen Bedrohung,
die in ihm tiefer saß als bei anderen und für die er verzweifelt nach
einer Erklärung sucht. »Vielleicht beginnt das Unglück in dem
Augenblick, in dem einer den anderen zu durchschauen glaubt«,

schreibt Ilse Aichinger in der Erfahrung ihrer langen Ehe mit Günter Eich. »Solange wir wissen, daß wir unerkundbar sind, ist Liebe.« Eckhard und Cordula Ulrich waren mitten im Unglück. Erfüllung sucht Eckhard Ulrich anderswo, um die Hoffnung aufrechterhalten zu können und das Erstarrte in sich zu lösen. Aber jeder Versuch, sich zu trösten, führt ihn in tiefere Traurigkeit.

»geborgter himmel und entliehene / sterne / wo wollen wir / ein haus bauen«, fragt er. »Ich / der ohne gesicht / esse vom teller der hast«, heißt es an anderer Stelle. Und: »der zopf die furcht die liebesgier / das kind der rauch das katzentier / sie alle sind nur spuren / auf straßen die wir fuhren«. Ulrichs Orpheus singt: »unser weg mündet / noch stets zwischen gittern / aber wir bleiben singende kinder / in einem wald voller angst«. Seiner neunjährigen Tochter Almut schreibt er zur »erklärung« für später:

> weißt du – werde ich sagen
> unsere sterne sind weniger freundlich
> unsere vögel fliehen im herbst
> und finden im sommer nicht mehr zurück
> zu den nestern in unseren augen

Die Staatssicherheit hat keine »inoffizielle Basis« in der II. Medizinischen Klinik, der Professor Seige vorsteht. Die Stasi forscht die Lebenwege der Ärzte aus. Über Eckhard Ulrich sammelt sie 110 Seiten: vorwiegend Erpressungsmaterial. Akribisch hält sie das unstete Privatleben des Arztes fest. Sie weiß, daß er in der Krise ist. Sie weiß, daß er darunter leidet, seine Gedichte allein für die Schublade zu schreiben. Sie weiß um seinen Ehrgeiz, als Forscher sichtbar zu werden. Eckhard Ulrich sieht sich »talwärts«:

> ich geh über tag zu lärmenden feiern
> nachts zu den messen in geweißter trauer
> in meinen augenhöhlen nistet wieder
> die lahmgeschlagene schwalbe
> mein mund der zugemauerte brunnen
> trägt unruhe unterm geröll
> ich bin der mantel der nur mich noch wärmt
> und dessen andre hälfte niemand will
> hütet Euch mich heilig zu sprechen!

Am 28. Februar 1973 unterschreibt der 37jährige Dr. Eckhard Ulrich bei der Stasi eine Verpflichtungserklärung als Inoffizieller Mitarbeiter und verpflichtet sich zu »strengstem Stillschweigen gegenüber jedermann«. Wieder ist ein Arzt der Klinik geflohen. Es ist sein enger Freund, der vierzigjährige Dr. Ulf Schulz. Doch Ulf Schulz ist nur bis Budapest gekommen. Dort wurde er verhaftet. Knapp vier Monate später wird ein weiterer Freund Ulrichs wegen Beihilfe zur Republikflucht festgenommen: der Kraftfahrzeugmechaniker Siegfried Wieczorke.

Ulf Schulz erinnert sich: »Man ließ sich damals in den Westen schleusen. Man gab einem Schleuser sein Paßbild und bekam dann Anweisung, sich zu einem ganz bestimmten Flug nach Budapest einzufinden. Man stieg mit dem DDR-Paß ins Flugzeug und mit einem Paß der Bundesrepublik, der einem im Flugzeug zugesteckt wurde, in Budapest aus. Daß ich wirklich fliehen würde, habe ich Eckhard nicht gesagt.«

Schulz unternahm zwei Fluchtversuche. Siegfried Wieczorke wußte Bescheid. Er fuhr den Arzt zum von der Schleuserorganisation vereinbarten Flughafen nach Prag. Aber dort durfte Schulz das Flugzeug nach Budapest nicht besteigen, weil zu jenem Zeitpunkt in der DDR Maul- und Klauenseuche herrschte.

Zum zweiten Fluchtversuch fuhr Schulz mit der Bahn und flog von Schönefeld ab. Wie kurze Zeit vorher andere Geschleuste aufgeflogen waren, so erging es nun Schulz in Budapest.

Die Schleuser hatten gestohlene Pässe benutzt, und die Nummern waren der Stasi bekannt. Schulz wurde zu einer Freiheitsstrafe von sechs Jahren, Wieczorke zu drei Jahren verurteilt. Wieczorke kam nach zwei Jahren frei und blieb in Halle. Schulz wurde nach vier Jahren Haft von Bonn freigekauft. Nach der Verurteilung wollte die Stasi den Arzt gleich wieder freilassen, falls er für sie arbeite. Auch eine Professur sollte er an einer anderen Klinik bekommen. Schulz lehnte ab.

Der Arzt kann sich erinnern, wie der Stasimann mit ihm argumentierte: »Wir wissen, daß an der Spitze nicht alles in Ordnung ist. Frau Honecker hat ein Verhältnis mit einem General. Herr Honecker hat viele Verhältnisse. Sollen wir uns an solchen Dingen aufhängen. Der Sozialismus darf nicht an einzelnen Unzulänglichkeiten scheitern. Arbeiten Sie mit.«

Dr. Peter Hanke, der zweite enge Arztfreund Ulrichs, sagt: »Eckhard Ulrich hat sich mit mir vor und nach jedem Treffen mit der Stasi getroffen. Wir haben abgesprochen, wie er sich jeweils verhalten soll, und er hat mich mit den Dingen konfrontiert, die er auskundschaften sollte. Ob er mir erzählt hat, daß er eine Unterschrift geleistet hat, kann ich nicht mit Sicherheit bestätigen. Es kann sein, es kann nicht sein. Die Unterschrift war nicht das Entscheidende. Entscheidend war, wie sollte er sich verhalten.«

»Verstrickt in diesen Konflikt«, schreibt Professor Seige, »vertraut er sich mir an und leistet wiederum Widerstand gegen das System.« Und Peter Hanke erklärt, welchen Widerstand Seige meint: »Immer wieder hatte sich Eckhard Ulrich über seine Eigenschaft als Arzt hinaus mit den DDR-Behörden angelegt, wenn seine Patienten Konflikte hatten.«

Siegfried Wieczorke sagt über seine Gefängniszeit: »Ohne Eckhard Ulrich wäre ich draufgegangen. Er hat mir ins Gefängnis geschrieben. Meine Frau, die physisch und psychisch am Ende war, hat er behandelt. Mehr noch: Er hat sich um meine ganze Familie gekümmert und sich damit nach offizieller Sichtweise zum Feind des Staates gemacht.«

Die Stasi notiert: »Es besteht kein Vertrauensverhältnis zum operativen Mitarbeiter... U. weiß bedeutend mehr als er sagt, ist skeptisch, nicht offen und ehrlich... Er macht nur Angaben zu solchen Sachverhalten und Gegebenheiten, die ohnehin schon bekannt sind... Nach der Inhaftierung des Dr. Sch. und drei weiterer Personen solidarisierte sich der U. mit deren Handlungen, was nicht zuletzt durch seine Unterstützung der Angehörigen der Inhaftierten zum Ausdruck kommt.« Die Stasi merkt sehr schnell, daß Ulrich das ihm abverlangte Stillschweigen nicht wahrt, und notiert: »Dekonspiration... Als IM ungeeignet.«

Am 12. Februar 1974 eröffnet sie gegen Ulrich einen Operativen Vorgang. Von nun an wird jedes Telefonat aufgezeichnet, jeder Brief gelesen, jedes Paket geöffnet, jeder Gast beobachtet, eine Abhöranlage im Dienstzimmer angebracht, werden Berichte verschiedener Spitzel eingeholt, die die Familie beobachten. 1976 werden die Maßnahmen noch verschärft: Weiterbearbeitung in einer operativen Personenkontrolle. Ein persönlicher Bewacher folgt ihm überall hin.

Begründung der Stasi: »U. zeigt in seinem gesamten Verhalten zur Gesellschaftsordnung der DDR eine negative Einstellung. Entsprechend seiner negativen Einstellung und zahlreichen Verbindungen zu negativen Personenkreisen macht es sich erforderlich, den U. unter operative Personenkontrolle zu stellen, um staatsfeindliche Handlungen zu verhindern.«

Erst im Jahre 1977 wird die Akte gegen Ulrich von der Stasi geschlossen: »Auf Grund der... beruflichen Zielstellung wird eingeschätzt, daß von seiten des U. keine weiteren negativen Handlungen zu erwarten sind. Es wird vorgeschlagen, die OPK einzustellen und mit den zuständigen staatlichen Organen (Kaderabteilung des Bereiches Medizin) eine Absprache über die Begrenzung der beruflichen Entwicklung des U. zu führen.« Eine ordentliche Professur wird ihm vorenthalten. Zur Wende 1989, elf Jahre nach der Habilitation erst, wird Ulrich ordentlicher Professor.

Was in ihm geschehen ist, ist ablesbar in zahlreichen Gedichten. Im Monat, in dem er die IM-Unterschrift geleistet hat, schreibt er:

> ablegen wie die schlange
> müßte man
> seine haut
> oder sich schälen lassen
> vom tag
> sieben mal
>
> neu sein
> ist
> ohne stachel im fleisch
> fehlversuch

Da heißt es: »wer anders ist in dieser / von gott verlassnen welt / wer glaubt daß niemand über ihm ist / wer glaubt daß niemand unter ihm ist / wer glaubt daß jeder jedermann ist / wer glaubt daß keiner gut / keiner besser / (auf gar keinen fall der beste –) ist / der wird ans kreuz geschlagen, wird zum rapport bestellt / wer zum rapport verkeilt ist / trägt später unterm kleid / ein leben das geheilt ist / von der gerechtigkeit…«

In dem Gedicht »angeln« aus dem Jahre 1974 heißt es: »fallen stellen / oder jagen / den schnüren nachdenken / widerstand spüren und flucht / anderer willen / fänger sein / eine erklärung ist's nicht«. Auch die »astronomie« gibt keine Erklärung: »… kalt sichelt der mond meinen leib / ist es der spöttische rotblick des mars / oder lauert das auge meines bewachers / hinterm polarstern –? / wessen sünden büß ich mit der verbannung / unter diesem himmel«.

Am 25. November 1975 gelingt dem Dichter Eckhard Ulrich wieder eines seiner großen Deutschland-Gedichte, in denen er sich von sich selbst zu lösen weiß, um exemplarisch einen Verrat zu beschreiben, den er nicht verursacht, aber dessen Folgen er zu tragen hat – als jemand, der in eine Diktatur geboren wurde und in einer anderen zu leben hat:

> ich habe aufgegeben dieses land zu lieben
> dieses land niemand sahs außer mir
> dieses land gabs nie
> was es gab
> waren die oben die unten und die dazwischen
> was es gibt
> sind die

Cordula Ulrich befreite ihren Mann von dem Vorwurf, ein langjähriger Spitzel der Stasi gewesen zu sein. Für Eckhard Ulrich kam die Rehabilitierung durch die Ärztekammer zu spät. Er hatte sich am 17. Januar 1992 das Leben genommen.

die mit den hunden den mauern den minen
die mit scheinwerfern stacheldraht und
maschinenpistolen
die mit der lüge foltern mit der wahrheit
verhöhnen
die sich das unsichtbare blut unter den nägeln
hervorbürsten abends vorm heimweg
die mit der schlagzeile für die welt
mit dem schlagbaum für die macht
mit dem schlagstock für die gedanken

ich habe aufgegeben dieses land zu lieben
und niemals vermocht meinen traum zu töten
sie habens gewußt

Seiner Frau erzählt er nichts von der Unterschrift bei der Stasi. Aber
er sucht einen Neuanfang:

dieses mal werde ich worte
haben und hände
für dich
dieses mal atme ich dein haar
denke ich alles schöne zu ende
dieses mal borg' ich
mir deine augen
frag' ich warum du schweigst
lachst weinst und müde bist
dieses mal
bin ich der spiegel für deine kleider
bin ich die antwort auf deine fragen
habe ich angst
mit dir
dieses mal bin ich anders
WIE ANDERS?
Warum fragst du mich wach?

Daß in ihm etwas zerbrochen ist, das weiß er. Er kann sich selbst
nicht helfen, aber er hilft allen. Er vergräbt sich in seine Arbeit als
Arzt. Er sorgt für seine Patienten nicht nur in der Klinik. Er begleitet sie weiter – mit Hausbesuchen. In den achtziger Jahren sagt er:
»Meine Patienten sind mit mir alt geworden. Jetzt können sie nicht
mehr kommen. Jetzt gehe ich hin zu ihnen.« In Halle geht das Wort
von der »Ulrich-Gemeinde« um.

Und da der Eckhard Ulrich mit seinem erneuerten Leben auch immer der alte ist, träumt er Dantes Traum von seiner Beatrice, in dem sich seine Widersprüche aufheben.

> ausatmen ins kühlblaue
> mehr gelb gegen abend
> etwa
> Canalettos Dresden Wien Warschau
> oder Caspar David Friedrichs boddenhimmel
>
> von solchen farben ins rückwärts blickend
> wird sonnenaufgang verpönte landschaft
> – einmal der enttäuschung das wort gegeben:
>
> wir sind noch nicht frei von sehnsüchten
> noch nicht geheilt von der krankheit liebe
> wir haben noch tränen…

In der zweiten Hälfte des Jahres 1980 fährt Dr. Eckhard Ulrich nach Posen. Um zum ordentlichen Dozenten berufen zu werden, muß er ein halbes Jahr im sozialistischen Ausland gearbeitet haben. Ulrich gerät mitten in den Aufbruch der Solidarność, in jenen Freiheitsaufbruch, der das Ende des kommunistischen Systems einleiten sollte. »wahrlich / verlorener sein kann keine / generation als die meine«, schreibt er, »– ich bin kein pole – / ich habe nichts / vom gegenteil / eines deutschen / und ich liebe / dieses land / als seis / mein / deutsches Orplid«. »Meinen polnischen Feunden zugeeignet« heißt ein Gedicht, das an der polnischen Universität ausgehängt wird, mehr noch: Es wird zu einer Hymne der Solidarność-Bewegung:

> Ihr habt die verräter an Euerm geschick
> aus hochmut und dünkel geschreckt
> Ihr gabt Euerm volke die würde zurück
> laßt brennen die herzen – doch haltet im blick
> auch das, was die zukunft noch deckt
> noch schweigen sie Euch ihren haß ins gesicht
> kann sein, daß sie warten
> mit ihrem gericht
> kann sein – oder auch nicht…
>
> Bleibt kühl auch im heißesten härtesten streit
> bedenkt – Eure straße ist lang
> sie warten nur auf Eure uneinigkeit

sie halten die ketten noch immer bereit
und maulkorb und kerker und strang
das teile und herrsche – seit uralter zeit
die geißel der schwachen
vergeßt nicht und seid
stark – hart und bereit

Zwei Professoren der Akademie der Wirtschaftswissenschaften, zugleich führende Vertreter der Solidarność in Posen, übersetzen das Gedicht Ulrichs, nennen als Verfasser nicht seinen Namen, um ihn nach seiner Rückkehr in die DDR nicht zu gefährden. Nur, alle wissen: Diese Zeilen sind die Zeilen eines Deutschen. Die beiden Übersetzer Władysław Balicki und Witold Hornung, heute Professoren der Wirtschaftsuniversität, erinnern sich. Witold Hornung sagt: »Ulrich unterschied sich von den roten Stipendiaten, von denen die meisten mehr linientreu als weniger waren.« Professor Balicki sagt: »Das Gedicht Ulrichs wurde nach der Melodie ›Die letzten zehn vom vierten Regiment‹ gesungen.«
»Die letzten zehn vom vierten Regiment« ist ein Lied aus dem polnischen Aufstand von 1831, den die Russen niederschlugen. Der Aufstand löste damals ein ungeheures Echo im Westen aus, am stärksten in Deutschland. Den Text des Aufstandsliedes von einst schrieb auch ein Deutscher: Julius Mosen. Die Melodie stammte von dem Franzosen Joseph-Denis Doche. Professor Balicki sagt: »Als das Gedicht Ulrichs übersetzt war, war es reiner Zufall, der uns diese Melodie wählen ließ. Aber so ist das mit den Zufällen.«
Nach der Rückkehr in die DDR erlebt Ulrich, wie das SED-System gegen die Veränderungen in Polen reagiert. Es kommt das Kriegsrecht, das General Jaruzelski über sein Land verhängt. An der Hallenser Universitätsklinik läßt das Regime Ulrich nun ungestört arbeiten. Seine Forschungsergebnisse werden gebraucht. Doch kommt er endlich einmal zur Ruhe, dann inszeniert man »Nebenkriegsschauplätze«. So, als seine Tochter Kerstin gegen Ende des Romanistikstudiums bei einer Diskussion im Marxismus-Leninismus-Seminar sich auf das »Feindbild von den Imperialisten« nicht einlassen will und erklärt, sie habe keine Feindbilder und sehe sich deshalb auch nicht in der Lage, Feindbilder zu vermitteln.
Es beginnen die »Maßnahmen«. Warnungen, jemanden nicht zur Promotion zuzulassen, der solche Haltung vertritt. Kerstin Koppe erinnert sich: »Ich hatte eine furchtbare Angst. Es ging schließlich gar nicht mehr um die Promotion, es ging um Relegation. Immer wieder wurde ich zu Gesprächen gerufen. Ohne meinen Vater hätte ich das nicht durchgehalten. Er hat mit mir jedes Wort, jede Reaktion

besprochen. Ich wollte unbedingt das Studium abschließen.« Die versprochene Assistentenstelle bekommt Ulrichs Tochter Kerstin nicht. Aber sie bekommt letztlich die Zulassung für den Schuldienst.

> das ist es
> ziele haben die erreichbar sind
> vorgedachtes bedenken
> bedachtsam sein
> aufgaben nach ihrer lösbarkeit
> annehmen
> oder verwerfen
> scherben kitten...

Eckhard Ulrich, der mit Gottfried Benn als literarischem Vorbild begann, zieht sich in den achtziger Jahren lesend auf den Arzt-Dichter zurück, sucht sich in ihm zu erkennen. Schon 1962 hat er über ihn zu dessen sechsten Todestag geschrieben: »...in tausend einsamkeiten gelebt; / eigentlich nie / wortspiele / immer hintergründig / und groß im traurigsein... / und den zwiespalt der hoffnung / spöttisch zweifelnd / weitergereicht...« Eckhard Ulrich holt sich nach wie vor die für ihn zurückgelegten Neuerscheinungen in der Buchhandlung »Das gute Buch« ab, wo man für ihn seit vielen Jahren ein Fach eingerichtet hat.

F. ECKHARD ULRICH

ich habe aufgegeben
dieses land zu lieben

Gedichte

fliegenkopf verlag

gestern habe ich meine liebe erschlagen
wie eine jungen katze
erschlagen – ertränkt
sie war noch blind
gottseidank
ihre blicke ertragen
hätte ich nicht oder gar ihre fragen
gottseidank
daß eine junge katze nicht denkt

gestern wollte ich meine liebe verscharren
wie eine erfrorene lerche
damals als kind
aber ich fand sie nicht mehr
mußte lachend verharren
gottseidank
werden ältere narren
von ihren eigenen tränen selten
für lange zeit blind

*Gedichtband aus dem
Nachlaß, für den
Ulrich postum den
Literaturpreis der
Bundesärztekammer
erhielt.*

Im Jahre 1985, in dem seine Frau und er fünfzig Jahre alt werden,
schreibt er ihr – von sich: »…und immer wieder – immer noch träumer / leergeredet jetzt vielleicht oder leergeschrieben / aber nicht
leergeträumt… / unbequem für sich selbst zu mehr reichts nicht /
DAS ABER GRÜNDLICH / um für die auferstehung eine spur würde
zurückzuerlangen…« Von Jahr zu Jahr schreibt Eckhard Ulrich
weniger. Seit 1987 gibt es keine Gedichte mehr. Der Dichter verstummt. Nur noch im Tagebuch tauchen Gedichte auf.
Im Jahr 1988 darf Ulrich nach 22 Jahren wieder in den Westen reisen. Seine Frau erinnert sich: »Er kam völlig erschlagen insofern
zurück, als er sagte: ›Wir sitzen in der Klinik nächtelang und zählen,
wieviel Partikel hier, wieviel Partikel dort, damit früh das Ergebnis
da ist. Dort macht es ein Computer. Wir gehen Kaffee trinken, und
wenn wir wiederkommen, ist alles ausgedruckt.‹« Dann kommt die
Wende. Sie sieht Eckhard Ulrich mit anderen auf der Straße. »Ich
kann Ihnen das gar nicht beschreiben, wie froh wir waren«, sagt
Cordula Ulrich.
Der 1987 emeritierte Professor Konrad Seige, bis dahin Ulrichs Chef,
erinnert sich: »Die Wende findet unter Ulrichs aktiver Mitwirkung
statt, sieht ihn am Runden Tisch und bei der Neugründung von
ärztlichen Standesorganisationen. In dieser Zeit ist Ulrich ein tat-
kräftiger Hoffnungsträger bei der Umgestaltung der Universität und
des öffentlichen Lebens.«

Eckhard Ulrich kämpft für die Auflösung der DDR. Er verlangt die Entlassung derjenigen aus ihren Ämtern, die mit Staat und Partei an der Universität zu Amt und Würden gekommen sind. Er fordert eine Offenlegung der alten Berufungsverfahren.

Eine Personalkommission zur Erneuerung der Universität Halle überprüft nach der Wiedervereinigung die Lebensläufe der Akademiker, sucht in Zusammenarbeit mit der Gauck-Behörde nach Klärung der Frage, wer sich etwas zuschulden hat kommen lassen. Die Gauck-Behörde stößt auf die Unterschrift Ulrichs bei der Stasi, bittet um Diskretion, es sei lediglich ein Sachverhalt zu klären.

Die »Ärzte-Zeitung«, kein offizielles Verbandsorgan, aber im Abonnement an Mediziner vertrieben, schreibt: »Die Diskretion wurde nicht eingehalten. Am 11. November 1991 schrieb jemand bei einer Promotionsfeier die Anschuldigung an die Tafel: ›Ulrich war der Stasi-Mann‹.« Am 5. Dezember 1991 teilt die Ärztekammer Sachsen-Anhalt Professor Ulrich mit, von der Personalkommission unterrichtet worden zu sein, daß er »über viele Jahre zweifelsfrei Mitarbeiter des Staatssicherheitsdienstes« gewesen sei.

Wer aus der wenige Monate dauernden IM-Zugehörigkeit Ulrichs eine Mitarbeit »über viele Jahre« gemacht hat, ist heute nicht mehr zu klären. Keiner jedenfalls will es gewesen sein.

Fest steht: Professor Ulrich hat nicht nur am »Runden Tisch«, sondern auch gegenüber der Ärztekammer gelogen, als er die Frage nach einer Mitarbeit, wie sie auch anderen gestellt wurde, verneint hat. Frau Dr. Ulrich kann sich erinnern, wie ihr Mann zu Hause einen Fragebogen vor sich hatte und unschlüssig hin- und herschob. »Waren Sie Mitarbeiter der Staatssicherheit?« So steht es auf dem Bogen Papier.

Eckhard Ulrich sagt zu seiner Frau: »Ich weiß gar nicht, was soll ich denn hier schreiben?« Cordula Ulrich macht sich noch heute Vorwürfe, daß bei ihr die Alarmglocke nicht schrillte, daß sie in ihrer direkten Art sagt: »Na warste Mitarbeiter oder warste's nicht?« »Natürlich nicht.« »Na, dann schreib's hin.« Und er schreibt es hin: »Nein«.

Der Mann, dessen Text zu einer vielgesungenen Hymne im Polen der Solidarność wurde, im Wendejahr 1989: Eckhard Ulrich kämpft für die Auflösung der DDR.

> glaube nicht
> der mond sei dein freund
> die kälte in dir ist die wahrheit
> so wird der tod sein –
> dich überdauernd
> wie
> das tote gestirn

du hattest die wahl nicht
zu leben –
zufall das spiegelbild
abends im zimmer oder
sommers im fluß

du hattest keine wahl
für das sterben –
der den krug zerbrach
zum scherbengericht
gab dir den tod
schon ins herz

Schon immer ist in seinen Gedichten alles auf ihn selbst zugelaufen:
»nachts wenn die stunden von den wänden tropfen / erreicht dich
auch der eigene ruf nicht mehr«. Nun läuft alles auf Selbsthinrich-
tung. Der Dichter Eckhard Ulrich ist sich ewig voraus. »erst hinter
dem herzen / fängt das zuhause an«, hat er geschrieben. Der Weg in
eine Zeit jenseits des alten Horizonts ist für ihn nicht mehr begeh-
bar. Der Dichter hat seinen Weg vorgezeichnet: »spiel dich hinüber / eh die brücken sinken ...« All seine Gedichte zeigen, daß er
seine Unterschrift nie vergessen hat. Selbst noch sein Kampf nach
der Wende gegen diejenigen, die so profitabel vom System gelebt
haben, hat sich allein aus jener Demütigung von 1973 gespeist.
Die alten Freunde von einst, die ihn und seine Frau nicht allein lassen, sehen, wie die Depression von ihm Besitz ergreift. »Du glaubst
mir doch, daß ich nie etwas für die Stasi gemacht habe«, sagt er zu
Siegfried Wieczorke und weiß, daß mit dem Gerede derjenigen, die
niemanden geschadet haben, nichts anzufangen ist. Ulf Schulz aus
Rottach-Egern ruft an und will ihn dazu bringen, Halle hinter sich
zu lassen: »Komm zu uns. Wir nehmen dich in die Praxis hinein.«

an einem tag, den niemand recht vermißt
wird sich die sonne im gewölk verlieren –
dann werde ich den regen nicht mehr spüren,
ich hoffe, daß es sommerregen ist...

Eckhard Ulrich geht im Winter. Am 17. Januar 1992, zwei Tage nach
dem Telefongespräch mit Ulf Schulz. Cordula Ulrich sagt: »Ich habe
irgendwie nicht gemerkt, wie tief er verletzt war. Ich hab' über das
Gerede in Halle gesagt: ›Laß die doch, das kann dir doch egal sein.
Du weißt doch, was du gemacht hast. Es wird sich alles klären. Du
bist doch nicht der Mittelpunkt der Welt.‹« Sie schüttelt den Kopf

über diese Sätze: »Solche dummen Sprüche habe ich ihm gesagt, ehe er am Morgen gegangen ist.«

Als Eckhard Ulrich am nächsten Morgen in seinem Dienstzimmer in der Universitätsklinik tot aufgefunden wird, liegt da ein Zettel: »Ich war kein Stasi-Spitzel, aber das Warten auf Richtigkeit und Recht ist jetzt zuviel, zu schwer, zu lange.« Der Band mit den Benn-Gedichten, auf dem Ulrichs Kopf lag, war aufgeschlagen: »In meinem Elternhaus hingen keine Gainsboroughs / wurde auch kein Chopin gespielt / ganz amusisches Gedankenleben…«

Cordula Ulrich kämpft für die Rehabilitierung ihres Mannes. Zuerst allein. Dann helfen ihr ein Theologieprofessor aus Halle und ein Rechtsanwalt aus dem Sauerland. Im April 1992 kann sie Einblick nehmen in die Stasi-Akte. Zwei Gespräche mit der Stasi sind verzeichnet. Dann ist der IM-Vorgang abgeschlossen, und es beginnt die Opferakte. Knapp ein Jahr später bekommt Frau Ulrich einen Brief von Professor W. Brandstädter, dem Präsidenten der Ärztekammer Sachsen-Anhalt.

In dem Schreiben vom 1. März 1993 heißt es: »Ich betrachte Ihren Mann als voll rehabilitiert und hätte ihn nach Kenntnis des abschließenden Votums der Personalkommission und entsprechender Beratung und Zustimmung der zuständigen Gremien der Ärztekammer gebeten, seine Funktionen in der Kammer wieder aufzunehmen…«

Im Jahre 1994 erscheint der erste Gedichtband Eckhard Ulrichs mit dem Titel »ich habe aufgegeben dieses land zu lieben«. Ulrichs Frau hat für die Veröffentlichung den kleinen Fliegenkopf-Verlag in Halle gewonnen. Friedrich Schorlemmer schreibt das Nachwort. Mehr als 300 Gedichte Ulrichs sind noch unveröffentlicht. Am 1. Juni 1996 wird dem Professor Eckhard Ulrich postum der Literaturpreis der Bundesärztekammer zuerkannt.

Harald Gerlach:

Die Toten haben den längsten Atem

Seine Worte kommen von weit her und träumen sich an den verborgenen Daseinsgrund heran. »Die Toten haben den längsten Atem«, wußte er schon früh, und er setzte auf sie, gab ihnen sein Wort. Außenseitern, wie den Dichtern Johann Christian Günther und Johann Peter Uz, den Mystikern Quirinus Kuhlmann, Hans Hut und Jakob Böhme mit seiner »Morgenröthe im Aufgang«, in der eine Liebe die andere rühret und ein Geist im anderen wirket. Der Atem seiner Toten trug Harald Gerlach durch die DDR. Mit ihrem Pneuma widerstand er ideologischer Verführ- und Verfügbarkeit.

Harald Gerlachs Vaterland ist Schlesien, sein Mutterland Thüringen, seine Lebenslandschaft seit 1992 die Kurpfalz. Alle drei Gegenden sind weniger als Deutschland und doch mehr. In dieser Dreifaltigkeit könnte sein Leben aufgehen. Das frühe Bild der Kindheit, das in der Flucht von 1945 endet, und das späte Bild der Ankunft in der frühen Kindheit der Eichendorff-Töne, zusammengehalten von Gerlachs Jugenderfahrung mit der mütterlichen Gegend unter dem Zwillingspaar der Gleichberge, auf dessen einem Gipfel der 24jährige Hofmeister Hölderlin 1794 sein Schwaben erblickt haben will. Eine Weitsicht des Herzens, die Harald Gerlach zu seinem literarischen Prinzip erhob.

In Leimen an der südlichen Bergstraße, wo Gerlach heute wohnt, hatte vor wenigen Jahrzehnten noch jeder seinen Weingarten. Nun sind sie mit Eigenheimen bebaut. Mitten in der Stadt an der einstigen Römerstraße ist nur einer übriggeblieben. Wie ein Stück Erinnerung wirkt er und zugleich wie das Zeichen einer Sehnsucht, daß nicht ausgelöscht wird, was einmal begonnen wurde. Aus solchem Sehnsuchtsholz sind die Geschichten des Dichters Gerlach, der Handwerk immer wieder als Kunstausübung beschreibt. Der 68jährige Norbert Schleidt, dem die 400 Quadratmeter Weingarten vor seinem Haus gehören, ist kein großer Bücherleser. Aber er weiß eines ganz sicher: Der Fremde ist ein Einheimischer.

Norbert Schleidt und Harald Gerlach stehen zwischen den Weinstöcken, biegen die Ruten, beschneiden sie, düngen, lesen die Trauben, trennen die Trauben vom Stiel, raspeln und pressen sie, keltern und füllen den Wein in Flaschen ab. Vereint sind sie in der Leiden-

Horchen auf die Stimmen des Untergangs und für die Auferstehung schreiben: der Romancier, Lyriker und Dramatiker Harald Gerlach, geboren in Schlesien, aufgewachsen in Thüringen, nach der Wende mit neuem Zuhause in Baden-Württemberg, wie immer wohnhaft in alter Geschichte.

schaft für summa summarum 600 Liter Wein. »Harald, du kannst jetzt alles«, sagt der Rentner Schleidt. »Du übernimmst den Weingarten, und ich werde dein Berater.« Metaphorisch gesagt: Die Arche Gerlach mit Mann, Frau, drei Kindern, drei Katzen, fünf Meerschweinchen und einem Kanarienvogel geht vor Anker. Weinbau wie am Ararat.

Harald Gerlach wohnt mit seiner Familie drei Häuser weit entfernt von Norbert Schleidt – in einem Abbruchhaus, das jetzt unter Denkmalschutz gestellt wurde. Nun wird es bleiben, und Harald Gerlach kann auch bleiben. Der Mietvertrag, bisher von Jahr zu Jahr verlängert, wird langfristig umgestellt. Oberbürgermeister Herbert Ehrbar will den Dichter in diesem Haus halten, sagt er. Es ist ein altes Winzerhaus über einem Weinkeller von 1610. Auch hier ist Harald Gerlach in seiner Geschichte angekommen, die er tief in die Jahrhunderte in seinen Büchern zurückverfolgt hat.

Zufälle, die wie lauter Fügungen daherkommen. Nach der Wende von 1989 mußte er in Thüringen damit rechnen, daß ein westdeutscher Alteigentümer ihm kündigen würde. Er ging, bevor er vertrieben wurde. Ein einjähriges Stipendium in Heinrich Vogelers und Paula Modersohns Worpswede gab ihm eine

Der Sprung aus dem Osten in den Westen: Harald Gerlach mit seiner Frau Olbrich-Gerlach vor ihrer neuen Bleibe in Leimen bei Heidelberg. Das alte Winzerhaus, das ursprünglich abgerissen werden sollte, wurde zur Zuflucht auf Zeit. Nun steht es unter Denkmalschutz. Die Gerlachs können bleiben.

Verschnaufpause. Ein Redakteur des Süddeutschen Rundfunks in Heidelberg, für den er Hörfolgen schrieb, machte ihn auf ein leerstehendes Haus aufmerksam. Gerlach ging zur Bürgersprechstunde Herbert Ehrbars, und der reagierte spontan: »Ich habe soviel Ausländer unterzubringen, warum nicht einmal einen deutschen Dichter.«

Der deutsche Dichter Harald Gerlach hat in der DDR ein Dutzend Bücher geschrieben: Erzählungen, Gedichte und Theaterstücke. Allem ideologischen Denken fern, ist Gerlach in der DDR nie ein akzeptierter Autor geworden. Perspektivlosigkeit und Geschichtspessimismus ist ihm immer wieder vorgeworfen worden. Wahr daran ist, daß er die Diktatur des Ideals durchschaute und den Weg des SED-Systems als eine Höllenfahrt ins Unverzeihliche erkannte. In seiner Literatur beharrte er auf Differenz, Widerspruch und Anderssein und verteidigte alle Fremdheiten gegen Aneignung und Zerstörung. In der Dimension des Scheiterns entdeckte er den Motor des Glücksmoments.

So gelangen Harald Gerlach Bücher des Entrinnens im Gefangensein. Aber im Wissen um die Kluft zwischen dem, der wir gestern nicht gewesen sind, und dem, der wir morgen nicht sein werden, weiß er, daß weder die Katastrophe befreit noch, daß es einen späteren Ausgleich für Unglück gibt. Die Versuchung des Eingreifenwollens erledigt sich bei solch einer Haltung, aber nicht das Leben als ein Mitleben im Widerstand. Solch Widerstand nimmt die Leiden auch der Verführten wahr. »Die Geschichten reden«, schreibt Gerlach. »Sie wollen nicht erklären.«

Schon das war in der DDR verdächtig genug. Ganz konnte Harald Gerlach sein Wort gegenüber seinen Toten erst nach dem Fall der DDR einlösen. Im »Poesiealbum 56« und dem Gedichtband »Sprung ins Hafermeer«, seinen Erstlingswerken, ist er den »verlorenen Pfaden« Schlesiens nachgegangen. Doch der Weg aus dem Gedicht in die Prosa war, was das Vertreibungsthema anbelangte, immer nur partiell möglich. So als Hintergrund in seiner Erzählung »Das Graupenhaus«, das die Erziehung verwahrloster Kriegskinder zum Inhalt hat.

Der kompromißlose Rückgriff auf die eigene Subjektivität, mit der Flucht und Vertreibung in Beziehung gesetzt werden zu einem rasanten Verlust von Lebenswelten, geschuldet einem ideologieübergreifenden Fortschrittsdenken, war erst im Bruch der Geschichte von 1989 möglich. Der Bruch war notwendig, um jene Geschichte der Vorfahren Gerlachs über Generationen und Jahrhunderte hinweg bis heute zu erzählen, die damit beginnt, daß der Silberbergbau im Erzgebirge zu Anfang des 17. Jahrhunderts dem Ende entgegengeht und sich einer aufmacht, in Niederschlesien sein Glück zu suchen. »Windstimmen« heißt der Roman aus dem Jahre 1997. »Immer, wenn etwas anfängt, hoffen die Leute: jetzt wird alles besser«. Jedoch müssen sie feststellen, daß diese Hoffnung trügerisch war«, schreibt Harald Gerlach und zieht mit den schlesischen Mythen und Märchen auch den philosophierenden Schuster Jakob Böhme (1575–1624) aus Görlitz zu Rate. Jenseits und Diesseits – eine Einheit, lautet dessen Botschaft, die noch der kleine Benjamin als Nachfahre hört, wundergesättigt und wundersüchtig nach der Flucht von 1945, in eine neue Welt eintretend, die sich Sozialismus nennt. In eine Wunderzerstörungswelt.

Der Reduzierung des Menschen setzt dieser Benjamin seinen alten menschenbildenden, menschlichkeitserweiternden schlesischen Blick entgegen. Er sieht diese Menschen in der Erfahrung zweier Ausgeburten der Aufklärung – ärmlich und erbärmlich zugerichtet, sich nach der Fülle des Lebens verzehrend, in einer Sehnsucht, die sie 1989 ausgezehrt zurückläßt in der Unaufholbarkeit des Jetzt. Das Dilemma: Der Schmerz, der sich dabei einstellt, löst nicht ab. Die Wut über ein verfehltes Dasein, die sich blindlings ihren Gegner

Schlesien, auch ein »Mütterchen mit Krallen«: früher Gedichtband des in Bunzlau geborenen und mit seiner Familie vertriebenen Harald Gerlach und ein Roman aus dem Jahre 1997 – zwei Bücher mit schlesischer Schwerkraft.

sucht, wird von Gerlach zurückgeführt auf Hilflosigkeit, die man an sich merkt und nicht eingestehen will.

Gerlachs Benjamin, der DDR-Bürger, ist keine selbstmörderische Figur, und doch setzt er sein Leben aufs Spiel, indem er es als sein eigenes behauptet. »In Schlesien hat man gelernt, mit dem Schmerz zu leben«, weiß Benjamin. »Schlesien ist Grenzland, seine Geschichte ist von Grausamkeit gezeichnet und mit Blut ausgemalt. Im Dunkel der Vergangenheit werden Säuglinge in siedendes Öl geworfen, Ungehorsame in Stroh gehüllt und zu lebenden Fackeln entzündet. Martini 1293 überfällt der Glogauer Herzog am Oderufer seinen Vetter Heinrich V. im Bade. Er schleppt ihn nach Burg Sandewalde bei Guhrau, später nach Glogau. Sperrt ihn in einen hölzernen Käfig, in dem der Gefangene weder stehen noch sitzen noch liegen kann und bei lebendigem Leib ein Fraß der Würmer wird.«

»Nischte asunste is schwar wies Labn.« Mit diesem banal klingenden Satz der Alten ist Benjamin aufgewachsen. »Eine Lilie blühet über Berg und Tal, an allen Enden der Welt. Wer suchet, der findet.« Benjamin kann nicht sagen, wie oft er das schon gelesen hat. Jakob Böhme, den der Anblick des in einem dunklen Zinngerät sich spiegelnden und dadurch erst hell erscheinenden Sonnenlichts auf die Idee bringt, daß das Gute des Bösen bedarf und daß erst beider Zusammenwirken die Welt bewegt. »Wir leben bloß in dem Moment, in dem wir begreifen, daß es das Leben nicht geben wird, auf das wir gewartet haben.« Wer von Benjamins Vorfahren hat das gesagt?

Harald Gerlach, der Dichter, hat die nachbarliche Stimme Franz Kafkas im Ohr: »Wenn auch keine Erlösung kommt, so will ich doch in jedem Augenblick meines Lebens ihrer würdig sein.« Und er hört aus der Provence die Stimme René Chars: »Vor allem dann, wenn es Gott nicht gibt, darf man ihn nicht aus dem Auge verlieren.« Abendländisches Denken der Kontinuität im Zerstückelungsprozeß der Moderne. Geschichtsmächtiges Denken als Voraussetzung für eigenmächtiges Leben. Mit diesem Denken stattet Gerlach seinen Benjamin aus. Und mit der Ahnung: Niemand hört mit seinem Tode in sich selbst auf.

In einem Furor des Erzählens und Phantasierens öffnet Gerlach die moderne Welt des Selbstgemachten hin zu einem Außerhalb. In die Landschaft seiner gestalthaften Sprache schickt er seinem Benjamin dessen schlesische Vorfahren als leibhaftige Begleiter, Wiedergänger in johanneischem Sinne: In der Welt, aber nicht von der Welt. Der Ablauf der Zeit, verwandelt in Bleiben, im Bleiben der Erlösungsbedürftigkeit.

»Erlösen kann die Figuren nur das Erzählen«, sagt Harald Gerlach. »Sie müssen die alten Geschichten noch einmal befragen, um die neueren genauer erzählen zu können. In diesem Nicht-zur-Ruhe-Kommen sehe ich nicht nur einen Fluch, sondern auch eine offene, wache Haltung gegenüber der Welt.« Gerlach beschreibt seine Toten mit dem langen Atem hinreißend lebendig in ihrer kantigen Art, in ihrem Glauben und Aberglauben, in Liebe, Haß und Schuld, in ihrem Beharren auf Bodenständigkeit als Grund des Lebens, in ihrem Wissen, daß alle Siege davongetragen werden.

»Die Normalität ist das Scheitern«, schreibt Harald Gerlach. Seine Schlesier sind Gescheiterte. Gescheitert im Kern immer in und an der Liebe. Die Wahrheit, die nichts mit der Liebe zu tun hat, ist allzu sterblich, stirbt zuerst. Und dort, wo sich einer wappnet mit Jakob Böhme, in dem Liebe und Wahrheit zusammenfallen, stirbt er im KZ. Wo jemand in der Erinnerung an die Lieder der Jugendbewegung lebt und sich aufmacht zum Hohen Meißner, zu seinem »Ölberg«, wird er an der Zonengrenze erschossen.

Der Rückblick Gerlachs auf die schlesische Geschichte ist kein Versuch künstlicher Mythenschöpfung. Doch die Werterfahrungen der Alten werden nicht zum alten Eisen geworfen. Die Naturhaftigkeit, die Gerlach entfaltet, spielt mit keiner Überhöhung des Gesunden und Starken. Was die Moderne einseitig verfolgte, wie das Elementarsinnliche von Wedekind bis Henry Miller, wie die Rohheit der Natur mit Blut, Kot, Gestank und Fäulnis bei Gottfried Benn, wie das Vorlogische, Primitive bei Ernst Ludwig Kirchner und seinen Freunden, das führt Gerlach wieder zurück ins Gebundene, in die Vielschichtigkeit.

Harald Gerlach bleibt in der Tradition alter Erzählweisen, nutzt Legende, Märchen und Moritat zu einem Ton, der seine Geschichte bis ins Ende des 20. Jahrhunderts trägt. Er schöpft aus einem Sprachschatz, als seien die Vorfahren Buchstaben eines lebendigen Wortes. Das Wahrheitsmoment erzählten Daseins ist allein die Liebe als unsere einzige Freiheit. Die Liebe als das Jenseits von: Es muß sein. Die Liebe, die unberechenbar ist und jeder Aufklärung trotzt. Sie ist für Gerlach auch logisch nicht ableitbare Heimsuchung.

»Wer in der Liebe den Mund auftut, dem wischt ein blaues Wölkchen heraus – das ist der Verstand«, läßt er seine langlebigen Toten spintisieren. »Aber wer bringt es schon fertig, dabei bis zum Ende die Lippen verschlossen zu halten? Und darum ist Liebe eben dumm.«

Oder: »Erst wenn du gar nichts mehr erwartest, kannst du auf die Welt gucken, ohne daß es gleich weh tut. Und dann ist sie manchmal sogar schön.«

Harald Gerlach und sein Arbeitszimmer: Hier entstand der Roman »Windstimmen«, der zu DDR-Zeiten nicht geschrieben werden konnte.

Oder: »Die Erinnerung ist ein einziger Betrug. Sie gaukelt uns vor, es hätte mal ein Maß gegeben, nach dem sich alles zu richten hat. Aber wahrscheinlich gab es das nie. Und woran wir uns erinnern, das ist bloß unsere Sehnsucht, daß es sowas geben möchte.«

Mit einer Chronik des Gewinns von Verlusten geht Gerlachs Benjamin durch das Jahr 1989 hindurch – in die »neue Zeit«, berührt von den Hoffnungen der Leute, das abgewirtschaftete System ließe sich umwandeln in ein gerechtes Gemeinwesen. »Die Idee der Aufklärung hebt auf ihre alten Tage noch einmal den wackligen Kopf, der kleine Mann erklärt sich bedenkenlos zum mündigen Bürger und ruft nach Demokratie. Zeit wie Ewigkeit, denkt Benjamin.« Und er denkt an Böhme: »Wem Zeit wie Ewigkeit / Und Ewigkeit wie Zeit, / Der ist befreit / Von allem Streit.«

Der Schmerz löst sich. Wer in der Geschichte bleibt, geht. Er ist ein Wanderer auf der Straße des Lebens. Er wartet nicht auf eine verheißene »güldene Zeit«. Er findet sie in der Bewegung als einen Moment, der gelebt werden will und nicht bedacht. Als der 49jährige Schriftsteller erblindete, lehnte das DDR-System jegliche Hilfe ab. Eine Transplantation in Westberlin 1989 rettete ihn.

In Leimen fand er die Distanz und Nähe, auch die Ruhe, um seinen Roman zu schreiben: die Saga Niederschlesiens als gelungener Rettungsversuch der Geschichte und seiner Geschichte in der DDR. Ein Buch wie die zwei von Günter Grass: »Blechtrommel« und »Ein weites Feld«. Nur, daß Harald Gerlach das Doppel in einem Buch, »Windstimmen«, gelang und Grass mit »Ein weites Feld« gescheitert ist.

Im Gegensatz zum späten Grass greift Harald Gerlach in seinem Roman weder an, noch verteidigt er, er will nichts beweisen und verurteilt nichts. Er erlöst Geschichte mit Geschichten in spielerischem Ernst. Er hat die Heiterkeit ein Leben lang gesucht, in Leimen ist sie ihm zugefallen, weiß er sich mit Goethe, zu dem er ewig ein schwieriges Verhältnis hatte, einig: »Ich will alles, was ich kann, spielend betreiben.«

Näher hat dem Flüchtlingsjungen Harald Gerlach immer Schiller gestanden, der im »bloßen Spiel« der ästhetischen Erfahrung ebenfalls die wahre Wesensäußerung des Menschen gesehen hat: Der Mensch spielt nur, wo er in voller Bedeutung des Wortes Mensch ist, und ist nur da ganz Mensch, wo er spielt. Schiller ist Verwurzelung für Gerlach – in der zweiten Heimat an der Grenze zur alten Bundesrepublik, in Römhild unter den Gleichbergen. Schiller blieb erreichbar an der Gruft der von ihm geliebten Charlotte von Wolzogen im nahen Bedheim.

Bereits in seiner ersten Prosa taucht bei Gerlach diese Beziehung auf und der Satz: »Keine Zukunft hat, wer ohne Vergangenheit kommt.« In der »Ackerprovinz am Rand des Vergessens« sucht Gerlach nach der Flucht aus Schlesien Orte, die Vergangenheit aufweisen können, als sei der Garant historischer Beständigkeit auch die Beständigkeit, die er fürs eigene Leben braucht. 1988 erweckt Gerlach den Anakreontiker Johann Peter Uz aus Ansbach, der 1752 in Römhild »Arkadien, du Land beglückter Hirten« entdeckt haben wollte. Über den Wiedertäufer Hans Hut aus dem benachbarten Dorf Haina, in dem seine Mutter geboren ist, schreibt Gerlach ein Theaterstück, das in der DDR nicht gespielt werden darf. Das eigene Fluchttrauma aufgefangen in den Taufvorstellungen Huts zur Tilgung der Erbschuld: Wiedergeburt aus dem Wasser und Geist zur Heilung des Geburtstraumas. Gedächtnis:

> Sag Stein. Und leg die Hand
> aufs Vergehende. Letztmals: du kamst,
> die Zeit hatte ihr Maß verloren,
> jeder Schritt und das Schweigen
> mehrten die Fremdheit.

Und der Wandel auch in den
Verkleidungen! Auf der Klippe
der Windflüchter, an Müdigkeit
sterbend, gewinnt seine Träume
zurück, bleibt wurzelecht. Den Ruinen
gehört die Zukunft.

Verzweifelt schlug Fleisch
sich zu Fleisch. Baumhoch im warmen
Mittag wuchs auf die Einsamkeit.
Wir wüteten gegen das Hilflose
in uns.

Leg die Hand auf den Stein. Nichts
stirbt mit Ehrfurcht
wie der blaue Basalt.

Das Gedicht, das in Harald Gerlachs 1989 erschienenem Gedichtband »Wüstungen« enthalten ist, zeigt ihn in einer Aussichtslosigkeit
gefangen, in der sein »Spielraum des Verlorenen« zum Teufelskreis
geworden ist. Auch wenn der Grundgestus seiner Dichtung von der
illusionslosen Anthropologie des Alten Testaments bestimmt wird,
so ist in diesem Band der Tod als der Feind jeglichen Weges allge-
genwärtig. »Es wäre mein letztes Buch gewesen«, sagt Harald Gerlach in Leimen. »Danach hätte ich in der DDR nicht mehr schreiben
können.«

Der einzige mitten in Leimen gebliebene Weingarten: Rentner Norbert Schleidt und Harald Gerlach, ver-eint in der Leiden-schaft für 600 Liter Wein.

Die Sehnsucht, nach innen und außen zu leben, eine Sehnsucht, von der Harald Gerlachs Bücher leben, in Leimen hat sie sich für den Schriftsteller erfüllt. Der Roman »Windstimmen«, sein Opus magnum, ist ihm hier gelungen; ein Gedichtband, der den Bogen von der Kindheit zum Alter schlägt, also die neue Landschaft aufnimmt; und eine Erzählung entsteht, die den Rhein überquert und tief hineingeht nach Frankreich. Die Dinge fließen in einer Weise, daß die tägliche »Brotarbeit« für den Rundfunk, die Arbeit an Heinrich Heine für die Umsetzung auf CD-ROM, nicht als Last empfunden wird.

Wesentlich: Harald Gerlach kann hier leben in seiner Geschichte. Sinnfällig wird das, wenn Norbert Schleidt von seinem Elternhaus im benachbarten Rohrbach erzählt, wo nicht nur er zur Welt kam, sondern auch Eichendorffs Jugendliebe Katharina Barbara Förster. »In einem kühlen Grunde, da geht ein Mühlenrad.« Jeder kennt das Lied von der gebrochenen Treue. Doch wie reagiert der Dichter Eichendorff darauf? »Ich möcht' als Spielmann reisen / Weit in die Welt hinaus, / Und singen meine Weisen, / Und gehn von Haus zu Haus.«

»Die nicht aushaltbaren Konflikte werden im Spielvorgang zum Material«, schreibt Harald Gerlach. »Spielend nehmen wir den Schmerz aus uns heraus, stellen ihn vor uns hin und vollführen damit Kunststücke.« Ein Schlesier sieht auf den anderen und spielt dessen Spiel weiter.

Gerlach mit dem Leimener Oberbürgermeister Herbert Ehrbar in dessen Amtszimmer: Als der Schriftsteller in der Bürgersprechstunde nach der leerstehenden Wohnung im einstigen Winzerhaus fragte, reagierte das Stadtoberhaupt spontan: »Ich habe soviel Ausländer unterzubringen, warum nicht einmal einen deutschen Dichter.«

Das Fenster klirrt, wenn die Tür
sich öffnet. Dieser Laut hat
den brüchigen Kitt ersetzt. Ein Zimmer
auf Abruf; wenn wir gehen,
wird es für immer geräumt.

Die Legenden wiederholen sich: das
Erstarren der Jungfrau zu Stein.
Unschuld ist ein Zustand, der
sich erst spät einstellt.

Erwartungen schmelzen ab, tropfende
Leuchterkerzen. Zeit ist
eine bräche Krücke.

Was bleibt: der Ort
an dem es

geschah.

Also Leimen mit dem Winzerhaus in der Nußlocher Straße: Harald Gerlach, noch im Wissen um den provisorischen Charakter seiner Bleibe. Aber da ist endlich wieder jemand, der die Jahrhunderte dieser Heimstatt lebt. Endlich kann er Spielmann sein. Im Transitorischen den Ort gewinnen, der ungeahnte Spielräume eröffnet. »Leimen hat mich erlöst«, sagt Harald Gerlach und ist froh, der Entwirklichung der DDR durch den Terror der Ideologiesprache entkommen zu sein,

Von Bunzlau nach Römhild in Thüringen: Elternhaus in der Stadt, in der der Barockdichter Martin Opitz zur Welt kam, und die Eltern mit Tochter und Sohn Harald nach der Vertreibung. Der Vater leitete den Jugendwerkhof in Römhild.

ohne die Entwirklichungsmechanismen der westlichen Konsumwelt zu übersehen.

»Und nun deine Lippen, rissig vom langen / Schweigen; Burlam, sagst du. Es ist / ein Wort Sesam«, so heißt es im neuen Gedichtband. »Die Finger schmecken den Handlauf, begriffenes Holz, / treppauf zum Laubengang, umkreisend den Winkelhof. / Lebenswelt aus Erinnern, rüchig / wie rottender Mist. Dies meine Zukunft: / überalterte Worte, greisenhaft störrisch, die / den Wettlauf mit der rasenden Uhr nicht / mehr suchen...«

Fünf Wochen vor dem fünften Geburtstag Harald Gerlachs, der am 7. März 1940 im niederschlesischen Bunzlau zur Welt kam, erscheint der Großvater in der Tür und sagt: »Wir nehmen nur das Nötigste mit, in wenigen Tagen sind wir zurück. Sie können uns alles nehmen, aber nicht die Heimat.« Harald Gerlach schreibt:

»Es ist ungewöhnlich, daß der Großvater die Küche betritt. Die bleibt sonst den Frauen vorbehalten: der Mutter, der Großmutter, dem Mädchen Trudel. Auf dem breiten Fensterbrett dieser Retirade hüte ich mein liebstes Spielzeug: eine Sammlung hölzerner Zwirnröllchen. Sie trösten mich in meinen kindlichen Bedürfnissen. Geschwisterlich teilen wir Omas Kandiszucker und meine Influenza unter uns auf.«

Am nächsten Morgen verläßt die Familie in einem Lastwagen Schlesien: »Für immer. Die Erwachsenen sagen: wir haben die Heimat verloren. Das bedeutet mir nichts. Ich habe meine hölzernen Zwirnröllchen auf dem Fensterbrett zurücklassen müssen. Das ist mein Verlust. Er schmerzt. Nie mehr danach werde ich mich so geborgen wissen wie in Großmutters Küche.«

Bilder tauchen auf und verschwinden. Ein sowjetischer Tieffliegerangriff auf den Treck. Das Erschießen zweier Deserteure. Das brennende Dresden, von Tharandt aus beobachtet, wo man Zuflucht gefunden hatte. Der Einatz des Vaters mit seinem Lastwagen beim Zusammenfahren von Leichen, bei dem der Sohn dabei war. Nach Kriegsende fährt die Familie an die Neiße nach Görlitz. »Jeden Morgen bin ich mit meiner Mutter zur Neißebrücke gegangen, um zu gucken, ob die wieder auf ist«, erinnert sich Gerlach. »Das werde ich nie vergessen: Heute muß es doch sein, heute war es noch nicht, dann bitte morgen. Von Mai bis August täglich.«

Schließlich der Entschluß, die neue Heimat in der alten der Mutter zu suchen. Die äußerste Südostecke Thüringens um die Stadt Römhild, von der später immer wieder gemunkelt wird, daß sie im Austausch für Westberlin an die Bundesrepublik kommt. Helene Stötzel, die Großmutter, war von hier weggelaufen, die einzige der alteingesessenen Familie, die sich mit der Provinzsituation nicht hatte abfinden wollen. Nur zur Niederkunft ihrer Tochter, Gerlachs Mutter, war sie noch einmal in das 210-Seelen-Dorf Haina gekommen.

Nun ist sie wieder da – mit der Bunzlauer Verwandtschaft. Der Ehemann hatte in Bunzlau einen Eierhandel en gros, der Schwiegersohn ein Fuhrunternehmen. Nun haben sie nichts. Gerlachs Vater hatte in der Jugend eine Schusterlehre absolviert. Nun hilft er beim Dorfschuster aus. Eine mühselige Arbeit. Der Vater hat einen verkrüppelten linken Arm, Folge einer schweren Schußverletzung aus dem Krieg. Über dem Eingang zur Schule in Haina steht die Inschrift: »Lasset die Kinder zu mir kommen.« Das Kind Harald wird im ersten Schuljahr von seinen Mitschülern jeden Tag verprügelt. Er ist für sie der »Polacke«.

Er nimmt sein Anderssein an, sucht nach den Bedeutungen geheimnisvoller Worte, die in der Sprache der Alten in der Stube hin- und hergehen. In seinem Roman »Windstimmen« werden sie alle wieder auftauchen die geliebten Mysterien der Kindheit. Die Walen zum

Beispiel, Venetier, die nach Schlesien kamen, Gold und Edelsteine suchten und die Fundstellen aufzeichneten. Doch wer später mit Hilfe der Walenbücher gesucht hatte, fand sich getäuscht. Das Geheimnis war mit den Walen über das Bober-Katzbach-Gebirge gekommen und mit ihnen gegangen.

Der Flüchtlingsjunge lebt in seinen Traumwelten und trifft auf einen, den die neue Zeit als Sonderling, als Außenseiter wegschiebt. Der zieht sich gerade zurück aus Haina, baut sich unter den Gleichbergen ein Holzhaus und läßt an dieser Stelle Schwabhausen wieder auferstehen, das vor 500 Jahren unterging und nun ihn, den einstigen Förster, zum einzigen Bewohner hat. Gundelwein, ein wunderbarer Erzähler, weiht den Jungen in die uralten Geschichten der Gegend ein, die den Namen Grabfeld trägt.

Bikourgien nannten die Griechen diesen Ort in der Keltike. Für die Karolinger war das Gleichberggebiet ein Teil der Buchonia. Das Buchenland ist zwar längst gerodet, aber der Name hielt sich. Das griechische »grape« (Buche) steckt in der Bezeichnung Grabfeld. Gundelwein fütterte die Phantasie des Jungen nicht nur mit seinem beseelten Blick auf die Dinge, sondern auch mit der nüchternen Sicht auf die Natur. Gundelweins Zucht von Nadelbaumsamen wird zum Exportartikel der DDR. Gundelwein ersetzt dem lernbegierigen Jugendlichen ein ganzes Biologiestudium. Der Junge lernt die Zeichensetzung des Himmels nicht nur als Meteorologie, sondern erfährt andere Luftschichten des Erkennens.

Das hat Folgen. Der Junge wird beliebt unter seinen Mitschülern. Er weiß sein Wissen umzusetzen in abenteuerliche Spiele. Die Schüler scharen sich um ihn. Seit 1950 wohnt er mit seinen Eltern und seiner Schwester in der Kleinstadt Römhild. Der Vater ist Heimerzieher geworden und leitet einen neu eingerichteten Jugendwerkhof, eine Institution, in der verwahrloste Jugendliche leben.

Harald Gerlach zu Besuch in Römhild, der Stadt, die einmal das »Fränkische Nizza« genannt wurde: Heruntergekommen zu DDR-Zeiten, hat sich Römhild bis heute nicht erholt.

Sohn Harald ist Torwart im Fußballclub und der Narr, der dem Karnevalszug voranschreitet. Im Schwimmbad ist er der Bademeister.

Die in Römhild gebliebene Brigitte Böhmert, die die Zahnarztpraxis ihres Vaters übernommen hat, erinnert sich: »So voller Kinder war die Stadt niemals mehr. Wir haben gespielt, gespielt, gespielt.« Dieter Mai, der Klassenkamerad von einst, sagt: »Harald hat einen Spleen für alles gehabt.« Er erinnert sich daran, wie Harald die Freunde geködert hat, nach Polen aufzubrechen, um aus Bunzlau die zurückgelassenen Autos seines Vaters zu holen. Der Plan wurde von einem Mitschüler verpfiffen. Auch die Weltreise vom Löschteich, die über die Milz und die Fränkische Saale letztendlich im Meer enden sollte, wurde im nächsten Dorf gestoppt.

Aus den Fenstern der elterlichen Turmwohnung im Römhilder Schloß, in dem auch der Jugendwerkhof untergebracht ist, kann Sohn Harald in den durch die Zonengrenze versperrten Westen, ins Fränkische schauen. Die Kirchturmspitze von Breitensee sieht er in der hügeligen Landschaft, das ebenso nahe Waltershausen, in dessen Schloß Hölderlin bei Charlotte von Kalb Hofmeister war und die Anfänge des »Hyperion« entstanden, sieht er nicht. Doch dank Gundelwein ist er geübt, sein Leben in Beziehung zum Alten zu setzen.

Der Vater mit seinem Sohn Harald in Bunzlau: Fuhrunternehmer, beim Überfall auf die Sowjetunion kriegsuntauglich geschossen, SS-Mitglied, in der DDR Verdienter Lehrer des Volkes.

> Vergangenheit auswiegen
> mit der Handwaage,
> granweise zusammentragen
> die Wurzeln menschlicher Landschaft.

Schon in diesen Zeilen eines frühen Gedichtes ist der Dichter Harald Gerlach in dem, was ihn vorantreibt, ganz enthalten. »Römhild. Ein Ort in fränkischem Fachwerk, die Altstadt zwischen Ober- und Untertor gedrängt um Stiftskirche und Residenzschloß, zwei kleine Vorstädte, das alles geschmiegt unter ein Zwillingspaar von Bergen.« Späte Gotik die Kirche, in der sich die beiden berühmten bronzenen Grabdenkmäler für das Geschlecht der Henneberge von Peter Vischer d. Ä. befinden. Späte Gotik das Schloß, das Glücksburg genannt wird. Einmal wurde die Gegend unter den vulkanischen Gleichbergen ihres milden Klimas wegen »Fränkisches Nizza« genannt.

Der Sohn des Heimleiters im Schloß geht in die Brüche und Risse seiner Lebenswelt und wird sie eines Tages als Fugen nehmen, in die sich seine Texte einschreiben. Auf diesem Wege in die Vergangenheit und zurück spricht noch jeder seine eigene Sprache, hat eigene Gewohnheiten und eigene Gebräuche, die er zu wahren versucht –

als Selbstvergewisserung. Schnell findet er heraus, daß ausgerechnet der eigene Vater die eigene Sprache verraten und aufgegeben hat.

Da gab es aus der väterlichen Linie den Urgroßvater, der Schmied im Dorf Treben bei Bunzlau war. »Schlesisches Urgestein«, wie Harald Gerlach sagt. Der Urgroßvater zog als Schmiedegeselle durch Europa. In Oberitalien blieb er, bis er mit seiner Arbeit ein kleines Vermögen angesammelt hatte. Nach der Rückkehr kaufte er sich die Schmiede in Treben bei Bunzlau und Land, das er mit Kiefernwäldern bepflanzte. Der Großvater, der im Ersten Weltkrieg fiel, hatte die Schmiede aufgegeben und war Gießmeister in einer Eisenhütte geworden. Der Vater kaufte sich von seinem Erbe einen gebrauchten Autobus und eröffnete ein Fuhrunternehmen. Er trat in die NSDAP ein und auch in die SS, als die ihn mit Reiseaufträgen versorgte.

»Sein großes Glück war, bei Beginn des Überfalls auf die Sowjetunion kriegsuntauglich geschossen worden zu sein«, sagt der Sohn über den Vater. »Er wurde siebenmal operiert, und es wurde immer schlimmer. Sein linker Arm blieb verkrüppelt. Für mich ist und bleibt die Versehrtheit meines Vaters das Urerlebnis von Beschädigung eines Menschen. 1946 ist mein Vater in die SED eingetreten und ist Verdienter Lehrer des Volkes geworden.« Als der Sohn 1969 seine erste Ehe eingeht, legt er den väterlichen Nachnamen Schnieper ab und nimmt den Nachnamen seiner Frau Marlot Gerlach an.

Harald Gerlach erinnert sich, wie ihn, den Sechzehnjährigen, inzwischen Oberschüler in Meiningen, zwei Stasi-Männer als Spitzel werben wollten. »Wenn wir uns die Biographie ihres Vaters anschauen«, sagte der eine, »gehen wir davon aus, daß Sie sich bereitfinden, mit uns zusammenzuarbeiten.« Der Sechzehnjährige lehnte ab. »Danach hatte ich nur noch Begegnungen mit Spitzeln, die auf mich angesetzt waren«, sagt Gerlach.

Im Jahre 1958 steuert er auf den ersten großen Konflikt mit dem SED-System zu. Alle Schüler seiner Abiturklasse in Meiningen sind sich einig, nicht zur Volksarmee zu gehen. Zwar wird der allgemeine Wehrdienst erst 1962 eingeführt, aber die Aufforderung, sich freiwillig zu melden, kommt einem Zwang gleich. Nach Einzelgesprächen werden fünfzehn Schüler weich. Der Sohn des SED-Mannes Schnieper wehrt sich mit seinen Kriegserlebnissen als Flüchtlingskind und verweist auf die Spruchbänder der ersten Nachkriegsjahre: »Nie wieder ein Gewehr in die Hand«. Er bleibt beim Nein.

»Das hat mein Vater akzeptiert«, sagt Harald Gerlach. »Das muß ich meinem Vater hoch anrechnen. Er hat mit keinem Wort versucht, mich zu agitieren, daß es für seine und meine Karriere gut wäre, sich zu beugen. Er sagte: ›Ich bin als Krüppel aus dem Krieg gekommen.‹«

Das Regime reagiert auf die Unbotmäßigkeit des Abiturienten: Er bekommt keinen Studienplatz. Er beginnt eine Schriftsetzerlehre in Meinigen. »Da gab es einen alten Mann, man würde abfällig sagen: Stehkragenproletarier. Er trug alle Reinheit der Welt«, erinnert sich Gerlach und wird später schreiben:

Kein Evangelist und keine Schrift überliefern die Geschichte des mausgesichtigen Setzers, der jahrelang willfährig hantiert mit Winkelhaken und Kolumnenschnur, still und ohne Bedenken, der sich fügt, wie die Welt ihn braucht, wohl wissend, daß kein noch so langer Disput den Menschen vor Fehltritten bewahrt. Der am Rande des Krieges dahinlebt mit reinem Herzen und der um so unerwarteter eines Freitags im April zwischen Vesper und Meßläuten die Arbeit verweigert. Nicht mit Worten tut er das, die ihm kaum schlüssig einkommen würden. Er läßt einen Stapel Gießblei auf die Hände stürzen, um nicht einen Kriegsaufruf in letzter Stunde, einen hysterischen Befehl zum Massenselbstmord absetzen zu müssen. Stumm und mit blutigen Fleischklumpen steht er im Setzsaal ...

Noch ehe die Druckmaschinen anlaufen können, marschieren die Amerikaner in Thüringen ein. Überflüssig die ehrliche Aktion. Und doch: So tritt jemand »in die Freiheit seines Ichs«. Auf der anderen Seite Harald Gerlachs Vater. »Als ich nicht zum Studium zugelassen wurde, kam mein Vater zum erstenmal in Konflikt mit seinem neuen Gott«, sagt der Sohn. Er hat nie darüber gesprochen, aber der Vater tut etwas. Sohn Harald muß sich ein Jahr als Arbeiter im Römhilder Steinbruch bewähren. Danach darf er noch immer nicht, wie er will, Germanistik studieren, statt dessen Journalistik im »roten Kloster« Leipzig. Er sieht sehr schnell, daß ihn das Regime auf andere Art einfangen will. »Dieses Studium lief auf eine Erziehung zum Parteifunktionär hinaus«, sagt er und bricht es nach dreieinhalb Monaten ab.

Auf den Spuren Goethes und seines Urgroßvaters: der zwanzigjährige Harald Gerlach, als er seine italienische Reise antrat und rechtzeitig zur Einmauerung der Republik zurückkehrte, sofort eingeliefert in ein Stasi-Gefängnis.

Eine Freundin, die davon träumt, in Österreich Skilehrerin zu werden, gibt ihm 250 Mark, um rauszukommen aus der DDR. Der Zwanzigjährige, der Dichter werden will, fährt nach Ostberlin, wechselt mit der S-Bahn in den Westen der Stadt, kauft sich ein Nachtflugticket nach Hannover, geht für zehn Tage ins Lager Friedland, wo er einen Paß der Bundesrepublik Deutschland bekommt, läßt sich eine Einweisung nach Erlangen geben, arbeitet dort in einem Kaufhaus und verschwindet nach zehn Tagen.
Mit Goethes »Italienischer Reise« in der Hand macht er sich im Dezember 1960 auf den Weg über den Brenner. »Ich mache diese wunderbare Reise nicht, um mich selbst zu betrügen, sondern um

mich an den Gegenständen kennen zu lernen«, liest er und weiß später: »Ich wollte schreiben und mußte mich erst freimachen, um über das Schreiben ernsthaft nachdenken zu können.«

Auf dem Brennerpaß steht er mit seinen Halbschuhen und seiner dünnen Jacke in zwei Metern Schnee und hat natürlich nicht nur Goethes »Italienische Reise« im Kopf, sondern auch die Geschichte seines schlesischen Urgroßvaters, von dem er weiß, daß der geliebte »Glücksritter« am Gardasee an einem Elektrizitätswerk mitgebaut hatte. Dahin treibt es ihn zuerst. Die Veilchen blühen schon, nur nicht die italienischen Sprachkenntnisse. Wie sein Urgroßvater bleibt er in Oberitalien, kommt nach Verona, Parma und Genua, sucht Arbeit und findet keine. So rutscht er langsam in eine Landstreicher-situation hinein, schläft in Obdachlosenasylen.

Die Vorstellung, in Frankreich Fuß fassen zu können, erweist sich ebenfalls als Irrtum. Aber die literarischen Orte und Plätze der Maler in der Provence läßt er nicht aus, bevor er zu Fuß über die Alpen zurück nach Deutschland gelangt, um per Anhalter nach Fulda zu fahren. Den Rest wieder zu Fuß – nach Wiesenfeld, wo der Heimkehrer eine Freundin hat. »Ich war schon fast am Ort«, erinnert sich Gerlach, »da kamen zwei Grenzer gerannt mit der Maschinenpistole im Anschlag, zogen mich halb aus und brachten mich am Dorf vorbei in die Stasihochburg Dermbach. Da haben sie mich einige Nächte verhört.«

Es ist Juni 1961. Der angehende Dichter Gerlach ist rechtzeitig zur Einmauerung der Republik zurück. Er wird in das Stasi-Gefängnis nach Meiningen gebracht und muß Fragebogen mit Antworten füllen: »Die dachten, die Bundesrepublik habe mich als Spion zurück in die DDR geschickt.« Nächster Aufenthaltsort ist ein Lager in Eisenach. Zehn Tage bleibt er hier zur Quarantäne. Dann wird ihm Erfurt als Wohnort zugewiesen. Er hat Bewährungsarbeit zu leisten, zuerst in einer Kiesgrube, dann auf dem Friedhof als Totengräber.

Seine Eltern besuchen darf er nicht mehr. Römhild gehört seit Mitte der fünfziger Jahre zur Fünf-Kilometer-Sperrzone, für die man einen Passierschein braucht. Er ist nun ein unsicheres Element. Statt eines Personalausweises bekommt er ein provisorisches Papier. Er muß sich regelmäßig bei der Polizei melden. Um die Mutter zu ihrem Geburtstag in Römhild zu besuchen, kriecht er am Kontroll-punkt vorbei durch Kartoffeläcker. Genosse Schnieper, der den Sohn mit dem Dienstwagen holt, setzt ihn rechtzeitig aus und nimmt ihn später wieder auf.

Über seine Italienreise und die Konsequenzen sagt Harald Gerlach heute: »Ohne dieses Grunderlebnis wäre ich nie Schriftsteller geworden. Nach dieser Reise ist meine Biographie viel freier geworden. Und ich hätte sie nicht so durchgestanden, wie es geschehen ist. Ich war plötzlich in der Lage, meine Gleichberg-Provinz in ein richtiges Verhältnis zu setzen. Nun war mir klar. Die DDR oder die Existenz der DDR ist kein zulänglicher Gegenstand für Kunst. Dazu war der Entwurf zu klein, zu kurz, zu banal.«

Daß er überhaupt in die DDR zurückgekehrt ist, erklärt sich Gerlach so: »Es war keine Rückkehr zur Familie, sondern an einen Ort, an dem ich mich aufgehoben fühlte. Ich wollte mir keinen zweiten Heimatverlust zuziehen. Ich wollte ihn nicht gewaltsam herbeiführen. Daß ich trotzdem heimatlos geblieben bin, ist ein ganz anderes Thema.«

Nach seiner Bewährungsarbeit hat Gerlach seinen Anschluß an die Literatur im Erfurter Theater gesucht – mit einem einfachen Anruf, er wolle dort arbeiten. »Was wollen Sie machen?« fragt die Kaderleiterin. »Ist egal.« »Wir brauchen Hofarbeiter.« Er fängt als Hofarbeiter an, transportiert Kulissen, schlachtet Kulissen aus. Dann kommt er in die Tischlerei, von dort in den Malsaal, schließlich in die Bühnentechnik. Nebenher macht er ein Fernstudium am Institut für Technologie kultureller Einrichtungen und schließt es 1968 mit der Qualifikation zum Theatermeister ab. In dieser Funktion arbeitet er am Erfurter Theater weiter.

Seit seiner Italienreise sind sieben Jahre vergangen. Nicht ganz so lange braucht er, um als Dichter eine literarische Balance zu finden. Das Grunderlebnis, das dazu führt, ist Johannes Bobrowski. Im Norddeutschen Rundfunk hört Harald Schnieper 1962 eine Übertragung von der Tagung der Gruppe 47 in Westberlin, auf der Bobrowski seine Gedichte »Kalmus«, »Der lettische Herbst«, »Schattenland«, »Im Strom«, »Erfahrung«, »Begegnung« und die »Wolgastädte« liest. »Das war für mich wie ein Rausch«, erinnert sich Harald Gerlach. »In dieser Nacht bin ich nicht zu Bett gegangen. Etwas später kam noch Isaak Babel dazu. Damit waren meine Dichterbilder besetzt. So wollte ich schreiben. Nein, so wollte ich leben, in solchen Sprachen wollte ich leben, in solchen Lebenswelten zu Hause sein. Noch einmal eine Revolution war der späte Günter Eich für mich.« Bobrowskis altmodische Haltung, Vertrauen zum poetischen Wort zu haben, Babels unzerstörbare Zuversicht, dem Bösen widerstehen zu können, das sich am Bösen steigert, und Eichs Anarchismus, der eine Sprache bewahrt, die sich der Lenkung entzieht – deren Eigenart weckt die Gerlachs.

Sarmatien beginnt östlich der Weichsel und der Karpaten. Der in Tilsit geborene Bobrowski hat »sein« Land östlich der Memel so genannt, und für Harald Gerlach beginnt dieses Sarmatien jenseits von Oder und Neiße. Schlesien – das meint Deutsche, Polen und

Tschechen, das meint eine Kulturleistung durch Zusammenleben jenseits nationalstaatlicher Definitionen. Geschichtsträchtiges Erinnerungsland, gleichermaßen real und fiktiv, über alle Zerstörungsprozesse hinweg. Haus unter Bäumen:

> Den Anschein des Neuen
> lang aus dem Holz gewaschen,
> gegürtet mit dem Laubengang
> rundum, der Aufgang verwahrt
> mit spruchweisem Siegel.
>
> Stufen, die wir
> schon einmal begangen,
> begegnen uns
> hinter immer neuen Türen.
> Unterm Spiegellicht die Schwalben
> leben doppelt; denen
> trau ich, sie geben nichts drauf,
> wenn zu Lichtmeß
> die Sonne über den Taufstein ging.
> Kommen, wie Zeit ist.
> Und brauchen keine Worte.
>
> Ankommen, warten, ohne zu klopfen,
> welche Kammer sich öffnet.
> Vergessen
> die überschrittenen Schwellen
> die aufgestoßenen Tore.
> Abendhoffnung liegt
> an der Nacht, dem Morgen.
>
> Den Bäumen
> waren Krähen aufgesteckt, nachts,
> wie der Mond so still hielt.
> Wir haben kein Wort gefunden
> für die Art, uns zu umarmen.
> Liebe wird nicht benannt.

Reiner Kunze aus Greiz setzt sich für Harald Gerlach ein und gewinnt Bernd Jentzsch, den 32jährigen 1972 in der Reihe »Poesiealbum« mit achtzehn Gedichten vorzustellen. Ein Jahr später erscheint im Aufbau-Verlag der Gedichtband »Sprung ins Hafermeer«, in dem das Thema Heimatverlust und neuer Heimatgewinn fortgeführt wird. Heimatgewinn als der Traum vom heiligen Land als Land der Heimatlosen. Alle Paradiese werden im Herzschlag des Augen-Blicks gewonnen und verloren. Gerlachs Erfahrung mit der Erinnerung: Er sucht nicht, um zu finden, sondern er findet, erfindet, um zu suchen. »Ich habe mir mein Schlesien selbst erschaffen«, sagt er und sucht weiter.

Die schlesische Kindheitserfahrung ist das Herausreißen von Menschen aus einer Landschaft, und die thüringische Jugenderfahrung ist das Herausreißen einer Landschaft aus der Geschichte.

Die thüringische Gegend unter den Gleichbergen darf nach 1945 als DDR-Grenzregion nicht mehr sein, was sie gewesen ist. Schlesien, seit 1945 von Polen auf dem Vergessen der Deutschen gebaut, kann seit 1989 wieder sein, was es gewesen ist. Harald Gerlach hat die Rückkehr deutscher Geschichte nach Schlesien in seiner Dichtung vorweggenommen. Das Grabfeld, seit 1990 nicht mehr geteilt und in der Mitte Mitteleuropas liegend, hat noch immer nicht seine Zukunft erkannt, die ihr Gerlachs literarische Weltverwandlung eröffnet hat.

Debüt mit achtzehn Gedichten im Jahre 1972: Reiner Kunze setzt sich für Gerlach ein und gewinnt Bernd Jentzsch zur Herausgabe im »Poesiealbum«.

> Zu durchmessen den Kornschlag
> nach Armlängen und
> Schrittweiten, Wohnstatt
> suchend in der Flucht
> falber Strohsäulen,
>
> überkommener Ritus alljährlicher
> Kindheit, der zerschellt
> am Strand des Hafermeers,
> endlos, verheißend
> den Anbruch der neuen
> Erdformation: Kornzeit.
>
> Schatten lösen vom Ufer sich,
> das Feld steigt entgegen.
> Der Fisch pflügt die schwappenden
> Körnerwellen, trinkend weichen Hafer,
> grünlich, mit aufgerissenen Kiemen.
>
> Über den Wassern
> zählt der Himmel doppelt.

Hier ist der Weg Gerlachs beschrieben von der einen Landschaft in die andere, von der einen Liebe aufgefangen in der anderen, in der Metapher einer anspruchslosen Getreideart, die mit kargem Boden zu leben weiß. Wenn sich in der Stille der Wind bewegt, dann summt hier unverkennbar Bobrowskis Strandhafer mit, und diese Windstimmen haben einen Text, den Gerlach so entschlüsselt: Sarmatien ist die Heimat, die uns zur Welt bringt, wenn wir sie zur Welt bringen.

Harald Gerlach bekennt, daß für ihn die 1945 aus dem Exil zurückgekehrten und in der DDR lebenden Schriftsteller von Anna Seghers bis Stephan Hermlin ohne jegliche Bedeutung für sein eigenes literarisches Werk geblieben sind. »Sie gaben mit ihrem Widerstand gegen die eine Diktatur der anderen eine Legitimation, die einem Selbstverrat gleichkam«, sagt Gerlach. »Man spürte doch, daß sie eine Rolle zu spielen hatten. Die staatliche Vorstellung von Literatur war mit denen besetzt. Sie spielten in dem System ja mit. Da konnte man sich nicht draufeinlassen.«

Gewiß, Erich Arendt hat er »bewundert und geschätzt«, auch Brecht mit seiner Lyrik der späten Jahre, mehr noch dessen »Baal« mit seinen vier frühen Fassungen. Gerlach nutzt sie zu einer DDR-Erstaufführung (Regie: Friedo Solter) am Erfurter Theater. »Da ist noch nicht das Modelldenken«, sagt Gerlach. »Brecht ist noch – frei von Ideologie – mit den existentiellen Fragen beschäftigt.«

Theater ist für Gerlach Überlebensstrategie. Man inszeniert, um dem Ernstfall zu entkommen. Der Ernstfall erreicht ihn genau zu dem Zeitpunkt, als er zu schreiben anfängt, als ihm Schreiben gelingt. Beispielgebend ist für ihn die Haltung Reiner Kunzes, der die Niederschlagung des »Prager Frühlings« mit dem Austritt aus der SED beantwortet. Gerlach hat Kunze durch den Dichter Wulf Kirsten, Außenlektor des Aufbau-Verlags in Weimar, kennengelernt. »Wie sich da jemand nicht hat beugen lassen, wie er standgehalten hat dem Druck bis in die Todesgefahr hinein, das hat mich in meinem Weg bestärkt und geholfen«, sagt Gerlach über Kunze.

Auf Kunzes Vertreibung aus Greiz im Jahre 1977 reagiert Gerlach mit einem Rückgriff in die Geschichte. Er schreibt unter dem Titel »Die Straße« ein Theaterstück über einen anderen Dichter, der sich nicht beugen ließ: über den 1695 im schlesischen Striegau geborenen und 1723 in Jena gestorbenen Lyriker Johann Christian Günther. In einem kleinen Kreis diskutiert Gerlach über das Stück, und die Stasi schreibt mit:

»Hierzu erklärte G., daß dieses Stück die kulturpolitische Szene in der DDR der Jahre 1977/78 widerspiegeln würde. Aus Gründen der Sicherheit hätte er die Fabel des Stückes in die Zeit der Frühaufklärung zurückverlegt. Es wird hierin die Geschichte eines jungen Dichters behandelt, den die gesellschaftlichen Verhältnisse zwingen, das Land zu verlassen. G. nannte hierzu als Parallelen Biermann und Kunze. Weiterhin ist er der Auffassung, daß jeder kritisch denkende Theaterbesucher die gesellschaftspolitische Aktualität seines Schauspiels erkennen könne. G. erklärte, daß er mit seinem Stück das Ziel verfolge, dem einfachen Bürger verständlich zu machen, daß ein DDR-Schriftsteller nur die Wahl hätte, sich den hiesigen politischen Verhältnissen unterzuordnen oder sich ausbürgern zu lassen …«

Die Uraufführung des Stückes am Erfurter Theater wurde am 22. April 1979 verboten. »Dann ist etwas Merkwürdiges passiert«, erinnert sich Gerlach. »Da hat sich der Intendant an die Öffentlichkeit gewandt mit der Erklärung, die Uraufführung habe nicht stattfinden können, weil nicht alle 36 Knöpfe an die Barockkostüme hatten genäht werden können. Es ginge doch darum zu beweisen, daß es sich um einen historischen und nicht um einen aktuellen Stoff handele. Mit jeweils sechs Knöpfen hätte man das Stück nicht herausbringen können.« Und so wurde »Die Straße« ein Dreivierteljahr später mit 36 Knöpfen uraufgeführt.

Ein Dutzend Theaterstücke hat Harald Gerlach zu Zeiten der DDR geschrieben. Seit 1970 ist er auf der Position eines Dramaturgen zugleich festangestellter Hausautor am Erfurter Theater. Seine Frau Marlot Gerlach, von der er sich in den achtziger Jahren trennt, ist Primaballerina an der Erfurter Oper. Er hat aus dieser Ehe eine Tochter und einen Sohn. Seit Ende der sechziger Jahre darf er wieder reisen, aber nur in den Osten. Er besucht seinen Geburtsort Bunzlau, recherchiert im polnisch gewordenen Schlesien. Jedes Jahr stellt er den Antrag, seine Italienreise zu wiederholen, um in solcher Überlagerung des Jugenderlebnisses ein Buch zu schreiben. Jedes Jahr wird der Antrag abgelehnt, auch dann noch, als er 1984 endlich der Aufforderung nachkommt, Mitglied des Schriftstellerverbandes zu werden. SED-Mitglied ist er nie gewesen.

Die Eingriffe, die das System an Gerlachs Texten vornehmen läßt, sind störend, zerstören aber nicht. In den Gedichten müssen die deutschen Namen schlesischer Orte polonisiert werden. Hier und da muß er auf ein Gedicht verzichten. Man druckt sogar mit vierjähriger Verspätung sein Günther-Szenarium »Die Straße«. Das Regime läßt sich Zeit mit der Zermürbung dieses Dichters, der beschreibt, wie die wachsende Isolierung den Menschen den Atem nimmt, mit seiner »Flaschenpost«:

> Die Nachricht, hieß es, sei
> wichtig. Wir richten uns ein
> auf lange Fahrt in der verkorkten

Flasche: mit der knappen Luft,
der unruhigen Lage. Ab ging die Post.

Wir würden, hieß es, ankommen
an einem Ufer. Wann sollte das sein?
Niemand bricht der Flasche den Hals.
Keine Küste, der wir zutreiben. Kein
Schiff, dem wir begegnen.

Wer äußerte den Verdacht, wir
seien keine Botschaft mehr?
Dann die Gewißheit: die Flasche
wird enger mit den Gezeiten,
das Glas kommt auf uns zu.

In die Wüste geschickt
aus Wasser, wir fahnden
nach einer Klippe, daran
zu zerschellen.

Das Wort ist die ganze Sprache, die nicht zerstört werden kann. In dieser Zuversicht spielt sich der Lyriker Gerlach von Königsberg nach Bordeaux: »Gehen. Zu keinem Zweck / als: / unterwegs sein. Ruhe ist nur / in der Bewegung ...« Schreibend sucht er sie auf: O'Casey unf Dylan Thomas, Eich und die Bachmann, Jakob van Hoddis und Pavese. Er weiß sich mit Petrarca auf dem Mont Ventoux einig: »Der Mensch beginnt hinter / den Grenzen des Erlaubten.«
Im Widerspiel die DDR innerhalb der Grenzen des Erlaubten: »Meine Flucht um die Welt, / heillos, für kurze Zeit / verharrt auf der Stelle, / die Trittspur wächst / in die Tiefe ...« Gerlach sieht sich »irgendwo unterwegs zwischen Leibniz / und Schopenhauer. In einem / Mittelgebirgstunnel. Seit Jahren kein / Ausgang. Gelegentlich ein Schatten, der / an Hölderlin erinnert. Grün ein Seidenband / Diotima? Die verjährte Illustrierte / mit Katastrophen aus Griechenland ...« Das »Labyrinth« DDR sieht er so:

Ein Irrtum zu glauben, wir
in den Irrgängen Behausten
eilten verzweifelt von Grenze
zu Grenze. Man weiß doch:
der Minotaurus! Das reicht.
Wir haben uns abgefunden.

Und für Zweifler gibt es
die Rauchwölkchen, abends,
wenn der Himmel klar und
die Sicht erfolgversprechend ist,
aus seinen Nüstern.

Nur tief in der Nacht, in den
finstersten Träumen bewegt
uns die Frage, täglich verdrängt,
wer es denn jemals gesehn hat,
das Ungeheuer, von dem es heißt,
es würde Feuer schnauben und
uns bewachen.

Aber der Rauch!

Beschreibungen der DDR und des eigenen Zustands.

Anspielungen sind bereits die Titel seiner Gedichtbände: »Mauer-stücke« (1979), »Nachricht aus Grimmelshausen« (1984) und »Wüstungen« (1989). »Wo du auch angespielt wirst / es ist immer hier«, schreibt er und weiß: »Dort, in der Steine Sterben / von Welt betroffen, ausgesetzt / den wendischen Wettern, bleibe ich seßhaft.« Also: »Mein Land / im Regenschatten von Rhön, / Spessart und Odenwald…« Also »Inter Montes«, wie ein weiteres Gedicht über sein Mutterland heißt, im vulkanischen Gestein der Gleichberge, in den Steinen des Schlosses von Römhild, der Glücksburg.
Harald Gerlach schreibt unter dem Titel »Das Graupenhaus« die Geschichte des Umbruchs von 1945 am Beispiel der Stadt Römhild, gesehen aus der Perspektive der Insassen des Jugendwerkhofes, die mit Graupensuppe gefüttert werden, bis sie Wege finden, den raff-gierigen Einheimischen zu nehmen, was diese an Nahrung gehortet haben. Meisegeier, der alle Schliche ausgleichender Gerechtigkeit von einem Vagabunden gelernt hat, ehe er ins »Graupenhaus« kam, führt die Heiminsassen an.
Und Harald Gerlach schreibt: »Die Geschichten edler Räuber sind Vogelruten, jede neue Generation geht ihnen dankbar auf den Leim. Durch langen Gebrauch sind sie biegsam und handlich geworden. Und wer, wie die Kinder im Graupenhaus, ihres Trostes bedarf, zu dem finden sie trotz Schloß und Riegel.«
Wir befinden uns in einer Gegend, in der im 18. Jahrhundert Krummfinger-Balthasar mit seiner vierhundertköpfigen Bande von Libertinern, Chiliasten, Böhmischen Brüdern, Herrnhutern und Wiedertäufern in den Wäldern ein eigenes System des Nehmens und Gebens praktizierten. Rotwelsch war ihre Sprache, den Unein-

geweihten nicht verständlich. Eine Sprache der Außenseiter, die zum erstenmal dokumentiert ist im Hildburghauser Protokoll. Ergebnis eines Verhörs nach der Festnahme eines Bandenmitglieds. Hildburghausen liegt fünfzehn Kilometer von Römhild entfernt.

»Über das Rotwelsch«, sagt Gerlach, »wurde für mich das ›Graupenhaus‹ erzählbar. Der soziale Gestus dieser Sprache hat für mich den Reiz ausgemacht, mit ihr in der Erzählung umzugehen. Ich muß das Rotwelsch nicht überanstrengt herbeizitieren. Rotwelsch lag mit dem Hildburghauser Protokoll in meiner Landschaft.« Und in dieser Landschaft liegt auch das Vorbild für Schillers »Räuber«. Es ist ebenfalls die Bande des Krummfinger-Balthasar.

Im »Graupenhaus« suchen die Halbwüchsigen, mit ihrer Vergangenheit umzugehen, sie, die es am härtesten getroffen hat: ohne Eltern, monatelang nach dem Ende des Krieges hin- und hergeschoben, mit dem Kriegsgrauen im Gedächtnis. Und sie treffen auf Ampf, der sich die Hand mit Gießblei verstümmelt hat, um den Abdruck eines Kriegsaufrufs zu verhindern. Ampf, den Schriftsetzer, der nun Heimleiter ist, aber nicht lang.

Ampfs »Blicke streicheln hungernde Kinder, und in seinen Träumen heilt er die Wunden der Welt«. Für die Einrichtung des Heimes holt er sich von den Bürgern der Stadt zurück, was sie bei Kriegsende aus dem Schloß gestohlen haben, und bringt die Bevölkerung gegen sich auf. Die SED setzt einen anderen Heimleiter ein, der mit Makarenkos Worten von der Kollektiverziehung auf den Lippen für Ruhe und Ordnung hergebrachter Art sorgt. Daß er Menschen zerbricht, schert die Genossen nicht. Proteste der Heiminsassen werden abgewiesen. Erst mit einem Foto, das den Nachfolger Ampfs als KZ-Schergen zeigt, wird die Ablösung erreicht. Zufrieden sind die Jugendlichen nicht: »Abgelöst habt ihr ihn wegen seiner Vergangenheit, aber für uns war seine Gegenwart schlimmer.«

Römhild nach der nationalsozialistischen Diktatur in den Zeiten der Verwahrlosung: Es sind ja nicht nur die Jugendlichen im »Graupenhaus« verwahrlost. Eine ganze Stadt verharrt im Zustand der verlorenen Würde und wird sie nicht zurückgewinnen in der Diktatur, die bis 1989 dauert. Harald Gerlach erzählt die Geschichte des Jugendwerkhofes bis zu dessen Auflösung, bis zum Zeitpunkt, als die Grenze 1961 dicht gemacht wird und Soldaten in das Schloß einrücken.

»Der Lebenswert einer Region läßt sich nur erfahrbar machen, wenn ihre Existenz anhand extremer Schicksale problematisiert wird«, sagt Gerlach. »In einer solchen Nagelprobe kommt man der Landschaft auf den Grund. Die außerordentlichen Gestalten sind

Weg in die Vergangenheit: Harald Gerlach 1997 vor dem Eingang zur Glücksburg in Römhild, in der die elterliche Wohnung war; Blick aus der damaligen Küche. Oben im Turm hatte Gerlach sein Zimmer.

Das einstige Schloß der Grafen Henneberg aus dem 15. Jahrhundert war vor 1945 Kriegerwaisenheim, danach Jugendwerkhof, dann Kaserne für die grenznahen Truppen. Heute bietet es wieder Wohnraum, beherbergt die Stadtverwaltung und ein Museum.

Harald Gerlach
Das Graupenhaus

Edition Neue Texte   Aufbau

Aus einer Zeit, in der die einen alles behielten und die anderen alles verloren hatten: Gerlach erzählt von entwurzelten Jugendlichen nach dem Zweiten Weltkrieg in der Erziehungsinstitution Jugendwerkhof und beschreibt deren schwieriges Verhältnis zu den Eingesessenen Römhilds. Als der Autor des »Graupenhauses« zu einer Lesung in der Stadt seiner Jugendjahre erschien, herrschte Lynchstimmung.

das Beste, was sie zu bieten hat. Erträgt sie diese, so hat sie bestanden.«

Als die Erzählung »Das Graupenhaus« 1976 erscheint, herrscht in Römhild eine Aufregung wie einst in Lübeck, als Thomas Mann seine »Buddenbrooks« veröffentlichte. Lynchstimmung wird spürbar, als der 36jährige Autor zur Lesung in die Stadt seiner Jugendjahre kommt. Leute aus der Stadt fühlten sich erkannt und verkannt. Diejenigen, die 1945 etwas hatten mitgehen lassen aus dem Schloß, zetern, sie hätten sich nichts vorzuwerfen. »Kein Mensch wäre darauf gekommen, daß sie es waren, wenn sie sich nicht offenbart hätten«, erinnert sich Gerlach und hört sie noch alle, wie sie eins zu eins ihr Römhild auf seines legen und alles, was Gerlach geschrieben hat, als einzige »Nestbeschmutzung« sehen.

»Es war ein Abend, den ich nie vergessen werde«, sagt Gerlach. »Ich habe Blut und Wasser geschwitzt. Da hatten einige wirklich das Messer in der Tasche.« Nur einer verteidigt Harald Gerlach geradezu mit Engelszungen und verhindert, daß es zu Tätlichkeiten kommt: Harry Felsch, Jahrgang 1936, selbst Zögling im Jugendwerkhof, dann dort Sporterzieher mit einer Leidenschaft fürs Weibliche im Schloß, verurteilt zu neun Monaten Haft, abgearbeitet unter Tage in einem Kalibergwerk, seit 1972 einer der Direktoren des Römhilder Keramikunternehmens VEB Töpferhof.

Harry Felsch weiß, warum er um seinen einstigen Fußballkameraden kämpft: Er ist in die Literatur eingegangen, wie es schöner gar nicht sein kann. Er ist der Tausendsassa Meisegeier in Harald Gerlachs »Graupenhaus«, und er ist es natürlich nicht, weil Meisegeier eine Kunstfigur ist. Aber so, wie ihn der Dichter geschaffen hat, möchte man sein. Und so, wie ihn der Dichter geschaffen hat, wird er unsterblich bleiben. Keine später geleistete Verpflichtungserklärung für die Stasi wird daran etwas ändern. Harry Felsch, Sohn eines Antikommunisten und einer Kommunistin. Die Mutter blieb, der Vater ging am 17. Juni 1953 in den Westen. 1989 fliegt er aus der SED und aus seinem Betrieb und steigt nach der Wende als Gründer des thüringischen Fußballverbandes zum Vizepräsidenten auf und nach Bekanntwerden der IM-Unterschrift ab.

Felsch haben sie in Römhild gemocht, Felsch mögen sie noch immer. Felsch lebt heute in Suhl und hat im Kongreßzentrum einen Zeitungs- und Tabakladen, schreibt für einige Zeitungen Sportreportagen. »Meisegeier fährt am Regenrohr in die Nacht«, heißt es über seinen Abschied im »Graupenhaus«. »Der Gleichberge Schattenfeld ist noch ausgelegt mit angegangenem Harsch. Meisegeier läuft, allein zwischen Himmel und Erde, über Keuperkuppen der Frankenschwelle zu. Verliert sich… Auf der Schneezunge zergeht, eine

Hostie, sein Fußtritt. Waji b'rach, also floh er, sagt Moses von Jacob, der nach dem Berge Gilead zog. Meisegeier wird uns fehlen. Jeder fehlt, der so verlorengeht.«

Harald Gerlach sagt heute: »Ohne Altes Testament hätte ich keine Zeile meines Werkes schreiben können. Das Alte Testament ist so vielschichtig, daß es mit meiner Lebenssehnsucht zu tun hat.« Im Gedicht heißt es: »Viele Hirten / waren bei dem Dornbusch, aber / nur Moses hat die Stimme gehört.« Hier ist sie offenbar die geheimnisvolle Dialektik von Landschaft und Geschichte. Gerlach erzählt davon in seinem Geschichtenband »Vermutungen

eines Landstreichers« (1978), die vom Grabfeld zurück nach Schlesien reichen und mit der Frage enden: »Woher kommt diese Freiheit, den Tod weniger zu fürchten als einen nicht mehr aufgeschriebenen Vers?«

»Wie weit müssen sich die Dinge verwirren, bis Klarheit wird, wie dunkel soll es werden, bis ich sehen kann, wie eng meine Welt, daß Raum zum Leben ist, wie stumm der Mund, bis endlich die Botschaft hörbar, die von nirgends ausgeht, die keiner empfängt, die nichts übermittelt«, heißt es in dem Roman »Gehversuche« (1985), eine Geschichte, in der ein Vorwärts keinen Ausweg mehr bietet und der Gedanke an ein Rückwärts nur den Selbstmord zuläßt.

In der Novelle mit dem knalligen Titel »Jungfernhaut« (1987) nimmt Gerlach noch einmal die Schlußsätze aus dem »Graupenhaus« thematisch auf: »Nehmen wir Rückkehr als eine Spielart des Abschieds. Die Antworten sind geschmolzen, die Worte aufgebraucht. Mit den Jahren rückt die Vergangenheit näher. Dann erfinden wir Orte, die uns erinnerlich sind.« Seine Flüchtlingskinder, nun Ende Dreißig, die sich treffen, um die Orte von einst zu finden, haben sie längst verstellt mit ihren Lebenslügen. »Neue Menschen«, die ihre Geschichte verschüttet haben.

Gescheiterte Lebensentwürfe, hier und da. »Wie muß die Welt beschaffen sein, damit der Mensch, also ich, sich als das entfalten kann, was er seiner natürlichen Bestimmung nach ist: ein kreatives Wesen?« So fragt Gerlach und geht in seiner Novelle »Abschied von Arkadien« (1988) ins Römhild des 18. Jahrhunderts zurück, erzählt

Eingegangen in die Literatur, wie es schöner nicht sein kann: Harry Felsch, selbst Zögling des Jugendwerkhofs, Sporterzieher, Häftling, Direktor, nach der Wende Reporter und Fußballfunktionär, dann von der Vergangenheit eingeholt durch eine Unterschrift bei der Stasi, heute Chef eines Zeitungs- und Tabakladens, mit dem Dichter, den er vor zwei Jahrzehnten vor Tätlichkeiten der Römhilder geschützt hatte.

Was Johann Peter Uz 1752 als Arkadien erkannte, sieht heute so aus: Gerlach in Hof und Garten des Hauses, in dem die von Uz geliebte »Climene« lebte.

die unglückliche Liebe des Dichters Uz zur jüngsten Tochter des Römhilder Amtsmanns Grötzner, die eine sichere Partie macht. Die Climene der Gedichte des Johann Peter Uz geht verloren wie auch Römhild als gesehenes Arkadien. Aber nur in der Zeitlichkeit seines kurzen Aufenthalts in Römhild. Die Realität, die sich erhält, ist seine Dichtung, die als Ewigkeit von Gerlach entdeckt wird – »Dichtkunst als kreative Urhandlung, die Zivilisation stiftet«, wie Harald Gerlach im Nachwort seiner Novelle schreibt.

Von Westen her schaut Helga Novak, 1966 von der DDR ausgebürgert, über die Grenze auf den Ort, der den Dichter Gerlach nicht losläßt, dem er immer neue Facetten abewinnt. Helga Novak sieht die uralte Ansiedlung auf dem Gleichberg als die »Mitte« der keltischen Welt:

> eine landschaft selbst von den Römern gemieden
> und die keltische Fliehburg
> gesichert vor meinem Fuß durch Eisenzäune
> der Bergkegel hat lange ausgedient
> es steht keine Fliehburg mehr offen
>
> doch an Sommerabenden gegen Acht
> die Stunde der Fledermäuse
> bilde ich mir ein aus dem Gleichberg
> Flüche zu hören Beschwörungen unterbrochen
> von gallischen Liedern aus Galle…

Es steht keine Fliehburg mehr offen: Harald Gerlach nutzt die Bühne, um seine Ablehnung des Systems sichtbar zu machen. Dessen Parteinahme für die bäuerlich-plebejischen Ziele gegen die »herrschende Klasse« im 16. Jahrhundert enthüllt er als heuchlerisch. Am Beispiel einer Randgestalt im Bauernkrieg stellt er im historischen Kostüm die Verhältnisse in der DDR dar. In dem Stück »Der Pfahl«, das er 1979 schreibt, zeigt er den Wiedertäufer Hans Hut, geboren in Haina, in den letzten Stunden seines Lebens im Kerker von Augsburg: »Die Ruhe, der die Großen sich jetzt rühmen, ist die Ruhe vor erneutem Sturm – der kommt, wird nicht geringer sein, als der, der war.«

Wenn Hans Hut den Pfahl, an dem er im Kerker gekettet ist, in Brand steckt und sterbend spricht: »Ein Zeichen setzen durch uns selbst. In diesem Land der toten Rebellen geschehen Aufstände unter der Erde«, dann ist in dieser Szene die Selbstverbrennung des Pfarrers Oskar Brüsewitz 1976 in Zeitz präsent. Wie die evangelische Kirche im Fall Brüsewitz unternimmt Gerlachs Bischof alles, um den Mythos der Selbstaufopferung gar nicht erst aufkommen zu lassen. Der Bischof ist sich sicher: »Der Geist ist käuflich. Seht Luthern an.« Und sollte er doch nicht verhindern können, daß sich die Ideen Huts durchsetzen, dann wird es für ihn nicht tödlich sein, aber für den kleinen Handlanger: »Hund, wenn ich falle, du fällst tiefer!«

Der Dichter Harald Gerlach setzt dazu an, sich aus der DDR heraus zu »spielen«. Und das Regime reagiert. Nach außen hin wird der Schein gewahrt: Das Stück »Der Pfahl« darf 1983 innerhalb des Stücke-Bandes »Spiele« von Gerlach erscheinen. Die geplante Uraufführung in Dresden 1984 wird verboten. Das Spielverbot gilt für die gesamte DDR. Doch das System kann nicht verhindern, daß »Der Pfahl« 1984 in Marseille uraufgeführt wird. In der alten Bundesrepublik muß es nichts verhindern: Da schaut keiner hin, oder alle schauen weg.

Der zweite Anschlag des Regimes gegen Gerlach im Jahre 1984 läuft auf dessen Ende am Erfurter Theater hinaus. Das Stück »Die Schicht«, ebenfalls im »Spiele«-Band enthalten, wird zur Uraufführung in Erfurt vorbereitet. Gerlach bekommt keine Erlaubnis, die Proben zu besuchen. Das Stück ist die Demontage einer Heldenlegende, die Geschichte des Adolf Hennecke, der als Grubenarbeiter 1948 seine Tagesnorm auf 387 Prozent steigerte, nach sowjetischem Vorbild zum Begründer der Aktivistenbewegung wurde und zum Spitzenfunktionär aufstieg.

Gerlach hat das Stück als Komödie konzipiert: »Am Übermaß verendet jedes Leben.« Gerlach zeigt wie diese Art der Leistungssteigerung von den Arbeitskollegen Henneckes als Arbeiterverrat gesehen wird und wie sie ihn ausschließen aus ihrer Solidarität. Der käufliche Hennecke aber kommt oben ebensowenig an wie unten. Gerlach offenbart, wie der DDR-Held am Alkohol (»Ich spül mir meine Not kehlab.«) verreckt. Eine Tatsache, die das Regime kaschierte. In Gerlachs Stücken besingt nur eine Hure das Vorbild Hennecke: »Kein Freier, der sich meinem Reiz verweigert, / seit ich wie du die Leistung hab gesteigert.«

»Modelle haben die Eigenart, daß sie schiefgehen, wenn man sie sich ausdenkt«, sagt Harald Gerlach und erinnert sich an seine Arbeitszeit im Basaltsteinbruch: »Der Sozialismus wollte das alles effektiver machen. Kammersprengung war die Idee. In den Berg wurde ein Stollen getrieben, dann im Berg eine riesige Kammer ausgebaut und mit Dynamit vollgestopft und dann das Ganze gesprengt. Dann hatten wir 50 Tonnen Basalt und 120 Tonnen Dreck. Alle Maschinen zur Grobzerkleinerung verstopften. Das war die Produktionssteigerung im Sozialismus.«

Römhilder Erfahrung, umgesetzt am exemplarischen Fall Hennecke: »Die Schicht« wird zur Uraufführung angenommen. Doch man hat das Stück zu einem harmlosen Spiel zusammengestrichen. Der Hauptdarsteller Manfred Heine läuft während der Proben zum Autor: »Du mußt etwas unternehmen, sie zerstören dir dein Stück.« Harald Gerlach schreibt einen Brief an die Theaterleitung und verbietet die Uraufführung. Das Stück wird dennoch aufgeführt. Harald Gerlach kündigt seine Position am Erfurter Theater.

Einen Bewunderer der Komödie hat er: Heiner Müller, der sofort sieht, daß hier ein herrliches Stück über die Käuflichkeit des Menschen entstanden ist, das weit über den Fall Hennecke hinausgeht. »Jetzt hast du mich kalt erwischt«, sagt er zu Gerlach. »Ich habe nämlich eine Sehnsucht, eine DDR-Komödie zu schreiben, die nicht DDR-Komödie ist.«

> Die Insel sinkt. Im Aufwind
> westwärts: ich. Zum Feind
> des Königs, der mein Feind ist.
> Der Übel kleinstes: unser Vorteil.
> Selbsterhebung, Sohn, ist
> Fall.
> Tragt, Flügel, mich nicht
> über mich hinaus.

So schreibt der Lyriker Gerlach über Daidalos. Nun stellt er Ikaros, den Sohn, in den Mittelpunkt, der den Anstoß gibt, daß Daidalos mit ihm flieht. Der Vater mit seiner schuldbeladenen Vergangenheit fliegt von einer Abhängigkeit in die andere, während Ikaros ausbricht – der Sonne entgegen. Gerlach schreibt sein erstes Hörspiel. Flug und Absturz des Ikaros: In diesem Bild sucht sich einer selbst. »Erst seit ich fliege, weiß ich, wer ich sein kann. Ich hab den Himmel, kein Verbot.«

»Ikaros, kehr um! Du fliegst zu nahe an die Sonne. Das Wachs wird schmelzen, das die Federn hält. Komm her zu mir. Da vorn liegt Sizilien. Wir brauchen nur zu landen und sind schon in Sicherheit. Hörst du nicht, mein Sohn, kehr um, Ikaros.«

»Und wenn das Wachs schmilzt, die Sonne ist meine Schwester. Ich bin ein Vogel. Die Erde bringt mich nicht zurück.«

Harald Gerlach sagt über seinen Ikaros: »Er sucht die Befreiung aus der Enge des Labyrinths. Er rechnet nicht damit, was daraus wird. Er sucht die Erfüllung des Lebens in diesem Augenblick. Und er fällt. Aber er hat mindestens in diesem Augenblick, total und ganz bei sich angekommen, gelebt.« Gerlach setzt den Augenblick vollkommen gelebten Glücks gegen die Rechenhaftigkeit des Lebens, in dem nichts riskiert ist. »Man muß sich täglich riskieren«, sagt er, »nur so geht Leben wirklich.«

Harald Gerlach erinnert sich, wie ihm »wohlwollende Menschen beim Berliner Rundfunk« empfohlen hatten, die Ikaros-Geschichte als Kinderhörspiel laufen zu lassen. Da würde es todsicher durchkommen. Das Manuskript wird angekauft. Es wird produziert. Es kommt auch als Kinderhörspiel nicht durch. Es wird im Dezember 1984 aus dem Sendeplan genommen. Nach der Wende wird es im Januar 1990 gesendet und erhält den Internationalen Kinderhörspielpreis von Terre des hommes.

Im Jahre 1985 wird Manfred Heine, der Hennecke-Darsteller aus Gerlachs »Die Schicht«, in Rudolstadt Theaterintendant und engagiert aus Solidarität Gerlach. Das Spielprogramm, das der Dichter vorlegt, wird von der SED-Kreisleitung nicht abgesegnet. Die für Februar 1987 angesetzte Leseaufführung eines neuen Gerlach-Stückes mit dem Titel »Vergewaltigung« fällt aus. Der Einakter räumt mit der Legende des antifaschistischen Widerstands in der DDR auf. Nun räumen andere auf: Gerlach muß gehen. Ende desselben Jahres ereilt den Intendanten das gleiche Schicksal.

Noch in jenem Jahr soll zum erstenmal ein Buch von Gerlach in der alten Bundesrepublik erscheinen: die Novelle »Jungfernhaut« in dem inzwischen untergegangenen DKP- und auch sonst dem DDR-System nahen Pahl-Rugenstein-Verlag. Harald Gerlach lehnt ab. Ein Vertreter des Verlages aus Köln taucht beim Autor auf mit der Argumentation: »Sie wissen doch, daß Sie keine Chance haben, die Lizenzerteilung zu verhindern. Ich mache Ihnen ein Angebot. Sie durften bisher nicht reisen. Ich kann aber dafür sorgen, daß Sie zum erstenmal reisen dürfen. Ich fahre heute nach Köln zurück. Ich nehme ihre Entscheidung mit. Entweder Sie reisen und das Buch kommt oder Sie reisen nicht und das Buch kommt trotzdem.« Gerlach ist gereist, 27 Jahre nach dem Italienausflug – zu 33 Lesungen an 27 Tagen in der Bundesrepublik.

Nach seiner Rückkehr inszeniert er in Weimar Majakowskis »Schwitzbad«. »Guten Morgen«, sagt der Theaterportier zu Gerlach. »Sie wollen den Majakowski machen. Der ist bei uns schon vor fünfzehn Jahren bloß bis zur Generalprobe gekommen!« Diesmal geht es schneller. Die Proben zu Gerlachs Neubearbeitung des Stückes ruft die Stasi auf den Plan. Sie erzwingt die Einstellung.

Harald Gerlach machen Sehstörungen zu schaffen. An seiner Seite ist die Dramaturgin Bettina Olbrich, die er am Rudolstädter Theater kennengelernt hat und die er liebt. Er ist in dem Zustand, daß er über Straßen geführt werden muß und nur noch mit der Lupe lesen kann. Durch Vermittlung eines Freundes bekommt er einen Termin in der Augenklinik Jena – bei Professor Jütte. Die Diagnose: Grauer Star. Der Arzt sagt: »Es muß sofort operiert werden. Die Sache entwickelt sich mit rasender Geschwindigkeit.«

Gerlach hört die Worte des Professors heute noch wie damals: »Es kommt für sie nur ein Implantat aus dem NSW in Frage.« NSW – das meint Nichtsozialistisches Währungssystem. »In Bulgarien wird das Implantat ebenfalls hergestellt. Es taugt nichts. Operationen mißlingen in acht von zehn Fällen. Wenn sie doch gelungen sind, stößt der Körper das Implantat nach einiger Zeit ab. Das kann man nur bei ganz alten Leuten verantworten.« Gerlach hat kein Westgeld, um das westliche Implantat einzukaufen. Der Professor stellt einen Antrag beim DDR-Gesundheitsministerium, das Implantat aus dem Westen zu genehmigen. Es ist Januar 1989.

Gerlach ruft mehrmals in der Klinik an. Kein Bescheid. Im März schreibt ihm der Professor, daß der Antrag vom Ministerium abgelehnt worden ist, und macht ihn außerdem darauf aufmerksam, daß zur Zeit auch keine bulgarischen Implantate zur Verfügung stehen.

Gerlach sagt: »Das war ein eisiger Brief.« Der Schriftsteller sieht nichts mehr. Er wendet sich an den Schriftstellerverband, bittet um eine Vortragsreise im Westen, um sich das Geld für die Operation zu verdienen. Der Verband lehnt ab. Der Aufbau-Verlag verwendet sich als Interessenvertreter Gerlachs beim Kulturministerium und bekommt ebenfalls eine Abfuhr. Es ist Mai 1989.

Am 13. Mai, dem Pfingstsamstag, erhält Gerlach ein Telegramm von Christa Wolf mit den Worten: »Ihre Operation findet am 30. Mai in Berlin-Charlottenburg statt. Bitte Visaangelegenheiten mit dem Kulturministerium klären.«

Harald Gerlach in Leimen: »Wer geht, wird schuldig. Hinter diesem Urteil steckt die Angst der Zurückbleibenden, sie könnten verantwortlich gemacht werden für das Scheitern.«

»Es gibt nicht die geringste freundschaftliche Bindung zu Christa Wolf«, sagt Gerlach. »Ich hatte sie nicht gebeten, etwas für mich zu tun.« Aber Angela Drescher vom Aufbau-Verlag, Gerlachs Lektorin, die auch die Christa Wolfs war. Ein Zufall schuf die Verbindung zum Klinikum Berlin-Charlottenburg. Ein Enkelkind der Schriftstellerin war dort in der Augenklinik ein Jahr zuvor operiert worden. Christa Wolf ruft in Berlin-Charlottenburg Professor Wollensack an und fragt, ob dieser die Operation macht. Als das klar ist, weist sie ihren Lizenzverlag Luchterhand an, aus ihrem Guthaben die Kosten für die Operation Gerlachs an die Augenklinik zu überweisen.

Nach Pfingsten ruft Gerlach das Kulturministerium an, fragt was er zu machen habe. Man teilt ihm mit, daß er zurückgerufen werde. Dann erhält er die telefonische Anweisung, daß ein Mann des Ministeriums zu einem bestimmten Zeitpunkt vor der Stadtkirche in Jena zu einem Treffen zur Verfügung stehe: Erkennungszeichen das »Neue Deutschland«. Bettina Olbrich fährt von Rudolstadt zu dem Treffen, übergibt beider Ausweise und erhält eine Telefonnummer für Gerlach. Am Telefon wird ihm mitgeteilt, am Freitag, dem 26. Mai, mit seiner Lebensgefährten in Berlin zu sein. Vom Berliner Aufbau-Verlag ruft Gerlach beim Kulturministerium an. Antwort: »Heute wird es nichts mehr«. Er soll am Samstag anrufen. Am Samstag wird es auch nichts. Angela Drescher, die Lektorin, ruft Christa Wolf an. Die ist irritiert über das, was da abläuft. Für den Sonntag hat Gerlach eine andere Telefonnummer. Der Teilnehmer am anderen Ende der Leitung vertröstet ihn auf Montag. Am Montag früh um sieben Uhr ruft Gerlach im Ministerium jede Stunde an, ohne Erfolg. »Bettina war einem Zusammenbruch nahe, und Angela Drescher weinte«, erinnert sich Gerlach. »Bringt mich zum Ministerium«, sagt er den beiden. »Ich setze mich vor die Tür, bis sie mich reinlassen.« Die drei kommen hinein und müssen noch einmal stundenlang warten. Dann bekommt Gerlach seinen Reisepaß, aber Bettina Olbrich, die ihn in die Klinik fahren soll, erhält ihren nicht. Noch einmal Warten auf den nächsten Kurier. Dann kann die Fahrt nach West-Berlin beginnen. Mit der Transplantation gewinnt Gerlach sein Augenlicht zurück. Harald Gerlach in Leimen: »Mit Dankbarkeit und Respekt denke ich an Christa Wolf.«

Harald Gerlach ist aus der Todesschwere des eigenen Vaters herausgekommen und hat im »Graupenhaus« dessen Leben verwandelt in die Möglichkeit jenes Lebens, das Ampf, der einstige Schriftsetzer, führt, im Scheitern sich vollendend. Und Harald Gerlach ist aus der Todesschwere der DDR herausgekommen. »Die Gewißheit des Absturzes«, wie sein neuester Gedichtband heißt, wird aufrechtgehalten und denunziert nicht die gewonnene Heiterkeit. Das vermag Literatur: die Erfahrung des Abgrunds in den Himmel zu heben. Und doch zu wissen:

> Welch Niemandsort mir: zwischen
> nie ankommen und noch nicht
> fortgehn. Gut, sag ich, leicht
> ist das Schwere auf mir. So
> jedenfalls will ich es nehmen…

In seinem Roman »Windstimmen« erinnert sich Gerlach an einen Wunschvater, der noch so gewesen ist wie die väterlichen Vorfahren: »Der Vater nahm, wenn er morgens zur Werkstatt ging, zehn Stumpen mit, legte sie aufs Fensterbrett, entzündete den ersten vor dem ersten Handschlag. Wenn der letzte erlosch, war das Tagwerk beendet. Kam der Junge nach der Uhrzeit fragen, wurden die verbleibenden Stumpen gezählt? Also was ist Zeit? Eine Handvoll gerauchter Stumpen oder ein Augenblick der Liebe…«
Es gab einmal eine Grundgröße: das Tagwerk. So viel, wie ein Bauer mit dem Pferd unter dem Joch an einem Tag ackern konnte. Der Dichter behält für seinen »Vater« diese Maßeinheit bei. Schreibend erfährt er in Leimen, daß sie lebenswert geblieben ist. Mehr noch: daß sie sich am neuen Ort leben läßt. Richard Pietraß, der Berliner Lyriker und Begleiter so vieler verkannter Dichter im Osten, sitzt im überdachten Hof Gerlachs. Ein langer, schmaler Tisch mit zwei

Gerlach mit seiner Frau Bettina und den Kindern Jakob, Josef und Justus: fünf, die angekommen sind.

303

In der Lebenslust Badens, mit der Küche Frankreichs vor der Tür: Koch Gerlach aus Leimen teilt aus.

Bänken: das ist der Platz, an dem gegessen, getrunken, gesprochen wird.

Richard Pietraß erlebt die Lust Gerlachs zu kulinarischer Inszenierung. Regie führen, auf der Bühne stehen und sich zusehen, wie es den anderen schmeckt. Und dann erzählen: von der Geschichte dieser Kulturlandschaft, die so alt ist wie der Weinbau mit seinen zweitausend Jahren. Von einer Geschichte, die Gerlach auflöst in poetische Bilder. »Ein Zehnliterfaß, / Brentano, langt hin, Unsterblickeit / zu stillen. Ach, Suleika! Tief im Glas / laß uns nach Klarheit suchen, bis daß ich / eins und doppelt bin.« Selbst Kurt Drawert, den es genauso weit nach Westen getrieben hat wie Gerlach, nach Darmstadt, verliert als Gast alle sonstige Anspannung, gerät in heitere Melancholie an diesem Zaubertisch.

»Hier will Deutschland Italien werden«, hat Joseph II. bei der Durchfahrt über Leimen gesagt. Hier ist Harald Gerlachs Assisi-Gedicht entstanden. »Der Stein ist Zeit, er atmet / noch, wenn die Uhren anhalten / und die Brunnen versiegen.«

Die steinernen Wege, gestuft,
durch den Hang ändern fortwährend
ihr Ziel. Wo immer du aufbrichst,
du endest bei dir.

Harald Gerlach sagt: »Wir sind in Leimen auf erstaunlich konfliktlose Weise angenommen worden. Es gibt hier Leute, die vor zwanzig Jahren aus Nordrhein-Westfalen hier hergezogen sind und sich noch immer in der Fremde fühlen.« Mit Bettina Olbrich, mit der er seit 1992 verheiratet ist, dem Sohn Josef, der sechs Wochen nach der Augenoperation zur Welt kam, dem ein Jahr jüngeren Justus und dem fünfzehnjährigen Jakob, den die Frau mit in die Ehe gebracht hat, hat sich die Familie die Gegend erwandert: den Odenwald und den Pfälzer Wald. Nach Frankreich zieht es die fünf immer wieder. Boris Becker, der in Leimen zur Welt kam und dessen Eltern dort wohnen, haben sie bisher nur im Fernsehen gesehen.

Ob es richtig war, Thüringen zu verlassen, diese Frage hat sich Harald Gerlach immer wieder gestellt und Antworten in seinen »Windstimmen« hin- und herbewegt. Da heißt es: »Wer geht, wird

schuldig. Hinter diesem Urteil steckt die Angst der Zurückbleibenden, sie könnten verantwortlich gemacht werden für das Scheitern.« An anderer Stelle des Romans sagt jemand: »Alles hört auf, wenn einer weggeht.«

Für den Dichter Harald Gerlach hat der Satz keine Geltung. »Wir sind noch nicht miteinander fertig, das Grabfeld und ich«, sagt er. »Was hat es mit dieser Landschaft auf sich, daß sie für mich soviele Texte hergegeben hat und noch immer hergibt. Es laufen die Grabfeldgeschichten weiter.«

Harald Gerlach denkt an seinen Großvater mütterlicherseits. Eierhändler en gros, unehelicher Sproß eines Rechtsanwalts und seiner Haushälterin. Dieser Sohn hatte das Haus des Rechtsanwalts in Bunzlau geerbt, eine ehemalige Produktionsstätte für Bunzlauer Ton. »Die Küche war der alte Brennofen, und in dieser Küche bin ich aufgewachsen«, sagt Harald Gerlach.

Mehrmals im Jahr ist dieser Großvater in andere Städte gefahren, hat Konzerte und das Theater besucht und auch Frauen, die ihm zugetan waren: »Er hat es geschafft, sie alle nach Breslau einzuladen, hat sie an einer Tafel vereint und war so bezaubernd, daß sie hinnahmen, wie es und wie er ist.«

Gerlach in seinem Weinkeller von 1610: »Ach Suleika! Tief im Glas / laß uns nach Klarheit suchen, bis daß ich / eins und doppelt bin.«

»Um diesen Großvater ist etwas ganz Eigenartiges. Als er 1945 in die Heimat meiner Großmutter nach Haina kam, haben sie alle einen Bogen um ihn gemacht. Als er tot war, haben alle gesagt, was er ihnen bedeutet hat. Dieser Mann, der die heimlichen Sehnsüchte der anderern verkörperte, die sie sich nicht erfüllt haben. Alle bedauerten seinen Verlust. Die Großmutter, die bisher der Bezugspunkt war, wurde unwichtig. Da wußte sie, jetzt kann ich sterben. Und sie nahm sich einen Schlaganfall. Ihr Herzasthma war immer nur eine Botschaft gewesen, aber nie etwas Richtiges.«

Das ist er, der Erzähler Gerlach. Wir stehen vor dem Haus der Großmutter in Haina, und Gerlach erinnert sich: »Nach dem Tod der Großmutter blieb eine Katze zurück. Eigentlich sollte sie 1945 an die Stallwand geklatscht werden wie die anderen Katzen aus dem ganzen überzähligen Wurf. Ich war gerade angekommen in Haina, schrie so fürchterlich, daß ich das letzte Katzenkind retten konnte. Diese Katze war dann der tollste Rattenfänger im Dorf. Alle ihre Abkömmlinge waren begehrt. Nach dem Tode meiner Großmutter zog eine Frau in die Wohnung, die wir die Jungfrau Elise nannten. So war die Katze die Königin des Hauses.«

Es gibt andere Geschichten. Geschichten, um die in Römhild die Mauern des Schweigens undurchdringlich gewesen sind. Eine dieser Geschichten, die Gerlach nicht losläßt, ist so in der DDR beschrieben worden: »Die Faschisten richteten am Großen Gleichberg eine Außenstelle des KZ Buchenwald ein, in der bis März 1945 etwa 600 Häftlinge schwerste Steinbrucharbeiten verrichten mußten, 239 wurden zu Tode geschunden. 70 von ihnen hatte die SS im März vor Kriegsende in einen Stollen getrieben und durch Zusprengen des Eingangs bestialisch umgebracht.«

»Was heißt hier die SS? Wird auf diese Weise nicht das Verbrechen ins Unfaßbare abgeschoben?« So fragt Gerlach und fügt hinzu: »Sicher haben SS-Offiziere die Sprengung angeordnet. Da müssen dann aber Techniker die Sprengung vorbereitet und den Sandstollen mit Bohlen abgedichtet haben. Und dann gibt es ja noch die Zeit vor dem Verbrechen, die auch eine Zeit des Verbrechens war. Die Häftlinge sind zu Arbeiten in die Stadt getrieben worden, auch in die umliegenden Orte.«

Von der Mutter eines Freundes hat er ein einziges Erlebnis im Umgang mit den Häftlingen erfahren. Sie hatte Häftlingen, die vorbeigeführt wurden, Brot über den Zaun gereicht und bekam die Peitsche des Aufsehers über die Finger geschlagen. »Da ist mir klargeworden, daß hier Ungeheuerliches passiert sein muß. Ungeheuerliches, das die meisten im Bier ersäuft haben. Abends traf man sich in der Gastwirtschaft und hat die Erinnerung totgetrunken.«

Harald Gerlachs »Buchonia« aus der Nachwendeperspektive, enthalten im neuen Gedichtband:

Fremd, ein Film, dessen Fabel wir nicht
kennen, hasten vorm Kneipenfenster bizarre
Fragmente vorüber. Lokale Betriebsamkeit – alles
ist bei der Sache, nicht bei sich. Vergebens
suchst du den Glanz, der die oftmals erzählten
Geschichten verklärt hat. Das Erinnerte ist
nirgends auffindbar; wir hätten nicht
herkommen sollen.

Alle Wege sind Staub. Daß wir sie zweimal
gehen, ist reiner Zufall. Der sich wiederholt.
Zweimal täglich tritt der pensionierte
Bahnbeamte an den demontierten Schienenstrang.
Die lebenslangen Verspätungen haben ihm
eine frühe Müdigkeit eingebracht. Die überwintert
in ausgebeulten Manteltaschen zwischen
Schnürsenkeln und abgenagten Kopierstiften.

Fremd liegt dein bloßer Arm auf dem
rissigen Tischholz. Der Fuß des Weinglases
zeichnet feuchte Jahrringe in unsere
Vergeßlichkeit. Der gequälten Sprache muten
wir nichts mehr zu, das verbindet uns mit
dem Aufpasser im Provinzialmuseum, der
schmatzend sein Vesperbrot aß, während
die Turmglocke zum Kirchgang rief
auf querfeld längst verschwundenen Wegen.

Leiter des Museums im Schloß von Römhild ist nach 1989 ein ehemaliger Major der Grenztruppen geworden. Römhild ist ausgewandert in die Dichtung Harald Gerlachs. Römhild lebt in Leimen. Eine Erfindung wie Schlesien, offen für die Zukunft.

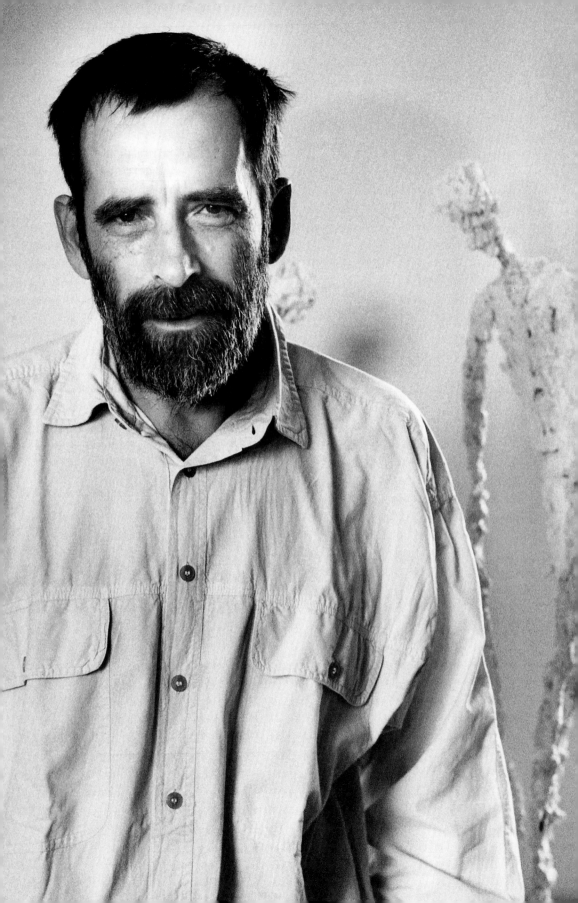

Georg Seidel:

Verzehrt vom eigenen Widerstand

Er schrieb, er telefonierte: Die Nachricht, die die Freunde erhielten, war eindeutig. Die ärztliche Diagnose, der sich der 44jährige Dramatiker Georg Seidel gegenübersah, ließ keine Hoffnung zu: Krebs im letzten Stadium. Irina Liebmann, die Schriftstellerin aus der Nachbarschaft, konnte mit ihm noch spazierengehen; Elfriede Müller, Dramatikerin aus dem Saarland, konnte es nicht mehr. Sie kam drei Tage vor seinem Tod – mit Rotwein, Weintrauben und Käse. Er konnte das Bett nicht mehr verlassen. Jede Bewegung tat ihm weh. Er lächelte, er sprach, er trank vom Wein, und er schaute in die verweinten Gesichter seiner Frau und seiner Besucherin. »Ihr sollt nicht weinen«, sagte er, »ihr sollt feiern.«

Als Georg Seidel am 3. Juni 1990 in seiner Wohnung in Berlin-Pankow starb, war sein literarisches Werk gerade aufgetaucht. Nicht nur am Berliner Ensemble, auch am Düsseldorfer Schauspielhaus, am Basler Theater und in Graz. Mit Büchnerscher Scharfsicht erkannte Seidel seine Welt des ausgehenden Jahrhunderts als eine subtile Fortsetzung jener »erbärmlichen Wirklichkeit«, in der einst Woyzeck zugrunde gegangen ist. Die Wertreduzierung des Menschen auf die Zwecke ihrer Verwalter verweist auf seine Erfahrung mit dem SED-System. Büchners »Geringste der Menschen« sind Seidel jene Millionen Angepaßter in einer Fortschrittswelt, die ihre Funktion dadurch sichert, daß sie Selbstfindung zu verhindern sucht.

Insofern hatte Georg Seidel als Dramatiker die Mauer mühelos übersprungen, noch ehe er 1987 zum erstenmal in den Westen reisen durfte. Seine Erfahrung mit der westlichen Welt deprimierte ihn, weil sie ihn bestätigte in jener Perspektivlosigkeit, der seine Figuren auf der Bühne ausgeliefert sind. Der Schmerzton der Jüngeren trifft auf die versteinernde Kraft der Älteren, mit der sie ihre Niederlagen verdrängt haben. Und die Mauer, mit der sich Seidels Entmutigte und Mutlosen umgeben, geht mitten durch ihn selbst. Er schreibt in der Form ihres Elends, das er als seines annimmt. Das Sterben ihrer Hoffnung lebte Georg Seidel, und er starb den Tod, den er seinen Figuren auf der Bühne ersparte.

Für Irina Liebmann gehörte Georg Seidel zu den wenigen in der

Dramatiker von Büchnerscher Qualität: der 43jährige Georg Seidel 1989, ein Jahr vor seinem Tod.

DDR, »die sich nicht schützen konnten oder nicht mehr schützen wollten, die verzweifelt gesehen haben, wer sie sind und wo sie sich befinden«. Sie sagt: »Es gibt eine bestimmte Art von verbissenem Widerstand, bei dem man sein Gegenüber, dieses Ungeliebte, irgendwann verinnerlicht hat und doch weiß, ich fürchte mich umzudrehen und wegzugehen. Er hätte weggehen müssen, und er hat sich verflucht, daß nicht weggegangen ist. Die Grenze ist nur ein Symbol für etwas, was in einem selber ist. Georg sah keinen Ausweg. Er war der menschgewordene Widerstand.«

Kindheit im »polnischen Korridor« von Dessau-Süd: Georg Seidel, Ministrant, Mitglied des katholischen Jugendverbands, wegen seiner Reimfähigkeiten in der Schule mit dem Spitznamen Dichter versehen.

Irina Liebmann, 1943 in Moskau geboren, Tochter des zum SED-Spitzenfunktionär aufgestiegenen und 1953 zum Parteifeind erklärten Exilanten Rudolf Herrnstadt, kennt die DDR als Privilegierte und als Bedrohte. Sie, die 1988 von Ost- nach Westberlin wechselte, urteilt: »Die DDR war ein Totenreich, wo so wenig Lebensfreude zugelassen war. Im Anspruch ans Leben sind die Leute klein gemacht worden. Georg hätte auch leben müssen. Schreiben ist eine Bindung. Aber man muß auch weitergehen. Sonst ist die Trennung von Leben und Schreiben nicht mehr möglich.«

Irina Liebmann, die Seidel als »Georg mit der zarten Stimme« durch ihren Roman »In Berlin« laufen läßt, hat diesen Nachbarn in Pankow erst spät, 1987, kennengelernt. »Merkwürdig«, sagt sie, »der erste Eindruck war im Grunde wie der letzte. Nämlich, daß er ein schwerkranker, völlig abgehärmter, in sich zusammengesunkener Mann ist. Ich dachte, er ist ganz einsam oder wie ein Einsiedler. So in sich verkrochen. Er hat geraucht und saß so hohlbrüstig, so wie jemand, von dem man denkt, er kriegt gleich einen Hustenanfall. Er sah ganz blaß aus. Mit der größeren Nähe hat sich der Eindruck verwandelt. Ich sah ihn kräftig und lustig. Und am Ende war er wieder so wie am Anfang.«

»Erich Honecker hat mich umgebracht.« Elfriede Müller, 1956 geboren, hat den Satz noch im Kopf, den Georg Seidel sprach bei ihrem Abschied. Nicht aggressiv, sondern traurig dahingesagt. Sie, die ihn 1988 kennengelernt hatte, hat Georg Seidel als »warmen, sehnsüchtigen und auch mürrischen Menschen« in Erinnerung: »In diesem Zwiespalt lebte er. Er wollte einfach nicht glauben, daß Unschuld in diesem Leben nicht zu haben ist. Und doch hat er sich wohl in allen Niederlagen diese Naivitätssehnsucht bewahrt.«

»Georg war wie ein Lamm«, sagt seine Frau Elisabeth. Hans-Ulrich Meisel, Physiker aus Jena, der wie Georg Seidel den Militärdienst mit der Waffe verweigert hatte, spricht von der »tiefen Traurigkeit« des Freundes und von der »bewundernswerten Art«, in der Elisabeth Seidel ihrem Mann zur Seite stand. »Sie waren viele Jahre arme Leute«, erinnert sich Rudolf Tschäpe, Astrophysiker aus Potsdam, einst ebenfalls Bausoldat wie Georg Seidel. »Es war Elisabeths Fähigkeit, aus dem Nichts ein Irgendetwas zu machen.«

Im Nachlaß Georg Seidels finden sich die Zeilen: »Dein Herz, das Echo meines Herzens, zwei klingende Glocken, als wäre immer Sonntag. In mir ist das Echo verstummt. Der Glockenklang zerrissen. Da zerriß auch mein Schrei. Ein Schrei flog dir in den Mund. So wußte ich gleich, daß du lebst.«

Georg Seidel kam am 28. September 1945 im zerbombten Dessau zur Welt, in der Stadt von BAUHAUS und Junkers-Flugzeugwerken, die im Zweiten Weltkrieg das Ziel der alliierten Bomber gewesen waren. Vater und Mutter Georg Seidels hatten sich in Dessau über eine Annonce gefunden: »Oberschlesier sucht Oberschlesierin«. Das war nicht schwierig, denn Dessau-Süd, das die Einheimischen den »polnischen Korridor« nannten, war eine oberschlesische Enklave.

Georg Seidels Vater stammte aus Königshütte, das 1922 Polen zugeschlagen worden war. Er gehörte in den dreißiger Jahren zu dem »Treck« jener Oberschlesier, die sich an der Produktionsstätte für Militärflugzeuge Arbeit versprachen. Der gelernte Wagenbauer Adolf Seidel kam als Reparaturschlosser anderswo unter, in einer Maschinenfabrik, die nach 1945 den Namen Elmo-Werk bekam. Georg Seidels Mutter war Verkäuferin in einer Konditorei.

Sechs Kinder brachte die Frau zur Welt, zwei starben. Georg war der einzige Sohn. 1945 sah sie das Haus, in dem die Familie wohnte, in Flammen aufgehen und sagte sich: »Jetzt stehe ich vor meiner brennenden Wohnung, wie die Juden vor ihrem brennenden Gotteshaus in Beuthen gestanden haben.« Aus Beuthen war sie nach Dessau gekommen. Aus Beuthen, wo ihr Vater Polizeibeamter war und den Namen Kolocecek in Kolbe hatte umwandeln lassen.

Dessau-Süd war auch deshalb eine Enklave, weil die katholischen Oberschlesier einer protestantischen Umgebung gegenüberstanden. Es war nicht jener von der Gnadenethik geprägte böhmische Katholizismus, in den Georg Seidels Ehefrau im Sudetenland hineingeboren war. Es war ein Katholizismus, in den über preußisch strenge Erziehung die Leistungsethik des Protestantismus eingedrungen war: Anpassung, deren Belohnung Aufstieg bedeutete.

Georg Seidel suchte den böhmischen Katholizismus, der auch der polnische war. Er gehörte dem katholischen Jugendverband an. Er war Ministrant. Beim Bau der ersten katholischen Kirche, die aus

Das Dessauer Theater, gebaut für Wagner-Festspiele: Hier begann Georg Seidel als Bühnenarbeiter und wartete auf seine Zulassung zum Literaturinstitut, die ihm verweigert wurde wegen »Ressentiments gegen unsere Gesellschaft«.

311

Steinen zertrümmerter Wohnhäuser entstand, war er dabei. Und er war überall dabei, wo es darum ging, der rigiden Welt der Lehrer zu trotzen. Ein Junge voller komödiantischer Einfälle, der die in Reimform verlangten Strafarbeiten zu einem Spaß machte. Er reimte gleich für seine Mitschüler mit und lief von nun an mit dem Spitznamen »Dichter« herum.

Seinem Vater konnte und wollte das nicht gefallen. Er hat sich bis zu seinem Tod 1996 nicht damit abfinden können, daß sein Sohn ein Schriftsteller wurde. »Was die Linsenschleifer bei Zeiss in Jena waren, das waren die Werkzeugmacher in Dessau«, sagte er. Und sein Georg wurde dann auch nach seinem Zehn-Klassen-Abschluß erst einmal Werkzeugmacher in demselben Unternehmen, in dem auch der Vater arbeitete.

Seit Kriegsende wohnte die Familie in einer Gartenlaube, die man Stück für Stück ausbaute, bis man eine Wohnfläche von 24 Quadratmetern erreicht hatte. Im draufgesetzten Giebelzimmer wohnte der Sohn Georg. Kletterrosen am Haus, Blumen, Gemüse und Obstbäume im Garten. Der Sohn nahm es dem Vater übel, daß dieser als Rentner in den achtziger Jahren das winzige Häuschen verkaufte, um mit seiner Frau in einen Plattenbau einzuziehen.

Die Eltern Georg Seidels, die als Oberschlesier Arbeit in Dessau fanden, vor ihrem Haus: »Die haben das Haus verkauft, und mir ist, als hätten sie unsere Kindheit gleich mitverkauft.«

In Georg Seidels letztem Theaterstück spricht jemand so, als spreche der Autor zu sich selbst: »Ich bin wahrscheinlich doch ein sentimentaler Arsch, die haben das Haus verkauft und mir ist, als hätten sie unsere Kindheit gleich mitverkauft.« Und der Autor läßt seine Enttäuschung von einer anderen Figur wegwischen: »Heimat, der moderne Mensch hat keine Heimat, der moderne Mensch hat nur einen Kopf, in dem sein Gehirn wohnt.«

»Er hing sehr an seiner Familie in Dessau«, sagt Georg Seidels Frau, »und er hing besonders an seinem Vater, dessen Anerkennung er bis zuletzt suchte und doch nicht gewann. Immer wieder hat Georg Seidel die Eltern besucht, und immer wieder ist er deprimiert und enttäuscht von seinem Vater zurückgekommen.«

Im Wohnzimmer der Mutter steht noch immer ein aus Ton geformtes tanzendes Paar im vollen Schwung einer Drehung, seine Eltern darstellend. Wo blieb die Lebensfreude der beiden, wo blieb die Lebensfreude jener ganzen Generation? Georg Seidel, der Dramatiker einer Welt der kleinen Leute, ist dieser Frage in seinen Stücken immer wieder nachgegangen.

Irgendwie ist Georg Seidel, der seit seiner Heirat 1973 in Berlin wohnte, immer in Dessau geblieben. Wohnhaft in einem oberschlesischen Erbe, das auf ein jahrhundertelanges Miteinander von Ost und West verwies. Wenn Seidel sich in der Verwandtschaft mit Lev L. Lunc, Velimir Chlebnikov und Sławomir Mrożek sah, so ließ sich diese Linie für ihn wunderbar verbinden mit der, die von Büchner zum Expressionismus führte, eingeschlossen darin DADA. Das alles in einer Stadt, in der einmal mit dem BAUHAUS eine Moderne von ungewöhnlichem Zuschnitt zu Hause war. Eine Moderne, die die Trennung von Handwerk und Kunst aufhob.

Wenn Seidel sich bei seinen Besuchen in Dessau immer als erstes aufs Fahrrad setzte und durch die Deichlandschaft von Mulde und Elbe hin zum Wörlitzer Park radelte, dann trieb ihn die Erinnerung an eine Kindheit voran, in der trotz aller Schwierigkeiten in den Nachkriegsjahren die Dinge noch unbeschwert waren. Doch die Erinnerung an jene Leichtigkeit des Lebens kommt um jene Destruktion nicht herum, die ihn bereits als Jugendlichen erfaßt hat. Ein Wissen um Zerstörung, das ihn und seine Texte weitertreiben in eine Finsternis, die einem die Augen öffnet. In dieser dunklen Hellsicht liegt die Hoffnung des Dichters Georg Seidel. »Ich will das große Drama in mir aufleuchten lassen«, schreibt er.

»Geh grade!« sagte seine Mutter, und sie boxte ihm die Faust ins Kreuz. Georg Seidel ging grade und lebte in der Sehnsucht, im aufrechten Gang nicht allein zu sein. »Wir werden arm sein«, so heißt es in einem Text aus dem Nachlaß des Dichters, »wir werden leben wie in einem Bettlerorden, nur nicht so keusch, wir werden eins mit unserem Theater, und wir werden fliegen lernen. Fliegen heißt: die Ketten der Macht zerbrechen, der Manipulation der Messer, mit denen wir kastriert werden zu Singstimmen der Propagandisten, die in unseren Ohren dröhnen ...«

Als Zwanzigjähriger stieg Georg Seidel aus dem Beruf des Werkzeugmachers aus und besuchte 1965 in Görlitz ein Katechetenseminar zur Vorbereitung des von ihm geplanten theologischen Studiums. Im Streit mit den katholischen Moraltheologen verließ er nach einem Jahr die Ausbildung. Seidel wird später schreiben: »Christus hat sein Blut vergossen auf Golgatha, es ist leicht heutzutage, sich über eine absterbende Religion lustig zu machen.« In demselben Text heißt es auch: »Liebe, ich suche die Liebe.« Georg Seidel beugt sich nur, um zu lieben, aber nicht den taktischen Finten seiner Kirche, deren Mitglied er blieb bis in den Tod.

Der Angler Seidel, der die Landschaft von Mulde und Elbe liebte: Sein Vater verzieh ihm nie, daß er Schriftsteller wurde und nicht im erlernten Beruf des Werkzeugmachers blieb.

Nach seiner Rückkehr nach Dessau wurde Seidel Bühnenarbeiter am dortigen Theater. Er, der mit der Ausbildung als Werkzeugmacher zugleich das Abitur erreicht hatte, bewarb sich zum Studium an der Technischen Universität Karl-Marx-Stadt (Chemnitz). Die Truppen der Warschauer-Pakt-Staaten waren gerade in die ČSSR einmarschiert und hatten dem »Prager Frühling« von 1968 ein Ende gemacht. Da Seidel den Wehrdienst mit der Waffe verweigerte, wurde er, wie die Technische Universität heute bestätigt, bereits acht Wochen nach Studienbeginn exmatrikuliert. Seidel ging zurück ans Dessauer Theater und wurde 1969 zum Wehrdienst ohne Waffe bei der Formation der Bausoldaten eingezogen. Vom Zivildienst, wie er aus Gewissensgründen in der Bundesrepublik möglich war, war die DDR-Variante weit entfernt.

Zwanzigtausend Bausoldaten gab es jährlich im Endstadium der DDR. Als Seidel eingezogen wurde, war die Regelung neu, und nicht mehr als dreihundert Mann wagten den Schritt in den Dissens mit dem SED-Regime. Bausoldaten wurden eingesetzt zur Errichtung militärischer Objekte. Nach einer Grundausbildung auf Usedom, wo man in Zelten auf einer Baustelle lebte, kam Seidel nach Groß Köris bei Königswusterhausen – zum Bau eines Militärgeländes.

»Das war harte körperliche Arbeit«, erinnert sich Hans-Ulrich Meisel, heute geschäftsführender Vorsitzender der kommunalpolitischen Vereinigung Sachsen-Anhalt, damals an Seidels Seite. »Aber wir ließen uns nicht alles gefallen. Georg schrieb Beschwerden, wenn gegen die Dienstvorschrift verstoßen wurde. Als wir hundert Bausoldaten unser Gelöbnis sprechen sollten, hatten wir uns vorher verständigt zu schweigen. Der Bataillonskommandeur sprach die Sätze vor. Drei Ängstliche murmelten die ersten Worte noch nach. Dann war Stille, und in die Stille hinein hörten wir das Wort ›Wegtreten‹.« Meisel vermutet: »Wir waren zuviele, um uns alle ins Militärgefängnis zu stecken. Wahrscheinlich hat man aus dem Vorfall Konsequenzen gezogen. Bei anderen Baueinheiten wurden die Leute einzeln in ein Zimmer gerufen und mußten das Gelöbnis unterschreiben. Da war dann jeder auf sich allein gestellt.«

Meisel erinnert sich, wie sich Georg Seidel für einen Baupionier einsetzte, der in der Silvesternacht 1969/70 einen Armeelastwagen gegen einen Baum gesetzt hatte, als dieser für seine feiernden Kameraden alkoholischen Nachschub aus einer Kneipe im nächsten Ort holen wollte. »Der Mann bekam drei Monate Armeeknast«, sagt Meisel, »und er sollte ganz allein den Schaden von 14000 Mark bezahlen. Georg Seidel protestierte an höchster Stelle in Strausberg. Als das nicht half, startete er unter den Bausoldaten eine Sammelaktion. Er ließ nicht locker, so daß viele kontinuierlich und weit über die Wehrpflichtzeit hinaus Geld schickten. Am Ende waren mehr als 10000 Mark zusammengekommen.«

Rudolph Tschäpe, 1989 Mitbegründer des Neuen Forums, erinnert sich, wie damals ein Biermann-Lied zur geheimen Hymne der Bausoldaten wurde:

Soldat Soldat in grauer Norm
Soldat Soldat in Uniform
Soldat Soldat, ihr seid so viel
Soldat Soldat, das ist kein Spiel
Soldat Soldat, ich finde nicht
Soldat Soldat dein Angesicht
Soldaten sehn sich alle gleich
Lebendig und als Leich.

»Gemütlich, bedachtsam, behutsam« – so lernte der Bausoldat Tschäpe den Bausoldaten Seidel kennen: »Das Pfeiferauchen paßte zu ihm.« »Völlig erschöpft vom Verladen von Zementsäcken« sieht ihn Hans-Ulrich Meisel nach elf Stunden Arbeit aus dem Waggon fallen: »Georg hat sich dabei alle Handknochen der rechten Hand gebrochen.« Tschäpe und Meisel sehen ihn auch als den Organisator von Theater- und Konzertbesuchen in Ostberlin. »›Porgy und Bess‹ mit Manfred Krug erlebten wir in der Komischen Oper«, so erinnert sich Meisel an ein Highlight. Meisel saß nach der Wiedervereinigung eine Legislaturperiode für Bündnis 90/Die Grünen im Europaparlament in Straßburg.

Irina Liebmann schreibt: »Bausoldat sein, das hieß, eine Verweigerung in einer Gruppe Gleichgesinnter erleben und von der Macht hierin anerkannt werden – in einem Land, das von oben bis unten darauf zugeschnitten war, so etwas niemals geschehen zu lassen.«

Rudolph Tschäpe erinnert sich, wie sich 1971 zwanzig ehemalige Bausoldaten, darunter auch Georg Seidel, zu einwöchiger freiwilliger Arbeit an einem Autobahnabschnitt trafen, um danach in einer Kirche vor Vertretern der Parteien und der Presse für die Durchsetzung eines richtigen Zivildienstes zu plädieren.

Das SED-System wußte, wie es den Dessauer Bühnenarbeiter Georg Seidel am besten treffen konnte. Das Leipziger Literaturinstitut, das Seidel noch 1969 für ein Fernstudium zugelassen hatte, zog seine Zusage 1972 mit der Begründung zurück: »...ergeben sich schwerwiegende inhaltliche und weltanschauliche Bedenken... Ihre Gedichte sind voller Ressentiments gegen unsere Gesellschaft.«

Als Georg Seidel gegen diese Entscheidung Einspruch einlegte, demonstrierte Max Walter Schulz, der Institutsleiter, was er von der »Antikriegshaltung« des ehemaligen Bausoldaten hielt: »Ihrer Berufsausbildung nach sind Sie Arbeiter. Wenn heute ein Arbeiter die öffentliche literarische Aussage versucht, dann verlangt unsere Gesellschaft allerdings, daß er dabei die Position der herrschenden Arbeiterklasse einnimmt. Aber von dieser Position ist bei Ihnen... nichts zu entdecken.«

Der dreißigjährige Georg Seidel und seine Frau Elisabeth, über die die Freunde sagen: »Es war ihre Fähigkeit, aus dem Nichts ein Irgendetwas zu machen.«

Allein, auf sich gestellt: Bergliebhaber Seidel in den achtziger Jahren in den rumänischen Karpaten. Elisabeth Seidel mit dem gemeinsamen Sohn Christoph.

Georg Seidel kündigte seine Stellung in Dessau, kam bei Rudolph Tschäpe in Potsdam unter, arbeitete als Dachdecker bei der »Märkischen Zeitung«, bis er eine Anstellung als Beleuchter bei der DEFA bekam. In jener Zeit lernte er seine Frau kennen, eine Apothekerin, die an der Charité in Berlin angestellt war. 1975 kam der Sohn Christoph zur Welt. »Bevor ich schwanger wurde«, sagt Elisabeth Seidel, »wollte Georg mit mir in den Westen. Er hatte Verbindung zu irgendwelchen Schleusern. Ich wollte nicht. So blieben wir.«

Mit der Geburt des Sohnes hörte Elisabeth Seidel auf, in ihrem Beruf zu arbeiten. Ihr Mann bekam eine Stelle als Beleuchter am Deutschen Theater in Berlin. Um Zeit zum Schreiben und für die Familie zu haben, ließ er seine Arbeitszeit um die Hälfte reduzieren. Die Freunde staunten, wie man mit monatlich 400 Mark so strahlend, so locker, so gelassen leben konnte. »Es war eine bewußte Entscheidung«, sagt Elisabeth Seidel, »für den absoluten Luxus des Zeithabens. Wir schafften es sogar bei dem wenigen Geld zu verreisen, nach Rumänien zu Freunden in die Berge.«

Georg Seidel lebte und starb in der Vorstellung: Verantwortlichkeit für den anderen und Mitgefühl weisen einen Weg zur Rückkehr ins bedrohte Zuhause des Menschen. Einen solchen Weg suchen seine jungen Protagonisten auf der Bühne, Figuren mit dem Herzschwung

Seidelscher Kindheitserinnerung, und stoßen überall auf Vernichtete, die ihre Träume längst begraben, mithin ihren eigenen Untergang überlebt haben.

In einem Brief Seidels an Ilse Galfert, Dramaturgin am Deutschen Theater, heißt es: »Ich soll mich ändern, ich soll meine Schreibweise ändern, damit die entwickelte Gesellschaft (vom Kienspan bis zur Glühlampe), in der ich lebe, meine neuen Stücke spielt, mich achtet und mir am Ende noch Preise an die Brust heftet. Nein, ich bin nicht so versessen auf Erfolg und Ruhm ... Um meine Stücke auf der Bühne sehen zu können, brauche ich nur meine Phantasie zu bemühen. Was ich mir da inszeniere, ist wirklich nach meinem Geschmack.«

»Es kommt noch etwas anderes hinzu«, argumentiert Seidel, »die Schwäche in mir, mein physisches und psychisches Unvermögen. Es würde mich zuviel Kraft kosten, in den erlaubten Rahmen umzusteigen, daß mir nicht genügend Kraft zum Schreiben bliebe. Ich sehe ja, wie viele Autoren damit nicht fertigwerden. Und wie weit die Erniedrigung geht ...«

Auf dem Schreibtisch von Ilse Galfert lagen die ersten Theaterstücke Georg Seidels: »Mehr Licht« aus dem Jahre 1975, das nie eine Bühne fand, und »Kondensmilchpanorama«, das 1980 am Mecklenburgischen Staatstheater Schwerin uraufgeführt wurde. Jochen Ziller, der Regisseur, heute Chef des Drei-Masken-Verlags in München, spürte beim ersten Lesen von »Kondensmilchpanorama«:

Arbeitsgespräch über das Stück »Villa Jugend«, dessen Uraufführung Seidel nicht mehr erlebte: der Autor im Theater am Schiffbauerdamm an der Stirnseite des Tisches, links Regisseur Fritz Marquardt und Regieassistent Thomas Heise, rechts Dramaturg Jochen Ziller und Bühnenbildner Matthias Stein.

»Da schreibt ein originäres dramatisches Talent. Und mir war gleichzeitig bewußt, daß es schwer würde, diesem Talent Öffentlichkeit zu verschaffen. Da formulierte einer eine bislang unbekannte, verstörende Sicht auf Allzubekanntes, da schrieb einer, der auf diese durch ständiges Kommandieren und Besserwisserei gegängelte Gesellschaft von unten blickte.«

Jochen Ziller erinnert sich: »Georg Seidel kam irgendwie aus dem Untergrund. Nur mit viel Mühe erhielt das Theater die Zulassung für die Uraufführung, und dann schlug die Parteizeitung in Schwerin böse zu. Danach war erst einmal fünf Jahre Ruhe, bis Seidel wieder aufgeführt wurde. Vielleicht schon früher, aber mit Sicherheit seit der Uraufführung in Schwerin stand Georg Seidel unter ständiger Kontrolle.«

Was hatte der 35jährige Dramatiker gezeigt? Eigentlich nichts anderes als die stille Katastrophe eines langverheirateten Paares, das im Lebenseinerlei der Eltern der Frau ablesen kann, wie es selbst enden wird: »Von innen heraus langsam vertrocknet, darum kein Schweiß, keine Tränen, nur Kopfschmerzen und Schreie.« Eine Geschichte, wie sie auch im Westen üblich ist.

> Was also ist Leben
> und was bin denn ich
> taug ich zu dem
> was ich mache
> woran ich zerbreche.

Diese Fragestellung wurde weitergetragen von Stück zu Stück. »Seidel schleppte seine Stücke unendlich lange mit sich herum,« sagt Jochen Ziller und erklärt dieses Verhalten mit dessen Verletzungen: »Er war eben nicht der Stärkste.« Für Martin Linzer, heute Chefredakteur der Zeitschrift »Theater der Zeit«, war Seidel dem System ein »sturköpfiger Geradeausdenker«, der »immer quer lag«, einer, der der »kulturpolitischen Nomenklatura der alten DDR« als zum Taktieren und Intrigieren Unbegabter »unheimlich« war.

»Warum leide ich?« läßt Büchner den philosophierenden Gefangenen Payne fragen und ihm eine gegen jeden religiösen Versöhnungsversuch gerichtete Antwort geben: »Das leiseste Zucken des Schmerzes, und rege es sich nur in einem Atom, macht einen Riß in der Schöpfung von oben bis unten.«

Darum leidet Georg Seidel, und dieses Leiden kennt keine ideologischen Grenzen. Mit drei Stücken antwortete Georg Seidel Georg Büchner: mit »Jochen Schanotta«, mit »Carmen Kittel« und mit dem Lustspiel »Königskinder«. Die Lüge im Namen der Wahrheit, aus der die »bessere Welt« besteht, wird gezeigt. Eine Welt, in der das Denken, das vom Widerspruch lebt, nicht widersprüchlich sein darf. Eine Welt, in der die Subjektivität nur noch in ein Verhältnis zu sich selbst treten kann, weil die Realität auf Entwürdigung des Menschen aus ist.

Das war erst einmal gegen die DDR gerichtet. Und so wurde es auch vom System verstanden. »Alles mit Draht umwickelt, das Land, damit's nicht auseinanderfällt… Graue Hose, graue Jacke, das Gesicht aschfahl, ein Gespenst geht um in Europa… Hier wird jeder zertrümmert, systematisch zertrümmert…Wir lernen, damit wir zu Sklaven werden, oder andere Sklaven zu Idioten machen…Schreien müssen wir, schreien.« Das ist die Situation, wie sie der achtzehnjährige Schanotta und seine Freunde in Seidels Stück beschreiben. Schanotta, der Musterschüler, der das DDR-Muster durchschaut hat, der von der Schule fliegt und der der letzten Anpassung als Soldat zu entkommen versucht. Über die Grenze? In den Tod?

Der echte Schanotta, den Georg Seidel kannte, ging über die Grenze. Georg Seidels Schwester Brigitte erinnert sich: »Werner Schanotta aus der Salzburger Straße in Dessau gehörte zum Südkiez, war Ministrant wie mein Bruder und ein Stromer.« Werner Schanottas Weg in den Westen, ins Offene einer virtuellen Welt, ist in Georg Seidels Stück als existentielle Bedrohung, als eine andere Form der Gefangennahme bereits mitgedacht. Mitgedacht ist auch ein Konsumdenken, mit dem das Denken stillgelegt wird.

»Man hätte das nie mitmachen dürfen«, sagt Seidels Schanotta und erinnert sich an den Lehrer, der die Schüler einen Vogel nach einer festgelegten Form zeichnen ließ. Schanotta ließ seine Phantasie spielen, hielt sich nicht an die Begrenzung und mußte den Vogel noch einmal zeichnen. »Daß du mir nicht über den Rand malst«, hörte er den Lehrer: »Ich Idiot hab's so gemacht, und am Ende hatte ich den gleichen Vogel wie alle.«

In Georg Seidels Nachlaß finden sich folgende Zeilen über seinen Schanotta: »Das kämpferische Moment fehlt in dem Stück. Darüber bin ich auch betroffen. Aber ich kann es auch nicht ändern…Schanotta weiß, daß sich zu seinen Lebzeiten nichts ändern wird an dem Getriebe, in dem er sich bewegen muß. Wahrscheinlich weiß er auch, daß es für ihn immer nur zweierlei gibt: Die Bewegung des Getriebes mitmachen, Rädchen werden oder ins Getriebe kommen und kaputtgemacht werden. Vielleicht aber findet er auch eine Alternative. Er beginnt ja erst mit der Suche.«

Und: »Früher konnte man noch Utopien formulieren, da war die Zukunft offen. Da mußte ein Stein erst mal wieder auf den anderen kommen, und da wurde Neues gebaut. Heute stehen die Mauern.

Sie sind scheinbar stabil. Und sie werden immer schöner fassadiert. Man muß sich ja schon erinnern, daß hinter den Fassaden überhaupt Mauern sind. Das ist jetzt die Welt, mit der sich die Jungen auseinandersetzen müssen.«

Die Uraufführung von »Jochen Schanotta« 1985 am Berliner Ensemble machte den knapp vierzigjährigen Seidel im Westen bekannt. Das SED-Zentralorgan »Neues Deutschland« machte Stück und Inszenierung nieder. Der Ton war damit vorgegeben. Jochen Ziller erinnert sich: »Da die Aufführung von einer zentral festgelegten Kritiker-Kampagne gegen Stück und Autor begleitet wurde, forderte das Ensemble eine Diskussion mit der Berliner Theaterkritik. Die Einladung wurde damals von den meisten Kritikern, den schärfsten Widersachern, ausgeschlagen.«

Margot Honeckers Ministerium für Erziehung und Volksbildung hatte gegen Seidels Anschlag auf das Wunschbild einer Jugend als »Kampfreserve der Partei« schon im Vorfeld der Inszenierung interveniert und durchgesetzt, daß den Attacken mit Musikeinlagen die Wirkung genommen wurde. Martin Linzer erinnert sich: »Zu den fast tragischen Aspekten dieser Inszenierungsarbeit gehört, daß eine so verdienstvolle mit pointiert-kritischen Programmen großgewordenen Truppe wie ›Karls Enkel‹ sich dazu hergeben mußte, durch willkürlich eingeschobene Interludien Seidels Stück fast bis zur Unkenntlichkeit aufzuweichen.«

Es änderte alles nichts daran, daß sich die junge Generation in ihrer Staatsverdrossenheit mit dem Stück identifizierte. »Es traf das Zeitgefühl genau«, wie Gregor Edelmann in »Theater der Zeit« nach der Wende von 1989 befand. Die Zeit war längst über Edgar Wibeau in Ulrich Plenzdorfs Stück »Die neuen Leiden des jungen W.« hinweggegangen. Über einen Edgar Wibeau, der das Einzelne verändert sehen wollte, aber das Ganze nicht anzweifelte.

Das SED-System, das sich auf Michail Gorbatschow als neuen Generalsekretär der KPdSU 1985 einzurichten hatte, wußte zu verhindern, daß sich Seidels Abgesang auf diesen Staat wie ein Flächenbrand auf den Bühnen der DDR ausbreitete. Es war eine gehörige Portion Zivilcourage notwendig, um das Stück andernorts in neuer Inszenierung durchzusetzen. Das Theater der Stadt Schwedt mit der Regisseurin Tatjana Rese, die auch Seidels »Königskinder« uraufführte, gehörte 1987 zu den Mutigen wie die Theatermacher in Görlitz und Plauen. 1989 folgten dann die Theater in Greifswald und Eisenach.

Das war natürlich wenig im Vergleich zu Plenzdorfs Stück, das über vierzehn Bühnen der DDR gegangen war. Und in der Bundesrepublik wiegten sich nicht wenige kulturelle Meinungsführer im Traum des Volker Braun, dessen »Übergangsgesellschaft« in der Bundes-

Als sei es ein Stück
Wahnsinn aus der In-
szenierung von Seidels
»Schanotta«: Spren-
gung des alten Fried-
richstadt-Palasts am
13. Juni 1985.

republik, im Land der Träumer, uraufgeführt wurde. Immerhin:
»Theater heute«, die Zeitschrift der westlichen Eingeweihten,
druckte im selben Jahr Seidels »Jochen Schanotta«. In der Schweiz
wurde das Stück gespielt: 1987 in Basel und 1988 in Luzern. Nach
der Wiedervereinigung zog Konstanz 1991 nach.

Mit »Carmen Kittel«, 1987 in Schwerin uraufgeführt, präsentierte Georg Seidel ein weibliches
Gegenstück zu Büchners »Woyzeck«. »Carmen
Kittel« ist die Geschichte einer jungen Frau, einer
Hilfsarbeiterin, die von allen Seiten ausgenutzt
wird und erst Zuneigung in der »Frauenbrigade«
spürt, als sie ein Kind von ihrem Freund erwartet. Der aber zwingt sie zur Abtreibung und verläßt sie. Carmen Kittel gibt sich bei der Arbeit
weiter als Schwangere aus, stiehlt sich schließlich
ein Kind von der Straße und bringt es um.

Und wieder spielt diese Geschichte in einem toten Land: »Schwarze
Kreuze und Morgenrot, alles tot, Morgenrot, Morgenrot.« Wieder
gibt Seidel den Verstümmelten seine Stimme, deckt er die Todesar-
ten im System des Todes auf. Der Geliebte, selbst ein Zerstörer, zerstört Carmen Kittels Liebe, und Carmen Kittel zerstört, um sich ein-
bilden zu können, sie habe nichts verloren. Weit zurück in der Erinnerung war da eine Zuversicht, die nach der Ermordung des Kindes
auftaucht und Carmen Kittel singen läßt: »Maria, breit den Mantel
aus, mach Schirm und Schild für uns daraus.«
Acht Jahre brauchte Georg Seidel, um sein Thema vom Menschen

Georg Seidel über
seine Titelfigur:
»Schanotta weiß, daß
sich zu seinen Lebzei-
ten nichts ändern wird
an dem Getriebe, in
dem er sich bewegen
muß.«

der Moderne, der zu sich selbst kommen will und doch immer wieder zur Marionette wird, leicht zu machen in einem Lustspiel, das antwortet auf Büchners »Leonce und Lena«. Ein Jahr vor der Wende 1989 hatte er seine Geschichte von den Königskindern fertig, die nicht zueinander kommen können: Katja im Hochdrobenland und Peter im Hochobenland. Ausgeliefert den Vätern, von denen jeder allein den Drachen besiegt haben will. Eine tiefe Schlucht trennt die Königskinder, und an der schmalen Brücke drüben wacht das Grenzregime.

Es gibt in diesem Glanzstück deutsch-deutscher Geschichte einen Wissenschaftleraustausch, in dem der »Westler« auftrumpfend behauptet: »Die Welt wird in Zukunft so beschleunigt, daß in einer Sekunde 24 Stunden vergehen.« Und er weiß auch, daß der »Osten« hoffnungslos unterlegen ist: »Die Zeit ist in einen solchen Rückstand geraten, daß wir dort noch fünfzig Jahre bräuchten, um geboren worden zu sein.«

Politisches Entgegenkommen wird geübt mit lauter falschen Friedenswörtern, bis der Kaiser eingreift und die beiden Könige zwingt, ihre »Uhrzeiten in Ordnung« zu bringen. »Alles war Lüge«, heißt es bei Seidel, »die Welt soll es auch wissen: Es gibt keine Schlucht.« Doch der Machtkampf geht weiter: Der Kaiser wird vergiftet, die Könige vergiften sich gegenseitig, und die Königskinder, verfangen im alten Feinddenken, verlieren sich wieder, jedes im Land des anderen. Die Grenzdiskussion kann weitergehen bei dauernder Verwechslung von Ursache und Wirkung.

»Ich glaube nicht daran«, schreibt Georg Seidel, »daß man mit Kunst die Welt verändern kann, ich weiß nur, daß das Vorhandensein von Kunst die Veränderung ist, selbst wenn die Kunst nicht wahrgenommen wird. Eine Kunst, die mehr sein will als das: moralische Anstalt (in welcher Hand hält man das Messer, wenn man tötet?) oder Kunst als Waffe. Was will man damit verteidigen oder bedrohen? Die Kunst, also das Theater, kann nur den separaten Raum behaupten, den es nötig hat, um zu existieren ... Der Mensch dient letztlich nur sich selbst, und das Theater dient letztlich nur sich selber und hält sich am Leben, indem es dem Zuschauer Lust macht ...«

Der Theatertheoretiker Georg Seidel rannte gegen den Theaterpraktiker Georg Seidel an, es sei denn, das Lustmachen schließe den Tod des Zuschauers ein. In einem szenischen Fragment aus seinem Nachlaß heißt es:

Natürlich, ich erinnere mich, ich war Artist, ich habe den Leuten, wie sagt man ... das Blut stocken lassen.
Richtig, den Leuten stockte das Blut. Kopfstand auf dem Drahtseil.

Es war nicht meine schwerste Nummer, aber den Leuten gefiel das am meisten. Weil ihnen das Blut stockte und sekundenweise der Atem ausging. Ich habe mich auf einem Foto gesehen, es war tatsächlich sehr interessant, ich stand im Kopfstand auf dem Seil, freihändiger Kopfstand, und auf den Füßen balancierte meine Frau. Ein Vertikalbalanceakt. Ich stand Kopf, und unten hielten die Leute den Atem an.

Warum haben Sie aufgehört?

Ich habe mein Ziel nicht erreicht. Ich wollte die Leute atemlos machen, und ich habe sie atemlos gemacht. Aber nicht lange genug, ich habe nicht durchgehalten. Ich wollte die Leute zehn Minuten atemlos halten. Sie hätten nicht gemerkt, daß sie ersticken. Sie hätten mir zugeschaut und wären erstickt. Erstickt – eine atemlose Achtung. Und dann hätten sie tot rumgelegen. Auf der Wiese. Ich bin nur auf Wiesen aufgetreten. 10 000 Menschen, mindestens, war die Bedingung. Unter 10 000 trete ich nicht auf. Ich wollte die Masse spielend erledigen.

Wie geht man nicht in die Falle der deutschen Klassik und kann sich doch im idealischen Denken von damals bewegen? Georg Seidel – der Nachlaß zeigt es – hat diese Frage verzweifelt hin- und hergewälzt:

»Es gibt im deutschen Drama einen Moment von Freiheit, das ist Spiegelberg in den ›Räubern‹, da ist das Denken echt, vielleicht leider, alles andere kommt auf Prothesen gestützt daher, die aus Gänsefedern, also sehr dünnbeinig und instabil sich über die Szene bewegen. Man muß es doch so sagen: das deutsche Drama ist illustrierte Kanzelrede, die Pastorensöhne, die dann Dichter wurden, wollten unbewußt ihre Dramen immer von reinen Engeln, die ausschließlich Weihwasser pinkeln, gespielt sehen ...«

»Und eben Goethe. Über alles. Seit 200 Jahren. Am Ende siegt doch das Gute. In Umkehrung eines bekannten Satzes möchte ich fragen: Kann man dem Stück ›Iphigenie‹ nach Auschwitz noch glauben? Hat sich nicht selbst Herrn Goethe irgendwann die Feder gesperrt, wenn es am Ende nach langem Wortgeballer bloß heißt: Leb wohl. Da fehlt doch Text. Es muß ihm über gewesen sein, immer wieder den Stoff nachzuholen. Iphigenie, so eine Art unbefleckte Empfängnis, zumindest das Blutopfer hört auf am Ende – also die Herrschenden wenden alles zum Positiven. Das ist das Aufatmen. Lob wieder den Herrschenden – und zugunsten von Menschlichkeit verzichtet Thoas auf mögliche Liebe.«

Georg Seidel will ein Theater, in dem der Artist abgestürzt ist: »Er liegt zerschmettert am Boden, was nun? Wird die Leiche für tot erklärt oder kann sie noch als Nachtpförtner dienen? Oder als Kanonenfutter an der Front? Und wenn der Leichnam es schafft, noch einmal das Seil zu besteigen, um wieder abzustürzen, dann ist die Sache sehr gut. Das sind dann die Geräusche, die der Sand im Getriebe erzeugt. Will ichs nicht hören, dann gehe ich in die Klassiker.«

Georg Seidel als Tagebuchschreiber: »Zwischen Ibsen und Beckett liegt ein sehr gerader Weg. Aber der ist nur steinig. Wem nützt das, wo doch kurvenreiche Wege nicht so ermüdend sind wie die geraden und auch gefährlicher. Darum hat Hacks die asphaltierte Flachlandserpentine erfunden. Darauf galoppiert sein vielmotoriger Pegasus mit luftbereiftem Thespiskarren. Alle Welt findet das schön und wundert sich (fast zu Tode), daß Heiner Müller auf geradem Wege vorwärts kommt.«

»Ich bin mein eigener Zensor geworden. Verwerfe alles. Es ist die Zertrümmerung des eigenen Schädels, der auch in der Kunst nur noch das Zertrümmerte anerkennt.«

»Schnee, Kälte, aber endlich mehr Licht. Vielleicht treibts mir die Müdigkeit aus dem Schädel, damit endlich Platz wird für Ideen – und Mut muß aufkommen.«

»Die Leere, die sich immer breit macht in mir nach einer Premiere. Ich bin wohl nicht widerstandsfähig genug.«

»Wahnsinnige Nacht, ich kann nicht schlafen. Aber ich kann nicht schlafen, weil ich keine Stücke mehr schreiben kann oder will. Ich weiß nicht, was richtig ist. Ich will wahrscheinlich nicht mehr, darum kann ich nicht mehr. Und ich will nicht, weil das Schauspiel mich nicht weiterbringt. Zum Schauspiel brauchts den größten Mut, und man braucht den Kampf. Irgendwo ist die Folie nur rissig, die alles zudeckt. Was rausfließt, das sind zermatschte Gehirne.«

»Immer wieder Gedanken an die Schweiz. Eigernordwand, wenn ich hinkomme, das als Lohn vielleicht für mein eigenwilliges Dichten – Theater zertrümmern. Denn das weiß ich jetzt: Ich gehöre nicht ins Theater, ich gehöre nur mir. Immer nur der Wunsch, unterzutauchen in der tüchtigen Masse. Aber es ist eine Angst vor dieser Woge, die mich verschlingen würde wie einen Nichtschwimmer im tiefen Wasser. Warum nicht verschlungen werden – das ist der Gedanke der Masse. Vielleicht kennt sie ihre eigenen Gedanken nicht. Darum will ich sie denken, weil sie dann kennen würde, was sie im Untergrund ahnt.«

Georg Seidel zwischen 1976 und 1987: Zwar ließ man ihn 1987 zur Premiere der Basler Inszenierung von »Jochen Schanotta« nicht hinaus, aber ein paar Tage später. Es war seine erste Reise in den Westen. Zwar versuchte sich der geübte Gipfelkletterer nicht an der Eigernordwand, aber er bestieg das Jungfraujoch.

Für Irina Liebmann hatte Georg Seidels Kletterei etwas Masochistisches: »Das Wilde, das Unbetretene betreten. Ich halte es für Todessehnsucht. Jeder ist ein Einzelkämpfer in der natürlichen Trümmerlandschaft. Man will etwas überwinden, will siegen. Das sind Kämpfe, die nach außen gelegt werden.«

Aber das Schicksal ist eine Wand, die unsere Fragen nicht durchläßt, obwohl die Wand im Abprallenlassen der Fragen antwortet. »Wer heute nicht dem Konflikt ausweicht«, schreibt Georg Seidel, »das ist ein Idiot. Wer heute noch 'ne Moral hat, der ist weich.« Und: »Der ungläubige Thomas legte die Hand in die Wunde des auferstandenen Meisters. Keiner wird dir die Finger in unser zerbrochenes Genick legen. Unseren Tod wird keiner anzweifeln, aber wir werden auch nicht wieder auferstehen.«

In diese Finsternis hinein bewegte sich Georg Seidel. Gregor Edelmann, Lektor des Henschel-Verlags zu Seidels Lebzeiten, sieht ihn 1984 in Leipzig, wie er ruhig dabeisteht, als die Weggefährten eines Streifzugs durch die Nacht den Portier bitten, in die Nachtbar des Hotels Astoria eingelassen zu werden, und sie durch den Türspalt angeschnauzt werden: »Schluß, nischt mehr!« In einem Text über Seidel heißt es:

»Da passierte, was mich damals sehr überraschte: Seidel faßte nach der Tür, zog sie mit einem Ruck auf. Er zog mit aller Kraft, einen Moment waren seine Gesichtszüge verzerrt. Dem Portier, der die Klinke immer noch pflichtbewußt festhielt, riß es die Beine vom Boden. Er flog im Halbkreis heraus und landete auf dem schmutzigen Bürgersteig. Seidel atmete schwer. Alle standen erstarrt. Ich weiß nicht mehr, wie sich die Szene löste, wahrscheinlich machte irgendeiner der Älteren, Heiner Müller oder B. K. Tragelehn, eine versöhnliche Geste. Aber ich erinnere mich noch genau an meine Verblüffung über Seidel, den meist so Beherrschten, Zurückhaltenden. Auch in ihm lag sie auf dem Sprung, dumpf und jäh, diese Sklavenwut.«

Ähnliches wiederholte sich 1988. Wieder geschah es an einem Abend nach den Veranstaltungen der Werkstatt-Tage des Theaters. Wieder gab es keinen Einlaß für die kleine Gruppe um Gregor Edelmann. Fünf oder sechs Kellner der Nachtbar des Hotels Stadt Leipzig packten die einzige Frau aus der Gruppe und warfen sie eine hohe Steintreppe hinunter. Edelmann ging auf die Kellner los und bekam einen Schlag ab, daß er über den Bürgersteig flog und vor einem Auto landete:

»Nachdem ich mich hochgerappelt hatte, sah ich, daß Seidel auf dem Bürgersteig hin und her rannte. Er war völlig außer sich, weinte, zog sich an den Haaren. Mit einer Stimme, die etwas Fremdes, Kreatür-

Buchpublikationen nach dem Tode des Dichters: »Ich will das große Drama in mir aufleuchten lassen.«

liches bekommen hatte, flehte er uns alle an: ›Nicht schlagen, nicht schlagen.‹ Immerzu wiederholte er diese Worte. Er kam mir vor wie ein großes, naives Kind. Ich war voll von Wut … Ich versuchte, Seidel zu beruhigen, seine Reaktion hatte für mich etwas Unangemessenes … Langsam begriff ich, daß das alles für ihn etwas anderes war als für mich. Daß es ihn tiefer anging. Seine Verzweiflung war die einer Kreatur über die andere. Ihn schüttelte Entsetzen darüber, daß es überhaupt möglich war, was gerade geschehen war. Seine Solidarität war nicht parteilich, sondern betraf die Situation als Ganzes …« Hein Uhlich, Physiker in Jena und Freund Seidels aus Bausoldaten-Zeiten, erinnert sich an diese »tiefe Traurigkeit« bei seinen Besuchen in Berlin: »Er war oft zutiefst bedrückt und hat nicht allzuviel Hoffnung in eine Wende gesetzt. Er sah viele Probleme auf uns zukommen – nicht nur zugeschnitten auf die DDR, sondern auf die Industriegesellschaft insgesamt. Wenn ich mich so tief in die Probleme hineinversetzt hätte wie er, wäre mir auch jeder Lebensmut, wäre mir die Lebenskraft geschwunden.«

»Im November und Dezember 1989«, so erinnert sich Gregor Edelmann, »habe ich erlebt, wie Georg Seidel tage- und nächtelang vor der rumänischen Botschaft in Berlin-Pankow gegen den Ceaucescu-Terror protestierte. Wie er Geld sammelte für die Opfer. Sich mit Behörden und der Polizei herumschlug, um diesem Land zu helfen, in dem er Freunde hat und das er von so vielen Besuchen kannte.«

Im Frühjahr 1989 hatte der damalige Intendant des Rudolstädter Theaters noch eine Empfehlung der örtlichen Staatssicherheit bekommen, die Inszenierung von »Carmen Kittel« nicht in den Spielplan aufzunehmen. Im November 1989 erhielt Georg Seidel für sein Werk den Schiller-Preis in Weimar. Dazwischen lag in Frankfurt/Main die Auszeichnung mit dem Dramatikerpreis der Autorenstiftung, eine Institution des Verlags der Autoren, wo in Lizenz zwei Seidel-Stücke erschienen.

Gerd Loschütz sagte in seiner Laudatio für Seidel: »Ich kenne zur Zeit keinen westdeutschen Autor, der ähnlich konsequent und bühnensicher die Bedingungen sozialen Lebens mit ihren verheerenden Auswirkungen im privaten Bereich zu verknüpfen wüßte.« In Düsseldorf, Esslingen, Heidelberg, Pforzheim, Neuss, Gießen, Heilbronn und Graz wurde Seidel gespielt. Die Peymann, Zadek und Flimm griffen nicht zu. Ab 1992 verebbte das Interesse am Dramatiker Georg Seidel.

Seidels letzte Arbeit galt dem Prosatext »Register« und der Überarbeitung seines Schauspiels »Villa Jugend« aus dem Jahre 1986, in der die DDR in ihrem Endstadium gezeigt wird, die Wirkungskraft einer Ideologie im Ersticken ihrer selbst. Die Uraufführung am Berliner Ensemble im Jahre 1991 erlebte Seidel nicht mehr. Alles war gesagt: »Hier geht etwas zu Ende, was längst zu Ende ist.« Und: »Wir hatten alles auf eine Karte gesetzt. Träumst du immer noch von einer besseren Zukunft?« Der Dramatiker läßt antworten: »Wahrscheinlich. Aber ich kann mich nicht erinnern. Ich wache jeden Morgen auf und kann mich an nichts mehr erinnern.«

Den Prosatext »Register« nahmen Irina Liebmann und Elisabeth Seidel in den Nachlaßband »In seiner Freizeit las der Angeklagte Märchen« auf. Es ist Seidels Darstellung eines monströsen Systems, ein Buch vom Rang der »Wunderbaren Jahre« von Reiner Kunze.

Kunze verließ die DDR 1977. Der Irrwitz lebte weiter. Von diesem weitergehenden Irrwitz berichten die kurzen Prosatexte Seidels. Seine Figuren lechzen nach Freiheit, nach Liebe. Manche von ihnen lassen sich auf den Schmerz und die Einsamkeit des riskanten Weges ein- und enden immer wieder in der geordneten Anomalie. Die Netze der gesellschaftlichen Zwänge dehnen sich und ziehen sich wieder zusammen. Immer wieder verfangen sich die Figuren in einer Atmosphäre der trägen Unausweichlichkeit. Die Handlung, die eine tödliche Zeit stillegen möchte, erscheint lächerlich, absurd, verrückt.

Als Babucke, der auch als Figur in »Villa Jugend«, dort als Totengräber, auftaucht, geht Georg Seidel durch sein Prosabuch: »Babucke wußte, daß er da nicht mithalten konnte mit seinen Freunden, die alle die richtigen Verwandten hatten, alles Linke, manche ihrer Verwandten waren umgekommen im KZ, die Enkel konnten sich damit rühmen, so als hätten diese Verwandten eine Eisenbahn gebaut durch den Dschungel. Und in den Köpfen seiner Freunde war auch alles richtig, sie hatten ein positives Verhältnis zur Arbeiterklasse.«

Der Antinationalsozialismus, camoufliert als Antifaschismus, gehörte überhaupt nicht der Arbeiterklasse. Er gehörte jenen, die ihn als Staffage benutzten, um ihren Machterhalt zu sichern. Der Antinationalsozialismus gehörte jenen, die ihre Lüge bemäntelten und jenen, die den Mantel nach dem Wind hängten:

»Babucke hatte kein positives Verhältnis zur Arbeiterklasse, sein Vater war Arbeiter, ein Schlosser, vielleicht etwas mißtrauisch gegen alles, was neu war, aber das wars nicht, Babuckes Vater war ungebildet, langsam und bescheiden, Babuckes Mutter sagte manchmal, deine Freunde hängen die Fahne auch nur in den Wind, Babucke bestritt das ... Babucke war unzufrieden mit seinem Zuhause, unzufrieden mit dieser proletarischen Küche, diesem proletarischen Wohnzimmer, in dem es nicht ein einziges Buch gab, in dem keine gescheiten Reden geführt wurden, in dem bestenfalls Halma gespielt wurde im Winter, ihm war das alles zu primitiv. Auch die Klagen

Elisabeth Seidel erinnert sich: »Bevor ich schwanger wurde, wollte Georg mit mir in den Westen. Ich wollte nicht. So blieben wir.«

Georg Seidel, abgebrochene Katechetenausbildung, Bühnenarbeiter, Verweigerer des Wehrdienstes mit der Waffe, Bausoldat, Dachdecker, Beleuchter am Deutschen Theater: letzte Fotos des Dichters.

seiner Mutter waren ihm zu primitiv, aber natürlich hatte sie recht, wenn sie klagte. Seine Mutter war eine fleißige Frau, und sein Vater war ein fleißiger Mann, aber wir kommen nicht aus dem Kreuz.«
Die Sehnsucht nach gestaltbarer Geschichte wächst in diesen Texten aus der Erfahrung erlittener Geschichte, die nicht gestaltbar war. Die Sehnsucht war eben nicht einlösbar. In dieser Befindlichkeit ist Seidel dem Franzosen Albert Camus nahe, also auch uns in unserem westlichen Fortschrittsdenken. Denn die Praxis des Ostens war lediglich die Gulag-Lösung des Fortschrittsdenkens.
Ist der Mensch fähig, seine Geschichte zu bestimmen? Nein, antwortet Seidel. Seidels einzige Überlegenheit im Prozeß des Untergangs ist sein Wissen, daß man nur die Würde des eigenen Scheiterns bestimmen kann. Daraus erwächst jener schwarze Humor, den er und seine Figuren immer wieder gegen sich selbst wenden. Schwerelos schweift diese Prosa in einem Gefängnis, in dem wir alle eingeschlossen sind. Den Figuren seiner Theaterstücke galt noch immer ein Gran Hoffnung. In Seidels Prosa ist die Hoffnung aufgezehrt.
»Ich begreife nicht«, schreibt Georg Seidel, »was ich aus mir gemacht habe, wie das geworden ist, was ich zu sich sagt ... Ich liege im Sterben ...« Und: »Der Mensch ist nicht nur verantwortlich für andere Menschen, der Mensch ist auch für sich selbst verantwortlich.«

Günter Ullmann:

Gespräch der Seele mit sich selbst

Man muß es wohl so sehen: Hätte Reiner Kunze 1977 Greiz nicht verlassen, um in der Bundesrepublik Zuflucht zu suchen, dann wäre es ihm so ergangen wie dem dreizehn Jahre jüngeren Greizer Lyriker Günter Ullmann. Denn kurz bevor der vom SED-Regime schikanierte Kunze in der DDR aufgab, hatte der Spitzel Ibrahim Böhme der Stasi dessen »physische und psychische Zerrüttung« signalisiert. Genau in diese Situation brachte die Stasi den im Westen unbekannten Ullmann. Endlich konnte sie ungehindert praktizieren, wie man jemanden mundtot macht, der sich nicht beugen will. Sie trieb den Dichter Ullmann in den Wahnsinn.

Doch Ullmanns Ohnmacht erwies sich als die Macht, sich von denen, die das Leben besudeln, nicht okkupieren zu lassen. Verrücktsein als ein Versuch, in der Wahrheit zu leben: »die rose schreit / in der nacht / die krähen zerhacken / den traum / sie haben eure / gesichter / die rose weint in der nacht / die krähen zersingen / den traum / ich / tanze«. Derartig beschrieb Günter Ullmann die Normalität eines Wahnsinns, der sich Sozialismus nannte. Er ließ sich nicht mundtot machen. Und er gab den ihn aus Kindheitstagen begleitenden Traum von der Schönheit dieser Welt, die in sich selber gut ist, nicht auf.

Dem Gespräch seiner Seele mit sich selbst lauschte Günter Ullmann den Himmel, das Licht in der Finsternis ab. Als Kunze aus der DDR getrieben war, schrieb Ullmann sein Dennoch: »den tag / durch den felsen / schlagen / die steine / das schwimmen / lehren / den tunnel / verschließen mit / licht«. Als Kunze am 28. Januar 1990 erstmals wieder Greiz besuchte und die Freunde zu einer Lesung um sich versammelte, jubelte Ullmann:

> mitten am tage
> im herzen des dichters
> trägt die wahrheit
> einen regenbogen
> in den augen
> der hörenden

Der 51jährige Lyriker Günter Ullmann, von der Stasi in den Wahnsinn getrieben, bis heute gezeichnet von der Verfolgung, am literarischen Ort: »die vergilbten blätter / zeugen noch / vom vergangenen jahr / der verwundete baum / beginnt als erster / zu blühn«.

Obwohl nach schulmedizinischer Erkenntnis gesundheitlich wiederhergestellt, bleibt Günter Ullmann ein Gezeichneter. Der Mut, mit
dem er die Wahrheit der Dissidenten Kunze, Wolf Biermann und
Jürgen Fuchs verteidigte und lebte, hat sich verwandelt in Wehmut.
Günter Ullmann hat das Äußerste an Vereinzelung hinter sich. Die
Heimatnähe, die der gebürtige Greizer nicht aufzugeben bereit war,
hat er erlebt als Heimatferne. Der aus dem Wahnsinn Zurückgekehrte wird nie mehr derselbe sein wie der, der damals fortgehen
mußte. Zuhause ist weiter Zuhause. Aber Zuhause ist auch, was vom
Bleiben gestorben ist. Und das ist viel. Noch immer hört er den
Schrei die Kehle heraufkommen und wird nicht vergessen, wie er
hinuntergedrückt wurde. Und so, wie Ullmann zugleich an- und
abwesend zu sein scheint, ist auch seine Sprache von Stummheit
unterlegt.

»Heute / begraben mich / die schatten / von gestern«, schreibt
Günter Ullmann, »von winter zu / winter / wollte ich / blühen«.
Er fragt: »wer nimmt mir / die worte / aus dem mund / wer ver- /
dreht sie / wer nimmt das / gesicht / in wessen grab / werde ich /
ich / MIT WESSEN STERBE- / URKUNDE / werde / ich / ge- /
boren«. Eine Treppe vor augen, schreibt er: »ich habe sehnsucht
nach / tod / und hebe vorsichtig meinen / fuß«. Er träumt »von einer
anderen welt / ob sich die blätter der bäume schon / färben«. Herbst-
spaziergang des Dichters Günter Ullmann. Leben als Abschied.

Fast sein ganzes bisheriges Leben hat er in der Beethovenstraße auf
dem Hainberg in Greiz gewohnt. Erst mit seinen Eltern und den
drei Geschwistern, dann mit seiner Frau Angelika und seinen drei
eigenen Kindern. Sein Abitur hat er gemacht in Verbindung mit
dem Facharbeiterbrief als Maurer Ullmann, und er hat als Baustel-
lenschreiber gearbeitet. Seit der Wende von 1989 ist er als Kultur-
sachbearbeiter Angestellter der Stadt Greiz. Seine Frau, von Beruf
Kindergärtnerin, arbeitet in der Diakonie als Lehrerin für geistig
behinderte Kinder.

*Eine Kindheit, so
»leicht wie ein
Schmetterling«, und
Vertrauen als Grund-
konstante des Lebens:
der achtjährige Günter
Ullmann.*

die brotsuppe auf dem tisch
die kirschen hinterm zaun
die welt ein fisch
das herz ein clown

Kindheitswelt des am 4. August 1946 geborenen Günter Ullmann.
»Ich war priviligiert durch Liebe«, sagt er. »Meine Kindheit war
leicht wie ein Schmetterling. Ich war frech, lustig, was ich jetzt nicht
mehr bin, leider.« Seine Erlebnisse aus jener Zeit, wie er sie nach
1989 aufgeschrieben und veröffentlicht hat, unterscheiden sich nicht

von denen anderer Kinder seiner Generation. Allein die Intensität des Erlebens gibt ihm einen anderen Blick auf die Realität: »Sitz ich am See und schaue / in mein Wassergesicht, / springt mir aus dem Munde / statt des Wortes ein Fisch.«

Günter Ullmann hat die Kindheit als Tage der offenen Tür erfahren. Zu jeder Wohnung im Haus hatte man Zugang und fand Leute, die Kinder nie abwiesen. So schuf er sich eine Wahl-Tante und einen Wahl-Opa, das Arbeiterehepaar Martha und Paul Barth, die den Jungen liebten. Spiele, Erzählen, Malen – all das erlebte er bei den beiden so intensiv, daß es wunderte im Wohnzimmer der Barths: »Während ich malte, hatte der Weihnachtsmann im Wohnzimmer das geputzte Bäumchen durch das Fenster geschoben.«

Günter Ullmanns Mutter war eine Bauerntochter aus dem nahen Hohndorf. Der Vater, gelernter Kaufmann, arbeitete als Abteilungsleiter für Handel und Versorgung beim Rat des Kreises Greiz. Er war Tanzmusiker, Schlagzeuger der »Goldenen Acht« in Greiz. Der Großvater väterlicherseits hatte im Greizer Stadtpark ein Ausflugslokal. Ullmanns Mutter engagierte sich im Sozialbereich der evangelischen Kirche, sein Vater war ein überzeugter Kommunist. Sohn Günter wurde konfirmiert und erhielt die Jugendweihe.

Günter Ullmann mit seinen Eltern: Der Vater war leitender Angestellter beim Rat des Kreises Greiz und Tanzmusiker.

> der winter
> bleibt klein
> die sonne hat
> vier ecken

Rudolf Kuhl, Schlosser im Brotberuf und stellvertretender Bürgermeister der Stadt in ehrenamtlicher Funktion, kennt Günter Ullmann seit dem fünften Lebensjahr. Sie gingen in dieselbe Klasse, wurden und blieben Freunde. Kuhl sagt: »Wir beide gehörten nicht zu den Starken. Wir waren die Kleinsten in der Klasse. Unser Selbstbewußtsein bezogen wir aus der Musik, und das war eine andere Musik als die, die die Mitschüler hörten. Unsere Sender waren AFN, Radio Luxemburg und NDR III mit seinem Jazzprogramm.« Einer, der diese Musikleidenschaft teilt, ist ein Mitschüler aus der Klasse über ihnen: Harald Seidel, heute thüringischer SPD-Landtagsabgeordneter.

Mit Jürgen Kornatz, der später in den Westen gehen wird, treffen sie sich in der Gartenlaube der Ullmanns. Drei Gitarren und ein Schlagzeug. Das Schlagzeug hat Günter Ullmann von seinem Vater, der 1961 an einem Herzinfarkt gestorben ist.

Auf den Spuren der Beatles: Bandleader Ullmann, der mit seiner Gruppe »Media Nox« wegen »sozialismusfremdem englischen Gesangs« Auftrittsverbot bekam.

Ich wollte das wunder
ganz nah an mich heranlassen
der vater sprach
über die sonne

ich schloß die augen
zu

So hat der Sohn den Vater in Erinnerung. Wissen ist Traum, aber dieser Traum ist alles, war wir über uns wissen. Der Traum verwirklichter Vernunft heißt für Günter Ullmann Sozialismus. Er ist Mitglied der FDJ, tritt in die Gesellschaft für Sport und Technik ein und in den Gewerkschaftsbund FDGB. Einen Lehrgang an der Bezirksschule des FDGB schließt er mit Auszeichnung ab. Ullmann malt, schreibt, komponiert. Kunst soll eingreifen in die politischen Verhältnisse, soll die Diskrepanz zwischen Ideal und Wirklichkeit bemessen, soll das Schlechte überwinden helfen und der Vielschichtigkeit des Lebens Raum geben.

Günter Ullmann ist sechzehn Jahre alt. Die vier Musikfreunde nennen ihre Beatband »Gallow Birds«. Das kann nicht gut gehen; denn englische Namen sind zu jener Zeit verboten. Also schreiben die »Galgenvögel« auf ihre Plakate RATS, eine Bezeichnung, die nach kurzer Zeit auch als englisch erkannt wird. Als »Media Nox«, auf sechs Musiker angewachsen, bekommen die Freunde sehr schnell Auftrittsverbot wegen »sozialismusfremden englischen Gesangs«. Nach der Aufhebung des Verbots sind die Rocker keineswegs handzahm. Die deutschen Texte Ullmanns, die er nun für die Band schreibt, und seine Kompositionen bleiben ein Ärgernis.

Ullmann singt, was er denkt. Das ist weit wirkungsvoller als die Resonanz auf das, was er dichtet. 1965 taucht Manfred Böhme in Greiz auf, der sich später Ibrahim nennt und 1988 zum Mitbegründer der neuen Ost-SPD, damals noch SDP, wird, ehe er, nach der Wende als Spitzel der Stasi entlarvt, abstürzt. Böhme bringt das Kulturleben der Stadt in Schwung, steigt zum Kreissekretär des Kulturbundes in Greiz auf. Böhme ist für Ullmann ein Erweckungserlebnis, einer, der der Politik Poesie gibt, der eben beides miteinander zu verbinden weiß.

Böhme will, daß seine jungen Freunde schnell in die SED eintreten und in ihr aufräumen. Böhme schwärmt von Alexander Dubček, vom »Sozialismus mit dem menschlichen Antlitz«. Aber nach leninistischen Prinzipien. Bei abgedunkelten Fenstern sitzen Ullmann und seine Freunde in Böhmes Zimmer und lassen sich füttern mit

Geschichten vom »Prager Frühling«. Böhme weiß immer etwas mehr als das, was sie in den Westsendern hören.

Als der »Prager Frühling« am 21. August 1968 von den Truppen des Warschauer Paktes niedergeschlagen wird, heften sich die Freunde aus Protest gegen diesen Überfall Papierfähnchen mit dem Wappen der ČSSR, ausgeschnitten aus Erdkundebüchern und Lexika, an Jacke und Hemd. Die Polizei greift sich den 22jährigen Ullmann und nimmt ihn mit zum Revier. Auf die Frage, warum er das Fähnchen trage, antwortet Ullmann: »Die Tschechen sind doch unsere Brüder.« Noch schlägt die Staatsmacht nicht zu, auch nicht bei einer weiteren Vernehmung.

Ullmann sagt: »Die entscheidende Kraft zum Widerstand hat uns Böhme gegeben.« Der wird am 27. November 1968 in die Bezirkszentrale der Stasi geholt und kehrt als ihr Inoffizieller Mitarbeiter nach Greiz zurück. Er gründet den Zirkel »Junge Lyriker«, deren Leitung er Ullmann übergibt. Einerseits fördert er das gesellschaftskritische Verhalten der Mitglieder, andererseits meldet er deren gesellschaftskritische Äußerungen. Wichtiger für Böhmes Auftraggeber ist Reiner Kunze, der seit 1962 in Greiz wohnt und 1968 aus Protest gegen die Unterdrückung der Tschechen aus der SED ausgetreten ist.

Kunze hat nach der Wende von 1989 unter dem Titel »Deckname ›Lyrik‹« die Spitzeltätigkeit Böhmes dokumentiert. In der Reduzierung der Sprache auf ihren Kern hat Kunze für Ullmann eine wesentliche Bedeutung. Der Literatur habe er sich über Georg Heym und Georg Trakl genähert, sagt Ullmann. Dann sei der gesamte literarische Expressionismus hinzugekommen. »Und ganz unabhängig davon Rilke«, fügt er hinzu. »Ja, Rilke, den darf ich bei dieser Aufzählung nicht vergessen.«

Jeder weiß in Greiz vom Widerstand Kunzes gegen das Regime. Daß er überwacht wird, ist nicht zu übersehen. Ullmann, seit 1969 verheiratet, wohnt drei Minuten von ihm entfernt. Er ist ihm ganz nah und doch fern. »Ich war zwei-, dreimal bei ihm«, erinnert sich Ullmann. »Er war für mich eine große Persönlichkeit. Und ich war zu schüchtern, um mich hinzutrauen.« Zwei, die nicht so schüchtern sind, sind öfter bei Kunze: Arnold Vaatz, heute im CDU-Präsidium und Umweltminister von Sachsen, und Jürgen Fuchs, der in Jena studiert. Beide schreiben, und beide berichten von Vorkommnissen, die Eingang finden in Kunzes Buch »Die wunderbaren Jahre«.

Ein Hochzeitsbild, das nichts davon verrät, daß da einer in den Widerstand abdriftet: der 23jährige Ullmann mit seiner Braut Angelika, einer Kindergärtnerin, 1969. Ein Jahr zuvor hatte er gegen die Zerstörung des »Prager Frühlings« protestiert.

Für Kunze ist der Sozialismus mit der Zerstörung des »Prager Frühlings« gestorben. Da ist er sich einig mit den Tschechen Jan Skácel, Milan Kundera und Jaroslav Seifert. Für Vaatz ist der Sozialismus ebenso wenig eine Verlockung wie für Jiří Gruša, den Prager Dissidenten, der nach der Wende Botschafter seines Landes in Bonn wurde. Jürgen Fuchs und Günter Ullmann denken nach dem 21. August 1968: Nun erst recht, zumal Walter Ulbricht 1971 entmachtet wird. Günter Ullmann schreibt:

> im herzen europas
> liegt schnee
> aus sibirischen lagern
>
> der prager frühling
> erwacht
> in preußischen panzerspuren
>
> DER MAI IST GEKOMMEN
> 1969
> und schlägt die bäume
> aus

Seine Vorstellung, was ein Kommunist ist und wie er zu wirken hat, formuliert Ullmann gleich mit:

> gegen hitler gekämpft
> und gegen stalin
>
> kz verbannung
> irrenhaus
>
> doch
> EIN KOMMUNIST
>
> stellt immerwieder
> den antrag
>
> parteilos
> zu sein

Gedichte dieser Art gibt Ullmann dem Mann in die Hände, von dem er annimmt, er könne ihm blind vertrauen: Manfred Böhme. Vertrauen ist eine Grundkonstante des Lebens von Ullmann, gewonnen in der Kindheit. Die Freundschaft sucht man nicht, man übt sie aus. In Verbindung mit Böhme will Ullmann ein politischer Dichter werden und ist doch keiner. Seine besten Gedichte sind diejenigen, in denen die poetischen Bilder nicht mehr von den Gesetzen der Schwerkraft regiert werden. Als Maler, der mit Mischtechniken arbeitet, läßt er sich über die Grenze zum Unbewußten treiben in eine Entkörperung der gegenständlichen Welt, so als sei in der Auflösung die sinnliche Erfahrung der Erlösung darstellbar.

Gar nicht so erstaunlich, daß sich Ullmann erst einmal zum Studium an der Kunsthochschule Heiligendamm bewirbt. Die Bilder, die er einreicht, werden als »dekadent« verworfen. Er bekommt einen Ablehnungsbescheid. Böhme rät ihm, sich am Leipziger Literaturinstitut zu bewerben. Auch hier bekommt er eine Abfuhr und den Rat, auf den Boden der Tatsachen zurückzukommen und sich an Zeitungsgedichten zu orientieren.

Ullmann erfährt das SED-Regime als eine Macht, der es zu gelingen scheint, die Erfahrung dessen, worauf sie beruht, endgültig als Unwahrheit aus der Realität zu verbannen. Einst war die Geburt der Tragödie ein Versuch, dem Wahnsinn zu entkommen. Ullmann gewinnt den Eindruck, daß in der DDR die Tragödie zum Wahnsinn wird, daß man die Lüge rational organisiert, um die Wahrheit vergessen zu machen.

Wir haben uns daran gewöhnt
stramm zu stehn
und zu marschieren
wenn wir singen sollen
das maul zu halten
rede und antwort zu stehn
zu lachen
wenn uns das lachen
vergehen müßte
und uns mit dem letzten knopf
vor uns selbst
zu verschließen

Die Tatsachen zeigt Ullmann in der Reaktion der Genossen auf den Namen Solschenizyn: »wenn sie lager hören / werden sie rot / und beschuldigen die nazis«. Immer wieder fühlt sich Ullmann von Manfred Böhme aufgefangen. Bei ihm kann er sagen, was er denkt. Böhme läßt solches Denken zu – und meldet es der Stasi, wovon Ullmann nichts ahnt. Ja, Böhme versucht – so täuscht er vor –, auf eigene Faust eine Lyrik-Anthologie auch mit Gedichten Ullmanns herauszubringen, und liefert die Gedichte bei der Stasi ab.

Ullmann erreicht es, daß Jürgen Fuchs, der in Jena kurz vor dem Rausschmiß aus der Universität steht, im Februar 1975 in Greiz seine Gedichte lesen darf. Böhme macht es möglich. Und das, nachdem die Stasi gegen eine Veranstaltung in Bad Köstritz eingeschritten war, auf der neben Fuchs Bettina Wegener und Gerulf Pannach ihren Auftritt gehabt hatten.

Zur Strategie des 24jährigen Jürgen Fuchs gehört es, Widersprüche zwischen Anspruch der SED und Wirklichkeit sichtbar zu machen. Aber längst hat sich das Wetter gedreht. Die Versprechungen, die Ulbrichts Nachfolger Erich Honecker 1971 auf dem VIII. Parteitag der SED und der 4. Tagung des Zentralkomitees der SED gegeben hat, wie »volles Verständnis« für neue Formen in der Kunst und Literatur, keine »Oberflächlichkeit« mehr und keine »Tabus«, werden Stück für Stück zurückgenommen. Keine Labilität am Rande des sowjetischen Machtbereichs gerade angesichts der beginnenden Entspannungspolitik!

Das Jahr 1976 bringt jenen großen Zusammenstoß zwischen Kultur und Politik, von dem wir heute wissen, daß er der Anfang vom Ende der DDR ist. Am 8. September erscheint in der Bundesrepublik Reiner Kunzes Buch »Die wunderbaren Jahre«, das die DDR zeigt, wie sie ist. Am 29. Oktober wird Kunze aus dem Schriftstellerverband ausgeschlossen. Rundumüberwachung des Dichters in Greiz. Auf Schritt und Tritt folgt ihm jemand. Zermürbung, bis man ihn, der nicht gehen will, so weit hat, daß er geht.

Am 13. November darf Wolf Biermann mit seinen Liedern in Köln auftreten und wird am 16. November ausgebürgert. Von denjenigen, die in der DDR gegen diese Maßnahme protestieren und sich mit Biermann solidarisieren, folgen ihm viele nach – von Sarah Kirsch bis Günter Kunert, von Jurek Becker bis Hans Joachim Schädlich. Ein Aderlaß ohnegleichen.

Am 19. November wird Jürgen Fuchs, der noch kein einziges Buch in der DDR veröffentlicht hat, in Grünheide am Rande Berlins verhaftet. Seit einem halben Jahr lebt er mit Frau und Tochter bei Robert Havemann. Ergebnis einer Hilfsaktion Wolf Biermanns, der Fuchs in Jena zuletzt auf tödlichem Pflaster gesehen hat, überwacht wie Kunze, drangsaliert und bedroht. Biermann glaubt, daß es das Regime nicht wagen wird, seinen Freund Fuchs bei Havemann anzutasten. Er irrt sich.

Doch auch das Regime irrt sich, wenn es glaubt, an einem Unbekannten ein Exempel statuieren zu können. In der Bundesrepublik erscheint das erste Buch von Jürgen Fuchs: »Gedächtnisprotokolle«.

Im Januar 1990 nach über zwei Jahrzehnten wieder zurück in Greiz: Reiner Kunze bei seinem ersten Besuch in der Stadt, in der er fünfzehn Jahre gelebt hatte, beim Wiedersehen mit Günter Ullmann.

Nach den »Wunderbaren Jahren« ist es die zweite ungeschminkte Darstellung der DDR-Verhältnisse. Noch ein Desaster auf dem Weg zur angestrebten vollen Staatlichkeit der DDR. Heinrich Böll, Günter Grass, Ernst Bloch, Friedrich Dürrenmatt, Max Frisch protestieren gegen die Inhaftierung von Jürgen Fuchs. Nach neun Monaten Haft wird er freigelassen und mit seiner Familie nach Westberlin abgeschoben.

Ein weiteres Geschehnis, das in der DDR keine Symbolbedeutung bekommt, trifft den dreißigjährigen Günter Ullmann im Jahre 1977 tief: das Opfer des 47jährigen evangelischen Pfarrers Oskar Brüsewitz. Vor der Michaeliskirche in Zeitz entfaltet Brüsewitz ein Transparent mit der Aufschrift: »Die Kirchen klagen den Kommunismus wegen der Unterdrückung der Jugend an«. Dann gießt er Benzin aus einem Kanister über seinen Kopf und seinen Talar und zündet sich mit einem Streichholz an. Vier Tage später erliegt er seinen Verbrennungen.

Der Tod Jan Palachs, der sich 1969 auf dem Prager Wenzelsplatz aus Protest gegen die Unterdrückung seines Landes verbrannt hat, ist als Zeichen begriffen worden. »Dieser Tod war ein Opfer für unser Leben.« So hat es der Dichter Jiří Gruša verstanden und mit ihm ein ganzes Volk gesehen. Für den Protestantismus in der DDR, der sich als Kirche im Sozialismus versteht, ist der Tod von Pfarrer Brüsewitz ein Ärgernis.

Günter Ullmann reagiert auf den höllischen Schmerz des Oskar Brüsewitz im Feuer: »du hast die / hölle / der ddr vor- / gezogen / der krieg be- / ginnt / um deine asche«. In Greiz fordert die Bildhauerin Elly-Viola Nahmmacher, die ein Denkmal für die Grabstätte des Verbrannten schnitzt, die Mitglieder des Literaturzirkels auf, Gedichte des Gedenkens für Brüsewitz zu schreiben. Die Skulptur der Künstlerin darf nicht aufgestellt werden.

Angesichts der Ausbürgerung Biermanns und der Verhaftung von Jürgen Fuchs trägt sich Ullmann mit dem Gedanken, Gedichte seines Kreises Bernd Jentzsch in der Schweiz zukommen zu lassen.

Ullmanns Band »Media Nox«, die die Wende überdauerte: In den sechziger Jahren hat der Schlagzeuger Ullmann auch den Part des Sängers übernommen. 1997 ist er nur noch Gast, an der Baßgitarre der Landtagsabgeordnete Harald Seidel, am Saxophon Rudolf Kuhl, ehrenamtlicher Stellvertreter des Greizer Bürgermeisters.

Jentzsch, der sich mit Biermann solidarisiert hat und von einem Studienaufenthalt nicht mehr in die DDR zurückkehrt. Wieder vertraut er die Gedichte Manfred Böhme an, darunter eins, das dem »Freund M.« gewidmet ist:

> verschweige nicht
> das unrecht
> werde schuldig
>
> benenne die opfer
> werde ihr
> organisator
>
> warte auf deine
> verhaftung
> HABE HOFFNUNG

Nach der Wende wird Ullmann all die Böhme übergebenen Gedichte in seiner Opferakte finden – zusammen mit einer Expertise, in der sie als staatsfeindlich beurteilt sind.

Zum Zeitpunkt der Verhaftung von Jürgen Fuchs befindet Ullmann sich in Berlin. Sein Unternehmen in Gera hat ihn als Bauschreiber dorthin geschickt. Er fährt hinaus nach Grünheide zur Frau von Jürgen Fuchs, um ihr als erste Unterstützung 50 Mark zu übergeben und wird festgenommen. Dem »Freund« Böhme berichtet er, wie er die Stasi auf den Arm genommen und mit einer leichten Verwarnung davongekommen sei.

In drei gleichbleibenden Schreiben an das Zentralkomitee der SED, an das Ministerium für Kultur und an den Schriftstellerverband solidarisiert sich Ullmann mit drei Greizer Freunden am 23. Februar mit Reiner Kunze und Wolf Biermann, spricht von den »rostroten Pickeln auf den preußisch-gesitteten Gesichtern einiger unserer verkanteten Sozialisten« und verlangt einen offenen Dialog. Ullmann wird nach Gera zur Zentrale des Bauunternehmens zurückbeordert. Die Staatssicherheit eröffnet den Operativvorgang »Medium«.

> havemann war klassenfeind
> kunze verräter
> biermann nestbeschmutzer
> fuchs agent
> bahro saboteur
> brüsewitz verrückt
> krawczyk asozial
> SCHONT MICH NICHT

So heißt es in einem Gedicht Ullmanns aus der Retrospektive. Sie haben ihn nicht geschont. Der unbekannte Jürgen Fuchs, der für das Regime überraschend prominente westliche Fürsprecher hat, ist ihnen entkommen. Nun ist dessen Freund Ullmann dran. In Gera wird Ullmann von seiner Arbeitsstelle zur Stasi geholt und vernommen. Er glaubt, alles im Griff zu haben, und versucht allen Ernstes, seine Vernehmer davon zu überzeugen, daß sie ihre Linie ändern müssen, nicht er. Sozialismus ohne Demokratie sei kein Sozialismus. Der Einmarsch der Truppen in die ČSSR sei ein Fehler gewesen. Was die Menschen in Prag gewollt hätten, werde sich durchsetzen. In zehn, zwanzig oder dreißig Jahren.

Den in den Westen vertriebenen Reiner Kunze bezeichnet Ullmann als den »bedeutendsten Lyriker unserer Zeit in Europa«. In Wolf Biermann sieht er den »wahren Verfechter des Marxismus«. Und sich selbst nennt er einen »linken humanistischen Christen«. Er ruft Brecht als Zeugen für einen anderen Sozialismus auf und hört als Antwort: »hören sie auf / uns / brecht ist / tot / und kann ihnen nicht mehr / helfen«. Was an Druck und Drohung in den Vernehmungen wirklich geschieht, hält der Lyriker nicht fest. Er will gegenüber seinen Vernehmern stark sein. Er überschätzt seine Kräfte.

Vor der Wohnung Ullmanns in der Greizer Beethovenstraße wird Tag für Tag ein Stasi-Auto postiert. In einem Haus schräg gegenüber haben sich Späher einquartiert. Nach jeder Vernehmung kehrt Ullmann am Abend als ein Häufchen Elend in die Familie nach Greiz zurück. Er gerät total außer sich. Er durchschneidet Telefonleitungen, im Keller Drähte und Kabel. Er sagt: »Ich war fassungslos darüber, daß sie in Gera alles wußten, was niemand wissen konnte.« Da er in zahnärztlicher Behandlung ist, glaubt er, daß ihm im Auftrag der Stasi ein Abhörgerät in die Zahnreihen eingebaut ist. Er läßt sich alle Zähne ziehen. Und er mißtraut fast all seinen Freunden. Daß Böhme der Verräter ist, daran denkt er nicht eine Sekunde. Günter Ullmann kommt in psychiatrische Behandlung, der Vorgang gegen ihn wird im April 1979 abgeschlossen.

Ullmann erholt sich und wird von seiner Firma in Greiz als Maurer eingesetzt. Er schreibt wieder. »Für die Schublade«, stellt die Stasi fest. Darin sieht sie keine Gefahr. »endet jede spur im nichts / oder gibt es ein bewahren / was fühlt / was denkt in mir«, fragt Ullmann sich. Er ist mit dem Skandal seiner Isoliertheit beschäftigt und versucht sie zu überwinden. »die welle / die das ufer nicht / erreicht / geht unter / träume / werden / in wunden / geboren«, schreibt er. Sein »Kreuzgang«:

1.

immerwieder schlagen wir dich ans
kreuz

wir können ja sowieso nichts
tun

2.

jede nadelspitze die
trifft

wird gold

jeder nagel der vorbei-
führt

befreit uns

3.
verzeih

wenn ich dich
verletze

wenn ich helfen
muss.

So gut es geht, versucht Jürgen Fuchs von Westberlin aus, dem Freund in Greiz Mut zu machen. Stefan Schüch, heute Cartoonist für zahlreiche westdeutsche Blätter, verläßt 1980 – vier Jahre nach seinem Ausreiseantrag – Greiz und nimmt Gedichte von Ullmann mit in den Westen. Jürgen Fuchs sorgt dafür, daß in der von Böll und Grass herausgegebenen Zeitschrift »L 80« Ullmanns Gedichte »Aus meinem Bautagebuch« veröffentlicht werden.

Für die Stasi urteilt ein von ihr beauftragter Germanist über diese Gedichte: »Politisch aggressiv, weil sie aus einer absoluten Distanz gegenüber unserem Staat geschrieben sind ... Die Assoziation faschistische Diktatur und Diktatur heute hier ist einfach ganz eindeutig.« Der Germanist bezieht sich auf das Gedicht LEHRBAUSTELLE: »der toten- / kopf / auf dem arbeitsschutz- / helm / die alten / worte / aus jungen / gesichtern / die sonne / gewendet / im blauen / tuch«. Günter Ullmann gewinnt wieder Boden unter die Füße. Er sieht, wie Danzig zur Keimzelle einer unabhängigen Gewerkschaft in

Der Mann, der die ersten Gedichte des von der Stasi bedrängten Ullmann in den Westen schmuggelte: der Karikaturist Stefan Schüch, der die DDR 1980 verließ, nach der Wende zurückkehrte und mit seiner Frau bei Greiz ein Café führt – mit Gast Günter Ullmann.

Polen wird. Er sieht, wie sich die SED gegen diese Entwicklung stemmt. Er tritt aus dem Kulturbund aus. Begründung: »Trotz der mahnenden Vergangenheit brennender Bücher im faschistischen Deutschland werden auch in diesem Staat Künstler und Dichter unterdrückt...« Die Stasi schaltet sich wieder ein. »Einleitung von Verunsicherungs- und Zersetzungsmaßnahmen, Verhinderung des Abfließens von ›Schubladenlyrik‹ in die BRD, Kontrolle der Rückverbindung zu Jürgen Fuchs und Stefan Schüch und Kontrolle von Handlungen im Zusammenhang mit Polen«, formuliert sie im Übersichtsbogen zur operativen Personenkontrolle.

Angelika Ullmann, die Ehefrau, bittet Stefan Schüch und Jürgen Fuchs, keine weiteren Gedichte in der Bundesrepublik zu veröffentlichen. Sie rechnet mit neuen Vernehmungen und ist sich sicher, daß ihr Mann sie gesundheitlich nicht überstehen wird. »Vielleicht denkt Ihr, wir sind feige«, schreibt sie. »Doch was möglicherweise jetzt auf uns zukommt, übersteigt meine Kraft.« Die Briefe werden abgefangen, von der Stasi gelesen und dann weitergeschickt.

Angelike Ullmann mit ihrem Mann vor der Silhouette der Stadt Greiz: »Ich habe ständig Angst um ihn. Immer wieder versinkt er in sich, ist nicht erreichbar.«

Von nun an steht Ullmanns Frau im Mittelpunkt der Stasi-Maßnahmen. Angelika Ullmann wird von ihrer Arbeit im Kindergarten in die Abteilung Kultur des Rates des Kreises Greiz gerufen. Die Stasi bleibt im Hintergrund.

»Sie sind in der Volksbildung. Sie wissen, was Sie tun müssen«, hört sie. Es geht um die Verhinderung von Ullmanns West-Veröffentlichungen. Sie hört perfide Drohungen: »Wir haben durchaus die Macht, Ihnen Ihre Kinder wegzunehmen.« Von Verhaftung Günter Ullmanns ist die Rede, von ihrer Entlassung als Kindergärtnerin, vom Entzug des Erziehungsrechts.

»Noch immer verfolgt mich diese Geschichte«, sagt Angelika Ullmann und weint. »Aber ich kann weinen. Günter kann es nicht. Er hat alles in sich hineingefressen.« Ihr Mann sagt: »Die Familie hat viel mit mir durchgemacht. Ich konnte nur so sein, wie ich bin. Dichtung kennt keinen Kompromiß. Meine Frau hat das nicht verstanden. Aber sie hat zu mir gehalten. Viele Frauen, deren Männer durch die Stasi in Bedrängnis geraten sind, haben sich scheiden lassen.«

Es ist ja nicht nur die Bedrängnis, die das Leben der Familie bestimmt. 1978 hat sich Ullmanns Bruder Gerhard, ein Psychologiestudent, im Alter von 22 Jahren das Leben genommen. Zuvor, im

Jahre 1972, ist Angelika und Günter Ullmanns Tochter Xandra im Alter von drei Jahren vor dem Haus bei einem Verkehrsunfall getötet worden. Damals hat Ullmann seinen Part als Schlagzeuger aufgegeben. Immer wieder kommt er in seiner Lyrik auf den Tod der Tochter zurück:

Ullmann mit seiner Tochter Xandra, die 1972 im Alter von drei Jahren ums Leben kam. Mit ihr ist er in seiner Lyrik verbunden.

> ich stehe vor deinem
> grab
>
> und begreife nun
>
> was man
> alles
>
> zum leben nicht
> braucht

Die Stasi weiß mit den psychischen Belastungen zu spielen. Die auffällig unauffälligen Observationen werden wieder aufgenommen. Die angedrohte Zerstörung der Familie treibt Günter Ullmann wieder jenem Zustand zu, in dem er 1978 gewesen ist. Er versucht, sich das Leben zu nehmen. Er wird nach Rodewisch in eine geschlossene psychiatrische Anstalt überwiesen. Als Angelika Ullmann ihn dort aufsucht, ist sie fassungslos: »Er konnte nicht sitzen, gehen und liegen. Er war offensichtlich mit Tabletten vollgepumpt. Er war in einer schrecklichen Unruhe. Ich bin mir ganz sicher, hier ist er geschädigt worden auf Lebenszeit.«
Günter Ullmann wird weiter verschickt nach Stadtroda und nach Jena in die psychiatrischen Anstalten. Als arbeitsfähig entlassen, ist er von nun an auf ärztliche Behandlung angewiesen. Vorerst »fließt« nichts mehr ab in die Bundesrepublik. Aber Günter Ullmann schreibt weiter. Vierzehn Buchmanuskripte entstehen bis zur Wende von 1989.

> die spielsachen meiner kindheit beginnen
> mit mir zu spielen
>
> die dinge brechen aus mir heraus und
> greifen mich an
>
> jedes bild wird ein gefängnis
> jedes zeichen ein irrlicht

345

jedes wort ein urteil
jede zahl ein mord

jeder freund muß einmal feind sein und
jeder feind freund

die symbole
verfolgen mich

wenn ich fliehe in
meine fremde erinnerung

Und doch ist Günter Ullmann auf dem Weg nach einer neuen Anfänglichkeit. Dieser Welt ist er nicht verhaftet, und in dieser Welt läßt er sich nicht verhaften. Er sucht die Zukunft in den Kindheitserlebnissen – in einer Umkehr der Chronologie und doch in der Unumkehrbarkeit der Zeit. Eine Lichtwanderung in der Finsternis. »wenn ein traum / in erfüllung geht / geht er in 100 / andere träume«, schreibt er.

Nur in kleinen Verlagen präsent: hier ein Prosaband Ullmanns aus dem Jahre 1993 mit eigenen Bildern.

die sterne waren ganz kleine kinder
der mond war der vater
die sonne die mutter

tag und nacht
waren meine
geschwister

ich war ein
schmetterling

die blumen hatten die namen
der vögel
die vögel die namen
der fische
die fische
die namen
der sterne

die sterne waren ganz kleine kinder
meine flügel waren
aus kometenschweif

Dies alles geschieht in der Erfahrung dessen, was er im Epigramm NEBENBEI nennt: »das töten weißer schmetterlinge / mit dem zeige- / finger«. Es geschieht im Wissen: »die blätter auf den wegen / führen uns durch den nebel / die toten in uns / durch das leben...« Und: »...was ich weiss / interessiert mich / nicht mehr / BETTLER / sind / meine augen...« Seine Situation bleibt verzweiflungsvoll: »jeden tag geh / ich an dir vorbei / wenn du gekettet / wirst oder angespien / jeden tag geh / ich an mir vorbei / laß mir / von dir nicht helfen.«

wenn die wurzel
spricht
erhebt sich der stamm
ins licht

wachsen äste im himmel
fest

fangen zweige die sonne
auf
hat jedes
blatt
eine andere
farbe

In einem anderen Gedicht fallen die Wurzeln des Baumes in den Himmel. Wenn Günter Ullmann von seinen »lichtwurzeln« spricht, dann steckt darin die Ahnung, daß er eigentlich nicht mehr lebt, sondern nur noch träumt zu leben – wie eine Blume, die abgeschnitten im Wasser einer Vase steht.

Ein Band, der 66 Gedichte aus der Zeit vor der Wende versammelt.

Irgend jemand muss sein

der die flüsse und himmel sieht

irgend jemand muss sein
der den baum im walde liebt

irgend jemand muß sein
der der wilden welt
ein sanftes beben gibt

einmal geh ich
über die erde
und lebe

einmal geht sie
über mich
wie ein kind

Jürgen Fuchs will seinen Freund und dessen Familie mit Hilfe des PEN in den Westen holen. »Ich war dafür, zu gehen«, sagt Angelika Ullmann. Aber ihr Mann will nicht. »Dies hier war und ist mein Platz«, sagt er. »Ich hätte ohne ihn nicht leben können.« Noch zweimal erscheinen einige Gedichte von ihm in der Bundesrepublik: in einer von Lutz Rathenow herausgebrachten Anthologie mit dem Titel »einst war ich fänger im schnee« bei Piper und in einer von Joachim Gelberg herausgegebenen Anthologie mit dem Titel »Überall und neben dir. Gedichte für Kinder«. Diesmal droht man Ullmann ganz offen mit Gefängnis.

»Die Wende von 1989 habe ich als Erlösung empfunden«, sagt er. Bei den Demonstrationen in Greiz ist er in der vordersten Reihe dabei. Eine Katastrophe wird für ihn die Nachricht, daß Manfred Böhme ein Spitzel gewesen ist. Er, das Opfer Böhmes, kann sich bis heute nicht mit dem Verrat abfinden. Die Welt der Freunde ist für ihn die Fortsetzung der Kindheit, des Kindheitsvertrauens gewesen. Den Freunden widmet er immer wieder seine Gedichte. Auch dem Verrat Böhmes versucht er in mehreren Gedichten nahezukommen.

Ullmann glaubt: »Manfred Böhme durchleidet heute, was er den anderen angetan hat.«

Stefan Schüch, der Karikaturist, der aus dem Westen zurückgekehrt ist, sagt: »Günter will von Kindheit an ein guter Mensch sein. Er müßte einmal sehen, daß mancher Freund von ihm längst andere Interessen hat als er. Er merkt nicht, daß er benutzt wird. Mit den anderen leben und es nicht können verstärkt die Dramatik.« Stefan Schüch hat sich aus Greiz zurückgezogen und in Arnsgrün, einem kleinen Dorf, mit seiner Frau ein Café eröffnet.

Arnold Vaatz, der heutige Minister und Ullmanns Freund aus dem Greizer Literaturzirkel, sagt: »Günter lebt in einer anderen Welt, zu der Böhme gehörte. Er bringt ihn nicht los. Sein Dilemma ist heute nicht nur Böhme. Er kämpft mit Klischees gegen seine jetzige Wahrnehmung.«

Günter Ullmann hadert damit, daß auch die Demokratie kein Modell der Passion ist. In ihr sieht er erst recht nicht, daß jemand die Leiden der Welt auf sich nimmt. Dort, wo der Lyriker politisch wirken will, scheitert er wie damals. Aber nun scheitern auch seine Gedichte mit ihren im Westen längst verbrauchten Metaphern, in denen Ullmann sich gegen die Konsumwelt wehrt.

Dort aber, wo Ullmann in seiner eigenen Geschichte bleibt, berührt er seinen Leser:

Der Minister, der ein Lyriker war und dem Greizer Literaturzirkel angehörte: Arnold Vaatz, Dissident, der zur CDU ging und heute ihrem Bundesvorstand angehört.

immerwieder will mich mein eigener traum verführen
immerwieder spült er mich auf ein inselland
immerwieder winkt er mir zu mit goldenen brücken
immerwieder zünd ich mir seine asche an

immerwieder zittert er vor mir und muß sich verstecken
immerwieder stoß ich ihn zurück in das meer
immerwieder stürz ich ihn in den abgrund der nächte
immerwieder begrab ich ihn in mir und bleib leer

immerwieder lockt er mich mit revolution
immerwieder leuchtet er mir aus dem paradies
immerwieder quält er mich mit beginnender hoffnung
immerwieder spei ich galle doch er macht sie süß

immerwieder treibt er mich vorwärts dem ende entgegen
immerwieder erlöst er mich aus dem eigenen bann
immerwieder muß er sich in mein leben verirren
einmal sieht er mich mit meinen eigenen augen an

Angelika Ullmann sagt über ihren Mann: »Ich habe ständige Angst um ihn. Immer wieder versinkt er in sich, ist nicht erreichbar und kann sich überhaupt nicht freuen. Wenn ich das erlebe, wird mir immer wieder bewußt: Die Stasi hat unser Leben verpfuscht. Und doch: Wir haben beide einen Arbeitsplatz. Wir hatten nach der Wende Glück. Andere nicht.«

Aus dem Jahre 1995 stammt Ullmanns Liebesgedicht für seine Frau: »ich möcht dich / umarmen / und stürze / aus dem zimmer / ich möchte dir / die hand / drücken / und sage / nein / ich möchte auf dich zugehen / und fliehe / vor dir / vor / mir«.

Das Ende des Wohnungsflurs ist Günter Ullmanns Arbeitszimmer. Zwei mal zwei Meter: ein Tisch, ein Stuhl, rechts und links Bücher-regale. Hinter ihm ist die Schiebetür, vor ihm das Fenster mit Blick in den Garten. Hier darf der Kettenraucher rauchen. Das Fenster steht offen. In dieser Zurückgezogenheit sind die meisten seiner Gedichte entstanden. Hier hütet er die Märchen und Träume seiner Kindheit, ankämpfend gegen eine innere Stimme, die ihm sagt: »ver-lassen / die heimat / der märchen und träume / verlassen das eigene herz«.

Jeden Tag, wenn er den Hainberg hinab zur Arbeit geht und am Abend zurückkehrt, macht er halt an einem Baum, der sichtbare Spuren von Axthieben trägt. »die vergilbten blätter / zeugen noch / vom vergangenen Jahr«, so hat er seinen Baum beschrieben, »der verwundete baum / beginnt als erster / zu blühn«.

In der Wendezeit haben Günter Ullmann und ich Falkenstein besucht. Wir haben jene Kirche aufgesucht, in der sich nach Oskar Brüsewitz am 17. September 1978 ein zweiter Pfarrer verbrannt hat.

Das Sterben von Pfarrer Rolf Guenther geriet nicht mehr in die Schlagzeilen. Das System sorgte dafür, und die Kirchenleitung hielt still. Der Friedhofsverwalter, der Guenthers Tod während des Sonntagsgottesdienstes miterlebte, sagt uns: »Der Pfarrer stand mitten im Leben der einfachen Leute.«

Elisabeth Pfau, an der Kasse des Heimatmuseums, weiß: »Günter war nicht nur ein Pfarrer, sondern auch ein guter Mensch.« Im Heimatmuseum entdecken wir eine Stube, auf deren Boden Stroh ausgebreitet ist. Ein Bett aus dem Jahre 1807 steht darin. Ein Holzpferdchen. Ein kleiner Weihnachtsbaum. Warum Stroh? »So war es früher«, sagt Elisabeth Pfau. »Der Vater breitete das Heiligabendstroh aus. Die Kinder schliefen am Heiligen Abend darin. In der Frühe zum ersten Weihnachtstag wurden sie geweckt, um um fünf Uhr zur Mette zu laufen. Nach der Mette war die Bescherung. Da gab es dann vielleicht eine Puppe für fünf Kinder. Heute ist es umgekehrt.«

Im Gedicht Günter Ullmanns verbindet sich das Gesehene:

> vom altar leuchtet schon das heiligabendstroh
>
> der moosmann bringt die
> flamme
>
> rolf guenther
> bevor
>
> die mette
> beginnt.

Von Günter Ullmann sind nach der Wende noch ein Dutzend Bände mit Gedichten und Kurzprosa erschienen. Heftchen in der Mehrzahl in winzigen Verlagen. Den schönsten Band hat die Pfaffenweiler Presse 1995 unter dem Titel »Lichtschrei« veröffentlicht. Wie zu besten DDR-Zeiten ist Ullmann aus der gesamtdeutschen Literaturgeschichte ausgeklammert. In Greiz hat man ihn mit der silbernen Bürgermedaille ausgezeichnet und dann aus dem Rathaus abgeschoben in die Bibliothek. Wenn er in seinen Kaffee das siebente Zuckerstückchen gibt und mit dem Löffel in der Tasse mehr als zwei Dutzend mal rührt, bevor er zu trinken beginnt, dann – in diesem Moment muß man ihn sich glücklich vorstellen.

Schönster Gedichtband Ullmanns aus dem Verlag für bibliophile Raritäten, der Pfaffenweiler Presse.

Thomas Rosenlöcher:

Im Schutzbereich der Engel

Birgit Rosenlöcher hat sich Mühe gegeben, Stille einkehren zu lassen im Haus. Über dem Wohnzimmer liegt der Arbeitsraum ihres Mannes. Der singt durch alle Wände hindurch. Singen heißt: Thomas Rosenlöcher schreibt auf diese Weise seine Gedichte. Er spürt dem Klang der Worte so lange nach, bis sie ihm ihre Melodie anvertrauen. Das kann stundenlang dauern. Mit einer Dämmschicht, die Ehefrau Birgit in die Decke einzog, glaubte sie sich gesichert zu haben gegen die Melodiefindungsanläufe des Dichters. »Doch es schwingt und singt noch immer«, sagt sie. »Die Holzbalken leiten seine Stimme weiter, Gottseidank nicht jedes Wort.«
Keiner sonst als Thomas Rosenlöcher schafft am Ende des Jahrhunderts in Deutschland so schön diese Spiralbewegung vom Leben zur Literatur und von der Literatur zum Leben. Ein Leben, das ihn seit drei Jahrzehnten mit dieser Frau verbindet, die ihm jene Geborgenheit gibt, der wir Rosenlöchers ganz unvergleichliche Gedichte des Beisichwohnenkönnens verdanken. Im Schutzgebiet längst vertrieben geglaubter Engel, die ihm aus der Kindheit wieder zugelaufen sind und in sein Werk drängen.

> Da es endlich Abend wird
> Engelchen mich rings umschwirrt,
> als Insekt sakraler Art,
> flechte ich aus meinen Händen,
> es zu schützen vor den Fallen
> meiner fürchterlichen Krallen,
> Atems Dickicht, Kinnes Bart,
> ihm ein Dach mit schrägen Wänden,
> sage leise: Komm.
> Siehe, ich bin fromm.
> Säßest du im Bethaus drin,
> hätte Beten einen Sinn.

Thomas Rosenlöcher, Jahrgang 1947, aus der Zerstörung Dresdens hervorgegangen, nimmt am Zertrümmerungsprozeß der Moderne nicht teil. Er löst nicht auf, er löst eine Geschichte ein, die von

Walther von der Vogelweide über Barthold Hinrich Brockes, Friedrich Gottlieb Klopstock, Joseph Freiherr von Eichendorff, Heinrich Heine, Rainer Maria Rilke bis hin zu Jakob van Hoddis reicht. Thomas Rosenlöcher erfüllt. Die Erfüllung sammelt die Vergangenheit zu einer »Heimkunft«, wie sie Hölderlin beschrieben hat und wie sie in der Zeitenversammlung Rosenlöchers durchschimmert: »Freilich wohl! das Geburtsland ists, der Boden der Heimat, / Was du suchest, es ist nahe, begegnet dir schon...« Thomas Rosenlöcher schreibt in seinem ersten Gedichtband:

Im Garten wuchs schon Krokus, eine Insel
sehr österlicher Blüten, buntgeschippert.
Doch über Nacht war auf die flachen Dächer
und Wege Schnee gefallen. Im Gesträuch
und an dem Zaun das erste bißchen Grün
schmolz schnell dahin. Auch warn die Apfelbäume,
die jeder anders schief vor Alter standen,
von oben bis unten überstäupt
und Ast für Ast mit Stille schwer beladen,
daß alles nur noch weiße Wirrnis war.
Da dachte ich: Das ist ein später Engel,
der reiner ist und weißer als die andern
und spät die Erde deckte, um zu sterben,
und schrieb das auf. Ich saß im warmen Zimmer
am Fenster, trank Kaffee, erwähnte auch
winzige Spuren wie von Vogelkrallen
im lockren Schnee auf ungebrochnen Beeten
und wollte leben, als ob nichts geschehe,
nur endlich nackt sein also dich berühren
aus aller Kraft und lauter Zartheit Schnee.

Die Ordnung kurzgeschnittener Rasenflächen und neuer Häuser rückt näher: Thomas Rosenlöcher auf seiner Wildwuchsinsel vor dem Gebäude in Kleinzschachwitz, in dem er vor der Wende wohnte.

In der Wilhelm-Weitling-Straße 4 in Kleinzschachwitz am südöstlichen Rand von Dresden entwickelt Thomas Rosenlöcher Ende der siebziger Jahre seine Poetologie. Hier hat er im zweiten Stock einer Villa aus der Jahrhundertwende seine Wohnung. Der zu dem Haus gehörende verwilderte Garten wird immer wieder in seinen Gedichten auftauchen. Von hier geht der Lyriker seinen Weg zur Elbe, von hier aus erkundet er seine Lebenslandschaft. Von ihren Rändern kommend, an ihren Rändern bleibend.

Auf der anderen Elbseite liegt Pillnitz mit seinem Schloß am Wasser, das Theodor Däubler zu seinem ins Mediterrane ausufernden Gedichtband »Die Treppe zum Nordlicht« inspirierte: »Die Möglichkeit zu leben ist unmöglich klein, / und dennoch fügt sich alles in das Ganze ein!« Über dem Schloß rechts der Hang mit den Weinrebenspalieren, an dem entlang Caspar David Friedrich wanderte und zeichnete. Links über dem Schloß in Hosterwitz das Sommerhaus Carl Maria von Webers. Und über allem der Friedrichsgrund mit seinem Bach, Spaziergebiet aus Rosenlöchers Kindheitstagen:

> Schon glaubte ich, durch Erlenlaubgesprenkel
> die Mühle blinken sehn zu dürfen, hörte
> im Mühlengraben noch das Mühlenrad,
> das längst zerfiel, sich klopfend drehend, als
> den Weg entlang langsam mein Vater kam,
> zwölf Jahre tot. Er sah starr gradeaus,
> das Haar wie früher schütter, doch ganz weiß,
> und ging vorbei, und sah mich nicht mal an,
> weil ich vergaß und nie zu denken wage,
> wie er daliegt, zerfallen in der Erde,
> in seinem Hemd aus Nylon und im Schlips.
> So schritt ich eilig über eine Brücke
> aus Stein, den Bach, der nun nicht mehr zur Rechten,
> sondern zur Linken rauschte, überquerend...

Thomas Rosenlöcher im Jahre 1980: sich atheistisch von seinem Vater absetzender Sohn eines, wie er formuliert, »Kleinkapitalisten«, eines »Kommunistenhassers, der den Untergang der DDR prophezeite«. Eine Vaterprojektion ist in diesem Gedichtausschnitt festgehalten. Nicht der Vater sieht am Sohn vorbei, sondern der Sohn am Vater. Erster Versuch Thomas Rosenlöchers in der Begegnung mit seinem Versagen, sich des väterlichen Grundes zu versichern, von dem aus und aus dem heraus er schreibt.
Thomas Rosenlöchers Lyrik spricht von der kleinen Bewegung in der Seßhaftigkeit. Geburt, Taufe, Konfirmation, keine Jugendweihe, Heirat, Geburt der drei Kinder, deren Taufe, deren Schulbesuch: alles Kleinzschachwitz. Erst die Wende vertreibt ihn dreißig Kilometer weiter, aus dem warmen Elbklima ins rauhe Erzgebirge nach Beerwalde. In einem Häuschen, in dem einmal Flachs gelagert wurde, das dann Datsche für Dresdner war und nun dem Dichter über dem Wohnzimmer einen Ausblick gibt, der benannt sein will. Oder Einblick in jenen »Nickmechanismus«, der aus Feigheit, Gleichgültigkeit, Gewohnheit oder

Aus dem warmen Elbklima am Rande Dresdens ins rauhe Erzgebirge nach Beerwalde: Flachslagerhaus zum Wohnen umgebaut.

355

Naivität funktionierte und das SED-System so lange an der Macht hielt.

Dreh- und Angelpunkt dieser Geschichte, die Thomas Rosenlöcher einen »Selbstbefragungsversuch« nennt, ist sein Vater Kurt. Wenn Thomas Rosenlöcher im Rückblick auf die DDR-Zeit auf die »Würde des Hierbleibens« pocht und dem Beharren einen Widerstandswert beimißt, dann weiß er inzwischen, daß solche Feststellungen erst einmal seinem Vater geschuldet sind. Dieser Mann war alles durch eigener Hände Arbeit. Selbst Arbeiterkind, zog er einen Handel auf. Mit dem Fahrrad fuhr er über Land und verkaufte den Bauern Schmierseife. Aus dem kleinen Gewinn baute er in Kleinzschachwitz ein Futtermittelunternehmen mit mehr als dreißig Angestellten auf.

Thomas Rosenlöchers Vater hatte nie vergessen, woher er gekommen war. Aus einem Umfeld, in dem unumstößlich das Gleichge-

Der Vater, der sich vom Hausierer zum Futtermittelunternehmer hocharbeitete, und das Haus, in dem Thomas Rosenlöcher in Kleinzschachwitz aufwuchs. Der Vater starb früh. Das Haus mußte nach der Wende einem Neubau weichen.

wicht der Werte galt: Gott und Welt, Mensch und Natur als verbindendes Denken. Daran hielt der Vater fest. Vor 1945 und nach 1945. Mag der Totalitarismus zerstören, zertrümmern, zerstreuen, der Mann setzte auf Induktion: vom Zerstreuten zurück zum Einen, in dem die unsichtbare universelle Struktur unseres Daseins geborgen ist. Der Mann gab dem Sohn einen Sinn für Erde und Himmel, für Transzendenz, Religio. Doch der wechselte zum Gott, der keiner war.

Thomas Rosenlöcher erinnert sich: »Mein Vater besaß zwei kleinere Betriebe, beschäftigte in seinem Garten ständig Rentner zum Umgraben und Einbringen von Schweinemist, pflanzte und wässerte selbst Hunderte von Koniferen, sang einmal im Jahr vor Publikum die ›Schöne Müllerin‹ oder die ›Winterreise‹, ging dienstags in die Sauna und donnerstags in den Wald.« Ein Mann, der sich nie zu alt fühlte, um seinen Sehnsuchtshorizont abzuschreiten. Seiner Liebe zur Musik näherte er sich autodidaktisch, bis er sich einen Begleiter zum Üben am Klavier leisten konnte. »Sonntags hat mein Vater drei Stunden geübt«, sagt der Sohn. »Da mußten wir mucksmäuschenstill sein.«

In seiner Geschichte »Der Nickmechanismus« schreibt er über den Vater: »Wenn er mich, was selten vorkam, im Pionierhalstuch sah, rastete er aus. Und einmal, als ich als ganz kleiner Knirps mit einem mir soeben von der Nachbarin geschenkten roten 1. Mai Fähnchen angerannt kam, riß er es mir aus der Hand und zertrampelte es. Ich schrie die halbe Nachbarschaft zusammen, neben mir das ins Erdreich hineingestampfte Papierfähnchen. Bis mir jemand ein eilig zusammengebasteltes Fähnchen aus garantiert neutralem, vollkommen weißem Papier überreichte.«

Die »DDR-Wut« seines Vater empfand Thomas Rosenlöcher als so rechthaberisch, daß er ihm auch dessen Wissen, wonach die Russen das KZ Buchenwald einfach nach 1945 mit anderen Opfern weitergeführt hätten, nicht mehr abnehmen mochte. Das war gegen Ende der Grundschulzeit. Am Anfang sagte Sohn Thomas noch: »Die Stalinallee ist auch bloß zu Propagandazwecken erbaut.« Sein erster ihm erinnerlicher oppositioneller Satz, der ihn noch ganz auf der Seite des Vaters zeigte. »Wo hast du das her?« Seine Antwort auf die bedrohliche Frage des Neulehrers hat er vergessen: »War aber wohl in diesen fünfziger Jahren, wo Leute fürs Erzählen politischer Witze schon ins Gefängnis kamen, gewiß gewitzt genug, nicht meinen Vater zu nennen.«

Thomas Rosenlöcher erinnert sich an eine Kindheit, in der er häufig in die Kirche gegangen ist. »Ganz begeistert«, sagt er, der auch eine Liebe zum Katholischen entwickelte: »Wenn ich mich verirre, dann gefällt mir schon der Ritus, der verstärkte Ritus.« Der Vater vermittelte mit seinem Talent dem Sohn, daß Natur nicht nur in der Bedeutung von Produktionsmitteln besteht. Und er gab ihm auf Spaziergängen jenen Sinn für den Augenblick mit, der gesteigerte Aufmerksamkeit verlangt und den Thomas Rosenlöcher so beschreibt: »Die Transzendenz des Jetzt wahrnehmen!«

Thomas Rosenlöcher hat drei Gedichtbände und drei Prosabücher geschrieben. Seine Prosa ist immer auf dem Wege in die Vollendung des Gedichts. Seine Gedichte sind Ausformungen eines Lebens auf engstem Raum bei ausschweifender Formulierung. Das private Dasein zeigt er als Exempel, wie es im anderen Teil Deutschlands Her-

Thomas Rosenlöcher, der im Widerspruch zu seinem Vater teilhaben wollte an dem, was Sozialismus hieß, und sich doch dort am wohlsten fühlte, wo die Politik fern war: hinter dem Akkordeonspieler, singend mit Zylinder, in den sechziger Jahren beim Herrentag und als Rosenkavalier.

bert Achternbusch getan hat und tut. Auch Rosenlöcher trifft den Nerv der Kausalität, so daß Nacheinander in Gleichzeitigkeit umspringt, hat aber nicht die Sprunghaftigkeit Achternbuschs.

Thomas Rosenlöcher schlägt nicht um sich, um sich zu befreien. Er sucht die Befreiung in der Metamorphose. Sich als Gestalt finden nicht nur in bezug zu den Dingen und der übrigen Kreatur, sondern auch in ihr. Und wie der klassische Anarchismus eine Ordnungsvorstellung ist, so schließt sich in Rosenlöchers Gedichten immer wieder die Form um das Zerstückelte, um die Zerstörungszeichen seiner Welt. In der Form des Blankverses, der Elegie, des Sonetts. Grotesk, wie dem lyrischen Ich der Boden unter den Füßen brennt, den er nicht verlieren will, verfolgt von entwurzelten Bäumen.

Die Befreiung in der Metamorphose mit der Kirche »Realexistierender Sozialismus«, mit der er sich der Selbstsicherheit des Vaters widersetzte, ist ihm mißglückt. Der Vater hat 1989, wie er eingesteht, »in allen Punkten gesiegt und in jeder Hinsicht recht gehabt«. Im Gedicht nimmt Thomas Rosenlöcher das Schuldbewußtsein von Büchners »Lenz« auf. Büchners Schlußsatz über Lenz, »So lebte er hin ...« erfährt bei Rosenlöcher eine Brechung, die einer Liebeserklärung für den Vater gleichkommt:

> So lebte ich. Kein Mensch kam mir entgegen.
> Nichtmal mein Vater, viel zu lange tot.
> Nur noch ein Knochenbündel in der Erde
> Da es mir nun ja doch gelungen war,
> ihn zu vergessen, denn ich ging und ging,

nichtahnend, daß ich längst wie er
im Gehn die Arme hinter mir verschränkte.
Und daß vor lauter Frost und Schnee
mir Bart und Haare weiß geworden waren,
als käme er in mir mir selbst entgegen
und keiner stürbe ...

Thomas Rosenlöcher in der DDR bis zum Erscheinen seines ersten
Buches – das ist ein unauffälliges Leben: Grundschulabschluß 1963,
Lehre im Holzhandel, 1966 bis 1968 Wehrdienst, 1968 Heirat, Besuch
der Arbeiter- und Bauernfakultät, 1970 Abitur, Ökonomiestudium in
Dresden, Arbeitsökonom im Holzhandel bis 1976, Besuch des Leipziger Literaturinstituts bis 1979, Assistent am Kindertheater Dresden
bis 1982, Debüt 1983 beim Mitteldeutschen Verlag mit dem Gedichtband »Ich lag im Garten bei Kleinzschachwitz«.
Wenn Thomas Rosenlöcher heute die Anpassung der Menschen in
der DDR – seine eingeschlossen – in Beziehung setzt zu einem von
ihm geschaffenen Katalog, der von Naivitätsnicken bis hin zum Ein-
nicken reicht, dann weiß er von einer Kraft in sich, die ihn vor dem
Opportunismus gerettet hat. Religiosität, so zitiert er einen Satz
Thomas Müntzers, die nichts anderes ist ist als ein großes Verwun-
dern, das sich in der Kindheit auf einen niedersenke.

*Heirat 1968: Birgit
Rosenlöcher am
Dresdner Zwinger, wo
sie als Museums-
pädagogin arbeitete.*

Der Schriftsteller Jürgen Fuchs, Freund Robert Havemanns und
Wolf Biermanns, vor seiner Abschiebung 1977 nach Westberlin vom
SED-Regime inhaftiert, hat einen kindlich-jungenhaften Menschen
in Erinnerung, der sich von allen unterschied: »Er strahlte von
innen. Ich habe erlebt, wie sie solche Gesichter in der DDR zertrümmert haben.«
Thomas Rosenlöcher kam durch, ist wie das Weltkind in der Mitten
durch die DDR gegangen, so daß er heute verwundert sagt: »Ich
habe sicherlich mehrere Schutzengel gehabt, von denen einer sicher
meine Frau gewesen ist.« Ewig besingen Lyriker die Anfänge der
Liebe, Thomas Rosenlöcher hat ihre Schönheit in der Dauer besungen: »Ewig leben Ehepaare«.
Thomas Rosenlöcher erinnert sich heute (»da unsere Eltern noch
wußten, was ein Sonntag war«) an die Gottesdienstbesuche: »Wenn
oben die Orgel einsetzte, uns auch der Pfarrer was sagte und
draußen vor dem Kirchenfenster sich im schweren dunklen Licht
das Grün auf und nieder bewegte, habe ich wie nie mehr wieder
eine Anrührung verspürt, eine Art Transzendenzschauer.« Im
Gedicht heißt das heute bei ihm – noch immer: »Wer glaubt, darf
kostenlos ins Paradies eintreten ...«
Für den Glauben gibt es keine günstigen oder ungünstigen Zeiten.

Und doch glaubte er zu ungünstiger Zeit. Alte Kindheitsängste mußten besiegt werden: »Ich erinnere mich gedämpfter Stimmen der Erwachsenen am 17. Juni, und daß ich einen Nachmittag bei der Nachbarin bleiben mußte. Schon damals war eines meiner Traumgrundmotive das Bild meines Vaters, der, in ein Gestell geklemmt, sich gequält nach oben krümmte. Dann die ungarische Stimme im Radio: ›Helft uns doch, helft uns doch.‹ Damals war ich sechs Jahre alt.«

»Ich wurde Atheist«, sagt Thomas Rosenlöcher und datiert die Konversion auf das Ende der Grundschulzeit. Schlechtes Abgangszeugnis. Der Vater hat Schwierigkeiten, den Sohn als Lehrling unterzubringen. Einen Sohn, der sich allenfalls für Karl May interessiert und für sonst nichts. Ungeschicklichkeit macht Thomas Rosenlöcher zu schaffen. Er macht aus ihr eine Kunsthaltung, um sich von seinem bürgerlichen Vater abzusetzen, abzugrenzen. Daß er komisch wirkt und schließlich mit dieser Komik zu spielen versteht, verhilft ihm immer wieder aus schwierigen Situationen, wie 1968, als der Soldat Rosenlöcher damit rechnet, in die Tschechoslowakei einmaschieren zu müssen:

»So konnte es geschehen, daß ich einmal, anläßlich eines nächtlichen Sirenengeheuls, in dem es darauf ankam, binnen weniger Minuten aus dem Bett zu fahren und kampfbereit auf dem Hof zu stehen, mich im Dunkeln vor dem Spind im allgemeinen Gebrüll in eine furchtbare Auseinandersetzung mit Teilen meiner Ausrüstung verwickelte und als allerletzter aus dem Zimmer trat; doch unter dem Eisenhelm immerhin ordnungsgemäß grüßend an dem Major vorbeischritt, der, glaube ich, Sturmeid hieß, gleichwohl aber seltsam erstarrte und mit seinem Mund einen Schrei zu formulieren versuchte, der mich allerdings erst rücklings erreichte, da ich schon vor den anderen in der Reihe stand, durchaus vorschriftsmäßig mit allem Überlebensgeschlenker behangen, doch leider in Unterhosen.«

Schwejk auf deutscher Seite: Die Geschichte ist verbürgt, und sie hatte keine Folgen. »Wohl zum erstenmal überstiegen 1968 meine Ängste die der Kinderzeit«, erinnert sich Thomas Rosenlöcher. »Und ich habe, wie erst 1989 wieder, nachts unentwegt mit dem Ohr am Transistorradio gehangen und nach dem Westen gelauscht. Angst und Wut auf gleicher Höhe. Darunter das Wort Sozialismus verschwand und einzig und allein ›diese Schweine‹ auftauchte.«

In der Armeezeit war Thomas Rosenlöcher gerade dabeigewesen, seinen Weg anzutreten in den Sozialismus und in die Literatur. Er las Volker Braun, Günter Kunert und Biermanntexte auf Schreibmaschinenpapier. Er schrieb seine ersten Gedichte. Sein Hunger nach Transzendenz erschien ihm auf dem Weltverbesserungweg stillbar.

Ausformung eines Lebens auf engstem Raum bei ausschweifender Formulierung und ein Wissen um das Wunder inmitten aller Vergeblichkeit: Thomas Rosenlöcher auf den Feldern vor seinem Haus in Beerwalde, dem neuen literarischen Ort.

Und nun dies: die Zerstörung des Prager Frühlings, die Zerstörung eines demokratischen Sozialismus.

Den Sozialismus zu retten, wie es Christa Wolf in ihrer verbalen Verbeugung vor den Okkupanten Prags im »Neuen Deutschland« tat, war seine Sache nicht. »Volker Braun war es«, sagt er, »der mich überzeugt hat, doch den Weg des Sozialismus weiterzuverfolgen. Auch wenn dieser Sozialismus niedergeschlagen worden war, war er ja dagewesen. Ein Beweis mehr für die Wirkungskraft der Utopie. Ich dachte, man muß es noch einmal versuchen.«

Der Vater starb 1968 im Alter von nur 59 Jahren. Der Kapitalistensohn bewarb sich um einen Platz in der Kaderschmiede des Proletariats, um sein Abitur nachzuholen, und er bekam den Platz in der Arbeiter-und-Bauern-Fakultät. Ein Stipendium noch dazu, obwohl er nicht verheimlichte, daß er durch den Tod des Vaters eine für DDR-Verhältnisse große Summe Geldes aus dessen Betriebsvermögen bekommen hatte. Doch als er nach dem Abitur Germanistik studieren wollte, bekam er lediglich einen Platz für Ökonomie.

»Der Weg des Sozialismus war da«, schreibt Rosenlöcher über sein ökonomisches Studium, »eine ansteigende Grade im Koordinatensystem, die Zuwachsraten hyperbelten ins Unendliche: Formalisierung bis ins Letzte, die mit dem Denken auch die Auflehnung ausschloß.« Daß er damals »wie verrückt« Gedichte geschrieben habe, erklärt er sich im nachhinein als Reaktion auf jene tote Sprache, die ihm jeden Tag aufgezwungen wurde.

Thomas Rosenlöcher entwickelte Widerstand als Flucht in die Tiefe der Geschichte, der Literaturgeschichte. Er las Johannes Bobrowski, Mörike, Eichendorff, Rilke, Hölderlin. »Was aber schön ist, selig scheint es in ihm selbst«, sagte ihm Mörike, und Rosenlöcher behauptet mit diesem Satz sein eigenes Leben. Nach der Wende wird er schreiben: »Was aber untergeht, scheint zukunftszugewandt.« Keine nostalgische Reminiszenz ist das, vielmehr die Rückkehr der Prophetie des Juden Karl Marx in das Buch der Bücher, aus der sie immer wieder hervorgehen wird. »Giftfabrik« nennt Rosenlöcher den Sozialismus, wie er ihn erlebt hat:

> Doch blinkert da oben noch einmal ein Stern
> tief unten im Wasser samt Fenster und Schlot
> Als würde in eisiger Klarheit die Lüge
> zur Wahrheit, zur Schönheit das Gift. –
> Im Kreml brennt noch Licht.

Noch während seines Studiums an der Technischen Universität Dresden tauchte Thomas Rosenlöcher 1972 auf dem Poeten-Seminar in Schwerin auf – und kam aus dem Staunen nicht mehr heraus. Im Ton Rudi Dutschkes nannte hier ein drei Jahre Jüngerer, der wie er noch kein Gedicht veröffentlicht hatte, die Zustände in der DDR faschistoid: Jürgen Fuchs, Kandidat der SED, desillusioniert von seiner Armee-Zeit, auf den Parteiaustritt Reiner Kunzes von 1968 mit dem Versuch reagierend, die SED von innen aufzurollen.

»Das Ziel war«, so erinnert sich Rosenlöcher, »eine wirkliche Demokratie im Sozialismus und nicht, den Westen in der DDR einzuführen.« Jürgen Fuchs sagt heute: »Es war ein Kampf der Jungen gegen die Alten. Und zu den Alten gehörte auch Christa Wolf. Die war uns viel zu lasch.« Zu den Wortführern der Jungen gehörten in Schwerin neben Fuchs Richard Pietraß, Gabriele Eckart und Gerulf Pannach, der als Funktionär kam, sich als Sänger entpuppte und vor den Versammelten Wolf Biermanns »Ermutigung« sang.

Thomas Rosenlöcher wußte nun, was er zu tun hatte. Er fuhr zurück, stellte seinen Antrag auf Aufnahme in die SED: »Ich war natürlich nicht so hochpolitisch wie Fuchs. Aber ich fand mich dieser kritischen Richtung zugehörig. Bei Fuchs habe ich gespürt, wie man kritisch sein kann. Das hat mich elektrisiert.«

Als er 1976 zum Leipziger Literaturinstitut kam, traf er auf jenen Mann, der auf dem VI. Schriftstellerkongress der DDR Reiner Kunze öffentlich zum Staatsfeind gestempelt hatte. Max Walter Schulz war Chef des Hauses, in dem mit Rosenlöcher auch Angela Krauss studierte. Und Schulz organisierte gegen die Solidarisierung mit dem ausgebürgerten Biermann eine Unterschriftenaktion, die den Rausschmiß guthieß.

Der Verrat Rosenlöchers an Biermann war ein Verrat an sich selbst. Und er sitzt so tief, daß er nicht nur in zwei seiner Bücher, sondern auch sonst immer wieder darauf zurückkommt: Rosenlöcher wollte sich vor einer Unterschrift drücken und wurde krank. Als er nach ein Paar Wochen zurückkam, war die Aktion gegen Biermann erst recht in vollem Gange. Wieso er dem Professor Max Walter Schulz derart in den Rücken fiele, wurde er gefragt. Es gehe um den Sozialismus, reagierte er. Darum gehe es Schulz auch, war die Antwort: »Gerade wer Veränderungen will, muß unterschreiben.« Rosenlöcher unterschrieb.

»Ein absoluter Tiefpunkt in meiner Biographie«, sagt er. »Leider kann ich nicht einmal in Anspruch nehmen, den Spruch von den Veränderungen nicht durchschaut zu haben. Was ich glaubte, war, daß es jetzt noch nicht so darauf ankäme. Daß ich noch jung wäre und folglich Zeit hätte. Infantilität als Maske: sich vor der Macht zu schützen und vor ihr zu verbergen.«

Am 19. September 1989 notierte Rosenlöcher in seinem Tagebuch,

Der Ort, der ihn prägte und den er als Dichter geprägt hat: Thomas Rosenlöcher an der Elbe bei Kleinzschachwitz, hier auf Pillnitzer Seite.

wie sein vierzehnjähriger Sohn Moritz die Hausaufgabe des Lehrers – Thema: »Begründe die Notwendigkeit eines immer stärkeren sozialistischen Staates« – bewältigt: »Moritz macht Schularbeiten. Schreibt seine Lügen rasch hin, ›nur ehm ma‹, aber so fängt es an, und so geht es weiter, und dann bist du vierzig und hast es schon zur Hälfte verpaßt, einmal in deinem Leben geradegestanden zu haben.« Thomas Rosenlöcher war knapp dreißig Jahre, als er gegen Biermann unterschrieb. Er hatte sich, wie er sagt, »unschuldig« um die Parteimitgliedschaft in der SED beworben, nun nach seiner Unterschrift wurde er belohnt, wurde er »schuldig« aufgenommen. »Ich hätte spätestens jetzt nein sagen müssen«, sagt er heute.

Unter seinen Schriftstellerfreunden Wolfgang Hegewald und Uwe Kolbe versuchte Rosenlöcher seine SED-Mitgliedschaft geheimzuhalten. »Es kam natürlich raus«, sagt er. »Die haben mich für blöd gehalten, ich mich auch.« Elf Jahre dauerte es, bis Rosenlöcher mit Hilfe der Mutmacher Kolbe und Hegewald, die dann in den Westen gingen, nein sagte. Der Vierzigjährige ging zum Parteibüro und erklärte seinen Austritt. »Das war selbst 1987 noch ein ganz mutiger Schritt«, sagt Jürgen Fuchs, der in der DDR seinen Weg so rigoros gegangen war, daß ihm die Partei die Aufnahme verweigert hatte.

So wie die Ängste von 1968, als sich Thomas Rosenlöcher das Leben nehmen wollte, falls er hätte in die Tschechoslowakei einmarschieren sollen, die Ängste der Kindheit überstiegen, so überstieg nun die Angst diejenige von 1968. »Ich dachte, meine Grenzüberschreitung – und das war der Austritt aus der Partei – endet mit dem Auszug in den Westen.« Er hatte gerade Fuß gefaßt als Schriftsteller, im Westen allerdings nur erkannt von dem Amsterdamer Germanistikprofessor Alexander von Bormann. In der DDR war Rosenlöchers erster Gedichtband »Ich lag im Garten bei Kleinzschachwitz« 1983 wohlwollend aufgenommen worden. Allein schon die Tatsache, daß dieser Band die Zensur passiert hatte, grenzte an ein Wunder, weil es in dem Band geradezu von Fluchtgedichten wimmelte. Gleich das erste Gedicht ist ja nicht nur ein Spiel mit der Pose Walther von der Vogelweides um das Jahr 1200, sondern in der Technik der Rosenlöcherschen Zeitenversammlung ein Analogieschluß auf die politischen Verhältnisse im behaupteten Sozialismus der DDR.

Im Garten sitze ich, am runden Tisch,
und hab den Ellenbogen aufgestützt,
daß er, wie eines Zirkels Spitze,
den Mittelpunkt der Welt markiert.
Ein Baum umgibt mich mit vielfachem Grün,
und langsam steigt das blütenreiche Meer
des frühen Jahrs. Die Vögel brülln wie irr.
Über mich hin spazieren schöne Schatten,
und Blütenblätter fallen auf den Tisch
und schmelzen, Schnee! Die Äste triefen schwarz,
und von der Straße her kommt ein Geräusch,
das war mein Leben. Plötzlich bin ich Luft
und sitz noch hier und rede zu dem Baum,
ob er nicht doch die Länder wechseln könne,
sein unerhörtes Blühen aufzuführen,
wo einer noch mit seinem Ellenbogen
den Mittelpunkt der Welt markiert.

Walther von der Vogelweide in den Zersetzungs- und Verformungserscheinungen seiner Zeit, in der die Liturgien des alten Reiches, der alten Kirche, der alten Gesellschaft heillos geworden sind, sich als Selbstbetrug, Lüge und Fiktion enthüllen. Thomas Rosenlöscher in den Zersetzungs- und Verformungserscheinungen seiner Zeit, in der die Liturgien des neuen Reiches Kommunismus, der neuen Kirche, der neuen Gesellschaft in ihrer Lüge untergehen. Thomas Rosenlöschers Lyrik nimmt bereits in seinem ersten Gedichtband seismographisch eine Weltenwende vorweg. Als sie geschehen ist, finden wir ihn wieder in seinem Garten, den er verlassen soll, um das Neue kennenzulernen:

Ich saß in meinem Garten. Ein Baum stand neben mir,
da wir im Wechsel knarrten, ich bleibe hier bei dir.
Bis um das Haus ein Auto kam und quäkend hupend rief:
Ans Meer, ans Meer, nach Frankreich. Ich tat als ob ich schlief.
Doch auf klappten die Türen. Zum Baum sprach ich: bis bald.
Auf heulten die Motoren. Schon war ich angeschnallt.
Und tiefer neigte sich der Baum herab im Schwefellicht
und wackelte mit jedem Blatt. Ich wendete mich nicht.
Schloß abermals die Augen im Straßenrandgegrins
der herrschenden Reklamen für Bier und Pfefferminz.
Und als ich wieder aufsah, kam andrer Baumbestand,
einer hinter dem andern, armfuchtelnd angerannt,
und bäumte sich groß vor mir auf, eh er am Rand entlang
ohnmächtig auf der Stelle trat und hinterrücks verschwand
samt Weinberg und Gebirge und großer Städte Rauch,
der Tachometer zeigte den Horizontverbrauch.
Denn sich im Überwinden und Fahren-lassen-hin
selbst immer vorzufinden: Das war des Fahrens Sinn.
Bis eine Stadt Dijon hieß. Ich saß und trank Kaffee,
den eine Frau mir brachte, die nannte mich Monsieur.
Ob ich das Meer sah? Weiß ich nicht. Es wich vor mir zurück.
Ein riesenhaftes Gähnen im Büchsen-Flaschen-Schlick.
Doch schlug im Schlaf am Rande aufbrandend der Verkehr
mir nachts noch an die Schläfe. So hörte ich das Meer.
Und sah in Stein die Sünder mit eingeknickten Knien,
nackten Beinlein und Brüstlein, staunend zur Hölle ziehn.
Stand, schattenlos im grellen Licht, Buch unterm Arm, davor.
12 Millionen Engel verbrannt im Auspuffrohr.
Für den Besitz der Ferne. Dafür sah hinterm Haus
der Baum, kaum fuhrn wir hupend vor, wie jeder andre aus.

Die Geschichten des Lyrikers Rosenlöcher spielen auf kleinstem
Raum, so als folge er einer Intention Beethovens, der am Ende seines Lebens die große Form verließ, weil er allein in der Unendlich-
keit des Kleinen das Geheimnis des Lebens verborgen sah. Thomas
Rosenlöcher hatte nicht rausgewollt aus der DDR. So, wie in einer
schlimmeren Diktatur Oskar Loerke, Rudolf Alexander Schröder,
Reinhold Schneider, Felix Hartlaub, Friedo Lampe und Eugen Gottlob Winkler nicht herausgewollt hatten. »Alle Wurzeln waren
hier in Kleinzschachwitz«, sagt er. »Ich dachte, im Westen fällt
mir nichts ein.« So wiederum stimmte es nicht, wie das Gedicht
»Frankreichfahrt« zeigt. Aber alle Westerfahrung in seiner Lyrik

weist wie die »Frankreichfahrt« immer auf die Geburtslandschaft zurück.

»Ich habe mir wiederholt gesagt, Leute wie Jean Paul haben in ihren Krähwinkeldörfern gesessen und haben immer ihres gemacht. Zu ihrer Zeit wurde in Paris schon ganz anderes geschrieben. Die deutsche Leistung damals war der Rückzug. Aber dafür wurden die Dinge noch angeschaut.« Also:

> Ich lag in meinem Garten bei Kleinzschachwitz
> in einem Grün von niegesehenem Ausmaß
> und sah, nachdenkend über die Belange
> der unerhörten Rose und des Staats
> hoch über mir den großen Tröster Himmel,
> als ich, kam das vom heftigen Nachdenken,
> ein sanftes Ziehn in meinen Beinen spürte...

Auf groteske Weise wachsen dem lyrischen Ich die Beine aus dem Garten heraus – bis hin zum Brandenburger Tor. Der barocke Gestus nimmt das »Weltende« von Jakob van Hoddis auf: »Dem Bürger fliegt vom spitzen Kopf der Hut, / In allen Lüften hallt es wie Geschrei...« Bei Rosenlöcher, der die Beine seines lyrischen Ichs denn doch noch rechtzeitig zum Stillstand kommen läßt (»Man muß bescheiden sein.«), heißt es angesichts dieser Bedrohung:

> ... Der Staat war in Gefahr.
> Denn meines Leibes Doppelröhre nahm,
> kaum, daß sie aufgetaucht war aus den Fluten,
> Kurs auf die Hauptstadt. Die Regierung tagte,
> kein Wort kommt in die Zeitung. Helikopter
> erhoben sich, der Lage Herr zu werden,
> die Straßen füllten sich mit Dynamit...

Grenzgänger Rosenlöcher nach dem Austritt aus der SED in der Erwartung des für ihn Schlimmsten. »Aber es geschah nichts«, sagt er. »Erleichtert, war ich enttäuscht.« Sein Kinderbuch »Herr STOCK geht über Stock und Stein. Eine Geschichte in Versen«, in dem es um den Wiedergewinn einer nichtfunktionalen Sprache geht, erscheint. Der Mitteldeutsche Verlag meldete sich mit einem sofortigen Stipendium für die Fertigstellung des zweiten Gedichtbandes. »Schneebier« erschien 1988 und beginnt mit den Worten:

Der Ausschank war geöffnet in das Dunkel
und leuchtete warm in den tiefen
von ferner Kindheit überglänzten Schnee.
Da ich mein Bier vom Brett nahm. Unten ging
riesig die Elbe, endlich als ein Strom
in Richtung Nacht…

Schnee – das ist auch die Metapher des von Rosenlöcher geliebten
mährischen Dichters Jan Skácel (1922–1969) gewesen, auch eines Sit-
zenbleibers am Ort seiner Kindheit, in der komprimierten Art zu
schreiben völlig anders als Rosenlöcher, aber in der Sehnsucht verwandt, wenn es bei Skácel heißt: »Die weiße Reinheit auf den Feldern, wir sterben mal alle wegen des Schnees.« Diese Sehnsucht
nach Anfänglichkeit, nach Natürlichkeit, nach Ursprünglichkeit im
Wissen um das Wunder inmitten aller Vergeblichkeit verbindet
Rosenlöcher mit Skácel.
Der Sarkasmus, mit dem der Lyriker Rosenlöcher in dem Gedichtband »Schneebier« des »Fortschritts erster Sekretär« die »gelbe
Molke« in der Elbe genießen läßt – eine Benennung, die er in »Fort-
schrittssachverwalter« umändern muß –, löst nichts auf. Und auch
die Beschwörung bei der Anschauung der Dinge drückt ihn nieder:

Ich komme gleich. Ich ging nur mal hinunter
längs des sich selbst noch durch den sterbenden
Garten geschlängelt fortschleichenden Wegs,
als da der Apfelbaum im frühen Licht
zwar noch an seiner alten Stelle stand,
doch seltsam schief, ein schwarzes Bild des Todes,
und sich, als ich hinzutrat: Halte aus,
langsam vornüber neigte übers Gras
und seinen Stamm auf meine Schulter legte,
daß ich fast umsank unter seiner Last…

Thomas Rosenlöcher sah, wie immer mehr Freunde in den Westen
gingen. Er sah den »Diebstahl der Jahre im Namen einer sich ver-
flüchtigenden Zukunft«. Er sah, wie fast unmerklich Überzeugung
in Selbstbeschwichtigung überging: »Je mehr gehen, desto wichtiger
ist es zu bleiben.«
Wolfgang Hegewald, der keine Chance hatte, in der DDR zu publizieren, hat die Situation 1984 im Westen in seinem Buch »Das
Gegenteil der Fotografie. Fragmente einer empfindsamen Reise« im
Ausschank an der Elbfährstation von Kleinzschachwitz beschrieben,
in dem Rosenlöcher Stammgast ist: »Elbidyll« hieß die Kneipe und

heißt sie noch heute. Das »Elbidyll« war ein ehemaliger Zirkuswa-
gen und ist auch ein wiederkehrender Ort in Rosenlöchers Gedichten.

Bei Hegewald, der seinem Freund als Namen das Initial D. gibt,
heißt es:

Unser Blick fiel durch das Fenster auf Wiesen, die der Sturm zauste,
den Strom, der nun mit Wellen seine Ufer berannte; jenseits der
Elbe war durch Regenschleier eine Kirche zu erkennen, Maria am
Wasser, sie mutete fremdländisch an, eine entführte Schönheit, und
wurde von einer Schar alter Bäume würdevoll behütet. Dahinter
schwangen sich Hügel, die ihre Inspirationskraft bereits an romantischen Komponisten und Baumeistern künstlicher Ruinen erprobt
hatten.

Heute war dunkle Tinte über den Hügeln ausgelaufen, und die
Blitze zuckten malerisch.

Der Sturm wuchs und rüttelte am ELBIDYLL. Wir tranken Bier und
gelegentlich einen Weißen. Insgeheim hoffte ich, daß wir in diesem
mobilen Wirtshaus bald abfahren würden. Splitter von Geschichten
schlugen an unsere Ohren.

Der Wirt sei bei der Fremdenlegion gewesen und nenne sich gern:
Der Teufel von Kleinzschachwitz, hieß es.

Während er uns freundlich bediente, hatte der Teufel also die Ele-
mente entfesselt, und eine Höllenfahrt würde es werden im Innern
des ELBIDYLL.

Wir fühlten uns wohl, D. und ich, eingekeilt zwischen den Trinkenden und Schwatzenden, und, kurz bevor es losging, so erinnere ich mich, kamen wir überein, daß wenigstens zweierlei zu tun sei: unermüdlich Utopien aufzurichten und sie, schon im Moment ihres Entstehens, zu denunzieren.

Nach dem Gewitter waren wir betrunken und liefen barfuß durchs nasse Gras.

»In wirrer Nacht, unter vielfachen Zweigen«, antwortet der Lyriker Rosenlöcher dem Prosaisten Hegewald, »wir sprachen, wie die Welt zu retten sei …« Die Dinge seiner Anschauung werden so dunkel, daß er seiner Sehnsucht nur noch Aufschwung zu geben weiß mit den Engeln der Kindheit. Sind sie zu Anfang des Jahrhunderts bei Rilke im unablässigen Übergang vom Sichtbaren zum Unsichtbaren, so holt Rosenlöcher – »Himmelsleitern, lichtgeknüpfte!« – sie am Ende des Jahrhunderts wieder ins Sichtbare zurück, erdnah an seine Seite.

Heinz Czechowski sitzt bei Rosenlöcher in Kleinzschachwitz: »Wir sahn an der Tanne im Zimmer vorbei / auf den Schornstein des Holzschnitzers Dyrlich, / aus dem sorglos der Rauch stieg …« Rosenlöcher und Czechowski wissen, daß der Holzschnitzer in den Westen gehen wird. Was macht er in seiner Werkstatt? Er verbrennt die Engel. Bei Czechowski gewinnt der Rauch wieder Engelsgestalt: »Damit der Dichter / den letzten Paukenton / Mozarts vernimmt oder / Das nächtlich knirschende Eis auf der Elbe / Und die Schritte der Engel im Schnee seines Gartens.«

»Benedikt verbrennt die Engel« heißt des Gedicht Rosenlöchers, das aus demselben Anlaß entstand. Es blieb unvollendet liegen, weil er keinen Schluß fand. »Der Weggang des Holzschnitzers mit seiner Familie in den Westen war für mich eine Katastrophe«, erinnert sich Rosenlöcher. »Der Zusammenhalt im Haus brach auseinander.«

Alois Dyrlich, der für seine Familie den Ausreiseantrag 1983 gestellt, ihn 1988 erhalten hatte und seitdem im schwäbischen Oberstenfeld lebt, sagt im Rückblick auf die Jahre in Kleinzschachwitz: »Das, was wir dort hatten, kommt nie wieder. Auch, wenn ich zurückgekehrt wäre nach 1989, es war vorbei. Die Freunde zerstreut. Und von denjenigen, die geblieben sind, haben viele eine Stasi-Vergangenheit. Wir waren ja im vom Thomas besungenen Garten von Kleinzschachwitz umstellt von Spitzeln, nicht nur, wenn wir dort unsere Feste feierten, wenn Kolbe und Hegewald kamen, wenn man sich Gedichte vorlas. Ohne Birgit hätte Thomas es nicht geschafft, durch die DDR zu kommen. Immer haben wir uns gefragt: ›Wie macht die denn das?‹«

Thomas Rosenlöcher sagt über den Augenblick des Abschieds auf dem Neustädter Bahnhof in Dresden: »Das Furchtbare war, daß nicht die Davonfahrenden die Verabschiedeten waren, sondern wir.« In seinem Gedicht »Benedikt verbrennt die Engel« heißt es:

> Und wir rannten – ja der letzte
> macht das Licht aus – fünf sechs Schritte –
> mit dem Zug mit – Sehn uns doch
> dereinst wieder, wo die Engel
> freudig mit den angekohlten
> Flügeln klappern – Und fort warn sie.
> Und wir standen ganz allein
> mit den Spitzeln auf dem Bahnsteig,
> die mit uns ins Leere winkten.

Nach dem Ende der Teilung Deutschlands schrieb Rosenlöcher diesen Schluß:

> Aber eh der Mond hangüber
> zwölfmal in die vollen ging,
> steht mir bei, ihr blassen Bierchen –
> überm Fluß ein tausendfaches
> schluchzend singendes Geschrei:

> Deutschland, Deutschland war vereint.

> Mann, daß wir uns noch mal sahn,
> ehe wir gestorben waren.

> Golden färbten sich die Biere.

> Und wir standen an der Klappe,
> nippten je an jeweils Einem.
> Mußten heute ja noch weiter,
> teils ins Ausland, teils nach Hamburg.
> »Warst du etwa auch ein Spitzel?
> Warum bis du hiergeblieben? –
> Meine Engel sind verbrannt.«

Das Ende des »Dreibuchstabenlandes« beschrieb Rosenlöcher in einem Tagebuch, das er am 8. September 1989 begann und das er mit der ersten freien Wahl für die Volkskammer am 19. März 1990 abschloß. Für den Abdruck dieses Tagebuchs, mit dem die Dresdner Tageszeitung »Die Union« im Oktober 1989 begann, verschob sie ihren Fortsetzungsroman. Nicht mit seinen Gedichten wurde Rosenlöcher in der alten Bundesrepublik bekannt, sondern mit diesem Tagebuch, das unter dem Titel »Die verkauften Pflastersteine« 1990 in der edition suhrkamp erschien. Der Gedichtband »Schneebier«, 1989 bei Residenz in Wien in Lizenz noch erschienen und Rosenlöchers erster Band im Westen, ging im Getöse der Wende unter.

Im Gegensatz zum barocken Gestus als Lyriker ist Rosenlöcher in seiner Prosa auf eine Knappheit aus, die dem großen Geschehen seinen Kern abringt. Beim Bürgerforum dabei, weiß er zugleich: »Das Ausmaß deiner Isolierung noch nie so deutlich wie jetzt.« Und: »Die, mit denen du jetzt unterwegs wärest, sind im Westen.« Wolfgang Hegewald kommt nach Dresden, und Rosenlöcher notiert: »Reden die halbe Nacht über Infantilität und Unterwürfigkeit der hier Aufgewachsenen. Selbst Wolfgang, er ist nun schon fünf Jahre weg, wäre dergleichen fortwährend anzumerken. Zerknirschungsgesichter. Blatternarbige Häuser ...« Von Hegewald hört er aber auch: »Reisen bedeutet auch, Stück um Stück Utopie vernichten.« 1986 hatte Rosenlöcher das erste Mal in den Westen gedurft – nach Amsterdam als Stipendiat zu seinem unermüdlichen Förderer Bormann.

In der Wende macht sich Rosenlöcher auf Reisen, auf Utopievernichtung. Heidelberg ist nicht das Heidelberg seiner Vorstellungen und Eichendorff dort nicht zu finden. Tübingen ist als Enttäuschung nicht ganz so groß. Aber mit Hölderlin hat die Stadt nichts mehr zu tun. In Bayern: »Wie sie ihre Kirchlein weißleuchten. / Sie halten den Herrgott im Dunkeln nicht aus.« In Wien fehlt Mozart. Allein in Kleinzschachwitz sind sie alle versammelt, die er auf Reisen nicht fand. Er hätte es wissen müssen. Und er weiß es ja eigentlich auch.

»Methode: Augen zu«, schreibt Rosenlöcher in seinem Gedichtband »Die Dresdner Kunstausübung« aus dem Jahre 1996:

> Aufheben das Gesicht, die flatternden
> Lider: Ins hin und her durch die schwarzen Äste
> stürzende, jeden Zwischenraum
> mit Augenblicken voller Leichtigkeit
> füllende Weiß, bis oben durch die Höhlung
> gefrorner Explosionen, baß erstaunt,
> der Himmel sah und zwölf Millionen Bienen
> stehenden Fußes auf und niedergingen,
> daß ich im Sog, wenn auch nur einen halben
> Millimeter, über den Berg entrückt,
> aufschwebte und, die Arme angelegt,
> im Blütensausen und Insektengedonner,

verharrte, bis ich, abermals die Augen
schließend, zur Landung ansetzte und ging,
als lichtgesalbter für ein ganzes Jahr.
So diesmal auch. Nur standen meine Füße
wie angestemmt...

Thomas Rosenlöcher auf dem Weg von Kleinzschachwitz nach
Beerwalde ins neue Heim – bei Niederbobritsch angesichts von
Baumkrüppeln am Ackerrand, die die »Idee gebenedeiten Blühens«
aufrechterhalten:

Wer glaubt schon noch, was, da wo keiner glaubt,
zu glauben Pflicht wäre: Ans Unmögliche?

»Hirngefunkel« eines Dichters (»Im Augenblick wird die Ewigkeit
knapp«), für den es gilt, »dem Tod die Arbeit möglichst schwer zu
machen«. Immer den Blick auf Kleinigkeiten bei der Wiederein-
lösung der großen Wörter, die verlorengegeben sind. In seinem Protokoll der Wende notierte er: »Um die Gaslaternen in Kleinzschachwitz, die auch in den Westen verscheuert werden sollen, sind
Zettelchen gebunden: ›Ich möchte hier weiterleuchten‹ – Großer
Himmel, ich auch.« Die Pflastersteine der Pirnaer Landstraße waren
noch kurz zuvor in den Westen gewandert – gegen Devisen für das
SED-System.
Nach der Wende, als die Gedichte nicht fließen wollten, erhoffte
sich Rosenlöcher Inspiration auf einer Harzreise: »Auf die Berge
will ich steigen...« Mit Goethe im Ohr und Heine im Herzen
machte er sich auf die »Wiederentdeckung des Gehens beim Wan-
dern«, wie der Titel seines zweiten Prosabandes heißen sollte. In
Wernigerode, so berichtet er, ging er zum Münzfernsprecher und
telefonierte mit seiner Frau:
»Ich habe aufgegeben.«
»Das kommt doch gar nicht in Frage.«
»Andauernd regnet es.«
»Es hört auch wieder auf.«
»Du sollst mich mal hinken sehn.«
»Lieber nicht.«
»Aber ich liebe dich.«
»Du bist doch erst zwei Tage fort.«
Birgit Rosenlöcher, die der Dichter seit Schulzeiten kennt, hat sich
nach mehr als drei Jahrzehnten Ehe das Staunen über das Staunen
ihres Mannes erhalten, weiß um die Weltnähe seiner Weltfremdheit.
Sie hat mit ihrer Arbeit als Museumspädagogin am Dresdner Zwin-

ger wesentlich den Unterhalt der Familie ermöglicht. Zwei Söhne und eine Tochter hat sie großgezogen. Der älteste Sohn, gehirnoperiert in der frühen Kindheit, nach der Wende entlassen aus seiner Stellung in einer Schiffswerft, geriet in eine psychotische Situation. Bei der Suche nach Hilfe für den 21jährigen Johannes glaubte sie an die besseren Möglichkeiten im Westen und wurde enttäuscht: »Ich hatte den Eindruck, daß dort der Patient für das therapeutische Personal da ist und nicht umgekehrt das Personal für den Patienten.« Heute hat der Sohn auf einem sächsischen Bauernhof, auf dem psychisch Kranke arbeiten, zu sich gefunden.

Die Enttäuschung hat den Namen Sauerland. Ausgezeichnet mit dem Märkischen Stipendium für Literatur, lebte Rosenlöcher von 1991 bis 1993 mit seiner Familie im Amtshaus von Letmathe (Kreis Iserlohn). Birgit Rosenlöcher erinnert sich: »Mein jüngster Sohn Moritz kam in Iserlohn in die neunte Klasse, und er bekam zu spüren, daß er aus dem Osten war. In der Rangliste der Abneigung kamen zuerst die Türken, dann die Italiener, und als dritter kam er. Er war ein aufmüpfiger Junge in einer angepaßten Schule.« Moritz Rosenlöcher machte dann im sozialen System der dänischen Tvindschulen-Bewegung mühelos sein Abitur. Tochter Ulrike, Erzieherin, blieb im Sauerland, heiratete einen Westfalen. Der Dichter Rosenlöcher über das Sauerland:

> Und dann die Spaziergänge abends im Dunkeln.
> Türen mit Myrte und Posthorn geschmückt.

Ein Schritt – und ertappt von aufgleißenden Lampen
blieb dein erschrockener Schatten zurück.

Und der Weg in die Kneipe führte ins Schweigen
von Männern, hier auch im Exil.
So daß du sie ansprachst. Doch keiner verstand dich
im Sauerlandradiogebrüll.

Noch immer geht der Schriftsteller seinen Sachsen nach – also sich selbst:
»Sächsisch durften wir schon als Kinder nicht reden. ›Sprich anständig, Domas‹, sagte die Mutter, die auch sächsisch sprach. ›Sprich ordentlich, Domas‹, sagte der Lehrer, der auch sächsisch sprach. Sächsisch sei kein Dialekt, sondern eine Maulfaulheit… ›Das heißt nicht heeßt, das heeßt heißt.‹ Welche Deformationen mag dieses fortwährende: ›Sprich ordentlich, Domas‹ in einem Menschen bewirken? Dieses ständige Klopfen auf den Schnabel, bis ihm der Schnabel selbst im Wege ist? Bis er verstummt oder anfängt mit frisierter Schnauze zu sprechen. Haben wir hier eine Ursache für die oft konstatierte, in Residenzdresden stärker als in Messeleipzig ausgeprägte sächsische Unterwürfigkeit?«
Aber was ist mit dem Opportunismus der Menschen aus dem Westen Deutschlands. »Wir haben unseren eigenen hier zumindest problematisiert«, sagt Rosenlöcher. Wer aber problematisiere seine Anpassung in der alten Bundesrepublik, wer nehme sie wahr, die

Das Paar Rosenlöcher: Eltern zweier Söhne und einer Tochter, seit drei Jahrzehnten verheiratet.

»neuere Gaunersprache«, wie sie in Managementschulen geübt werde? Und wer wehre sich dort dagegen?

Den einfältigen Bildern der erfahrenen Ideologie hatte Rosenlöcher sich mit seiner Lyrik widersetzt. Jetzt setzt er seine Existenz gegen die vielfältigen Bilder aus dem Produktions-Konsum-Rendite-System, die auch nur Kopien sind: »Jedes will alles sein und alles ein anderes.«

> Was kann der Verurteilte anderes tun,
> als aufstehn, in die Küche gehn,
> ein Schluck Wasser nehmen,
> beim Blick in die Zeitung das Urteil
> nochmals bestätigt finden,
> hinaus aus dem Fenster sehn,
> wo oben über die Kreuzung
> bei Rot ein Fahrzeug herangeprescht kommt,
> genau vor der Tür hält. Ein Kerl
> herausspringt und aufgeregt winkt.
> Aufschub bis ans Lebensende.

Thomas Rosenlöcher im Krähwinkel Beerwalde schaut auf Jean Paul, der innere und äußere Gegebenheiten in einer Woge von Musik aufzulösen suchte. Er schaut auf Eichendorff, also auf den Augen-Blick des Entzückens, eines Entzückens, das nie nach, sondern immer vor der Vertreibung liegt. Thomas Rosenlöcher schaut auf eine Literaturtradition, in der sich, wie er sagt, »eine Sehnsucht nach Zusammenhalt« ausdrückt.

Rosenlöcher sagt: »Wir wohnten ja zu DDR-Zeiten nicht einmal in Sachsen. Wir wohnten ja im Bezirk Dresden. Saßen wir vor der Glotze, wenn wir mal aus Dresden herauskamen, und wir sahen in die Fußballweltmeisterschaft, dann hörten wir, Deutschland greift an, und wir waren nie damit gemeint. Das war ein eigentümliches Gefühl, weil man immer wieder auf diese Dinge stieß. Im Grunde lebten wir in einem Deutschland, das kein Deutschland war. Ich habe immer das Deutschland-Sehnsuchtsgedicht schreiben wollen. Es ging bloß nicht. Es wäre die Quadratur des Kreises gewesen.« Es geht noch immer nicht.

»Diese neuere Methode, auf die alte Art Deutschland zu rufen, steckt mir noch immer in den Knochen«, schrieb Rosenlöcher nach dem Zusammenbruch der DDR. Rosenlöchers alte Art, Geschichte hervorzuholen, unterscheidet sich von der seines alten und seines neuen Staates. Der Kommunist und der Kapitalist sind ihm Karikaturen des Lebens. Nach der Vereinigung Deutschlands sieht Rosenlöcher beide gemeinsam in der Entropiegeschichte. Kein Schnee, dessen Weiß nicht verfinstert würde.

»Daß alles Schaun ein Abschied ist«, hat Rosenlöcher geschrieben. Noch läuft der alte Mietvertrag für die Wohnung in der Wilhelm-Weitling-Straße 4 in Kleinzschachwitz, in der sein jüngster Sohn noch lebt. Im Garten entstand ein Einfamilienhaus. Noch steht Rosenlöchers alter Apfelbaum, den seine Phantasie stützte. Der Dichter kommt von seinem Ort nicht los, kommt immer wieder vorbei, schlendert zur Elbfähre hin.

»Nuu, Roschenlöcher. Dichtest de wieder?«

»Ach was. Spaziern geh ich.«

»Klar dusde dichden. De Vöchel singen im Gezweich.«

Der Dichter in seinem Arbeitszimmer.

Kurt Drawert:

Wohnen in westlichen Worten

Er war das Kind, das schon gut sprechen konnte, bis sich die Worte in seinem Mund verwirrten, ehe sie sich völlig vor jenen versteckten, die ihm eine Sprache aufgezwungen hatten, die er nicht sprechen wollte. »Das Kind ist vollkommen blödsinnig geworden«, hörte er seinen Vater zu dessen Vater sagen. Zur Strafe sperrten sie den Jungen in die Dunkelheit des Kellers ein, ohne zu ahnen, daß er eine Sprache verlassen hatte, in deren Gefängnis sie sterben würden.

»Ich habe rechtzeitig den inneren Kontakt unterbrochen und bin davongegangen, um dieses Bildnis der Lüge nicht länger zu sehen, das mich umgab«, schreibt Kurt Drawert über seine Sprachverweigerung in seinem 1992 erschienenen Prosaband »Spiegelland«, der anhand einer privaten Geschichte zeigt, was die zwei Totalitarismen im Deutschland dieses Jahrhunderts angerichtet haben: die Verstörung des Menschen durch die Sprache der Ideologie.

Großvatersystem und Vatersystem entwickelten jenen Druck im Kessel DDR, deren Folgen nach dessen Entweichen die Menschen noch immer so verschließen, daß der Westler den Ostler und der Ostler sich selbst letztlich nicht begreift. Wäre da nicht dieses Buch des 1956 im brandenburgischen Hennigsdorf geborenen und in Dresden aufgewachsenen Kurt Müller, der als Achtzehnjähriger bei seiner Heirat das Müller-System verließ und mit Kurt Drawert den Namen seiner Frau annahm.

Die Heftigkeit des affektiven Schocks, den er als Kind durch die Sprachvergewaltigung erlitten hatte und die er als Dichter in »Spiegelland« weitergibt, treibt das Tatsächliche seines Lebens in die Tatsächlichkeit einer Sprache, in der die Suche nach seinem wahren eigenen Körper nicht aufgegeben wird. Was mit dem Körper passiert, wenn man ihn mit der Sprache einer simulativen Realität verletzt, ist nicht nur die Geschichte der in die DDR hineingeborenen Generation, sondern auch die der Großväter und Väter, die selbst Opfer solcher Manipulation geworden waren und sie weitergaben.

Kurt Drawerts väterliche Linie läuft tief ins Habsburger Reich hinein, also in Identitätszerstörung und Neubestimmung. Der Urgroßvater war der letzte k.k. Stadtkommandant von Innsbruck, der Großvater als »Rucksackkind« dieses Offiziers geboren im böhmi-

Einer, der den Namen seines linientreuen Vaters ablegte und den seiner ersten Frau annahm: Kurt Drawert, in die DDR Hineingeborener, heute wohnhaft in Darmstadt.

schen Aussig, der Vater in Tetschen. Aus Aussig wurde 1918 Ustí nad Labem und aus Tetschen Děčín. Mit dem Untergang des Habsburgreiches endete die familiäre Offizierstradition. Großvater und Vater wurden Bürger der Tschechoslowakei. Als Sudetendeutsche holte der »Führer« sie und ihre Wohngebiete »heim ins Reich«. Nach Kriegsende schickten die Tschechen sie dorthin, auch die Müllers, die am Rande Berlins ein neues Zuhause fanden.

Für den Enkel war der Großvater ein Gegner der Nazis, der aus der Wehrmacht desertierte und nach amerikanischer Gefangenschaft als überzeugter Marxist an der Seite der SED war – bis zu jenem Augenblick, in dem dem Kind aus einer verschimmelten Pappschachtel im Geräteschuppen ein Foto entgegenfiel: der Großvater uniformiert in sieghafter Pose unter seinen Söhnen. Auf der Rückseite seine Notiz: »Für Führer, Volk und Vaterland – Weihnachten 1941«.

Alles, aber auch alles Lüge, dachte der Enkel, und es war nicht das Foto allein, das den Großvater für alle Zeiten als Heuchler entlarvte. Es war, wie Kurt Drawert in »Spiegelland« schreibt, »die gefundene Fotografie auf dem Hintergrund aller Ansprüche und Behauptungen gewesen, die meine Verehrung haltlos werden ließ«. Da hatte sich einer von der blinden Gefolgschaft zu den Nazis in die blinde Gefolgschaft der Kommunisten begeben – unter Austausch des ideologischen Gewandes:

»Und vielleicht hat sich die ganze Generation meines Großvaters oder doch ein großer Teil dieser Generation dadurch, daß sie sich erfand, abwesend gemacht, vielleicht waren sie in Wahrheit alle Gefallene des Krieges, die gestorben weiterzuleben hatten bis zum

Drawerts beide Großväter: rechts der Großvater väterlicherseits, ein strammer Marxist, der ein strammer Nazi war. Ein Schock in der Kindheit, den Drawert im Hinterhof des vorderen Hauses in Hohen Neuendorf erfuhr.

Tod und unterwegs alle Ämter und Funktionen übernahmen, um sich selbst und ihre Abwesenheit zu vergessen.«

Der Autor von »Spiegelland« sieht, wie die Trauerarbeit an der Vergangenheit von 1933 bis 1945 auch in der DDR, nur in anderer Weise als in der Bundesrepublik, verweigert worden ist: »In diesem Land, dachte ich, konnte sich jeder, wenn er sich nur an die sprachliche Verabredung hielt, fast über Nacht in einen Widerstandskämpfer und Antifaschisten verwandeln, der Fotografien seiner Vergangenheit in den dunklen Winkeln der Geschichte gelassen hat und für den es fortan ein Lebenswerk war, sich durch die verlorengegangenen Zeichen nicht entblößen zu lassen.«

Kurt Drawert sieht schreibend, was er als Kind gehört hat, seinen Vater, wie er auf Geheiß seiner Großmutter an einem Sommertag nach Kriegsende an den Fluß geschickt wurde, um die Nazibücher, Dokumente, Briefe und politisch auffälligen Fotos zu versenken, und wie sein Vater hilflos mit einer Zaunlatte im Wasser herumfuchtelte, um das Papier wieder an Land zu ziehen, weil es von der Strömung hin- und hergewirbelt, aber nicht in die Tiefe gezogen wurde.

»Man kann keine Zeichen, die in der Welt sind, vernichten«, heißt es in dem Buch. Zeichen für Zeichen zieht Drawert an Land, um seiner Sprachtraumatisierung in der Kindheit auf die Spur zu kommen. Da ist die Mutter, die nach dem Schulunterricht des Jungen die sozialistische Alphabetisierung zu überwachen hat (»Wir üben gerade hundertmal ›Arbeiter- und Bauernstaat‹ und ›Revolution‹«) Doch die Mutter, die am selben Nachmittag mit dem Kind im Wald Pilze sammelt, läßt vor Schreck den Korb mit Pilzen zurück, als sie Russen sieht, die Beschützer des Arbeiter- und Bauernstaates.

Bis 1967 leben die Müllers aus dem Sudetenland im Havelbereich von Borgsdorf und Hohen Neuendorf. Die Mutter des Schriftstellers stammt aus Berlin, wo deren Eltern eine Gaststätte hatten. Der Vater sucht einen Anfang als Autoschlosser und macht dann eine Karriere bei der Polizei. Er ist der älteste Sohn von sechs Kindern, in der Kriegszeit eine Art Vaterersatz für seine Geschwister. Die Geschichte jener Zeit und die der Vertreibung, wie er sie erlebt hat, darf keinen Platz haben in jenem SED-System, dem er sich verschreibt.

»Vaters tägliche Arbeit war«, schreibt Kurt Drawert, »den negativen Schatten seiner selbst, den jeder von sich hinterläßt, zu kontrollieren und zu beeinflussen und nötigenfalls zu zerstören, er ist beauftragt worden, sofort auf den schwindelerregenden Abgrund, den die Menschen in sich haben und in den sie gelegentlich stürzen, zu reagieren … So war Vaters Blick nicht auf den Menschen gerichtet, sondern er war auf dem Abgrund des Menschen gerichtet. Vaters Arbeit

Fröhlich noch bei der Einschulung: Doch die Verstörung des Jungen durch die Sprache der Ideologie folgte schnell.

war es, zu überführen, und er überführte den ganzen Tag und nicht selten bis in die Nächte hinein …«

Der Vater war Kriminalist und zählte seit 1967 in Dresden, wohin die Familie gezogen war und wo auch der Großvater als Gewerbeleiter eine Anstellung gefunden hatte, als leitender Kripobeamter zur Nomenklatura des Systems. Man wohnte im Zentrum der Stadt in einer Neubauwohnung. Die Situation kennzeichnet Drawert in seinem Buch so:

»Dieses ganze Dresdner Innenstadtviertel bestand fast ausschließlich aus hochbeamteten Vätern mit verkommenen, zumeist einzelnen Söhnen und Töchtern, die es mit vierzehn schon machten in einem provisorisch eingerichteten Keller…, wir waren die zu bummeln und zu trinken beginnenden verzweifelten Söhne ohne Herkunft und Ziel, ›Macht aus dem Staat Gemüsesalat‹, ›Wir wollen alles und jetzt‹.«

»Hineingeborene« der spätsozialistischen Realität. Geboren im Jahr der Enthüllungen stalinistischer Verbrechen auf dem XX. Parteitag der KPdSU und des Ungarn-Aufstandes, der Zwangsemeretierung Ernst Blochs und des Todes von Bertolt Brecht, im Jahr, als Uwe Johnson mit »Ingrid Babendererde« sein erstes Buch zu schreiben begann.

Was in Drawerts »Deutschem Monolog«, wie der Untertitel seines Buches lautet, sichtbar wird, ist die Koinzidenz nicht nur von Individual- und Ideologiegeschichte dieses Jahrhunderts, die nach dem Nationalsozialismus im Sozialismus ihre verheerende Vollendung fand.

Die übermächtigen Vaterbilder, in der Bundesrepublik längst geschleift, lebten in der Verbindung mit dem Sozialismus-Begriff in der DDR weiter. Äußerst bequem für eine Linke im Westen, die das DDR-System durchaus kritisierte, sich aber gefahrlos aus dem Götterfundus des Sozialismus bediente: Mao, Ho Tschi Minh, Che Guevara, Fidel Castro …

Für Drawert ist dies die ewige deutsche Sehnsucht nach dem Führer, der Autorität. Eine Sehnsucht, die auch die Repräsentanten der DDR-Literatur von Stephan Hermlin über Stefan Heym bis hin zu Christa Wolf antrieb. Im Dienste des Hofes erhielten sie dem SED-System Sinn und Machtkompetenz in ihrer kritiklosen Kritik der textlosen Sozialismus-Texter.

Kurt Drawert zerstört die Legende von den antifaschistischen Vätern selbst dort, wo sie es waren. Denn angebunden an jene Macht, die ihre Ideologie vertrat, kamen sie zur Machtübernahme in die Sowjetzone aus dem Moskauer Exil als Verräter der eigenen Genossen, als Korrumpierte, als Zyniker zurück. In ihrer erlittenen Ohnmacht, ihrer Schwäche, die sich hinter Prinzipien zu verbergen wußte, fanden diese Sozialisten ein ideales Pendant in jenen Nationalsozialisten, die wie Drawerts Großvater sich ihnen anschlossen.

Die Existenz des Großvaters, wie sie sein Enkel beschreibt, bestand in der zähen Behauptung, gegen die Nazis gewesen zu sein, »eine verlogene Existenz, die sich mit einem Staat und einer Macht verbündete und für sie engagierte, die selbst nicht anderes als eine Erfindung war«.

Es ist jene Generation, mit der sich Christa Wolf in ihrem autobiographischen Buch »Kindheitsmuster« (1972) auseinandergesetzt hat.

Das Verhalten jener Generation ist Drawert aber nur die Vorausetzung für das Versagen der Generation Christa Wolfs, zu der auch Drawerts Vater gehört, der die autoritäre Fixierung wie Christa Wolf von der einen Diktatur in die andere schleppte: das einstige Flüchtlingsmädchen aus Landsberg a. d. Warthe und der Flüchtlingsjunge aus Aussig a. d. Elbe.

Drawert schreibt über sich als Kind: »Früher, ehe es in die Welt des Sprechens geraten war, muß es sich sicher gefühlt haben, daß nichts in den Körper einzudringen vermag und daß alle möglichen Strafen und Regeln an der Oberfläche haftengeblieben sind und das Innere nicht berührten. Die Worte aber drangen wie vergiftete Pfeile ins Fleisch, über sie hatte das Kind sich mitzuteilen und sein Innerstes nach draußen zu bringen, wo es den korrigierenden und beeinflussenden Blick des Vaters gab, der die Wirklichkeit des Kindes seiner Ordnung unterstellte. Diese Ordnung aber war etwas Fremdes und Äußeres gewesen, das die Sprache verdarb und sie mit einer Gewalt in Verbindung brachte, die in dieser Gesellschaft sein muß...«

»Wir müssen uns aussprechen, wir müssen eine Aussprache führen«, sagte der Vater zum Sohn, und der dachte: »Alles hat er dir zerstört, was du gerade zu lieben begonnen hattest, ich bekam Fotos geschenkt, aber es waren feindliche Fotos, und er hat sie zerrissen, ich las Bücher, die feindliche Bücher waren und die er verbrannte ...«

Der Vater las nach dem Abendbrot in »Büchern des Todes, in denen alle Formen des Verbrechens und der Verwesung und der Hinfälligkeit und der gewaltsamen Zerstörung abgebildet und erläutert waren«, in seinem Arbeitszimmer voller Tötungsliteratur, das der Sohn vom Dunklen ins Helle des Schreibtisches zu durchschreiten hatte, um dem dort wartenden Vater »die Gutenachthand zu geben«. Ein Zimmer des Todes, wie das Kind empfand.

Die Umkehrung der Machtverhältnisse erlebte Drawert, als er seinen Vater nach einem Herzinfarkt im Krankenhaus besuchte: Der Sohn kommt aus dem Licht und trifft auf den im Dunkeln liegenden

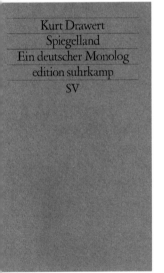

Vater auf der »Schattenseite der Existenz«. Es ist jener Moment, in dem er aus den »kranken Räumen« des »beschädigten Sprechens« herausfindet, Liebe für den Vater empfindet; »denn er war mir in dieser Hinfälligkeit und in diesen Sturz tief in sich hinab ein Mensch gewesen«.

Der Vater wird bei aller Härte der Anklage des Sohnes aber nicht erhöht zur negativen Symbolfigur, zur Identifikationsfigur des Bösen. Der naheliegende Vernichtungswille des Vaterkonkurrenten ist auch nicht ablesbar in Sätzen wie diesen: »Mein armer Vater und mein armer Großvater, sie haben ihre Liebe gegen die Ideologie eingetauscht und sie verspielt. Ich denke nicht daran, das nicht abscheulich zu finden, ich denke nicht daran, die Kränkung zu vergessen und zu verzeihen und die Kränkung durch Verzeihungen ungeschehen zu machen für ein kleines, eitles Gefühl scheinbarer Überlegenheit, das sie schließlich mehr demütigen würde, als mein Haß sie demütigen kann …«

Was hier beschrieben wird, ist letztlich kein Abschied vom Vater, wie er in jenen westdeutschen Büchern der siebziger und der beginnenden achtziger Jahre zu finden ist – von Bernward Vespers »Die Reise« über Paul Kerstens »Der alltägliche Tod meines Vaters« bis hin zu Christoph Meckels »Suchbild«. Alle diese Vaterbilder wurden postum verfaßt. Akte wirklicher Befreiungen waren diese Bücher nicht, eher Selbstbestätigungen, längst befreit zu sein.

Der Vater in Drawerts »Spiegelland« lebt und möchte in der heftigsten Abstoßung gewonnen werden. Dieses Buch des Sohnes hat den Vater nicht ruhen lassen, bis er ihm seine Lebensversion entgegenhalten konnte. In ihr ist die Lebenslüge des eigenen Vaters durchschaut, seine eigene freilich nicht. Sie hat neues ideologisches Futter gefunden. In der Hochrechnung der Schuld anderer. »Mein Vater ist in der landsmannschaftlichen Ecke der Sudetendeutschen gelandet«, sagt Kurt Drawert. Noch immer muß das Kind-Ich des Sohnes einen imaginativen Vater mit sich herumtragen, um ihn nicht in sich töten zu müssen.

Der lebensbilanzierende Vater antwortet dem Sohn in einem Sekundärtugendton, der Entsprechungen mühelos auch in der alten Bundesrepublik findet. Dieser Sekundärtugendton mündet immer in den Satz: »Ich habe mir nichts zuschulden kommen lassen.« Der Vater brauchte die Ideologie der Illusionsgeborgenheit und handelte insofern richtig nach den Maßstäben der Illusionsrealität des SED-Systems. Genau das war die Katastrophe für den Sohn gewesen.

Das literarische Ich, das in »Spiegelland« seine Herkunft zu zerstören versucht, um bei sich wohnen zu können, hat dennoch eine Heimat, jenes Kakanien, auf dessen Boden Hugo von Hofmannsthals

»Brief des Lord Chandos« und Franz Kafkas »Brief an den Vater« wuchsen. Der »brückenlose Abgrund«, vor dem Hofmannsthals verstummender Lord Chandos steht, ist zwar ein anderer als der des sprachtraumatisierten Kindes, wie es Drawert zeigt, aber die individuelle Erfahrung beider Figuren, daß ihnen die Sprache verschlagen wird im Zerbrechen des Daseins als Einheit, ist die gleiche.

Formulierte Hofmannsthal zu Anfang des Jahrhunderts die Sprachkrise des Lord Chandos aus der Fülle der Sprachmöglichkeiten heraus, so geschieht dies am Ende des Jahrhunderts bei Drawert in der Sprachnot eines existentiellen Mangels. Kafkas Vorstellung vom Vater, den sich der Sohn in seinem Brief von 1919 auf der ausgespannten Erdkarte »quer über sie hinweggestreckt« vorstellte, ist für Drawert die Ideologie, die zu leben hindert.

Von seinem alten Vater berichtet der tschechische Schriftsteller Milan Kundera in seinem »Buch vom Lachen und vom Vergessen« (1978), wie dieser die Ideologie hinter sich läßt und wie er versucht, dem Geheimnis von Beethovens Alterswerk der kleinen Form auf die Spur zu kommen. Je näher er dem Geheimnis kam, desto mehr versteckten sich die Wörter in ihm. Und Milan Kundera, der Sohn, schreibt: »Es war ein wunderliches Reden zwischen einem, der nichts wußte, aber viele Wörter kannte, und einem, der alles wußte, aber kaum mehr Wörter kannte.« Der Vater fand den Sinn, ohne ihn gegenüber dem Sohn noch aussprechen zu können.

Das Kind in Drawerts »Spiegelland« und der Vater von Kunderas »Buch vom Lachen und Vergessen«: Verstummen, um das Geheimnis zu bewahren vor dem Begreifen, vor der Zerstörung, die im Begreifen geschehen kann. Als Kurt Drawert nach der Wende von 1989 an den Geburtsort seines Vaters in die Tschechoslowakei fährt, da weiß er nicht, daß er sich als Dichter längst auf kakanischem Grund bewegt. Er weiß es auch heute noch nicht.

Auf jener Fahrt wollte er nichts anderes sehen als die Häßlichkeit einer zerstörten Landschaft, die die Intensität des Kindheitsschmerzes übertreffen muß, um diese »Rückkehr in die Gegend der Herkunft« zu ertragen: »Ich haßte den Osten, der das aus den Menschen gemacht hat, ich haßte es, die Vergangenheit meiner Herkunft zu sehen und alles spiegelbildlich zu erleben und zu verstehen und im Verstehen entblößt und erinnert zu werden, und ganz besonders haßte ich die Lust, die, da ich nur noch Körper gewesen war, in mir aufkam und mich auf das billige Angebot herabzog.«

»Dem Scheitern einen Grund zu geben / Und jenes Ende zu beginnen / mit einem Anfang«, heißt es in einem der frühen Gedichte Drawerts. Mit dem Vater ist er wie mit sich selbst immer wieder vor dem Anfang. Ewig muß er sich seine Anfänge erkämpfen, muß

Abscheu und Ekel überwinden. »Alles Stabile definiert sich bei mir nur durch das Wort«, sagt er. Aber seine ästhetische Lebensanschauung, die nach Sören Kierkegaard Verzweiflung ist, braucht ideologische Halterungen. Halterungen eines begrifflichen Denkens, das sich vor der sinnlichen Erfahrungswelt zu schützen versucht, ihr mißtraut.

»Ich litt an zu viel Gefühl, ich wollte weniger fühlen«, schreibt der über seine Kindheit reflektierende Drawert in »Spiegelland«. Angst ist geblieben vor jeder Art von Liebe, in der er nicht der Mächtige ist, in der er ausgeliefert ist als der Schwächere. In Drawerts Liebesgedichten schwingt immer schon im Anfänglichen das Scheitern mit: »Wer liebt, ist immer auch verloren / An jenes Glück, das man gewinnt / Als Sand, der durch die Hände rinnt...«, heißt es an einer Stelle noch sanft, an anderer hart im Bewußtsein erinnerten Gedemütigtseins: »Zuviel Gefühl / bringt dich ans Messer...«

Drawert schreibt: »Die Liebe ist auch nur sprachliche Verwirrung, ein kompliziertes Mysterium, das die einander ausschließenden Impulse vereint. ›Liebe‹, wir kennen das Wort, wir kennen es, wie viele Stürze bis auf den schalen Grund dieses Wortes haben wir erlebt, wieviel Erwartung und Betrug hat es gebracht, wieviel Enttäuschung handelt es sich ein, diese euphorischste aller Vermeintlichkeiten...«

In jeder Beziehung befürchtet dieser Kurt Drawert in der Vereinigung die Unterwerfung durch Tilgung. Die Poesie als Ausdrucksmöglichkeit, sich mit Worten Freiheiten herauszunehmen, hat ihn zwar abgesetzt von der väterlichen Wirklichkeit, aber die Arbeit des Naivwerdens, also Vertrauen zu sich selbst zu gewinnen, ist dauernd gefährdet. Daß das Du in der Kindheit abgewiesen werden mußte, um das Ich vor der Entmündigung zu bewahren, macht es Drawert so schwer, einem Du zu vertrauen, das nicht festhält, das offen läßt wie die Liebe.

Der Weg des anfänglichen Bestschülers Kurt Müller aus dem Brandenburgischen in die stumme Ablehnung des Utopie-Systems im Dresdner Privilegiertenmilieu war von der Bedrohung durch das SED-System her ein kalkulierbares Risiko. Nur kalkulierte der Sohn des Polizeioffiziers nicht. Heute weiß Kurt Drawert: »Wenn ich einen Arbeiter zum Vater gehabt hätte, wäre ich in den Knast gekommen.« Er weiß auch, warum jede Kritik vom Vater unter Strafe gestellt wurde: »Er hatte Angst vor der Gefährdung seiner Karriere.«

Ein Monsieur Vivisecteur, der durch seinen Beruf in der Verbindung mit jener Wissenschaftlichkeit beanspruchenden Ideologie doppelt gefährdet war. Um in ihr zu bestehen, mußte der aus der Verlustwelt des Böhmischen kommende Vater seine Gefühlswelt trennen von ihren Äußerungsmöglichkeiten. »Von Gefühlen war bei ihm fast nichts mehr zu spüren. Und wenn doch, kamen sie gespreizt daher«, erinnert sich Kurt Drawert, der auch ein Monsieur Vivisecteur ist, allerdings mit entgegengesetzter Prämisse: Die Existenz ist nicht systematisierbar.

> Das Bewußtsein. Die Wahrnehmungen.
> Die Worte, die um den Verstand kreisen
> wie Insekten ums Licht, ohne selbst
> Licht zu sein. Wer gab einen Namen
> für meine Geburt? War ich nicht
> der Galeerensträfling einer Freiheit,
> die eine Freiheit für nichts war?
> War ich nicht ein Hätschelhund
>
> mit geordneten Zähnen und geregelter
> Zukunft, der auf dem Schoß saß der
> Geschichte, die eine Geschichte ohne mich
> war??...

Funktionärskind in privilegierter Situation: der sechzehnjährige Kurt Drawert, seit 1967 in Dresden, wo sein Vater ein hoher Kriminalbeamter war.

Der Rückblick Kurt Drawerts 1984 auf die Jugendjahre in Dresden, wo er sich in Kellern mit anderen Funktionärskindern traf, die sich von ihren Vätern abgewandt hatten, wo die Literatur zum »einzig lebensfähigen Raum« wurde. Hermann Hesses »Steppenwolf« als Einstieg in den Ausstieg aus dem SED-Systems. »Ich hab' den ganzen Hesse nach dieser Erfahrung verschlungen, Buch für Buch«, erinnert sich Drawert, »dann Dostojewski, Nietzsche, Sartre, mit Sartre den ganzen Existentialismus, Kierkegaard.«
Sartres »Sein und das Nichts«, das 1943 in Frankreich erschien, ist für Drawert »immer noch fast das Werk der Werke«. Daß es kein »System des Daseins« geben könne, das faszinierte. Daß die moderne Existenzphilosophie aus der Existenz wieder ein gedankliches System machte, sah er damals nicht. Daß das Existentielle Sartres auch eine Drückebergerei war, die Verbrechen des Kommunismus zu benennen, wie es Albert Camus getan hat, sah er später.
Bei Sören Kierkegaard, bei dem Sartre geplündert hat, las Drawert: »So verzweifle denn, verzweifle von ganzem Herzen, von ganzer Seele und von allen deinen Kräften. Und verzweifle jetzt: Je länger du diese rettende Tat hinausschiebst, desto härter werden die Bedingungen, und die Forderung bleibt doch dieselbe.« Zweifeln reicht bei Kierkegaard nicht. Nur die Verzweiflung befreit hin zum christlichen Glauben.

Christlicher Glaube war und blieb Drawert fremd. Die Verstaatlichung des Denkens aber, die Kierkegaard als Gefahr Hegelschen Denkens erkannte, sah er in der Fortsetzung des Marx-Modells in der DDR eingetroffen. Die Wahrheit, die »keine Summe von Sätzen, sondern ein Leben« ist, und die Bedeutung der Existenz, die durch keine noch so interessante Spekulation übersprungen werden darf, das waren Feststellungen, in denen er sich finden konnte.

Existieren, weil es ein ungeheurer Widerspruch ist, erfordert die ganze Leidenschaft des Menschen. Mit diesem Maßstab Kierkegaards ließ sich messen: »Die DDR war leidenschaftslos, kalt und heuchlerisch. In leerer Sprache hat das System seine Leere versteckt.« Über Karl Jaspers kam Drawert zu Freud und zur Psychoanalyse, von der Psychoanalyse zur Psychiatrie und Anti-Psychiatrie des R. D. Laing, am Ende dann zu Strukturalismus und Poststrukturalismus, mithin in die Internationale anarchischer Gefühlskollektive des Westens.

»Das ging literarisch einher mit der ganzen westlichen Moderne – vom Surrealismus zur Beat-Generation«, berichtet Drawert über seine Leseerfahrungen in den siebziger und achtziger Jahren. Beruflich führte er nach Zehnklassenabschluß und Elektronik-Facharbeiterausbildung ein Wanderleben als Hilfskraft in der Fabrik, in der Post, in einer Bäckerei, in einem Warenlager – bei festem Wohnsitz in Pirna, wo seine Frau als Laborantin in einem Krankenhaus arbeitete und wo sein Sohn Lars zur Welt kam.

Vermittlerin in der Auseinandersetzung zwischen dem Sohn und ihrem Ehemann: Kurt Drawerts Mutter.

Die Geburtsstunde des Wohnens in den westlichen Worten datiert Drawert auf das Jahr 1978, als er in der Sächsischen Landesbibliothek in Dresden eine Anstellung als Hilfsbibliothekar fand. Seit dem achtzehnten Lebensjahr hatte er gemalt und geschrieben: »Die Arbeitswelt war ein Geldverdienenmüssen. Ich fühlte mich als Künstler. Ich wußte die ganze Zeit, daß ich nichts anderes will und nichts anderes kann.« Endlich kam er an alle Bücher heran, die sonst gar nicht oder schwer in der DDR zu finden waren. »Ich hab' nur gelesen«, sagt er. »Das waren die intensivsten Lesejahre meines Lebens. Ich habe die westdeutsche Literatur wahrgenommen und überhaupt keine DDR-Literatur gelesen.«

Der 22jährige Kurt Drawert wurde außerhalb der Bibliothek zum heimlichen Zustecker verbotener Literatur, die er herausschmuggelte. Während seiner drei Jahre an der Landesbibliothek holte er sein Abitur an der Abendschule nach. Er bestand die Aufnahmeprüfung für die Filmhochschule in Babelsberg, doch das dem Studium vorausgehende Volontariat wurde ihm verweigert. Er nahm Kontakt zum Aufbau-Verlag auf. Doch das Gedichtsmanuskript, das er einreichte, wurde »hundertmal« hin- und hergewendet. Fast ein Jahrzehnt verging, ehe es 1987 erscheinen konnte.

Heirat mit achtzehn Jahren – Flucht aus dem Elternhaus: neben Drawert die Großeltern väterlicherseits, neben der Braut sein Vater und die Großmutter mütterlicherseits.

Mit dem Versuch, in der DDR gedruckt zu werden, begann Drawerts Auseinandersetzung mit der einheimischen Literatur. Mit André Breton, dem Surrealisten, mit Kenneth Koch, Lawrence Ferlinghetti, Frank O'Hara, den Beat-Vertretern und den westdeutschen Eigengewächsen Günter Eich und Rolf Dieter Brinkmann im Kopf stieß er in der DDR-Lyrik auf einen Diskurs, der »ein ganzer DDR-Diskurs war, grau mit klassizistischem Unterboden«.
Sarah Kirsch war für ihn eine Ausnahme und Günter Kunert eine Offenbarung: »Der war meine große Entdeckung, ein Blut- und Seelenverwandter.« Nicht zuletzt waren da noch jene Maler und Dichter um Sascha Anderson, als Stasi-Spitzel 1991 entlarvt, die in den achtziger Jahren die Prenzlauer-Berg-Szenerie in Berlin bilden sollten. Auch wenn Drawert mit ihnen »den utopischen Imperativ nur noch komisch fand«, wich er vom Grundsatz von Verantwortlichkeit und Moral nicht ab.
Zweimal hatte Drawert sich um einen Studienplatz am Literaturinstitut in Leipzig beworben und war abgelehnt worden. Nach seiner dritten Bewerbung klingelte es an seiner Wohnungstür, und der Mann, der vor ihm stand, sagte: »Ich bin von der Firma. Ich muß mit ihnen einen Augenblick reden.« War Drawert in den Jahren zuvor immer wieder »zur Klärung eines Sachverhalts« einbestellt worden,

eine Klärung, die nichts anderes war als der Versuch der Einschüchterung durch die Stasi, so sollte er nun geworben werden.

»Der sagte wirklich wortwörtlich: Ich bin von der Stasi«, erinnert sich Drawert. »Man kann ja nicht sagen, daß Ihr Weg gerade war«, hörte er den Stasimann sprechen. »Aber wir werden Ihnen jetzt eine Chance geben mit dem Literaturinstitut. Sie können jetzt ihre Loyalität beweisen, daß Sie auf unserer Seite stehen. Wir schlagen Ihnen vor, wir lassen Sie dort studieren und setzen uns für Sie ein. Sie wiederum arbeiten für uns.«

»Ich hab' sofort vehement abgesagt«, so Drawert. »Wenn das die Grundvoraussetzung für ein Studium ist, will ich lieber nicht studieren«, reagierte Drawert. »Der war gar nicht unhöflich nach der Antwort«, erinnert er sich. Er gab mir eine Telefonnummer und sagte: »Wenn Sie es sich anders überlegen, dann rufen Sie mich an. Ansonsten werden Sie sehen, was Sie davon haben.«

Drawert war sich in diesem Moment sicher: »Die Sache ist gelaufen. Ich ende als Oberarsch in der DDR. Ich bleibe Hilfsarbeiter.« Zwei Wochen später bekam der 26jährige seine Immatrikulation. »Da dachte ich, das ist aber erstaunlich«, sagt Drawert. »Als ich meine Akte nach 1989 in der Gauck-Behörde einsah, da wurde mir klar: Man hat mich im Institut laufen lassen, um über mich einen Blick auf den Untergrund zu haben.« In seiner Studienzeit von 1982 bis 1985 waren im Institut ständig drei Inoffizielle Mitarbeiter der Stasi auf Drawert angesetzt.

»Das Literaturinstitut war eine sehr widersprüchliche Einrichtung«, bilanziert Drawert. »Einerseits war sie eine vom Zentralkomitee der SED gesteuerte und überwachte, von Stasi durchwucherte Hochschule für angehende Staatsdichter, andererseits auch ein Ort von Toleranz und Liberalität, wie sie an keiner anderen Hochschule der DDR zu finden war.« Der »Augenblick«, wie der Titel eines Gedichts aus dem Jahre 1981 lautet, ist gekommen:

> Ein großer Zwerg
> mit meinem Hut
> geht über die Kreuzung,
> nachts und allein.
> Schnee fällt.

Der kleingemachte Kurt Drawert geht mit seiner Kindheitserfahrung in die Literatur und macht diese Kindheitserfahrung zu einem exemplarischen Fall. Eingeschlossen in diese Erfahrung bleiben die Jahre der »Hilfsarbeiterschaften«, in denen er Menschen zu Dutzenden getroffen hat, »deren hauptsächliches Vergehen es war, gezweifelt zu haben. Und zu Dutzenden habe ich sie scheitern und zugrunde gehen sehen in den Dunkelheiten einer Fabrik, und nicht selten sind es die begabtesten und intelligentesten gewesen.«

Drawert bekennt: »Bei ihnen habe ich alles gelernt, was ich später für mein Leben gebrauchen konnte, und aus ihrer Perspektive sah ich die kleine, verlogene Welt. Ihre Geschichte zu erzählen hieße dabei nicht, die Geschichte einer Opposition zu erzählen. Es wäre die Geschichte einer stillen subversiven Stimme, die dem einzelnen, von dem ich hier spreche, sehr sicher gesagt hat, was möglich und was nicht möglich für ihn war; einer Stimme, die hier nicht zum Heldentum taugte und dort nicht zum Verrat.«

»Wenn heute die Geschichte aus der Perspektive der Angepaßten erzählt wird«, fügt Drawert hinzu, »ist es Verrat an jenen vielen, die eine andere Geschichte zu erzählen hätten und die nur keine Stimme besitzen. Erstens können sie nicht, weil sie kaputt sind, und dann haben sie kein Forum. Das ist ja das Ungerechte, daß die Ungerechtigkeit der DDR die Ungerechtigkeit über die Wende hinaus bis in die Gegenwart weitergeschleift hat.«

»Aber vielleicht ist Verrat eher schon Schicksal / als Schande in Deutschland«, heißt es in einem Gedicht Drawerts:

> Was müßte gesagt sein
>
> an dieser Stelle, daß wir am Wegrand
> der Geschichte ausgesetzt wurden
> und Findelkinder sind, Bastarde,
> Waisen bei befleckter Empfängnis
>
> und bei keinem Namen zu nennen,
> eine Kasper-Hauser-Legion,
> verschüttet in den Trümmern
> der Bau-auf-Konstrukteure,
>
> begrifflos am Ende aller Examen,
> für keinen Zusammenhang
> mehr zu gebrauchen und ohne Erklärung,
> wenn die zivilen Protokolle
>
> einem ins Haus wehn zur Erfassung
> einer Person – »kommen wir denn tatsächlich
> nirgendwo her, sind wir die Nachgeburt
> kalter Kriege gewesen, hingefickt lieblos
>
> auf einem Friedhof der Ideologien…«

Auch nach dem Studium am Literaturinstitut blieb Kurt Drawert in Leipzig, schlug sich mit Gelegenheitsarbeiten an der Universität durch, lernte Heinz Czechowski kennen, knüpfte Kontakte zu Adolf Endler, dessen Gutachten schließlich bewirkte, daß Drawerts erster Lyrikband mit dem Titel »Die zweite Inventur« 1987 erscheinen konnte. Das Titelgedicht war Günter Eich gewidmet, dem Autor der ersten »Inventur«, der 1945 mit seinem Gedicht lakonisch addiert hatte, was einem Gefangenen übriggeblieben war:

> Dies ist meine Mütze,
> dies ist mein Mantel,
> hier ist mein Rasierzeug
> im Beutel aus Leinen...

Kahlschlagliteratur in der Stunde Null nannte man das nach dem Zweiten Weltkrieg. Kurt Drawert antwortete darauf drei Jahre vor dem Untergang des zweiten Totalitarismus in diesem Jahrhundert:

> Ein Tisch.
> Ein Stuhl.
> Ein Karton für altes Papier, Abfälle,
>   leere Zigarettenschachteln, Briefe,
>   die keiner Antwort bedürfen...

Drawerts Gedicht endet nach weiterer Aufzählung so:

> Allein ich weiß, wo etwas
> zu finden ist.
> Sobald ich mich bewege,
> überzeugend zwischen den Dingen,
> die ich kenne, bin ich überzeugt,
> mich zu bewegen.

> Das ist mein Vorteil

> Mein Vorteil ist die Anwesenheit
> von Gegenständen, die mir vertraut sind,
> die mir vertraut sind wie die Erfahrung,
> sich wieder verlieren zu können,

> endgültiger.

Heinz Czechowski schrieb im Nachwort des Buches: »Wer, wie Drawert, nicht mehr die Utopie in der Form des schönen Scheins bestätigen will, muß nach neuen Ausdrucksformen suchen ... Wer sich mit diesem Dichter treffen will, muß seine eigenen Probleme mitbringen und mit der Kenntnis von Realität und Leben seine Texte lesen. Denn um Texte im Sinne von miteinander verspannten und mit- und gegeneinander arbeitenden Wörtern und Sätzen handelt es sich: Gedichte, wie die von Drawert, sind nicht Abbilder von Gegenständen, sondern selbst Gegenstände.«

Außer in der Zeitschrift »Temperamente« gab es für Drawerts Debüt nur Ablehnung. Die positive Stimme kam von Rainer Schedlinski, am Prenzlauer Berg die zweite Zentralfigur neben Sascha Anderson und wie dieser Stasi-Spitzel, wie sich nach der Wende herausstellte. Drawert hatte den Dichterkollegen für seinen Freund gehalten und ihn so lange verteidigt, wie die Fakten noch den leisesten Zweifel an der IM-Tätigkeit zuließen. Dann reagierte er in der »Süddeutschen Zeitung« in aller Härte.

»Mit Dir wird etwas in die Tiefe gezogen, die unser gemeinsames Herkunftsland für nicht wenige Lebensläufe bereitgehalten hat, was durch keine nachgereichte Erklärung wiederhergestellt werden kann: die Glaubwürdigkeit der Literatur – gerade auch die unserer Generation. Wir haben eine gewiß zweifelhafte Profession daraus gemacht, meßbar in unseren Worten zu sein; daß wir ihnen ständig unterliegen, mag eine Enttäuschung nur dem Ahnungslosen werden. Du aber unterliegst Deinen Worten nicht lediglich, Du zerstörst sie, hast sie zerstört ...«

»Es gibt keine Entschuldigung«, schrieb Drawert, der Schedlinski jene Seiten aus der Stasi-Akte schickte, auf denen dieser seinen Verrat formuliert hatte. »Ich gebe Dir Deine Seiten zurück«, schrieb Drawert. »Sie gehören mir nicht, sie gehören Dir.« Drawert, der eine Erklärung Schedlinskis erwartete, traf sich mit ihm und stieß auf eine »Strategie der Unansprechbarkeit«: »Die Intimität ihrer Vergangenheit können sich Stasi-Leute nur dadurch erhalten.« Drawert sagt auch: »In der Anwendung von spurenloser Gewalt war die DDR sehr modern.«

In zahlreichen Essays, die in den Bänden »Haus ohne Menschen. Zeitmitschriften« (1993) und »Fraktur« (1994) enthalten sind, hat sich Drawert mit dem Verrat von Intellektuellen auseinandergesetzt. Darin beschrieb er »die bis zur Blindheit und bis zum schuldigen Schweigen reichende Ideenbegleitung eines Realsozialismus« durch einen Teil der westeuropäischen Linken, die in diesem Sozialismus den »letzten Verwalter des Imaginären« sah und mit seinem Ende das Ende der Geschichte befürchtete.

Essayband und Querschnitt durch Drawerts Werk: »Literatur hat für mich etwas mit Utopiezerstörung zu tun.«

393

Er warf jenen DDR-Autoren Sprachverrat vor, »deren literarische Arbeit das Gegenteil war von dem, was sie taten, und die im Windschatten einer vermeintlichen Integrität doppelt profitierten – im Westen und im Osten«.

Für die Dichter vom Prenzlauer Berg, die Drawerts Generation angehören, mochte die Selbstachtung belanglos und Baudrillards apokalyptische Vision totaler Sündhaftigkeit identitätsstiftend gewesen sein, eine Farce auf Walter Hasenclevers 1916 uraufgeführtes Drama »Der Sohn«, in dem die Tyrannei der Alten mit dem gegen den Vater gerichteten Revolver beendet wird, um die »Geburt des Lebens« zu vollziehen, für Drawert war solcherlei Freispielen ganz inakzeptabel.

»Für mich besteht die Aufgabe der Literatur darin, ein Wirklichkeitsverhältnis herzustellen, das lebbar und realistisch ist«, sagt er. »Literatur hat für mich etwas mit Utopiezerstörung zu tun. Zerstörung von Utopie, die uns wegführt von den realen Möglichkeiten, die wir als Körperlichkeit in einer Zeit, in einer Geschichte haben, und die uns hinführt zu dem, was wir sein können und sind. Unsere Wirklichkeit ist ohnehin der eminenten Gefahr ausgesetzt, sich in Virtualisierungen zu verflüchtigen.«

In einem schmerzenden Essay, der die meisten Denkmalsdiskussionen in Deutschland zum Thema Shoa als eitel und noch dazu banal erscheinen läßt und der ein wahrhaftes Eingedenken ist, faßt Drawert die Folgen des ersten Totalitarismus und die des zweiten Totalitarismus zusammen. In dem 1995 erschienenen Buch »Revolten des Körpers« wird dieses deutsche Jahrhundert begriffen als eine permanente Zerstörungsgeschichte, an dessen Ende die »Ankunft im Realen ohne Realität« steht.

»Und daß es die Hoffnung ist, in die hinein die Existenz sich entfremdet, habe ich schließlich gedacht gehabt, als ich den unter die Erde führenden Betonweg hinab in die Gaskammer ging. Eine Szene bei Borowski ist mir eingefallen gewesen, in der beschrieben steht, wie eine Gruppe Frauen ins Vernichtungslager Auschwitz überführt wird, wie dieser Todeszug, nur von wenigen SS-Leuten flankiert, an zehntausend Häftlingen, Männer, für die, so Borowski, die Frau mehr noch als die Sehnsucht des Körpers Verkörperung des Gedenkens an Freiheit war, ... vorbeigetrieben worden sind.«

So beginnt dieser Text, in dem Drawert davon berichtet, wie er 1990 durch Zufall zum Museum Auschwitz in Polen gelangt, wie er sich inmitten von an- und abfahrenden Bussen mit Touristen befindet, im »Werbeelend« von Wurst-, Eis- und Limonadenständen, wie sich bei jeder Ankunft eines Busses eine Gruppe von Frauen mit schmutzig gemachten Kindern bettelnd auf die fotografierenden Touristen

stürzt: »Es ist ein sicherer Instinkt der Frauen gewesen, eine Unbetroffenheit unter Strafe zu stellen und dafür Geld einzufordern ...«
Mit Tadeusz Borowskis Schilderung vor Augen geht Drawert den Weg in die totale Sinnlosigkeit dessen, was geschah, steht er unter den Duschen, aus denen Gas kam, steht er vor der Frage nach dem Sinn, sich der totalen Sinnlosigkeit auszusetzen, als geschehe jetzt, was geschehen ist. Zeit wird in seiner Reflexion nicht Übergang und Ort nicht Durchgang, wie es jene Frauen auf dem von Borowski geschilderten Wege verzweifelt erhofft hatten. Drawert sieht jene Frauen in einer Hoffnung, »in die hinein die Existenz sich entfremdet«.

Den Zustand des Ereignisses wollten jene Frauen im Augenblick der Begegnung mit den Häftlingen durch einen Ausdruck verändert sehen: »denn sie riefen den Häftlingen die Wirklichkeit, die keine Hoffnung zuließ, zu und forderten sie auf, diese Wirklichkeit zu zerstören, und das ist die Hoffnung gewesen«. Die Hoffnung, daß zehntausend Häftlinge ihnen vor den wenigen SS-Leuten helfen konnten: »Aber die Männer haben stumm und tatenlos zugesehen gehabt ...«

Drawert schreibt: »Denn die Männer glaubten nicht, daß die Möglichkeit der Wirklichkeit Wirklichkeit bedeutet, und das nicht geglaubt zu haben ist die negative Hoffnung gewesen, so daß die Anwesenheit der einen Hoffnung an der Anwesenheit einer anderen Hoffnung zerbrach. Und in Wirklichkeit, habe ich gedacht gehabt, sind es nur die Männer gewesen, die in Hoffnung gewesen sind, denn die Frauen wollten den Zustand des Ereignisses verändern und sind so ganz ohne Hoffnung gewesen ...«

Hier nähert sich jemand einem Ereignis im Vernichtungssystem »Drittes Reich«, das Licht wirft auf das, was Drawert selbst erlebt hat in der DDR, ohne daß damit das »System der Okkupanz« von damals mit dem der DDR gleichgesetzt wird. Es gibt für ihn eine Verlorenheit des Körpers, die dem Tötungsereignis entspricht. Der Dichter Tadeusz Borowski, Auschwitz-Häftling 119198, ist dieser Verlorenheit nach seiner Befreiung nicht entkommen und nahm sich 28jährig 1951 das Leben.

Zu Besuch in Israel: Kurt Drawert mit dem Lyriker Asher Reich in Tel Aviv.

Lehren aus Auschwitz wurden letztlich weder im Osten noch im Westen gezogen. Die politische Blöckebildung bot – so Drawert – »zwei Körper für das, was voneinandergespalten im eigenen System lag und es zu zerreißen drohte«: »Sie gestattete, alle störenden Anteile praktisch am Anderen loszuwerden, indem man sie ideologisierte. Die Aufteilung der Welt in verschiedene Blöcke war ein letztes funktionierendes Manöver des Krisenexports und der Ablenkung von einem generellen, allesumspannenden Derealisierungsprozeß, wie er die Industrialisierung begleitet hat und an dessen Ende die Produzenten ihre eigenen Klone werden.«

Für Drawert hat es von Seiten des Westens ein vitales Interesse gegeben, den Osten am Leben zu erhalten: »Einmal als eine gigantische Werte- und Überschußdeponie, zum anderen als eine Instanz, auf die Bezug genommen werden kann. Nur so läßt sich das Sponsoring verstehen, ohne das der Osten schon lange nicht mehr hätte existieren können. Was dem Westen ein Wert war und wofür er schließlich bezahlte, war genau das, was im Osten nicht stimmte: seine Rückständigkeit. Der Geschwindigkeitsverlust im Osten war dem Westen ein notwendiges Korrektiv zur Beschleunigung der eigenen Geschichte.«

Der Osten als Seditativum des Westens: Ohne dieses Seditativum wäre nach Drawert die galoppierende Psychose des Fortschritts, wie sie jetzt sichtbar wird, schon vorher ausgebrochen. Unter diesem Aspekt könnte der Osten »eine Spielvariante der westlichen Kultur« gewesen sein, »der experimentelle Ausläufer eines reinen westlichen Denkens und ein großes Ablenkungsmanöver zugleich«.

Drawert schreibt: »Der Osten hat sich im Kollaps davongemacht und seine ruinöse Hinterlassenschaften an den Westen abgetreten; er hat sich in das Privileg seines Unterganges geflüchtet und sieht nicht ohne Siegermiene im Staub liegend zu, wie er den Westen mit seinen Trümmern kaputtmacht. Was er als Konkurrent nicht geschafft hat, schafft er als Leichnam mit seinen Giften. Es ist wie nach Ablauf eines Pachtvertrags, wenn die Deponien plötzlich zu sind, auf denen man seinen Sondermüll abkippen konnte. Jetzt kreist der Überschuß im eigenen System, und selbst wo er noch weiter in den Osten kanalisiert wird, wird er bald an seine Entstehungsorte zurückgeschwemmt werden.«

Das heißt: »Ein elementares Gleichgewicht ist damit zerbrochen; ein Gleichgewicht, das gerade aus seiner Unvereinbarkeit zweier sich gegenüberstehender Systeme hervorgegangen war und darin bestanden hat, im komplementären Gegenüber die explizite Funktion zur Sicherung der eigenen Wahrheit zu finden.«

> Wenn er jetzt, versehentlich
> in der Welt, an die Zeit
> im Kamin denkt,
> jenseits der Sprache
> und im glücklichen Spiel

mit seinen Zehen,
als da nichts war
außer den flinken,
fröhlichen Mäusen
zur wunschlosen Stunde
und in die Wärme
im Schatten des Namens
tief war im Körper,
wo jetzt die Klinge
hart bis zum Schaft
ihren Platz hat…,
wenn er jetzt, den Mund
voll von Blut, den Beamten
des Fortschritts
die Geschichte der Stille
erzählt, dann bereut er
noch einmal
die Entdeckung des Lichts,
das erste Öffnen der Tür,
und wie er im zu guten Glauben
a gesagt hat.

»Wo er war« heißt Drawerts 1996 erschienener Gedichtband, in dem dieses Kaspar-Hauser-Gedicht steht. Wo es war, ist auch, wo er ist. Ein Vaterkind, das sich als Findelkind versteht, in einer Vaterwelt, die nicht abzuschütteln ist. Es gab den Moment, in dem er sich freigespielt zu haben glaubte. »Ich kann mich noch erinnern«, sagt er, »daß ich 1989 in den Monaten der Wende ein einziges Mal, seit ich denken kann, das Gefühl hatte, ich bin an der richtigen Stelle, ich lebe am richtigen Ort. Daß ich mir sagte, es ist gut, daß du nicht weggegangen bist.«
Es war auch die Zeit, in der der 33jährige Kurt Drawert zum zweitenmal Vater wurde. Mutter des Sohnes ist die gebürtige Dresdnerin Ute Döring, Fotografin, im Brotberuf damals Angestellte in einer Leipziger Werbeagentur. Der für seine Amouren nicht nur der Stasi, die exakt alles notierte, bekannte Schriftsteller hatte wieder eine feste Bindung gefunden. Über die Leipziger Jahre schreibt Drawert: »Ohne Seditativum oder zumindest ohne Alkohol oder Kettenrauchen oder Verzweiflungsvögeln … hätte ich die Jahre, die ich hier gelebt habe und gelebt haben mußte und gelebt worden bin, nicht überstanden.«
Seine erste Ehe hatte Drawert bereits nach Studienbeginn am Litera-

Straßenbahnfahrt in Darmstadt: Drawert mit seiner zweiten Frau, der Fotografin Ute Döring, mit der zwei Bücher gemeinsam entstanden.

turinstitut aufgelöst, ohne den Nachnamen seiner ersten Frau aufzugeben. Und wie beim ersten Sohn, der heute in Krefeld lebt und im Medienbereich arbeitet, hielt er auch beim zweiten Sohn Tilman den Bruch aufrecht, den Vornamen seines Großvaters und seines Vaters, den auch er trägt, nicht weiterzugeben. »Und ich kann jede Stadt und jede Landschaft und jede Herkunft entschieden verlassen«, heißt es in »Spiegelland«, »denn ich verlasse immer eine Fremde und tausche sie aus gegen eine andere, unbekanntere Fremde…«

In dieser Behauptung, in der das ganze Lebensdilemma Drawerts und zugleich die Qualität seiner Dichtung besteht, geht neben seinem idealischen Denken die Desillusionierung einher, im Falle von »Spiegelland« der Absturz der Hoffnung von 1989 in die Enttäuschung. »Spiegelland« war Drawerts Unabhängigkeitserklärung, und diese Unabhängigkeitserklärung ist immer gefährdet. Wer Drawert lesen gesehen und gehört hat, kennt ihn, zitternd, nervös, sich versprechend, in Tränen fallend, in offensichtlicher Angst, sich aufzulösen, so als überwältige ihn der eigene Text oder als sei er sich seines Textes nicht sicher.

In einem seiner Texte heißt es: »Die Angstneurose ist eine Antwort auf die Freiheit, die einer findet, um der Freiheit zu entkommen. Eine andere Antwort ist die Kunst.« Es ist Drawerts Antwort. Eine

Antwort auf dem Hintergrund der Erfahrung ideologischer Sklaverei. Die Verteidigung des Eigentums. Freie Personen sind diejenigen, die ihre eigene Person besitzen. Das sind zwei Postulate, die er für sich durchsetzte – gegen ein System, das nichts mehr befürchtete als die Rückgabe der Person, wie sie Karl Marx dem Proletariat versprochen hatte.

Drawert »interessiert tatsächlich nur noch«, wie es in seinem Gedicht »Im Klartext« heißt, »das Privateigentum an Empfindung, / der Zustand des Herzens, wenn die schwarze Stunde / am Horizont steht, die Würde der Scham / und das Ende des Hochmuts.« »Privateigentum« heißt deshalb auch sein zweiter Gedichtband, der im Jahr der Wende von 1989 im Suhrkamp-Verlag erschien und Gedichte aus der »Zweiten Inventur« mit neuen vereinigte.

Seit Drawert – ebenfalls im Wendejahr – den Darmstädter Leonce-und-Lena-Preis für Lyrik zuerkannt bekam, wurde er herumgereicht im Westen. Von nun an war er unterwegs von Stipendium zu Stipendium: Künstlerhaus Selk, Villa Waldberta am Starnberger See, Atelierhaus Worpswede, Wefelsfleth, wo Günter Grass einmal wohnte, Meran, Stuttgart, Villa Massimo in Rom.

»Ich habe alle Möglichkeiten, die dieser Betrieb gibt, genutzt«, sagt er. »Wo ist eine Ausschreibung? Welche Chancen hast du? Ich habe meine Bücher hingeschickt. Die Hälfte von dem, was ich angeleiert habe, habe ich bekommen. Das hat mir das Leben gerettet über Jahre.«

Auszeichnungen kamen hinzu: 1991 der Förderpreis der Jürgen-Ponto-Stiftung, 1993 Ingeborg-Bachmann-Preis in Klagenfurt und Bremer Autorenpreis und Lyrik-Preis der Stadt Meran, 1994 Uwe-Johnson-Preis.

Bis 1995 behielt Drawert seine Wohnung in Leipzig, obwohl er trotz oder gerade wegen seines Hin und Hers unweit von Worpswede in Osterholz-Scharmbeck eine weitere Wohnung für die Familie gemietet hatte, so daß Frau und Sohn einen Ruhepunkt bekamen. Leipzig konnte dieser Ruhepunkt nicht mehr sein. »Ich war nicht mehr arbeitsfähig in Leipzig«, sagt Drawert. »Ich mußte einen Schlußstrich unter die DDR für mich ziehen. Ich sah die DDR weiterleben und sich wieder festsetzen. Und ich wollte auch wissen, ob ich es schaffe wegzugehen.«

Und um es zu schaffen, beschrieb er Leipzig nicht nur als eine Drecksmetropole, die sie 1989 war, sondern machte sie zum Symbol für menschliches Verhalten, in dem Schuld und Verschuldung beiseite geschoben sind. Leipzig ist, so schrieb er mit auf Eiseskälte gebrachter Erbitterung, »wie die geschlachtete Sau am Haken des Metzgers, der das giftgewordene Blut geradewegs in die Schleuse

Debüt in der DDR, Debüt in der Bundesrepublik: zwei programmatische Titel.

Kurt Drawert, der zu DDR-Zeiten als Schriftsteller in Leipzig gelebt hat, in den Parkanlagen des Museums Mathildenhöhe in Darmstadt: Hundert Meter von hier hat ihm die Stadt eine Wohnung zur Verfügung gestellt.

abfließen läßt bei letzten schrillen Tönen aus einer aufgeschlitzten Schweinekehle. Und das plötzlich hochmütig gewordene Aristokratenproletariat hat auf seine Weise ganze recht, jeden Kontakt mit der Herkunft des Körpers des Landes und seiner Sprache zu verweigern und die eigenen Hervorbringungen, wenn überhaupt, nur noch mit erhobenem Kopf und spitzen Fingern zu heben.«

Die Empörung in Leipzig über diesen Text, noch dadurch befördert, daß er aus dem »Spiegel« in den Osten wehte, war genau das, was Drawert seitdem hindert, nach Leipzig zurückzukehren. Insofern hatte er mit dem Essay »Haus ohne Menschen« Leipzig mit Erfolg weggestoßen. Und wie immer, wenn Drawert im Essayistischen gewissermaßen mit Fernrohr und Lupe zugleich auf seinen Gegenstand schaut, zeigt er erst seinen Kern im Gedicht:

> Ich bin von selber gegangen,
> und fühlte mich doch wie vertrieben.
> Ich bin sehr entschieden gegangen,
> und wäre doch gern auch geblieben.

Seit 1996 wohnt Drawert mit seiner Familie in privilegierter Lage auf der Darmstädter Mathildenhöhe, direkt neben dem im Jugendstil erbauten Museum. In einem Haus, in dem Darmstadts Oberbürgermeister Winfried Sabais, ein in die Kommunalpolitik gegangener Lyriker, wohnte und in dem heute noch seine Witwe wohnt. Die Stadt Darmstadt, heute wiederum mit einem literarisch ambitionierten Oberbürgermeister an der Spitze, hat dem Dichter aus Leipzig im ersten Stock dieses Hauses eine Wohnung zu günstiger Miete zur Verfügung gestellt, wohl wissend um dessen Problematik:

> Abermals angekommen,
> bin ich mir selbst fern.
> Nur die Dinge im Koffer
> sind noch aus meinem Leben geblieben,
>
> das ich geführt haben muß.
> Sie erzählen ins Leere,
> wann etwas war, und bleiben
> zerbrechlich.

Kurt Drawert sagt: »Was die Stadt Darmstadt für mich getan hat, ein anderer Ort würde das im Leben nicht tun.« Das klingt übertrieben aus dem Munde eines Mannes, der dauernd damit beschäftigt ist, seine Gefühle zu beschneiden. Aber wenn Drawert an jene Leute aus der westdeutschen Literaturszenerie denkt, die er als Freunde einst auf den Buchmessen der DDR in Leipzig kennengelernt hatte, dann ist seine Feststellung keine Übertreibung.

Im Jahre 1988 durfte Drawert zum erstenmal in den Westen reisen – im Auftrag des Leipziger Reclam-Verlags, für den er eine Ausgabe mit Gedichten des heute ein paar hundert Meter von ihm entfernt wohnenden Karl Krolow herausgeben sollte. Ein Dichter nach seinem Herzen, von höchster Zerbrechlichkeit und höchster Resistenz. Ein Dichter in Darmstadt, der nie ein Dichter Darmstadts geworden ist, wie auch Drawert keiner werden wird: »Nirgendwo bin ich angekommen. Nirgendwo war ich zuhaus…«

Aber angenommen zu sein – dieses Gefühl verschaffte ihm Darmstadt. Die vermeintlichen Freunde aus der Leipziger Buchmessenzeit verschafften es ihm nicht. Als er im März 1989 mit seiner heutigen Frau Ute Döring, damals schwanger, zur Verleihung des Leonce-und-Lena-Preises in die Bundesrepublik kam, da wollte von den Freunden keiner den Bleibenwollenden helfen: »Solange ich in der DDR war, hatte ich von ihnen gehört, haut doch ab und kommt rüber. Nun waren wir da, da war auf einmal alles ganz schwierig. Da wollte keiner so richtig und konnte nicht.«

Drawert in der Stadt Gabriele Wohmanns und Karl Krolows: »Und ich kann jede Stadt und jede Landschaft und jede Herkunft entschieden verlassen; denn ich verlasse immer eine Fremde und tausche sie aus gegen eine andere, unbekanntere Fremde.«

Und so saßen sie wieder im Zug zurück nach Leipzig: »Wir heulten wie Schloßhunde, als wir wieder im Osten waren, und fragten uns: Um Gottes willen, was haben wir falsch gemacht?« Daß die Lüge eine Dosierung der Wahrheit ist, das verbindet Politiker unterschiedlicher Couleur seit Ewigkeiten. Daß Freunde miteinander so umgehen, das war die neue Erfahrung des Kurt Drawert. Er hat lernen müssen, daß die »freie Welt« ganz liberal alles bestehen läßt, aber wer sich darauf verlassen will, wird feststellen, daß allem die wahre Bedeutung entwunden ist.

Kurt Drawert

Wo es war

Gedichte Suhrkamp

> Jeden Tag eine Nachricht
> von Kriegen, ist auch eine Art
> geregeltes Leben. Uns trifft das nicht.
> Wir haben Glück und kommen irgendwie
> davon. Hin und wieder ein Stoß
> in die Seite, ein Fleck aufs Jackett –
> und das war es dann schon.

Als Drawert es bei solcherlei lakonischen Feststellungen 1996 in seinem Gedichtband »Wo es war« nicht beließ, setzte es Hiebe von einer westdeutschen Literaturkritik, die seiner Generation angehört. Im Osten Deutschlands war Drawert nach seinem Leipzig-Text eh erledigt, im Westen wurde er nun erledigt. Das wollte man nicht hören:

Aber bitte, jetzt keine
Kulturkritik mehr,
nichts Eschatologisches.

Wir können uns ja nicht ständig
die Polonaise vermiesen,
nur weil einer stolpert

und quer liegt. Tauschen wir,
wennschon die Tage
im Videotext enden,
Ereignisrelikte, Erfahrungen aus
im Umgang mit leeren Stellen.
Auch von uns werden Kopien

nicht ewig gespeichert –
und sterblich war ja schließlich
jeder einmal … damals,
als eine Blutspur noch ein Weg war
vom Leben zum Tode …

Drawerts Beschreibung postmoderner Amoral brachte ihm den Vor-
wurf ein, »seit zwanzig Jahren in der Wandelhalle des selbstzu-
friedenen Kulturpressimismus abgehangene Ansichten westlicher
Lebensweise mit auftrumpfenden Gestus … vorzutragen«.
Uwe Johnson, der in der DDR keinen Platz als Schriftsteller fand,
der 1959 nach Westberlin ging und 1984 im englischen Sheerness-on-
Sea starb, bringt das Drawertsche Dilemma mit einem Satz auf den
Punkt: »Da ist er am Ende lieber zurückgegangen in das Elend der
Heimat, weil es die Heimat war.«
In seiner Dankrede zur Verleihung des Uwe-Johnson-Preises sagte
Kurt Drawert: »Hier brach seine Sehnsucht in Johnson durch, und es
war wohl sein Glück, klüger als diese Sehnsucht gewesen zu sein.
Denn Johnson ging natürlich nicht zurück, dorthin, wo er auch ein
Fremder war, ein Verschollener, und manchen ein Überläufer und
Verräter.«
In der Abkehr von allen Dazugehörigkeiten ist Kurt Drawert als
Dichter so klug wie Uwe Johnson, weiß er: »Uns ist gegeben, einen
falschen Namen / zu tragen und falsch gerufen zu werden.« Oder:

Ist mir im Herzen fern das Land.
Doch hinter allen starken Riegeln
ist mir sein Name eingebrannt.

Horst Drescher:

In der Sprache des täglichen Brots

In ihm ist Stolz, der schreckliche Stolz der Ausgestoßenen, und den habe ich gesucht. Horst Drescher sagt: »Ich habe begriffen, daß meine Literatur nicht gebraucht wird. Von der SED der Postmoderne, meine ich. Die haben das Geld, das Sagen und das Netz der Kommunikation. Die Leser, die Menschen brauchen sie. Aber es bestimmen die Parteisekretäre der Postmoderne. Meine Literatur sägt an ihren Sesseln, weil sie sich um den Leser und den Zuhörer kümmert. Direkt. Ja, ich schreibe altmodisch. ›Altmodisch‹ ist für mich ein hochintellektueller Begriff. Das Märchen vom Hasen und vom Igel erzählt alles. Wie das Alte Testament. Wenn die Postmoderne zusammenbricht, kommt meine Zeit.«

Der Arbeitersohn Horst Drescher, am 2. Januar 1929 in der Oberlausitz geboren, schrieb und schreibt in der Sprache des täglichen Brots. In der Erfahrung der »gewöhnlichen, einfachen Menschen« und im präzisen Wissen um sie ist er ein Einzelgänger, wie es im Tschechischen Bohumil Hrabal war. Die Vorstellung des SED-Systems, Hand- und Kopfarbeit, Leben und Kunst zu verschmelzen, erfüllte Horst Drescher mühelos. Doch die Bedingung, die mit dieser Vorstellung verbunden war, lehnte er ab. Drescher war nicht bereit, die Wirklichkeit auf das Ideologische zu reduzieren. Die Folge: Zwei Jahrzehnte lang erschien von dem Dichter Drescher kein einziges Buch. In Horst Dreschers aphoristischen Notizen heißt es: »Wie aus alten Zeiten klingt uns der Satz: ›Sie haben mein Wort‹, das galt unter allen Bedingungen, darauf konnte sich ein Mensch verlassen, der andere stand dafür ein und mit seiner ganzen Existenz; denn er hatte sein Wort gegeben, und ein Mann von Ehre bricht nicht sein Wort. In einem kurzen Satz hat man die Welt. Oder man hat sie in anderthalb Dutzend langen gewundenen und verwaschenen Sätzen.« Horst Drescher hat sich ein Leben lang nicht davon abbringen lassen, auf die Bindungsenergien der Sprache zu setzen. Die Sprache bindet an Geschichte. Und die Politik hat kulturelle Lebenszusammenhänge, in denen sich Identitäten ausgebildet haben, zu respektieren.

Horst Drescher war 54 Jahre alt, als sein erstes Buch in der DDR erscheinen durfte – allerdings ohne seinen Namen auf dem Außentitel. Das war 1983. Vier Jahre später kam unter dem Titel »Aus dem

Horst Drescher, Arbeitersohn aus der Oberlausitz, begann 1958 mit einem Band Erzählungen, der nicht erscheinen durfte. Der Film, für den er das Drehbuch lieferte, wurde verboten. Auch ein Theaterstück. Den Forderungen des Systems beugte sich Drescher nicht. Mit seiner Frau eröffnete er am Südfriedhof in Leipzig eine Kranzbinderei und schrieb für die Schublade – Bücher, die auch nach der Wende nicht erschienen.

Zirkus Leben. Notizen 1969–1986« ein kleiner Teil seiner aphoristischen Prosa heraus. Im Wendejahr 1989 konnte Drescher »MalerBilder« veröffentlichen. 1990 schob der Aufbau-Verlag eine erweiterte Fassung seiner aphoristischen Prosa nach. Teile, die vorher der Zensur zum Opfer gefallen waren. Diese Fassung ging im Wiedervereinigungsjahr unter. Was nach der Wiedervereinigung für den über Sechzigjährigen kam, hat er in dem Aphorismus »Literaturfrage 91« abgehandelt: »Die schicksalsschwangere bange Frage für den ehemaligen DDR-Schriftsteller, sie lautet: Ist von Ihnen schon etwas ins Westdeutsche übersetzt worden?!«

Das war nicht der Fall. Westdeutsche Verlage, denen nach 1989 Dreschers Werk angeboten wurde, sagten ab. Der Mann sei zu alt und nicht mehr zu entwickeln. Drescher war so frei, sich nicht weiter demütigen zu lassen. Von sich aus unternahm er keine Anstrengung mehr, einen Verlag für sein Werk zu finden. Alles, was heute von ihm auf dem Buchmarkt ist, ist eine Prosa-Auswahl von 170 Seiten unter dem Titel »Regenbogenpapiermacher«, erschienen 1995 bei Reclam Leipzig. Darunter ein winziger Ausschnitt aus Dreschers unveröffentlichtem Roman »Im Viebig«.

Horst Drescher erinnert sich an eine Lesung 1993 innerhalb der Berliner Veranstaltungsreihe »Tunnel über der Spree«: »Ich saß in dem roten Ziegelprachthaus am Wannsee, Literarisches Colloquium, und dorten sagte so ein Inseiter spöttisch distanziert, höhnisch wohlwollend: ›Wenn man Sie gelassen hätte, wenn Ihre SED Sie nicht zufällig unterdrückt hätte, Sie wären ein recht guter sozialistischer Realist geworden!‹ Das war Klartext. Hans Christoph Buch, der mich eingeladen hatte, also nun selber in der Schußbahn, rief erregt: ›Eben das konnte Drescher nicht werden, weil er Realist war!‹ Unvergessen diese Szene. Hochschule der Vereinigerei. Die Intelligentesten im großen Saal haben gedacht: ›So ein Mann – wenn er erst mal unseren Laden genauer kennt – landet früher oder später wieder im Osten, frustrierter Zurückgeworfener.‹ Sie alle begriffen nicht, daß ich mehr durchdacht habe als sie. Und die SED. Die Frontlinie läuft zukünftig ganz woanders.«

In einem Brief Dreschers heißt es: »Neulich hörte ich einen ruhmreichen Theatermenschen sagen und öffentlich: Aufgabe der Theater sei es, die letzten Tabus zu brechen. Er meinte das ganz offensichtlich ernst, da kann einem ja angst und bange werden, in welchen Händen unsere Theater zu sein scheinen. Narrenhände können auch Köpfe beschmieren, hochdotierte Narrenhände. Es scheint gar kein Bewußtsein mehr dafür zu geben, daß die geistige Leistung im Aufstellen der Gesetze besteht und in ihrer Verfeinerung. Mozarts Musik und ein klassisches Drama bestehen nur aus

Gesetzen. Das Einreißen, Vermischen, Vermantschen, Bespucken, Verhöhnen und Verdächtigen ist keine Kunst. Die Sprache macht ja manchmal diesen feinen Doppelsinn. Aber das derzeitige Hinter-die-Schule-Laufen macht Spaß. Nun, sachte steigt am Horizont wieder die Erkenntnis auf, daß Kunst gesteigertes Handwerk ist, nicht Frechheit plus Sponsoren. Aber wozu es fordern, nach dem großen Gähnen über so viel originalgebrochene Tabus verlangen es die Menschen ohnehin, sie haben ein natürliches Bedürfnis nach Kunst. Freilich wird es nicht geringe gesellschaftlichen Unruhen geben beim Wegräumen der Pseudokunst. Sie war hochdotiert, und hohe Dotationen sind etwas Angenehmes. Machts die Vernunft nicht, machts der Mangel.«

Hier wird in einer Weise verabsolutiert, wie sie nur zu erklären ist aus einer Bedrängnis, in der Drescher seit 1989 lebt, und aus dem Wissen um eine Ignoranz gegenüber einer wesentlichen Spielart von Literatur, wie sie von Drescher geschrieben wird. Noch in der Zuspitzung seiner Sicht besitzt er eine Wahrnehmungsfähigkeit, wie sie in Ost und West längst verlorengegangen ist. Vielleicht war sie auch nie vorhanden. Längst muß doch keiner mehr hinhören, was Grass, Hochhuth, Rühmkorf und Jens im Westen, Stefan Heym, Christa Wolf, Volker Braun im Osten sagen. Es ist längst wie bei Politikern: Bevor sie den Mund aufmachen, weiß man schon, was sie sagen werden. Und die Dissidenten, die nahezu alle in der Partei waren, ehe sie in den Westen gingen? Drescher, der es abgelehnt hatte, in die SED einzutreten, nennt sie »Verlierersieger«. Er sagt: »Ich habe die Gesichter der Dissidenten lange Zeit nicht zu deuten gewußt, bis ich sie selber sehen konnte. Böse Sache. Lähmung in ihren Gesichtern wie nach einer verlorenen Schlacht. Und jeder muß überlegene Miene machen …«

In den Worten des Aphoristikers Drescher: »Gebrannte Kinder scheuen die brennenden mehr als das Feuer.« Oder: »Siegen macht glücklich. Viel siegen macht glücklich und dumm. Dauernd siegen macht dumm. Unterliegen macht intelligent. Viel unterliegen macht intelligent und bitter. Dauernd unterliegen macht bitter.« Die Bitterkeit weiß: »Das Wort ›totschweigen‹ ist eine der mörderischsten Vokabeln. Es ist übrigens ein Tätigkeitswort.« Die Ursache für den Tod der Gerechten sieht Drescher so: »Diese Gerechten sind nicht gestorben an den Ungerechtigkeiten, die ihnen die Ungerechten angetan haben; sie sind gestorben an den Ungerechtigkeiten, die ihnen von den Gerechten angetan wurden «

Zu diesen Gerechten, die das Unrecht des SED-Regimes hinnahmen, zählt er die aus dem Exil zurückgekehrten Dichter: »Nach 1945 bildete sich der Emigrantenadel: Brecht, unsere Anna, Hermlin,

Arnold Zweig und so weiter. Nach 1970 saß man im Friedens-Kongreß, die Alten waren gestorben, aber Hermlin war nun die große alte ewig junge Gestalt, und neben Peter Hacks und Günter de Bruyn setzte die Macht Erik Neutsch. Denn sie bezahlte das Gespräch oberhalb des Getümmels. Die SED war ihr Sponsor, um es mal deutlich zu sagen. Auf den Trikots der Protagonisten stand nicht Müller-Milch oder BMW, da stand DDR. Und diese Riegen haben immer ein Gentlemen's Agreement geschlossen: Staatserhaltend kühn in Wort und Schrift. Und statt unserer Anna saß da unsere Christa.«

»Mit dem ›Plebejischen‹ hatten es vor allem die entlaufenen Bankierssöhne«, heißt es beim Aphoristiker Drescher. »Die proletarischen Talente schielten nach einer Ehrendoktor-Würde.« Entsprechend entwickelte sich die Literatur zwischen Hermlin und Neutsch. Drescher schreibt: »Eine PARTEI kann es zu einer Bibel kaum bringen, sie scheitert schon an den Zehn Geboten, wie man sieht. Eigentlich schade, ich hätte gern mal ihr Buch Hiob gelesen.« Wenn Drescher von Siegern und Verlierern spricht, dann so: »Die Sieger der Geschichte haben selbstverständlich ihre Anwälte; selbst die Verlierer der Geschichte können einen Anwalt verlangen. Keinen Anwalt haben die Nichtsieger. Die Masse.«

Die Masse ist Dreschers literarisches Feld: »Die große Literatur liegt bei den einfachen Leuten. Die großen Schicksale liegen bei den kleinen Leuten. Mit den Menschen wird Geschichte gemacht. Nicht sie machen sie. Sie werden mißbraucht für die Pläne der Mächtigen. Die Götter haben den Leuten die Kräfte für ein kleines menschliches Leben zugeteilt. Mehr nicht. Geschichtsschreibung ist ja zu Zwecken da, die Wahrheit ist der egal; die jeweiligen Sponsoren sollen zu hören bekommen, was sie gerne hören. Der Staat ist allemal ein potenter Sponsor.«

Retrospektivisches formuliert Drescher so: »Wir wissen schon sehr viel über die Zeit von 1945 bis 1933, aber wir wissen noch verhältnismäßig wenig über die Zeit von 1933 bis 1945.« Die Opfer von Massenverfolgung und Angriffskrieg, die Opfer in den Konzentrationslagern hat er vor Augen, und sie zählen nicht weniger, wenn er an die Nacht zum 14. Februar 1945 in Dresden denkt:

In diesen Stunden wurde Elbflorenz zur Hölle gemacht. Holocaust. Aber das dürfen Deutsche nicht sprechen. Bedingungslose Kapitulation meinte auch 100 Jahre seelische Gefangenschaft. Ein paar zehntausende erstickte, verbrannte, verkohlte, verfaulte Kinder und Frauen, ja was ist das schon! Sie mußten eben vorher bedenken, daß Deutschland den Krieg begonnen hat! Da verendet man viel leichter.

Vor allem die Kinder haben das zu bedenken gehabt, schließlich waren es deutsche Kinder. Schuldige.

»Nun wird schon der Opfer gedacht, fünfzig Jahre sind vergangen, man vergibt sich ›gegenseitig‹, wie aber im Großen Garten die Geflohenen, dem Tode Entronnenen, von den Tieffliegern gemetzelt wurden, ein satanisches Jagd-Vergnügen, davon reden wir mal noch nicht; daß alles zum Fasching anno 1945 geschah, das wurde einmal erwähnt. Aschermittwoch!

Festredner ›gedenken der Toten‹, der ›Toten von Dresden‹, an die 50 kultureller Totengedenkveranstaltungen, natürlich gegen angemessenes Honorar, je nach Berühmtheitsgrad des Festredners. Und das Pathos der hohen Kirchenmänner, die hatten vor 50 Jahren eben aufgehört mit Waffen-Segnen. Notgedrungen. ›Frieden!‹ hieß der Ruf der Stunde, nicht mehr: ›Heil Hitler!‹

Der Alte Rudolph sah mich an, so bitterzynisch lächelnd: ›Sie halten wohl viel von den Menschen?‹

Wilhelm Rudolph, dieser Einzelgänger in der deutschen Malerei, war über Neunzig, als ihn Horst Drescher Ende der siebziger Jahre aufsuchte. Erst porträtierte der Dichter, der bis dahin in der DDR kein Dichter sein durfte, den Maler. Dann porträtierte der Maler, der das verbrannte Dresden 1945 gezeichnet hatte, den Schriftsteller. Wilhelm Rudolph, 1937 von den Nazis aus seiner Lehrtätigkeit entlassen, vom SED-Staat widerwillig geehrt, weil er sich den Zwecken des Regimes verweigerte, sah sich erstmals im literarischen Porträt von Horst Drescher erkannt.

Wilhelm Rudolph, aus einfachen Verhältnissen kommend, war Dreschers Mann. Der dachte so wie er. Der hatte eine Kunstauffassung wie er. In Wilhelm Rudolph erkannte sich Horst Drescher wieder, wenn er schreibt: »Wilhelm Rudolph hat mit der gleichen menschlichen Haltung vor der Natur gearbeitet, wie ein Rembrandt Harmensz van Rijn vor der Natur gearbeitet hat; so arbeiten Menschen, die Aufgaben erfüllen, die ihnen das Jahrhundert stellt; ob das von ihren Zeitgenossen voll begriffen wird, ob das anerkannt wird, das ist für Menschen dieser Qualität eine zweitrangige Frage.«

»Vermutlich war er unser großer Realist; man hat es nur gar nicht bemerkt, bei der Suche nach unserem Realismus; so was kann vorkommen. Und zu Wort gemeldet hat sich Wilhelm Rudolph niemals; er hat immer gearbeitet.« Und Drescher sieht ihn in der »Gradlinigkeit, Offenheit, Ehrlichkeit, Aufrichtigkeit und Wahrheitsliebe«: »Das waren einmal proletarische Tugenden. Diese Art, durchs Leben zu gehen, gehörte einmal zu den am höchsten geachteten Eigenschaften des Menschen. Man bemerkt

WILHELM RUDOLPH DRESDEN 45
Holzschnitte Zeichnungen

Reclam

Debüt Horst Dreschers im Alter von 54 Jahren, doch als Biograph Wilhelm Rudolphs durfte er auf dem Außentitel nicht genannt werden.

verwundert, mit welcher Verwunderung sie heute erinnert werden.«

Das Drescher-Porträt des Malers Rudolph erschien 1981 zuerst in der Zeitschrift »Sinn und Form«, dem kulturellen Aushängeschild der Ostberliner Akademie der Künste gen Westen. Ein solches Porträt, wie es Drescher geschrieben hatte, sollte zeigen, daß sich die DDR Liberalität leisten kann. Die Auflage war klein, der Bezieherkreis in der DDR von der Stasi mühelos überschaubar. Als Reclam Leipzig daraus 1983 unter dem Titel »Wilhelm Rudolph. Dresden 45. Holzschnitte. Zeichnungen« einen Band machte, die erste Buchpublikation Dreschers, da empörten sich die Funktionäre und Fachleute gleichermaßen. Auf einer Protestversammlung in Dresden, zu der Verlagschef Hans Marquardt anreisen mußte, war das Geschrei groß. Konsequenzen wurden verlangt. »Daß der seine Stelle verliert«, brüllte einer, »dafür sorgen wir.« Ein anderer rief: »Der ist doch in Leipzig am Südfriedhof.«

Mit anderen Worten: Der kann gar nichts mehr verlieren, es sei denn, man nimmt ihm und seiner Frau die von beiden geführte Kranzbinderei am Südfriedhof. Finanzieller Ausweg für das Ehepaar mit zwei Kindern, seit das Regime in den sechziger Jahren Horst Drescher den Weg als Dichter versperrt hatte. Gerda Drescher, ebenfalls Oberlausitzerin, war gelernte Blumenbinderin. Sie bewahrte ihrem Mann die Unabhängigkeit des Schreibens, als er vor dem System hätte zu Kreuze kriechen sollen.

»Die Kranzbinderei war die Abkoppelung«, sagt Horst Drescher. »Na, ich hab' verkauft. Bei mir hat die Leipziger Intelligenz Stiefmütterchen gekauft. Als mich ›Sinn und Form‹ ab 1980 druckte, wurde das ein Literaturtreffort. Leute kamen, um sich meinen Rudolph-Band signieren zu lassen. Man wollte wissen, wer ich bin. Und man amüsierte sich auch, was ich da im Laden gemacht habe.« So klingt die heitere Version Dreschers.

Die andere Version lautet: »Meine Frau ist aus einem Ort gekommen, der acht Kilometer von meinem entfernt war. Wir haben uns mit 20 Jahren kennengelernt und geheiratet. Sie ist dann in die Großstadt gekommen, als ich eine Stube hatte. Dann haben wir diesen Kampf gekämpft zum Guten. Es gibt Entbehrungen, da dauert es eben länger. Müssen wir eben zehn Jahre darben. Dann wurden es 15, dann 20, dann 25, schließlich 30 Jahre. Das ist zu lange. Wenn das durchgehalten wird, wird eine Grundsubstanz zerstört. Ich mit meiner Mentalität kann das ganz anders spannen als sie. Mein Leben ist nicht so am Ende wie ihres.«

In der dritten Version schaut Horst Drescher auf sich als Autor: »Als damals alles so schief gegangen ist für mich, hab' ich mir gesagt:

Einer in der DDR muß sein, der alles aufschreibt, was hier geschieht. Dafür habe ich die aphoristische Kurzform verwendet. Momentbilder. Dann habe ich in meiner Naivität gedacht, wenn dieser Staat zu Ende ist, dann machen wir mal ein dickes Buch oder zwei Bücher über die Innenansicht der DDR, die ja zugleich eine Innenansicht unseres Jahrhunderts ist. Die werden ja so intelligent sein zu bemerken, daß das Literatur ist.«

Das war Dreschers großer Irrtum. Sein Sarkasmus kann die Bitterkeit nicht auflösen, wenn er sagt: »Unsere Nationalpreisträger wußten, warum sie in die Partei gegangen sind, natürlich um das Proletariat zu befreien, dafür muß man eben auch luxuriöse Lebensumstände in Kauf nehmen, das Proletariat hatte ja auch keinen Kopf Salat den Winter über. Daß Leute wie ich nicht durch den Reifen der Partei gesprungen sind, das konnten sie sich, das konnten sie mir niemals verzeihen, niemals. Sie konnten es nicht einmal denken. Deshalb bekam ich niemals einen ermutigenden Brief von ihnen – mit Ausnahme des alten Strittmatter. Nur mein Zugrundegehen sagte ihnen, daß sie es richtig gemacht hatten einst, es war der einzige Weg gewesen; so schief er auch ihre Schuhe hatte werden lassen; später zog man sich um.«

Der Aphoristiker Drescher schreibt: »Natürlich ist der Moralist der Mann, der an das Kreuz seiner Zeit genagelt wird, das weiß jeder; aber nicht jeder bedenkt, daß der Moralist auch das Kreuz ist, an das demnächst seine Zeit genagelt wird.« Diese Zeit präsentiert sich ihm so: »Ich sah gestern durch einen Zufall etwas Leserei in Klagenfurt, ein alter Kahn lag in der Mitte, ist ja fernsehen! Wie eine Sekte tagen sie, die Schreiber schreiben für die Jury… Man könnte dort ein Stück Telefonbuch lesen, die Deuter würden den Rest zum ›Großen Text‹ besorgen. Das gewollt Monotone! Das 35mal Müller! Heiner! Im Background! Naja, spotten wir nicht, immer kann mal ein Dichter ans Licht kommen. Mir erzählts nur, wie die Literatur gespalten wurde von den Intellektuellen. Zu Zwecken.«

Natürlich ist auch Horst Drescher ein Intellektueller. In dieser Spezies allerdings ein Solitär. Eben kein Stubenintellektueller. Der Ost-PEN hätte ihn nach der Wende gern zu seinem Präsidenten gemacht, um sich die Auseinandersetzungen mit dem West-PEN zu ersparen. Doch der frisch Zugewählte ließ sich auch hier nicht benutzen »zu Zwecken«. Horst Drescher ist nach der Wende Sektionschef der Abteilung Literatur in der Sächsischen Akademie der Künste, Dresden, geworden. Im Vereinigungsjahr 1990 hat ihm der alte Clan der Deutschen Akademie der Künste in Ostberlin schnell noch den Feuchtwanger-Preis nachgeworfen. Ein Jahr später ist er mit dem von Baden-Württemberg und Sachsen gestifteten Meißner

Literaturpreis geehrt und doch zugleich ins Vergessen des neuen Deutschland geschickt worden. Pars pro toto: In dem immer wieder nachgebesserten Standardwerk »Kleine Literaturgeschichte der DDR« von Wolfgang Emmerich, das in seiner letzten Fassung von 1996 immerhin 640 Seiten erreicht hat, kommt Horst Drescher nicht vor.

»Bei den Großeltern gab es so eine Redensart, eine Nachdenklichkeit über das Leben, eine der wenigen Nachdenklichkeiten«, erinnert sich Horst Drescher. »Wenn man in den Himmel kommt, da

muß am Himmelstor jeder seine Hände zeigen. Die mit den abgearbeiteten Händen, sie können so rein, aber die mit den weißen Händen, die mit den glatten Händen, die feinen Leute, die müssen auch noch ihr Herz zeigen. Ich sehe Großmutter immer noch lächeln dabei, über ein ganzes Leben hin.«

Horst Drescher sagt: »Ich bin in Armut aufgewachsen.« Und er legt vier Silbertaler aus dem 18. Jahrhundert auf den Tisch. Silbertaler konnte der Arbeiterjunge nur im Museum betrachten. Nun trägt sie der Erwachsene immer bei sich. Auch zwei Quarzkristalle. Erinnerung an einen Tag in einem

Zwei Kinder sammeln 1942 im Niederviebig von Olbersdorf bei Zittau für Hitlers »Endsieg« – zwei ältere Männer sitzen 1997 über Erinnerungen in derselben Straße: jeweils links Horst Drescher und rechts der Diplomingenieur Hans Franke, Freund aus einer Zeit, über die Drescher sein Opus magnum schrieb: »Im Viebig«.

abgelegenen Tal an der Freiberger Mulde, als er einen Quarzblock mit einem Hammer öffnen wollte, schon aufzugeben bereit war und dann doch Erfolg hatte: »Da lagen die Korallenachatflächen, feucht

und farbenfrisch die blutrote Aderung in ihren Perlenschnüren, die Achatgangkante gleicht einer roten Borte, Farben, wie sie dann unterm Schliff in aller Schönheit hervortreten, und bleibend. Korallenachat.« Bleibend das Einfache: »Achat ist nur Quarz, wie jeder Kieselstein am Wege, aber Quarz aus Tausendundeiner Nacht!« Horst Drescher sagt auch: »Ich bin aufgewachsen in absoluter Stille.« Die Sehnsucht nach dieser Stille ist geblieben. In Leipzig hat man ihn 1991 aus der zerfallenen, inzwischen wieder nobel hergerichteten Oststraße in eine Plattenbausiedlung am Stadtrand »verfrachtet«. Eine weitere Demütigung. Die Platten sind ein vorzüglicher Resonanzboden für den Lärm der nahen Hauptverkehrsstraße. Und der Krach ist eine Katastrophe für den Schreibenden. Gäbe es in Leipzig einen Oberbürgermeister mit einem Kulturbewußtsein wie in Darmstadt, Drescher hätte eine Wohnung, wie sie der Leipziger Kurt Drawert in Darmstadt von der Stadt ganz selbstverständlich bekommen hat.

In diesem Leipzig will Drescher mit mir nicht sprechen. So treffen wir uns in der Stille von Wiepersdorf, im Schloß der Bettina von Arnim, das Schriftsteller zu DDR-Zeiten beherbergte und auch heute beherbergt. Hier schrieb Anna Seghers ihre schlechtesten Bücher und Sarah Kirsch ihre besten Gedichte. Hier sagt Horst Drescher: »Ich möchte noch zehn Jahre leben und immer heiterer werden.«

Ich schaue in ein Gesicht mit feinen Heiterkeitsfältchen um die Augen. Wie hat er das nur gemacht bei aller Bitterkeit? In Wiepersdorf bei langen Spaziergängen durch Kiefernwälder, bei denen wir höchst selten irgendeinem Menschen begegnen, hat sich die Bitterkeit zurückgezogen. Oder wird da eine Kraft aus der Kindheit wirksam, die ihm diesen merkwürdigen Humor schenkt, der so unvergleichlich seine Literatur auszeichnet?

Die Würde einer Arbeiterfamilie: Horst Dreschers Großeltern mit ihren Töchtern, rechts seine Mutter. Der Großvater war Kumpel im Braunkohletiefbau, die Großmutter, eine Tschechin, die über die Berge kam, auf dem Markt Obst und Gemüse verkaufte und blieb.

413

War es Dreschers Humor, der das Machtgesindel in der DDR so gegen ihn aufgebracht hat? Humor deckt Unsinn auf. Er vernichtet Sinn, der kein Sinn ist. Lächelnd begreift man und wird frei. Immer wieder hat diesem Horst Drescher Humor die Luft verschafft, die ihm das Unsinnsregime nehmen wollte.

Welch eine Anstrengung! »Es gibt ja irgendwann eine Heiterkeit, die lebt nur noch aus der Zerstörung, ist eine Form des Untergangs. Die DDR hat nicht wenige Talente auf diese Weise kaputtgemacht«, sagt Horst Drescher. Er war diesem Untergang nahe, als der Schriftsteller Günther Rücker ihn 1980 in Leipzig zu einem Gespräch einlud. Rücker, Sekretär der Sektion Literatur in der Akademie der Künste, machte Drescher den Vorschlag: »Sie können sofort publizieren. Ich habe in ›Sinn und Form‹ noch zwei Seiten frei. Wenn Sie mir etwas mitgeben, steht das in einer Woche in der Zeitschrift.«

Drescher gab ihm Aphorismen mit, und sie erschienen. Es war die erste Veröffentlichung des Dichters Horst Drescher. »Ich kam mir vor wie einer, der mit 51 Jahren aus dem Zuchthaus geholt wurde«, erinnert sich der Schriftsteller. »Man fragt da nicht. Man geht durch die geöffnete Tür, um nicht zu verrecken.« Unter fürsorglicher Begleitung Rückers konnte Drescher von nun an bis zum Ende der DDR über ein Dutzend Geschichten in »Sinn und Form« veröffentlichen. »Natürlich wußte ich, daß das keine selbstlose Fürsorge war«, sagt er. Seit Joachim Walthers Buch »Sicherungsbereich Literatur« wissen auch wir: Günther Rücker war ein Spitzel, war Inoffizieller Mitarbeiter der Stasi zur unmittelbaren Bearbeitung im Verdacht der Feindtätigkeit stehender Personen.

Rücker sorgte dafür, daß Horst Drescher in den Schriftstellerverband aufgenommen wurde. In den Schriftstellerverband aufgenommen, durfte Horst Drescher zum ersten Mal in die »Arbeits- und Erholungsstätte für Schriftsteller und Künstler Bettina von Arnim« nach Wiepersdorf fahren.

Wir stehen vor dem Schloßteich, und Drescher erzählt, wie er sich einmal für seinen Leipziger Garten Schilf geholt habe zum Anpflanzen. Unter die Schilfstauden hatte sich Wasseriris gemengt. Wenn sie verblüht ist, gibt es Schoten, die platzen und sich aussäen. Zwei Schoten nahm Drescher zu seinem ersten Besuch nach Wiepersdorf mit und warf sie in den Teich. »Es ging mir damals gesundheitlich dreckig«, erinnert er sich. »Ich dachte mir, wenn ich zusammenbreche, dann gibt es Blumen, dann bleiben Blumen.« Der ganze Teichrand ist heute besetzt mit Wasseriris. Dreschers Gewässer in Wiepersdorf.

Dreschers Gartenlandschaften auf Papier, auch ein Ausweg, als der Staat das totale Schweigen über den Dichter Drescher gelegt hatte.

Gepreßte Blüten oder Blätter, hauchdünn, durchsichtig wie japanische Tuschzeichnungen. Festgemacht mit einem Tropfen Siegellack. Ein D für Drescher mit dem Bleistift, eher winzig, wie die ganze Handschrift Dreschers. Die Blumencollagen waren und sind das erste, was aus den Briefen Dreschers fällt. An die 8000 Siegelblätter hat Drescher bisher verschickt, verschenkt. Lebenszeichen, Überlebenszeichen.

Heute tragen die Siegelblätter den Abdruck eines japanischen Stempels, und in den Siegellack ist der Rand eines seiner Silbertaler gepreßt. »Ich muß mich ja gegen Fälschungen sichern«, sagt er lachend. »Vielleicht kommt ja jemand auf die Idee, um bei Christie's Geld zu machen, und macht meine Siegelblätter nach.« Sigrid Damm schreibt in ihrem Buch »Diese Einsamkeit ohne Überfluß« über die Blumencollagen: »DDR-Währung nannten wir seine Siegelblätter. Wer sie besitzt, ist reich. Und sieben darf man im Jahr verschenken. In Ausnahmefällen, wenn es Freunden schlecht geht, auch mehr. Dann muß man ihn fragen...«

Die Gartenlandschaften auf Papier sind Ausdruck eines Exils, das anhält. Und auch in Wiepersdorf ist Horst Drescher unter den Schriftstellern, die fast alle aus der DDR stammen und hier als Stipendiaten leben, der Andere. So wie Bettina von Arnim, die hier lebte, die Andere war. An ihr Grab geht Drescher jeden Tag wie zu einer Lebenden, als spreche sie zu ihm, wie sie geschrieben hat: »Die ganze Natur ist Sprache, die Blume ist ein Wort, ein Ausdruck, ein Seufzer ihrer vollen Brust! – ja, die Blume spricht auch für sich zu Dir, aber die ganze Natur bedarf ihrer, um sich selbst auszusprechen, und alles Sein ist ihre Sprache, so redet die Natur mit dem Geist! und diese liebende Unterhaltung ist die Nahrung des Geistes.«

Außer den Gartenlandschaften auf Papier gab und gibt es noch die Brieflandschaften. Drescher gehört zu den letzten großen Briefschreibern dieses Jahrhunderts. Natürlich schreibt er nicht mit dem PC, sondern auf einer alten gußeisernen Schreibmaschine mit einem großen Wagen für die großen Blätter, die er verwendet. Auf der Rückseite Neuruppiner Bilderbogen. Oder Abbildungen alter, untergegangener Welten. Außer Siegelblättern liegen Fotos bei. Ein exzellenter Fotograf ist er auch, der Drescher. Oder Ausschnitte aus Zeitungen, Büchern, die ihm wichtig sind. Und immer wieder unveröffentlichte Geschichten aus seinem Roman einer Kindheit.

Reiner Kunze schreibt über Drescher: »Wer über Jahrzehnte Freundesbriefe von Horst Drescher erhält, weiß, was das sein kann – ein Brief. Und er weiß auch, daß er, wenn er Briefe sammelt, Fossilien sammelt, auf deren intellektuelle Energie man eines Tages angewie-

sen sein könnte. Horst Drescher im Brief: ›Konservativ sein heißt
nicht, am Alten hängen; es heißt leben aus dem heraus, was immer
gilt.‹«

In seinem 1993 erschienenen Buch »Am Sonnenhang«, dem »Tagebuch eines Jahres«, nahm Kunze zahlreiche Passagen aus Drescher-
Briefen auf. Da heißt es: »Gestern habe ich in der Mehring-Buch-
handlung Alexander Solschenizyns ›Archipel Gulag‹ gekauft ... Ich
kannte den Inhalt aus vielen Gesprächen, aber jetzt kommt beim
Lesen der Schub sozusagen angewandter Erklärungen über anderthalb Jahrzehnte ... Wer solche Bücher schreibt, der isoliert sich auf
eine unmenschliche Weise, von seinen Gegnern ohnehin und von
seinen Freunden, selbst Seinesgleichen ist er ja nun ein Vorwurf; er
hatte die Courage. Schriftsteller reagieren auf die indirektesten
Kränkungen! Ich hörte einmal ...: So schlecht ist es dem doch gar
nicht gegangen! Demagogie de luxe! Erzählen denn die vergasten
Juden auch nur ein wenig von dem Schrecken? Und die erzählen,
die wurden doch offensichtlich nicht vergast; na also. – Nicht, daß
ich's nicht gewußt hätte, aber so eine Lektüre gibt dem aufklärenden
Denken einen Schub ...: Alle, all die wohllebenden Verehrer des
Proletariats, von Kurella über St. H. bis H. K. und M. W. S., sie waren
doch alle ganz leicht lenk- und leitbar. Die Macht ließ sie mehr oder
weniger deutlich wissen: Ihr seid Stabsoffiziere, Ihr sitzt im Luxus-
Stabswagen, der fährt gut gefedert und gut gepolstert durch eine der
revolutionärsten Epochen der Weltgeschichte! Stoff für Dichter! Blut
und Opfer! Hunger und Tode vieltausendfältig! Salon-Waggon links,
Speisewagen I. Klasse gegenüber, bei Wünschen klingeln. Es wird
euch an nichts mangeln, solange ihr euch für die Verhältnisse in der
endlosen Reihe roter Raben-Waggons nicht mehr interessiert als
angeordnet. Und jeder Mensch ist ja ein Mensch, vor allem der
Künstler. Von ihren sublimen Ängsten muß auch gesprochen werden,
der Künstler hat eine weiche Phantasie. Und manchmal wurde einer
aus dem Salon-Waggon geworfen, auf den Schotter. Zur Schulung.
Diese Existenzform brachte die feingeäderte Verlogenheit in die
›DDR-Literatur‹, das indirekte Leiden, das Martyrium de luxe.«

Über seine Briefe aus der Zeit vor 1989 sagt Drescher: »Sie waren
eigene Mutmachungen. Ich bin nicht der Mann gewesen, der dem
Staat Paroli bieten konnte als souveräne Gestalt. Ich mußte Kompro-
misse machen wie alle, die ich sah. Ich war auch ängstlich. Aber
wenn ich geschrieben habe, hab' ich das couragiert gemacht. Da war
nur der Gedanke, wenn du schon den Beruf ergriffen hast, dann
mußt du das zu Ende schreiben und zu Ende denken. Du kannst
nicht immer deine eigene sensible Art austarieren, sondern jetzt
wird geschrieben, was zu schreiben ist. Das bleibt von dir, morgen

kannst du schon tot sein, also muß es entschieden geschrieben sein. In meinen Texten war ich mutiger, als ich eigentlich war, so daß ich mir manchmal gesagt habe: Nun sag einmal, du riskierst ja ein Ding hier. – Ich hab's aber abgeschickt.«

Horst Drescher vor dem Wiepersdorfer Schloß: »Es ist immer noch ein Wunder, auf dieser Terrasse zu sitzen. Eine Zeitversetzung. Wenn ich von Herzen rede, bin ich im 19. Jahrhundert.« Eigentlich hätte der Arbeitersohn ja Ingenieur werden sollen. Aber dann hatte er bei Hans Mayer in Leipzig Germanistik studiert. »Germanistik war wahrscheinlich ein völlig naives Interesse an Literatur«, sagt Drescher. »Es gibt ja nicht nur eine Dummheit, die sich später qualifiziert, sondern es gibt auch Grundlinien, die sich gar nicht verändern. Als ich auf Gottfried Keller und Johann Peter Hebel stieß, da wußte ich: Das ist meins. Meine Prosa muß ganz stark beeinflußt sein von diesem schlichten, wunderschön humorigen, dem Volke nahen, langsamen Erzählen. Mich gingen die Experimente letztlich nichts an. Was ich wollte, war: So erzählen wie die.«

Von den Hebelschen Kalendergeschichten hält Drescher die besten für klassisch: »Die sind nicht zu überbieten. Ich habe früh dieses Retardierende als einen ungeheuren Reiz empfunden. Da erzählt Hebel mit anderen Satzstellungen dieselbe Sache noch einmal. Aber das muß noch einmal gesagt werden. Das hat seine guten Gründe. Da kann nicht der Lektor sagen: Redundanz. Meine Prosa ist genau der Abdruck dieses: Wer erzählt, muß Zeit haben. Wer erzählt, muß Humor haben. Es geht nicht um Geschwindigkeit. Auf alle Experimente schaue ich skeptisch. Wenn einer mit dem Schluß anfängt, den guck' ich mir ganz genau an, ob das was bringt. Ich rieche sofort, wenn der Faxenmacher kommt.«

»Kunst ist das Geheimnis des alten Worts«, hat Karl Kraus geschrieben. Und Horst Drescher sagt: »Wenn der Realismus diffamiert wird, wird der Kunst der Boden entzogen.« Die Postmoderne des Westens erscheint ihm nicht als eine Antwort auf die Bodenlosgkeit des gegenwärtigen Daseins, sondern als eine Richtung, die diese Bodenlosigkeit selbstverliebt-verzweifelt mitheraufbeschworen hat und sie glücklich-unglücklich begleitet: »Alles so ziel- und sinnlos, dabei soooo frei, frei bis zur Verblödung.«

Der sozialistische Realismus, wie ihn das DDR-Regime durchzusetzen suchte, war für Drescher »ganz nahe an dem NS-Zeug«: »Beide Systeme arbeiteten mit Schlagworten und waren auf Propagandaliteratur aus.« Das Ende des Zweiten Weltkriegs markiert für Drescher die Schnittstelle, an der sich die Moderne von der Tradition im literarischen Bereich trennte. Mehr noch: Die »Asphalt-Literatur«, 1933 aus dem Land getrieben, kehrte als Sieger über die »Blut-und-

Boden-Literatur« zurück. »Der Kampf der Geschäfte war entschieden«, sagt Drescher, »denn ›Asphalt-Literatur‹ und ›Blut-und-Boden-Literatur‹ waren Geschäftskampfrufe beim Herumprügeln. Sie waren Hetzwörter, Verleumdungen. Aber hinter ihnen standen und stehen die großen Probleme, die bis heute nicht benannt sind.«

Natürlich weiß auch Drescher, was von den Anacker, Möller, Blunck und Dwinger zu halten ist, aber er sagt auch: »Immer müssen üble Repräsentanten als Popanze vornweg getragen werden. Nehmen wir doch einmal Knut Hamsun mit seinem großen literarischen Werk und mit seiner politischen Haltung gegenüber dem Nationalsozialismus. Wer spricht eigentlich dieses Wort Nationalsozialismus aus? Warum wird immer vom Faschismus in Deutschland gesprochen, den es hier gar nicht gab? Die Sache hat bis heute keinen Namen. Warum? Und dann dieses Wort der Ratlosigkeit: Postmoderne. Die Sprache erzählt alles, wenn sie ratlos wird.«

Dreschers literarische Linie: Ästhetik beglaubigt ein Kunstwerk. Ethik beglaubigt das Verhalten gegenüber Menschen. Ethik muß die Ästhetik durchdringen. Die menschenbildnerische Kraft Johann Peter Hebels hat seine Bedeutung nicht verloren. Der Realismus, wie ihn Drescher meint, wird seinen Platz zurückgewinnen. Gerade im Zeitalter der Simulation, in dem sich die Bilder des Realen vor das Reale schieben, um es zu ersetzen. Gerade in einer mobilen Gesellschaft, deren Wirklichkeit zunehmend deterritorialisiert wird. Der Mensch ist nicht konstruiert für einen Erfahrungshorizont, der die ganze Welt zum Umkreis hat. In der vernetzten Welt geschieht alles gleichzeitig, nur nicht bei uns.

Das Vergangene im Werk Dreschers ist absolute Gegenwart, die uns unsichtbar begleitet durch die Jahrhunderte. Der genetische Code, der sichtbar wird, wenn der Computer defekt ist und dessen virtuelle Welt zusammenbricht. Horst Drescher erzählt von seinen Großeltern, von Vater und Mutter, von einer Straße am Rande eines Industriedorfes, das man zu Hitlers Zeiten als Mittelpunkt des Deutschen Reiches hat sehen können und das 1945 zum äußersten Rand wurde. Schaute Horst Drescher 1945 von seiner Straße in die eine Richtung, da sah er nun nach Polen. Schaute er in die andere, da sah er ins Tschechische.

Horst Drescher kam am 2. Januar 1929 in dem 6000-Einwohner-Ort Olbersdorf zur Welt. Ging er über das Feld nach Zittau, war er in zehn Minuten in der Stadt. Wenn die DDR über 1989 hinaus weiterbestanden hätte, gäbe es Olbersdorf nicht mehr. Der Braunkohletagebau hätte den Ort gefressen. Kirche, Friedhof und zahlreiche Häuser waren schon weggerissen. Vor Dreschers Kindheitsstraße machten die Bagger halt. Nun hat man die riesige Grube, die auch

Zerfall wie überall nach vier Jahrzehnten Sozialismus in der DDR: Horst Drescher zu Besuch in seinem Geburtsort Olbersdorf, dem Dreh- und Angelpunkt seiner Dichtung.

bis an den Rand Zittaus reicht, rekultiviert. Das Grundwasser hat einen See gebildet. Und der Niederviebig, wie die Straße heißt, in der Drescher geboren wurde, erwartet die Autobahn, die nach Prag führen soll. Dann wird dieser Flecken Erde mit seiner Stille nur noch im Roman Dreschers weiterleben.

Die Stille! Damals als Kind hat Horst Drescher an ihr gelitten, »gelitten, daß hier nichts war«. Er sagt: »Wir haben an der Straße von Zittau nach Oybin gesessen, um Autonummern aufzuschreiben. Das Vogelgezwitscher war für die Armen, und die Autos waren für die Reichen. Als Erwachsener bin ich dann mit dem Motorenlärm nicht zurechtgekommen, habe eine äußerste Lärmempfindlichkeit entwickelt. Die Stille bis zu meinem fünfzehnten Lebenjahr muß in meiner Programmierung liegen. Kühe und ein Wasserfall sind für mich ein Genuß.«

»Der Viebig«, schreibt Drescher, »das war ein Viehweg gewesen, ein alter Viehaustrieb des Dorfes; im vorigen Jahrhundert hatten sich nach und nach ein knappes Dutzend Häuser an diesem Wege ange-siedelt, aber zu meiner Zeit wußten die Leute nicht mehr, was der Name eigentlich bedeutet.« Und weiter:

Das Gehöft des Franze-Bauer lag noch am Dorfe, das Anwesen am Ende des Viebigs war die Kohlenhandlung Kurt Schöne, Kohlen-handlung und Fuhrbetrieb. Dazwischen verteilten sich in ihren Gärten unter Bäumen die Umgebindehäuser, wir sind ja in der Oberlausitz. Aus der Ferne machte unser Vie-big eine schöne Silhouette, die alten Linden vor allem.

In einem dieser Häuser hatte Großvater Stube und Kam-mer gemietet, um die Jahrhundertwende. Die Kammer hatte ihr Fenster nach dem Gebirge zu, dort standen die Wetter; in dieser Kammer habe ich das Licht der Welt erblickt, deshalb wohl war mir der Blick aus diesem Fen-ster der Blick in die Welt...

Schön-Kurt, wie der Kohlenhändler Schöne genannt wurde, erzählt dem Schriftsteller Drescher aus Leipzig: »Im Winter, als du auf die Welt gekommen bist, sind im Böhmischen alle Kirschbäume erfroren.« Zwölf Kilometer lief der Drescher-Horst als Junge, wenn er seinen Ärger loswerden wollte, bestieg den Töpfer im Zittauer Gebirge und machte halt an der »Böhmischen Aussicht«, auf einem Felsstein, von dem aus alles in die Ferne rückte.

Der Schön-Kurt ist eine der wunderbaren Gestalten in Dreschers Erzählfeld, das aus der Weltläufigkeit von acht Häusern und einem

Kurt Schöne, eine der wunderbaren Gestal-ten in Dreschers Erzählfeld, das aus der Weltläufigkeit von acht Häusern und einem Bauernhaus besteht: der Dichter mit dem Kohlenhänd-ler, der Nationalsozia-listen und Sozialisten die Stirn bot, 1988 auf der Bank vor dessen Haus im Niederviebig von Olbersdorf.

419

Bauernhaus besteht. Das Beharren Schön-Kurts in der althergebrachten Erfahrung schützte diesen Mann vor den Zumutungen zweier Diktaturen. Schön-Kurt war eigentlich nicht mutig. Schön-Kurt hatte Substanz, Boden unter den Füßen. Aber weder den Boden, mit denen die Nationalsozialisten das Ländliche sakralisierten, noch den, mit denen die Realsozialisten das Proletarische sakralisierten.

Schön-Kurt stand nicht stramm. An den Festen der NSDAP beteiligte er sich nicht. Er durchkreuzte sie im Arbeitsanzug mit seinem Kohlefuhrwerk. Vorwürfe der NS-Funktionäre beantwortete er mit zwei Worten, die die Herrschaft so gern phrasierte: »Arbeit adelt.« Und als er vor der Wende damit rechnen mußte, daß sein Haus für den Braunkohletagebau abgerissen wird, zeigte er Drescher-Horst seinen Dachboden: »Wenn die kommen. Schau her, da ist der Balken, und hier ist der Strick.«

Horst Drescher sagt: »Meine Welt war anderthalb Quadratkilometer groß. Im Mittelpunkt stand die Hausbank hinter dem Schuppen.« Heinz Eggert, zu DDR-Zeiten Pastor in Oybin, nach der Wende von 1989 sächsischer Innenminister, sagt: »Das hier sind Leute mit hartem Schädel. Es gibt einen erheblichen Trotz, der sie bewahrt hat, im Übermaß an einer Diktatur zu hängen. Nachbarschaftshilfe wird hier groß geschrieben. Was man den Leuten angetan hat, wird hier nicht vergessen. Der Oberlausitzer vergißt nicht. Und die Hausbank ist nach wie vor Beobachtungsposten und Nachrichtenumschlageplatz.«

Auf der Hausbank wird in Dreschers »Viebig« Völkerpsychologie betrieben – mit allen Vorurteilen, die unerträglich wären, würde sie der Dichter Drescher nicht plötzlich durchstoßen – mit einer blitzschnellen Erzählbewegung. Das Vorurteil in seiner abfälligen Bewunderung des Fremden wird konfrontiert mit der Wirklichkeit:

Dreschers Großvater Gewehr bei Fuß 1916 während des Ersten Weltkriegs in Frankreich.

»Wie der Franzose ist, das hätte Großvater erzählen können, vier Jahre in Frankreich sind eine ganz schöne Zeit, da lernt man die Franzosen kennen. Aber Großvater erzählte nur ungern vom Kriege, höchstens mal von seiner Kompanie, als sie für ein paar Wochen herausgezogen worden waren aus der Frontlinie, aus den Schützengräben in der Champagne, da haben sie sich Häuschen

gebaut, mehr so Baracken, aber liebevoll gezimmert mit Sprüchen über der Eingangstür und davor Blumenbeete. Davon hatten wir eine Postkarte, Großvater als Krieger, Gewehr bei Fuß. Und nach seiner ersten schweren Verwundung haben sie im Lazarett einen elenden Fraß gekocht! Unsere! Er erzählte niemals von einer Schlacht oder von den Franzosen, er rauchte seine halblange Pfeife auf der Bank, hörte zu, wie andere vom Krieg erzählten, nickte zustimmend, wenn er gefragt wurde, höchstens mal einen Satz Kommentar. Großvater war zweimal verschüttet gewesen in einer deutschen Gegen-Mine, als Sappeur, es waren doch Bergleute gewesen hüben und drüben. Ja, die drüben waren gewitzter gewesen, waren schneller ran, haben eher gezündet! Das war schon alles.«

Der Großvater mütterlicherseits und seine Frau sind Zentralgestalten in Dreschers »Viebig«. Bei den Großeltern fühlte sich der Enkel zu Hause. Die Eltern wohnten ein Haus weiter. Aber das Leben war im Großelternhaus, zumal der Vater ab 1940 im Krieg war. Die Eltern des Vaters lebten im Schlesischen, im Riesengebirge. Horst Drescher erinnert sich, wie er bei den schlesischen Großeltern den Gottesdienst besuchte, erinnert sich an seine unglaubliche Naivität: »Da ging der Klingelbeutel herum. Ich hatte derartiges noch nie erlebt. Ich dachte, wer was übrig hat, gibt was rein. Und wenn jemandem etwas fehlt, der holt sich etwas raus. Ich überlegte mir allen Ernstes, ob ich mir zwei Groschen heraushole – und hab' es dann doch nicht getan.«

Wenn Drescher von seiner Kindheit erzählt, dann vermittelt sich seinem Leser, seinem Zuhörer ein Staunen in der Welt, wie es Else Lasker-Schüler in ihrer Kindheit erlebt und in ihrer Prosa beschworen hat. Ein Staunen allerdings nicht aus der Fülle wie bei der Dichterin aus Elberfeld, sondern aus dem Mangel. »In meiner Familie hat nie einer einen Beruf erlernt«, sagt Drescher. »Da ging man mit vierzehn Jahren arbeiten. Der Großvater war Bergarbeiter, der Vater Lagerarbeiter. Ich sollte der erste sein, der einen Beruf erlernt.«

Die Erweiterung des Horizonts war eine Fahrt nach Dresden: »Noch weiter – das wäre eine Aushebelung aller Naturgesetze gewesen. Daß mein Vater als Soldat im Krieg von Kreta schrieb, das war wie vom Mond. Der Krieg war für mich Jungen die Reise zum Mond. Vater hat mir einen Tropenhelm mitgebracht. Das war für mich der Inbegriff von Urwald, wo der Tiger und die Riesenschlangen sind.« Drescher erinnert sich, als Fremde im Niederviebig ein Gartenhäuschen aufstellten, wie es heute in jedem Baumarkt zu erschwinglichem Preis zu kaufen ist. »Da sprachen wir alle vom amerikanischen Bungalow«, sagt er. »Der amerikanische Bungalow mit seinen Ausmaßen von drei mal vier Metern war etwas Phantastisches.«

Etwas Phantastisches, das ganz leibhaftig zur Familie gehörte, war auch die Großmutter. Die Großmutter war eine Tschechin, eine echte Tschechin, keine Sudetendeutsche: Anna Ječný, geboren am 6. November 1882 in Kosmonos, aufgewachsen in Libošovice bei Mladá Boleslav oder zu deutsch: Jung-Bunzlau. Großmutter war die älteste von vier Schwestern, die die Armut nach Deutschland trieb. Großmutter gehörte zu den »biehmschen Weibern« auf dem Wochenmarkt in Zittau: »Die ›biehmschen Weiber‹, wie sie im Volksmund hießen, sie hatten ihre Waren auf dem bunten mittelalterlichen Marktpflaster ausgebreitet, rings um den Herkulesbrunnen bis hinüber unter den himmelhohen riesigen Giebel des Marstalls, des alten Salzhauses, mir war es das größte Gebäude der Welt: ein Dutzend hochbeladene Fuhrwerke fuhren da mühelos hinein, in dem düsteren Erdgeschoß konnte man sich verlaufen! Dort saßen sie und warteten geduldig und freundlich auf Kundschaft. Was sie herankarrten und heranschleppten an Pilzen und Beeren, und das waren Wege von Schanzendorf, Petersdorf, Krombach. Wege übers Gebirge. Kinderwagen, altmodische hochrädrige Kinderwagen voll mit kuriosen Steinpilzen, Herrenpilzen, solche Schlangen, unter Wurzeln gewachsen oder bei Steinen, wir kannten solche Kerle ja von unseren Pilzgängen. Und Körbe voller Rotkappen, große

Hrad Bezděz — Pohled z jihu na ves Bezděz

Großmutterland: als junge Frau, die der Armut entkommen ist, als Mutter von drei Töchtern, als ältere Frau, die sich nach dem Ende des Zweiten Weltkriegs alles vom Munde absparte, um dem Enkel Hunger zu ersparen und selbst verhungerte.

Eine Stimme der Großherzigkeit in Dreschers Roman, die den Weg offenhält, damit man endlich in die Welt hinaustreten kann, ohne zu vergessen, woher man kommt.

Tücher vollgeschüttet mit Pfifferlingen, den Gahlhähneln, Gelb-
schwämmeln, das war für die Städter. Ja, die böhmischen Weiber
oder ihre Männer in den Gebirgsdörfern kannten Pilzfleckel, und sie
brachten die Ware nun zu Markte; in den Dörfern drüben gab es
kaum Fabriken, die Männer konnten nur im Walde arbeiten oder
das bißchen Landwirtschaft ums Haus besorgen.«
Großmutter blieb irgendwann als junges Mädchen in Zittau, fand
eine Anstellung und fand den Großvater. Auf dem Wochenmarkt
konnte sie ungestört bei den »biehmschen Weibern« Tschechisch
sprechen, beim Großvater nur Deutsch, auch wenn ihre Schwestern
zu Besuch kamen. Großvater unterband dann das »fremde
Geschnatter« und die sich dabei einstellende Heiterkeit der Frauen
mit den Worten: »Ich bin ein Preuße. Solange ihr eure Füße unter
meinen Tisch tut, sprecht ihr Deutsch.« Bei Kriegsende hat er klein-
laut beigegeben, hat er die Großmutter, die 1938 ihren katholischen
Glauben gegen den evangelischen eintauschen mußte, Tschechisch
sprechen lassen. Horst Drescher: »Denn durch tschechisches Reden
hat Großmutter 1945 das Unheil abgewandt. Tschechisch hat
gegenüber russischen Offizieren geholfen.«
Großmutters Kochkünste, Großmutters Naturheilmittel, Großmutters Spiele, Großmutters Erzählungen von den »goldenen Kirchen
ihrer Heimat« – Horst Drescher blättert in seinem »Viebig« diese
ganze Welt auf, die einst durch das Scharnier des Sudetendeutschen
einen fließenden Übergang gewährte. »Ihre Traumwelt waren die
Prager Kirchen, die sie so gern gesehen hätte«, erzählt ihr Enkel.
»Aber die Großeltern haben niemals Urlaub gemacht, und Zäsuren
als Ortsveränderung hat es nach ihrer Hochzeit nie gegeben.«
Großmutters Ahnenforschung hatte zwei völlig entgegengesetzte
Ergebnisse. Einmal war der »Vorfahre am fernsten Horizont gelebter
Vergangenheit« ein Jagdaufseher in den kaiserlichen Wäldern,
gehaßt von den Wilderern, weil er ihnen immer auf der Spur blieb
und der beste Schütze war:
»Da haben die Raubschützen sich eines Tages zusammengetan und
ihn nach tagelanger Hatz in einem furchtbaren Kampf schwer ver-
wundet und am Ende in einen Steinbruch gestürzt. Er hatte aber ein
so zähes Leben, daß er noch erzählen konnte, mit wem er Kugeln
gewechselt hatte. Zwei Tage und zwei Nächte hat er noch gelebt,
unser Urahne, so ein zähes Leben hat er gehabt.« Für die Familie
dieses Urahnen sorgte der Fürst.
In der anderen Version jenes Lebens sah alles entgegengesetzt aus.
Der »Vorfahre am fernsten Horizont gelebter Vergangenheit« war
ein gefürchteter Wildschütze, der für seine Familie das Fleisch her-
anholte, und sie lebten wie die Fürsten:

»Einmal hatte er sogar einen ausgeschlachteten Hirsch in einem Sarg in die Stadt tragen lassen, als Prozession. Einer mit dem Kruzifix vorneweg. Eines schönen Tages aber ist er verraten worden. Jagdaufseher haben ihn gehetzt und eingekreist in einem Steinbruch, und da ist er hinuntergesprungen, um seine Verstecke nicht zu verraten. Es ist aber ein so zähes Leben in ihm gewesen, daß er noch zwei Tage gelebt hat, die Gendarmen hat er ausgelacht, wenn er etwas verraten sollte, kein Wort haben sie aus ihm herausbekommen. Ein so starker Mensch war er bis zum Tode.«

Der Dichter Drescher mutmaßt, daß die zweite Version stimmt und die erste die »gnädig gewendete« ist: »Ich finde es schön und poetisch, wie die verwittertsten Erinnerungen an Menschen unserer Familie so legendenhaft enden im fernen Böhmen eines fernen Jahrhunderts. Merkwürdig ist es auch, die Moritat eines solchen wie mit dem Beil aufgespaltenen Schicksals.«

Es gab die Bibel, und es gab Erzählungen. Gespart wurde an allem, nur an Erzählungen nicht. »Am Abend sparten wir Licht«, schreibt Drescher. »Die Dunkelstunden bei den Großeltern gehören zu meinen Kindheitserinnerungen. Geborgenheit.« Auch der Großvater konnte bei guter Laune seine märchenhafte Seite haben, wenn er seine »silbrige Kartoffel aus Metall«, die er »Meteoritte« nannte, hervorholte. Mitgebracht von Verdun. Großmutter nannte den Klumpen »Sternschnuppe«. In Wirklichkeit war es ein Roteisen-

Horst Drescher vor dem Haus, in dem einst die Großeltern wohnten und in dem er aufwuchs. Abends wurde Licht gespart. In den Dunkelstunden erzählte die Großmutter, wie »dermaleinst unsere Ländere regiert werden von Wien und Prag aus«. Der Großvater holte seine Roteisenerzknollen aus Frankreich hervor, die die Großmutter »Sternschnuppen« nannte. Vor ihrem Haus sind die Großeltern rechts zu sehen, als Dreschers Mutter noch ein kleines Mädchen (Mitte) war.

erzknollen, wie er häufig vorkommt in der Erde Nordfrankreichs. Großvaters »Meteoritte«, Großmutters Sternschnuppe: Von hier führt der Weg zu Dreschers Achatleidenschaft, zu seiner Achatsammlung: »Meinen Stern, dessen wahre Natur ich nun kenne samt seiner Gewöhnlichkeit.«

Wertvolles wurde nichtsahnend verheizt: die Bernsteinklumpen aus dem Braunkohlebergbau, wurden, weil als solche nicht erkannt, zum Spielen benutzt und anschließend zum Anheizen des Ofens verwandt.

Horst Drescher erinnert sich, wie 1938 ein tschechischer Verwandter in der Stube der Großeltern auftauchte. Das Sudetenland war gerade von der Tschechoslowakei abgetrennt, und der Mann suchte Zuflucht, weil der Verwandte »etwas unternommen hatte« gegen Hitler. »Was mag Großmutter durchgemacht haben an diesem Winterabend. Dem Eugen war es gelungen, allen Verfolgungen zu entkommen, wer weiß, unter welchen Todesängsten. Er wollte sich wohl einige Tage verstecken bei Menschen, denen er vertrauen konnte. Aber er begriff wohl schnell, daß sein Besuch bei den Verwandten in Deutschland ein kurzer Besuch sein wird. Ich habe Großvaters erregten mißbilligenden Blick auf uns noch in Erinnerung, diese abweisende Haltung, er hatte Angst. Mit welcher inneren Ratlosigkeit er Großmutters Versuche zu vermitteln beobachtete. Was man als Kind in einer Minute beobachtete und niemals vergißt.«

»Es nutzt gar nichts, daß Großmutters Herz bei ihren Leuten war«, so spricht Drescher zu mir. »Sie war nun mal Deutsche, und der Großvater hatte ihr alle Kinder gemacht. Großvater war der Ernährer. Wenn wir gesuppt haben, durfte niemand den Löffel vor ihm in die Suppe tun. Großvater schnitt das Brot an für alle «

Im Jahre 1943 verließ Horst Drescher die Volksschule und begann in Zittau als Werkzeugmacher eine Lehre. Im selben Betrieb, in dem sein Vater bis Kriegsanfang als Lagerarbeiter gearbeitet hatte. Die Arbeiter nannten das Unternehmen, in dem mittlere Lastwagen, im Krieg dann die Flugzeugkabinen für das »Jäger«-Programm hergestellt wurden, die »Bude«. Eigentlich hieß die »Bude« unverständlich für viele Arbeiter »Phänomen« und wurde deshalb auf der zweiten Silbe betont.

»Die Eigentümer hießen Hiller und waren zwei Brüder«, erzählt Horst Drescher. »Und weil der eine von beiden so klein war mit einem großen Kopf, kam das Märchen auf: Der Zwerg ist das Genie. Der Zwerg hatte für uns alle Motoren erfunden. Der Bruder, ein großer und schöner, der war nicht so interessant. Beide waren für uns die Märchenoberschicht. In der Gondelbar in Jonsdorf machten die Vorstandssitzung. Und dann drang durch die Kellnerinnen zu uns, daß die Fische vom Bodensee holen. Alle Delikatessen projizierte das Volk von nun an dort hin. Alles, was wir uns nicht leisten konnten und was wir überhaupt noch nicht erfahren hatten, das aßen die. Das war unser Adel. Das war unsere Projektionsfläche für das Wunderbare.«

Die Intelligenz des jungen Burschen aus Olbersdorf wurde schnell erkannt. Nach einjähriger Lehre versetzte man ihn ins Konstruktionsbüro als Assistenten. Dann machte man ihn zum Kurier und schickte ihn mit versiegelter Aktentasche mit dem Zug quer durch das Land zu all jenen Firmen, die an dem »Jäger«-Programm beteiligt waren. Ein gefährliches Unternehmen, da Züge immer wieder von alliierten Fliegern beschossen wurden. Horst Drescher mußte einen Eid schwören. und dann ging es los – nach Hildesheim, nach Teplitz. In Leipzig stand er eine ganze Nacht vor dem brennenden Hauptbahnhof.

Ende 1944 wurde der Fünfzehnjährige von der Wehrmacht eingezogen: Wehrertüchtigungslager, dann eine Gebirgsjägerausbildung. Während der Ausbildung dann die Aufforderung, sich zum Einsatz in Schlesien zu melden. Fast alle meldeten sich: »Ich nicht. Das war überhaupt keine politische Entscheidung. Aber sie war lebensrettend. Von den Jungs kehrte keiner mehr vom Einsatz zurück. Ich hielt mich krampfhaft an einen Schulkameraden. Der hatte nein gesagt, also hatte ich mich auch nicht gemeldet.«

Wenn man mit sechzehn zugrunde geht, sagte er sich, das wird keinen rühren. Es gäbe keine Frau, es gäbe keine Kinder. Man wäre der Humus, der unter dem Humus ist. Horst Drescher begann zu schreiben. »Es bleibt sonst nichts von mir übrig.« Zwei Geschichten von damals haben sich erhalten und ein Brief an seine Mutter vom 1. Mai 1945: »Wir erfahren heute früh, daß der Führer gefallen ist, Dönitz wird's schon machen, gestern gab's Pellkartoffeln, so viel man essen wollte, zwei Scheiben Jagdwurst, zwei Scheiben Blutwurst und noch eine Ecke Käse.« Horst Drescher heute: »Hungern und Sattessen hatten einen Stellenwert wie historische Ereignisse.«

Während der militärischen Ausbildung erhielt Drescher plötzlich mit anderen Urlaub – mit der Auflage, im »Phänomen«-Werk seine Gesellenprüfung zu machen. »So war ich bei Kriegsende ausgelernter Werkzeugmacher«, erinnert sich Drescher. »Es muß da in der Militärverwaltung Leute gegeben haben, die uns denn doch nicht verheizen wollten. Kurz vor der Kapitulation wurden wir mit der Anweisung aus dem Ausbildungslager entlassen, uns innerhalb von 24 Stunden in Zittau zu melden. Das hatte gar keinen Sinn. Die hätten uns aus dem Lager direkt an die Front schicken können. In Zittau war das große Chaos. Man war raus aus der Einheit und mußte

Horst Drescher mit vierzehn Jahren, als er 1943 in Zittau seine Lehre als Werkzeugmacher begann: »Ich sollte der erste sein, der einen Beruf erlernt.«

in eine neue rein. In Zittau wußten sie nicht, ob sie am 6. Mai oder am 7. Mai überrannt werden. Und doch war es lebensgefährlich, einfach davonzulaufen. Ich hab' ja gesehen, wie sie Fahnenflüchtige auf der Stelle erschossen haben. Am 7. Mai habe ich mich entschlossen, in Olbersdorf zu bleiben.«

Am 8. Mai 1945 kapitulierte Deutschland. »Aber da war der Krieg noch nicht zu Ende«, erinnert sich Drescher. »Im böhmischen Kessel war man noch in Sicherheit vor den Russen. Hier standen die Reste der Wehrmacht unter dem Befehl von General Schörner. Wir sind in den Kessel mit dem Handwagen geflohen. Über das Gebirge in Großmutters Heimat. Großvater, der berühmte Krieger vor Verdun, versagte natürlich völlig. Wenn wir wissen wollten, was strategisch zu tun sei, war Großvater eine absolute Null. Nur den Handwagen konnte er gut ziehen. Nach 24 Stunden Marsch hat die Großmutter ›Schluß‹ gesagt. Damit wir nicht auf der überfüllten Straße zerquetscht werden, hat sie die Karre zur Seite gedreht und ist mit uns zum nächsten Bauernhof gegangen. Bis Kosmonos wäre es noch ein Tagesmarsch gewesen.«

Doch ob ihnen dort die Verwandtschaft geholfen hätte, die ja wußte, wie man sich 1938 verhalten hatte, wäre höchst zweifelhaft gewesen. Vom Bauernhof aus konnte der sechzehnjährige Horst Drescher beobachten, wie die Russen die Landstraße entlanggefahren kamen: »Die russischen Panzer fuhren wie Schneepflüge mit einer Geschwindigkeit von 20 Stundenkilometern und schlitzten auf der Straße alles weg. Nun waren wir auch hier in russischer Hand. Großmutter zog mit uns zurück nach Olbersdorf. Daß sie Tschechisch reden konnte, schützte uns.«

In den Nachkriegstagen sah Horst Drescher in Olbersdorf eine Kolonne besoffener Russen, singend auf alten amerikanischen Wagen, eigentlich schrottreife Fahrzeuge. Drescher schleppt eine Milchkanne mit sich. Da hebt sich neben ihm der Rasen, zwei, drei handbreit neben seinen Füßen: »Als wenn eine unsichtbare Harke arbeitet. Ich dacht, komisch. Luftdruck hatte ich wohl auch gespürt, dann hörte ich die Salve, blickte zu den offenen Lastwagen, lachende junge Russensoldaten, auch nicht viel älter als ich. Dann begriff ich und mußte absetzen und trocken kotzen. Da wäre ›Im Viebig‹ zuende gewesen, ehe Beginn war. Der besoffene Soldat hatte einzehntel Grad den Lauf zu tief gehalten. Auch zerschossene Beine bedeuteten in diesen Tagen den Tod.«

Horst Drescher bekam Arbeit in Zittau. Man reparierte allen Ernstes kleine Karussells und Luftschaukeln. Aus abgeschossenen Panzern wurden Getriebe ausgebaut und für die Reparatur der Karussells genutzt. Im Dezember 1945 wurde Drescher zur Arbeit in einer

Dreschers Vater als Soldat: »Er hat mir einen Tropenhelm mitgebracht. Der Krieg war für mich Jungen die Reise zum Mond.«

sowjetischen Kraftfahreinheit verpflichtet. »Da habe ich erlebt, wie die Russen mit ihren eigenen Landsleuten umgingen. Wie die verprügelt wurden, das hätte von uns keiner ausgehalten. Wir wären bei einer solchen Behandlung tot gewesen. Um mit den Fahrzeugen in den großen Räumen besser manövrieren zu können, ordneten die Russen an, die Innensäulen herauszureißen – mit dem Ergebnis, daß sich die Decke senkte. Also mußten wir Holzstämme einziehen. Das war die Methode Russisch. Das hieß Autoschlosserlehre.«

Horst Drescher erinnert sich, wie ihm die Großmutter Nahrung zugesteckt hat, die sie eigentlich für sich zum Überleben gebraucht hätte. »Sie hat sich gesagt, daß ich überleben muß. Sie ist verhungert, um mich zu retten«, sagt Drescher.

Die Hungersnot 1946/47 trieb den Achtzehnjährigen über die Grenze ins Tschechische. »Mit dem Herausschmeißen der Sudetendeutschen war das ja nicht so hundertprozentig«, erinnert Drescher sich. »Wir hatten drüben alle noch Bekannte. Wen die Tschechen damals brauchten, haben sie nicht gehen lassen. Und den Tschechen ging es ja gut. Sie bekamen von der UNO Lebensmittelhilfe. Aber die Grenze war zu, und es wurde scharf geschossen.«

Nach Grottau, seit 1945 Hrádek nad Nisou, war es eine halbe Stunde Weges. Doch auf dem direkten Weg dorthin wäre man wegen der Übersichtlichkeit des Geländes erwischt worden. So lief Drescher übers Gebirge, um auf einem fünfstündigen Fußmarsch von hinten nach Grottau zu gelangen. »Ich war mir völlig sicher, daß mir auf diesem Weg niemand begegnet und lief ohne Tarnung«, erzählt er. »Doch dann stieß ich auf vier Jungs und vier Mädchen. Die Jungs machten sich einen Ulk daraus, mich zu fesseln, und brachten mich zum Gaudium der Mädchen in Grottau zur Polizei.«

Dort wurde er in einen Keller geworfen. Das Kellerfenster am Deckenrand war winzig und völlig mit Gras zugewachsen, zudem vergittert. Zu hoch, um das Gras auszureißen. »Ich dachte, ich ersticke hier«, erinnert sich Drescher. »Ich wußte ja auch nicht, wie lange man mich hier festhält.« Am übernächsten Tag wurde er »angekettet an zwei Ganoven«, wie er sagt, im normalen Zug nach Reichenberg gebracht: »Das war demütigend, und ich habe einen richtigen Haß gegen diejenigen entwickelt, die mir das angetan haben.« In Reichenberg wurde er vor Gericht gestellt, ohne Verteidiger, ohne daß er irgendetwas verstehen konnte, was im Gerichtssaal gesprochen wurde. Das war die Rechtsprechung unter dem Demokraten Edvard Beneš. Drescher erhielt fünf Monate Freiheitsentzug wegen illegalen Grenzübertritts und wurde zu einem ehemaligen Rittergut gefahren. Nachts war er eingesperrt in einem Keller. Tagsüber hatte er auf dem Gut zu arbeiten. Er reparierte Traktoren. Das

Personal sprach deutsch. Das Essen war gut. Einmal in der Woche wurde ein Reh im Wald geschossen. Drescher aß ein halbes Jahr Rehbraten. Dann wurde er mit anderen Deutschen in einem Sammeltransport zurück an die Grenze gefahren: »Die Tschechen brachten den Russen an der Grenze Schnaps mit. Aber die Russen wollten uns nicht reinlassen. Sie schossen. Da bin ich auf und davon. Jeder hat versucht wegzukommen.«

Die Großmutter war tot, als er kurz vor Weihnachten 1947 in Olbersdorf ankam. »Als ich den Wintervorrat meiner Mutter sah, war mir klar: Im Februar ist nichts mehr da.« Nach seinem Geburtstag am 2. Januar machte sich Horst Drescher auf in den Westen.

Dreschers »Viebig«-Roman endet mit dem Tod der Großmutter. »So konnte ich sie auch nicht mehr fragen wegen der Sage oder Prophezeiung, wie dermaleinst unsere Länder werden regiert werden von Wien und Prag aus, die Hundertjährige Weissagung über alles, was noch im Dunkeln liegt, das Goldene Zeitalter nach der Hundertjährigen Frist, die uns zugemessen war«, heißt es im »Viebig«-Manuskript.

Episoden, Situationen, Porträts, Legenden, Anekdoten bespiegeln einander. Eine Art »Schatzkästlein« des 20. Jahrhunderts ist Dreschers »Viebig«-Werk, in dem die Großmutter aus dem Böhmischen als urteilende Instanz weiterlebt. Eine Stimme der Großherzigkeit, eine, die den Weg offenhält, damit man endlich in die Welt hinaustreten kann, ohne zu vergessen, woher man kommt. Wer die alte Heimat abtut, wird eine neue nicht finden.

Die menschlichen Schwächen der Drescherschen Figuren stehen nicht so sehr den Tugenden gegenüber, sie mischen sich. Widerspruchsgeist deckt Scheinmoral auf. Die Moral der Enge wird durchbrochen. Risse und Brüche werden mitgeteilt in einer skeptischen Hoffnung, die mit dem Menschenmöglichen rechnet, mit mehr nicht. Drescher schiebt ja nicht die Moderne weg. Er geht mit seinem Traditionsbewußtsein durch sie hindurch. Volkssprache wird Kunstsprache. In dieser Sprache lebt der bedingungslose Anspruch, nicht verwendbar für Zwecke zu sein. Eine nüchtern-klare Herzlichkeit und eine harsche Heiterkeit zeichnen seine Geschichten aus. In kunstvoller Beiläufigkeit schreibt er immer auf die Großmutter zu: »Ich habe mir auch die hohen weidengeflochtenen Tragekörbe angesehen, die Kiepen. Mit einem solchen Tragekorb war Großmutter einst zu uns gekommen, nach Sachsen, nach Deutschland, da war sie vierzehn Jahre alt gewesen, allein übers Gebirge, aber noch viel weiter her, aus den Bergen ihrer Heimat, vom ›Roll‹ hat sie manchmal erzählt, ein Berg – höher als unsere Lausche.«

Mit einem Rucksack auf dem Rücken verließ der neunzehnjährige

Horst Drescher am 3. Januar 1948 seine Heimat. In Frankfurt am Main hatte er Verwandte. Frankfurt war die Richtung, in die er wanderte. Vom Durchgangslager Gießen ging es nach Mainz-Gustavsburg. Autoschlosser waren gefragt. Im MAN-Werk bekam er eine Anstellung. In den ehemaligen Ostarbeiterbaracken übernachtete er. Zwei Wochen vor der Währungsreform bekam er einen Brief aus Olbersdorf: »Vater ist aus der Gefangenschaft zurück.« Horst Drescher machte sich auf den Heimweg: »Ich hatte ihn ja acht Jahre nicht gesehen. Ich hab' ein Phantom in die Arme genommen.«

Die Zittauer Maschinenfabrik war nun »volkseigen«. Horst Drescher hatte die richtige Herkunft für den Aufstieg. Er sollte den Werkzeugbau reorganisieren. Er wurde Assistent der Betriebsleitung. Leute zum Studium wurden gesucht. Der Vater riet ihm zu. Also, warum nicht Ingenieur, dachte er sich, meldete sich und wurde einberufen zur ABF, Arbeiter-und-Bauern-Fakultät, Eliteschule des Systems. So kam er 1950 nach Leipzig, wo er blieb. Die Deutsche Bücherei vor der Nase. »Das war die Zeit, in der ich zu lesen begann«, erinnert er sich. »Ein Abitur sollte ich machen. Um ehrlich zu sein, davon hatte ich noch nie etwas gehört. Selbst das Wort war mir unbekannt gewesen«, sagt er.

Wenn er an die Zeit an der ABF zurückdenkt, sagt er: »Ich war ein relativ unpolitischer Mensch und bin in den Kampf geraten aus moralischen Gründen.« Das fing gleich 1951 an. Horst Drescher war Technischer Leiter der FDJ-Wandzeitung. Chefredakteur war Benno Klein, der Journalist werden wollte, später exmatrikuliert wurde, dann in den Erzbergbau ging, um dann doch noch sein Ziel zu erreichen.

Klein erinnert sich an die Zeit an der ABF in einem Brief an Drescher: »Ein Beitrag von Dir über Phrasen brachte ein mittleres Verhängnis. Du hattest – völlig zu Recht – etwa folgendes geschrieben: ›Eine Phrase ist das, was einer sagt oder schreibt, der nicht weiß, was er sagen oder schreiben soll, zum Beispiel …‹ Und dann hattest Du dabei auch aufgezählt: ›Wir kämpfen für den Frieden!‹ Das war durchaus ebenfalls richtig. Aber für unser Wandzeitungskollektiv war das, glaube ich, das Aus. Für die meisten jedenfalls.«

Nach der Wende von 1989 schrieb Drescher mit dem Titel »Leipziger Novelle« eine Geschichte eines Mannes, der vom System über Jahrzehnte ruiniert wird, der auf einer der Demonstrationen im Herbst 1989 reden will und verschwindet, noch ehe er das Wort ergriffen hat. Die Novelle, ebenfalls bisher nicht gedruckt, nimmt ihren Ausgang an der Arbeiter-und-Bauern-Fakultät mit einer authentischen Geschichte. Auf dem Dach des ABF-Gebäudes hatte ein Unbekannter in die Kupferabdeckung die Worte geritzt: »Nach dieser

Richtige Herkunft für den Aufstieg, aber zu kritisch: Horst Drescher links als Absolvent der Arbeiter-und-Bauern-Fakultät in Leipzig, wo sich Erich Loest sein Material für den Roman »Das Jahr der Prüfung« suchte.

Erich Loest 1964, am Abend nach seiner Entlassung aus sieben-jähriger Haft wegen »konterrevolutionärer Tätigkeit«, fotografiert von Horst Drescher. Die beiden waren Nachbarn in der Leipziger Oststraße.

Zeit kommt eine andere Zeit.« Drescher erinnert sich: »Wir waren zu dritt damals einfach aus Neugier zum Dach hochgestiegen, lasen das. Der Nagel, mit dem der Satz eingeritzt war, lag noch da. Wir haben nichtsahnend, was wir auslösen, unten davon erzählt. Dann begann ein gewaltiger Rummel: Wer? Aber ›Wer‹ wurde nicht gefunden.«

In einem weiteren Roman mit dem Titel »Hörsaal 40«, zu dem Drescher nach seinem Studium ansetzte – ohne Aussicht auf Veröffentlichung zu DDR-Zeiten –, schreibt er über seine Generation:

Eine Generation, erzogen und eingesetzt zu der menschlich-unmenschlichen Aufgabe, eine Gesellschaft umzubrechen, eine Gesellschaftsordnung, die sich als verbrecherisch im hohen Maße erwiesen hatte oder leicht benutzbar für Verbrecherisches, das durfte sich nicht wiederholen, nach zwei Weltkriegen mußte damit Schluß sein ein für allemal; koste es notfalls, was es wolle.

Aber eine Vokabel wie ›postrevolutionär‹, wie klang das in unseren Ohren? Wer zu ideologischen Kämpfen erzogen war, war nun eben ein ideologischer Kämpfer und wollte kämpfen. Wohin nun mit all dem Anerzogenen und meisterhaft Geübten; wohin mit der wölfischen Härte der Gerechtigkeit, ohne die doch der erreichte Zustand nicht zu ereichen gewesen wäre? Im Wort ›Kader‹ hallt es doch militärisch oder man muß taub sein …

Die Starrheit des Systems der allmächtigen Kaderpolitik, sie konnte vermutlich von den Kader-Lenkern gar nicht begriffen werden; sie projizierten ihre Denkungsart auf uns mehr oder weniger ahnungslos. Bewegten wir uns nicht in ihren wohlgemeinten Bahnen, wurden wir als Unbrauchbare ausgeschieden. Sie wollten nur Gutes. Zehntausende von charaktervollen Talenten und Gutwilligen sind auf diese Art und Weise ruiniert worden. Zehntausende von cleveren Filous haben so Karriere gemacht, um es schematisch, also deutlich, zu formulieren; Menschen sind ja immer Legierungen von Mischformen. Und Kader-Lenker haben sich mit Recht gefragt: Wer lenkt denn hier wen? Sollen wir uns nach denen richten, die nicht in unser wohlwollendes Schema passen, gar nicht passen wollen? Eine bedenkenswerte Frage.

Sie kamen ja mit ihren Methoden der Wahrheit über die Menschen nahe, es war aber nur ihre Wahrheit. Damit sind wir an den Wurzeln menschlicher Tragödien, an den Wurzeln sehr vieler menschlicher Tragödien.

Drescher besuchte die ABF bis 1953. Auf der Arbeiter-und-Bauern-Fakultät lernte Drescher den Genossen Erich Loest kennen, Autor bereits von einem halben Dutzend Büchern. Drei Jahre älter als Drescher. Loest hospitierte monatelang an der ABF, suchte Stoff, um seinen Roman »Das Jahr der Prüfung« zu schreiben. Drescher, der bereits selber schrieb, trug ihm Material zusammen. Als Loest die Hälfte des unbeendeten Manuskripts in der ABF vorstellte, gab es böse Kritik. Drescher verteidigte Loest und galt seitdem als Loest-Spezi.

»Das Jahr der Prüfung« erschien 1956 im Mitteldeutschen Verlag. Die Kritik gegen Loest setzte sich fort. Er hatte kein Kunstwerk geschrieben, aber die Arbeiter-und-Bauern-Fakultät völlig zu Recht als ideologische Zuchtanstalt, als Insel ohne Bezug zu denen, die die Masse waren, dargestellt. Drescher stand weiter zu Loest. Und Loest sorgte dafür, daß Drescher nach seinem Germanistikstudium einen Posten als Lektor am Mitteldeutschen Verlag bekam. Aber auch Loest schaffte es nicht, Drescher zum Eintritt in die SED zu überreden. Loest erinnert sich: »Drescher war Kandidat. Er hat die Kandidatur von sich aus abgebrochen. Dazu gehörte damals viel Mut. Das war schon eine Tat. Zu sagen, ich passe nicht rein in die Partei.«

Horst Dreschers Buchmanuskript »Hörsaal 40« beschreibt die legendäre Zeit mit Hans Mayer, Ernst Bloch und Theodor Frings an der Leipziger Universität. Wie beispielsweise Frings aus dem Epos des Gottfried von Straßburg zitierte:

Alle Generationen Studenten mögen uns beneiden, die wir in einer solchen Stunde im Hörsaal 40 gesessen haben. Welch eine Geste, mit der Frings beim Vortragen andeutete, wie der im Herzen verzweifelte König Marke über dem schlafenden Paar seine Handschuhe in das Laubdach stopfte, denn er liebte doch seine durch Liebeszauber dem anderen verfallene Isot. Und die Stimme des Theodor Frings.
Wir schämtem uns aller Gefühle. Wir waren eine Nachkriegsgeneration. Brecht hieß der Gott der Stunde, Bertolt Brecht, der seine Bibelverbundenheit, seine romantischen Gefühle, ja seine bayrischen Sentimentalitäten des katholischen Bänkelgesangs aufs gesellschaftliche Eis gelegt hatte, und mit hohem Raffinement! Davon ahnten seine Schüler nichts, sie legten direkt aufs gesellschaftliche Eis, was sie hatten. Auch was sie nicht hatten.

Drescher – kein Ingenieur, aber auch kein Ingenieur der Seele. Die Schlosserei des Lebens verkennt den Menschen nicht. Er war kein Prolet-Arier, wie so viele Künstler in der DDR. Er gehörte auch nicht zu den herrlich schwebenden Intellektuellen-Gestalten, die wie Mayer und Bloch wegschwebten in den Westen.

433

Seine schriftliche Examensarbeit als Diplomgermanist machte Drescher über Kurt Tucholsky bei Hans Mayer im Frühjahr 1957. Mary Gerold-Tucholsky, die Witwe im bayerischen Rottach, die Drescher damals für seine Recherchen aufsuchte, hätte den Studenten Drescher gern dabehalten. So wurde Fritz J. Raddatz dann das, was Horst Drescher hatte werden sollen. Horst Drescher, der zurückfuhr nach Leipzig, sagt heute:

»Tucholskys Totentuch ist aus vielen Fäden gewebt gewesen. Geldmangel ist ein Faden, dann hat sich Kurt Tucholsky einen Luxus geleistet: Er schrieb gegen alle Schweinereien auf Erden, man muß aber zu einem Verein gehören, der einen bezahlt auf Erden. Oder man muß Glück haben. Jude sein war nach 1932 kein Vierblätterklee in Deutschland. Und wer schreibt mal vom Genießer Kurt Tucholsky? Er verdiente gut, gründete keine Familie (für die Not), hielt sich dafür Geliebte, nicht nur eine, oftmals. Das ist keine Sparbüchse! Und er hielt nicht zu seiner ›Rasse‹, er verspottete auch das Jüdische. Damit geriet er auf Treibsand dem Nationalsozialismus gegenüber. Hitler-Haß war kein Problem, aber die tieferen Wahrheiten waren eines; denn nur aus dem ›reaktionären Potential‹ wäre das alles nach 1933 nicht gewachsen. Das alles bleibt nach 1945 alles ununtersucht, undifferenziert, also unbegriffen. Oder glaubt einer, Knut Hamsun war blöd? Oder böse? Nein, nein. Der Tod eines französischen Dichters, der gerne und mutig flog und 44 verscholl, gehört zu diesem Thema, Tagebücher dürfen da noch nicht ganz hervorkommen ans Licht.«

Horst Drescher und sein Blick, der gegen jede »political correctness« verstößt. Ein Mann der Korrektive. Er sah in Ernst Bloch, »entzückt«, wie er sagt, »über diese Qualität eines Menschen«, nie so sehr den Philosophen: »Ich war nicht von seinen Theorien fasziniert, sondern, wenn er an sein Pult klopfte: ›Jakob Böhme, ein Dunst, ein mittelalterlicher Dunst, Quellen, eigene Kategorie…‹ Das machte der wie eine Zirkusvorstellung. Das hat mich fasziniert, nicht das Denksystem. Ich sah in ihm einen literarischen Menschen, der die tollsten Essays schreibt in Europa, aber ich sah in ihm nicht den Hegel oder Kant. Machen wir's mal grobianischer: einen Literaten, der immer tiefer und weiter ins Große gegangen ist. Sein System hat der vom Moralismus gewonnen und eben vom Literarischen.«

Den Vorwurf der SED, Bloch habe den Marxismus verwässert, hat Drescher schon damals für einen »großen Quatsch« gehalten: »Bloch hat keinen Marxismus verdorben. Gewiß, der hat sich zuständig gehalten, dort mitzumischen. Wenn da ein sehr kluger Kopf in der DDR gewesen wäre, der hätte gesagt, der Marxismus und Bloch, das beißt sich doch gar nicht. Der verdirbt uns doch nicht den Marxismus.

Der ist doch gar nicht zuständig für die Befreiung des Proletariats. Der ist zuständig für das Gute im Menschen, für das Große. Die waren borniert von der SED. Eigentlich hätten sie sich sagen müssen, laßt doch Bloch Vorlesungen halten, der bereichert die Szene.«

Bei Bloch fühlte sich Drescher als Leser Johann Peter Hebels bestätigt. Blochs Diktum: »Hebel ist das Beste, was Sie lesen können.« Das Verhältnis zu Hans Mayer beschreibt Drescher in seinem Auswahlband »Regenbogenpapiermacher« problematisch: »Was mag dieser hochsensible hochintellektuelle Mann manchmal gedacht haben angesichts der entlaufenen Autoschlosser, dieser ABF-Absolventen in seinen Oberseminaren; er hielt sich instinktiv an die paar Köpfe. Intellektuellenkinder oder Hochbegabte. So ein Werkzeugmacher mochte ja in seinem Beruf ein aufgeweckter, gescheiter Kopf gewesen sein, aber die Ungeistigkeit stand uns doch auf der Stirn geschrieben, wie Intellektuellen das Unpraktische auf den Händen geschrieben stehen kann; mir hat er einmal gesagt: Mit dieser Sprache können Sie keinen differenzierten Gedanken entwickeln. Das hat er natürlich viel differenzierter gesagt und wohlwollend.«

Aber es war nicht nur der Oberlausitzer Dialekt, der den Professor Mayer irritierte, mutmaßt Drescher, es war dieses merkwürdig Schwerfällige: »Das war Mayer das Fremde. Und es war die Bestimmtheit in meiner Schwerfälligkeit. Ich bin ja nicht schwerfällig, weil ich beschränkt bin. Ich mache ja ziemlich harte Urteile in meiner Schwerfälligkeit. Aber die sind aus meiner Substanz heraus. Er macht Urteile aus einer ganz anderen Substanz.«

Drescher kommt aus seiner Substanz heraus zu einem völlig anderen Bild des Mecklenburgers Uwe Johnson (1934–1984), als es die Germanistik vorgibt. In der Beurteilung dieses Dichters geht Drescher von dessen Erstling »Ingrid Babendererde« aus, den Johnson noch in der DDR schrieb, ehe er 1959 in den Westen ging. »Hier ist ein Mensch umgebracht worden«, sagt mir Drescher. Und umgebracht wurde Johnson vom Osten wie vom Westen.

In einem bedenkenswerten Essay verweist Drescher auf eine Situation in den beiden Teilen Deutschlands in den fünfziger Jahren, in der Johnsons Erzählung in der DDR als staatsgefährdend und modernistisch und in der Bundesrepublik als »Blut und Boden«-verdächtig angesehen worden ist. »Ingrid Babendererde«, vom Suhrkamp-Verlag 1957 abgelehnt, erschien erst 1985 in der Bundesrepublik. Das »syntaktische Verquere und Anglisierende« von Johnsons Schreibstil in der Bundesrepublik empfindet Drescher als »aufgesetzt« und als eine Konzession an eine Welt der Moderne, in der er nicht auch noch scheitern wollte.

Drescher schreibt über den Johnson in der Bundesrepublik: »An die-

Von Drescher bewundertes Erstlingswerk von Uwe Johnson. Johnson ging, Drescher blieb und mußte erleben, wie ihm seine erste Prosa aus der Hand geschlagen wurde.

435

sem spezifisch ›Johnsonschen‹ konnten sich Literatur-Deuter regelrecht berauschen in einer deutsch-deutschen Esoterik; und Johnson war von ihnen abhängig. Unter ihrem Patronat, unter ihrer Protektion perfektionierte er seine Neigung zum Gewollten bis in den Manierismus. Wo er aber ins Erzählen kommt, in sein schönes freies begnadetes Erzählen, was für eine genaue und dabei innig-poetische Prosa, wie menschlich-wohlwollend. Und von seiner ersten großen Erzählung an, wo sich doch andere Talente mühsam an ihr Vermögen herantasten müssen, über ein Jahrzehnt. Liebesbeziehungen, zart und keusch berichtet, beobachtet mit allen Sinnen und so anrührend karg wiedergegeben; ein Erzählen, der Herkunft verpflichtet im Sozialen und im Landschaftlichen aufs Anrührendste. – Wie kann ein Talent in den Ruhm geführt werden und in die Irre innerhalb eines Jahrzehnts?«

Drescher sieht als Erklärung dafür »eine bestimmte Art Stolz, eine bestimmte Art abstrakten Stolzes«, eines Stolzes, der eine »furchtbare Schlinge« ist, »darin erhängt man sich früher oder später«. Plastisch stellt Drescher, der Johnson 1959 in Leipzig kennenlernte, dem Dichter der »Ingrid Babendererde« den jungen, anfangs auch verprellten Brecht gegenüber und zitiert Brecht mit den Worten: »Ich hacke mir doch nicht den Fuß ab, um zu zeigen, was für ein guter Hacker ich bin.« Drescher schreibt: »Uwe Johnson hackte; er wollte zeigen, was für ein guter Hacker er ist, notfalls hackte er eben in den eigenen Fuß; er wollte es beweisen um jeden Preis.«

Drescher erinnert an Johnsons »Frankfurter Vorlesungen« aus dem Jahre 1979, den er einen »riesigen, ganz brüchigen und deshalb so anrührenden Rechtfertigungsversuch eines großen, schon zerbrochenen Talents« nennt. Ein Schlüsseltext ist für Drescher Johnsons »Selbstnachruf« in »Vorletzte Worte«: »Johnson beschreibt mit eiskaltem Humor seine Existenz als ferngesteuerte Marionette nach seinem Weggang aus der DDR. Er vertritt als ›Schriftsteller‹ Bücher, die er gar nicht geschrieben hat, dafür wird er bezahlt, gut bezahlt. In einer satirischen Parabel also bekennt er, seine Bücher nicht geschrieben zu haben. Vermutlich macht sich keiner von uns eine Vorstellung, was dieser Mann durchdacht hat und durchgemacht hat auf seinem vielbeschriebenen Lebensweg bis zum elenden Tod in Sheerness-on-Sea auf der Isle of Sheppey in der Themsemündung.«

Leben und Werk Uwe Johnsons offenbaren nach Dreschers Meinung exemplarisch des DDR-Dilemma: Bleiben oder gehen. Johnson ist aus dem Osten weggegangen, aber eigentlich im Westen nie angekommen: »Der Schriftsteller Uwe Johnson hätte seine Bücher wohl nur hier schreiben können; das mag mehr als merkwürdig

Horst Drescher, als Lektor gewollt, als Autor abgelehnt.

klingen, denn hier hat er sie ja auch nicht schreiben können. Mir ist das kein Widerspruch, nur eine Tragödie, eine Tragödie unter vielen Tragödien. – Vermutlich hat er seine Bücher gar nicht geschrieben, die zu schreiben vom Schicksal ihm aufgegeben war, sein Werk. Die Lektüre des ersten Romanes ›Ingrid Babendererde‹ kann einen auf solche Gedanken bringen.«

Horst Drescher erinnert daran: »Und es war ›kalter Krieg‹, das wird heute schon oft nur so leicht hingesagt, es war eine gnadenlose Zeit. Begabte Jugend aber fängt immer unbedingt an, naiv-unbefangen. Vielleicht könnte man Debütanten geradezu einteilen in solche, die bedingt debütiert haben – eben taktisch klug – und in solche Autoren, die unbedingt aufgetreten sind, mit ihrem Hauptanliegen. Von denen hat kaum einer überlebt. Kalter Krieg war die Epoche des Entlarvens. War so ein Unbequemer erst einmal außer Landes gegangen, dann hatte er sich selbst entlarvt. Die Welt war wieder im Lot.«

Dreschers Essay über Johnson ist zugleich einer über ihn selbst, der geblieben ist in der DDR. Als Johnson die DDR verließ, begann für Drescher jener Weg in die Katastrophe des Bleibens. Seit 1957 war er Lektor im Mitteldeutschen Verlag, ein exzellenter, ein gradliniger, ein menschlich beeindruckender Lektor, wie Günter de Bruyn in seinen Memoiren schreibt. Die von Chruschtschow 1956 auf dem XX. Parteitag in Moskau eingeleitete »Tauwetter«-Periode war mit dem Ungarn-Aufstand im selben Jahr bereits beendet, ehe sie richtig angefangen hatte. 1957 wurde Erich Loest verhaftet und wegen »konterrevolutionärer Gruppenbildung« für sieben Jahre ins Zuchthaus Bautzen geschickt. Loest und Drescher hatten dieselbe Wohnadresse: Oststraße, Leipzig.

Horst Dreschers Widerstand war gegen eine Ideologie gerichtet, die er als Schlachthof der Sprache empfand. Er erinnert sich an eine Leitungssitzung im Mitteldeutschen Verlag, Halle, bei der der Verlagsleiter den Arbeitsplan für das nächste Jahr vortrug. »Punkt 6: Die Leitungsmitglieder verpflichten sich, im nächsten Jahr dreißig freiwillige Aufbaustunden zu leisten.« So hörte Drescher den Verlagsleiter sprechen. Und dann gleich Punkt 7. »Da hab' ich ihn angehalten«, sagt Drescher: »Moment mal. Wozu verpflichte ich mich?« Der Verlagsleiter dachte, Drescher habe Punkt 6 akustisch nicht verstanden, und las Punkt 6 noch einmal vor. Drescher: »Alle saßen am Tisch und sagten nichts. Da hab' ich gesagt: Noch mal zurück. Ich verpflichte mich hiermit zu dreißig freiwilligen Aufbaustunden. Da müssen Sie mich fragen. Entweder Sie verpflichten mich und dann nennen wir die Sache anders. Und wenn wir sie freiwillige Aufbauleistungen nennen, dann müssen Sie mich fragen, ob ich sie machen will.«

Drescher: »Da kam der hoch. Das war der Riß. Mit solchen Szenen zerschnitt ich das Tischtuch. Aber ich konnte gar nicht anders. Vergewaltigung von Sprache verursacht mir Übelkeit bis zum Erbrechen. Freunde haben zu mir gesagt: Mensch, Horst, das unterschreibt man doch, und einmal ist man krank, ein andermal unabkömmlich. Wer spitzt denn das so zu? Das kann doch nur ein Blöder sein.«

Weil Drescher in keinem Verband Mitglied war, verpflichtete er sich als Kassierer der Gesellschaft für deutsch-sowjetische Freundschaft und erlebte eine Vollversammlung: »In irgendeinem Gasthof mit einem großen Saal traf man sich. Es war kalt, und die Dampfheizung summte neben uns. Neben mir saß ebenfalls ein Vertreter eines Verlags. Und der saß so. Vorne referierten die Dummköpfe. Wenn ich irgendwo sitze, bin ich angeschlossen. Das ist die gnadenlose Beobachtung. Ich speichere alles. Mir wurde übel von dem Gequatsche. Da hab' ich zu dem neben mir gesagt: ›Können Sie sich das anhören bis zum Abend?‹ Da sagt der Mann die goldenen Worte: ›Wir haben's warm, wir müssen nicht arbeiten, und es gibt Mittagessen.‹ Dessen Haltung war: Wo ist denn hier ein Problem? Ich konnte nicht sagen: ›Hört mal, so geht das ja nicht.‹ Der neben mir war im Recht, und ich mußte mit Recht gehen.«

Dreschers Sprachsensibilität: Die Autoren des Mitteldeutschen Verlags haben sie geschätzt. Drescher schrieb längst selber Prosa. Und da gab es doch die Möglichkeit, seinen Lebensunterhalt abzusichern als freischaffender Lektor mit einem Verlagsvertrag. Christa Wolf, die 1959 nach Halle kam, hatte solch einen Vertrag, aber sie stürmte auch ganz im Gegensatz zu dem Arbeitersohn Drescher auf dem »Bitterfelder Weg« die »Höhen der Kultur«. Drescher war kein »Stürmer«.

Horst Drescher legte einen Band eigener Erzählungen vor, und der Verlag lehnte ihn wegen mangelnder Perfektion zur Veröffentlichung ab. Die mangelnde Perfektion der »Moskauer Novelle«, mit der Christa Wolf 1961 debütierte, störte den Verlag nicht. Da hatte sich Drescher bereits von Halle verabschiedet und versuchte es auf eigene Faust.

Bei der DEFA hatte man Dreschers Erzählungen gelesen und wollte eine davon verfilmen. Schaut man heute auf Uwe Johnsons Erzählung »Ingrid Babendererde«, dann hatte Drescher mit seinem Studenten Werner Schoris zeitgleich etwas Ähnliches geschaffen wie Johnson mit seiner Oberschülerin Ingrid: einen jungen Menschen der DDR in existentieller Ratlosigkeit.

Drescher erinnert sich: »Man holte mich nach Berlin zu einer großen Versammlung mit Konrad Wolf. Da saßen lauter Leute, die kühne Filme machen wollten. Ich wurde mit Liebe aufgenommen –

von der Gesinnung her als einer der Ihren. Meine Geschichte über den Studenten atmete genau das, was ihnen vorschwebte.«

Die Filmemacher waren begeistert. Drescher schrieb das Treatment. Die Dreharbeiten begannen. Der Film »Studenten« spielte im alten Universitätsgebäude mit dem Hörsaal 40, im Lichthof mit der kassettengeschmückten Tonnengewölbedecke. Filmdokumente von Gebäuden, die das SED-System wegsprengen sollte: »Es war eine faszinierende Huldigung an eine nun endgültig zum Untergang verurteilte Universität.«

Bei einer Rohschnittvorführung in Leipzig gab es allgemeine Begeisterung. Dann wurden Termine abgesagt. Dann waren alle für den Film Zuständigen plötzlich nach Berlin abgereist. Von Berlin aus bekam Drescher noch Änderungsaufträge, obwohl der Film bereits verboten war. Niemand traute sich, dies dem Autor zu sagen. Irgendwann kamen sie aus Berlin gefahren – fröhlich. Der Regisseur sagte: »Noch ein Film mit Drescher, und ich bin erledigt.«

Das alles geschah im Sommer 1964. Drescher bekam auf alle Fragen nach den Gründen für das Verbot keine Antwort: »Unzulässige Sicht auf unsere Gesellschaft dürfte das Verdikt gelautet haben, eine Kollision von realistischer Literatur mit der Realität. Und wie wenig sich die Denunzianten ihrer Sache sicher waren, mag man daraus ersehen, daß sie sich auf einen Austausch von Argumenten gar nicht erst einließen.«

»Meine Arbeit von zwei Jahren wurde durch einen Griff aus dem Dunklen heraus auf den Abfall getan«, sagt Drescher. Der Griff aus dem Dunklen begleitete Drescher von nun an. »Alles, was ich in Zukunft machte, rief Begeisterung hervor. Ein Vertrag wurde angekündigt. Arbeiten begannen mit Vehemenz. Und auf einmal starb alles ab.«

Da interessierten sich irgenwann die Leipziger Kammerspiele für den Filmstoff »Studenten«. Man schlug ihm vor, daraus ein Theaterstück zu machen. »Ein Student kommt an« sollte der Titel sein. Und Drescher faßte neue Hoffnung. Eines Tages sagte der Pförtner zu ihm: »Es ist keine Probe.« Drescher: »Es ist wohl eine, jeden Tag um zehn Uhr.« »Wenn ich Ihnen sage, es ist keine. Gestern waren Herren da in der Probe.« »Na, was denn für Herren?« »Herren in dunklen Anzügen. Seitdem sind keine Proben mehr, ist schon gar nichts mehr da auf der Bühne.« »Das kann nicht sein.«

Es war so. Dasselbe Spiel wie drei Jahre vorher. Verantwortliche ließen sich verleugnen. Bekam er sie doch zu sprechen, wichen sie aus. »Das war der Stil der Leute. Der wird schon in vier Wochen merken, daß sein Stück ein toter Hund ist. Ich brauchte wieder Zeit, um zu begreifen. Ich war so naiv zu glauben, daß mir doch noch einer die Wahrheit sagt.« Natürlich nichts dergleichen, statt dessen ein Angebot für ein neues Stück, für einen neuen Film. »Machen wir es nicht so politisch«, hörte er.

Und Drescher roch beim Machen, daß die Auftraggeber in Wirklichkeit nichts von ihm machen wollten. »Das war die Taktik: den Mann nicht außer Kontrolle geraten zu lassen. Er könnte ja in Leipzig auf einen Westmann stoßen, und der nimmt die Ablehnung zum Anlaß, die Sache im Westen zu machen. Dann sind wir draußen. Dann erzählt er uns nichts mehr. Besser ihn nicht so verprellen, daß er zum Äußersten entschlossen ist. Sofort nach jeder Ablehnung einen neuen Vertrag, ihn machen lassen, zugucken, was er macht, ob er giftiges Zeug schreibt.«

Drescher erinnert sich an Erich Loests Bericht nach seiner Haftentlassung, wonach sie ihm im Zuchthaus Papier und Bleistift gegeben haben und er schreiben durfte. »Na, dachte da der Loest, ist ja gar nicht so streng. Aber das war reine Kontrolle. Die wollten ihm über das Geschriebene nur in den Kopf gucken.«

Als Drescher die Taktik der Dunkelmänner erkannte, gab er auf, schnitt Fichtenreisig, flocht Beerdigungskränze, verkaufte Blumen am Südfriedhof zusammen mit seiner Frau. Eine Reaktion, mit der die Dunkelmänner offensichtlich nicht gerechnet hatten. Unglaublich für sie, daß ihnen da jemand entwischte in die Unabhängigkeit. Und so schikanierte man ihn mit der Stasi. Lieferanten der Dreschers wurden ostentativ von Stasiwagen verfolgt. Das schürte Angst. Es schürte aber auch das Zusammengehörigkeitsgefühl der Dreschers.

»Ein Jahrzehnt lang wohl oder mehr als ein Jahrzehnt lang habe ich mir gewünscht, einem dieser Lumpen der namenlosen Macht einmal von Angesicht zu Angesicht gegenüberzustehen, einem der Lumpen, die mir aus dem Dunklen der kulturpolitischen Administration heraus so geschickt ein Bein gestellt haben, daß ich für viele Jahre meines Lebens gestürzt bin. Mit den Jahren hat sich dieser Wunsch verloren. Womöglich würde er einem heute die Hand geben und gar nicht wissen, wovon die Rede ist, willfährige Pragmatiker, pragmatische Willfährige. Lebenstüchtige.«

Wie schnell die Demütigungen von einst wieder aufbrechen, merkte Horst Drescher, als sich bei ihm nach der Wende ein westdeutscher Regisseur meldete, um den Theaterstoff von einst heute zu inszenieren. »Als ich die Texte aus der Schublade holte und sie las, bekam ich ein Fieber, so daß ich einen ganzen Tag nicht mehr zu Verstande kam«, sagt Drescher und erklärt sich das so: »Mit den Texten ist jene Zeit im Tiefengehirn gekoppelt. Wenn ich das Räderwerk wieder in Betrieb setze durch Lesen, aktiviere ich verschüttetes, abgekapseltes Zeug. Normalerweise ist das nur schlechte

Besuchsstunden in der
Oberlausitz: der Dich-
ter in dem heute still-
gelegten Werk, in dem
er einst als Werkzeug-
macher begonnen
hatte, mit einem alten
Silbertaler als Talis-
man, an der »Böhmi-
schen Aussicht« auf
dem Töpfer und auf
der Kindheitsstraße in
Olbersdorf, hinter ihm
die Silhouette von Zit-
tau; über das Feld soll
die Autobahn nach
Prag gebaut werden.

Erinnerung. Aber beim Dialoglesen wird das wie eine Traumaktivität, wird das alles hervorgeholt in das Fieber, das ich damals hatte. In eine fieberhafte Situation.«

Drescher legt die Texte wider zurück in die Schublade und sagt sich: Niemals mehr berühren! Und der Regisseur bekam seine Absage.

»Wer bei uns Schriftsteller wird, das bestimmen immer noch wir.« Drescher hat diesen Originalton der Leipziger Parteimachtleute noch gut in Erinnerung; denn sie verfügten über die Verlage, den Rundfunk, das Fernsehen, die Wohnungen, die Universität, das Literaturinstitut, die Übersetzermöglichkeiten, die Pässe für eine Auslandsreise West, die Heime des Schriftstellerverbandes, die Möglichkeit eines öffentlichen Auftretens.

In Dreschers aphoristischen Notizen, mit denen er die Zustände in der DDR und seine eigenen festhielt, heißt es: »Das ist immer die bitterste Variante, wenn man feststellen muß: Umsonst war es nicht, aber vergeblich.«

Oder: »Wer gesellschaftliche Wahrheiten ausspricht, zu einer Zeit, da sie noch nicht ausgesprochen werden dürfen, da sie die Gesellschaft lähmen könnten nach Ansicht der Gesellschafts-Aufseher; über einen solchen Sprecher wird eine ausgesprochen gesellschaftliche Lähmung ausgesprochen. Natürlich unausgesprochen.«

Oder: »Wenn man sich Lumpen gegenüber anständig verhält, die gucken immer so ungläubig.«

Oder: »Viele harte Urteile habe ich gehört über unsere Zeit, aber das härteste Urteil war die leise Bemerkung einer Frau, die sagte: ›Nur gut, daß man schon so alt ist.‹ – Das war das Urteil.«

Oder: »Das Leben kauft uns den Schneid ab, dafür gibt es uns Lebensweisheit. Ein feines Geschäft, ein feines Geschäft.«

Oder: »Ob es eigentlich mehr tragisch oder mehr komisch ist, daß immer die Hauptpastoren Goeze es sind, die den Lessings nach einhundert, zweihundert und dreihundert Jahren die Laudatio halten.«

In der Tschechoslowakei durchbrachen die Dichter des »Prager Frühlings« nach 1968 mit ihrer »Edition hinter Schloß und Riegel« (»edice petlice«) das Publikationsverbot auf eine Weise, die ihr Zusammengehörigkeitsgefühl stärkte: Werke in der Schubladenzeit, veröffentlicht in zwölf Exemplaren, soviel Durchschläge wie möglich auf der Schreibmaschine. Das war erlaubt. Die DDR hatte eine solche Szene nicht. Wer eigenmächtig blieb in der DDR, der war allein, blieb Einzelgänger.

Horst Drescher schrieb »Notiz-Büchel«: jeweils dreißig bis vierzig Aphorismen auf der Scheibmaschine, gebunden in ein Heft, das Heft eingeschlagen mit marmoriertem Papier, das er von dem lange Zeit verkannten Marmoriermeister Gerhard Hesse bekam. Impressum:

Diese NOTIZEN-BÜCHEL erscheinen in einer einmaligen Weltauf-
lage von zwei Exemplaren in zwangloser Folge. Da sie jeweils bei
Erscheinen sofort restlos vergriffen sind, ist eine Nachfrage beim
Autor zwecklos. Die Reihe der Vorzugsexemplare (numeriert durch
römische Zahlen) wird vom Autor handsigniert. Das andere Exemplar ist arabisch numeriert. Alle Rechte, bis auf das Recht des
Abschreibens, verbleiben ausdrücklich beim Autor. Herausgabe: H.
Drescher. Typoskript: H. Drescher. Layout und graphische Gestal-
tung: H. Drescher. Handeinband (Marmorpapier G. Hesse): H. Drescher. Versand: H. Drescher (sämtlich Leipzig).
Da bewahrte jemand verzweifelt Humor. Vor sich selbst und vor
jenen, denen er das jeweils zweite Exemplar schenkte. Ebenso ver-
schenkte er eigene Prosatexte, ohne heute noch zu wissen, welchen
Briefen er sie beigelegt hat. »Meine seelische Ruinierung war so
stark, daß ich mir keinen Durchschlag gemacht habe«, sagt er.
Gewiß: Ab und zu durfte er als Herausgeber von Texten prominen-
ter Toter fungieren: Friederike Kempner, Joachim Ringelnatz, Karl
Valentin, Arno Holz.
Die Strategie der Dunkelmänner hieß jahrelang Zermürbung. Es gab
lange Phasen, in denen die gesamte Post, die Drescher erhielt, mit
dem Stempel einging: Beschädigt, amtlich verschlossen. »Ich bekam
Fieber, das nicht mehr wegging«, erinnert er sich. »Ich bekam Aus-
schläge, die nicht zu kühlen waren. Das alles war eine Situation vergleichbar mit Nervenzusammenbrüchen. Ich habe mich nicht mehr
zum Arzt getraut, weil ich dachte, die bringen mich um. Der Arzt,
zu dem du gehst, der kann das melden, und die geben dir etwas, was
dir zusätzlich schadet.«
Zwischen Ende der sechziger bis Ende der siebziger Jahre befand
sich Drescher in einem Zustand, von dem er heute sagt: »Man war
zwar nicht eingesperrt, aber in einer Lage, wo das Aufhängen eine
tägliche Überlegung war.« In den achtziger Jahren, als Drescher endlich publizieren durfte, stellten Ärzte bei Drescher fest, daß er eine
schwere TB-Erkrankung überstanden hatte. Die Ärzte zeigten ihm
die Vernarbungen in der Lunge. Die TB hatte sich selber verheilt.
»Man weiß, man ist zugrunde gegangen«, sagt Drescher. »Aber man
will auch nicht Verfolgungswahn vorgeworfen bekommen.« Entschuldigung eines Opfers. Dabei war Dreschers Zustand nur die Folge einer der vielen perfiden Zerstörungsstrategien des SED-Ver-
folgungssystems. Drescher, der Reiner Kunze aus dessen Leipziger
Lebensjahren kannte, erinnert sich, wie er bei dem in Greiz bedrängten Freund verspätet eintraf und diese Verspätung mit einem Aufenthalt in Gera erklärte. »So, in Gera warst du?« hörte er Kunze beiläufig
sagen. Aber es war nicht beiläufig gemeint. Hatte er, Drescher, etwas

*Horst Drescher, foto-
grafiert von Reiner
Kunze, Reiner Kunze,
fotografiert von Horst
Drescher – in Kunzes
Greizer Isolation 1970.*

mit der Stasi zu tun? In Gera saß deren Bezirksverwaltung. Erst Dreschers »So, was ist denn los?« löste das Panikartige in Kunze.

»Es gab zu Kunze eine ganz frühe Beziehung«, sagt Drescher. »Da
machte er idealische Konstruktionen, noch nicht vom Realismus des
Lebens berührt. Und dann wurde er durch Verfolgung berühmt.
Dann hat er mir imponiert, wie er sich auf völlig eigene Füße
gestellt hat. Nur, Reiner Kunze war nicht am Südfriedhof. Er war zu
Hause, und die Frau war Ärztin.«

Kunze und Jürgen Fuchs erscheinen Drescher als die wesentlichen
Vermittler zwischen Ost und West: Jürgen Fuchs, der nicht locker-
ließ in seinem Widerstand gegen das Regime und aus dem Gefängnis nach Westberlin entlassen wurde. Kunze, der der Partei nach
dem Einmarsch der Warschauer-Pakt-Staaten das Parteibuch vor die
Füße geworfen hatte. Aber sonst? »Die weggegangen sind, haben
mir alle gesagt: Wenn du nicht in die Partei gehst, wird gar nichts
aus dir.«

Drescher fragt sich, warum all die Parteigänger, die Weggegangenen
und die Gebliebenen, nirgendwo über die entwürdigenden Zeremo-
nien des »Parteischuljahres« geschrieben haben, jene kontinuierliche
Versammlungen für Genossen: »Jeder Betrieb hatte seine Partei-
leitung. Jede Woche traf man sich da. Was habt Ihr Gutes getan für
die Arbeiterklasse. Äußern Sie sich zu der Äußerung des Genossen
Stalin. Mit ihrem Parteibuch standen sie da und bekamen es nur
umgetauscht, wenn sie die richtigen Antworten hatten. Umtausch
alle anderthalb Jahre. Ja, das Parteischuljahr haben sie alle schön
abgekapselt.«

Drescher sagt: »Der Staat hat eine ganz kleine Schicht westlich leben
lassen. Wenn die dann in den Westen reisen durften, haben sie dort
die geringen Chancen ihrer westlichen Kollegen gesehen. Ein Mann
im Westen mußte sich ein Haus verdienen. Zu Hause sagte die Partei, wir haben hier vier Häuser, such dir mal eins raus. Und dann
war die Miete so gering, daß man im Westen dafür nicht einmal eine
winzige Wohnung bekommen hätte. Das haben die Genossen
Schriftsteller genau gesehen. Die erkannten, wie schwer es ist, Geld
zu verdienen. Wenn sie zum Aufstieg vorgesehen waren, bekamen
sie Übersetzungslisten. Und auf einmal hatten sie in acht Sprachen
übersetzt, ohne eine Sprache beherrschen zu müssen. Das war ja
alles interlinear vorbereitet. Und das alles wurde geregelt von einer
Schaltstelle. Man wußte, was man zu Hause hatte, und hat sich entsprechend verhalten.«

Drescher geht noch eine Schicht tiefer: »Unter dem Feudalismus
wird immer etwas Bestimmtes verstanden. Die DDR oder der sozialistische Staat war in seinem Wesen ein Feudalstaat. Das hatte den

Vorzug, daß man den Künsten gegenüber sehr generös sein konnte. Der Kapitalismus wird immer als kunstfeindlich empfunden – mit Recht. In der DDR hat man den genehmen Künstler mit einem Federstrich in einer Weise bedient, wie es kein Sponsor im Westen machen würde.«

Horst Drescher beschreibt sie, die Sehnsucht des Künstlers: »Der Künstler liebt ja das Märchenhafte. Er will ja nicht die Steuerabrechnung. Das kotzt ihn ja an. Er möchte das verschenken, was er macht. Und von oben soll dann der Fürst oder Vater kommen – das hängt ja im tiefsten mit dem Unerwachsensein des Künstlers zusammen – und soll sagen, das hast du fein gemacht, hier hast du ein Haus. Dichte was, und wir reden nicht darüber, was es kostet. So wird die Infantilität bedient. Es konnte passieren, der Dichter wurde nach Rumänien eingeladen. Und der Kulturminister schaltete quer durch Bukarest die Ampel auf grün, und der Dichter raste mit einer Luxuslimousine quer durch die Stadt, und alles stand bis zu dem Gästehaus der Regierung. Das geht tief in die Seele. Früher war es die Kutsche mit den sechs weißen Pferden, im Sozialismus war es die Durchschaltung und vieles andere. Und in der Tiefe seiner Seele sagte sich der Künstler: Das ist das, was sich gehört.«

Drescher vergißt nicht, daß man auch vom sozialistischen Fürsten verworfen werden konnte: »Das feudale Verhältnis: Der Fürst liebt den Künstler, wunderschön. Oder er verwirft ihn. Da sind wir dann wieder auf der Ebene des Märchens: in den Turm gesteckt werden und verhungern.«

Die deutsche Teilung hat die märchenhaften Möglichkeiten noch erweitert. Drescher spricht von der »Rückkoppelung« jener dem SED-Hof verbundenen Künstler: »Die Klügsten haben einen hohen Preis im Osten gefordert und dann dem Westen gesagt, also ich bin so geschätzt, Nationalpreis 1. Klasse, wenn ich nicht in der Bundesrepublik einen großen Preis kriege, dann muß ich mich von meinen Neigungen zu euch etwas zurückziehen. Man ist ja immer in der Partei gewesen und immer nur insoweit dagegen gewesen, wie es die Privilegien nicht gefährdete. Und wenn man den Preis aus dem Westen hatte, dann hat man im Osten gesagt, seht, ich habe jetzt diesen großen Westpreis, wenn jetzt hier nicht folgendes passiert, dann muß ich meine Seele etwas mehr hinüberverlagern. Ein diplomatisches Spiel für die eigene Tasche. Das hat funktioniert. Und '89 brach die Bude zusammen. Da war das Ganze beendet, wie klug man auch war.«

Und man wollte bei der großen Berliner Wendekundgebung 1989 noch einmal besonders klug sein: »Es eilten die kleinen Napoleons zu dem Platz, wo auch das Zentralkomitee saß, und jeder beschloß die Rede zu halten für die Zukunft der DDR, umweht vom Mantel der Geschichte. Jeder wollte jetzt Kaiser werden, wollte einmalig sein, den Jubel der Millionen auslösen. Doch die Komik der Situation bestand darin: Es wurde kein Kaiser gebraucht. Da hatte jeder dieser Künstler gedacht, sich an die Spitze von etwas Kommendem zu setzen. Doch die ganze Vorstellung war überflüssig. Es war schon alles vorbei.«

Horst Drescher atmete 1989 auf: »Aus dem Bau dieses Theaters konnten wir nur raus, indem die Bude einfällt. Sie wollten sie umdekorieren. Eine Denkungsart, bei der es mich heute noch gruselt.«

Bei seiner Beurteilung der intellektuellen Situation im geteilten Deutschland vergißt Drescher nicht die Linken in der Bundesrepublik: »Redliche Linke, so wollen wir sie mal nennen. Und da sie nicht dumm waren und auch die DDR bereisten, hatten sie die Vorstellung, sie kennen die DDR.« Und Drescher hört sie noch heute: »Denken Sie nicht, daß ich nur Nationalpreisträger gekannt habe, ich kannte auch einen Schuster im Spreewald. Der hat in einer halben Stunde meine Tasche repariert.« Drescher sagt: »Es ist grotesk. Die eigentliche DDR war für die die bessere Welt. Die wußten ja, was die Deutsche Bank ist. Und dort war der Staat, der hatte die Deutsche Bank abgeschafft. Wie wir gelebt haben, keine Bohne. Sie fuhren zu Volker Braun und Christa Wolf in die Wohnung und sahen nur, daß die schön wohnen. Daß wir Angst hatten, uns bricht der vordere Teil der Wohnung herunter, es regnet überall rein, das war für die kein Problem. Sie hatten die DDR mit eigenen Augen bei Christa Wolf gesehen. Wenn Christa Wolf von den Schattenseiten der DDR erzählt hat, dann hat sie das erzählt. Wenn ein Millionär von den armen Löwen erzählt, dann ist das seine Sicht. Und wenn Clochards von Millionären sprechen, ebenfalls. Der Clochard projiziert den Reichtum aus seiner Sicht, und unsere Nationalpreisträger projizieren das Problematische der DDR aus ihrer Sicht.«

Ein Text Dreschers aus dem Jahre 1989/90 lautet: »In unmenschlichen Zeiten ist des beste Platz ein Platz am Tische der Henker, man muß dort ein gleichberechtigtes Mitglied sein, ohne direkt dazuzugehören. Man ist dort der, der über Begnadigungen plaudert mit den Henkern, über Begnadigungen aus humanistischen Gründen, und ab und zu wird ja einer begnadigt. Da ahnt jeder, wer das bewerkstelligt hat, und entsprechend dankbar sind Opfer und potentielle Opfer, denn welches Opfer könnte schon was bewirken am Tische der Henker. Und die Henker haben einen Humanisten am Tische, einen bedeutenden Humanisten, das hebt, das lassen sie sich was kosten! – Und wann sind Zeiten schon mal menschlich, wann haben die Menschen schon mal menschliche Zeiten.«

Die literarische Bilanz Dreschers in der DDR war eine Bilanz der letzten neun Jahre: Das Debüt mit dem Maler-Porträt Wilhelm Rudolph im Jahre 1983. Für »Aus dem Zirkus Leben. Notizen 1969 bis 1986« wurden von 1000 eingereichten aphoristischen Texten 500 genommen. 1989 kamen Dreschers weitgehend bereits in »Sinn und Form« veröffentlichten Maler-Porträts als Buch heraus. Geschichten über Außenseiter, geschrieben von einem Außenseiter. Wieder Wilhelm Rudolph, dann Theodor Rosenhauer, Arno Mohr, der Regenbogenpapiermacher Gerhard Hesse – und Werner Klemke, der Illustrator, der immer zum System gerechnet wurde. Unter der Feder Dreschers wurde auch Klemke ein Außenseiter mit menschlichen und künstlerischen Zügen, wie sie bisher niemand gesehen hatte. Wahrnehmungskunst aus der Menschenkenntnisschule Dreschers. Am Ende war der »Zirkus Leben« mit 1000 aphoristischen Notizen, 1990 herausgegeben, komplett. Nun fehlen noch weitere 5000 solcher Texte, die Drescher erst gar nicht bei Aufbau eingereicht hatte, weil sie keine Chance zur Veröffentlichung gehabt hätten.

Der Westen zeigte dem Dichter Drescher nach 1989 die kalte Schulter, blieb beschäftigt mit dem chronischen Avantgardetum auf dem Niveau ästhetischer Clownerien. Die Simulateure der Vergangenheit und die Manipulateure der Zukunft blieben »en vogue«. Hatte sich jemand in der Beurteilung der DDR-Literatur geirrt? Nein. Hatte man etwas übersehen? Nein.

Ein einziges Taschenbuch mit dem Titel »Regenbogenpapiermacher. Kurze Prosa« ist von Drescher seit 1995 auf dem Markt. 170 Seiten. Horst Drescher sagt: »Nun kommt alles in den Nachlaß. Wenn jemand das 65. Lebensjahr hinter sich hat, sollte er sich nichts mehr beweisen wollen. Wenn sich die Kritik einig ist und auch die Verlage, welche deutschen Schriftsteller von Bedeutung sind, dann hat es etwas Albernes, das verändern zu wollen. Man weiß ja, daß die sich oft geirrt haben. Das, was ich gemacht habe, halte ich für so gut, daß es eines Tages gebraucht wird.«

Als sich Horst Drescher seine Stasi-Opferakte bei der Gauck-Behörde anschauen wollte, da waren die Ordner leer, waren die Seiten herausgerissen und vernichtet. Nur noch Schnipsel an den Aktenbügeln fand er, fingernagelgroß: »Das ist meine Stasi-Akte«, sagt er. »Das ist eine Verletzung.«

Reiner Kunzes Kommentar: »Die haben dir das Licht ausgemacht, komplett.« Und Drescher reagiert darauf: »Ich gehe nicht mehr zu denen mit dem Verlangen: Sagt die Wahrheit. Selbst der Verleumder trägt zur Wahrheit bei. Aber meine Feinde würden nie reden.«

Einziger belletristischer Titel Dreschers vor 1989, einziger belletristischer Titel nach 1989.

Am liebsten würde er diese Worte der Bitterkeit streichen: »Das Pack, das mir das alles angetan hat, freut sich doch, wenn ich mich nach acht Jahren noch so äußere. Die sagen sich doch: ›Na bitte, da haben wir einen Volltreffer erreicht.‹«

Es scheint für Horst Drescher heute nur noch einen Trost zu geben: die Formvollendung des Verzichts. Wen er mag, dem erzählt er seine erzählten Geschichten, oder er verschenkt sie weiter in seinen Briefen.

Manchmal ist es so, als suche er Menschen nur, um mit sich selber zu sprechen. Opfer einer Vereinsamung, die letztlich unaufhebbar geworden ist und sich doch eines Gegenübers versichern will. Er lebte nicht in einem Niemandsland, doch sein Land störte. Nun stört es nicht mehr. In der Welt des Entertainments, um es mal deutsch zu sagen, haben Dreschers Geschichten zu wenig Tempo. Intensivierung durch Verlangsamung macht ihn zum Unzeitgemäßen.

Typisch Drescher die Geschichte, die in Wiepersdorf über ihn erzählt wird. Drescher auf der Terrasse, hört die Vögel singen und sagt: »Nachtigall, Pirol, Kuckuck.« Ein anderer sagt, er habe sich mit der Natur befaßt und müsse Drescher korrigieren, es sei nicht die Nachtigall, sondern ein Sprosser. Der andere verhakt sich derart in der Beschreibung des Sprossers, daß niemand mehr etwas unter den Versammelten vom Vogelgezwitscher hört, so daß Drescher Schreckliches tut. Er behauptet einfach: »Ich kenne auch die Vogelwelt. Es gibt keinen Sprosser.« Damit endet die Diskussion. Der sich angegriffen Fühlende verläßt empört die Terrasse. Der Gesang der Vögel ist wieder zu hören.

Das ist dann die Situation, in der man Drescher ganz heiter findet. Ganz bei sich und zugleich mit den anderen, die zu hören verstehen. Immer wieder geschehen diese Durchbrüche ins Wunderbare. Wie auf einer Zauberspur des Anfangs, die sich für Augenblicke öffnet. In seinem »Viebig« ist der Ton des Anfänglichen durchgehalten. Die szenische Darstellung der Daseinslust im Verharren und im Beharren: »Gott lächelt stetig und hat im Alten Testament geschrieben: Es geschieht nichts Neues unter der Sonne.«

»Ich sehe auch im Tautropfen die Welt«, sagt Drescher, »obwohl ich kein chinesischer Weiser bin.« Schön-Kurt, der Kohlenhändler in Dreschers Kindheitsstraße, hat seinen Besucher aus Leipzig schnell erkannt und ihm sein Herz geöffnet, damit etwas bleibt von dem, was er weiß. Dreschers »Im Viebig« ist auch so ein Buch, in dem das Überleben derjenigen geschaffen ist, von denen sonst nichts übrig bliebe.

Schön-Kurt, inzwischen gestorben, spricht durch Horst Drescher, als wir in Olbersdorfs Niederviebig stehen, die Schuhe naß vom Tau.

Franz Kafka in der Sicht von Roger Loewig. Der Prager Dichter war ein Bewunderer von Johann Peter Hebel.

»Liegt früh kein Tau, kommt Regenwetter«, hat Schön-Kurt gesagt, sagt Drescher. Wir haben einen schönen Tag. »Die Gewitter kommen alle von der Elbe her, sie kommen über die Lausche, da bleiben sie meist hängen, dann teilen sie sich, entweder hinter den Bergen ins Böhmische lang zum Isergebirge hin oder hinterm Breiteberg auf Hainewalde, Hörnitz … Hast du aber ein Gewitter im Gebirgsloche vor der Lausche, dann kann es nicht übers Gebirge nüber, da tobt das drinnen einen halben Tag, einen dreiviertel Tag, dort blitzt und donnert sich das aus. Jägerdorfel und so. Es kann nicht über die Berge! Was dort an Scheunen schon abgebrannt ist!«

Beim Ingenieur Hans Franke, heute frühpensioniert, einst Spielgefährte Dreschers in der Kindheit, wird die Viebig-Zeit hin und her gewälzt. Frankes Vater war Baumeister, wohlsituiert. Mit dem eigenen Auto ging es hinaus in die Welt. Horst Drescher erzählt von seinem Vater, der ihm einmal Dresden hatte zeigen wollen: »Eine Ortsveränderung über fünfzig Kilometer war eine Sache, die über Monate bedacht werden wollte. Als wir in Dresden ankamen, hat mein Vater die meiste Zeit eine Stelle gesucht, die ihm ein Kumpel genannt hatte, wo die weißen Bohnen als Mittagessen vor der Rückfahrt am billigsten waren. Beinahe hätten wir den Zug verpaßt.« An die Mutter erinnert sich Drescher, die ein Leben lang in der Weberei gearbeitet hat: »Als ihre Augenkraft nachließ, hat der Arbeiter- und Bauernstaat sie mit sechzehntägiger Kündigungsfrist entlassen.« Nachts um zwei sind wir angesichts des bevorstehenden Autobahnbaus bei der Bewahrung des Viebigs unter einer Verglasung angelangt, um drei Uhr nachts bei den Fragen der Gerechtigkeit, die ungelöst bleiben. Am nächsten Morgen gehen wir die Kindheitsstraße hinauf. Eine Lindenblütenwolke kommt uns entgegen, und Horst Drescher sagt: »Ich kann jetzt beruhigt wegfahren. Es stimmt alles.« Also auch das, was er in den siebziger Jahren in sein Notizen-Büchel Nr. 12 geschrieben hat: »Mit der Querköpfigkeit des väterlichen Erbteils inszeniere ich mir meine Miseren; mit der Neigung zum Depressiven leide ich darunter, mütterlicherseits.«

Die mütterliche Linie führt uns über die Grenze ins tschechische Kosmonos, wo die Großmutter zur Welt kam. Ein Ort, der inzwischen fast »gefressen« ist von der nun angrenzenden Industriestadt Mladá Boleslav. Auf dem Wege zum Friedhof erinnert nur wenig noch an die Jahrhundertwende. Einer der alten Höfe dort ist längs leer geräumt, ein anderer fast. Ein Grab jener Familie, die einmal Ječný hieß, finden wir nicht. Zwei Schlüsselblumen, die wild wachsen, gräbt Drescher aus und nimmt sie mit.

Nach Libošovice, wo die Großmutter aufwuchs, fahren wir nicht mehr. »Wenn ich so plötzlich dort in ein Haus eingetreten wäre mit

Johann Peter Hebel in der Sicht von Philipp Jakob Becker: Fäden im Literaturteppich, die vom Alemannischen Hebels über die Oberlausitz des Horst Drescher ins Böhmische Kafkas laufen.

449

den Urenkeln von Johann Ječný«, sagt Drescher, »ich hätte es kaum ertragen.« Er spricht von den hohen Bergen und der See, die er kennt: »Die Berge sind schön, und das Meer ist schön. Aber das böhmische Mittelgebirge ist am schönsten. Die Großmutterfamilie muß hier jahrhundertelang gelebt haben. Sie liegt mir im Blut. Die Wende ist um zehn Jahre zu spät gekommen. Sonst hätte ich mir im Großmutterland ein Häuschen gemietet. Dort würde ich speisen Krenfleisch und Knödel. Ein Bier dazu. Ja.«

In einem seiner alten Notizen-Büchel heißt es: »Falls ich jemals die Ehre bekäme, eine Franz-Kafka-Ausgabe zu machen, ich setzte als Motto vor diese Ausgabe: Franz Kafka war einer der stolzesten Menschen. Damit hätten wir schon einen Großteil der Mystik und Symbolistik vom Tische.«

So laufen die Fäden im Teppich vom Alemannischen Hebels über die Oberlausitz des Horst Drescher ins Böhmische Kafkas. Man muß den Teppich nur umdrehen und schauen, wie die Fäden geknüpft sind. Schrieb nicht Hebel in seinen »Traum-Aufzeichnungen«: »Ich ward in Paris als Spion ertappt und verleugnete meine Herkunft. Man ersuchte alle deutschen Stämme, Volkszählung zu machen, wo ein Mann fehle. Er fehlte in Baden. Man fand in meiner Tasche Moos. Ein Botaniker, der geholt wurde, urteilte, daß dieses Moos bei Karlsruhe hinter Gottesaue wachse. Man ließ einen Schneider kommen, der in Karlsruhe gearbeitet hatte. Dieser erklärte meinen Rock als eine Arbeit des Leibschneiders Crecelius. Da gestand ich.« Kafka, für den Hebel ein Meister der kleinen Form war, in der Hebel-Nachfolge: »Jemand mußte Josef K. verleumdet haben, denn ohne daß er etwas Böses getan hätte, wurde er eines Morgens verhaftet.«

Drescher spricht von Folgen nach 1945, die allein mit den Ursachen nicht zu erklären sind. Horst Drescher sagt: »Es gibt eine innere Dimension des Elends, nicht einmal recht begreifbar. Frauen wissen von abgetriebenen Kindern oder nicht empfangenen, daran sterben sie sachte. Keiner begreifts, sie begreifen es selber nicht. In Deutschland wurde nach 1945 ein Teil der Kultur abgetrieben. Furchtbare Schmerzen, keiner weiß davon, aber... Phantomschmerzen. Das wird alles einmal erzählt werden.«

In der Tschechoslowakei wurde nach 1945 die deutschsprachige Literatur abgetrieben. Nur Kafka überlebte – im Westen. Im Osten galt er als dekadent und nach 1968 als Konterrevolutionär, dessen Denken den »Prager Frühling« initiiert hatte.

Bei Drescher heißt es: »Ich habe schon oft darüber nachgedacht, ob man die Irrtümer seiner Epoche halbiert oder verdoppelt, wenn man sie teilt.«

Einen Monat nach unserer Reise ins Großmutterland schrieb er mir:

»Die zwei Schlüsselblumen vom Friedhof in Kosmonos haben sich erholt. Vernünftig wie Pflanzen sind, sagen sie sich, jetzt blühen wir nicht mehr, aber im nächsten Frühjahr. Sie haben inzwischen ein schönes Wurzelgeflecht ausgebildet.«

In seinem »Zirkus Leben« heißt es: »Ich bin einer, der schreibt. Das vermag man ja nur bis zu einem gewissen Grade verhindern. Und später werden wir weitersehen. Ohne mich.«

Im Brief von ihm steht der Satz: »Wir verbleiben bei unserer Sehnsucht ohne Hoffnung.«

*Kein Grab der
Urgroßmutter mehr
auf dem Friedhof in
Kosmonos.*

Danksagung

Der Autor dankt der KULTUR-STIFTUNG der Deutschen Bank für die großzügige Förderung seiner Arbeit.

Dieses Buch entstand im Rahmen des Forschungsprojekts »Der sozialistische Kernstaat DDR und seine Kulturpolitik«, das vom Forschungsverbund SED-Staat der Freien Universität Berlin erarbeitet wird. Der Autor dankt Professor Manfred Wilke für Anregungen und Hilfe.

Ein herzlicher Dank gilt allen Informanten und Gesprächspartnern, die in dem Buch genannt werden, besonders Beate Rieß (Dresden), Cordula Ulrich (Halle), Elisabeth Seidel (Berlin), Renate Leising (Kaltenkirchen), Ursel Parczany (Berlin), Ingrid Winzer (Berlin), Theresia Wittenbrink (Bad Vilbel), Horst Drescher (Leipzig), Bernd Müller (Kuhhorst), Wolfgang Müller (Schöneiche), Horst Harych (Dresden), Armin Stolper (Berlin), Werner Kilz (München), Heinz Czechowski (Schöppingen), Peter Sodann (Halle), Klaus Poche (Pulheim), Gerd Schochow (Berlin), Andrey Haß (Berlin), Michael Hepp (Hude), Kristof Wachinger (Ebenhausen), Hans Franke (Olbersdorf), Karl Corino (Frankfurt/M.) und Dr. Thomas Rietzschel (Darmstadt) sowie der Akademie der Künste Berlin und Frau Wolf, dem Literaturarchiv Marbach und Frau Pele, dem Bundesarchiv Koblenz und Frau Kuhl, dem Stadtmuseum Berlin und Herrn Dr. Schirmer, der Gauck-Behörde und Frau Scharfenberg.

Dankbar gedenkt der Autor Heiner Müllers, der ihn vorbehaltlos bei den Recherchen über Inge Müller unterstützte, ihm in einem mehrstündigen Gespräch zur Verfügung stand, sein Archiv zugänglich machte und sein Einverständnis zur Verwendung dieses Materials wie auch der Gedichte Inge Müllers gab. Das Porträt über Inge Müller ist die erweiterte Fassung eines Beitrags in der »Süddeutschen Zeitung«.

453

Bibliographie

Primärwerke

HEINZ CZECHOWSKI

Nachmittag eines Liebespaares. Gedichte. Halle/S.: Mitteldeutscher Verlag, 1962

Wasserfahrt. Gedichte. Halle/S.: Mitteldeutscher Verlag, 1967

Spruch und Widerspruch. Aufsätze und Besprechungen. Halle/S.: Mitteldeutscher Verlag, 1974

Schafe und Sterne. Gedichte. Halle/S.: Mitteldeutscher Verlag, 1975

Was mich betrifft. Gedichte. Halle/S.: Mitteldeutscher Verlag, 1981

Von Paris nach Montmartre. Erlebnis einer Stadt. Halle/S.: Mitteldeutscher Verlag, 1981

Ich beispielsweise. Gedichte. Herausgegeben von Christel und Walfried Hartinger. Als Nachwort ein Gespräch der Herausgeber mit Heinz Czechowski. Leipzig: Reclams Universal-Bibliothek, 1982

Herr Neithardt geht durch die Stadt. Landschaften und Porträts. Halle/S.: Mitteldeutscher Verlag, 1983

An Freund und Feind. Gedichte. München: Hanser, 1983

Kein näheres Zeichen. Gedichte. Halle/S.: Mitteldeutscher Verlag, 1987

Ich und die Folgen. Gedichte. Herausgegeben von Sarah Kirsch und Karin Kiwus. Reinbek: Rowohlt, 1987

Sanft gehen wie Tiere die Berge neben dem Fluß. Gedichte. Bremen: neue Bremer Presse, 1989

Mein Venedig. Gedichte und andere Prosa. Berlin: Verlag Klaus Wagenbach, 1989

Auf eine im Feuer versunkene Stadt. Gedichte und Prosa 1958–1988. Auswahl und Nachwort von Wulf Kirsten. Zeichnungen von Claus Weidensdorfer. Halle/S.: Mitteldeutscher Verlag, 1990

Nachtspur. Gedichte und Prosa 1987–1992. Zürich: Ammann, 1993

Wüste Mark Kolmen. Gedichte. Zürich: Ammann, 1997

KURT DRAWERT

Zweite Inventur. Gedichte. Mit einem Nachwort von Heinz Czechowski. Berlin: Aufbau, 1987

Privateigentum. Gedichte. Frankfurt/M.: Suhrkamp, 1989

Spiegelland. Ein deutscher Monolog. Frankfurt/M.: Suhrkamp, 1992

Haus ohne Menschen. Zeitmitschriften. Frankfurt/M.: Suhrkamp, 1993

Fraktur. Lyrik Prosa Essay. Leipzig: Reclam, 1994

Alles ist einfach. Stück in sieben Szenen. Frankfurt/M.: Suhrkamp, 1995

Revolten des Körpers. Mit Fotografien von Ute Döring. Stuttgart: Edition Solitude, 1995

In dieser Lage. Prosa und Lyrik. Mit 6 Fotografien von Ute Döring. Rom: Deutsche Akademie – Villa Massimo, 1995

Wo es war. Gedichte Frankfurt/M.: Suhrkamp, 1996

HORST DRESCHER

Wilhelm Rudolph. Dresden 45. Holzschnitte und Federzeichnungen. Mit einem Essay von Horst Drescher. Leipzig: Reclam, 1983

Aus dem Zirkus Leben. Notizen 1969–1986. Mit einer Nachbemerkung von Günther Rücker. Berlin: Aufbau, 1987

MalerBilder. Werkstattbesuche und Erinnerungen. Berlin: Aufbau, 1989

Aus dem Zirkus Leben. Notizen 1969–1989. Berlin: Aufbau, 1990

Regenbogenpapiermacher. Kurze Prosa. Leipzig: Reclam, 1995

HARALD GERLACH

Poesiealbum 56. Berlin: Verlag Neues Leben, 1972

Sprung ins Hafermeer. Gedichte. Mit einer Nachbemerkung von Wulf Kirsten. Berlin: Aufbau, 1973

Das Graupenhaus. Mit einer Nachbemerkung von Wulf Kirsten. Graphiken von Alfred T. Mörstedt. Berlin: Aufbau, 1976

Vermutungen um einen Landstreicher. Geschichten. Mit Graphiken von Alfred T. Mörstedt. Berlin: Aufbau, 1978

Mauerstücke. Gedichte. Berlin: Aufbau, 1979

Spiele. Berlin: Aufbau, 1983

Nachricht aus Grimmelshausen. Gedichte. Berlin: Aufbau 1984

Gehversuche. Roman. Berlin: Aufbau, 1985

Jungfernhaut. Novelle. Berlin: Aufbau, 1987

Abschied von Arkadien. Novelle. Berlin: Aufbau, 1988

Wüstungen. Gedichte. Berlin: Aufbau, 1989

Neue Spiele. Folgen der Lust. Berlin: Aufbau, 1990

Einschüsse. Aufbrüche. Blätter zu sechs Monaten deutscher Geschichte. Mit Illustrationen von Alfred T. Mörstedt. Einmalige Auflage von 230 Exemplaren. Rudolstadt: Burgart Presse, 1992

Ecce Homo. Gedichte. Mit Illustrationen von Michael Morgner. Einmalige Auflage von 100 Exemplaren. Rudolstadt: Burgart Presse, 1994

Windstimmen. Roman. Berlin: Aufbau, 1997

Die Gewißheit des Absturzes. Gedichte. Berlin: Aufbau, 1998

UWE GRESSMANN

Der Vogel Frühling. Gedichte. Mit Zeichnungen von Horst Hussel. Nachbemerkung von Adolf Endler. Halle/S.: Mitteldeutscher Verlag, 1966

Das Sonnenauto. Gedichte. Herausgegeben und mit einem Nachwort von Holger J. Schubert. Halle/S.: Mitteldeutscher Verlag, 1972

Sagenhafte Geschöpfe. Gedichte. Aus dem Nachlaß herausgegeben und mit einem Nachwort von Holger J. Schubert. Halle/S.: Mitteldeutscher Verlag, 1978

Poesiealbum 126. Berlin: Verlag Neues Leben, 1978

Lebenskünstler. Gedichte. Faust. Lebenszeugnisse. Erinnerungen an Greßmann. Herausgegeben von Richard Pietraß. Leipzig: Reclam Universal-Bibliothek, 1982 und 1992

Schilda. Nachgelassene Gedichte. Herausgegeben von Andreas Koziol und Richard Pietraß. Mit Kaltnadelradierungen von Christine Schlegel. Einmalige Ausgabe von 100 Exemplaren. Berlin: Edition Mariannenpresse, 1996

THEO HARYCH

Hinter den schwarzen Wäldern. Geschichte einer Kindheit. Berlin: Volk und Welt. 1951

Im Geiseltal. Berlin: Volk und Welt, 1952

Bärbel und Lothars schönster Tag. Kinderbuch. Berlin: Kinderbuchverlag, 1952

Im Namen des Volkes. Der Fall Jakubowski. Berlin: Volk und Welt, 1958

RICHARD LEISING

Poesiealbum 97. Berlin: Verlag Neues Leben, 1975

Gebrochen deutsch. Gedichte. Ebenhausen: Langewiesche-Brandt, 1990

ALFRED MATUSCHE

Die Dorfstraße. Berlin: Henschel, 1955

Nacktes Gras. Drama. Berlin: Henschel, 1959

Das Lied meines Weges. Ein Stück. Berlin: Henschel, 1969

Dramen. Mit einem Nachwort von Armin Stolper. Berlin: Henschel, 1971

Welche von den Frauen? und andere Stücke. Herausgegeben von Armin Stolper und Jochen Ziller. MIt einem Tonbandprotokoll von Gesprächen über Alfred Matusche. Teilnehmer: Gottfried Fischborn, Thomas Fritz, Martin Linzer, Christoph Schroth, Rolf Winkelgrund und die Herausgeber. Berlin: Henschel, Reihe dialog, 1979

INGE MÜLLER

Ingeborg Schwenkner: Wölfchen Ungestüm. Mit Illustrationen von Karl Fischer. Berlin: Kinderbuchverlag, 1955

Ingeborg Schwenkner: Zehn Jungen und ein Fischerboot. Weimar: Knabes Jugendbücherei, 1958

Heiner Müller – Mitarbeit: Inge Müller: Der Lohndrücker. Berlin: Henschel, 1958

Heiner Müller gemeinsam mit Hagen Stahl – Mitarbeit: Inge Müller: Zehn Tage, die die Welt erschütterten. Szenen aus der Oktoberrevolution nach Aufzeichnungen von John Reeds. Leipzig: Hofmeister, 1958

Inge Müller und Heiner Müller: Die Korrektur. Ein Bericht vom Aufbau des Kombinats »Schwarze Pumpe«. In: Neue Deutsche Literatur, Heft 5, 1958

Inge und Heiner Müller: Klettwitzer Bericht 1958. In: Zeitschrift für Junge Kunst, 1958

Weiberbrigade. In: Zeitschrift für Junge Kunst, Heft 1 und 2, 1961

Viktor Rosow – Neufassung von Inge Müller: Unterwegs. Nach einer Übersetzung von Günter Jäniche. Berlin: Henschel, 1965

Poesiealbum 105. Berlin: Verlag Neues Leben, 1976

Wenn ich schon sterben muß. Gedichte. Herausgegeben von Richard Pietraß. Berlin: Aufbau, 1985. In Lizenz: Darmstadt: Luchterhand, 1986

Ich bin eh ich war. Gedichte. Blanche Kommerell im Gespräch mit Heiner
Müller. Versuch einer Annäherung. Gießen: Edition Literarischer Salon,
1992

Irgendwo; noch einmal möcht ich sehn. Lyrik, Prosa, Tagebücher. Mit Beiträ-
gen zu ihrem Werk. Herausgegeben von Ines Geipel. Berlin: Aufbau, 1996

KLAUS ROHLEDER

Das Spiel. In: Theatertexte 2. Herausgegeben von Peter Reichel. Henschel,
1990

Das Fest. In: DDR-Theater des Umbruchs. Herausgegeben von Harald Müller. Frankfurt: Eichborn, 1990

Juschea. Berlin: Autoren-Kollegium, 1992

THOMAS ROSENLÖCHER

Ich lag im Garten bei Kleinzschachwitz. Gedichte & zwei Notate. Halle/S.:
Mitteldeutscher Verlag, 1982

Herr STOCK geht über Stock und Stein. Eine Geschichte in Versen. Mit Bildern von Albrecht von Bodecker. Berlin: Kinderbuchverlag, 1987

Schneebier. Gedichte. Halle/S.: Mitteldeutscher Verlag, 1988. In Lizenz:
Wien: Residenz, 1989

Das langgestreckte Wunder. Mit Illustrationen von Karl-Heinz Appelmann.
Berlin: Kinderbuchverlag, 1989

Der Mann, der ein Flußpferd war. Berlin: Altberliner Verlag, 1990

Die verkauften Pflastersteine. Dresdener Tagebuch. Frankfurt/M.: Suhrkamp, 1990

Die Wiederentdeckung des Gehens beim Wandern. Harzreise. Frank-
furt/M.: Suhrkamp, 1991

Die Dresdner Kunstausübung. Gedichte. Frankfurt/M.: Suhrkamp, 1996

Ostgezeter. Beiträge zur Schimpfkultur. Frankfurt/M.: Suhrkamp, 1997

GEORG SEIDEL

Villa Jugend. Das dramatische Werk in einem Band. Berlin–Frankfurt/M.:
Henschel Schauspiel Theaterverlag/Verlag der Autoren, 1992

In seiner Freizeit las der Angeklagte Märchen. Prosa. Herausgegeben von
Elisabeth Seidel und Irina Liebmann. Mit einem Nachwort von Irina
Liebmann. Köln: Kiepenheuer & Witsch, 1992

MANFRED STREUBEL

Laut und leise. Gedichte. Reihe: Antwortet uns. Berlin: Volk und Welt, 1956

Zeitansage. Gedichte aus zehn Jahren 1957–1967. Mit mehrfarbigen Illustrationen von Rolf Kuhrt. Halle/S.: Mitteldeutscher Verlag, 1968

Honig holen. Kinderfibel. Mit Illustrationen von G. Ruth Mossner, Halle/S.: Mitteldeutscher Verlag, 1976

Inventur. Lyrisches Tagebuch. Halle/S.: Mitteldeuscher Verlag, 1978

Max Langer: Mein Lausitzer Guckkasten. Mit Versen von Manfred Streubel. Rudolstadt: Greifenverlag, 1979

Wachsende Ringe. Sonette. Mit Grafiken von Hans Georg Anniès. Halle/S.: Mitteldeutscher Verlag, 1980

Fazit. Gedichte. Halle/S.: Mitteldeutscher Verlag, 1983

Poesiealbum 228. Berlin: Verlag Neues Leben, 1986

Die vermasselte Mahlzeit. Küchenlieder und andere makabre Gesänge. Mit Illustrationen von Günter Hofmann. Halle/S.: Mitteldeutscher Verlag, 1987

Gedenkminute für Manfred Streubel (1932–1992). Herausgegeben von Wulf Kirsten und Michael Wüstefeld. Mit zwei Grafiken von Klaus Drechsler. Dresden: Buchlabor, 1993

GÜNTER ULLMANN

Stein-Schrei. Lyrik. Berlin–Haifa: M.+N. Boesche Verlag, 1990

Gegenstimme. Politische Epigramme 1968–1988. Berlin–Haifa: M.+N. Boesche Verlag, 1991

Den Horizont um den Hals. 66 Gedichte (1968–1988). Loßburg/Schwarzwald: Edition L. Verlag Inge und Theo Czernik, 1992

Gegenstimme. 66 Gedichte + Epigramme 1968–1988. Reichenbach: Moser Kommunikation, 1992

die rote sonne steht in der tür. Kurze Prosa. Mit Bildern des Autors. Reichenbach: Moser Kommunikation, 1993

Kindergedichte. Berlin–Haifa: M.+N. Boesche Verlag, 1994

Aus dem Leben. Miniaturen. Berlin–Haifa: M.+N. Boesche Verlag, 1994

Flaschenpost. Berlin–Haifa: M.+N. Boesche Verlag, o. J.

Der letzte Versuch. Rückwärts und nicht vergessen. Politische Prosa und Epigramme. Asendorf: MUT-Verlag, 1994

Herzwurzel. Gedichte aus drei Jahrzehnten. Dresden: Hellerau-Verlag, 1994

»Eiswort Liebe«. Frühe Liebesgedichte. Augsburg: Kasskara Verlag, 1994

Lichtschrei. Gedichte aus drei Jahrzehnten. Linolschnitte von Burkhart Beyerle. 300 numerierte und signierte Exemplare. Pfaffenweiler: Pfaffenweiler Presse, 1995

Lichtstein. Gedichte aus drei Jahrzehnten. Dresden: Verlag Die Scheune, 1996

Lichtzeichen. Gedichte aus drei Jahrzehnten. Herausgegeben von Siegfried Heinrichs. Berlin: Oberbaum, 1996

F. ECKHARD ULRICH

ich habe aufgegeben dieses land zu lieben. Gedichte. Eine Auswahl aus den Jahren 1960 bis 1987. Mit einem Nachwort von Friedrich Schorlemmer und einem Beitrag von Dr. Heiner Protzmann. Halle/S.: fliegenkopf verlag, 1994

An einem Ort, gemästet mit Erinnerungen: Gedichte zeitgenössischer Autoren. Dresden: Hagedorn-Presse, 1994

Anderson, Sascha, und Elke Erb (Hrsg.): Berührung ist nur eine Randerscheinung. Neue Literatur aus der DDR. Köln: Kiepenheuer & Witsch, 1985

Anz, Thomas (Hrsg.): Es geht nicht um Christa Wolf. Der Literaturstreit im vereinten Deutschland. München: edition spangenberg, 1991

Arnold, Heinz Ludwig, mit Gerhard Wolf (Hrsg.): Die andere Sprache. Neue DDR-Literatur der 80er Jahre. München: Text + Kritik, 1990

Behn, Manfred (Hrsg.): Geschichten aus der Geschichte der DDR 1949 bis 1979. Darmstadt: Luchterhand, 1981

Besten, Ad den (Hrsg.): Deutsche Lyrik auf der anderen Seite. Gedichte aus Ost- und Mitteldeutschland. München: Hanser, 1960

Brenner, Hildegard (Hrsg.): Nachrichten aus Deutschland. Lyrik Prosa Dramatik. Eine Anthologie der neueren DDR-Literatur. Reinbek: Rowohlt, 1967

Die Saat geht auf im jungen Land: Vom Ich zum Wir. Berlin: Deutscher Kulturbund, 1961

Endler, Adolf, und Karl Mickel (Hrsg.): In diesem besseren Land. Gedichte der Deutschen Demokratischen Republik seit 1945. Halle/S.: Mitteldeutscher Verlag, 1966

Franke, Konrad (Hrsg.): Gespräche hinterm Haus. Neue Prosa aus der DDR. Berlin: Ullstein, 1981

Geist, Peter (Hrsg.): Ein Molotow-Cocktail auf fremder Bettkante. Lyrik der siebziger/achtziger Jahre von Dichtern aus der DDR. Ein Lesebuch. Leipzig: Reclam, 1991

Hofmann, Fritz; Schreck, Joachim; Wolter, Manfred (Hrsg.): Über die großen Städte. Gedichte 1885–1967. Berlin: Aufbau, 1968

Jentzsch, Bernd, und Klaus-Dieter Sommer (Hrsg.): auswahl 66. Neue Lyrik – Neue Namen. Mit Fotos von Barbara Köppe. Berlin: Verlag Neues Leben, 1966

Jentzsch, Bernd (Hrsg.): auswahl 68. Neue Lyrik – Neue Namen. Mit Fotos von Roger Melis. Berlin: Verlag Neues Leben, 1968

Jentzsch, Bernd; Schubert, Holger J.; Trampe, Wolfgang (Hrsg.): auswahl 74. Mit Fotos der Hochschule für Grafik und Buchkunst Leipzig. Berlin: Verlag Neues Leben, 1974

Jentzsch, Bernd (Hrsg.): Ich nenn euch mein Problem. Gedichte der Nachgeborenen. 46 junge, in der DDR lebende Poeten der Jahrgänge 1945–1954. Wuppertal: Peter Hammer Verlag, 1971

Kirsten, Wulf (Hrsg.): Veränderte Landschaft. Gedichte. Leipzig: Insel, 1979

Morawietz, Kurt (Hrsg.): Deutsche Teilung. Ein Lyrik-Lesebuch. Wiesbaden: Limes, 1966

Neue Texte 65: Almanach für deutschsprachige Literatur. Berlin: Aufbau, 1965

Nimm das Gewehr: Anthologie. Berlin: Ministerium für Nationale Verteidigung, 1959

Rietzschel, Thomas (Hrsg.): Über Deutschland. Schriftsteller geben Auskunft. Leipzig: Reclam, 1993

Schreck, Joachim (Hrsg.): Neue Gedichte von siebzehn Autoren. Berlin: Aufbau, 1968

Schröer, Rolfrafael (Hrsg.): Wo die Worte langsam wachsen. Texte der Literaturstipendisten des Künstlerdorfes Schöppingen 1989–1993, darunter von Richard Leising. Dülmen: tende, 1995

Tschesno-Hell, Michael (Hrsg.): Neue Deutsche Erzähler. Mit einer Erzählung von Theo Harych. Berlin: Aufbau, 1951

Voigtländer, Annie (Hrsg.): Liebes- und andere Erklärungen. Schriftsteller über Schriftsteller. Mit Zeichnungen von Harald Kretzschmar. Berlin: Aufbau, 1972

Von Abraham bis Zwerenz. Eine Anthologie des Bundesministeriums für Bildung, Forschung und Technologie, Bonn, und des Ministeriums für Bildung, Wissenschaft und Weiterbildung des Landes Rheinland-Pfalz. 3 Bde. Berlin: Cornelsen, 1995

Sekundärwerke

Barner, Wilfried (Hrsg.): Geschichte der deutschen Literatur von 1945 bis zur Gegenwart. München: Beck, 1994

Bock, Stephan: Literatur Gesellschaft Nation. Materielle und ideelle Rahmenbedingungen der frühen DDR-Literatur (1949–1956). Stuttgart: Metzler, 1980

Bohrer, Karl Heinz (Hrsg.): Mythos und Moderne. Begriff und Bild einer Rekonstruktion. Frankurt/M.: Suhrkamp, 1983

Böthig, Peter, und Klaus Michael (Hrsg.): MachtSpiele. Literatur und Staatssicherheit im Fokus Prenzlauer Berg. . Leipzig: Reclam, 1993

Brackert, Helmut und Fritz Wefelmeyer (Hrsg.): Kultur. Bestimmungen im 20. Jahrhundert. Frankfurt/M.: Suhrkamp, 1990

Braun, Matthias: Drama um eine Komödie. Das Ensemble von SED und Staatssicherheit, FDJ und Ministerium für Kultur gegen Heiner Müllers »Die Umsiedlerin oder Das Leben auf dem Lande« im Oktober 1961. Berlin: Ch. Links-Verlag, 1995

Corino, Karl (Hrsg.): Die Akte Kant. IM »Martin«, die Stasi und die Literatur in Ost und West. Reinbek: Rowohlt, 1995

Corino, Karl: »Aussen Marmor, innen Gips«. Die Legenden des Stephan Hermlin. Düsseldorf: Econ, 1996

Czechowski, Ingrid (Hrsg.): Das Vergängliche überlisten. Selbstbefragung deutscher Autoren. Leipzig: Reclam, 1996

Demetz, Peter: Die süße Anarchie. Deutsche Literatur seit 1945. Eine kritische Einführung. Berlin: Propyläen, 1970

Demetz, Peter: Fette Jahre, magere Jahre. Deutschsprachige Literatur von 1965 bis 1985. München: Piper, 1986

Deppe, Helmut; Dubiel, Helmut; Rödel, Ulrich (Hrsg.): Demokratischer Umbruch in Osteuropa. Frankfurt/M.: Suhrkamp, 1991

Diersch, Manfred, und Walfried Hartinger (Hrsg.): Literatur und Geschichtsbewußtsein. Entwicklungstendenzen der DDR-Literatur in den sechziger und siebziger Jahren. Berlin: Aufbau, 1976

Doernberg, Stefan: Kurze Geschichte der DDR. Berlin: Dietz, 1968

Emmerich, Wolfgang: Die andere Literatur. Aufsätze zur Literatur aus der DDR. Opladen: Westdeutscher Verlag, 1994

Emmerich, Wolfgang: Kleine Literaturgeschichte der DDR. Erweiterte Neuausgabe. Leipzig: Gustav Kiepenheuer, 1996; davor: Darmstadt–Frankfurt/M.: Luchterhand, 1981, 1989

Franke, Konrad : Die Literatur der Deutschen Demokratischen Republik. Kindlers Literaturgeschichte der Gegenwart in Einzelbänden. Autoren. Werke. Themen. Tendenzen seit 1945. München–Zürich: Kindler, 1971

Fiebach, Joachim: Inseln der Unordnung. Fünf Versuche zu Heiner Müllers Theatertexten. Berlin: Henschel, 1990

Friedrich, Heinz: Im Narrenschiff des Zeitgeistes. Unbequeme Marginalien. München: Beck, 1972

Geerdts, Hans Jürgen (Hrsg.): Literatur der DDR in Einzeldarstellungen. Stuttgart: Kröner, 1972

Gerlach, Ingeborg: Bitterfeld. Arbeiterliteratur und Literatur der Arbeitswelt in der DDR. Kronberg/T.: Scriptor, 1974

Gerlach, Ingeborg: Der schwierige Fortschritt. Gegenwartsdeutung und Zukunftserwartung im DDR-Roman. Königstein/T.: Scriptor, 1979

Greiner, Bernhard: Literatur der DDR in neuer Sicht. Studien und Interpretationen. Frankfurt/M.: Peter Lang, 1986

Greverus, Ina-Maria: Auf der Suche nach Heimat. München: Beck, 1979

Grimm, Reinhold, und Jost Hermand (Hrsg.): Faschismus und Avantgarde. Königstein: Athenäum, 1980

Grimminger, Rolf, Jurij Murasov und Jörn Stückrath (Hrsg.): Literarische Moderne. Europäische Literatur im 19. und 20. Jahrhundert. Reinbek: Rowohlt, 1995

Groth, Joachim-Rüdiger (Hrsg.): Literatur im Widerspruch. Gedichte und Prosa aus 40 Jahren DDR. Köln: Edition Deutschland Archiv, 1993

Groth, Joachim-Rüdiger, und Karin Groth: Materialien zu Literatur im Widerspruch. Kulturpolitischer Überblick und Interpretationen. Köln: Verlag Wissenschaft und Politik, 1993

Grunenberg, Antonia: Aufbruch der inneren Mauer. Politik und Kultur in der DDR 1971–1990. Bremen: Edition Temmen, 1990

Hacks, Peter: Die Maßgaben der Kunst. Gesammelte Aufsätze. Berlin: Henschel, 1978

Hauser, Kornelia: Patriarchat als Sozialismus. Soziologische Studien zu Literatur aus der DDR. Hamburg: Argument-Verlag, 1994

Helbig, Louis Ferdinand: Der ungeheure Verlust. Flucht und Vertreibung in der deutschsprachigen Belletristik der Nachkriegszeit. Dritte, um den aktuellen Forschungsstand und ein Register ergänzte Auflage. Wiesbaden: Harrassowitz, 1996

Hermann, Jost: Sieben Arten an Deutschland zu leiden. Kronberg: Athenäum, 1979

Herzinger, Richard: Masken der Lebensrevolution. Vitalistische Zivilisations- und Humanismuskritik in den Texten Heiner Müllers. München: Wilhelm Fink, 1992

Heukenkamp, Ursula (Hrsg.): Unerwünschte Erfahrung. Kriegsliteratur und Zensur in der DDR. Berlin: Aufbau, 1990.

Heym, Stefan: Im Kopf – sauber. Leipzig: List, 1954

Heym, Stefan: das kosmische zeitalter. ein bericht. Berlin: Tribüne, 1959

Heym, Stefan: Nachruf. München: Bertelsmann, 1988

Heym, Stefan: Offen gesagt. Neue Schriften zum Tage. Berlin: Verlag Volk und Welt, 1957

Hohendahl, Peter Uwe, und Patricia Herminghouse (Hrsg): Literatur der DDR in den siebziger Jahren. Frankfurt/M.: Suhrkamp, 1983

Hohendahl, Peter Uwe, und Egon Schwarz: Exil und innere Emigration. Internationale Tagung in St. Louis. 2 Bde. Frankfurt/M.: Athenäum, 1973

Janka, Walter: Schwierigkeiten mit der Wahrheit. Reinbek: Rowohlt, 1989

Jarmatz, Klaus, Christel Berger und Renate Drenkow: Kritik in der Zeit. Literaturkritik der DDR 1945–1975. Zwei Bände. Halle: Mitteldeutscher Verlag, 1978

Joas, Hans, und Martin Kohli: Der Zusammenbruch der DDR. Soziologische Analysen. Frankfurt/M.: Suhrkamp, 1993

Johannes Bobrowski oder Landschaft mit Leuten. Eine Ausstellung des Deutschen Literaturarchivs im Schiller-Nationalmuseum Marbach am Neckar. Marbacher Kataloge 46. Marbach: Deutsche Schillergesellschaft, 1993

Kaufmann, Eva und Hans: Erwartung und Angebot. Studien zum gegenwärtigen Verhältnis von Literatur und Gesellschaft in der DDR. Berlin: Akademie-Verlag, 1976

Klunker, Heinz: Zeitstücke – Zeitgenossen. Gegenwartstheater in der DDR. Hannover: Fackelträger-Verlag, 1972

Knabe, Hubertus (Hrsg.): Aufbruch in eine andere DDR. Reformer und Oppositionelle zur Zukunft ihres Landes. Reinbek: Rowohlt, 1989

Konstellationen. Literatur um 1955. Eine Ausstellung des Deutschen Literaturarchivs im Schiller-Nationalmuseum Marbach am Neckar. Marbacher Kataloge 48. Marbach: Deutsche Schillergesellschaft, 1995

Kratschmer, Edwin: Dichter Diener Dissidenten. Sündenfall der DDR-Lyrik. Jena: Universitätsverlag, 1995

Kröhnke, Karl: Lion Feuchtwanger – Der Ästhet in der Sowjetunion. Ein Buch nicht nur für seine Freunde. Stuttgart: Metzler, 1991

Krusche, Friedemann: Theater in Magdeburg. Von der Reformation bis zum Beginn der Weimarer Republik. Ein Streifzug durch das 20. Jahrhundert. 2 Bde. Halle/S.: Mitteldeutscher Verlag, 1994, 1995

Kunert, Günter: Der Sturz vom Sockel. Feststellungen und Widersprüche. München: Hanser, 1992

Lahann, Birgit: Genosse Judas. Die zwei Leben des Ibrahim Böhme. Berlin: Rowohlt, 1992

Langguth, Gerd (Hrsg.): Autor, Macht, Staat. Literatur und Politik in Deutschland. Ein notwendiger Dialog. Düsseldorf: Droste, 1994

Literatur der Deutschen Demokratischen Republik. Geschichte der deutschen Literatur von den Anfängen bis zur Gegenwart, Bd. 11. Berlin: Volk und Wissen, 1976

Leistner, Bernd: Johannes Bobrowski. Studien und Interpretationen. Berlin: Rütten & Loening, 1981

Lübbe, Peter (Hrsg.): Dokumente zur Kunst-, Literatur- und Kulturpolitik der SED. 1975–1980. Stuttgart: Seewald, 1984

Matt, Peter von: Liebesverrat. Die Treulosen in der Literatur. München: Hanser, 1989

Mayer, Hans (Hrsg.): Über Peter Huchel. Frankfurt/M.: Suhrkamp, 1973

Mayer, Hans: Der Turm von Babel. Erinnerungen an eine Deutsche Demokratische Republik. Frankfurt/M.: Suhrkamp, 1991

Mayer, Hans: Der Widerruf. Über Deutsche und Juden. Frankfurt/M.: Suhrkamp, 1994

Mayer, Hans: Ein Deutscher auf Widerruf. Erinnerungen. 2 Bde. Frankfurt/M.: Suhrkamp, 1982, 1984

Mayer, Hans: Literatur der Übergangszeit. Essays. Wiesbaden: Limes, o.J.

Mayer, Hans: Wendezeiten. Über Deutsche und Deutschland. Frankfurt/M.: Suhrkamp, 1993

Mayer, Hans: Zur deutschen Literatur der Zeit. Zusammenhänge Schriftsteller Bücher. Reinbek: Rowohlt, 1967

Meckel, Christoph: Erinnerung an Johannes Bobrowski. Düsseldorf: Eremiten-Presse, 1978

Mittenzwei, Werner (Hrsg.): Theater in der Zeitenwende. Zur Geschichte des Dramas und des Schauspieltheaters in der Deutschen Demokratischen Republik 1945–1968. 2 Bde. Berlin: Henschel, 1972

Möbius, Regine: Autoren in den neuen Bundesländern. Schriftstellerporträts. Leipzig: Thom-Verlag, 1995

Müller, Heiner: Krieg ohne Schlacht. Leben in zwei Diktaturen. Köln: Kiepenheuer & Witsch, 1992

Müller-Enbergs, Helmut, Heike Schmoll und Wolfgang Stock: Das Fanal. Das Opfer des Pfarrers Brüsewitz und die evangelische Kirche. Berlin: Ullstein, 1993

Nalewski, Horst und Klaus Schumann: Selbsterfahrung als Welterfahrung. DDR-Literatur in den siebziger Jahren. Berlin: Aufbau, 1981

Neumann, Bernd: Uwe Johnson. Hamburg: Europäische Verlagsanstalt, 1996

Raddatz, Fritz J.: Die Nachgeborenen. Leseerfahrung mit zeitgenössischer Literatur. Frankfurt/M.: S. Fischer, 1983

Reich-Ranicki, Marcel: Deutsche Literatur in Ost und West. Prosa seit 1945. München: Piper, 1963

Reich-Ranicki, Marcel: Entgegnung. Zur deutschen Literatur der siebziger Jahre. Stuttgart: Deutsche Verlags-Anstalt, 1979

Reich-Ranicki, Marcel: Nachprüfung. Aufsätze über deutsche Schriftsteller von gestern. München: Piper, 1977

Rein, Heinz: Die neue Literatur. Versuch eines ersten Querschnitts. Berlin: Henschel, 1950

Richter, Hans: Schriftsteller und literarisches Erbe. Zum Traditionsverhältnis sozialistischer Autoren. Berlin: Aufbau, 1976

Rohrwasser, Michael: Der Stalinismus und die Renegaten. Die Literatur der Exkommunisten. Stuttgart: Metzler, 1991

Rüß, Gisela (Hrsg.): Dokumente zur Kunst-, Literatur- und Kulturpolitik der SED. 1971–1974. Stuttgart: Seewald, 1976

Sander, Hans-Dietrich: Geschichte der Schönen Literatur in der DDR. Ein Grundriß. Freiburg: Rombach, 1972

Schäfer, Hans Dieter: Das gespaltene Bewußtsein. Deutsche Kultur und Lebenswirklichkeit 1933–1945. München: Hanser, 1981

Scherpe, Klaus R., und Lutz Winckler: Frühe DDR-Literatur. Traditionen, Institutionen, Tendenzen. Hamburg: Argument-Verlag, 1988

Schivelbusch, Wolfgang: Vor dem Vorhang. Das geistige Berlin 1945–1948. München: Hanser, 1995

Schlenker, Wolfram: Das »Kulturelle Erbe« in der DDR. Gesellschaftliche Entwicklung und Kulturpolitik 1945–1965. Stuttgart: Metzler, 1977

Schmitt, Hans-Jürgen (Hrsg.): Die Literatur der DDR. Hansers Sozialgeschichte der deutschen Literatur, Bd. 11. München: Hanser, 1983

Schnell, Rolf: Literarische Innere Emigration 1933–1945. Stuttgart: Metzler, 1976

»Schriftsteller der DDR«. Meyers Taschenlexikon. Leipzig: Bibliographisches Institut, 1974

Seyppel, Joachim: Trottoir & Asphalt. Erinnerungen an Literatur in Berlin 1945–1990. Berlin: Stapp-Verlag, 1994

Stollmann, Rainer: Ästhetisierung der Politik. Literaturstudien zum subjektiven Faschismus. Stuttgart: Metzler, 1978

Töpelmann, Sigrid: Autoren – Figuren – Entwicklungen. Zur erzählenden Literatur der DDR. Berlin: Aufbau, 1975

Walser, Martin: Über Deutschland reden. Frankfurt/M.: Suhrkamp, 1988

Walther, Joachim (Hrsg.): Protokoll eines Tribunals. Die Ausschlüsse aus dem DDR-Schriftstellerverband 1979. Reinbek: Rowohlt, 1991

Walther, Joachim: Sicherungsbereich Literatur. Schriftsteller und Staatssicherheit in der Deutschen Demokratischen Republik. Berlin: Ch. Links Verlag, 1996

Weiß, Norbert, und Jens Wonneberger: Dichter Denker Literaten aus sechs Jahrhunderten in Dresden. Dresden: Verlag Die Scheune, 1997

Wichner, Ernest und Herbert Wiesner: »Literaturentwicklungsprozesse«. Die Zensur der Literatur in der DDR. Frankfurt/M.: Suhrkamp, 1993

Zimmermann, Hans Dieter: Der Wahnsinn des Jahrhunderts. Die Verantwortung der Schriftsteller in der Politik. Stuttgart: Kohlhammer, 1992

Zipser, Richard (Hrsg.): Fragebogen: Zensur. Zur Literatur vor und nach dem Ende der DDR. Leipzig: Reclam, 1995

Bildnachweis

Stadtmuseum Berlin: 92
Enrico Straub, Berlin: 162, 182
Helfried Strauß, Leipzig: 206
Barbara Stroff, Leipzig: 118
Vera Teuschert, Berlin: 317.
Joachim Thurn, Berlin: 321 *oben*
Günter Ullmann, Greiz: 332, 333, 334, 335, 340 *oben*, 345
Cordula Ulrich, Halle: 245, 246, 247, 249, 254, 263, 265
Jutta de Vos, Koedijk: 68, 83
Ingrid Winzer, Berlin: 45

Register

Kursive Seitenzahlen verweisen auf Abbildungen.

Liebknecht, Karl 169
Liebmann, Irina 309f., 315, 325, 327
Liersch, Werner 140, 147
Linzer, Martin 318
Lippert, Paul 66
Löbel, Margarete s. Matusche
Loerke, Oskar 366
Loest, Erich 142f., *142, 431, 432,* 437,
    440
Loewig, Roger *448*
Lohse, Inge (Müller) 18
Loschütz, Gerd 326
Lunc, Lev L. 312
Luther, Martin 183
Luxemburg, Rosa 151, 159, 169

Mager, Hasso 152
Mahler, Gustav 184
Majakowski, Wladimir 143, 177, 203,
    300
Makarenko, Anton S. 292
Mandelstam, Ossip K. 195
Mann, Heinrich 44, 65
Mann, Thomas 172, 184, 294
Mao Tse-tung 142, 382
Marchwitza, Hans 50
Marlitt, Eugenie 172
Marquardt, Fritz *317*
Marquardt, Hans *206,* 410
Marx, Karl 164, *164,* 362, 388, 399
Mattheuer, Wolfgang *206*
Matthias, Margot (Matusche) 86ff.,
    97
Matusche, Alfred 68–107, 168
Matusche, Friedsorg 83
Matusche, Gottfriede s. Dietrich
Matusche, Margarete *85*
Matusche, Margot s. Matthias
Matusche, Raimund 85f., *87,* 88, 91,
    94, 97, 107
Matusche, Treusorg 80, 82f., *87*
Matwejewa, Novella Nikolajewa
    252
Maurer, Georg 140, 204f.
May, Karl 360

Mayer, Brigitte Maria 44
Mayer, Hans 142, 205, 417, 433ff.
Mayer-Müller, Brigitte Maria 45
Meckel, Christoph 384, *384*
Meisel, Hans-Ulrich 310, 314f.
Melis, Roger 243
Meyer, Gerhard 95
Meyer, Ingeborg s. Müller
Milosz, Czeslaw 13
Mickel, Karl 16, 39, 95, 109f., 124,
    163, 166, *166,* 180, 189, 207, 209
Mielke, Erich 19
Miller, Henry 273
Mittenzwei, Werner 97
Modersohn-Becker, Paula 270
Modrow, Hans 143
Mohr, Arno 447
Möller, Eberhard Wolfgang 418
Morgner, Irmtraud 172
Mörike, Eduard 362
Mosen, Julius 262
Moser, Renate 168, 183
Mozart, Wolfgang Amadeus 76, 184,
    370, 372, 406
Mrożek, Sławomir 234, 312
Mühsam, Erich 47, 78
Müller, Bernd 18, *19,* 20, 30f., 38, *38,*
    44
Müller, Elfriede 309
Müller, Heiner 15ff., *16,* 19ff., *22,*
    23f., 26ff., 32, 34, *22, 34,* 36ff.,
    38, 45, 71, 85, 99, 102, 166, 174, 184,
    217, 222, 298, 324f., 411,
Müller, Inge geb. Meyer 14–45,
    165f., 201, 203 s.a. Lohse;
    Schwenkner
Müller, Kurt s. Drawert
Müller, Cordula s. Ulrich
Müller, Wolfgang 21, *22,* 26ff., *26f,*
    31f., *32,* 38
Munch, Edvard 151
Müntzer, Thomas 359
Musil, Robert 226

PIPER

Gabriele Wohmann
Vielleicht versteht er alles

Erzählungen. 310 Seiten. Leinen.

»Einerseits waren Frauen leicht zu durchschauen, andererseits kam man nie ganz hinter ihr Geheimnis«, sinniert Timon einigermaßen hilflos – nicht ganz zu Unrecht angesichts einer attraktiven Damenrunde, an der er zwar teilnehmen darf, bei der seine raffinierte Ehefrau Herta allerdings in jeder Hinsicht die Regie führt.
Gabriele Wohmann ist zweifellos die größte deutschsprachige Chronistin privaten Lebens. Niemand versteht es präziser und entlarvender als sie, die verborgenen Mechanismen unseres alltäglichen Zusammenlebens aufzudecken. Dabei sind es vor allem die verschlungenen Beziehungsgeflechte zwischen Männern und Frauen, die sie in ihrem neuen Erzählungsband »Vielleicht versteht er alles« in einer Mischung aus amüsierter Bosheit und tiefem Ernst unter die Lupe nimmt.
In 25, mal nachdenklich tiefgründigen, mal ironisch nachsichtigen Geschichten beweist Gabriele Wohmann aufs neue die ganze faszinierende Bandbreite ihres erzählerischen Könnens.

PIPER

Sten Nadolny
Die Entdeckung der Langsamkeit

Roman. 359 Seiten. Halbleinen

Über die Kunst der Langsamkeit, die dem Rhythmus
des Lebens Sinn gibt – Sten Nadolnys vielfach preisgekrönter
Bestseller über den englischen Nordpolfahrer John Franklin.

»Nadolny und sein John Franklin entdecken die Langsamkeit
als menschenfreundliches Prinzip. Man könnte auch sagen:
die Bedächtigkeit, den vorsichtigen Umgang mit sich selber
und den Dingen.«
Die Zeit

»Nadolnys heute ganz ungewöhnliche ruhige Gegenposition
im gehetzten Betrieb der Politiker und Literaten hat etwas
Haltgebendes und unangestrengt Humanes.«
Der Tagesspiegel

Ingeborg Bachmann
Sämtliche Gedichte

229 Seiten. Leinen

»Erfolg als irrationales Phänomen – keiner der deutschsprachigen
Nachkriegsautoren hat einen auch nur annähernd so erstaunlichen
Beitrag zu diesem Thema geliefert wie die Österreicherin Ingeborg
Bachmann. Ein einziger schmaler Gedichtband, ›Die gestundete Zeit‹,
1953 erschienen, und schon war ihr Name allen bekannt, auch solchen, für die Lyrik sonst nicht eben zum täglichen Brot gehört ...
Die Zeile, die bleibt, das Wort, das nie schal wird, die große Strophe
haben ihren Ursprung dort, wo Leidensfähigkeit und Leiderfahrung
auf den Formwillen und das Formvermögen einer trotz aller Sensitivität im Kern unbeirrbaren Natur treffen. Seit Gottfried Benn hat es
im deutschen Sprachraum kein lyrisches Talent gegeben, an dem sich
diese Grundbedingung dichterischer Existenz überzeugender bewahr-
heitet hat als an Ingeborg Bachmann.«
Frankfurter Allgemeine Zeitung

»Dieses Œuvre gehört zu den großen dichterischen Leistungen unseres
Jahrhunderts, es ist von jener Schönheit, die allem innewohnt, was
rein gedacht und gelebt worden ist.«
Neue Zürcher Zeitung